Stilkes Rechtsbibliothek Nr. 92
Die Gesetze des Deutschen Reichs und der deutschen Länder mit systematischen Erläuterungen

Reichskassenordnung

vom 6. August 1927

(RKO.)

mit Erläuterungen

von

R. Schulze
Geh. Oberregierungsrat, Ministerialdirigenten i. R.

und

Dr. jur. E. Wagner
Ministerialrat beim Rechnungshof des Deutschen Reichs

1930

Walter de Gruyter & Co.
vormals G. J. Göschen'sche Verlagshandlung — J. Guttentag, Verlagsbuchhandlung — Georg Reimer — Karl J. Trübner — Veit & Comp.

Druck: Lindemann & Lüdecke, Berlin-West SO 36

Vorwort

Der Verlag bringt gleichzeitig mit dem Erläuterungswerk zur RHO von Schulze-Wagner Neudrucke der von denselben Bearbeitern herausgegebenen, gleichfalls seit langem vergriffenen Kommentare zur RKO und zur RRO heraus. Auf seinen Wunsch habe ich es übernommen, die Neudrucke mit einem kurzen Geleitwort einzuführen.

Die RKO hat seit ihrem Inkrafttreten (1. April 1928) nur geringfügige Änderungen erfahren [1]). Ihr Geltungsbereich hat sich gegenüber der Rechtslage beim Erscheinen der 1. Auflage dadurch erweitert, daß sie auf Grund des § 1 des Gesetzes über die Haushaltsführung, Rechnungslegung und Rechnungsprüfung der Länder und Vierte Änderung der RHO vom 17. Juni 1936 in Verbindung mit § 1 Abs. 2 der dazu ergangenen 2. Durchführungsverordnung ebenso wie die RHO, die RWB und die RRO in den damaligen Ländern nach Maßgabe der Durchführungsvorschriften entsprechend anzuwenden war (für Preußen vgl. Gesetz über die Staatshaushaltsordnung vom 15. Dezember 1933 — GS S. 475 — und § 11 des Gesetzes vom 17. Juni 1936). Zusammen mit den übrigen zur Änderung, Ergänzung und Durchführung der RHO ergangenen Reichsvorschriften ist die RKO in der am 9. Mai 1948 geltenden Fassung auch in den Ländern als fortgeltendes Recht in Kraft geblieben, soweit sie nicht dem Grundgesetz widerspricht oder gesetzliche Neuregelungen vorliegen. Für den Bundeshaushalt ist die ausdrückliche Bestimmung in § 1 Abs. 1 des Gesetzes vom 7. Juni 1950 — BGBl. S. 199 — maßgebend. Neuregelungen des Kassenrechts sind in den Ländern bisher nur gelegentlich für Einzelfragen im Erlaßwege eingeführt worden. Einzelne Bundesländer (Hessen-Rheinland-Pfalz) haben die sinngemäße Fortgeltung der RKO usw. nebst Vollzugsbestimmungen besonders vorgeschrieben. In

[1]) Verordnung zur Änderung der Reichskassenordnung vom 8. Januar 1931 — RMBl. S. 7.

der Bundesverwaltung sind neue Vollzugsbestimmungen (§ 102 RKO) bisher gleichfalls nicht ergangen. Die durch die RKO eingeleitete und durch das Gesetz vom 17. Juni 1926 ausgebaute Vereinheitlichung des Kassenrechts ist damit auch unter der Herrschaft des Grundgesetzes für Bund und Länder im wesentlichen erhalten geblieben.

Sicherlich wird eine künftige Neukodifikation des Haushaltsrechts auch die RKO einbeziehen müssen. Bei dem Umfang und den Schwierigkeiten eines derartigen umfassenden Gesetzgebungswerkes wird darüber geraume Zeit vergehen. Bis dahin bleibt die RKO in ihrer vorliegenden Gestalt maßgebend. Der Kommentar von Schulze-Wagner kann deshalb, wenn sein erstes Erscheinen auch schon längere Zeit zurückliegt, auch heute noch von allen Stellen, die sich mit dem Kassenwesen der öffentlichen Hand befassen, mit Nutzen zu Rate gezogen werden. Die bekannten Kriegseinwirkungen auf die Bestände der öffentlichen und privaten Büchereien sowie die Bedürfnisse der zahlreichen neu errichteten Behörden dürften die Herausgabe des Neudrucks rechtfertigen.

Frankfurt a. M., im September 1952

Dr. Grenner

Inhaltsübersicht

Abkürzungen

A. s. Anm.
a. A. = anderer Ansicht.
a. E. = am Ende.
AKO. = Amtskassenordnung der Reichsabgabenverwaltung vom 12. März 1928.
Anl. = Anlage.
Anm. = Anmerkung (im Sachverzeichnis A. = Anm.).
Anm. d. H. = Anmerkung der Herausgeber.
Art. = Artikel.
BeitrO. = Beitreibungsordnung vom 23. Juni 1923 (R.Min.Bl. S. 395).
BGB. = Bürgerliches Gesetzbuch.
das. = daselbst.
Jancke-Maaß, AKO. = Dr. H. Jancke und E. Maaß, Erläuterungsbuch zur Amtskassenordnung der Reichsabgabenverwaltung (Selbstverlag 1928).
OFKO. = Oberfinanzkassenordnung vom 22. März 1929.
RBG. = Reichsbeamtengesetz (RGBl. 1907 S. 201).
Reichard, RKO. = RKO., erläutert von Ernst Reichard (Carl Heymanns Verlag, Berlin 1927).
Reichard, RWB. = Reichard, Kommentar zu den Wirtschaftsbestimmungen für die Reichsbehörden (Carl Heymanns Verlag, Berlin 1929).
RFM. = Reichsminister der Finanzen.
RGBl. = Reichsgesetzblatt.
RGes. = Reichsgesetz.
RHK. = Reichshauptkasse.
RHO. = Reichshaushaltsordnung vom 31. Dezember 1922 (RGBl. II 1923 S. 17).
RKO. = Reichskassenordnung.
RRO. = Rechnungslegungsordnung für das Reich.
RV. = Verfassung des Deutschen Reichs vom 11. August 1919 (RGBl. S. 1383).
RWB. = Wirtschaftsbestimmungen für die Reichsbehörden vom 11. Februar 1929.

S. = Seite.

s. = siehe; s. d. = siehe denselben usw.

vgl. = zu vergleichen.

Schulze-Wagner, RHO. = RHO. mit Erläuterungen von R. Schulze und Dr. E. Wagner (Verlag von Georg Stilke, Berlin 1926).

VB. = Vollzugsbestimmungen zur Reichskassenordnung, und zwar

VB. RHK. = VB. zur RKO. für die Reichshauptkasse,

VB. RAM. = VB. zur RKO. für den Bereich des Reichsarbeitsministeriums,

VB. Heer = VB. zur RKO. für das Heer.

VB. Marine = VB. zur RKO. für die Reichsmarine.

ZinsA = Anweisung für die Berechnung, Erhebung und Verbuchung von Zinsen vom 14. Januar 1927 (herausgegeben im Reichsfinanzministerium).

Berichtigungen

Es ist zu setzen

Seite 76 Zeile 5: eine sonstige Buchung (statt eine Buchung).

Seite 113: § 12 — (statt § 12).

Seite 117 Zeile 7 von unten statt besonders: § 76 Anm. 5 und.

Seite 157 vorletzter Absatz Zeile 3 von unten hinter § 89: (vgl. daselbst Anm. Abs. 3).

Reichskassenordnung

Inhaltsverzeichnis

Einleitung

I. Buch: Einrichtung der Kassen, Zahlungen

1. Teil: Aufbau der Kassen

2. Teil: Innere Einrichtung der Kassen

1. Abschnitt: Kassenbeamte, Kassenaufsichtsbeamter

2. Abschnitt: Geschäftsgang

---

[1]) Anm. d. H. Die in dem Inhaltsverzeichnis angegebenen Seitenzahlen sind die des Kommentars.

Seite

3. Teil: Zahlungen

1. Abschnitt: Zahlungsverkehr

2. Abschnitt: Einzahlungen und Auszahlungen

1. Titel: Allgemeines

2. Titel: Einzahlungen

3. Titel: Auszahlungen

3. Abschnitt: Geldverwaltung

Reichskassenordnung

vom 6. August 1927

(RKO.)

(Reichsministerialblatt S. 357)

Auf Grund des § 55 der Reichshaushaltsordnung vom 31. Dezember 1922 (Reichsgesetzbl. 1923 II S. 17) verordnet die Reichsregierung:

Einleitung

§ 1

Geltungsbereich der Reichskassenordnung

Die Annahme von Einzahlungen und die Leistung von Auszahlungen für das Reich regeln sich ausschließlich nach den Bestimmungen der Reichskassenordnung, soweit nicht durch Gesetz oder Verordnung etwas anderes bestimmt ist.

§ 2

Begriffsbestimmungen

Im Sinne der Reichskassenordnung sind

1. Kassen: die Teile von Reichsbehörden, die Einzahlungen annehmen sowie Auszahlungen leisten und sie buchen;
2. Zahlstellen: Stellen, die nicht der Kasse angehören und dieser zur Annahme von Einzahlungen und Leistung von Auszahlungen zur Verfügung stehen; Zahlstellen gelten nicht als Kassen;
3. Zahlungen: Einzahlungen und Auszahlungen;
4. Einzahlungen: die bei der Kasse eingehenden Beträge;
5. Auszahlungen: die von der Kasse hinausgehenden Beträge;

6. Haushaltseinnahmen: Einzahlungen, die bei einer Zweckbestimmung des Reichshaushaltsplans oder außerplanmäßig nachzuweisen sind;
7. Haushaltsausgaben: Auszahlungen, die bei einer Zweckbestimmung des Reichshaushaltsplans oder außerplanmäßig nachzuweisen sind;
8. Hinterlegungen: Einzahlungen, die nur vorläufig eingetragen werden und später abzuwickeln sind;
9. Vorschüsse: Auszahlungen, die nur vorläufig eingetragen werden und später abzuwickeln sind;
10. a) Buchungen: die Eintragung von Beträgen und der die Eintragung erläuternden Angaben in die hierfür bestimmten Bücher und Nachweisungen der Kasse;
    b) Umbuchungen: Buchungen, durch die gebuchte Zahlungen von einer Stelle auf eine andere übertragen werden;
11. Belege: Unterlagen, die Buchungen begründen;
12. rechnungsmäßiger Nachweis: der Nachweis, den die Kasse durch Buchung in der dem Reichshaushaltsplan entsprechenden oder sonst vorgeschriebenen Ordnung über Haushaltseinnahmen und -ausgaben führt;
13. rechnunglegende Stelle: die Stelle, die zum Zwecke der Rechnungsprüfung den Nachweis über Haushaltseinnahmen und -ausgaben führt:
14. Zahlungsmittel: Bargeld, Schecke, Postscheck- und Reichsbanküberweisungsaufträge und ausnahmsweise Wechsel;
15. Kassenbestand: die Zahlungsmittel der Kasse und ihre Guthaben beim Postscheckamt und bei Geldanstalten;
16. Kassenbestandsverstärkungen: Einzahlungen, die die Kasse von einer anderen Kasse auf Anfordern erhält, um Auszahlungen leisten zu können;
17. Ablieferungen: die Abführung von Beträgen an die übergeordnete Kasse in Zahlungsmitteln, durch Überweisung, mit Zahlkarte oder durch Anrechnung von Auszahlungsbelegen;
18. Abrechnung: der Nachweis über den Verbleib der Haushaltseinnahmen und der Kassenbestandsverstärkungen.

I. Buch: Einrichtung der Kassen, Zahlungen

1. Teil: Aufbau der Kassen

§ 3

Gliederung der Kassen

(1) Die Kassen gliedern sich in:
1. die Reichshauptkasse,
2. Oberkassen,
3. Amtskassen.

(2) Die Reichshauptkasse ist die Kasse, bei der die Haushaltseinnahmen und -ausgaben aller Reichsverwaltungen zusammengefaßt werden.

(3) Oberkassen sind die Kassen, bei denen die Haushaltseinnahmen und -ausgaben der ihnen nachgeordneten Kassen zusammengefaßt werden.

(4) Amtskassen sind alle übrigen Kassen.

(5) Ein verwaltungsmäßiges Über- und Nachordnungsverhältnis besteht zwischen den einzelnen Kassen nicht.

§ 4

Aufgaben

(1) Die Kassen haben die Haushaltseinnahmen und -ausgaben des Reichs sowie die sonstigen Zahlungen rechtzeitig und vollständig zu erheben und zu leisten; sie haben die Zahlungen zu buchen und die dazugehörigen Belege zu sammeln. Die Amtskassen und Oberkassen haben die von ihnen angenommenen Einzahlungen an die Reichshauptkasse abzuliefern, soweit sie sie nicht zu anderen Auszahlungen für das Reich verwenden. Die Amtskassen haben mit der Oberkasse, Amtskassen, denen eine Oberkasse nicht übergeordnet ist, und die Oberkassen haben mit der Reichshauptkasse abzurechnen. Der zuständige Reichsminister bestimmt im Einvernehmen mit dem Reichsminister der Finanzen, über welche Haushaltseinnahmen und -ausgaben des Reichs die einzelnen Kassen den rechnungsmäßigen Nachweis führen und welche Stellen Rechnung legen; es sollen regelmäßig die Stellen bestimmt werden, die diese Aufgaben in der einfachsten und wirtschaftlichen Weise erledigen können.

(2) Die Kassen dürfen andere Kassengeschäfte als die des Reichs, insbesondere Kassengeschäfte der Länder und Ge-

meinden, oder Verwaltungsgeschäfte auf Grund reichsgesetzlicher Vorschriften oder einer Ermächtigung durch den zuständigen Reichsminister ausführen; dieser kann insbesondere zulassen, daß die Kassen seines Verwaltungsbereichs Beitreibungsgeschäfte wahrnehmen. Soweit es sich nicht um Geschäfte öffentlich-rechtlicher Körperschaften handelt, ist die Ermächtigung im Einvernehmen mit dem Reichsminister der Finanzen zu erteilen.

§ 5

Einheitskassen

(1) Die Kassengeschäfte der an einem Orte bestehenden Verwaltungsbehörden des Reichs sind, wenn dadurch nicht die sachgemäße Erledigung der Dienstaufgaben der Verwaltung wesentlich erschwert wird, bei einer Kasse oder mehreren Kassen zu vereinigen (Einheitskasse). Wenn die Vereinigung nicht für alle Kassengeschäfte durchführbar ist, so kann sie auf einen bestimmten Kreis beschränkt werden; insbesondere können der bare oder unbare Zahlungsverkehr oder beide Arten des Zahlungsverkehrs auf eine Kasse (Sammelkasse) übertragen werden.

(2) Wird der bare und unbare Zahlungsverkehr einer Verwaltungsbehörde auf eine Sammelkasse übertragen, so sind die von der Sammelkasse angenommenen Einzahlungen und geleisteten Auszahlungen in der dem Reichshaushaltsplan entsprechenden oder sonst vorgesehenen Ordnung von einer Stelle der Verwaltungsbehörde zu buchen (Buchungsstelle). Die Bestimmungen der Reichskassenordnung über die Führung der Bücher in der Kasse gelten für die Buchungsstelle sinngemäß.

§ 6

Errichtung und Verlegung von Kassen

(1) Der zuständige Reichsminister ordnet die Errichtung von Kassen innerhalb seines Geschäftsbereichs im Einvernehmen mit dem Reichsminister der Finanzen an. Soll eine Kasse verlegt werden, so teilt der zuständige Reichsminister dies vorher dem Reichsminister der Finanzen mit.

(2) Der Reichsminister der Finanzen ordnet im Einvernehmen mit dem zuständigen Reichsminister die Einrichtung von Einheitskassen (§ 5) an. Wenn an einem Orte eine Kasse der Reichsabgabenverwaltung vorhanden ist, so soll in der Regel diese als Einheitskasse bestimmt werden.

§ 7

Gesamtverzeichnis der Kassen

Im Reichsfinanzministerium wird ein Verzeichnis der im Reiche bestehenden Kassen geführt. Die Reichsminister benachrichtigen unverzüglich den Reichsminister der Finanzen, wenn Kassen errichtet, verlegt oder aufgehoben sind.

§ 8

Zahlstellen

(1) Die Zahlstellen haben die Zahlungen anzuschreiben, die Einzahlungen unverzüglich abzuführen und mit der zuzuständigen Kasse abzurechnen.

(2) Der zuständige Reichsminister trifft im Einvernehmen mit dem Reichsminister der Finanzen die näheren Bestimmungen über die Errichtung von Zahlstellen, ihre Aufgaben und die Erledigung ihrer Geschäfte.

§ 9

Rechnungsstellen

Ist bei einer höheren Verwaltungsbehörde eine Oberkasse nicht eingerichtet, so können die Haushaltseinnahmen und -ausgaben der nachgeordneten Verwaltungsbehörden zum Zwecke der Abrechnung mit der Reichshauptkasse bei einer Stelle der höheren Verwaltungsbehörde zusammengestellt werden (Rechnungsstelle). Nähere Bestimmungen trifft der zuständige Reichsminister, insbesondere auch darüber, inwieweit die für die Oberkassen geltenden Bestimmungen auf die Rechnungsstellen anzuwenden sind.

2. Teil: Innere Einrichtung der Kassen

1. Abschnitt: Kassenbeamte, Kassenaufsichtsbeamter

§ 10

Besetzung der Kassen

(1) Die Kasse steht unter einem Kassenleiter. Diesem werden, soweit erforderlich, Buchhalter und Kassiere sowie sonstige Arbeitskräfte beigegeben. In der Reichshauptkasse und den Oberkassen kann ein Oberbuchhalter bestellt werden.

(2) Kassenleiter, Oberbuchhalter, Buchhalter und Kassiere müssen Reichsbeamte sein.

(3) Ist die Kasse mit mehr als einem Beamten besetzt, so sind die Buchhalter- und Kassiergeschäfte verschiedenen Beamten zu übertragen. Buchhalter und Kassiere sollen sich regelmäßig nicht vertreten.

§ 11
Auswahl der Arbeitskräfte

In der Kasse dürfen nur zuverlässige Arbeitskräfte verwendet werden, deren wirtschaftliche Lage geordnet ist.

§ 12
Allgemeine Obliegenheiten der Kassenbeamten

(1) Die Kassenbeamten haben in ihrem Arbeitsgebiete sorgfältig auf die Sicherheit der Kasseneinrichtungen zu achten und etwaige Mängel oder Unregelmäßigkeiten zu melden, die sie, auch außerhalb ihres Arbeitsgebiets, in der Kasse bemerken.

(2) Die Kassenbeamten haben die ihnen zur Verwaltung übertragenen Bücher sorgsam zu führen und die Buchungen auf dem laufenden zu erhalten. Oberbuchhalter, Buchhalter und Kassiere haben auf Weisung des Kassenleiters im Rahmen der Aufgaben der Kasse auch außerhalb ihres eigentlichen Arbeitsgebiets liegende Arbeiten zu erledigen.

(3) Die Kassenbeamten dürfen Zahlungsmittel und sonstige Gegenstände, die nicht zur Kasse gehören, nur mit Genehmigung des Vorstehers der Verwaltungsbehörde, der die Kasse angehört, und nur dann im Kassenbehälter aufbewahren, wenn sie zum Dienstgebrauche bestimmt sind.

§ 13
Besondere Obliegenheiten der Kassenbeamten

a) des Kassenleiters

(1) Der Kassenleiter hat für die ordnungsmäßige und wirtschaftliche Erledigung der Kassengeschäfte zu sorgen; er hat sein Augenmerk auch darauf zu richten, daß in der Kasse nur die erforderliche Zahl von Arbeitskräften beschäftigt wird.

(2) Beim Wechsel des Kassenleiters hat der bisherige Kassenleiter seinem Nachfolger die Geschäfte zu übergeben

(Kassenübergabe). Der zuständige Reichsminister trifft nähere Bestimmungen für den Fall, daß der bisherige Kassenleiter die Kassenübergabe nicht vornehmen kann.

(3) Der Kassenleiter hat beim Wechsel des Oberbuchhalters, Buchhalters oder Kassiers die Übergabe der Geschäfte an den Nachfolger zu leiten.

§ 14

b) des Oberbuchhalters

Der Oberbuchhalter hat die Erledigung der Buchhaltergeschäfte zu überwachen und den Kassenleiter bei der Durchführung seiner Dienstobliegenheiten zu unterstützen. Daneben können ihm Buchhaltergeschäfte übertragen werden.

§ 15

c) des Buchhalters

Der Buchhalter hat die ihm zur Verwaltung übertragenen Bücher zu führen, die dazugehörigen Belege zu sammeln und die Rechnungslegung vorzubereiten. Er hat ferner darauf hinzuwirken, daß die Haushaltseinnahmen und -ausgaben sowie die sonstigen Zahlungen rechtzeitig und vollständig erhoben und geleistet, sowie daß Hinterlegungen und Vorschüsse sobald wie möglich abgewickelt werden.

§ 16

d) des Kassiers

Der Kassier hat den baren und unbaren Zahlungsverkehr (§ 22) zu erledigen.

§ 17

Kassenaufsichtsbeamter

(1) Der zuständige Reichsminister bestimmt einen Beamten, der die Geschäftsführung der Kasse zu beaufsichtigen hat (Kassenaufsichtsbeamter); er kann diese Befugnis auf die höheren Verwaltungsbehörden übertragen. Der Kassenaufsichtsbeamte darf nicht zu den Kassenbeamten (§ 10) gehören. Eine unmittelbare Weisungsbefugnis steht dem Kassenaufsichtsbeamten als solchem nicht zu.

(2) Liegen bei einer Reichsverwaltung besondere Verhältnisse vor, so können die Aufgaben des Kassenaufsichtsbeamten von einer Stelle der höheren Verwaltungsbehörde wahrgenommen werden.

§ 18
Allgemeine Bestimmungen

Der Geschäftsgang der Kasse regelt sich nach den für den Geschäftsgang der Verwaltungsbehörde, der sie angehört, geltenden Bestimmungen, soweit sich nicht aus der Reichskassenordnung (§§ 19, 20, 76) und den Vollzugsbestimmungen (§ 102) etwas anderes ergibt.

§ 19
Unmittelbarer Verkehr der Kassen miteinander

Die Kassen treten unmittelbar miteinander in Verbindung, soweit die Erledigung von Kassengeschäften es erfordert.

§ 20
Besondere Bestimmungen

(1) Für den persönlichen Verkehr mit der Bevölkerung können innerhalb der Dienststunden Kassenstunden festgesetzt werden. Die Kassenstunden sind unter Berücksichtigung der Belange der Bevölkerung so zu legen, daß die sonstigen Kassengeschäfte ordnungsgemäß erledigt werden können. In geeigneten Fällen können die Kassenstunden auf bestimmte Tage beschränkt werden.

(2) Die Kasse soll Wertsendungen von der Postanstalt abholen lassen. In diesem Falle hat der Kassenleiter oder, wenn ihm ein Kassier beigegeben ist, dieser ein Geldeingangsbuch zu führen, das den Bestimmungen der Postordnung entspricht.

(3) Die Kasse soll Tagebücher über eingehende und hinausgehende Schriftstücke nicht führen.

(4) Empfangsbescheinigungen über Postsendungen, Quittungen über von der Kasse angenommene Einzahlungen sowie Schecke und Überweisungsaufträge sind, wenn die Kasse mit mehr als einem Beamten besetzt ist, außer vom Kassier noch vom Kassenleiter oder einem anderen Kassenbeamten zu vollziehen. Die Unterschriften der zur Vollziehung von Quittungen berechtigten Beamten sind durch Aushang im Kassenraume bekanntzugeben.

(5) Schreiben der Kasse enthalten die Bezeichnung der Kasse und die Angabe der Kassenstunden, der Fernsprechanschlüsse sowie der Postscheckverbindung und der Anschlüsse an Geld-

anstalten. Die Schreiben sind vom Kassenleiter zu vollziehen; ist die Kasse mit mehr als einem Beamten besetzt, so sind, soweit nicht etwas anderes bestimmt ist, Schreiben der Kasse, die sich auf einen Buchungsvorgang beziehen, sowie Bescheinigungen in Büchern und Rechnungen außer vom Kassenleiter noch vom Buchhalter zu vollziehen.

(6) Zur Erledigung der Kassengeschäfte sind möglichst weitgehend Maschinen und sonstige technische Hilfsmittel zu verwenden. Der Reichsminister der Finanzen kann allgemeine Richtlinien hierüber aufstellen. Maschinen, die dazu dienen, Zahlungen zu überwachen, sind nach näherer Bestimmung des zuständigen Reichsministers gegen mißbräuchliche Verwendung zu sichern.

3. Teil: Zahlungen

1. Abschnitt: Zahlungsverkehr

§ 21

Allgemeine Bestimmungen

(1) Zahlungen werden bewirkt

a) durch Übergabe oder Übersendung von Zahlungsmitteln;
b) durch Überweisung oder Postscheck;
c) mit Zahlkarte oder Postanweisung.

(2) Die näheren Bestimmungen über die Annahme von Schecken und Überweisungsaufträgen, über den Postscheckverkehr und Reichsbankgiroverkehr enthalten die Anlagen 1, 2, 3.

(3) Der zuständige Reichsminister trifft nähere Bestimmungen über den Zahlungsverkehr der Kassen seines Verwaltungsbereichs, die sich im Ausland befinden.

§ 22

Barer und unbarer Zahlungsverkehr

(1) Bar ist der Zahlungsverkehr, in dem der Kasse oder von der Kasse Bargeld übergeben oder übersandt wird.

(2) Unbar ist der Zahlungsverkehr, in dem Zahlungen durch buchmäßige Übertragung von Guthaben bei dem Postscheckamt oder einer Geldanstalt bewirkt werden. Als unbar gilt auch der Zahlungsverkehr, in dem Zahlungen einem Guthaben der Kasse zu- oder von ihm abgeschrieben werden,

während der Einzahlungspflichtige Bargeld bei der Post oder einer Geldanstalt einzahlt oder der Empfänger Bargeld von der Post oder einer Geldanstalt erhält.

§ 23

Förderung des unbaren Zahlungsverkehrs

(1) Zahlungen sind, soweit irgend möglich, unbar zu bewirken.

(2) Die Kasse hat auf jede geeignete Weise, insbesondere durch Aushang im Kassenraum und Hinweis in Einzahlungsaufforderungen darauf hinzuwirken, daß die Einzahlungspflichtigen sich des unbaren Zahlungsverkehrs bedienen. Einzahlungsaufforderungen sollen, soweit es nicht nach Lage der Sache unzweckmäßig erscheint, Zahlkartenvordrucke beigelegt werden.

(3) Die Kasse soll Auszahlungen durch Überweisung oder Postscheck leisten. Schecke und Überweisungsaufträge sollen dem Empfänger nur übergeben werden, wenn dadurch die Beschaffung von Bargeld für die Auszahlung vermieden wird und ein Mißbrauch nicht zu befürchten ist.

§ 24

Bargeld

(1) Bargeld sind die gesetzlichen und die gesetzlich zugelassenen Zahlungsmittel. Nähere Bestimmungen enthält die Anlage 4.

(2) Ob und inwieweit die Kasse im Auslands- und im Grenzverkehr in fremden Geldsorten Einzahlungen annehmen und Auszahlungen leisten darf, bestimmt der zuständige Reichsminister.

§ 25

Anschluß an den Postscheck- und Reichsbankgiroverkehr

(1) Die Kassen sind an den Postscheckverkehr anzuschließen. Liegen bei einer Reichsverwaltung besondere Verhältnisse vor, so kann der zuständige Reichsminister im Einvernehmen mit dem Reichsminister der Finanzen Ausnahmen hiervon zulassen.

(2) Die Reichshauptkasse und die Oberkassen sowie Amtskassen, die ihren Sitz an einem Orte haben, an dem sich eine Reichsbankanstalt befindet, sind außerdem an den Reichs-

bankgiroverkehr anzuschließen. Im übrigen bestimmt der zuständige Reichsminister, welche Amtskassen seines Verwaltungsbereichs an den Reichsbankgiroverkehr anzuschließen sind; er kann diese Befugnis auf die höheren Verwaltungsbehörden übertragen.

§ 26

Verbindung mit sonstigen Geldanstalten

(1) Die Kassen sollen an den Verkehr mit sonstigen Geldanstalten nicht angeschlossen werden. Der zuständige Reichsminister kann im Einvernehmen mit dem Reichsminister der Finanzen Ausnahmen hiervon zulassen, wenn der Anschluß nach Lage der örtlichen Verhältnisse zweckmäßig ist, und diese Befugnis auf die höheren Verwaltungsbehrden übertragen.

(2) Der Geschäftsverkehr der Kasse mit der Geldanstalt regelt sich nach den mit dieser zu treffenden Vereinbarungen.

§ 27

Wechsel

(1) Wechsel dürfen im Inlands- und im Grenzverkehre nur zum Zwecke der Sicherheitsleistung angenommen werden; sie gehören nicht zum Kassenbestande.

(2) Ob und inwieweit die Kasse im Auslandsverkehr Einzahlungen in Wechseln annehmen und Auszahlungen mit Wechseln leisten darf, bestimmt der zuständige Reichsminister.

§ 28

Buchausgleich

Hat die Kasse mit einer anderen Kasse einen Betrag zu verrechnen, so hat sie zu veranlassen, daß der Betrag ihr zur Last und der anderen Kasse gutgeschrieben wird (Buchausgleich). Der Buchausgleich wird, wenn beiden Kassen ein und dieselbe Oberkasse übergeordnet ist, durch diese, andernfalls durch die Reichshauptkasse vorgenommen. Kleine Beträge sollen unmittelbar im Postscheckweg ausgezahlt werden.

2. Abschnitt: Einzahlungen und Auszahlungen

1. Titel: Allgemeines

§ 29

Berechnung von Teilbeträgen

Bei Berechnung von Teilbeträgen wird, wenn nicht etwas anderes bestimmt ist, der Monat zu 30 Tagen gerechnet. Ergeben sich bei der Berechnung Bruchteile eines Reichspfennigs, so bleiben diese bei Einzahlungen unerhoben, bei Auszahlungen sind sie nach oben auf einen vollen Reichspfennig abzurunden. Die sich hierbei ergebenden Mindereinzahlungen und Mehrauszahlungen werden nicht ausgeglichen.

§ 30

Prüfung von Zahlungsmitteln

(1) Zahlungsmittel, die der Kasse von dem Einzahlenden übergeben werden, sind in dessen Gegenwart auf ihre Echtheit und Vollzähligkeit oder Vollständigkeit zu prüfen. Wertsendungen, die der Kasse zugehen, sollen in Gegenwart eines Zeugen geöffnet und geprüft werden. Enthalten andere Sendungen Zahlungsmittel, so soll zu der Prüfung ein Zeuge zugezogen werden.

(2) Bei versiegelten Rollen und Wertsendungen sowie bei versiegelten oder mit Bleiverschluß versehenen Geldbeuteln ist zunächst zu prüfen, ob die äußere Umhüllung und die Siegel oder der Bleiverschluß unverletzt sind und ob das angegebene Gewicht zutrifft. Ist dies nicht der Fall, so sind die Rollen, Wertsendungen oder Geldbeutel zurückzuweisen. Ordnungsgemäß verschlossene Rollen und Geldbeutel, die der Kasse von einer Reichs-, Landes- oder Gemeindebehörde, von der Reichsbank oder einer sonstigen vertrauenswürdigen Geldanstalt zugegangen sind, dürfen uneröffnet an solche Stellen weitergegeben werden, wenn die äußere Beschaffenheit und das Gewicht unmittelbar vor der Weitergabe genau geprüft worden sind.

(3) Die Kasse hat Minderbeträge, die sich bei der Prüfung ergeben, sofort von dem Einzahlenden nachzufordern; Mehrbeträge sind, soweit sie nicht auf fällige Forderungen verrechnet werden können, dem Einzahlenden zurückzugeben oder, wenn er nicht anwesend ist, zu seiner Verfügung zu halten. Ergeben sich bei der Prüfung von Einzahlungen, die der Kasse durch Übersendung zugegangen sind, Unstimmigkeiten, so sind diese aktenkundig zu machen; der zu der Prüfung zugezogene Zeuge hat den Vermerk mitzuunterschreiben. Die Kasse hat Beweismittel, die für die Aufklärung von Mehr- oder Minderbeträgen von Wert sein können (Umhüllungen u. dgl.), aufzubewahren.

(4) Für die Behandlung nachgemachten, verfälschten, verdächtigen, beschädigten oder abgenutzten Bargeldes gelten die

Bestimmungen der Anlage 5. Andere Zahlungsmittel, deren Echtheit zweifelhaft ist, sind zurückzuweisen; liegt der Verdacht einer strafbaren Handlung vor, so ist die zuständige Polizeibehörde zu verständigen.

§ 31

Aufbewahrung von Zahlungsmitteln

Zahlungsmittel sind sicher aufzubewahren. Der zuständige Reichsminister trifft nähere Bestimmungen über die Aufbewahrung, insbesondere darüber, ob und welche Beamte außer dem Kassenleiter den Kassenbehälter unter Mitverschluß zu nehmen haben und welche Kassen mit einem Kassenschrank auszustatten sind.

§ 32

Verpackung und Beförderung von Zahlungsmitteln

(1) Bargeld ist zum Zwecke der Weitergabe nach den näheren Bestimmungen der Anlage 6 zu verpacken.

(2) Bei der Beförderung von Zahlungsmitteln sind alle erforderlichen Sicherungsmaßnahmen zu treffen. Nähere Bestimmungen trifft der zuständige Reichsminister; er kann diese Befugnis auf die höheren Verwaltungsbehörden übertragen.

2. Titel: Einzahlungen

§ 33

Einzahlungen an die zuständige Kasse

(1) Einzahlungen sind regelmäßig an die zuständige Kasse zu entrichten. Die Zuständigkeit regelt sich nach gesetzlichen Vorschriften oder nach Bestimmungen des zuständigen Reichsministers.

(2) Als Einzahlungen an die zuständige Kasse gelten auch Einzahlungen, die für ihre Rechnung an die Oberkasse oder Reichshauptkasse entrichtet werden. Nähere Bestimmungen hierüber trifft der zuständige Reichsminister mit der Maßgabe, daß solche Einzahlungen an die Reichshauptkasse nur entrichtet werden sollen, wenn sie einen von dem Reichsminister der Finanzen festzusetzenden Mindestbetrag übersteigen.

§ 34

Annahmeanordnung, Einzahlungsschein

(1) Die Kasse darf Einzahlungen regelmäßig nur auf Grund einer Anordnung der zuständigen Verwaltungsbehörden oder auf Grund gesetzlicher Vorschriften annehmen (Annahmeanordnung). Die Verwaltungsbehörden erteilen die Annahmeanordnung durch eine förmliche Kassenanweisung oder allgemein.

(2) Auch wenn die Voraussetzung des Abs. 1 nicht vorliegt, sind Einzahlungen, die durch Übergabe von Zahlungsmitteln entrichtet werden, anzunehmen, sofern ein sachlicher Grund für sie anzuerkennen ist; die Kasse hat in diesem Falle von dem Einzahlenden einen Einzahlungsschein über Betrag und Grund der Einzahlung zu fordern. Diese Einzahlungen sind als Hinterlegungen zu behandeln und der zuständigen Stelle anzuzeigen, soweit nicht etwas anderes bestimmt ist. Satz 2 gilt auch für Einzahlungen, die in anderer Weise als durch Übergabe von Zahlungsmitteln entrichtet werden.

(3) Der zuständige Reichsminister kann bestimmen, daß die Kasse von dem Einzahlenden einen Einzahlungsschein auch in den Fällen zu fordern hat, in denen die Annahmeanordnung nicht auf einen ziffernmäßigen Betrag lautet.

(4) Die Kasse darf, soweit nicht etwas anderes bestimmt ist, Einzahlungspflichtigen keine Stundung gewähren.

§ 35

Einzahlungstag

Als Einzahlungstag gilt:

a) bei Übergabe oder Übersendung von Zahlungsmitteln an die Kasse der Tag des Einganges;
b) bei Überweisung auf das Postscheckkonto der Kasse und bei Einzahlung durch Postscheck der Tag, der sich aus dem Tagesstempelabdrucke des Postscheckamts ergibt;
c) bei einer sonstigen Überweisung der Tag, an dem der Betrag der Kasse gutgeschrieben wird;
d) bei Einzahlung mit Zahlkarte oder Postanweisung der Tag, der sich aus dem Tagesstempelabdrucke der Aufgabepostanstalt ergibt;
e) bei Einzahlungen aus dem Ausland der Tag, an dem sie bei der Kasse eingehen oder ihr gutgeschrieben werden.

§ 36

Quittung

(1) Die Kasse hat über jede Einzahlung, die durch Übergabe von Zahlungsmitteln entrichtet wird, dem Einzahlungspflichtigen eine Quittung zu erteilen. Über die in anderer Weise entrichteten Einzahlungen hat die Kasse dem Einzahlungspflichtigen nur auf Verlangen eine Quittung zu erteilen. Die Quittung ist mit Tinte oder Tintenstift auszustellen.

(2) Die Quittung enthält außer dem Empfangsbekenntnisse die Bezeichnung des Einzahlungspflichtigen, den eingezahlten Betrag (den Reichsmarkbetrag auch in Buchstaben), den Grund der Einzahlung, die Nummer, unter der die Einzahlung gebucht ist, den Abdruck des Dienststempels, den Ort und Tag der Einzahlung, die Bezeichnung der Kasse und die Unterschriften (§ 20 Abs. 4). Wird die Einzahlung durch Übergabe eines Schecks oder eines Postscheck- oder Reichsbanküberweisungsauftrags entrichtet, so ist dies in der Quittung anzugeben.

(3) Wird die Quittung auf einem die Einzahlung betreffenden Schriftstück erteilt, so kann von der Bezeichnung des Einzahlungspflichtigen und der Angabe des Grundes der Einzahlung abgesehen werden, wenn diese sich aus dem Schriftstück ergeben.

3. Titel: Auszahlungen

§ 37

Auszahlungsanordnung, Kosten der Auszahlungen

(1) Die Kasse darf Auszahlungen nur auf Grund einer schriftlichen Anordnung der zuständigen Verwaltungsbehörden oder auf Grund gesetzlicher Vorschriften leisten (Auszahlungsanordnung). Die Verwaltungsbehörden erteilen die Auszahlungsanordnung durch eine förmliche Kassenanweisung oder allgemein.

(2) Die Kasse darf ohne besondere Anordnung Auszahlungen nicht vor der Fälligkeit leisten.

(3) Die Kasse kann hinterlegte Beträge, die sie im Falle des § 34 Abs. 2 ohne Annahmeanordnung angenommen hat, ohne Auszahlungsanordnung auszahlen, wenn der Betrag offenbar irrtümlich eingezahlt ist und an den Einzahlenden

oder die zuständige Kasse des Reichs, eines Landes oder einer sonstigen öffentlich-rechtlichen Körperschaft ausgezahlt werden kann.

(4) Die Kosten der Auszahlungen, die im Inland durch Überweisung oder Postscheck geleistet werden, trägt das Reich.

§ 38

Auszahlungstag

Als Auszahlungstag gilt:

a) bei Übergabe oder Übersendung von Zahlungsmitteln an den Empfänger der Tag der Übergabe oder Absendung;

b) bei Überweisung und bei Auszahlung durch Postscheck, mit Zahlkarte oder Postanweisung der Tag der Hingabe des Auftrags an die Post oder die Geldanstalt.

§ 39

Empfänger

(1) Auszahlungen, die durch eine förmliche Kassenanweisung der Verwaltungsbehörde angeordnet sind (§ 37 Abs. 1 Satz 2), sind an den in der Kassenanweisung bezeichneten Empfänger zu leisten. Liegt eine förmliche Kassenanweisung nicht vor, so hat die Kasse den Empfänger selbst zu ermitteln.

(2) Wenn Zweifel über die Person des Empfängers bestehen (z. B. wegen Todesfalls) oder wenn die Kasse Grund zu der Annahme hat, daß der in der förmlichen Kassenanweisung bezeichnete oder von ihr ermittelte Empfänger zum Empfange der Auszahlung nicht berechtigt ist (z. B. wegen Konkurses, vorläufigen Zahlungsverbots, Abtretung oder Pfändung der Forderung u. dgl.), so hat die Kasse vor der Auszahlung die Entscheidung der zuständigen Stelle darüber herbeizuführen, an wen die Auszahlung geleistet werden soll.

(3) Sollen Auszahlungen durch Übergabe von Zahlungsmitteln geleistet werden, so soll die Kasse verlangen, daß der Empfänger sich über seine Person ausweist. Ist der Empfänger eine juristische Person oder eine sonstige Personenvereinigung oder Anstalt, so sind solche Auszahlungen an den berechtigten Vertreter zu leisten. Dieser hat nötigenfalls seine Vertretungsbefugnis durch Vorlegung eines beglaubigten Registerauszugs oder auf andere geeignete Art nachzuweisen und sich über seine Person auszuweisen.

(4) Wenn der Empfänger oder der berechtigte Vertreter einer juristischen Person oder einer sonstigen Personenvereinigung oder Anstalt nicht selbst erscheint, so darf die Kasse Auszahlungen der in Abs. 3 genannten Art an einen Bevollmächtigten oder den Überbringer einer Quittung leisten. Der Bevollmächtigte hat nötigenfalls seine Vollmacht nachzuweisen und sich über seine Person auszuweisen. Liegt Grund zu der Annahme vor, daß der Überbringer einer Quittung auf unrechtmäßige Weise in den Besitz der Quittung gelangt ist, oder bestehen Zweifel an der Echtheit der Quittung, so hat die Kasse die Vorlegung einer beglaubigten Vollmachtsurkunde zu fordern. Ist der Empfänger eine juristische Person oder eine sonstige Personenvereinigung oder Anstalt, so hat die Kasse zu prüfen, ob die Vollmachtsurkunde oder die Quittung von hierzu berechtigten Personen ausgestellt ist, und nötigenfalls einen entsprechenden Nachweis durch Vorlegung eines beglaubigten Registerauszugs oder auf andere geeignete Art zu verlangen.

§ 40

Quittung

(1) Die Kasse hat über jede Auszahlung, die durch Übergabe oder Übersendung von Zahlungsmitteln geleistet wird, von dem Empfänger eine Quittung zu verlangen. Die Quittung soll mit Tinte oder Tintenstift ausgestellt sein.

(2) Die Quittung enthält außer dem Empfangsbekenntnisse den ungekürzten Betrag (den Reichsmarkbetrag auch in Buchstaben) unter Angabe etwa einbehaltener Beträge, den Grund der Auszahlung, die Angabe, daß die Auszahlung aus der Reichskasse geleistet ist, den Ort und Tag der Ausstellung der Quittung und die eigenhändige Unterschrift des Empfängers, seines Vertreters oder Bevollmächtigten. Ist der Tag der Ausstellung der Quittung nicht zugleich der Auszahlungstag, so hat die Kasse diesen in der Quittung zu vermerken.

(3) Die Quittung kann in der Kasse vorbereitet werden; der Kassier soll die Quittung nicht vorbereiten.

(4) Hat der Kasse ein Nachweis über die Empfangsberechtigung (z. B. eine Vollmacht) vorgelegen, so ist dies in der Quittung zu vermerken.

§ 41
Änderungen der Quittung

Die Kasse darf Quittungen, in denen der Betrag geändert ist, nicht annehmen. Sonstige Änderungen sollen vom Empfänger bestätigt sein.

§ 42
Vereinfachte Quittung

(1) Liegt ein Beleg vor, so soll die Quittung auf diesem erteilt werden. In diesem Falle genügen die Worte „Betrag erhalten" mit Angabe des Ortes und Tages der Ausstellung und der Unterschrift des Empfängers. Für Auszahlungsnachweisungen u. dgl., in denen eine Quittungsspalte vorgesehen ist, genügt die Unterschrift des Empfängers in dieser Spalte.

(2) Ist an die Stelle des in dem Beleg ursprünglich angegebenen Betrags ein anderer Betrag gesetzt worden, so ist der ausgezahlte Betrag in Ziffern in die Quittung aufzunehmen. In Auszahlungsnachweisungen u. dgl. ist der ausgezahlte Betrag auch dann in der Quittung zu vermerken, wenn der auszuzahlende einzelne Betrag geändert ist.

(3) Benutzt die Kasse Verkehrseinrichtungen der Deutschen Reichspost, der Reichsbank oder der Deutschen Reichsbahn-Gesellschaft, so hat sie Quittungen, die den von diesen Anstalten erlassenen Bestimmungen entsprechen, anzunehmen.

(4) Bei Auszahlungen gegen sofortigen Empfang von Kleinhandelsware in geringen Mengen genügen die im allgemeinen Verkehr üblichen Empfangszettel als Quittung. Werden Empfangszettel nicht ausgegeben, so ist zu bescheinigen, daß und wofür der Betrag ausgezahlt ist.

§ 43
Vollziehung der Quittung in besonderen Fällen

(1) Empfänger, die des Schreibens unkundig sind, haben die Quittung durch Handzeichen zu vollziehen.

(2) Handzeichen sollen regelmäßig bei Beträgen bis zu 1000 *RM* durch einen, bei höheren Beträgen durch zwei bei der Auszahlung anwesende Zeugen bescheinigt werden, wenn die Bescheinigung auf die Quittung nicht bereits von einer zuständigen Behörde oder einem zuständigen Beamten erteilt ist.

(3) Bei Blinden und Lesensunkundigen sowie bei Personen, die die Quittung in anderen als deutschen oder lateinischen Buchstaben vollziehen, ist in der in Abs. 2 angegebenen Weise zu bescheinigen, daß der auszuzahlende Betrag ausgezahlt ist.

§ 44

Bescheinigungen der Kasse an Stelle von Quittungen

(1) Bei Auszahlungen, die in anderer Weise als durch Übergabe oder Übersendung von Zahlungsmitteln geleistet werden, ist auf dem Belege, bei Auszahlungen durch Überweisung oder Postscheck mit Angabe der Nummer des Überweisungsauftrags oder Postschecks zu bescheinigen, an welchem Tage und auf welchem Wege die Auszahlung geleistet ist. Ist die Kasse mit mehr als einem Beamten besetzt, so haben zwei Kassenbeamte die Bescheinigung zu vollziehen.

(2) Bei Auszahlungen durch Buchausgleich (§ 28) hat die Kasse auf den Beleg den Vermerk „Durch Buchausgleich am ... ausgezahlt" zu setzen. Abs. 1 Satz 2 gilt sinngemäß.

§ 45

Lebens- und ähnliche Bescheinigungen

(1) Die Kasse darf laufende Auszahlungen im Inland, die die Vorlage einer Lebens- oder ähnlichen Bescheinigung voraussetzen, für das neue Rechnungsjahr erst dann leisten, wenn eine Bescheinigung aus dem letzten Monat des abgelaufenen Rechnungsjahres vorliegt.

(2) Kassenbeamte dürfen Lebens- und ähnliche Bescheinigungen nicht ausstellen.

3. Abschnitt: Geldverwaltung

§ 46

Verwendung der Einzahlungen

Die Einzahlungen für das Reich dürfen nur für Reichszwecke verwendet werden. Hat die Kasse in den Fällen des § 4 Abs. 2 Auszahlungen zu leisten, so darf sie hierzu, sofern nicht etwas anderes bestimmt ist, nur Beträge verwenden, die ihr infolge der Wahrnehmung der fremden Kassengeschäfte zur Verfügung stehen.

§ 47
Kassenbestand

(1) Der Kassenbestand der Amtskassen und Oberkassen darf den Betrag, der an den nächsten beiden Tagen für die voraussichtlich zu leistenden Auszahlungen oder als Wechselgeld erforderlich ist, nicht übersteigen; Beträge, die nach Anlage 7 § 4 durch eine andere Kasse unmittelbar auszuzahlen sind, bleiben hierbei unberücksichtigt. Der zuständige Reichsminister kann zulassen, daß Kassen, die wegen ihrer besonderen örtlichen Lage während eines bestimmten Zeitraums nicht die Möglichkeit haben, ihren Kassenbestand zu verstärken, den Betrag, dessen sie zur Leistung von Auszahlungen während dieses Zeitraums bedürfen, als Kassenbestand behalten. Von Zahlungsmitteln, die als Sicherheit angenommen worden sind, ist nur Bargeld zum Kassenbestande zu rechnen. Bei Kassen, die berechtigt sind, dem Reichsbankgiroguthaben der Reichshauptkasse Beträge zu entnehmen (§ 51 Abs. 1 Satz 2), soll der Kassenbestand auf den Betrag beschränkt bleiben, der erforderlich ist, um die der Kasse bereits bekannten Auszahlungen am nächsten Tage zu leisten.

(2) Über den Kassenbestand der Reichshauptkasse verfügt der Reichsminister der Finanzen.

§ 48
Kassenbestandsverstärkungen
a) Allgemeines

(1) Die Amtskassen und Oberkassen haben ihren Kassenbestand zu verstärken, wenn er zur Leistung der Auszahlungen nicht ausreicht. Der Kassenbestand wird im Wege der Geldversorgung (§ 49), der Geldaushilfe (§ 50) oder durch Gewährung von Zuschüssen (§ 51) verstärkt. Kassenbestandsverstärkungen sind nur in der notwendigen Höhe anzufordern. Der Betrag ist bei der anfordernden Kasse als Einzahlung, bei der anderen Kasse als Auszahlung zu buchen.

(2) Hat der Reichsminister der Finanzen dem zuständigen Reichsminister Betriebsmittel für dessen Verwaltungsbereich für bestimmte Zeiträume zur Verfügung gestellt, so dürfen Kassenbestandsverstärkungen nur in der Höhe gewährt werden, bis zu der der zuständige Reichsminister die Ver-

waltungsbehörde, der die anfordernde Kasse angehört, zur Leistung von Auszahlungen ermächtigt hat. Die Kassenbestandsverstärkungen sind auf der Ermächtigung abzuschreiben.

§ 49

b) Geldversorgung

Die Kassen der Reichsabgabenverwaltung versorgen die Kassen der übrigen Reichsverwaltungen nach den Bestimmungen der Anlage 7 mit Geld. Der Reichsminister der Finanzen kann zulassen, daß auch die Kassen einer anderen Reichsverwaltung die Geldversorgung übernehmen.

§ 50

c) Geldaushilfe

Die gleichgeordneten Kassen ein und derselben Reichsverwaltung helfen sich gegen Aushändigung einer Quittung mit Geld aus. Die näheren Bestimmungen über die Geldaushilfe trifft der zuständige Reichsminister.

§ 51

d) Zuschüsse

(1) Amtskassen und Oberkassen, für die eine Kassenbestandsverstärkung im Wege der Geldversorgung nicht vorgesehen ist und die sich die erforderlichen Mittel nicht im Wege der Geldaushilfe beschaffen können, erhalten Zuschüsse von der Oberkasse oder Reichshauptkasse. Kassen, die berechtigt sind, dem Reichsbankgiroguthaben der Reichshauptkasse Beträge zu entnehmen, erlangen den Zuschuß durch Hingabe eines farbigen Schecks an die zuständige Reichsbankanstalt nach den Bestimmungen der Anlage 8, andere Kassen dadurch, daß sie der Oberkasse oder Reichshauptkasse eine Quittung über den angeforderten Betrag vorlegen. Der Zuschuß kann auch in der Weise gewährt werden, daß die Oberkasse oder Reichshauptkasse für die anfordernde Kasse unmittelbar Auszahlungen an den Empfänger (§ 39) leistet.

(2) In der in Abs. 1 genannten Quittung ist anzugeben, auf welchem Zahlungsweg und zu welchem Tage der angeforderte Betrag ausgezahlt werden soll. Die Quittung soll den Sichtvermerk des Kassenaufsichtsbeamten tragen, durch den dieser die Angemessenheit des angeforderten Betrags bestätigt. Kann der Sichtvermerk des Kassenaufsichtsbeamten

nach Angabe der anfordernden Kasse nicht beigebracht werden, so hat die Oberkasse oder Reichshauptkasse den Kassenaufsichtsbeamten von der Auszahlung des Zuschusses unverzüglich zu benachrichtigen. Soll der angeforderte Betrag ganz oder teilweise durch Übergabe von Zahlungsmitteln ausgezahlt werden, so ist der Abholende in der Quittung namentlich zu bezeichnen; er hat sich nötigenfalls über seine Person auszuweisen.

§ 52

Ersuchenszahlungen

(1) In den Fällen, in denen eine Kassenbestandsverstärkung (§§ 48 bis 51) nicht in Frage kommt, kann die Kasse eine gleichgeordnete Kasse ausnahmsweise ersuchen, für sie Auszahlungen zu leisten (Ersuchensauszahlungen). Ein solches Ersuchen soll nur gestellt werden, wenn es zur Vereinfachung des Zahlungsgeschäfts erforderlich ist.

(2) Ersuchen um Annahme von Einzahlungen sollen an eine gleichgeordnete oder übergeordnete Kasse nur gerichtet werden, wenn die Voraussetzung des Abs. 1 Satz 2 vorliegt (Ersuchenseinzahlungen).

§ 53

Auftragszahlungen

(1) Die Reichshauptkasse und die Oberkassen können nachgeordnete Kassen zur Annahme von Einzahlungen und Leistung von Auszahlungen, über die die nachgeordneten Kassen keinen rechnungsmäßigen Nachweis zu führen haben, in Anspruch nehmen, wenn dadurch das Zahlungsgeschäft vereinfacht wird (Auftragszahlungen). Der für die auftraggebende Kasse zuständige Reichsminister kann, nötigenfalls im Einvernehmen mit dem beteiligten Reichsminister, hierüber nähere Bestimmungen treffen.

(2) Auftragseinzahlungen sind als Hinterlegungen, Auftragsauszahlungen als Vorschüsse zu buchen.

§ 54

Ablieferung der Einzahlungen

(1) Die Amtskassen und Oberkassen haben die Beträge, die den zulässigen Kassenbestand übersteigen, unverzüglich an die Reichshauptkasse abzuliefern. Der zuständige Reichsminister kann im Einvernehmen mit dem Reichsminister der Finanzen bestimmen, daß Amtskassen, denen eine Oberkasse

übergeordnet ist, an diese abliefern. Die Amtskassen und Oberkassen haben die Kasse, an die sie abgeliefert haben, von der Ablieferung zu benachrichtigen; Amtskassen, denen eine Oberkasse übergeordnet ist und die unmittelbar an die Reichshauptkasse abliefern, haben auch die Oberkasse zu benachrichtigen. Der zuständige Reichsminister bestimmt, innerhalb welcher Frist die Benachrichtigung stattzufinden hat.

(2) Die Amtskassen und Oberkassen, die Auftragsauszahlungen (§ 53) für die Oberkasse oder Reichshauptkasse leisten, haben die hierzu verwendeten Beträge der auftraggebenden Kasse anzurechnen und ihr gleichzeitig die Auszahlungsbelege oder die sie ersetzenden Bescheinigungen zu übersenden (Ablieferung durch Anrechnung von Auszahlungsbelegen).

(3) Auftragseinzahlungen sind als solche bei der Ablieferung zu kennzeichnen.

(4) Bargeld ist an Orten, an denen sich eine Reichsbankanstalt befindet, durch diese, an anderen Orten sowie in den Fällen, in denen die Reichsbankanstalt bereits geschlossen ist, durch Vermittlung der Postanstalt abzuliefern. Der Reichsminister der Finanzen kann Ausnahmen hiervon zulassen.

(5) In den nach § 26 Abs. 2 zu treffenden Vereinbarungen ist vorzusehen, daß die Geldanstalt bei nicht rechtzeitiger Ausführung eines Ablieferungsvertrags Verzugszinsen in Höhe von 2 v. H. über dem jeweiligen Reichsbankdiskonte zu entrichten hat. Kommt eine Geldanstalt dieser Verpflichtung nicht nach oder führt sie wiederholt Aufträge der Kasse nicht rechtzeitig aus, so ist die Verbindung mit ihr zu lösen.

4. Teil: Wertgegenstände

§ 55

(1) Der zuständige Reichsminister trifft im Einvernehmen mit dem Reichsminister der Finanzen Bestimmungen über die Behandlung von Wertgegenständen.

(2) Wertgegenstände im Sinne des Abs. 1 sind Wertpapiere, Wertzeichen, verkäufliche Vordrucke, ferner Kostbarkeiten und sonstige als Hinterlegung zu behandelnde Sachen.

(3) Wertpapiere und Kostbarkeiten, die als Sicherheit angenommen oder beschlagnahmt sind, sollen einer Reichsbankanstalt oder sonstigen vertrauenswürdigen Geldanstalt zur Verwaltung übergeben werden. Von dem Hinterleger ist eine Gebühr zu erheben, deren Höhe der Reichsminister der Finanzen festsetzt.

II. Buch: Buchführung in den Kassen

1. Teil: Die Bücher

1. Abschnitt: Allgemeines

§ 56

Zweck

Zweck der Buchführung ist, die kassenmäßigen Vorgänge festzuhalten und die Unterlagen für die Abrechnung mit der Reichshauptkasse oder Oberkasse sowie für die Rechnungslegung zu gewinnen.

§ 57

Arten der Bücher.

(1) Die Zahlungen sind sowohl der Zeitfolge nach als auch nach der dem Reichshaushaltsplan entsprechenden oder sonst vorgesehenen Ordnung zu buchen.

(2) Für die Buchungen nach der Zeitfolge dienen die Zeitbücher, für die zweite Art der Buchungen die Sachbücher; daneben werden Hilfsbücher geführt.

§ 58

Bezeichnung der Bücher

(1) Nach den Bestimmungen der §§ 59 bis 72 werden folgende Bücher geführt:

1. als Zeitbücher das Hauptbuch, die Vorbücher zum Hauptbuch;
2. als Sachbücher das Titelbuch, das Hinterlegungsbuch, das Vorschußbuch, das Abrechnungsbuch;
3. als Hilfsbücher die Tageskladden, das Postscheckkontogegenbuch, die Girokontogegenbücher, das Gegensachbuch, das Schecküberwachungsbuch, das Auftragsbuch.

(2) Weitere Bücher dürfen nur, wenn besondere Aufgaben der Kasse es erfordern, und mit Genehmigung des zuständigen Reichsministers im Einvernehmen mit dem Reichsminister der Finanzen geführt werden.

2. Abschnitt: Die Zeitbücher

§ 59

Hauptbuch

(1) Über Einzahlungen und Auszahlungen wird ein Hauptbuch geführt. Die Einzahlungen und Auszahlungen sind ent-

weder in verschiedene Spalten ein und derselben Seite oder je auf die linke und rechte Seite oder je in einen Abschnitt oder Teilband einzutragen.

(2) Das Hauptbuch enthält die laufende Nummer und den Tag der Eintragung, die Bezeichnung des Einzahlungspflichtigen oder Empfängers, den Grund der Eintragung, bei Beleganrechnungen und Umbuchungen statt dessen die Bezeichnung der anrechnenden Kasse oder des Grundes der Umbuchung, und den Betrag der Zahlung.

(3) Nach Bedarf können in das Hauptbuch für einzelne Gruppen von Einzahlungen und Auszahlungen oder für die verschiedenen Buchhalter, in das Hauptbuch einer Einheitskasse oder Sammelkasse für die Verwaltungsbehörden, deren Kassengeschäfte ihr ganz oder teilweise übertragen sind, besondere Spalten aufgenommen werden. In diesen Fällen kann von der in Abs. 2 vorgesehenen Einteilung des Hauptbuchs abgewichen werden. Können die Einzahlungen und Auszahlungen in verschiedene Spalten ein und derselben Seite oder je auf die linke und rechte Seite des Hauptbuchs eingetragen werden, so sollen die Spalten für die Eintragungen nach Abs. 2 in der Mitte zwischen den Einzahlungen und Auszahlungen vorgesehen werden.

(4) Zur Darstellung des Tagesabschlusses (§ 80) ist im Hauptbuch hinter den Auszahlungen ein Anhang einzurichten.

(5) Das Hauptbuch führt der Kassenleiter. Der zuständige Reichsminister kann zulassen, daß, soweit der Umfang der Kassengeschäfte es erfordert, ein anderer Beamter der Kasse unter der Verantwortung des Kassenleiters die Eintragungen in das Hauptbuch vornimmt.

§ 60

Tagesnachweisungen

(1) Liegen bei einer Reichsverwaltung besondere Verhältnisse vor, so kann der zuständige Reichsminister bestimmen, daß Tagesnachweisungen zum Hauptbuch aufgestellt werden

a) für den baren Zahlungsverkehr einschließlich der Schecke und Überweisungsaufträge vom Kassier,

b) für den unbaren Zahlungsverkehr vom Kassier, und zwar bei starkem unbaren Zahlungsverkehre getrennte Tagesnachweisungen für die Zahlungen, die im Postscheckwege, durch Vermittlung der Reichsbank oder durch Vermittlung sonstiger Geldanstalten bewirkt werden,

c) für die Beleganrechnungen (§ 54 Abs. 2) und Umbuchungen von einem vom Kassenleiter zu bestimmenden Beamten.

(2) Die Tagesnachweisungen sind auf der Vorderseite mit einer für das Rechnungsjahr durchlaufenden Nummer zu versehen; ferner sind der Tag, für den die Nachweisung aufgestellt wird, und die Buchungsnummer des Hauptbuchs anzugeben. Die Tagesnachweisungen sind im übrigen dem Hauptbuch entsprechend einzurichten.

(3) Die Ergebnisse der Tagesnachweisungen werden in das Hauptbuch übernommen.

§ 61

Vorbücher zum Hauptbuch

(1) Wenn die Art der Kassengeschäfte es erfordert, können Vorbücher zum Hauptbuch für einzelne oder mehrere Gruppen von Einzahlungen oder Auszahlungen geführt werden. Die Einteilung der Vorbücher ist der des Hauptbuchs anzupassen.

(2) Die Tagesergebnisse der Vorbücher werden in das Hauptbuch übernommen.

(3) Die Vorbücher führt der Kassier. Bei starkem baren Zahlungsverkehre kann die Führung der Vorbücher einem anderen Beamten übertragen werden; ein Buchhalter soll damit nicht betraut werden.

(4) Liegen bei einer Reichsverwaltung besondere Verhältnisse vor, so kann der zuständige Reichsminister bestimmen, daß Tagesnachweisungen zu den Vorbüchern für den unbaren Zahlungsverkehr und für Umbuchungen aufgestellt werden; § 60 gilt sinngemäß.

3. Abschnitt: Die Sachbücher

§ 62

Titelbuch

(1) Bei Kassen, die einen rechnungsmäßigen Nachweis zu führen haben, sind die Haushaltseinnahmen und -ausgaben in der dem Reichshaushaltsplan entsprechenden oder sonst vorgeschriebenen Ordnung in ein Titelbuch einzutragen. Für jeden Titel und Unterteil eines Titels des Reichshaushalts-

plans ist im Titelbuch ein Abschnitt einzurichten; das gleiche gilt, wenn ein Titel oder ein Unterteil eines Titels in den Erläuterungen zum Reichshaushaltsplane mit der Wirkung zerlegt ist, daß die Verwaltung bei der Bewirtschaftung an die im einzelnen ausgebrachten Beträge gebunden ist. Der zuständige Reichsminister kann bestimmen, daß auch in anderen Fällen innerhalb eines Titels oder eines Unterteils eines Titels besondere Abschnitte im Titelbuch eingerichtet werden. Jeder Abschnitt ist mit einer seinen Inhalt bezeichnenden Überschrift zu versehen.

(2) Unter der Überschrift jedes nach Abs. 1 Satz 2 eingerichteten Abschnitts sind die im Reichshaushaltsplan, in einem Einzelplan, im Kassenanschlag oder besonders zur Verfügung gestellten Haushaltsmittel (Haushaltsbetrag) sowie die nach der vorjährigen Rechnung verbliebenen Haushaltsreste (§ 30 Abs. 1 der Reichshaushaltsordnung) und die Vorgriffe (§ 30 Abs. 2, § 73 Abs. 1 Satz 2 der Reichshaushaltsordnung) vorzutragen. Wenn im Laufe des Rechnungsjahrs Haushaltsmittel zur Verfügung gestellt oder zurückgezogen werden, so ist dies unter dem Haushaltsbetrage zu vermerken. Wird im Laufe des Rechnungsjahrs eine Haushaltsüberschreitung genehmigt oder die Genehmigung einer Haushaltsüberschreitung zurückgenommen, so ist dies unter der Überschrift jedes Abschnitts gesondert anzuschreiben. Vorgriffe sowie Vermerke über die Zurückziehung von Haushaltsmitteln und die Zurücknahme der Genehmigung von Überschreitungen sind mit roter Tinte einzutragen.

(3) Das Titelbuch enthält bei Haushaltseinnahmen und -ausgaben, die ihrem Wesen nach mit einem Mal im vollen Anordnungsbetrage zu erheben und zu leisten sind (Einzelhaushaltseinnahmen und -ausgaben), die laufende Nummer innerhalb eines jeden Abschnitts, den Tag der Zahlung, die Bezeichnung des Einzahlungspflichtigen oder Empfängers, den Grund der Haushaltseinnahme oder -ausgabe, den gezahlten Betrag und die Nummer des Belegs; bei anderen Haushaltseinnahmen und -ausgaben (laufenden Haushaltseinnahmen und -ausgaben) außerdem den auf ein Jahr entfallenden Anordnungsbetrag (Jahresbetrag), den Tag, von dem an die Anordnung gilt, den für das Rechnungsjahr rechnungsmäßig nachzuweisenden Betrag (Rechnungssoll), die zu den einzelnen Zeitabschnitten gezahlten Beträge in Monats- oder Vierteljahrsspalten und den für das

Rechnungsjahr gezahlten Gesamtbetrag der Haushaltsein- nahmen oder -ausgaben. Der Angabe des Grundes der Haushaltseinnahme oder -ausgabe bedarf es nicht, wenn da- mit die Überschrift des Abschnitts wörtlich wiederholt würde. Einzelhaushaltseinnahmen und -ausgaben können statt in besonderen Abschnitten in verschiedenen Spalten nebeneinander nachgewiesen werden.

(4) Der zuständige Reichsminister kann zulassen, daß bei laufenden Haushaltseinnahmen und -ausgaben die zu den einzelnen Zeitabschnitten gezahlten Beträge statt im Titel- buch in Zahlungsnachweisungen nachgewiesen werden und der für das laufende Rechnungsjahr insgesamt gezahlte Be- trag in das Titelbuch übernommen wird.

(5) Einzelhaushaltseinnahmen und -ausgaben können, wenn es zweckmäßig erscheint, ganz oder teilweise wie lau- fende Haushaltseinnahmen und -ausgaben behandelt werden. Dies gilt insbesondere für Einzelhaushaltseinnahmen und -ausgaben, deren Erhebung und Leistung in Teilbeträgen zugelassen ist, sowie für Einzelhaushaltseinnahmen und -ausgaben, die zur Erlangung einer besseren Übersicht ge- sondert zusammengestellt werden.

(6) Liegen bei einer Reichsverwaltung besondere Verhält- nisse vor, so kann der zuständige Reichsminister im Einver- nehmen mit dem Reichsminister der Finanzen zulassen, daß das Titelbuch in anderer als der in Abs. 1 bis 3 vorgesehenen Form geführt wird und daß Zeitbücher als Teile des Titel- buchs gelten.

(7) Das Titelbuch führt der Buchhalter.

§ 63

Hinterlegungsbuch

(1) Über Hinterlegungen wird ein Hinterlegungsbuch ge- führt. Die Einzahlungen sind auf die linke, die Auszah- lungen auf die rechte Seite einzutragen; Auszahlungen sind so zu buchen, daß sie den entsprechenden Einzahlungs- buchungen gegenüberstehen. In dem Hinterlegungsbuche sollen besondere Abschnitte eingerichtet werden, wenn Art und Umfang der Hinterlegungen es erfordern.

(2) Das Hinterlegungsbuch enthält die Nummer der Ein- tragung, den Tag der Zahlung, die Bezeichnung des Ein- zahlungspflichtigen oder Empfängers, den Grund der Zah- lung, den Betrag und einen Hinweis auf die Stelle, an der

der Betrag in den Zeitbüchern gebucht ist. Auf der Auszahlungsseite können die Beträge für die einzelnen Monate oder Vierteljahre getrennt nachgewiesen werden.

(3) Das Hinterlegungsbuch führt der Buchhalter.

§ 64

Vorschußbuch

(1) Über Vorschüsse wird ein Vorschußbuch geführt. § 63 gilt sinngemäß mit der Maßgabe, daß für Vorschüsse, die voraussichtlich als Haushaltsausgabe nachzuweisen sind, die Abschnitte getrennt nach Kapiteln und Titeln des Reichshaushaltsplans anzulegen sind. Auch im Vorschußbuche sind die Auszahlungen auf die rechte, die Einzahlungen auf die linke Seite einzutragen. Auf der Einzahlungsseite können die Beträge für die einzelnen Monate oder Vierteljahre getrennt nachgewiesen werden.

(2) Die Vorschüsse können statt in einem besonderen Buche in einem Abschnitt des Hinterlegungsbuchs nachgewiesen werden.

§ 65

Abrechnungsbuch

(1) Über Ablieferungen an die Oberkasse und Reichshauptkasse, mit Ausnahme der Ablieferungen von Auftragseinzahlungen, und über Kassenbestandsverstärkungen wird bei der Kasse ein Abrechnungsbuch gegenüber der Kasse, mit der sie im Abrechnungsverkehre steht, geführt. Steht die Kasse mit mehreren Kassen im Abrechnungsverkehre, so ist für jede Kasse im Abrechnungsbuch eine Spalte oder ein Abschnitt einzurichten.

(2) Das Abrechnungsbuch enthält die laufende Nummer und den Tag der Eintragung, die Art der Ablieferung (bar, unbar, Belege), die Form der Kassenbestandsverstärkung (Geldversorgung, Geldaushilfe, Zuschuß), den Betrag der Ablieferung und der Kassenbestandsverstärkung.

(3) Das Abrechnungsbuch führt der Buchhalter. In Kassen, in denen ein Oberbuchhalter bestellt ist, führt dieser das Abrechnungsbuch; der zuständige Reichsminister kann zulassen, daß, soweit der Umfang der Kassengeschäfte es erfordert, ein anderer Beamter der Kasse unter der Verantwortung des Oberbuchhalters die Eintragungen in das Abrechnungsbuch vornimmt.

4. Abschnitt: Die Hilfsbücher

§ 66

Tageskladden

(1) Zum Zwecke der Eintragung der durch Übergabe oder Übersendung von Zahlungsmitteln bewirkten Zahlungen können Tageskladden geführt werden, wenn dem Kassenleiter für die Erledigung des baren Zahlungsverkehrs ein Kassier beigegeben ist. Die Tageskladde führt der Kassier.

(2) Das gleiche gilt, wenn die Führung der Vorbücher zum Hauptbuch bei starkem baren Zahlungsverkehr einem anderen Beamten als dem Kassier übertragen ist (§ 61 Abs. 3).

(3) Werden Tagesnachweisungen für den baren Zahlungsverkehr aufgestellt (§ 60), so ist keine Tageskladde zu führen

§ 67

Postscheckkontogegenbuch

(1) Zum Nachweis des Guthabens der Kasse auf dem Postscheckkonto kann ein Postscheckkontogegenbuch geführt werden

(2) Das Postscheckkontogegenbuch enthält die laufende Nummer und den Tag der Eintragung, bei Einzahlungen die Worte „Nach dem Kontoauszuge", bei Auszahlungen die Bezeichnung des Empfängers, und die gezahlten Beträge.

(3) Das Postscheckkontogegenbuch führt der Kassier.

§ 68

Girokontogegenbücher

(1) Zum Nachweis des Guthabens der Kasse bei Geldanstalten wird je ein Girokontogegenbuch geführt. § 67 Abs. 2 gilt sinngemäß. Wird von einer Geldanstalt ein Buch geliefert (z. B. das Reichsbankgirokontogegenbuch der Reichsbank), so dient dieses als Girokontogegenbuch.

(2) Die Girokontogegenbücher führt der Kassier.

§ 69

Gegensachbuch

(1) Bei der Reichshauptkasse und den Oberkassen können Zahlungen, die in den Sachbüchern nachzuweisen sind, in ein Gegensachbuch eingetragen werden, um ihr Auffinden in den Sachbüchern und das Abstimmen zwischen dem Hauptbuch und den Sachbüchern zu erleichtern.

(2) Das Gegensachbuch enthält die laufende Nummer, die Nummer, unter der die Zahlung in den Zeitbüchern gebucht ist, die auf die einzelnen Sachbücher entfallenden Beträge mit der Angabe, an welcher Stelle sie in den Sachbüchern gebucht sind, und die Gesamttagessumme.

(3) Das Gegensachbuch führt der Buchhalter.

§ 70

Schecküberwachungsbuch

(1) Über die der Kasse übergebenen und übersandten Schecke wird ein Schecküberwachungsbuch geführt.

(2) Das Schecküberwachungsbuch enthält die laufende Nummer, den Tag der Annahme des Schecks, die Bezeichnung des Einzahlungspflichtigen, die Bezeichnung des Bezogenen, die Nummer des Schecks, den Betrag, den Tag der Vorlegung, den Einlösungstag, den Betrag etwaiger Kosten sowie im Falle der Nichteinlösung die Angabe, wann der Scheck zurückgesandt ist.

(3) In das Schecküberwachungsbuch sind auch Postscheck- und Reichsbanküberweisungsaufträge, die der Kasse übergeben oder übersandt werden, einzutragen. Abs. 2 gilt sinngemäß.

(4) Das Schecküberwachungsbuch führt der Kassenleiter oder, wenn der Umfang der Geschäfte es erfordert, ein von ihm zu bestimmender Beamter der Kasse.

§ 71

Auftragsbuch

(1) Bei Amtskassen und Oberkassen, die Auftragseinzahlungen (§ 53) laufend anzunehmen oder Auftragsauszahlungen laufend zu leisten haben, kann hierüber ein Auftragsbuch geführt werden.

(2) Das Auftragsbuch enthält die laufende Nummer, den Grund der Zahlung, den auf ein Jahr entfallenden Anordnungsbetrag, den Tag, von dem an die Anordnung gilt, die Bezeichnung des Einzahlungspflichtigen oder Empfängers und die zu den einzelnen Zeitabschnitten gezahlten Beträge.

(3) Das Auftragsbuch führt der Buchhalter.

5. Abschnitt: Vereinigung von Büchern

§ 72

Vereinigung von Büchern

(1) Einzelhaushaltseinnahmen und -ausgaben (§ 62 Abs. 3) sollen statt im Titelbuch im Hauptbuch oder in den Vorbüchern zum Hauptbuch nachgewiesen werden, wenn dadurch die Geschäftsführung der Kasse oder die Rechnungslegung nicht erschwert wird.

(2) Die Bestimmung des Abs. 1 gilt sinngemäß für Hinterlegungen, Vorschüsse, Ablieferungen und Kassenbestandsverstärkungen.

2. Teil: Führung der Bücher

§ 73

Äußere Form der Bücher, Kartei, Loseblattbücher

(1) Die Bücher der Kasse sind jeweils für ein Rechnungsjahr oder Teile eines Rechnungsjahrs zu führen, soweit der zuständige Reichsminister nicht für bestimmte Haushaltseinnahmen und -ausgaben Ausnahmen zuläßt. Satz 1 steht der Verwendung eines für einen Zeitabschnitt angelegten Buches für weitere Zeitabschnitte nicht entgegen, sofern die Rechnungslegung dadurch nicht berührt wird. Die Bücher können in Teilbänden geführt werden; dies gilt insbesondere auch, wenn dadurch bei verschiedener Größe der zu verwendenden Vordrucke eine Papierersparnis erzielt wird.

(2) Die Bücher sollen in der Regel in gebundener oder gehefteter Form geführt werden. Der zuständige Reichsminister bestimmt, ob und welche Sicherungsmaßregeln für die Bücher zu treffen sind. Wenn es zur Erleichterung der Kassengeschäfte zweckmäßig ist, können Bücher in Form einer Kartei oder als Loseblattbücher geführt werden; der zuständige Reichsminister trifft die näheren Bestimmungen, die erforderlich sind, um Unregelmäßigkeiten, insbesondere ein unstatthaftes Entfernen einzelner Karten oder Blätter, auszuschließen.

(3) Die gebundenen und gehefteten Bücher sind mit Seitenzahlen zu versehen. Wenn Eintragungen über zwei sich gegenüberstehende Seiten eines Buches gemacht werden oder

Einzahlungen und Auszahlungen sich auf der linken und rechten Seite gegenüberstehen, so gelten die beiden Blattseiten als eine Seite. Bücher und Bücherteile, die später in andere Bücher aufgenommen werden sollen, sind zunächst unten mit Seitenzahlen zu versehen.

(4) Die Bücher können so eingerichtet werden, daß die Spaltensummen einer Seite ohne Übertragung auf die nächste Seite den auf dieser eingetragenen Beträgen zugerechnet werden können.

(5) Der zuständige Reichsminister kann bestimmen, daß in die Bücher außer den in der Reichskassenordnung vorgesehenen Spalten noch weitere Spalten aufgenommen werden.

§ 74

Form der Eintragungen

(1) Die Eintragungen in Bücher und Nachweisungen sind deutlich lesbar mit schwarzer Tinte vorzunehmen; Tagessummen, für die keine besondere Spalte vorgesehen ist, dürfen mit grüner Tinte eingetragen werden. Absetzungen sind mit roter Tinte einzutragen; zum Zwecke der Eintragung von Absetzungen in einem Gesamtbetrage kann ein besonderer Abschnitt eingerichtet werden, in dem die einzelnen Absetzungen mit schwarzer Tinte zu buchen sind. Der zuständige Reichsminister kann zulassen, daß zu Eintragungen in die Tagesfladden Tintenstift verwendet wird.

(2) Abkürzungen sind zu gebrauchen, wenn sie allgemein verständlich oder von der zuständigen Verwaltungsbehörde zugelassen sind.

(3) Bei der Eintragung von Zahlungen nach der Zeitfolge dürfen Linien nicht freigelassen werden; Eintragungen zwischen den Linien sind unzulässig.

(4) Änderungen dürfen nur so vorgenommen werden, daß die ursprüngliche Eintragung lesbar bleibt; sie sind durch Beifügen des Namenszeichens des ändernden Beamten und des Tages der Änderung zu bescheinigen. Ausschaben, Überkleben und Übermalen ist unzulässig. Nach dem Tagesabschlusse (§ 80) dürfen die Beträge nicht mehr geändert werden; wenn Eintragungen zu berichtigen sind, ist der Unterschiedsbetrag durch eine Neueintragung zu- oder abzusetzen; bei der berichtigten Eintragung ist hierauf hinzuweisen.

(5) Ziffern sind in den Längsspalten sorgfältig untereinander zu setzen. Die Reichsmarkbeträge sind in Gruppen von je drei Ziffern anzuschreiben. Bei der Eintragung von Beträgen unter 10 Reichspfennigen ist vor den Betrag eine Null zu setzen.

§ 75

Buchungsbestimmungen

(1) Die Zahlungen sind zunächst in die Zeitbücher und Hilfsbücher, sodann in die Sachbücher einzutragen. Einzahlungen durch Übergabe oder Übersendung von Zahlungsmitteln sind am Einzahlungstage (§ 35), sonstige Einzahlungen an dem Tage, an dem die Kasse von der Gutschrift Kenntnis erhält, zu buchen. Auszahlungen sind am Auszahlungstage (§ 38) zu buchen.

(2) Die für den rechnungsmäßigen Nachweis in Frage kommenden Bücher und Nachweisungen der Kasse sind so zu führen, daß sie in Urschrift als Kassenrechnung oder als Teile der Kassenrechnung verwendet werden können.

(3) Amtskassen und Oberkassen haben die Buchungen so vorzunehmen, daß die Oberkasse oder Reichshauptkasse die Ergebnisse in Gesamtbeträgen in ihre Bücher übernehmen kann, soweit sie nicht die Buchungen einzeln vornehmen muß.

(4) Bei laufenden Haushaltseinnahmen und -ausgaben (§ 62 Abs. 3) und den diesen gleich zu behandelnden Einzelhaushaltseinnahmen und -ausgaben (§ 62 Abs. 5) ist in dem Titelbuch anzugeben, in welcher Weise die Anordnungsbeträge einzuziehen oder auszuzahlen sind.

(5) In das für einen neuen Zeitabschnitt angelegte Titelbuch sind aus dem Titelbuche des abgelaufenen Zeitabschnitts die für den neuen Zeitabschnitt geltenden Anordnungsbeträge sowie die für Zahlungen in dem neuen Zeitabschnitt erforderlichen Vermerke zu übernehmen.

(6) Nicht gezahlte Beträge (Kassenreste) sind in dem abgeschlossenen Titelbuche zu vermerken und zu erläutern und in das für den neuen Zeitabschnitt angelegte Titelbuch einzutragen. In beide Titelbücher sind gegenseitige Hinweise aufzunehmen.

(7) Werden Einzelhaushaltseinnahmen und -ausgaben in Teilbeträgen erhoben oder geleistet, ohne daß nach § 62 Abs. 5 verfahren wird, so sind in das Titelbuch bei den einzelnen Zahlungen gegenseitige Hinweise aufzunehmen.

(8) Die Bestimmungen der Abs. 4 bis 7 gelten sinngemäß für das Hinterlegungsbuch, das Vorschußbuch und das Auftragsbuch.

§ 76

Gang des Buchungsverfahrens

(1) Der Kassenleiter soll die Annahmeanordnungen über den Buchhalter dem Kassier zuleiten. Anordnungen über laufende Haushaltseinnahmen (§ 62 Abs. 3) und über diesen gleich zu behandelnde Einzelhaushaltseinnahmen (§ 62 Abs. 5) sind vor der Zuleitung an den Kassier zum Soll zu stellen. Die Belege werden von dem Kassier nach Annahme der Einzahlung zur Eintragung in das Hauptbuch an den Kassenleiter, von diesem zur Eintragung in die Sachbücher an den Buchhalter zurückzugeben.

(2) Der Kassenleiter soll die Auszahlungsanordnungen dem Buchhalter zuleiten. Dieser prüft, ob die Auszahlungsanordnungen in der Form den ergangenen Bestimmungen entsprechen und sich im Rahmen der verfügbaren Mittel halten. Ergeben sich bei der Prüfung keine Anstände, so versieht der Buchhalter die Anordnung mit seinem Namenszeichen und leitet sie dem Kassier zu. Anordnungen über laufende Haushaltsausgaben (§ 62 Abs. 3) und über diesen gleich zu behandelnde Einzelhaushaltsausgaben (§ 62 Abs. 5) sind vor der Zuleitung an den Kassier zum Soll zu stellen. Der Kassier leistet die Auszahlung auf die mit dem Namenszeichen des Buchhalters versehenen Anordnungen und gibt dem Kassenleiter die Belege zur Eintragung in das Hauptbuch zurück; dieser leitet die Belege dem Buchhalter zur Eintragung in die Sachbücher zu. Ist eine Auszahlungsanordnung zu beanstanden oder gibt sie sonst zu begründeten Bedenken Anlaß, so ist sie mit Begründung unerledigt an die anordnende Stelle zurückzuleiten. Erhält die Kasse die beanstandete Anordnung mit der schriftlichen Weisung, sie auszuführen, zurück, so ist auf Grund dieser Weisung die Auszahlung zu leisten.

(3) Der Kassier soll die Belege nach der Zahlung dem Buchhalter unmittelbar zuleiten, wenn Tagesnachweisungen (§ 60) aufgestellt oder Vorbücher zum Hauptbuch (§ 61) geführt werden.

(4) Der zuständige Reichsminister trifft unter Berücksichtigung der dienstlichen Erfordernisse der Kassen seines Ver-

waltungsbereichs die näheren Bestimmungen über den Gang des Buchungsverfahrens; für bestimmte Haushaltseinnahmen kann eine von Abs. 1 abweichende Regelung getroffen werden.

§ 77

Aufbewahrung der Bücher und Belege

Die Bücher und Belege sind sicher aufzubewahren. Belege sind so zu ordnen, daß sie jederzeit leicht aufgefunden werden können.

§ 78

Behandlung des Buchausgleichs und der Umbuchungen

Die §§ 56 bis 77 gelten sinngemäß für den Buchausgleich (§ 28) und die Umbuchungen.

3. Teil: Abschluß der Bücher, Abrechnung

§ 79

Zweck und Arten des Abschlusses

(1) Die Bücher der Kasse sind zu bestimmten Zeitpunkten abzuschließen. Der Abschluß findet statt, um die Summen der angenommenen Einzahlungen und geleisteten Auszahlungen zu ermitteln.

(2) Es sind zu unterscheiden: der Tagesabschluß, der Monatsabschluß, der Vierteljahrsabschluß und der Jahresabschluß.

§ 80

Tagesabschluß

(1) Die Kasse hat, wenn Zahlungen bewirkt worden sind, zum Schlusse der Dienststunden im Anhang zum Hauptbuch (§ 59 Abs. 4) einen Tagesabschluß zu machen. Nach der Übernahme der Ergebnisse der Tagesnachweisungen (§ 60) und Vorbücher zum Hauptbuch (§ 61) in das Hauptbuch sind in diesem die Einzahlungen und Auszahlungen je für sich aufzurechnen; der Unterschiedsbetrag zwischen den Gesamtsummen der Einzahlungen und Auszahlungen ist dem zuletzt buchmäßig festgestellten Bestande (Kassensollbestand) hinzuzurechnen. Der nach der Hinzurechnung sich ergebende Betrag bildet den neuen Kassensollbestand.

(2) Der Kassenbestand ist zu ermitteln (Kassenbestandsaufnahme) und dem Kassensollbestande gegenüberzustellen.

Es ist ersichtlich zu machen, wie sich der Kassenbestand aus Zahlungsmitteln und Guthaben zusammensetzt und in welcher Höhe Schecke und Überweisungsaufträge zur Einlösung weitergegeben worden sind.

(3) Unstimmigkeiten, die sich bei der Gegenüberstellung des Kassenbestandes mit dem Kassensollbestand ergeben, sind sofort aufzuklären. Kassenfehlbeträge und Kassenüberschüsse sind zu vermerken. Kassenfehlbeträge sind von dem Kassenbeamten sofort zu ersetzen; geschieht dies nicht, so ist der Fehlbetrag, wenn der hierfür verantwortliche Beamte die Haftpflicht anerkennt, zu dessen Lasten, andernfalls zu Lasten des Reichs als Vorschuß zu buchen. Der Kassenleiter hat dem Vorsteher der Verwaltungsbehörde, der die Kasse angehört, und dem Kassenaufsichtsbeamten von dem als Vorschuß gebuchten Fehlbetrage Kenntnis zu geben. Kassenüberschüsse sind als Hinterlegungen zu behandeln; wenn sie aufgeklärt werden können, dürfen sie nur auf Grund einer Auszahlungsanordnung ausgezahlt werden, andernfalls verbleiben sie dem Reiche.

(4) Der Kassenleiter hat die Richtigkeit des Tagesabschlusses anzuerkennen. Die vorhandenen Zahlungsmittel sind im Kassenbehälter aufzubewahren; den Betrag haben die Beamten, unter deren Mitverschluß der Kassenbehälter steht, anzuerkennen.

§ 81

Monats-, Vierteljahrs- und Jahresabschluß, Abrechnung

(1) Die Amtskassen und Oberkassen haben ihre Bücher für jeden Kalendermonat und für das Rechnungsjahr abzuschließen und gleichzeitig mit der Oberkasse oder Reichshauptkasse abzurechnen. Der zuständige Reichsminister setzt den Tag fest, an dem der Abschluß für den abgelaufenen Kalendermonat stattzufinden hat. Der Reichsminister der Finanzen bestimmt den Tag und den Monat, bis zu dem die Bücher für das abgelaufene Rechnungsjahr abzuschließen sind. Der zuständige Reichsminister kann bestimmen, daß die Bücher statt für jeden Kalendermonat nur für jedes Kalendervierteljahr abgeschlossen werden; Satz 2 gilt sinngemäß.

(2) Das Hauptbuch und die Vorbücher zum Hauptbuch, die Sachbücher und das Gegensachbuch sind aufzurechnen. Nach der Aufrechnung ist zu prüfen, ob die Ergebnisse der

einzelnen Bücher übereinstimmen. Im Hauptbuch sind die Auszahlungen von den Einzahlungen abzuziehen, der in den nächsten Zeitabschnitt zu übernehmende Bestand ist anzugeben. Der zuständige Reichsminister kann im Einvernehmen mit dem Reichsminister der Finanzen bestimmen, daß bei den Abschlüssen von der Aufrechnung des Titelbuchs für bestimmte Haushaltseinnahmen abgesehen wird, wenn diese getrennt nach Kapiteln und Titeln in Zeitbücher eingetragen werden, die nach § 62 Abs. 6 als Teile des Titelbuchs gelten.

(3) Die Amtskassen und Oberkassen haben über jeden Abschluß eine Abschlußnachweisung aufzustellen. Diese enthält die einzelnen Summen der aus dem Titelbuch und, soweit dieses nicht aufgerechnet wird, aus dem Hauptbuch oder den Vorbüchern zum Hauptbuch sich ergebenden Haushaltseinnahmen und -ausgaben in der dem Reichshaushaltsplan entsprechenden oder sonst vorgeschriebenen Ordnung, die Gegenüberstellung dieser Haushaltseinnahmen nebst Kassenbestandsverstärkungen und dieser Haushaltsausgaben nebst Ablieferungen nach dem Abrechnungsbuche sowie die Richtigkeitsbescheinigung des Kassenaufsichtsbeamten. Die Oberkasse oder Reichshauptkasse übernimmt auf Grund der Abschlußnachweisungen die Haushaltseinnahmen und -ausgaben in ihre Bücher und bewirkt die sonst erforderlichen Eintragungen.

(4) Der Reichsminister der Finanzen bestimmt, für welchen Zeitabschnitt die Reichshauptkasse ihre Bücher abzuschließen hat. Für den Abschluß der Bücher der Reichshauptkasse gelten die Abs. 1 bis 3 sinngemäß.

III. Buch: Kassenprüfungen

1. Teil: Allgemeines

§ 82

Zweck und Arten

(1) Bei den Kassen sind ordentliche und außerordentliche Kassenprüfungen vorzunehmen. Der zuständige Reichsminister kann im Einvernehmen mit dem Reichsminister der Finanzen zulassen, daß in den Fällen des § 17 Abs. 2 von der Vornahme ordentlicher Kassenprüfungen abgesehen wird.

(2) Zweck der Kassenprüfungen ist, zu ermitteln, ob der Kassenbestand mit dem Ergebnis der Eintragungen in den Zeitbüchern übereinstimmt, ob die Bücher richtig geführt sind, insbesondere die Eintragungen in den Sachbüchern denen in den Zeitbüchern entsprechen, ob die erforderlichen Belege vorhanden und auch im übrigen die Kassengeschäfte ordnungsgemäß erledigt sind.

§ 83
Zahl

Ordentliche Kassenprüfungen sind in der Regel monatlich einmal, außerordentliche Kassenprüfungen jährlich mindestens einmal vorzunehmen. Der zuständige Reichsminister bestimmt die Zahl der bei den Kassen seines Verwaltungsbereichs vorzunehmenden ordentlichen und außerordentlichen Kassenprüfungen; er kann diese Befugnis für die ordentlichen Kassenprüfungen auf die höheren Verwaltungsbehörden übertragen. Hat in dem Zeitabschnitt, in dem eine ordentliche Kassenprüfung vorzunehmen ist, eine außerordentliche Kassenprüfung stattgefunden, so kann von der Vornahme der ordentlichen Kassenprüfung abgesehen werden.

§ 84
Anordnung und Zeitpunkt

(1) Nach näherer Bestimmung des zuständigen Reichsministers werden die ordentlichen Kassenprüfungen von dem Kassenaufsichtsbeamten (§ 17) oder dem Vorsteher der Verwaltungsbehörde, der die Kasse angehört, die außerordentlichen von dem Vorsteher der Verwaltungsbehörde, der die Kasse angehört, der übergeordneten Verwaltungsbehörde oder dem zuständigen Reichsminister angeordnet.

(2) Der Zeitpunkt der ordentlichen Kassenprüfungen ist der Kasse vorher bekanntzugeben, wenn nicht besondere Gründe entgegenstehen; der Zeitpunkt der außerordentlichen Kassenprüfungen ist geheimzuhalten. Bei der Festsetzung des Zeitpunkts für die Vornahme der Kassenprüfungen ist die Geschäftslage der Kasse zu berücksichtigen, wenn nicht aus besonderen Gründen hiervon abgesehen werden muß.

§ 85
Kassenprüfung bei Kassenübergabe

Bei der Kassenübergabe (§ 13 Abs. 2) ist eine ordentliche Kassenprüfung vorzunehmen.

§ 86

Von der Prüfung umfaßter Zeitraum

Die ordentlichen Kassenprüfungen haben den Zeitraum bis zu der vorangegangenen ordentlichen oder außerordentlichen Kassenprüfung, die außerordentlichen Kassenprüfungen haben, soweit die Bücher und Belege vorliegen, den Zeitraum bis zu der vorangegangenen außerordentlichen Kassenprüfung zu umfassen.

§ 87

Prüfungsbeamte

(1) Die ordentlichen Kassenprüfungen werden von dem Kassenaufsichtsbeamten vorgenommen.

(2) Außerordentliche Kassenprüfungen, die der Vorsteher der Verwaltungsbehörde, der die Kasse angehört, angeordnet hat, werden von diesem oder dem Kassenaufsichtsbeamten vorgenommen. Mit der Vornahme außerordentlicher Kassenprüfungen, die die übergeordnete Verwaltungsbehörde oder der zuständige Reichsminister angeordnet hat, beauftragt die anordnende Stelle einen ihrer Beamten oder einen Beamten der nachgeordneten Behörden.

(3) Wenn es der Umfang der Prüfungsgeschäfte erfordert, können dem Prüfungsbeamten andere Beamte, die nicht Beamte der Kasse sein dürfen, beigegeben werden; diese haben ihn nach seinen Weisungen bei der Vornahme der Kassenprüfung zu unterstützen.

2. Teil: Ordentliche Kassenprüfungen

§ 88

Vorarbeiten der Kasse

(1) Vor Beginn der ordentlichen Kassenprüfung haben die Kassenbeamten die Zeitbücher abzuschließen und den Kassensollbestand (§ 80 Abs. 1) zu ermitteln. Das Ergebnis des Abschlusses des Hauptbuchs und der Kassensollbestand sind in einen Kassenbestandsausweis zu übernehmen.

(2) Der Kassenleiter hat den Kassenbestand zu ermitteln und getrennt nach Bargeld, Schecken, Postscheck- und Reichsbanküberweisungsaufträgen, Wechseln und nach den Guthaben der Kasse beim Postscheckamte, bei der Reichsbank und sonstigen Geldanstalten im Kassenbestandsausweise darzustellen.

(3) Der Kassenleiter hat den Kassenbestandsausweis zu vollziehen und dem Prüfungsbeamten zu übergeben.

§ 89

Prüfung des Kassenbestandes

(1) Bei Beginn der ordentlichen Kassenprüfung hat der Prüfungsbeamte zu prüfen, ob der in dem Kassenbestandsausweise nach § 88 Abs. 2 dargestellte Kassenbestand vorhanden ist; er hat die in dem Kassenbestandsausweis angegebenen Guthaben der Kasse bei der Reichsbank und sonstigen Geldanstalten von diesen bestätigen zu lassen und die Richtigkeit des Guthabens beim Postscheckamt auf Grund der Kontoauszüge des Postscheckamts zu prüfen.

(2) Der Prüfungsbeamte darf die Prüfung des Kassenbestandes den ihm nach § 87 Abs. 3 beigegebenen Beamten nicht übertragen.

§ 90

Prüfung der Buchungen und Belege

(1) Der Prüfungsbeamte hat die einzelnen Buchungen auf Grund der Belege, außerdem die Richtigkeit der in den Fällen des § 44 auf den Belegen abgegebenen Bescheinigungen an Hand der Lastschriftzettel oder sonstiger Unterlagen zu prüfen.

(2) Der Prüfungsbeamte hat zu prüfen, ob die im Geldeingangsbuche (§ 20 Abs. 2) eingetragenen Wertsendungen, die von dem Postscheckamt und von Geldanstalten der Kasse gutgeschriebenen Beträge und die zu Auszahlungen verwendeten Schecke und Überweisungsaufträge ordnungsgemäß verbucht sind; er hat ferner die Scheck- und Überweisungshefte auf ihre Vollständigkeit zu prüfen.

(3) Der Prüfungsbeamte soll die Belege daraufhin prüfen, ob sie in der Form den ergangenen Bestimmungen entsprechen.

(4) Der zuständige Reichsminister kann zulassen, daß die Prüfung auf Stichproben beschränkt wird.

§ 91

Prüfung der Gesamtergebnisse der Bücher

(1) Nach Prüfung der einzelnen Buchungen und Belege hat der Prüfungsbeamte zu prüfen, ob die Tagesnachweisungen und Vorbücher zum Hauptbuch richtig aufgerechnet, die

Summen der Tagesnachweisungen in das Hauptbuch oder die Vorbücher und die Summen der Vorbücher in das Hauptbuch richtig übernommen sind und das Hauptbuch richtig aufgerechnet ist. Sodann hat er zu prüfen, ob das nach § 88 Abs. 1 in dem Kassenbestandsausweise nachgewiesene Ergebnis des Abschlusses des Hauptbuchs mit dem Hauptbuch übereinstimmt und der angegebene Kassensollbestand richtig ist.

(2) Der Prüfungsbeamte hat zu prüfen, ob der durch die Prüfung festgestellte Kassensollbestand mit dem Kassenbestand übereinstimmt. Ergibt sich ein Kassenfehlbetrag oder Kassenüberschuß, so ist entsprechend § 80 Abs. 3 zu verfahren.

(3) Der Prüfungsbeamte hat ferner zu prüfen, ob die Sachbücher bei dem der ordentlichen Kassenprüfung vorangegangenen Abschluß richtig aufgerechnet sind und zu diesem Zeitpunkt mit dem Ergebnis des Hauptbuchs übereingestimmt haben. Der zuständige Reichsminister kann zulassen, daß nur in einzelnen Sachbüchern die Aufrechnung ganz oder teilweise nachgeprüft wird; er kann diese Befugnis auf die höheren Verwaltungsbehörden übertragen.

(4) Der Prüfungsbeamte darf die in Abs. 1 Satz 2 und Abs. 2 vorgesehene Prüfung den ihm nach § 87 Abs. 3 beigegebenen Beamten nicht übertragen.

§ 92

Zeichnung der Bücher und Belege

(1) Der Prüfungsbeamte oder die ihm nach § 87 Abs. 3 beigegebenen Beamten haben in den von ihnen geprüften Büchern zu vermerken, daß und an welchem Tage diese geprüft worden sind. Die geprüften Belege sind mit dem Namenszeichen zu versehen.

(2) Der Prüfungsvermerk ist in den Zeitbüchern und Hilfsbüchern neben die letzte Eintragung, in den Sachbüchern auf die erste Seite zu setzen.

§ 93

Sonstige Obliegenheiten des Prüfungsbeamten

(1) Der Prüfungsbeamte hat sich davon zu überzeugen, ob auch im übrigen die Kassengeschäfte ordnungsgemäß erledigt, insbesondere die Haushaltseinnahmen und -ausgaben sowie die sonstigen Zahlungen rechtzeitig und vollständig erhoben

und geleistet sind, ob der tägliche Kassenbestand die zulässige Höhe nicht überschritten hat, Hinterlegungen und Vorschüsse rechtzeitig abgewickelt und bei Auftragsauszahlungen die Auszahlungsbelege rechtzeitig angerechnet werden (§ 54 Abs. 2).

(2) Er hat ferner festzustellen, ob die für die Sicherheit der Kasse getroffenen Maßnahmen ausreichen.

(3) Nach dem Abschluß der Bücher (§ 81) hat er zu prüfen, ob die nach § 75 Abs. 5, 6, 8 aus den Büchern des abgelaufenen Zeitabschnitts in die für den neuen Zeitabschnitt angelegten Bücher zu übernehmenden Angaben richtig übertragen sind.

(4) Der Prüfungsbeamte hat festzustellen, ob die in der Niederschrift über die vorangegangene ordentliche Kassenprüfung enthaltenen Prüfungsbemerkungen erledigt sind oder welche Hinderungsgründe der Erledigung entgegenstehen.

(5) Der Prüfungsbeamte darf die Prüfung, ob der tägliche Kassenbestand die zulässige Höhe nicht überschritten hat (Abs. 1), sowie die in Abs. 2 und 4 vorgesehene Prüfung den ihm nach § 87 Abs. 3 beigegebenen Beamten nicht übertragen.

§ 94

Laufende Vornahme von Prüfungsarbeiten

Die in den §§ 90 bis 93 genannten Arbeiten können, soweit es zweckmäßig ist, in dem zwischen zwei Kassenprüfungen liegenden Zeitraum vorgenommen werden.

§ 95

Kassenprüfungsniederschrift

(1) Über die ordentliche Kassenprüfung ist eine Niederschrift (Kassenprüfungsniederschrift) aufzunehmen, die Ort und Tag der Kassenprüfung, die Bezeichnung des Prüfungsbeamten, der geprüften Kasse und des Kassenleiters, den Gang, den Umfang und die Ergebnisse der Prüfung sowie etwaige Einwendungen des Kassenleiters gegen Prüfungsbemerkungen enthält. Sind Prüfungsbemerkungen aus früheren ordentlichen Kassenprüfungen noch nicht erledigt, so sind sie mit Angabe der Hinderungsgründe in der Niederschrift zu vermerken. Der Kassenbestandsausweis ist der Niederschrift beizufügen. Die Niederschrift ist von dem Prüfungsbeamten und dem Kassenleiter zu vollziehen.

(2) Geringfügige Beanstandungen sind nach Möglichkeit im Verlaufe der Kassenprüfung zu beseitigen. In diesem Falle ist von der Aufnahme einer Prüfungsbemerkung in die Niederschrift abzusehen.

(3) Der zuständige Reichsminister bestimmt, welcher Stelle die Niederschrift vorzulegen ist.

3. Teil: Außerordentliche Kassenprüfungen

§ 96

Für die außerordentlichen Kassenprüfungen gelten die §§ 89 bis 93 und § 95 sinngemäß; die außerordentlichen Kassenprüfungen sollen erschöpfender als die ordentlichen sein. Die Prüfung kann für den vor der vorangegangenen ordentlichen Kassenprüfung liegenden Zeitraum auf Stichproben beschränkt werden. Die in § 88 genannten Arbeiten sind bei Beginn der außerordentlichen Kassenprüfung auszuführen; der Kassenleiter hat den Kassenbestand in Gegenwart des Prüfungsbeamten zu ermitteln und in dem Kassenbestandsausweise darzustellen.

4. Teil: Kassenprüfungen durch den Rechnungshof des Deutschen Reichs

§ 97

Nimmt der Rechnungshof des Deutschen Reichs nach § 97 der Reichshaushaltsordnung Kassenprüfungen vor, so bestimmt er das Verfahren.

IV. Buch: Übergangs- und Schlußbestimmungen

§ 98

Ermächtigung zum Erlaß abweichender Bestimmungen

(1) Der Reichsminister der Finanzen kann für die Reichshauptkasse und die Einheitskassen (§ 5), soweit erforderlich im Einvernehmen mit dem zuständigen Reichsminister, von der Reichskassenordnung abweichende Bestimmungen treffen, wenn die besonderen Aufgaben dieser Kassen es erfordern. Er kann insbesondere zulassen, daß im Hauptbuch, ab-

weichend von den Bestimmungen des § 59, Einzahlungen und Auszahlungen in einer Spalte untereinander mit schwarzer und roter Tinte gebucht werden.

(2) Der zuständige Reichsminister kann im Einvernehmen mit dem Reichsminister der Finanzen von der Reichskassenordnung abweichende Bestimmungen treffen, soweit die Verwendung von Maschinen oder sonstiger technischer Hilfsmittel (§ 20 Abs. 6) dies angezeigt erscheinen läßt.

§ 99

Künftig wegfallende Behörden

Der zuständige Reichsminister kann im Einvernehmen mit dem Reichsminister der Finanzen zulassen, daß von der Durchführung der Bestimmungen der Reichskassenordnung bei Kassen von Verwaltungsbehörden, die im Reichshaushaltsplan als künftig wegfallend bezeichnet sind, ganz oder teilweise abgesehen wird.

§ 100

Reichsbetriebe

Die Bestimmungen der Reichskassenordnung gelten sinngemäß für die Reichsbetriebe (§ 15 der Reichshaushaltsordnung), soweit nicht bei ihnen die kaufmännische doppelte Buchführung eingerichtet ist und die Art des Geschäftsbetriebs Abweichungen erfordert.

§ 101

Befugnisse des Rechnungshofs

Die dem Rechnungshofe des Deutschen Reichs nach der Reichshaushaltsordnung zustehenden Befugnisse bleiben unberührt

§ 102

Vollzugsbestimmungen, Inkrafttreten

(1) Die Reichsminister erlassen, soweit in der Reichskassenordnung nicht etwas anderes bestimmt ist, im Einvernehmen mit dem Reichsminister der Finanzen die zum Vollzuge der Reichskassenordnung erforderlichen Bestimmungen für ihren Verwaltungsbereich. Der Reichsminister der Finanzen hat

dafür zu sorgen, daß hierbei die Einheitlichkeit innerhalb der Reichsverwaltung hergestellt und gewahrt wird, soweit nicht sachliche Gründe entgegenstehen.

(2) Die Bestimmungen des Abs. 1 treten mit der Verkündung in Kraft. Im übrigen tritt die Reichskassenordnung nebst den Vollzugsbestimmungen am 1. April 1928 in Kraft.

Berlin, den 6. August 1927

Der Reichskanzler
In Vertretung
Hergt

Der Reichsminister der Finanzen
Köhler

Erläuterungen zur Reichskassenordnung

Vorbemerkung der Herausgeber.

Unter dem Text der Paragraphen ist über der Erläuterung angegeben, ob der Gegenstand in der AKO. und in den im Kommentar abgedruckten Vollzugsbestimmungen behandelt ist. Bei den letzteren handelt es sich zumeist um die Vollzugsbestimmung zu dem betreffenden Paragraphen, so daß sich eine Paragraphenangabe insoweit erübrigt; die AKO. ist stets mit dem in Betracht kommenden Paragraphen aufgeführt.

Wenn im Kommentar Paragraphen ohne Zusatz angeführt werden, so sind damit stets die Paragraphen der RKO. gemeint; wenn ein Absatz mit Nummern ohne Zusatz angeführt wird, so ist damit stets der betreffende Absatz des erläuterten Paragraphen bezeichnet.

Auf Grund des § 55 der Reichshaushaltsordnung vom 31. Dezember 1922 (Reichsgesetzbl. 1923 II S. 17) verordnet die Reichsregierung:

AKO. Eingangsformel; VB. RHK., VB. RAM.; VB. Heer,

1. Die RKO. ist veröffentlicht im Reichsministerialblatt von 1927 S. 357.

Die Regelung des Kassen- und Buchführungswesens ist eine Verwaltungsangelegenheit, die bis zum Erlaß der RHO. zunächst jeder Verwaltungschef für seinen Amtsbereich zu ordnen hatte (Art. 56 und 77 RV.). § 55 RHO. enthält die Vorschrift:

> „Die allgemeinen Grundsätze für die Kassen- und Buchführung werden durch Erlaß der Reichsregierung für die gesamte Reichsverwaltung einheitlich festgestellt.“

Damit ist der Reichsregierung ausdrücklich aufgegeben, für die gesamte Reichsverwaltung eine einheitliche Kassenordnung einzuführen. Diese Aufgabe wird durch den Erlaß der RKO. erfüllt. Wenn § 55 RHO. von der Aufstellung allgemeiner Grundsätze für die Kassen- und Buchführung spricht, so würde eine wörtliche Befolgung der Vorschrift durch die Aufstellung lediglich von Grundsätzen dem praktischen Bedürfnis und dem Willen des Gesetzgebers nicht genügt haben. Solche allgemeinen Grundsätze sind im III. Abschnitt der RHO. (§§ 55—86) bereits enthalten. Gemeint ist vielmehr die Regelung des Kassen- und Buchführungswesens in seinen Grundzügen. Der Ausdruck „Grundzüge“ ist nur gewählt, weil die Regelung des gesamten Kassenwesens der Reichsverwaltung durch eine erschöpfende einheitliche Vorschrift sich bei der verschiedenartigen Gestaltung der Kassengeschäfte der einzelnen Verwaltungszweige verbietet. Wohl aber soll das Kassenwesen im Reiche, soweit es sich für alle Verwaltungszweige gleichmäßig und einheitlich regeln läßt, durch entsprechende Bestimmungen einheitlich gestaltet werden. Dies geschieht durch die RKO. Sie ist als die für alle Reichskassen unmittelbar gültige Muttervorschrift anzusehen, die nur gemäß § 102 entsprechend den besonderen Verhältnissen eines Verwaltungszweigs durch Vollzugsbestimmungen zu ergänzen ist (vgl. hierzu § 102 Anm. 2).

Einheitliche Vorschriften für die Kassenführung dienen der geordneten und wirtschaftlichen Führung der Kassengeschäfte. Sie bedeuten eine erhebliche Ersparnis an Verwaltungsarbeit, da die einzelnen Verwaltungen nicht mehr genötigt sind, erschöpfende Bestimmungen über die Geschäftsführung ihrer Kassen zu treffen und auf dem laufenden zu erhalten, sondern sich auf den Erlaß von Vollzugsbestimmungen zur gemeinsamen RKO. beschränken können. Die Vereinheitlichung führt, wie auf der Hand liegt, durch Verringerung des Drucksachenstoffes — Dienstvorschriften und Vordrucke — zu einem verringerten Arbeits- und Geldaufwand. Sie erleichtert die wechselseitige Verwendung und den Austausch von Beamten verschiedener Verwaltungen. Sie sichert die Vollständigkeit und Zuverlässigkeit der Kassenvorschriften, bei deren Aufstellung und Fortbildung die Erfahrungen aller Verwaltungszweige des Reichs nutzbar gemacht werden. Die RKO. regelt aber weiter nicht nur das Verfahren der Kassen bei Erledigung der Kassengeschäfte, sondern sie stellt auch Grundsätze für eine möglichst zweckmäßige und wirtschaftliche Organisation der Kassen auf, wie sie § 26 RHO. zur Pflicht macht. Sie bringt zu diesem Zweck eingehende, für eine sparsame Wirtschaftsführung im Reiche bedeutsame Vorschriften darüber, in welcher Weise die Kassengeschäfte verschiedener Behörden künftighin zusammengefaßt werden sollen (§ 5) und sieht die Möglichkeit vor, daß von den Reichskassen auch andere Kassengeschäfte als die des Reichs, insbesondere solche der Länder und Gemeinden wahrgenommen werden (§ 4 Abs. 2).

Die Bedeutung der RKO. liegt hiernach zusammengefaßt darin, daß sie eine einheitliche Ordnung für die Wahrnehmung der Kassengeschäfte des Reiches schafft und eine weitgehende Zusammenfassung der Kassengeschäfte der verschiedenen Reichsbehörden vorschreibt. Bei dem engen Zusammenhang zwischen der Finanzverwaltung des Reichs und der der Länder und Gemeinden wird sie auch die Kassengebarung der Länder und Gemeinden in der Richtung, der von ihr zunächst für das Reich angestrebten Ziele nützlich beeinflussen.

2. Die Regelung des Kassenwesens ist eine Verwaltungsangelegenheit und die RKO. eine Verwaltungsvorschrift im Sinne des Art. 77 RV. Die RKO. beschränkt sich daher auf Anweisungen an die Reichsverwaltungsbehörden und ihre Organe. Für Anordnungen, die sich nicht nur an die Reichsstellen, sondern auch als Rechtsvorschriften an Dritte richten, ist in der RKO. kein Platz (vgl. Anschütz, Kommentar zur RV. Art. 77 Anm. 1 und 2, und Schulze-Wagner, RHO. Anm. 4 zu § 1). Die Rechte Dritter, wie sie sich aus einem privatrechtlichen Verhältnis zum Reiche ergeben, können durch die RKO. nicht beeinträchtigt werden. Anderseits bleiben sie von ihr nicht unbeeinflußt, soweit bei ihrer Ausübung die Mitwirkung einer Reichskasse in Betracht kommt (vgl. § 1 Anm. 4).

Über das Verhältnis der RKO. zu abweichenden gesetzlichen Vorschriften über die Kassen- und Buchführung vgl. Anm. 1 zu § 1.

3. Nach § 100 Abs. 2 RHO. ist vor dem Erlaß allgemeiner Dienstanweisungen über die Buchführung und die Verwaltung der Kassen und Magazine der Rechnungshof gutachtlich zu hören. Hat der Rechnungshof gemäß § 66 Abs. 2 RHO. gestattet, daß die Rechnung durch Vorlage der Kassenbücher gelegt wird, so bedürfen die Anordnungen über die Führung der Kassenbücher der vorherigen Zustimmung des Rechnungshofs. Die letztere Vorschrift des § 100 cit. gründet sich darauf daß nach § 66 Abs. 3 RHO. die Vorschriften über die formelle Einrichtung der Rechnungen und Belege von dem Rechnungshofe nach Benehmen mit den beteiligten Reichsministern erlassen werden.

Die RKO. enthält eine große Anzahl von Vorschriften, die die formelle Einrichtung der Rechnungen und Belege berühren. Dies gilt um so mehr, als in weitestem Umfange die Rechnungslegung durch Vorlegung der Kassenbücher in Aussicht genommen ist (vgl. § 7 der RKO.) und die Ausgestaltung der Kassenbücher einen Hauptteil der RKO. bildet. Soweit die RKO. Bestimmungen über die Einrichtung der Belege enthält, behandelt sie einen Gegenstand, für dessen Regelung an sich nach RHO. § 66 Abs. 3 der Rechnungshof zuständig ist. Da die RKO. unter Mitwirkung des Rechnungshofs zustande gekommen ist, ist davon auszugehen, daß der Rechnungshof mit dem Inhalt der einschlägigen Bestimmungen und ihrer Aufnahme in die RKO. einverstanden ist. Sollte der Rechnungshof jedoch späterhin Änderungen von Vorschriften der RKO. über die formelle Einrichtung der Belege für geboten erachten, so würde die Reichsregierung einem solchen Verlangen des Rechnungshofs Folge geben müssen. Um keinen Zweifel hierüber aufkommen zu lassen, ist in § 101 ausdrücklich bestätigt, daß die dem Rechnungshofe nach der RHO. zustehenden Befugnisse unberührt bleiben. Soweit die Bestimmungen der RKO. Kassenbücher betreffen, die als Rechnungen dienen sollen, ist zu jeder Änderung oder Ergänzung nach § 100 Abs. 2 RHO. die Zustimmung des Rechnungshofs erforderlich.

Einleitung

§ 1

Geltungsbereich der Reichskassenordnung.

Die Annahme von Einzahlungen und die Leistung von Auszahlungen für das Reich regeln sich ausschließlich nach den Bestimmungen der Reichskassenordnung, soweit nicht durch Gesetz oder Verordnung etwas anderes bestimmt ist.

AKO. Eingangsformel; VB. RAM. und Heer.

1. Eine Reichskassenordnung muß Vorsorge treffen, daß alle dem Reiche zuzuführenden Geldbeträge ihm in gesicherter Form richtig zufließen, und daß Ausgaben für das Reich nur auf Grund ausreichender amtlicher Unterlagen und so, daß das Reich dadurch von der der Auszahlung zugrunde liegenden Verpflichtung befreit wird, geleistet werden. Dies soll durch das in der RKO. vorgeschriebene Verfahren gewährleistet werden. § 1 schreibt deshalb vor, daß, soweit nicht Gesetz oder Verordnung etwas anderes bestimmen, die Annahme von Einzahlungen und die Leistung von Ausgaben für das Reich sich ausschließlich nach den Bestimmungen der RKO. regeln, d. h. daß sie nur unter Beobachtung dieser Bestimmungen erfolgen dürfen. Da die RKO. nur eine Verwaltungsvorschrift ist (vgl. Anm. 2 zur Eingangsformel), so können durch sie Gesetze und Verordnungen, — unter denen nach dem Gesetzessprachgebrauch nur Rechtsverordnungen zu verstehen sind — nicht abgeändert werden. Es könnte die Frage aufgeworfen werden, ob nicht § 55 RHO. der Reichsregierung eine weitergehende Vollmacht gegeben hat, so daß sie auf Grund der RHO. als des späteren Gesetzes auch in Abweichung von bestehenden Gesetzen und Verordnungen die Grundzüge für die Kassen- und Buchführung festzustellen für befugt zu erachten wäre. Mangels einer besonderen Vorschrift dieserhalb, und da § 55 nur von Grundzügen, nicht von einer Regelung im einzelnen spricht, wird man der engeren Auslegung, wie sie der Schlußsatz wiedergibt, beitreten müssen.

Mit Inkrafttreten der RKO. treten alle bisher geltenden Verwaltungsbestimmungen, soweit sie Gegenstände betreffen, die in der RKO. geregelt sind, gemäß § 1 außer Kraft. Dies ist zweckmäßig bei Einführung der RKO. in den verschiedenen Verwaltungszweigen durch die Vollzugsbestimmungen klarzustellen (vgl. VB. RAM. zu § 102).

2. Die Vorschrift des § 1 erstreckt sich auf alle Zahlungen des Reichs und an das Reich, gleichviel, wo — ob im Inland oder im Ausland — sie vorgenommen werden. Anderseits beschränkt sie sich auf Kassengeschäfte des Reichs und erstreckt sich an sich nicht auf Kassengeschäfte, die eine Reichskasse auf Grund des § 4 Abs. 2 für eine andere Stelle als das Reich wahrnimmt. Im Interesse einer geordneten Geschäftsführung ist jedoch bei Übertragung solcher Geschäfte darauf hinzuwirken, daß Abweichungen von dem in der RKO. vorgeschriebenen Verfahren, die zumeist auf dem Gebiete der Buchführung liegen werden, tunlichst eingeschränkt werden.

Aus der Beschränkung des § 1 auf Einzahlungen und Auszahlungen für das Reich folgt, daß die Vorschrift auf die Deutsche Reichsbahngesellschaft, die nicht mehr zum Reichsfiskus gehört, sondern gemäß Reichsbahngesetz vom 30. August 1924 (RGBl. II S. 272) eine rechtlich selbständige Gesellschaft geworden ist, keine Anwendung findet. Die Deutsche Reichspost ist zwar nach dem Reichspostfinanzgesetz vom 18. März 1924 (RGBl. I S. 287) Teil des Reichsfiskus geblieben. § 7 des Gesetzes schreibt aber vor, daß die Grundsätze für die Rechnungsführung der Deutschen Reichspost durch die Reichsregierung nach Anhörung des Verwaltungsrats bestimmt werden; bei ihrer Aufstellung sollen die Vorschriften des Reichspostfinanzgesetzes und der RHO. zur Richtschnur genommen werden. Die „Rechnungsführung" — ein in der RHO. nicht gebräuchlicher Ausdruck — umfaßt, da Buch- und Kassenführung eng miteinander verbunden sind, das in Abschnitt III der RHO. behandelte Gebiet der Kassen- und Buchführung und schließt damit die Ordnung des Kassenwesens überhaupt in sich. Es ist sonach Sache der Reichsregierung, nach Maßgabe des § 7 cit. zu bestimmen, ob und in welchem Umfange die RKO. auch für die Deutsche Reichspost gelten soll. Mit Rücksicht auf die eingehende Regelung, die das Rechnungswesen der Deutschen Reichspost im Anschluß an ihre Selbständigmachung durch das Reichspostfinanzgesetz gefunden hat (vgl. Schulze-Wagner, RHO. § 85 Anm. 6), hat die Reichsregierung davon abgesehen, die RKO. auch für die Deutsche Reichspost für verbindlich zu erklären.. Im Falle einer Aufhebung des Reichspostfinanzgesetzes würde die RKO. von selbst auch für die Deutsche Reichspost Geltung erlangen, soweit nicht auf Anregung des Reichspostministers von der Reichsregierung in Anknüpfung an eine abweichende Regelung bei der Deutschen Reichspost Abweichungen weiterhin zugelassen würden.

Die dem Reichspostminister unterstellte Reichsdruckerei fällt nicht unter das Reichspostfinanzgesetz und unterliegt der RKO. (vgl. jedoch § 100).

3. Nach § 1 soll jede Annahme einer Einzahlung oder Leistung einer Auszahlung für das Reich auf einem andern Wege, als wie ihn die RKO. vorsieht, ausgeschlossen sein. Die Vorschrift richtet sich also nicht nur an die Kassen, sondern an alle im Reichsdienst beschäftigten Personen, die nach dem Reichsbeamtengesetz oder nach ihrer Dienstordnung verpflichtet sind, ihren Posten unter Beobachtung der für den Dienst gegebenen Vorschriften zu versehen. Immerhin ist diese Bedeutung des § 1, wenngleich die RKO. im Reichsministerialblatt veröffentlicht ist, für Beamte usw., die nicht im Kassendienst tätig sind, nicht augenfällig erkennbar, so daß ein besonderer Hinweis der Beamten und Angestellten hierauf durch die obersten Reichsbehörden sich empfehlen würde. Die VB. sind ihrem Zwecke nach nur an die Kassen gerichtet (vgl. die Einführungsformel der AKO. und in den VB. RHK. und RAM.).

4. Von besonderem Interesse ist die Frage, welche Bedeutung § 1 Dritten gegenüber hat, die an das Reich eine Zahlung zu leisten haben. Ist § 1 als Verwaltungsvorschrift auch für sie maßgebend oder nicht? Für die hauptsächlichsten Zahlungen an das Reich, die Steuerleistungen, erledigt sich die Frage durch die Vorschrift des § 102 Abs. 4 der RAbgO. (RGBl. 1919 S. 1993), wonach Barzahlungen an Steuerbehörden bei der zuständigen Kasse zu leisten oder ihr durch die Post zu übersenden sind. Diese gesetzliche Vorschrift ist für jedermann ohne weiteres verbindlich. Wer Steuern rechtswirksam zahlen will, muß sich unterrichten, an welcher Stelle er dies tun kann. Eine Zahlung z. B. an den Vorsteher des Finanzamtes, dem die zuständige Finanzkasse angehört, oder auch außerhalb des Kassenschalters an den Kassenleiter selbst, kann, wenn sie der Kasse nicht zugeführt ist, von der Steuerschuld nicht befreien. Sie könnte höchstens auf einem Umwege Bedeutung gewinnen, wenn nämlich der die Zahlung annehmende Beamte amtlich dem Einzahler arglistigerweise erklärt hätte, daß die Zahlung an ihn und gegen seine Quittung wirksam erfolgen könne. Hier würde eine Haftung des Reichs aus § 1 des Gesetzes über die Haftung des Reichs für seine Beamten vom 22. Mai 1910 (RGBl. S. 789) in Frage kommen, wenn nicht in der Zahlungsaufforderung die Stelle, an welche Barzahlungen gültig erfolgen können, angegeben ist. Wie steht es aber mit anderen Zahlungen, bezüglich deren eine gleiche ausdrückliche Vorschrift wie über die Abführung von Steuerschulden nicht besteht? Kann z. B. der Erstehungspreis für von einem Finanzamt veräußertes Altmaterial an den Finanzamtsleiter, wenn dieser vorschriftswidrig die Zahlung annimmt, rechtswirksam gezahlt werden? § 1 enthält keine für Dritte verbindliche Rechts-

vorschrift (vgl. Anm. 2 zur Eingangsformel). Eine allgemeine Vorschrift, daß Zahlungen an das Reich an die zuständige Kasse zu leisten sind — wie sie für die Reichsabgaben besteht — fehlt. Hiernach würde eine Zahlung an einen Beamten, der die zuständige Behörde nach außen in Rechtsgeschäften zu vertreten berechtigt ist, wenn sie von ihm, entgegen der Vorschrift des § 1, als Zahlung der Schuld angenommen wird, den Einzahler von seiner Schuld befreien. Da die Annahme der Zahlung eine schwere Pflichtverletzung des Annehmenden in sich schließen würde, ist dem angeführten Falle eine praktische Bedeutung im allgemeinen nicht beizumessen. Die Annahme des Geldbetrages nicht als Zahlung an das Reich, sondern lediglich aus Gefälligkeit zwecks Weitergabe an die Kasse befreit den Zahlenden von seiner Schuld in jedem Fall erst von dem Augenblick an, in dem das Geld der Kasse zugeführt ist. Die Zahlung an einen Beamten, der die zuständige Behörde zu vertreten nicht befugt ist, kann den Einzahler in keinem Falle von seiner Schuld befreien.

Wegen der Rechtswirksamkeit von an eine unzuständige Kasse geleisteten Einzahlungen vgl. § 33 Anm. 5.

§ 2.

Begriffsbestimmungen.

Im Sinne der Reichskassenordnung sind

1. **Kassen: die Teile von Reichsbehörden, die Einzahlungen annehmen sowie Auszahlungen leisten und sie buchen;**
2. **Zahlstellen: Stellen, die nicht der Kasse angehören und dieser zur Annahme von Einzahlungen und Leistung von Auszahlungen zur Verfügung stehen; Zahlstellen gelten nicht als Kassen;**
3. **Zahlungen: Einzahlungen und Auszahlungen;**
4. **Einzahlungen: die bei der Kasse eingehenden Beträge;**
5. **Auszahlungen: die von der Kasse hinausgehenden Beträge;**
6. **Haushaltseinnahmen: Einzahlungen, die bei einer Zweckbestimmung des Reichshaushaltsplans oder außerplanmäßig nachzuweisen sind;**
7. **Haushaltsausgaben: Auszahlungen, die bei einer Zweckbestimmung des Reichshaushaltsplans oder außerplanmäßig nachzuweisen sind;**
8. **Hinterlegungen: Einzahlungen, die nur vorläufig eingetragen werden und später abzuwickeln sind;**
9. **Vorschüsse: Auszahlungen, die nur vorläufig eingetragen werden und später abzuwickeln sind;**

10. a) Buchungen: die Eintragung von Beträgen und der die Eintragung erläuternden Angaben in die hierfür bestimmten Bücher und Nachweisungen der Kasse;

b) Umbuchungen: Buchungen, durch die gebuchte Zahlungen von einer Stelle auf eine andere übertragen werden;

11. Belege: Unterlagen, die Buchungen begründen;

12. rechnungsmäßiger Nachweis: der Nachweis, den die Kasse durch Buchung in der dem Reichshaushaltsplan entsprechenden oder sonst vorgeschriebenen Ordnung über Haushaltseinnahmen und -ausgaben führt;

13. rechnunglegende Stelle: die Stelle, die zum Zwecke der Rechnungsprüfung den Nachweis über Haushaltseinnahmen und -ausgaben führt;

14. Zahlungsmittel: Bargeld, Schecke, Postscheck- und Reichsbanküberweisungsaufträge und ausnahmsweise Wechsel;

15. Kassenbestand: die Zahlungsmittel der Kasse und ihre Guthaben beim Postscheckamt und bei Geldanstalten;

16. Kassenbestandsverstärkungen: Einzahlungen, die die Kasse von einer anderen Kasse auf Anfordern erhält, um Auszahlungen leisten zu können;

17. Ablieferungen: die Abführung von Beträgen an die übergeordnete Kasse in Zahlungsmitteln, durch Überweisung, mit Zahlkarte oder durch Anrechnung von Auszahlungsbelegen;

18. Abrechnung: der Nachweis über den Verbleib der Haushaltseinnahmen und der Kassenbestandsverstärkungen.

I. Die Vorwegnahme der Begriffsbestimmungen für eine Reihe in der RKO. häufig wiederkehrender Begriffe macht in der RKO. den Hinweis auf die erst in einem späteren Paragraphen folgende Erläuterung eines Begriffs, wie er sonst vielfach unvermeidlich gewesen wäre, entbehrlich. Die Aufzählung enthält teils nur die Angabe, was in der RKO. mit einem bestimmten Ausdruck gemeint ist, teils, wie z. B. zu Ziffer 1, die Erklärung eines bestimmten Begriffs, der erst durch die RKO. in der angegebenen Bedeutung geschaffen ist. Wenn nachstehend dargelegt ist, daß die Begriffsbestimmungen des § 2 RKO. sich nicht in allen Teilen mit der Verwendung der Worte im Text der RKO. decken (vgl. z. B. die Anmerkungen zu Ziffer 3 bis 5 und 14), so hat dies u. a. seinen Grund darin, daß die Begriffsbestimmungen zunächst bei Beginn der Beratungen über den Entwurf der RKO. festgelegt werden mußten. Die Begriffe haben aber während der Beratungen noch eine gewisse Wandelung erfahren, und es ist dann wegen der Dringlichkeit der Fertigstellung der RKO. nicht mehr gelungen, die Bestimmungen noch in allen ihren Teilen entsprechend richtigzustellen.

II. Zu den unter Ziffer 1 bis 18 des § 2 angeführten Begriffsbestimmungen ist im einzelnen folgendes zu bemerken:

Ziffer 1: Kassen.

Der Begriff der Kasse gehört zu den am schwersten zu fassenden Begriffen in der RKO. Drei Merkmale sind als begriffbestimmend für die Kasse aufgestellt, die Zugehörigkeit zu einer Reichsbehörde als ein bestimmter Teil derselben, die Annahme von Einzahlungen und Leistung von Auszahlungen und die Buchung dieser Zahlungen. An sich erscheint es für die Eigenschaft einer Stelle als Kasse nicht erheblich, ob sie in eine Behörde eingegliedert oder ob sie einer solchen als selbständige Dienststelle unterstellt ist. Die preußischen staatlichen Kreiskassen z. B. sind — anders als z. B. die Regierungshauptkassen — als selbständige Dienststellen und nicht als Teile einer Behörde eingerichtet (vgl. Handbuch über den Preußischen Staat 1929). Die Kennzeichnung der Kasse als Teil einer Reichsbehörde knüpft an die Stellung der Finanzkassen innerhalb der Finanzämter und die unmittelbare enge Verbindung zwischen Finanzkasse und Finanzamt, wie sie sich u. a. aus § 102 der Reichsabgabenordnung vom 13. Dezember 1919 (RGBl. S. 1993) ergibt, an. Die Einrichtung oder Bestellung eines Teils der Behörde als Kasse schließt nicht aus, daß der oder die Beamten, die die Kassengeschäfte wahrnehmen, gleichzeitig in der Behörde mit Verwaltungsgeschäften beschäftigt werden. Es ist daher nicht ausgeschlossen, daß, auch wenn eine Behörde nur aus 1 Beamten besteht, dieser gleichzeitig als Kassenleiter die Geschäfte der geschäftsplanmäßig abgesonderten Kasse versieht. In jedem Falle muß genau bestimmt sein, welche einzelnen Beamten oder welche bestimmte Abteilung die Kassengeschäfte unter der amtlichen Bezeichnung als Kasse wahrzunehmen haben.

Durch die Eingliederung der Kasse in die Behörde, für die sie tätig ist, wird einmal die unmittelbare dienstliche Verantwortung des Leiters der Behörde auch für die vorschriftsmäßige Wahrnehmung der von der Kasse zu erledigenden Geschäfte und weiter festgelegt, daß die für die Geschäftsführung der Behörde geltenden Vorschriften auch für das Personal der Kasse maßgebend sind, sodaß es insoweit besonderer Bestimmungen für die Kassenbeamten nicht bedarf. Aus der Begriffsbestimmung ergibt sich weiter, daß als Kassen im Sinne der RKO. nur solche des Reichs, nicht aber auch Kassen der Länder und Gemeinden gelten.

Die Annahme von Einzahlungen und die Leistung von Auszahlungen ist die gegebene Betätigung einer jeden Kasse. Gleichgültig für den Begriff der Kasse ist, ob ihre Zahlungsgeschäfte bar oder unbar erledigt werden (§§ 22ff.). Nicht entscheidend ist auch, ob die Stelle Zahlungsgeschäfte für das Reich oder für andere Stellen ausführt; es versteht sich aber von selbst, daß eine Reichsbehörde eine besondere Abteilung für Zahlungsgeschäfte in der Regel nur zur Abwicklung von Kassengeschäften des Reichs einrichten wird (vgl. § 4).

Als drittes Kennzeichen einer Kasse kommt hinzu, daß sie die vorgekommenen Zahlungen „bucht", d. h. die Zahlungsbeträge mit den ihre „Eintragung erläuternden Angaben in die hierfür bestimmten Bücher und Nachweisungen der Kasse" einträgt (§ 2 Ziffer 10a). Man wird an dieser Begriffsbestimmung aussetzen müssen, daß sie den Begriff, den sie erläutern will, in der Begriffsbestimmung verwendet. Gemeint ist die Eintragung in die im II. Buch, Teil 1 der RKO. aufgeführten Bücher. Die Stelle muß also den amtlichen Auftrag haben, die Zahlungen in den a. a. O. aufgeführten Büchern usw. unter Beifügung der in der RKO. vorgeschriebenen, die Eintragung erläuternden Angaben nachzuweisen. Die Führung des Titelbuchs ist nur unter der im Eingang des § 62 angeführten Bedingung geboten und sonach, wenn auch alle größeren Kassen und zahlreiche andere Kassen es führen, nicht Voraussetzung für den Begriff der Kasse.

Eine Begriffsbestimmung, gewissermaßen von innen heraus, wie sie in verschiedener Weise versucht worden ist, hat nicht gegeben werden können. Dies hat seine Ursache in der Vielgestaltigkeit der Kassen — einfacher Amtskassen, Einheitskassen, Sammelkassen, Oberkassen und Reichshauptkasse — und der notwendigen Abgrenzung gegen die Zahlstellen. Eine treffende organische Begriffsbestimmung würde umständlich oder schwerfällig werden, so daß sie für die Praxis wenig geeignet wäre. Es bleibt also als Begriff der Kasse im Sinne der RKO. übrig:

> sie sind die Teile von Reichsbehörden, die den Auftrag haben, Einzahlungen anzunehmen und Auszahlungen zu leisten und sie nach Maßgabe der im II. Buch Teil 1 der RKO. getroffenen Bestimmungen in die daselbst aufgeführten Bücher und Nachweisungen einzutragen.

Nachdem der Begriff der Kasse durch die RKO. festgelegt ist, dürfen Stellen, die den Voraussetzungen der Ziffer 1 nicht entsprechen, innerhalb der Reichsverwaltung nicht mehr als Kassen bezeichnet werden, soweit nicht durch Gesetz oder Verordnung etwas anderes bestimmt ist (§ 1). In gleicher Weise müssen alle Stellen, die jene Voraussetzungen erfüllen, wegen ihres Verkehrs mit anderen Kassen (Ablieferungen, Abrechnung, Ersuchenszahlungen usw.) als Kassen bezeichnet werden.

Ziffer 2: Zahlstellen.

1. Zahlstelle kann jede Stelle sein, die geeignet ist, Zahlungen für Rechnung einer Kasse zu leisten oder anzunehmen und mit ihr darüber abzurechnen (§ 8 Abs. 1). Als Zahlstelle können hiernach tätig werden eine Dienststelle, ein einzelner Beamter, eine Geldanstalt, eine Privatperson u. a. Auch eine Kasse kann als Zahlstelle tätig werden, wenn sich ihre Tätigkeit für die Kasse, der sie zur Verfügung gestellt wird, auf die Annahme oder Leistung von Zahlungen, die Abführung der Einzahlungen an sie und die Abrechnung beschränkt (§ 8). So auch Reichard, RKO. § 2, Anm. 2 Abs. 2. Anderer Ansicht sind Jancke-Maaß, AKO. § 1 Ziff. 4 mit der Begründung, daß Zahlkassen nicht als Kassen gelten und im Kassenbestand beim Tagesabschlusse nicht Beträge enthalten sein dürften, die nicht im Hauptbuch nachgewiesen sind. Beide Gründe erscheinen nicht zwingend. Daß eine Zahlstelle keine Kasse ist und ihre Geschäfte an sich nicht Kassengeschäfte im Sinne der RKO. sind, würde der Wahrnehmung ihrer Geschäfte durch eine Kasse nur dann entgegenstehen, wenn vorgeschrieben wäre, daß jene Geschäfte nicht von Kassen wahrgenommen werden dürften. Ein solches Verbot ist aus § 4 Abs. 2, der die Wahrnehmung von Kassen- und Verwaltungsgeschäften durch die Kassen zuläßt, nicht zu entnehmen. Auch die Notwendigkeit, einen dem Hauptbuch entsprechenden Kassenbestand beim Tagesabschluß festzustellen, würde die Betätigung der Kasse als Zahlstelle nicht zu hindern brauchen; über die Aufzeichnung, Ablieferung und Aufbewahrung der von der Kasse als Zahlstelle verwalteten Gelder würden, unbeschadet des angeführten Grundsatzes, entsprechende Abmachungen vorgesehen werden können. Die Übertragung von Geschäften einer Zahlstelle an eine Kasse hat sinngemäß die Genehmigung des zuständigen Reichsministers gemäß § 4 Abs. 2 zur Voraussetzung.

Die Bestellung einer Kasse als Zahlstelle macht die Kasse nicht etwa zur Sammelkasse. Sie ist zwar gleich dieser eine Kasse, aber sie ist es nicht in ihrer Eigenschaft als Zahlstelle, während die Sammelkasse als solche eine Kasse ist (§ 5 Abs. 1). Die Zahlstelle versieht ihre Geschäfte in den einfachen in § 8 vorgesehenen Formen, die Sammelkasse verfährt — vorbehaltlich einer abweichenden Anordnung auf Grund des § 98 Abs. 1 — nach den durch die RKO. für die Wahrnehmung von Kassengeschäften einschl. der Buchführung gegebenen Bestimmungen.

2. Die Tätigkeit der Zahlstellen, die sich regelmäßig auf einen bestimmten Kreis von Zahlungen erstreckt, ist etwas anderes, als die Ausführung von Ersuchens- und Auftragszahlungen einer Kasse nach Maßgabe der §§ 52 f. Solche Er-

suchen können nur an Kassen gerichtet werden und werden für den einzelnen Fall ausgesprochen, während die Zahlstellen einer bestimmten Kasse für einen bestimmten Kreis von Zahlungen zur Verfügung stehen.

Nicht zu verwechseln mit den Zahlstellen sind die Schalter einer Kasse, besonders die Schalter, die von dem Hauptkassenraum getrennt liegen, da die Schalter in jedem Falle ein Teil der Kasse sind, deren Kassengeschäfte sie versehen, während die Zahlstellen der Kasse, in deren Auftrag sie arbeiten, nicht als Teile derselben zugehören.

3. Die Zahlstellen arbeiten im Namen der Kasse, die sich ihrer bedient. Die von ihr im Rahmen ihrer Zuständigkeit vorgenommenen Zahlungsgeschäfte gelten als von der Kasse selbst ausgeführt (vgl. RKO. Anl. 1 § 6 Abs. 2 und § 17 Abs. 3).

Wegen der Errichtung von Zahlstellen und ihrer Geschäftsführung vgl. § 8, wegen des Begriffs des Handvorschusses vgl. § 8 Anm. 6.

Ziffer 3—5: Zahlungen, Einzahlungen, Auszahlungen.

1. Die RKO. unterscheidet scharf Einzahlungen und Auszahlungen einerseits und Haushaltseinnahmen und -ausgaben (Ziffer 6 und 7) andererseits. Zahlungen sind alle Ein- und Auszahlungen ohne Rücksicht auf ihren Grund, Haushaltseinnahmen und -ausgaben sind die Zahlungen, die von der Kasse bei einer Zweckbestimmung des Haushaltsplans oder außerplanmäßig nachzuweisen sind (§ 2 Ziff. 6 und 7). Die Zahlungen sind der weitere Begriff, der den engeren der Haushaltseinnahmen und -ausgaben in sich schließt. Die RHO. macht einen solchen Unterschied nicht, sondern spricht von Einnahmen und Ausgaben sowohl im letzteren — engeren — Sinne (vgl. RHO. §§ 29, 64 und 68 — so auch die Reichsverfassung Art. 85 und 86 —), wie auch im ersteren Sinne (vgl. RHO. §§ 27 und 63 — Vorschüsse und Hinterlegungen —). Die RKO. macht die Unterscheidung im Interesse einer systematischen Darstellung, da die Haushaltseinnahmen und -ausgaben teilweise eine besondere buchmäßige Behandlung erfahren (vgl. § 2 Z. 12 und § 62). Neben den Haushaltseinnahmen und -ausgaben, die den Schwerpunkt der Zahlungen bilden, kommen als Zahlungen in Betracht Hinterlegungen und Vorschüsse und deren Abwicklung, Kassenbestandsverstärkungen und Ablieferungen.

2. Auszahlungen sind die Zahlungen, die die Kasse selbst bewirkt; Einzahlungen sind die Zahlungen, die ein anderer an die Kasse leistet und die die Kasse annimmt. Ein- und Auszahlungen sind zwar Zahlungen im Sinne der RKO., aber nicht Zahlungen der Kasse, — das können sprachlich nur Auszahlungen sein — sondern Zahlungen im Kassenverkehr.

Wenn es in § 21 Abs. 1 heißt „Zahlungen werden bewirkt" so sind damit Auszahlungen der Kasse und Einzahlungen des Einzahlenden gemeint.

Nach dem Wortlaut von Ziffer 4 und 5 wären unter Einzahlung und Auszahlung nicht im Sinne des gewöhnlichen Sprachgebrauchs die Ein- und Auszahlung von Beträgen, sondern die eingezahlten und die ausgezahlten Beträge selbst zu verstehen: die RKO. braucht jedoch die Begriffe bald in dem einen und bald in dem andern Sinne (vgl. §§ 21, 23, 35 38 f. und § 2 Ziff. 16, §§ 33 f., 79 f. u. a.).

Beträge sind Geldbeträge (vgl. AKO. § 1 Ziff. 15 und 16). Die Zahlungsarten sind in § 21 angegeben.

Ziffer 6 und 7: Haushaltseinnahmen und Haushaltsausgaben.

Die Haushaltseinnahmen und -ausgaben umfassen nach §§ 72—74 RHO. die planmäßigen, d. h. im Reichshaushaltsplan (vgl. RV. Art. 85 Abs. 1) vorgesehenen und die — bei dem entsprechenden Titel des Haushaltsplans nachzuweisenden — überplanmäßigen sowie die außerplanmäßigen Einnahmen und Ausgaben. In den der Kasse zugehenden Einnahme- und Auszahlungsanordnungen über Haushaltseinnahmen und -ausgaben (§§ 34 und 37) muß die Stelle, bei der die Haushaltseinnahme oder -ausgabe zu buchen ist, nach Einzelplan, Kapitel, Titel, Unterteil eines Titels und gegebenenfalls Buchungsabschnitt innerhalb eines Titels des Reichshaushaltsplans angegeben sein (§§ 49 und 53 RKO.).

Der Begriff der Haushaltseinnahmen und -ausgaben im Sinne der RKO.. deckt sich nicht ohne weiteres mit dem in der RHO. Eine Einzahlung an eine Kasse zur Tilgung einer Forderung des Reichs, desgleichen eine Auszahlung zur Tilgung einer Schuld des Reichs ist erst dann eine Haushaltseinnahme bzw. -ausgabe des Reichs im Sinne der RKO., wenn die Kasse Anweisung hat, die Zahlung in der oben angegebenen Weise zu buchen. Solange eine solche Anweisung nicht vorliegt, handelt es sich für die Kasse nur um Einzahlungen und Auszahlungen. Kassen, die über Einzahlungen und Auszahlungen nicht den rechnungsmäßigen Nachweis führen (§§ 4 und 62), buchen auch Haushaltseinnahmen, die bei ihnen als Ersuchens- oder Auftragseinzahlungen eingehen, und Haushaltsausgaben, die von ihnen als Auftragszahlungen geleistet werden — vgl. §§ 52, 53 Anm. 2 — nur als Hinterlegungen und Vorschüsse; für sie sind diese Zahlungen keine Haushaltseinnahmen oder -ausgaben. Im Sinne der RKO. wäre hiernach der Begriff der Haushaltseinnahmen und -ausgaben genauer zu bestimmen als Einzahlungen und Auszahlungen, die die Kasse bestimmungsgemäß bei einer Zweckbestimmung des Reichshaushaltsplans oder außerplanmäßig — also im Titelbuch — nachzuweisen hat.

Ziffer 8 und 9: Hinterlegungen und Vorschüsse.

1. Bei den Hinterlegungen und Vorschüssen der Ziffern 8 und 9 handelt es sich um Hinterlegungen und Vorschüsse im Sinne der RHO. §§ 27 und 62 f., nicht des BGB., also um haushaltsrechtliche, nicht um zivilrechtliche Begriffe. Eine Hinterlegung im Sinne der RKO. hat nichts zu tun mit der Hinterlegung des BGB. §§ 372 ff., ihr kann aber im Einzelfalle eine Verwahrung gemäß BGB. § 700 (depositum irregulare) zugrunde liegen; eine Vorschußzahlung im Sinne der RKO. kann im Einzelfalle gleichzeitig eine solche im Sinne des BGB. in sich schließen, sie braucht aber an sich ebenfalls mit einer solchen nichts zu tun zu haben.

Hinterlegungen und Vorschüsse (RHO. §§ 27, 62 und 63) sind alle Ein- und Auszahlungen, die mangels einer entsprechenden Anordnung nicht als Haushaltseinnahmen oder -ausgaben gebucht werden können und nicht eine Ablieferung oder Kassenverstärkung darstellen; sie werden als durchlaufende Posten vorläufig in das Hinterlegungsbuch oder das Vorschußbuch (§§ 63 f.) eingetragen, bis über den als Hinterlegung oder Vorschuß gebuchten Betrag endgültig verfügt wird. Abgesehen von dem Falle, daß sie durch eine Annahmeanordnung vorgeschrieben ist (z. B. bei einer Sicherheitsleistung), kann eine Hinterlegung notwendig werden, weil die Kasse überhaupt noch keine Annahmeanordnung erhalten hat (§ 34 Abs. 2), oder weil in der Anordnung (§ 34 Abs. 1) die endgültige Verrechnung noch nicht vorgeschrieben werden konnte und vorbehalten ist. Die Auszahlung eines Vorschusses darf nur auf Grund einer Auszahlungsanordnung erfolgen (§ 37). Auftragszahlungen sind ihrer Natur nach als Vorschuß bzw. Hinterlegung zu buchen (§ 53 Abs. 2); das gleiche muß auch für Ersuchenszahlungen (§ 52) gelten.

2. Hinterlegungen und Vorschüsse sind in den Büchern offene Posten, die noch der endgültigen Regelung bedürfen. Die Kasse hat deshalb die Erledigung, soweit dies in ihrer Hand liegt, zu betreiben (vgl. §§ 15 und 93 Abs. 1). RHO. § 62 schreibt vor, daß den Kassenrechnungen eine Nachweisung der bis zum Bücherabschluß nicht abgewickelten Vorschüsse beigefügt werden (vgl. auch RRO. § 111), und daß Vorschüsse, soweit nicht der RFM. einer Abweichung zustimmt, bis zum Ablauf des zweiten auf ihre Entstehung folgenden Rechnungsjahres abgerechnet werden müssen. Wenngleich Vorschüsse nur gezahlt werden dürfen, wenn die Verpflichtung zur Leistung feststeht (RHO. § 27; vgl. auch RWB. § 53 Abs. 2), so ist doch im Interesse der Ordnung der Kassenführung und der Verwaltungsgeschäfte, sowie um einer mißbräuchlichen Leistung von

Vorschußzahlungen vorzubeugen, auf möglichst schnelle Abwicklung der Vorschüsse zu halten.

Die Abwicklung der Hinterlegungen und Vorschüsse erfolgt durch spätere anderweitige Verbuchung der Beträge oder durch entsprechende Rückzahlung auf Grund einer Annahme- oder Auszahlungsanordnung (vgl. Anm. zu Ziff. 10 b), soweit nicht hinterlegte Beträge gemäß § 37 Abs. 3 von der Kasse selbständig ausgezahlt werden können.

Ziffer 10 a: Buchungen.

1. Ziffer 10 a bezeichnet als Begriff der Buchung — und damit auch des Wortes „buchen" (vgl. § 2 Ziff. 1) — das Eintragen von Beträgen und der die Eintragung erläuternden Angaben in die hierfür bestimmten Bücher und Nachweisungen. Der Begriff der Bücher und Nachweisungen ergibt sich aus dem zweiten Buch, Teil 1 der RKO.; vgl. insbesondere wegen der Nachweisungen (Tages-, Zahlungs- und Abschlußnachweisungen) die §§ 60, 61 Abs. 4 und 62 Abs. 4; Reichard, RKO. § 2 Anm. 10 a führt als den Büchern gleichzuachten auch „Buchungsstreifen (z. B. bei den Anker- und National-Buchungsmaschinen)" auf; dies dürfte, solange nicht eine besondere Bestimmung auf Grund des § 98 Abs. 2 getroffen ist, aus § 73 Abs. 2 nicht zu folgern sein, wonach nur lose Blätter, die zu einem Buch zusammengeschlossen sind, als Ersatz für ein Buch gelten können. Wegen der „erläuternden Angaben" vgl. die Vorschriften über die Spalteneinteilung und -ausfüllung in den Büchern usw. (§§ 59 Abs. 2, 62 Abs. 3, 63 Abs. 2, 64 Abs. 1, 65 Abs. 2, 69 Abs. 2, 70 Abs. 2, 71 Abs. 2, § 75 Abs. 4—8). Die in § 62 Abs. 2, 3 und 5 angeordnete Eintragung von Haushaltsmitteln, Resten, Rechnungssoll usw. ist als Eintragung von Beträgen, nicht von erläuternden Angaben anzusehen. Als Eintragung von Beträgen im Sinne der Ziffer 10 a gilt auch die Bildung von Schlußsummen in den Büchern, wie sie insbesondere die §§ 79—81 vorsehen. Der Ausdruck „eintragen" entspricht hierbei nicht gerade seiner landläufigen Anwendung; immerhin läßt er sich vertreten, indem neue Zahlen eingetragen werden, die sich aus einer Mehrheit von vorhandenen Eintragungen ergeben.

Reichard, RKO. weist zu Ziffer 10 a a. E. darauf hin, daß die für die Buchungen geltende Begriffsbestimmung bei Anwendung der §§ 267 ff. StGB. von erheblicher Bedeutung sein könnten. § 267 bedroht mit Strafe die Verfälschung oder fälschliche Anfertigung einer öffentlichen Urkunde oder einer Privaturkunde, die zum Beweise von Rechten oder Rechtsverhältnissen von Erheblichkeit ist. Man wird die Bücher der Kasse nicht als öffentliche Urkunden ansehen können, da die Buchungen in ihnen nicht dem Zwecke dienen, die durch sie bekundeten Tatsachen zum öffentlichen Glauben, d. h. für und gegen jeden Dritten vollkräftig zu beweisen (vgl. Olshausen, Kommentar zum Strafgesetzbuch § 267 Anm. 5 und Ebermeyer u. a., (Leipziger) Kommentar zum Strafgesetzbuch § 267 Anm. 8 ff.). Auch als Privaturkunden im Sinne des § 267 werden sie nicht gelten können. Sie können gegebenenfalls neben den eigentlichen Zahlungsbeweisen als beweisunterstützend in Betracht kommen, doch reicht dies nicht aus, um das Erfordernis der Bestimmung der Urkunde zum Beweise von Rechten — der Beweiserheblichkeit — zu begründen (vgl. Olshausen a. a. O. Anm. 14 und 15 b und Ebermeyer a. a. O. Anm. 8 ff.). Die Anwendbarkeit der §§ 271 f. des Strafgesetzbuchs entfällt mit der Verneinung des Charakters der Bücher als öffentliche Urkunden. Dagegen würde im Falle einer Unterschlagung in Verbindung mit einer unrichtigen Führung der Bücher diese gemäß § 351 Strafgesetzbuch strafschärfend ins Gewicht fallen.

2. Welche Bücher usw. für die einzelnen Eintragungen bestimmt sind, ergibt sich aus der RKO. Die Begriffsbestimmung der Ziffer 10 a darf nicht allzu wörtlich ausgelegt werden. Auch die Eintragung eines Kassenvorgangs an einer Stelle, die nach richtiger Auslegung der Bestimmungen nicht dafür bestimmt ist, ist eine Buchung, wenn es nur überhaupt eine Stelle ist, an der die Buchung noch einen Sinn hat. Eine solche unrichtige Buchung — z. B. im Hinterlegungs- oder Vorschußbuch statt im Titelbuch — muß sobald als möglich durch Umbuchung richtiggestellt werden (s. die nachstehende Erläuterung zu Ziffer 10 b); ihr Charakter als Buchung wird auch durch die Eintragung an offenbar unrichtiger Stelle nicht beseitigt.

Ziffer 10 b: Umbuchungen.

Umbuchungen sind nicht etwas anderes als die zu Ziffer 10 a behandelten Buchungen, sondern eine bestimmte Art derselben; sie sind wegen ihrer Eigenart und ihres häufigen Vorkommens besonders aufgeführt. Durch Umbuchungen werden „gebuchte Zahlungen von einer Stelle auf eine andere übertragen", d. h. eine Buchung wird ganz oder teilweise aufgehoben und durch eine andere ersetzt. Die Umbuchung bedingt danach stets zwei Buchungen, eine Ausbuchung und eine Neubuchung. Der Kassenbestand erfährt durch die Umbuchung keine Veränderung, indem der Absetzung des Betrages an der einen Stelle die Zusetzung des gleichen Betrages an anderer Stelle gegenübersteht.

Umbuchungen können aus verschiedenen Gründen nötig werden, z. B., wenn sich herausstellt, daß eine Zahlung von der Kasse, abweichend von der ihr erteilten Anweisung, an unrichtiger Stelle gebucht ist, wenn eine vorläufig als Hinterlegung oder Vorschuß gebuchte Zahlung später endgültig verrechnet und gebucht werden kann, oder wenn sich später herausstellt, daß eine Zahlung an einer anderen als der ursprünglich bezeichneten Verbuchungsstelle zu verbuchen ist. Eine Umbuchung darf wie jede Zahlung nur auf Grund einer entsprechenden Zahlungsanordnung erfolgen (vgl. §§ 34, 37 und 78 Anm. sowie wegen der Form der Anweisung RKO. § 57 Abs. 2). Ist eine Annahme- oder eine Auszahlungsanordnung von der Kasse unrichtig ausgeführt, so bildet die Anordnung zugleich die Unterlage für die Richtigstellung der Buchungen durch Umbuchung; die Kasse macht etwas rückgängig, was zu tun sie keine Anweisung hatte, und führt die ursprüngliche Anweisung nachträglich richtig aus. In allen anderen Fällen bedarf es für die Umbuchung einer besonderen Anweisung der Kasse zur Vornahme der Umbuchung.

Die Umbuchung eines im Hinterlegungs- oder im Vorschußbuch gebuchten Betrages erfolgt nicht durch Absetzung, sondern durch Buchung des Betrages in diesen Büchern als Auszahlung bzw. Einzahlung und Neueintragung des Betrages an der durch die Umbuchungsordnung bestimmten anderen Stelle. Die erstere Eintragung ergibt sich aus der in §§ 63 und 64 angeordneten Gegenüberstellung der Hinterlegungen und Vorschüsse einerseits und der Zahlungen, durch die sie abgewickelt werden, andererseits. Die Umbuchung eines in einem anderen Sachbuch als dem Hinterlegungs- oder Vorschußbuch gebuchten Betrages erfolgt durch Absetzung des Betrages in dem Buch, in dem der Betrag gebucht ist (§ 74 Abs. 1), und Neubuchung an der dafür bestimmten Stelle. Erledigt sich eine Hinterlegung durch Wiederherauszahlung des Betrages, so findet nicht eine Umbuchung statt, sondern die Einzahlung wird durch Ausbuchung im Hinterlegungsbuch (vgl. § 63 Abs. 1 und 2) wieder rückgängig gemacht. Entsprechendes gilt bei Erledigung eines Vorschusses durch Wiedereinzahlung des als Vorschuß gezahlten Betrages an die Kasse. Wegen der mit der Umbuchung verbundenen Buchungen im Zeitbuch s. Anm. zu § 78.

Ziffer 11. Belege.

Die RHO. (§§ 64 und 96) schreibt vor, daß alle Einnahmen und Ausgaben, soweit sich nicht hinsichtlich der ersteren aus der Natur der einzelnen Einnahme etwas anderes ergibt (vgl. § 34 Anm. 2), zu belegen sind, und daß die Kassenrechnungen darauf zu prüfen sind, ob die nachgewiesenen Einnahmen und Ausgaben ordnungsmäßig belegt sind (vgl. auch RHO. §§ 66 und 92). Belege im Sinne dieser Vorschrift sind alle Unterlagen, die eine in der Kassenrechnung oder den an ihre Stelle tretenden Kassenbüchern nachgewiesene oder eine sonstige Einnahme oder Ausgabe begründen. Der Begriff der Belege in der RKO. reicht weiter; er umfaßt sämtliche Belege zu Einzahlungen und Auszahlungen, auch, soweit diese nicht Haushaltseinnahmen oder -ausgaben darstellen, und alle Unterlagen, die eine Buchung im Sinne der Ziffer 10 des § 2 begründen. Hierbei handelt es sich stets um Unterlagen außerhalb der Bücher oder Nachweisungen, in denen die Eintragung enthalten ist, zu der sie den Beleg bilden. Auf andere Schriftstücke als solche würde der Begriff „Unterlagen" nicht passen (vgl. § 82 Abs. 2 und RKO. §§ 43 und 48). Wenn in den Büchern eine Abschlußsumme durch Addition der vorangehenden Zahlen festgestellt wird — vgl. Anm. zu Ziffer 10 a — so sind die zusammengezählten Zahlen nicht etwa der Beleg, d. h. die Unterlage für die Abschlußsumme. Hinsichtlich des Titelbuchs ist in der RKO. (vgl. das. §§ 16 und 49 Abs. 4) ausdrücklich festgelegt, daß, wenn Haushaltseinnahmen oder -ausgaben auf Grund von Listen im Titelbuch mit Gesamtbeträgen gebucht werden, die Listen, soweit sie nicht nach § 49 Abs. 4 cit. Belege sind, als Teile des Titelbuchs zu gelten haben. Hinsichtlich der Tagesnachweisungen und ihres Verhältnisses zum Hauptbuch ist eine gleiche Bestimmung nicht vorgesehen. § 60 Abs. 3 läßt die Frage offen; es müssen aber Belege und Buchungen grundsätzlich auseinandergehalten werden, so daß Tagesnachweisungen nicht als Belege in Betracht kommen können. Belege zum Hauptbuch sind nicht die Tagesnachweisungen, sondern dieselben Unterlagen, die auch den Eintragungen in den Tagesnachweisungen zugrunde liegen.

Die frühere Unterscheidung der Belege als Rechnungs- und Kassenbelege — erstere als die Unterlagen, die der Kasse zugehen, letztere der Zahlungsnachweis und weitere von der Kasse dazu beschaffte Unterlagen, z. B. Lebensbescheinigungen — ist fallen gelassen. Die RKO. (§§ 43 ff.) spricht nur von Rechnungsbelegen, d. h. den Belegen, „die zur Begründung einer Buchung von Haushalts-Einnahmen und -Ausgaben in Rechnungslegungsbüchern und Kasseneinzelrechnungen beigebracht werden müssen (Rechnungsbelege, § 40 RHO.)". Auf sie bezieht sich die Vorschrift im Schlußsatz des § 66 RHO., wonach die Vorschriften über die formelle Einrichtung der Rechnungen und Belege von dem Rechnungshofe nach Benehmen mit den beteiligten Reichsministern erlassen werden. Der Begriff der Belege in der RKO. umfaßt außer den Rechnungsbelegen auch die Belege zu Zahlungen, die nicht Haushaltseinnahmen oder -ausgaben darstellen (Vorschüssen usw.). Die Mitwirkung des Rechnungshofes bei dem Erlaß von Vorschriften über die Einrichtung der letzteren Belege regelt sich nach § 100 RHO.; vgl. auch RWB. § 28.

(Ziffer 12: rechnungsmäßiger Nachweis).

Nach RHO. § 66 haben die Kassen für jedes Rechnungsjahr Rechnung zu legen. Die Rechnungslegung soll den Nachweis erbringen, daß die Einnahmen und Ausgaben des Reichs nach dem Haushaltsplan verwaltet worden sind (RHO. §§ 25, 66 und 96). Es sind daher in den Kassenrechnungen die Einnahmen und Ausgaben ebenso zu ordnen, wie im Haushaltsplan (RHO. § 66 Abs. 3). Als Vorbereitung für die Rechnungslegung dient der in Ziffer 12 aufgeführte, bis dahin haushaltsrechtlich als solcher nicht festgelegte „rechnungsmäßige Nachweis". Entsprechend § 66 cit. und um eine vorschriftsmäßige Aufstellung der Kassenrechnung zu ermöglichen, müssen die Haushaltseinnahmen und -ausgaben von der Kasse in der dem Haushaltsplan entsprechenden oder sonst vorgeschriebenen Ordnung gebucht werden. Wegen der Bedeutung der Worte „oder sonst vorgeschriebenen Ordnung" vgl. § 62 Anm. 2. Die Bestimmung gilt sowohl für den Fall, daß eine besondere Kassenrechnung aufgestellt wird, als auch, daß die Rechnung durch Vorlegung der betreffenden Kassenbücher gelegt wird. (RHO. § 66 Abs. 2). Der rechnungsmäßige Nachweis kommt sonach nur für Haushaltseinnahmen und -ausgaben in Frage, das sind die Einnahmen und Ausgaben, über die Rechnung gelegt werden muß (Ziffer 6 und 7 und RHO. § 66).

Die Buchung in der angegebenen Weise bildet den rechnungsmäßigen Nachweis; eine besondere Führung des Nachweises neben der Buchung kommt nicht in Frage; der Wortlaut der Begriffsbestimmung hätte daher kürzer und etwaige Zweifel ausschließend dahin gefaßt werden können: „Buchung der Haushaltseinnahmen und -ausgaben in der dem Haushaltsplan entsprechenden oder sonst vorgeschriebenen Ordnung." Die Buchung erfolgt durch Eintragung der Haushaltseinnahmen und -ausgaben in das gemäß § 62 zu führende Titelbuch oder in die im Einzelfalle als Teile des Titelbuchs zugelassenen Zeitbücher; an welcher Stelle des Titelbuches die einzelne Zahlung nachzuweisen ist, muß sich aus der zugehörigen Zahlungsanordnung ergeben (§§ 34 und 37 und RKO. §§ 49 und 53).

Wegen der Bestimmung der Stelle, die den rechnungsmäßigen Nachweis zu führen hat — es braucht nicht die Stelle zu sein, die das die Haushaltseinnahme oder -ausgabe in sich schließende Zahlungsgeschäft ausgeführt hat — vgl. § 4 Abs. 1 Schlußsatz in Verbindung mit § 5 Abs. 2 und § 9.

Ziffer 13: rechnunglegende Stelle.

Rechnunglegende Stelle ist nach Ziffer 13 die Stelle, die zum Zwecke der Rechnungsprüfung den Nachweis über Haushaltseinnahmen und -ausgaben führt. Der Nachweis erfolgt — und dies ist für den Begriff der Rechnungslegung von Wichtigkeit — der Rechnungsprüfungsbehörde gegenüber, also hinsichtlich der Reichseinnahmen und -ausgaben regelmäßig gegenüber dem Rechnungshofe des Deutschen Reiches; vgl. RHO. §§ 90 ff. Er wird geführt durch Aufstellung und Vorlegung einer Kassenrechnung auf Grund des in Ziffer 12 behandelten rechnungsmäßigen Nachweises oder durch Vorlage der Kassenbücher (RHO. § 66). Die RHO. § 66 weist kurzweg die Rechnungslegung den Kassen zu in der Weise, daß — vgl. das. § 66 Abs. 3 — die Kassen über die durch sie geleisteten Ausgaben und erhobenen Einnahmen Rechnung zu legen haben. Wie § 4 es besonderer Bestimmung vorbehält, welche Stelle den rechnungsmäßigen Nachweis zu führen hat, so ist daselbst auch die Bestimmung darüber vorbehalten, welche Stellen über die Haushaltseinnahmen und -ausgaben des Reichs Rechnung legen sollen. Das Nähere hierzu siehe in Anm. 3 zu § 4.

Ziffer 14: Zahlungsmittel:

Der Begriff der Zahlungsmittel im Sinne der RKO. deckt sich nicht mit dem landläufigen Begriffe von Zahlungsmitteln oder mit den gesetzlichen und gesetzlich zugelassenen Zahlungsmitteln, sondern umfaßt im Anschluß an die Bestimmungen über den Zahlungsverkehr in den §§ 21 ff. einen weiteren Kreis von Gegenständen, die im Verkehr zur Leistung von Zahlungen verwendet zu werden pflegen, nämlich außer Bargeld auch Schecke, Postscheck- und Reichsbanküberweisungsaufträge und ausnahmsweise Wechsel. Durch die Vorschrift des § 21 werden die Schecke usw. nicht zu gesetzlich zugelassenen Zahlungsmitteln; ihre Annahme als solche seitens der Reichskassen beruht auf einer Verwaltungsanordnung, die von der Reichsregierung, die sie in der RKO. getroffen hat, gegebenenfalls wieder abgeändert werden kann. Wegen der Verwendung von Wechseln als Zahlungsmittel s. § 27.

Der Begriff Bargeld steht kassenordnungsmäßig fest; es sind die gesetzlichen und die gesetzlich zugelassenen Zahlungsmittel (§ 24 Abs. 1 und Anl. 4), d. h. Reichsbanknoten, Reichsmünzen, Rentenbankscheine und Noten der deutschen Privatnotenbanken. Wegen der Verwendung fremder Geldsorten vgl. § 24 Abs. 2. Soweit sie zugelassen sind, müssen auch sie dem Bargeld zugerechnet werden.

Auch Guthaben bei Postscheckämtern und Geldanstalten pflegt man, wenn man vom Besitz ausreichender Zahlungsmittel spricht, als Zahlungsmittel anzusehen; sie sind in Ziffer 14 nicht einbegriffen (vgl. Ziffer 15), weil man mit Guthaben unmittelbar — d. h. durch Hingabe — nicht zahlen kann, sondern nur vermittels einer Anweisung auf das Guthaben.

Schecke sind die auf Grund des Scheckgesetzes vom 11. März 1908 und des Postscheckgesetzes vom 26. März 1914 (RGBl.

S. 85) in der Fassung der Bekanntmachung vom 22. März 1921 (RGBl. S. 247) ausgestellten als Scheck bezeichneten Zahlungsanweisungen an ein Postscheckamt, eine Reichsbankstelle oder eine sonstige Geldanstalt. Sie pflegen dem Zahlungsempfänger zur Einziehung des Scheckbetrages übergeben zu werden. Überweisungsaufträge sind die Aufträge, die einem Postscheckamt oder einer Reichsbankstelle auf vorgeschriebenem Vordruck (rosafarben) dahin erteilt werden, einen Betrag von dem Guthaben des einen Kontoinhabers auf das eines anderen zu überschreiben. Überweisungsaufträge an andere Geldanstalten sind wegen ihrer Mannigfaltigkeit und der mit ihrer Verwertung verbundenen Umstände, die eine Überführung der überwiesenen Beträge in den Bestand der Kasse erschweren und verzögern können, sowie im Interesse der Förderung des Postscheck- und des Reichsbankgiroverkehrs als Zahlungsmittel im Sinne der Reichskassenordnung nicht zugelassen (vgl. Anm. 5 zu § 1 der Anl. 1). Die Überweisungsaufträge pflegen der Geldanstalt unmittelbar übermittelt zu werden, sie können aber auch dem Empfänger — und zwar in diesem Falle als Zahlungsmittel — übergeben werden, so daß ihm die Einziehung des Betrages durch Weitergabe des Auftrages an die Geldanstalt überlassen bleibt (vgl. § 23 Abs. 3).

S c h e c k e sind Zahlungsmittel in der Hand des Ausstellers; sobald sie der Kasse als Empfängerin übergeben sind, sind sie für diese im landläufigen Sinne keine Zahlungsmittel mehr, da sie im Verkehr nur ausnahmsweise als Zahlungsmittel verwendet werden können und der Kasse überdies eine andere Verwendung als die Vorlegung zur Einlösung, d. h. also die unmittelbare Verwendung zu einer Auszahlung untersagt ist (Anl. 1 § 3 Abs. 1). Sie gelten trotzdem als Zahlungsmittel im Sinne der Ziffer 14 (vgl. Ziffer 15 in Verbindung mit § 80 Abs. 2 und § 88 Abs. 2). Wirtschaftlich ist ihre Zurechnung zu den Zahlungsmitteln insofern begründet, als — Deckung vorausgesetzt — sie sofort in Guthaben verwandelt werden können und gleichzeitig über dieses verfügt werden kann. Schecke der Kasse selbst, d. h. von dieser (vgl. § 23 Abs. 3) ausgestellte aber noch nicht begebene Schecke, sind Zahlungsmittel im landläufigen Sinne, und auch als in § 21 Abs. 1 unter den „Zahlungsmitteln" einbegriffen anzusehen. Sonach ist der Begriff der Zahlungsmittel in der RKO. nicht einheitlich der gleiche, indem Schecke und Überweisungsaufträge nur relative Zahlungsmittel sind. Wenn es sich um den Kassenbestand handelt, sind unter Schecken nur die von Dritten der Kasse an Zahlungsstatt übergebenen und noch nicht eingelösten, als Zahlungsmittel aber nicht mehr verwendbaren Schecke verstanden; wenn es sich um Zahlungsmittel für Auszahlungen der Kasse handelt, sind darunter die von der Kasse selbst ausgestellten und zwecks Zahlung hinzugebenden Schecke, nicht aber auch die in ihrem Besitz befindlichen von Dritten ausgestellten Schecke zu verstehen. Eine einheitliche Verwendung des Begriffs der Zahlungsmittel würde unter Beibehaltung der Begriffsbestimmung unter Ziffer 14 in der Weise haben erfolgen können, daß der Begriff „Kassenbestand" nicht einfach durch Übernahme der „Zahlungsmittel" aus Ziffer 14 bestimmt wäre, sondern ihm als Schecke usw. nur die als Einzahlung angenommenen Schecke usw. zugerechnet wären. Dann wäre der Charakter der Zahlungsmittel als Mittel, die zu Zahlungen verwendet werden können, nicht eingeschränkt worden.

Wie mit den Schecken verhält es sich auch mit den Postscheck- und Reichsbanküberweisungsaufträgen. Die von Dritten der Kasse übergebenen Aufträge gehören zu den Zahlungsmitteln im Sinne der Ziffer 14 und zum Kassenbestand, dürfen aber ebensowenig wie Schecke als Zahlungsmittel, d. h. zu Auszahlungen verwendet werden. Für Zahlungen kommen nur die von der Kasse selbst ausgestellten Aufträge (§ 21 Abs. 1 a und § 23 Abs. 3) in Betracht.

Wird ein Scheck oder Überweisungsauftrag nicht eingelöst, so gilt die durch deren Übergabe bewirkte Einzahlung als nicht geschehen (Anl. 1 § 3 Abs. 3 und § 6). Nähere Bestimmungen über die Annahme von Schecken und Überweisungsaufträgen enthält die Anlage 1. Wegen der Verwendung von Wechseln s. § 27.

Ziffer 15: Kassenbestand.

Der Begriff des Kassenbestandes knüpft an die Begriffsbestimmung der Ziffer 14 an; vgl. die Anm. dazu. Er umfaßt die Mittel, die der Kasse zur Verfügung stehen. Die Zugehörigkeit von Zahlungsmitteln zum Kassenbestand setzt nicht voraus, daß sie unmittelbar zu Zahlungen verwandt werden können. Die der Kasse als Einzahlung übergebenen und noch nicht eingelösten Schecke und Überweisungsaufträge gelten als Zahlungsmittel (vgl. Anm. zu Ziffer 14 und § 80 Abs. 2); sie sind den Guthaben insofern gleich zu achten, als sie — das Vorhandensein der nötigen Deckung vorausgesetzt — ohne weiteres durch Weitergabe an die beteiligte Geldanstalt in Guthaben umgewandelt werden können. Wenn sie nicht unmittelbar zu Zahlungen verwandt werden können und dürfen, so können durch sie doch sofort Zahlungsmittel beschafft werden; auch kann gleichzeitig mit der Hingabe an die Geldanstalt über den Betrag durch Anweisung der Geldanstalt verfügt werden. Wegen der zulässigen Höhe des Kassenbestandes und der Nichteinrechnung der von der Kasse als Sicherheit angenommenen nicht baren Einzahlungen bei Feststellung des Bedarfs an Zahlungsmitteln für die Auszahlungen der Kasse vgl. § 47. Die Feststellung des Kassenbestandes zum Tagesabschluß und anläßlich der Kassenprüfungen ist in §§ 80 und 88 f. geregelt.

Ziffer 16: Kassenbestandsverstärkungen:

Die verschiedenen Wege, auf denen eine Kasse ihre Mittel im Bedarfsfalle ergänzen kann, sind in den §§ 48 bis 51 mit den Anlagen 7 und 8 behandelt.

Ziffer 17: Ablieferung.

Die von den Reichskassen eingenommenen Geldbeträge müssen, soweit sie nicht alsbald zu Auszahlungen gebraucht werden oder als Kassenbestand zurückbehalten werden dürfen (§ 47), der übergeordneten Kasse zugeführt werden, um für Reichszwecke nutzbar gemacht werden zu können, d. h. sie müssen „abgeliefert" werden (§ 4 Abs. 1 Satz 2). Die Ablieferung geschieht auf den in der Begriffsbestimmung angeführten Wegen, von denen neben der Anrechnung von Auszahlungsbelegen derjenige zu wählen ist, der die Mittel auf die wirtschaftlichste und schnellste Weise der Reichshauptkasse zuführt. Die Einreichung von Belegen über geleistete Auftragszahlungen (§§ 53 und 54 Abs. 2) wird als Ablieferung behandelt und der gezahlte Betrag der Kasse, die die Zahlung geleistet hat, als Ablieferung gutgeschrieben, weil eine Zahlung im Auftrage und für Rechnung der Kasse, an die abgeliefert wird, einer Ablieferung an sie gleichsteht. Die übergeordnete Kasse entlastet die abliefernde Kasse in Höhe des Ablieferungsbetrags und entlastet sich selbst wieder durch die Buchung der von der abliefernden Kasse für sie geleisteten Auszahlung. Wegen der Behandlung der zwecks Geldversorgung gezahlten Beträge als Auftragsauszahlungen vgl. Anl. 7 § 5 Abs. 2; wegen der Ablieferung von Auftragseinzahlungen vgl. § 54 Anm. 3.

Wenn in der Begriffsbestimmung die Abführung von Zahlungsmitteln allgemein als Ablieferung aufgeführt ist, so ist zu bemerken, daß Schecke und Überweisungsaufträge nur auf Grund besonderer Verständigung mit der übergeordneten Kasse unmittelbar an diese abzuführen sind; die Regel bildet die Einziehung der Geldbeträge durch die Stelle, die die Schecke usw. angenommen hat. Nähere Bestimmungen über die Ablieferungen und ihre Buchung sind in den §§ 54 und 65 getroffen.

Ziffer 18: Abrechnung.

Eine Abrechnung ist in der RKO. vorgesehen für die Kassen (§ 4 Abs. 1 Satz 3) wie für die Zahlstellen (§ 8 Abs. 1) Die erstere Abrechnung ist in § 81 ausführlich geregelt; für die letztere sind Vorschriften in der RKO. nicht enthalten; nähere Bestimmungen über sie trifft nach § 8 Abs. 2 der zuständige Reichsminister, d. i. der Minister, dessen Amtsbereich die Kasse angehört, der die Zahlstelle zur Verfügung steht, im Einvernehmen mit dem Reichsminister der Finanzen (vgl. § 8 Anm. 2 ff.).

Bei der Reichshauptkasse und bei den Oberkassen werden die Haushaltseinnahmen und -ausgaben der ihnen nachgeordneten Kassen zusammengefaßt (§ 3). Zu diesem Zweck müssen sämtliche Kassen mit der ihnen übergeordneten Kasse abrechnen, d. h. sie müssen nachweisen, in welcher Weise sie die Mittel, die ihnen aus Einzahlungen zugeflossen sind, zur Leistung von Auszahlungen einschließlich Ablieferungen verwendet haben. Die Abrechnung erfolgt durch die Aufstellung der Abschlußnachweisung und die Übernahme der in dieser nachgewiesenen Haushaltseinnahmen und -ausgaben in die Bücher der Oberkasse oder Reichshauptkasse (s. § 81 Abs. 3 und Anm. 5 und 6 das.). Wegen der Aufzeichnung des Ergebnisses der Abrechnung im Abrechnungsbuch vgl. § 81 Anm. 4.

I. Buch: Einrichtung der Kassen, Zahlungen

Vorbemerkung

Die RKO. gliedert sich in 4 Bücher. Im I. Buch sind dargestellt in §§ 3 bis 20 der Aufbau der Kassen, ihre innere Einrichtung und ihr Geschäftsgang, in §§ 21 bis 45 die Zahlungen, in §§ 46 bis 55 die Geldverwaltung und die Behandlung von Wertgegenständen, im II. Buch (§§ 56 bis 81) die Buchführung und im III. Buch (§§ 82 bis 97) die Kassenprüfungen. Hiernach umfaßt das I. Buch die gesamte Tätigkeit der Kasse mit Ausnahme der Buchführung und der Mitwirkung bei den Kassenprüfungen. Die Buchführung bildet organisch einen wesentlichen Teil der Geschäftsführung der Kasse, ist aber wegen ihrer großen und selbständigen Bedeutung in einen besonderen Hauptabschnitt, Buch II, verwiesen. Die Kassenprüfungen (Buch III) sind als solche nicht unmittelbar zu den Geschäften der Kasse zu rechnen, indem sie sich vielmehr, wenn die Kassen auch weitgehend zur Mitwirkung bei ihnen berufen sind, gewissermaßen gegen sie richten. Das IV. Buch enthält in den §§ 98 bis 102 Übergangs- und Schlußbestimmungen.

Die Kassenordnung beschränkt sich nicht auf Vorschriften darüber, in welcher Weise die Kassengeschäfte zu erledigen sind, sondern sie bringt im 1. Teil des I. Buches sehr wichtige grundlegende Bestimmungen über eine möglichst wirtschaftliche Ausgestaltung des Kassenwesens. Diese wird angestrebt einmal durch weitgehende Zusammenfassung der an ein und demselben Orte von Reichsbehörden zu erledigenden Kassengeschäfte und ferner durch möglichste Ausnutzung der geschaffenen Kasseneinrichtungen, indem den Kassen auch Geschäfte der Länder und Gemeinden und geeignetenfalls auch Verwaltungsgeschäfte übertragen werden können. Teil 2 des I. Buches handelt von der Besetzung der Kassen und dem Aufgabenkreis der verschiedenen Kassenbeamten sowie dem Geschäftsgang der Kasse. Teil 3 regelt die eine Seite des eigentlichen Betätigungsgebiets der Kasse, das Zahlungswesen und die Verwaltung der eingenommenen Gelder; ihm steht gegenüber das II. Buch mit den Vorschriften über die Buchführung.

1. Teil: Aufbau der Kassen

§ 3

Gliederung der Kassen

(1) Die Kassen gliedern sich in

1. die Reichshauptkasse,

2. Oberkassen,

3. Amtskassen.

(2) Die Reichshauptkasse ist die Kasse, bei der die Haushaltseinnahmen und -ausgaben aller Reichsverwaltungen zusammengefaßt werden.

(3) Oberkassen sind die Kassen, bei denen die Haushaltseinnahmen und -ausgaben der ihnen nachgeordneten Kassen zusammengefaßt werden.

(4) Amtskassen sind alle übrigen Kassen.

(5) Ein verwaltungsmäßiges Über- und Nachordnungsverhältnis besteht zwischen den einzelnen Kassen nicht.

AKO. § 2; VV. RHK., RAM., Heer und Marine.

1. Jede Verwaltungsbehörde muß eine Stelle haben, die ihre Kassengeschäfte wahrnimmt, d. h. die in ihrem Bereich notwendig werdenden Ausgaben leistet und die anfallenden Einnahmen annimmt. Diese Stellen sind im Reiche die Amtskassen; sie bilden den Unterbau der Kassenverwaltung der Reichsbehörden. Daneben bedarf es im Reiche wie bei jedem größeren Unternehmen einer Stelle, bei der die gesamten Einnahmen und Ausgaben der Verwaltung zusammenlaufen. Diese Stelle ist die Reichshauptkasse; bei ihr werden die Haushaltseinnahmen und -ausgaben aller Reichsverwaltungen zusammengefaßt. Die Zusammenfassung besteht darin, daß die übrigen Kassen der Reichsverwaltung über ihre Haushaltseinnahmen und -ausgaben sowie die zur Bestreitung der letzteren erhaltenen Bestandsverstärkungen und die Ablieferungen mit der Reichshauptkasse abrechnen (§ 81), und diese die durch

die Abrechnung nachgewiesenen Beträge der Haushaltseinnahmen und -ausgaben der Kassen in ihre Bücher übernimmt. Auf diese Weise sind zusammen mit den von der Reichshauptkasse angenommenen und geleisteten Zahlungen (vgl. Abs. 3 der Anm.) sämtliche Haushaltseinnahmen und -ausgaben des Reichs in ihren Büchern enthalten. Auf Grund der Bücher werden von der Reichshauptkasse die Zentralrechnungen, soweit nicht die zuständige oberste Reichsbehörde eine andere Stelle damit betraut hat, und die Hauptrechnung aufgestellt (RKO. §§ 102 und 105). Der Abschluß der Bücher bildet gleichzeitig die Unterlage für die Aufstellung der Beiträge zur Reichshaushaltsrechnung (vgl. RWB. §§ 69 ff.).

Die Einrichtung der Amtskassen und der Reichshauptkasse könnte als organischer Aufbau der Kassen ausreichen, und für einen großen Teil der Verwaltungsbehörden hat es bei dieser Gliederung sein Bewenden. Nur im Bereich der Reichsabgabenverwaltung sind — in gleicher Weise wie bei den aus der Reichsverwaltung abgesonderten Verkehrsverwaltungen der Deutschen Reichspost und der Deutschen Reichsbahngesellschaft (vgl. § 1 Anm. 2) — zwischen die Amtskassen und die Reichshauptkasse noch Kassen als Zwischenstelle eingeschoben, das sind die Oberfinanzkassen (OFKO. § 3). In ihrer Eigenschaft als Oberkasse fassen die Oberfinanzkassen wieder die Haushaltseinnahmen und -ausgaben der ihnen nachgeordneten Kassen — Finanz- und Zollkassen — zusammen. Abgesehen von den besonderen Verhältnissen und Bedürfnissen der Abgabenverwaltung, die die Einrichtung von Oberfinanzkassen an sich schon begründen, sind diese als Zwischenstelle zwischen Reichshauptkasse und Finanz- und Zollkassen unentbehrlich, weil ein unmittelbarer Abrechnungsverkehr mit den zahlreichen Amtskassen der Reichsabgabenverwaltung die Reichshauptkasse bei dem Umfang des damit verbundenen Schriftwechsels ungebührlich belasten und infolge erschwerter unmittelbarer Verständigung die ordnungsmäßige Erledigung der Geschäfte beeinträchtigen würde. Ein gleiches Bedürfnis der Zusammenfassung ist auch bei anderen Verwaltungen vorhanden, ist aber bei ihnen anstatt durch Einrichtung von Oberkassen durch die Schaffung von Rechnungsstellen, bei denen ein Zahlungsverkehr nicht stattfindet (§ 9 und BB. RAM., Heer und Marine zu § 9) befriedigt worden. Wie die Reichshauptkasse die Hauptrechnung, so stellen die Oberkassen und Rechnungsstellen über die bei ihnen auf die vorangegebene Weise zusammengefaßten Haushaltseinnahmen und -ausgaben — die Oberkassen unter Einbeziehung der von ihnen selbst angenommenen bzw. geleisteten Haushaltseinnahmen und -ausgaben — eine Oberrechnung auf (§ 101 RKO.).

Neben ihrer zusammenfassenden Betätigung als Oberkasse sind die Reichshauptkasse und die Oberfinanzkassen gleichzeitig als Amtskasse tätig, die letzteren für die Landesfinanzämter, denen sie zugehören (OFKO. § 3 Abs. 1), die erstere für diejenigen Reichsbehörden, deren Kassengeschäfte sie unmittelbar wahrzunehmen hat (vgl. Anm. 2). Hiernach sind außer der Reichshauptkasse und den Oberfinanzkassen sämtliche Kassen des Reichs Amtskassen, und auch die Reichshauptkasse und die Oberfinanzkassen sind gleichzeitig als Amtskassen tätig.

2. Die Reichshauptkasse, deren Geschäfte bis zum Erlaß des Bankgesetzes vom 30. August 1924 (RGBl. II S. 235) auf Grund des Bankgesetzes vom 14. März 1875 (RGBl. S. 177) von der Reichsbank wahrgenommen worden sind, ist seit dem 1. September 1924 von der Reichsbank getrennt und unmittelbar dem Reichsminister der Finanzen unterstellt worden. Sie führt ihre Kassengeschäfte nach den Vorschriften der RKO. und der vom Reichsminister der Finanzen erlassenen „Vollzugsbestimmungen zur Reichskassenordnung für die Reichshauptkasse“ vom 2. April 1928. Sie ist die Zentralkasse des Reichs und die Amtskasse des Reichsfinanzministeriums (vgl. VB. RHK. zu § 3 Abs. 1 und zu § 47 Abs. 2) sowie der übrigen Reichsministerien und einer Anzahl zentraler Reichsstellen (VB. RHK. Abs. 2 zu § 3 und § 1 der Bekanntmachung über die Vereinigung von Kassengeschäften bei der Reichshauptkasse v. 30. März 1928, R.Min.Bl. S. 259). Die Übertragung der Kassengeschäfte der vorbezeichneten Reichsbehörden an die Reichshauptkasse als Einheitskasse macht in weitem Umfang die Einrichtung von Zahlstellen (s. § 2 Ziffer 2 und Anm.) notwendig. Wegen der Regelung der Geschäftsführung dieser Zahlstellen vgl. § 8 Anm. 4 und Beilage 2 zu B. Den baren Zahlungsverkehr erledigt für Rechnung der Reichshauptkasse nach den für sie geltenden Bestimmungen eine bei ihr eingerichtete Nebenstelle der Reichsbankhauptkasse (VB. RHK. zu § 16; vgl. Bankgesetz vom 30. August 1924 § 25 Abs. 1 und RKO. § 8 Anm. 2).

3. Die Amtskassen, Oberkassen und Reichshauptkasse stehen sich gewissermaßen instanzenmäßig gegenüber; es kann jedoch ein Über- und Unterordnungsverhältnis zwischen den Kassen selbst nicht bestehen (§ 3 Abs. 3), weil sie nicht selbständige Stellen, sondern Teile einer Reichsbehörde sind. Wenn in der RKO. dennoch verschiedentlich von einer übergeordneten und einer nachgeordneten Kasse gesprochen wird, z. B. in § 2 Ziffer 17, § 4 Abs. 1, § 52 Abs. 2, § 53 Abs. 1 und § 54 Abs. 1, so ist damit nur die Reichshauptkasse oder eine sonstige obere Kasse, mit der die Kassen abzurechnen haben, gemeint. Im übrigen ist für den Verkehr der Kassen untereinander § 19 maßgebend, nach dem die Kassen unmittelbar miteinander in Verbindung treten, soweit die Erledigung von Kassengeschäften es erfordert. Wenn AKO. § 2 Abs. 3 bestimmt, daß die Amtskassen den Weisungen der Reichshauptkasse und der für sie zuständigen Oberfinanzkasse,

soweit es sich um den Ablieferungs- und Abrechnungsverkehr handelt, Folge zu leisten haben, so handelt es sich dabei nur um Anweisungen im Rahmen der durch die RKO. bzw. die AKO. vorgeschriebenen Geschäftsführung. Ein verwaltungsmäßiges Unterordnungsverhältnis wird damit nicht begründet.

§ 4

Aufgaben

(1) Die Kassen haben die Haushaltseinnahmen und -ausgaben des Reichs sowie die sonstigen Zahlungen rechtzeitig und vollständig zu erheben und zu leisten; sie haben die Zahlungen zu buchen und die dazugehörigen Belege zu sammeln. Die Amtskassen und Oberkassen haben die von ihnen angenommenen Einzahlungen an die Reichshauptkasse abzuliefern, soweit sie sie nicht zu anderen Auszahlungen für das Reich verwenden. Die Amtskassen haben mit der Oberkasse, Amtskassen, denen eine Oberkasse nicht übergeordnet ist, und die Oberkassen haben mit der Reichshauptkasse abzurechnen. Der zuständige Reichsminister bestimmt im Einvernehmen mit dem Reichsminister der Finanzen, über welche Haushaltseinnahmen und -ausgaben des Reichs die einzelnen Kassen den rechnungsmäßigen Nachweis führen und welche Stellen Rechnung legen; es sollen regelmäßig die Stellen bestimmt werden, die diese Aufgaben in der einfachsten und wirtschaftlichen Weise erledigen können.

(2) Die Kassen dürfen andere Kassengeschäfte als die des Reichs, insbesondere Kassengeschäfte der Länder und Gemeinden, oder Verwaltungsgeschäfte auf Grund reichsgesetzlicher Vorschriften oder einer Ermächtigung durch den zuständigen Reichsminister ausführen; dieser kann insbesondere zulassen, daß die Kassen seines Verwaltungsbereichs Beitreibungsgeschäfte wahrnehmen. Soweit es sich nicht um Geschäfte öffentlich-rechtlicher Körperschaften handelt, ist die Ermächtigung im Einvernehmen mit dem Reichsminister der Finanzen zu erteilen.

AKO. § 4; BB. RHK., RAM., Heer und Marine.

1. § 4 faßt in Abs. 1 die den Kassen zufallenden Aufgaben zusammen und schreibt in Abs. 2 vor, inwieweit den Kassen andere Kassengeschäfte als solche des Reichs und ferner Verwaltungsgeschäfte übertragen werden dürfen. Es werden also zwei selbständige bedeutsame Fragen in dem Paragraphen behandelt.

In Abs. 1 des § 4 werden die Aufgaben der Kassen aufgezählt, und zwar in Satz 1 bis 3 die allen Kassen gleichmäßig obliegenden Aufgaben, in Satz 4 die nicht allen Kassen, sondern nur einem Teil von ihnen zufolge besonderen Auftrags zufallenden Aufgaben, nämlich die Führung des rechnungsmäßigen Nachweises und die Rechnungslegung. Wegen der alleinigen Zuständigkeit der Kassen und der in ihrem Auftrage handelnden Stellen für die Annahme und Leistung von Zahlungen vgl. § 1 Anm. 3. In Satz 1 ist von besonderer Bedeutung die Vorschrift, daß die Ein- und Auszahlungen rechtzeitig und vollständig zu erheben und zu leisten sind; die Kasse hat nicht nur die ihr zugeführten Einzahlungen anzunehmen und zu buchen, sondern auch ihren rechtzeitigen Eingang zu überwachen und zu betreiben. Die unmittelbare Fürsorge für die Durchführung dieser Vorschrift ist in § 15 dem Buchhalter übertragen. Mit den „anderen" Auszahlungen in Satz 2 sind alle Auszahlungen außer der Ablieferung gemeint; die Fassung ist gewählt, weil die Ablieferung auch eine Auszahlung der Kasse im Sinne des § 2 Ziffer 5 darstellt. Wegen der Buchungen, der Ablieferungen und der Abrechnung sowie der Sammlung der Belege vgl. die Anm. zu § 2 Ziffer 10, 11, 17 und 18, § 77 und RRO. § 95. Wegen des rechnungsmäßigen Nachweises und der Rechnungslegung vgl. die Anm. zu § 2 Ziffer 12 und 13 und die nachstehenden Anm. 2 und 3.

2. Nach Satz 4 des Abs. 1 bestimmt der zuständige Reichsminister im Einvernehmen mit dem Reichsminister der Finanzen, über welche Einnahmen und Ausgaben des Reichs die einzelnen Kassen den rechnungsmäßigen Nachweis (§ 2 Ziffer 12) führen. Einzahlungen und Auszahlungen setzen nach §§ 34 und 37 regelmäßig eine Annahme bzw. Auszahlungsanordnung voraus. In diesen muß die Verbuchungsstelle angegeben sein (RRO. § 49). Die Verbuchung hat, wenn es sich um eine Haushaltseinnahme oder -ausgabe handelt (vgl. Anm. zu § 2 Ziffer 6 und 7), im Titelbuch (§ 62) zu erfolgen; sie bildet den rechnungsmäßigen Nachweis. Wenn sonach einer Kasse eine Zahlungsanordnung zugeht, nach der eine Haushaltseinnahme oder -ausgabe anzunehmen oder zu leisten und an bestimmter Stelle zu verbuchen ist, so erscheint es als gegeben, daß die Kasse nach ihr verfährt, d. h. auch den rechnungsmäßigen Nachweis über sie führt. Dementsprechend ist in den VB. RHK., RAM., Heer und in anderen VB. bestimmt, daß die Amtskassen den rechnungsmäßigen Nachweis über die Haushaltseinnahmen und -ausgaben der Verwaltungsbehörde, deren Kassengeschäfte sie wahrnehmen, führen. Eine abweichende Regelung ist getroffen in AKO. § 4 Abs. 1 zu g, wonach die Amtskassen der Reichsabgabenverwaltung den rechnungsmäßigen Nachweis über Reichssteuern und nur auf Grund besonderer Weisung des RFM. auch über sonstige

Haushaltseinnahmen und -ausgaben zu führen haben und in OFKO. § 3 Abs. 1 zu h, wonach „die Führung des rechnungsmäßigen Nachweises über Haushaltseinnahmen und -ausgaben, sowie über Landes-, Gemeinde- und Körperschaftseinnahmen und -ausgaben, soweit dieser nicht den Amtskassen übertragen ist", den Oberfinanzkassen obliegt. Beide Bestimmungen bedürfen sonach zu ihrer Durchführung noch der Ergänzung. Eine besondere Regelung ist noch für den Fall getroffen, daß Zahlungen für eine Behörde durch eine Sammelkasse (§ 5 Abs. 2) erledigt werden (§ 5 Abs. 2); in diesem Falle ist der rechnungsmäßige Nachweis von einer Stelle der Verwaltungsbehörde (Buchungsstelle) zu führen.

Nach Vorstehendem wirkt sich die Bestimmung im Schlußsatz des Abs. 4 dahin aus, daß mit gewissen Ausnahmen die Kassen über die Haushaltseinnahmen und -ausgaben der Verwaltungsbehörden, deren Kassengeschäfte sie wahrnehmen, auch den rechnungsmäßigen Nachweis führen. Die Zahlungen, über die die Kasse nicht den rechnungsmäßigen Nachweis führt, werden mit Ausnahme der Ablieferungen oder Kassenverstärkungen (vgl. § 65) von ihr als Hinterlegungen oder Vorschüsse gebucht.

Mit der Feststellung, in welchem Umfange die Kassen den rechnungsmäßigen Nachweis zu führen haben, ist gleichzeitig für die Verwaltungsbehörde festgelegt, welchen Kassen sie Anweisungen zur Annahme bzw. Leistung von Haushaltseinnahmen und -ausgaben als solchen erteilen dürfen. Solche Anweisungen müssen an die Kasse gerichtet werden, die den rechnungsmäßigen Nachweis über die Einnahme oder Ausgabe zu führen hat. Eine Annahme- oder Auszahlungsanordnung über eine Haushaltseinnahme oder -ausgabe mit Angabe der Verbuchungsstelle und dem Auftrag der Verbuchung an dieser Stelle müßte die Kasse, wenn sie über den beteiligten Titel oder Untertitel des Reichshaushaltsplans kein Titelbuch führt, als in der angegebenen Weise nicht ausführbar beanstanden und der anordnenden Stelle wieder vorlegen (§ 76 Abs. 2). Soll eine Haushaltseinnahme oder -ausgabe durch eine andere Kasse, als die, die den rechnungsmäßigen Nachweis über sie führt, angenommen oder geleistet werden, so kann dies in der Weise geschehen, daß die an die Kasse, die den rechnungsmäßigen Nachweis führt, gerichtete Annahme- oder Auszahlungsanordnung der anderen Kasse mit dem Auftrage zugeleitet wird, die Zahlung als Auftragseinzahlung oder -auszahlung für die angewiesene Kasse — es kann nur eine ihr übergeordnete Kasse in Frage kommen — zu leisten. Beide Kassen müssen über dieses Verfahren von der vorgesetzten Behörde unterrichtet sein (vgl. § 53 Anm. 2).

3. Der rechnungsmäßige Nachweis und die Rechnungslegung hängen insofern organisch zusammen, als die erstere

die Unterlage der letzteren bildet. Die Rechnungslegung grundsätzlich mit der Führung des rechnungsmäßigen Nachweises zu verbinden, erschien indes nicht zweckmäßig, da es bei den Verwaltungen mit einer großen Zahl von Kassen zu einer außerordentlichen Zersplitterung der Rechnungslegung führen und den Rechnungshof nötigen würde, gegebenenfalls mit zahlreichen einzelnen Kassen in Verbindung zu treten. Außerdem kann es vom Standpunkt der Verwaltung erwünscht sein, die Rechnungslegung bei verhältnismäßig wenigen Stellen, bei denen eine vorschriftsmäßige Behandlung sichergestellt ist, zusammenzufassen. Es mußte daher die Möglichkeit geschaffen werden, die Rechnungslegung über die Haushaltseinnahmen und -ausgaben der Amtskassen da, wo Oberkassen bestehen, in deren Hand zu legen (s. OFKO. § 3 Abs. 1 zu g; die in § 4 Abs. 1 zu i der AKO. vorgesehene Aufstellung von Rechnungen kommt für Haushaltseinnahmen und -ausgaben des Reichs nicht in Frage). Nachdem die Reichshauptkasse die Kassengeschäfte der Reichsministerien und anderer Zentralstellen des Reichs übernommen hat, andere Oberkassen als die Oberfinanzkassen nicht vorhanden sind und Rechnungsstellen (§ 9) bisher eine Rechnungslegung nicht übertragen ist, liegen rechnungsmäßiger Nachweis und Rechnungslegung — — von der Reichsabgabenverwaltung abgesehen — regelmäßig in einer Hand. Eine Abweichung hiervon besteht noch insofern, als nach § 9 der Richtlinien für die Zahlstellen der Reichshauptkasse (Beilage 2 B) diese Stellen bis zum Erlaß der Bestimmungen über die Auszahlung und den rechnungsmäßigen Nachweis von Besoldungen und Zivilversorgungsbezügen weiterhin über diese den rechnungsmäßigen Nachweis führen. Da die Rechnung zumeist durch bei der Kasse geführte Bücher (Rechnungslegungsbücher) gelegt wird (vgl. RRO. §§ 7, 8 und 29), sodaß eine besondere Rechnung nicht mehr aufgestellt zu werden braucht, haben die Vorteile, die die Zusammenfassung der Rechnungslegung bei einer höheren Stelle in sich schloß, an Bedeutung verloren. Bei der Bestimmung darüber, welche Stellen den rechnungsmäßigen Nachweis zu führen und Rechnung zu legen haben, sind auch die Belange des Rechnungshofs zu berücksichtigen, der je nach der zu treffenden Regelung verschiedene Anforderungen zu stellen Anlaß haben kann. Es wird sich daher unter Umständen empfehlen, auch über die nach § 100 Abs. 2 RHO. begründete Notwendigkeit hinaus mit dem Rechnungshof dieserhalb in Verbindung zu treten.

Soweit rechnungsmäßiger Nachweis und Rechnungslegung nicht in der Hand derselben Kasse liegen, muß die Amtskasse, die den rechnungsmäßigen Nachweis führt, diese Buchungen der rechnunglegenden Kasse für die Rechnungslegung zur Verfügung stellen. Sie können bei der Amtskasse verbleiben, wenn der Rechnungshof mit Einverständnis des zuständigen Reichsministers die Prüfung am Sitze der Kasse vornehmen will (RHO. § 90 Abs. 1).

Bei der Feststellung, welche Stelle über die einzelnen Haushaltseinnahmen und -ausgaben den rechnungsmäßigen Nachweis zu führen hat, handelt es sich nur darum, welche Stelle die einzelne angenommene oder geleistete Zahlung rechnungsmäßig nachzuweisen hat. Der rechnungsmäßige Nachweis, der in der Eintragung ins Titelbuch besteht, kann aber gleichzeitig an verschiedenen Stellen geführt werden, nämlich einmal durch die Kasse, die die Zahlung angenommen oder geleistet hat, und ferner gleichzeitig auch durch die Kasse, bei der die bei der ersteren Kasse erfolgten Zahlungen zusammengefaßt werden. Beide Buchungen haben dann einen verschiedenartigen Charakter. Die erstere bildet den eigentlichen rechnungsmäßigen Nachweis der einzelnen Zahlung; zu ihr gehören die Belege, die sie begründen (Annahme- oder Auszahlungsanordnung, Zahlungsbeweis). Die Aufzeichnung im Titelbuch der übergeordneten Kasse ist als solche auch ein rechnungsmäßiger Nachweis, aber sie erfaßt nicht die einzelne Zahlung als solche, sondern nur den Gesamtbetrag der gleichartigen jeweils zusammengefaßten Zahlungen; das kann auch eine einzelne Zahlung sein, die aber dann nur mit ihrem Betrage, nicht als einzelne Zahlung in Betracht kommt. Der rechnungsmäßige Nachweis im Titelbuch der übergeordneten Kasse ist in diesem Falle kein erschöpfender Nachweis der gebuchten Zahlungen, sondern er setzt stets noch den rechnungsmäßigen Nachweis dieser Zahlungen im einzelnen bei der Amtskasse voraus. Der Unterschied wirkt sich bei der Rechnungslegung aus; die letzteren Buchungen bilden die Grundlage für die Rechnungslegung über die einzelnen Haushaltseinnahmen und -ausgaben. Wenn eine andere Kasse Rechnung legt als die, die über die betreffenden Haushaltseinnahmen und -ausgaben im einzelnen den rechnungsmäßigen Nachweis führt, so muß die letztere Kasse ihre Aufzeichnungen im Titelbuch — zugleich mit den zugehörigen Belegen — als Unterlage für die Rechnungslegung zur Verfügung stellen.

4. Der in dem Finanzausgleich sich ausprägende enge finanzielle und wirtschaftliche Zusammenhang zwischen Reich, Ländern und Gemeinden und die Notwendigkeit, ihre Verwaltungskosten nach Möglichkeit einzuschränken, weisen darauf hin, die ihnen obliegenden Aufgaben, soweit sich dazu die Möglichkeit bietet, von einer ihnen gemeinsam dienenden Stelle erledigen zu lassen. Eine solche Zusammenfassung ist, wie die Erfahrung lehrt — so in Bayern und Hessen — auf dem Gebiete der Kassengeschäfte in weitem Umfange möglich. In gleicher Weise kann auch die Übertragung von Verwaltungsgeschäften auf die Kassen zwecks ausreichender Beschäf-

tigung des Personals wirtschaftlich von Wert sein. Abs. 2 des § 4 sieht daher allgemein eine solche Erweiterung des Tätigkeitsgebiets der Kassen und ferner eine Übertragung von Kassengeschäften der Länder und Gemeinden auf die Kassen vor. Nach dem Wortlaut des Abs. 2 würde nur die Übertragung von Verwaltungsgeschäften von Reichsbehörden an die Kassen in Frage kommen, da hier die Länder und Gemeinden nicht wieder aufgeführt sind. Zu den Verwaltungsgeschäften zählen jedoch auch die in Satz 1 a. E. ausdrücklich aufgeführten Beitreibungsgeschäfte; es wäre aber nicht sinngemäß, einer Kasse, die Kassengeschäfte der Länder und Gemeinden versieht, die Beitreibung von Reichsforderungen zu übertragen, die an die Kassenführung sich anschließende Beitreibung von Länder- und Gemeindeforderungen aber vorzuenthalten. Ebenso besteht häufig ein Bedürfnis, daß Kassen über die Ergebnisse ihrer Kassenführung für die Behörden, deren Kassengeschäfte sie versehen, Nachweisungen u. ä. aufstellen. Es handelt sich hierbei nicht um Kassen-, sondern um Verwaltungsgeschäfte, die aber mit den ersteren so eng zusammenhängen, daß sie wirtschaftlich nur von derselben Stelle erledigt werden können. Bei der Fassung des Abs. 2, die auch eine Auslegung in diesem Sinne zuläßt, wird nichts im Wege stehen, daß den Kassen auch Verwaltungsgeschäfte der Länder usw. übertragen werden; einer unzweckmäßigen Belastung der Kassen kann durch entsprechende Einschränkung der nach Abs. 2 notwendigen Ermächtigung vorgebeugt werden. Dagegen ist in Satz 2, der von den Geschäften Privater handelt, nur an Kassengeschäfte (wie die Einziehung der Niederlegungsgebühren für die Benutzung von öffentlichen Niederlagen, die einer Privatperson gehören) gedacht. Satz 1 schließt Geschäfte Privater nur, soweit sie Kassengeschäfte sind, in sich. Unter Verwaltungsgeschäften können begrifflich nur solche Geschäfte verstanden werden, die von einer Behörde als solcher wahrgenommen werden.

Da die Kassen gerade für die Wahrnehmung der Kassengeschäfte abgezweigte Teile ihrer Behörde sind, so wird die Übertragung von Verwaltungsgeschäften im allgemeinen nur in Frage kommen, soweit es sich um Geschäfte handelt, die mit den Kassengeschäften in einem gewissen Zusammenhange stehen, ohne zu ihnen selbst zu zählen, wie die Anfertigung statistischer und rechnerischer Unterlagen auf Grund der kassenmäßigen Aufzeichnungen und insbesondere die Beitreibungsgeschäfte. Diese zählen an sich nicht zu den Kassengeschäften; die Aufgabe der Kasse als solcher bei einem Einzahlungsauftrag erledigt sich mit der Einziehung des Betrages oder der Feststellung, daß die Einziehung nicht zu erreichen war. Die zwangsweise Beitreibung des Betrages ist dann eine Verwaltungsangelegenheit, die aber geeignetenfalls der Kasse, die die Annahmeanordnung (§ 34) erhalten hat, übertragen wird (vgl. Beitr.O. § 1 Abs. 2).

Der „zuständige Reichsminister" im Sinne des Abs. 2 des § 4 ist der Minister, dessen Geschäftsbereich die Kasse angehört, der die Wahrnehmung von Kassengeschäften für Dritte und von Verwaltungsgeschäften übertragen werden soll. Nur soweit einer Kasse die Wahrnehmung von Geschäften Privater übertragen werden soll, hat der RFM. — sei es als Ressortminister oder neben diesem — mitzuwirken. Die ihm vorbehaltene Ermächtigung kann für den Einzelfall oder auch allgemein unter Aufstellung von Grundsätzen, die bei der Geschäftsübertragung zu beobachten sind, erteilt werden.

Bei Übertragung der Erledigung von Kassengeschäften Dritter an eine Kasse muß sogleich darüber Bestimmung getroffen werden, in welcher Weise jene Geschäfte auszuführen sind, wobei selbstverständlich im Sinne des mit der Zusammenfassung angestrebten Zwecks, soweit nicht die Art des übernommenen Geschäfts eine Abweichung bedingt, nach Möglichkeit auf die Anwendung der Bestimmungen der RKO. hinzuwirken ist. Wegen des Verbots der Verwendung von Reichsmitteln zu Zahlungen für Länder, Gemeinden usw. vgl. § 46.

§ 5

Einheitskassen

(1) Die Kassengeschäfte der an einem Orte bestehenden Verwaltungsbehörden des Reichs sind, wenn dadurch nicht die sachgemäße Erledigung der Dienstaufgaben der Verwaltung wesentlich erschwert wird, bei einer Kasse oder mehreren Kassen zu vereinigen (Einheitskasse). Wenn die Vereinigung nicht für alle Kassengeschäfte durchführbar ist, so kann sie auf einen bestimmten Kreis beschränkt werden; insbesondere können der bare oder unbare Zahlungsverkehr oder beide Arten des Zahlungsverkehrs auf eine Kasse (Sammelkasse) übertragen werden.

(2) Wird der bare und unbare Zahlungsverkehr einer Verwaltungsbehörde auf eine Sammelkasse übertragen, so sind die von der Sammelkasse angenommenen Einzahlungen und geleisteten Auszahlungen in der dem Reichshaushaltsplan entsprechenden oder sonst vorgesehenen Ordnung von einer Stelle der Verwaltungsbehörde zu buchen (Buchungsstelle). Die Bestimmungen der Reichskassenordnung über die Führung der Bücher in der Kasse gelten für die Buchungsstelle sinngemäß.

RKO. § 3 Abs. 1, § 33 Abs. 6; BB. RHK., RAM. und Marine.

1. § 5 ist, wie schon in der Vorbemerkung zum I. Buch hervorgehoben, von grundlegender Bedeutung für die künftige Gestaltung des Kassenwesens des Reichs. Er enthält wohl die wirtschaftlich bedeutsamste Vorschrift der RKO. Die bisherige Übung, wonach möglichst jede Verwaltungsbehörde ihre eigene Kasse hatte, soll beseitigt werden. Sie hat dazu geführt, daß im Reich bis zum Erlaß der RKO. etwa 4000 Kassen bestanden haben. Demgegenüber sind nach § 5 fortan die Kassengeschäfte der an demselben Orte bestehenden Verwaltungsbehörden des Reichs, „wenn dadurch nicht die sachgemäße Erledigung der Dienstaufgaben der Verwaltung wesentlich erschwert wird, bei einer Kasse oder mehreren Kassen zu vereinigen (Einheitskasse)". Daß eine solche Zusammenlegung, wie sie an vielen Stellen im Länder- und im städtischen Dienst bereits erprobt ist, — auch die Reichshauptkasse, die schon bisher für zahlreiche räumlich von ihr getrennt liegende Reichsbehörden die Kassengeschäfte wahrgenommen hat, bietet ein Beispiel dafür — von erheblicher wirtschaftlicher Bedeutung sein kann, liegt auf der Hand. Sie bringt Ersparnisse mit sich an Personal, indem unter anderem insbesondere die Notwendigkeit, mehrere hochwertige Kräfte als Kassenleiter oder Kassier zu beschäftigen, entfällt oder eingeschränkt wird, ferner Ersparnisse an Räumen und Ausstattungsgeräten, an den bereitzuhaltenden Kassenmitteln, desgleichen an Büchern und Vordrucken aller Art. Sie erhöht die Sicherheit der Kassenbestände, für deren Aufbewahrung bei einer kleinen Anzahl von Kassen bessere Einrichtungen vorgesehen werden können, als wenn eine große Anzahl von Kassen mit solchen ausgestattet werden muß. Die Zusammenlegung ist vorgeschrieben für die Kassengeschäfte der an ein und demselben Orte bestehenden Verwaltungsbehörden; es steht natürlich nichts im Wege, soweit die Rücksicht auf ein berechtigtes Interesse des Publikums nicht etwas anderes bedingt, auch die Kassengeschäfte von an verschiedenen Orten bestehenden Verwaltungsbehörden geeignetenfalls von einer Einheitskasse wahrnehmen zu lassen. Die Zusammenlegung muß erfolgen, „wenn dadurch nicht die sachgemäße Erledigung der Dienstaufgaben der Verwaltung wesentlich erschwert wird". Eine gewisse Erschwerung des Geschäftsganges wird die Trennung der Kasse von der Verwaltungsbehörde immer mit sich bringen; sie ist in den Verhältnissen begründet und soll grundsätzlich in Kauf genommen werden. Den besonderen Bedürfnissen der Verwaltung ist geeignetenfalls durch Einrichtung einer Zahlstelle (vgl. § 8 Anm. 1 und 6) Rechnung zu tragen. Nur wo eine wesentliche Erschwerung der Dienstgeschäfte durch die Abtrennung der Kasse infolge ihrer organisatorischen oder

räumlichen Abzweigung von der beteiligten Behörde eintreten würde, soll von der Zusammenlegung abgesehen werden dürfen. Für solche Fälle bleibt zu prüfen, ob die Zusammenlegung nicht wenigstens für einen Teil der Geschäfte durchgeführt werden kann, so daß sie auf einen bestimmten Kreis von Geschäften beschränkt wird, wie z. B. auf die Zahlung von Besoldungen und anderen persönlichen Bezügen, oder daß, wie es § 5 ausdrücklich vorsieht, die Erledigung des baren und des unbaren Zahlungsverkehrs oder eines von beiden bei einer Kasse als „Sammelkasse" für mehrere Behörden zusammengefaßt wird. Hiernach bedarf es stets einer besonderen Begründung, wenn von einer vollständigen oder teilweise durchzuführenden Zusammenlegung der Kassengeschäfte abgesehen werden soll (vgl. § 6 Abs. 2). An großen Orten wird es mit Rücksicht auf die räumliche Entfernung und den Umfang der Geschäfte oft nicht möglich sein, die Kassengeschäfte bei einer einzigen Kasse zu vereinigen. In solchen Fällen können mehrere Einheitskassen eingerichtet werden, nur muß ihre Zahl so niedrig gehalten werden, wie es die Rücksicht auf eine übersichtliche Geschäftsführung und auf die örtlichen Verhältnisse gestattet.

Der Begriff „Einheitskasse" kennzeichnet nicht ohne weiteres, was damit gemeint ist. Die Einheitskasse, die die Kassengeschäfte mehrerer Behörden versieht, bildet den Gegensatz zur einfachen Amtskasse, die nur die Geschäfte der Behörde, der sie zugehört, wahrnimmt. Die Einheitskasse steht gewissermaßen als Mehrheitskasse den Amtskassen als Einzelkassen gegenüber.

2. Die Zusammenlegung der Kassengeschäfte mehrerer Verwaltungsbehörden bei einer Einheitskasse erfolgt in der Weise, daß der bei einer Behörde gebildeten Kasse die Kassengeschäfte anderer Behörden zur Erledigung übertragen werden. Daran, daß die Kasse einen Teil der erstgenannten Behörde und nur dieser darstellt, wird hierdurch nichts geändert. Sie bleibt dieser Behörde verwaltungsmäßig eingegliedert und führt ihre Geschäfte, was das Verfahren anbetrifft, im allgemeinen nach der RKO. und den ihr von der Behörde, der sie angehört, gegebenen Vorschriften. Wenn in dieser Beziehung im Einzelfalle wegen der Vereinbarkeit einer ihr von einer anderen Behörde gegebenen Weisung mit der RKO. und den angeführten Vorschriften Zweifel entstehen sollten, so wird sie — in der Regel durch Vermittlung des Kassenaufsichtsbeamten — auf kürzestem Wege die Entscheidung der vorgesetzten Behörde einholen, wobei darauf zu achten ist, daß dadurch nicht unvertretbare Verzögerungen in der Erledigung eines Auftrages eintreten. In sachlicher Beziehung hat die Einheitskasse allen die Kassengeschäfte betreffenden Weisungen der Behörde, deren Kassengeschäfte sie wahrnimmt, zu folgen.

Die Vornahme der Kassenprüfungen ist Sache der Behörde, der die Kasse zugehört (vgl. § 34 Abs. 1 und § 87 Abs. 1); zu den in § 87 Abs. 3 behandelten Arbeiten können aber nach Vereinbarung mit den Behörden, deren Kassengeschäfte die Kasse versieht, auch Beamte dieser Behörden herangezogen werden.

3. Die Einheitskasse, der nur ein Teil der Kassengeschäfte einer anderen Verwaltungsbehörde als der, der sie angehört, übertragen ist, bearbeitet diese Geschäfte nicht anders als eine Einheitskasse, die die gesamten Kassengeschäfte anderer Verwaltungsbehörden wahrnimmt. Etwas anders liegen die Verhältnisse bei den als Sammelkasse (AKO. § 33 Abs. 6; VB. RAM. und Marine) eingerichteten Einheitskassen. Eine Sammelkasse ist eine Amtskasse, die für eine andere Behörde, als die, der sie angehört, den reinen Zahlungsverkehr — baren oder unbaren oder beides — wahrnimmt (§ 5 Abs. 1 a. E.). Kassen, die lediglich Zahlungen leisten oder annehmen, sind in der RKO. nicht vorgesehen. Da die Sammelkasse eine Kasse im Sinne der RKO. ist und als solche den Zahlungsverkehr für die Behörde, deren Kassengeschäfte sie versieht, erledigt, gelten alle die Erledigung des Zahlungsverkehr betreffenden Bestimmungen der RKO. auch für die Sammelkasse, u. a. die Bestimmungen über die Führung der Zeitbücher und der Hilfsbücher, soweit deren Führung nicht dem Buchhalter obliegt. Hinsichtlich der Eintragung in die Sachbücher schreibt Abs. 2 für den Fall, daß der bare und unbare Zahlungsverkehr einer Sammelkasse übertragen wird, vor, daß die von der Sammelkasse angenommenen Einzahlungen und geleisteten Auszahlungen in der dem Reichshaushaltsplane entsprechenden oder sonst vorgesehenen Ordnung von einer Stelle der Verwaltungsbehörde („Buchungsstelle") zu buchen sind und die Bestimmungen der RKO. über die Führung der Bücher in der Kasse für die Buchungsstelle sinngemäß gelten. Ist nicht der gesamte, sondern nur der bare oder der unbare Zahlungsverkehr einer Sammelkasse übertragen, so behält die Behörde für den ihr verbleibenden Zahlungsverkehr eine Kasse, die den gesamten Zahlungsverkehr in den Nachbüchern nachweisen kann, und es liegt zur Einrichtung einer Buchungsstelle im Sinne des § 5 Abs. 2 kein Anlaß vor. Die Aufgaben, die sonst einer Kasse obliegen, werden bei Einrichtung einer Sammelkasse von dieser und der Buchungsstelle wahrgenommen und verteilen sich auf beide. Wegen der sich durch die Einschaltung einer Sammelkasse ergebenden Besonderheit für die Rechnungslegung vgl. die Vorbemerkung auf dem Anhang des Musters 5 der RKO. Die Einzahlungen und Auszahlungen, die nicht Haushaltseinnahmen oder -ausgaben darstellen, sind sinngemäß ebenfalls von der Buchungsstelle in Sachbüchern (Hinterlegungs- und Vorschußbuch) aufzu-

zeichnen, wie überhaupt, soweit Zahlungen durch eine Sammelkasse erledigt werden, die Geschäfte des Buchhalters (§ 15) von der Buchungsstelle wahrzunehmen bleiben. Nähere Bestimmungen hierüber, insbesondere auch über die Abrechnung, sind bei Einrichtung von Sammelkassen in Vollzugsbestimmungen zur RKO. zu treffen. Zur Zeit liegen solche Bestimmungen vor in AKO. § 33 Abs. 6 und der zugehörigen Anl. 10 sowie in den Vollzugsbestimmungen zur RKO. für die Reichsmarine (Beilage 5).

In AKO. § 33 Abs. 6 sind die Zollkassen, die Einzahlungen auf besonders zu bestimmende Einnahmearten für die Finanzkassen annehmen, als Sammelkassen bezeichnet. Eingehende Bestimmungen über das Verfahren dieser Zollkassen als Sammelkassen sind in der Anl. 10 der AKO. enthalten. Jancke-Maaß, AKO. (Erläuterung zu deren Anlage 10) führen als Grund für die Einrichtung der Zollkassen als Sammelkassen an, daß eine Reichskasse nicht Zahlstelle für eine andere Kasse sein könne. Diese Ansicht wird von den Verfassern nicht geteilt (vgl. Anm. 1 zu § 2 Ziffer 2); es würde danach nichts im Wege stehen, die Zollkasse in dem vorliegenden Falle als Zahlstelle anzusehen. Ihre Einrichtung als Sammelkasse ist mit § 5 Abs. 1, der die Einrichtung einer Einheitskasse für einen bestimmten Kreis von Kassengeschäften gestattet, schwer in Einklang zu bringen. Die angeführte Bestimmung setzt voraus, daß die eine Kasse einen bestimmten Teil ihres Arbeitsgebiets, wie den baren, den unbaren Zahlungsverkehr, die Zahlung von Besoldungsbezügen u. a. abgibt und ihr Arbeitsgebiet um dieses Teilgebiet verkleinert wird. An einer solchen Abgabe fehlt es im vorliegenden Falle; das Arbeitsgebiet der Finanzkasse ist trotz der Mitwirkung der Zollkassen begrifflich nicht eingeschränkt worden; es handelt sich lediglich um eine quantitative Entlastung. Damit entfällt die Unterlage für die Behandlung der Zollkassen als Sammelkasse. Es ist deshalb nur nebenbei darauf hinzuweisen, daß § 5 als Voraussetzung der Zusammenlegung von Kassen festsetzt, daß es sich um Kassengeschäfte von an einem Orte bestehenden Verwaltungsbehörden handelt. Wenn danach auch die Zusammenlegung von Kassen an verschiedenen Orten bestehender Behörden nicht schlechthin ausgeschlossen erscheint (vgl. Anm. 1 zu § 5), so handelt es sich doch vorliegend zumeist gerade um Fälle, in denen Finanz- und Zollkasse nicht am selben Orte ihren Sitz haben. Nach der den Zollkassen gestellten Aufgabe (vgl. insbes. AKO. Anl. 10 § 1 Abs. 3) handelt es sich bei der ihr zugewiesenen Tätigkeit ferner um eine solche, wie sie planmäßig den Zahlstellen zugedacht ist. Es würde daher im Sinne der RKO. liegen, wenn die Zollstellen anstatt als Sammelkassen als Zahlstellen der beteiligten Finanzkassen tätig würden.

Für die Sammelkassen der Marine sind besondere Bestimmungen enthalten in den VB. Marine zu den §§ 5, 50, 58, 65, 76 und 81. Den Sammelkassen werden die Annahme- und Auszahlungsanordnungen zugestellt und sie bestätigen den Empfang in einem Quittungsbuch. Die Sammelkassen in Kiel und Wilhelmshaven verzeichnen die angenommenen und geleisteten Zahlungen in einem Gegensachbuch (nicht zu verwechseln mit dem Gegensachbuch des § 69, mit dem es nichts zu tun hat). Bei den übrigen Sammelkassen wird das Gegensachbuch durch eine entsprechende Spalte im Hauptbuch ersetzt, d. h. es wird für die auf eine Verwaltungsbehörde entfallenden Zahlungen der Sammelkasse eine besondere Spalte angelegt (vgl. § 59 Anm. 3). Dem Gegensachbuch steht bei der Buchungsstelle ein Gegenzeitbuch gegenüber, in das diese die anzunehmenden oder zu zahlenden Beträge einträgt. Nach Buchung der Zahlungen im Hauptbuch und im Gegensachbuch sendet die Sammelkasse die Anordnungen zurück, worauf die Buchungsstelle in den Sachbüchern die Zahlung und den Tag der Zahlung einträgt. Die Übereinstimmung der Eintragungen in den den Gegensachbüchern oder der entsprechenden Spalte des Hauptbuchs mit denen in den Gegenzeitbüchern ist monatlich festzustellen (VB. Nr. 47b zu § 83). Die Abschlußnachweisungen der Buchungsstellen werden der zuständigen Sammelkasse übersandt, die sie zu e i n e r Abschlußnachweisung zusammenfaßt und mit den Unterlagen binnen 3 Tagen der Rechnungsstelle (§ 9) einreicht. Die Buchungsstellen führen die Sachbücher mit Ausnahme des Abrechnungsbuchs, das durch die Eintragung der Ablieferungen und Kassenbestandsverstärkungen im Hauptbuch der Kasse, die die Geschäfte der Sammelkasse versieht, ersetzt wird, und legen über die nachgewiesenen Haushaltseinnahmen und -ausgaben Rechnung.

§ 6

Errichtung und Verlegung der Kassen

(1) Der zuständige Reichsminister ordnet die Errichtung von Kassen innerhalb seines Geschäftsbereichs im Einvernehmen mit dem Reichsminister der Finanzen an. Soll eine Kasse verlegt werden, so teilt der zuständige Reichsminister dies vorher dem Reichsminister der Finanzen mit.

(2) Der Reichsminister der Finanzen ordnet im Einvernehmen mit dem zuständigen Reichsminister die Einrichtung von Einheitskassen (§ 5) an. Wenn an einem Orte eine Kasse der Reichsabgabenverwaltung vorhanden ist, so soll in der Regel diese als Einheitskasse bestimmt werden.

AKO. § 3; BB. RAM.

Abänderungen in den Kasseneinrichtungen können darin bestehen, daß

1. eine neue Kasse eingerichtet,
2. eine vorhandene Kasse erweitert oder eingeschränkt,
3. eine Kasse verlegt oder
4. eine Kasse aufgehoben wird, oder daß
5. verschiedene Kassen zusammengelegt werden.

§ 6 befaßt sich mit den Veränderungen zu 1, 3 und 5; wegen der Aufhebung oder Einschränkung einer Kasse außer durch Zusammenlegung (§ 5 Abs. 2) ist eine besondere Vorschrift nicht gegeben, da die Aufhebung oder Einschränkung für sich allein nicht zu einer wirtschaftlichen Belastung des Reichs führen kann; desgleichen nicht wegen Erweiterung einer Kasse; ein etwa durch sie bedingter Mehrbedarf an Mitteln ist erforderlichenfalls bei Aufstellung des Haushaltsplanes mit dem Reichsfinanzminister zu erörtern. Die Maßnahmen zu 2 und 4 trifft der zuständige Reichsminister.

Für die Einrichtung neuer Kassen und für deren Verlegung, gleichviel, ob dafür besondere Mittel in Anspruch genommen werden oder nicht, schreibt Abs. 1 die Mitwirkung des Reichsfinanzministers vor. Eine Verlegung liegt vor, wenn eine Kasse aus einem Gebäude in ein anderes verlegt wird. Sie bedingt erhebliche Vorbereitungen und Kosten. Wenn daher die Herausnahme der Kasse aus den bisherigen Räumen nicht vermieden werden kann, soll ebenso wie bei Neueinrichtung einer Kasse der Reichsminister der Finanzen Gelegenheit haben, zu prüfen, ob die Maßnahme etwa durch Übertragung der Geschäfte an eine vorhandene Kasse als Einheitskasse ersetzt oder ob in Verbindung mit der Neueinrichtung oder Verlegung der Kasse dieser etwa gleichzeitig die Geschäfte einer anderen Kasse zugeteilt werden können. Die Neueinrichtung einer Kasse bedarf der Zustimmung des RFM.; den Einspruch gegen die Verlegung einer Kasse würde er, wenn der zuständige Reichsminister an der Absicht, die Kasse zu verlegen, festhält, nur gemäß Art. 57 RV. verfolgen können.

Absatz 2 geht davon aus, daß dem Reichsfinanzminister, der die finanziellen Interessen des Reichs zu wahren hat, in erster Linie die Fürsorge für eine weitgehende Zusammenlegung der Kassen im Sinne des § 5 Abs. 1 obliegt, und überträgt daher ihm die Aufgabe, im Einvernehmen mit dem zuständigen Reichsminister die Einrichtung von Einheitskassen (§ 5) anzuordnen. Es wird hiermit die Initiative in diesen Dingen in seine Hand gelegt, ohne daß damit einem gleichen Bestreben der übrigen Reichsminister vorgegriffen werden soll. Soweit es sich um mehrere verschiedenen Reichsressorts angehörende Kassen handelt, war es wichtig, von vornherein eine Stelle zu bezeichnen, die berufen ist, die erforderlichen Maßnahmen anzuregen und zu betreiben. Anderseits soll dadurch natürlich der Initiative der einzelnen Ressortminister nicht vorgegriffen werden; insbesondere ist es ihre Aufgabe, von sich aus darauf hinzuwirken, daß innerhalb des eigenen Geschäftsbereichs die Kassengeschäfte mehrerer am selben Orte befindlicher Behörden bei einer oder wenigen Kassen vereinigt werden. Wenn der RFM. auch in diesen Fällen nach Abs. 2 die Einrichtung der Einheitskassen anzuordnen hat, so wird doch nach Verständigung zwischen RFM. und Ressortminister die Maßnahme allein durch den letzteren durchzuführen sein.

Wenn im Einzelfalle eine Verständigung über die Errichtung einer Einheitskasse mit den beteiligten Ressortministern nicht zu erreichen ist, der Reichsfinanzminister aber an dem Verlangen, eine Einheitskasse einzurichten, aus grundsätzlichen Erwägungen festhalten will, so bleibt ihm nur übrig, die Angelegenheit gemäß Artikel 57 RV. der Reichsregierung zur Prüfung und Beschlußfassung zu unterbreiten.

Ist an einem Orte eine Kasse der Reichsabgabenverwaltung vorhanden, so soll nach Abs. 2 in der Regel diese als Einheitskasse bestimmt werden. Die Kassen der Reichsabgabenverwaltung sind als Kassen, die vorzugsweise Einnahmen verwalten, in erster Linie geeignet, die Kassengeschäfte für andere Verwaltungsbehörden, bei denen die Ausgaben die Einnahmen meist überwiegen und daher regelmäßige Kassenbestandsverstärkungen bedingen würden, wahrzunehmen. Im übrigen ist nach Lage der Verhältnisse zu entscheiden, ob eine andere Regelung im Einzelfalle den Vorzug verdient.

§ 7

Gesamtverzeichnis der Kassen

Im Reichsfinanzministerium wird ein Verzeichnis der im Reiche bestehenden Kassen geführt. Die Reichsminister benachrichtigen unverzüglich den Reichsminister der Finanzen, wenn Kassen errichtet, verlegt oder aufgehoben sind.

Entsprechend den im § 6 dem Reichsfinanzminister zugewiesenen Aufgaben ist im Reichsfinanzministerium ein Verzeichnis der im Reiche bestehenden Kassen (§ 2 Ziffer 1) zu führen. Die erste Anlegung erfolgt auf Grund einer dem Reichsfinanzminister von den Ressortministern mitzuteilenden Nachweisung der vorhandenen Kassen. Weiterhin haben die Reichsminister dem Reichsfinanzminister unverzüglich Mitteilung zu machen, wenn eine Kasse errichtet, verlegt oder aufgehoben ist, damit das Verzeichnis, seinem Zweck entsprechend, jederzeit auf dem laufenden erhalten werden kann. Die Mitteilung erfolgt, wenn nicht im einzelnen etwas anderes ausdrücklich vereinbart ist, unabhängig von der vorausgegangenen Verständigung der beteiligten Minister über die in Frage kommende Maßnahme (§ 6).

Eine Mitteilung des Verzeichnisses der Kassen und der vorkommenden Änderungen an den Rechnungshof und den Reichssparkommissar ist in der RKO. nicht vorgeschrieben, da dies in ihr nicht zu regeln war. Der Rechnungshof kann auf die Mitteilung auf Grund des § 98 RHO. Anspruch erheben; eine Mitteilung an den Reichssparkommissar würde gegebenenfalls im Hinblick auf die ihm von der Reichsregierung eingeräumte Stellung in Frage kommen.

§ 8

Zahlstellen

(1) Die Zahlstellen haben die Zahlungen anzuschreiben, die Einzahlungen unverzüglich abzuführen und mit der zuzuständigen Kasse abzurechnen.

(2) Der zuständige Reichsminister trifft im Einvernehmen mit dem Reichsminister der Finanzen die näheren Bestimmungen über die Errichtung von Zahlstellen, ihre Aufgaben und die Erledigung ihrer Geschäfte.

AKO. § 5 und Anl. 1; VV. RHK., RAM., Heer und Marine.

1. Wegen des Begriffs der Zahlstelle und wegen der Stellen, denen die Wahrnehmung der Geschäfte einer solchen übertragen werden kann, vgl. Anm. 1 zu § 2 Ziffer 2. Die Errichtung einer Zahlstelle bedeutet für die beteiligte Kasse insofern nicht immer eine Vereinfachung, als für die Zahlstelle vielfach Kassenmittel besonders bereitgestellt werden müssen und mit ihr regelmäßig abgerechnet werden muß. Es kann aber aus verschiedenen Gründen sich das Bedürfnis ergeben, Zahlstellen einzurichten. Die hauptsächlichsten Gründe, die zur Einrichtung von Zahlstellen führen können, sind folgende:

1. die räumliche Getrenntheit der Kasse von der Verwaltung, für die sie arbeitet, insbesondere wenn sie eine Einheitskasse ist, kann es notwendig machen, bei der Behörde für Zahlungen, die aus amtlichem Anlaß notwendig werden und nach Lage der Sache sogleich an Ort und Stelle geleistet werden müssen, wie Zeugen- und Sachverständigengebühren, Reisekostenvorschüsse, Dienstbezüge u. a. eine Zahlstelle einzurichten;
2. die Rücksichtnahme auf Einzahler und auf Geldempfänger, insbesondere solche, die außerhalb des Ortes

wohnen, an dem die Kasse ihren Sitz hat, läßt vielfach die Errichtung von Zahlstellen außerhalb der Kasse angezeigt erscheinen;

3. das Bedürfnis, die Kasse von bestimmten zu gewissen Zeiten in größerem Umfange zu bewirkenden Zahlungen, wie z. B. Miets- und Lohnzahlungen, zu entlasten, kann in geeigneten Fällen zweckmäßig durch Einrichtung einer Zahlstelle befriedigt werden.

Die Begründung in dem Falle zu 3 wird teilweise mit derjenigen zu 2 zusammenfallen. Die Einrichtung einer Zahlstelle ist insbesondere überall da geboten, wo, wie z. B. im Wasserstraßenverkehr für die Benutzung der Wasserstraße und der mit ihr verbundenen Einrichtungen, Gebühren Zug um Zug zu erheben sind, für die Einrichtung der Hebestellen als Kassen aber ein Bedürfnis nicht besteht. Soweit es sich um Einzahlungen handelt, kann das Entgegenkommen gleichzeitig im Interesse der Verwaltung liegen, indem durch die Einrichtung der Zahlstelle den Einzahlern die Zahlung bequemer gemacht und dadurch der pünktliche Eingang der Einnahmen gefördert wird.

2. In Abs. 1 ist die Aufgabe der Zahlstellen in ihren Grundzügen angegeben. Eingehende Vorschriften konnten in der RKO. bei der Verschiedenartigkeit der Stellen und der ihnen obliegenden Aufgaben nicht gegeben werden. Abs. 2 überläßt daher die näheren Bestimmungen über die Errichtung von Zahlstellen, ihre Aufgaben und ihre Geschäftsführung dem zuständigen Reichsminister im Einvernehmen mit dem RFM. Die Bestimmungen der RKO. finden auf die Zahlstellen nur, soweit dies besonders angeordnet wird, Anwendung. Die Mitwirkung des Reichsministers der Finanzen ist vorgesehen im Interesse eines möglichst einheitlichen Verfahrens bei Errichtung von Zahlstellen und Regelung ihrer Geschäftsführung, der Sicherung des Kassendienstes und der Einschränkung der Zahlstellen auf das wirkliche Bedürfnis (vgl. Anm. 1 Abs. 1). Zuständig ist der Minister, zu dessen Bereich die Kasse gehört, der die Zahlstelle zur Verfügung stehen soll. Soweit die Geschäfte der Zahlstelle einer Stelle übertragen werden sollen, die nicht dem zuständigen Minister untersteht, bedarf es der Zustimmung der für diese Stelle zuständigen Behörde oder, wenn es sich um eine unabhängige Stelle handelt, des Einverständnisses dieser. Letzteres gilt auch für Beamte, wenn sie eine Zahlstelle übernehmen sollen, deren Tätigkeit nicht in den Geschäftsbereich der Behörde fällt, der sie angehören.

Ausführliche Bestimmungen über die Errichtung von Zahlstellen, ihre Aufgaben und die Erledigung ihrer Geschäfte sind bisher getroffen in den Richtlinien für die Zahlstellen der Reichshauptkasse (Beilage 2 zu B), für den Bereich der

Reichsabgabenverwaltung in der Anlage 1 der AKO. und in den VB. RAM. Anlage 9 (Beilage 3). Die Richtlinien für die Zahlstellen der Reichshauptkasse beziehen sich auf die Zahlstellen, die auf Grund der „Bekanntmachung über die Vereinigung von Kassengeschäften bei der Reichshauptkasse" vom 30. März 1928 (Reichsministerialbl. S. 259) bei den Verwaltungsbehörden, deren Kassengeschäfte die Reichshauptkasse als Einheitskasse wahrnimmt, und bei einigen auswärtigen Stellen errichtet sind, sowie auf etwa später einzurichtende Zahlstellen. Neben diesen Zahlstellen muß auch die bei der Reichshauptkasse eingerichtete Nebenstelle der Reichsbankhauptkasse, die nach VB. RHK. zu § 16 Abs. 1 und 2 für Rechnung der Reichshauptkasse nach den für diese geltenden Bestimmungen den baren Zahlungsverkehr erledigt, im Sinne der RKO. als Zahlstelle gelten. Den unbaren Zahlungsverkehr erledigt die Reichshauptkasse selbst durch ihre Giro- und Postscheckstelle (§ 16 cit. Abs. 3). Die Nebenstelle bildet nicht einen Teil der Reichshauptkasse, sondern ist ein Teil der Reichsbankhauptkasse. Sie ist nicht auf Grund der Richtlinien für die Zahlstellen der Reichshauptkasse eingerichtet und arbeitet nicht nach ihnen, sondern nach den auf Grund des § 25 des Bankgesetzes vom 30. August 1924 (RGBl. S. 235) zwischen der Reichsbank und der Reichsregierung getroffenen Vereinbarungen.

3. Die Anschreibungen der Zahlungen bei den Zahlstellen erfolgen in einfachster Weise, doch ist dabei, soweit die Einrichtung der Zahlstelle dazu die Möglichkeit bietet, auf die Bedürfnisse der Kasse, die die Zahlungen hinterher zu übernehmen hat, Rücksicht zu nehmen. Wie die Amtskassen und Oberkassen nach § 75 Abs. 3 die Buchungen so vorzunehmen haben, daß die Oberkasse oder Reichshauptkasse die Ergebnisse im Gesamtbetrage in ihre Bücher übernehmen kann, soweit sie nicht die Buchungen einzeln vornehmen muß, so sind auch die Anschreibungen der Zahlstelle geeignetenfalls so einzurichten, daß ihre Ergebnisse in Gesamtbeträgen von der Kasse in die Bücher übernommen werden können (vgl. Richtlinien der Reichshauptkasse § 7 Abs. 2 und AKO. Anl. 1 § 5 Abs. 3).

4. Soweit die den Zahlstellen bekanntgegebenen Bestimmungen oder Richtlinien nicht bereits entsprechende Angaben enthalten, sind die Zahlstellen bei ihrer Errichtung genau darüber zu unterrichten, auf Grund welcher Unterlagen sie Zahlungen zu leisten und anzunehmen haben, damit insbesondere bei Anrechnung der Auszahlungsbelege nicht Schwierigkeiten entstehen. Im Zweifel wird die Kasse, der die Zahlstelle zur Verfügung steht, die nötige Aufklärung geben.

Bei Zahlstellen, die einer Behörde angegliedert sind, besteht mehrfach die Übung, daß Auszahlungsanordnungen, die an die Kasse gerichtet sind, zunächst der Zahlstelle zur Erledigung zugeleitet werden. Dies hat zur Voraussetzung, daß die Kasse ausdrückliche Weisung hat, die Ausführung derartiger Aufträge durch die Zahlstelle, als wenn sie durch ihre Hand gegangen wären, anzuerkennen, vorbehaltlich der in § 76 Abs. 3 allgemein angeordneten Prüfung. Es ist Sache der beteiligten Behörde, dafür zu sorgen, daß zu einer nachträglichen Beanstandung kein Anlaß gegeben wird.

5. Zahlstellen sollen im allgemeinen nur zu Ein- und Auszahlungen in barem Gelde herangezogen werden und auch dies nur, soweit es sich um verhältnismäßig geringfügige Beträge handelt (vgl. AKO. Anl. 1 §§ 5 und 8; Richtlinien für die Zahlstellen der RHK. § 2 Abs. 1; WB. RAM. Anl. 8 Ziffer 3 b, 4 und 6). Die Kassenhilfsstellen der Reichsabgabenverwaltung dürfen Schecke als Zahlungsmittel annehmen (AKO. Anl. 1 § 11). Ausnahmsweise dürfen auch die Zahlstellen der Reichshauptkasse an den Postscheck- und Reichsbankgiroverkehr oder an den Verkehr mit sonstigen Geldanstalten angeschlossen werden (§ 3 der Richtlinien).

Zur Leistung der Ausgaben erhalten die Zahlstellen nach Bedarf Vorschüsse von der Kasse, der sie zur Verfügung stehen (vgl. WB. RAM. Anl. 9 Ziffer 5; Richtlinien der Reichshauptkasse § 4 Abs. 2; AKO. Anl. 1 § 8). Die Zahlstellen der Reichshauptkasse haben Beträge, die den zulässigen Kassenbestand übersteigen, sofort an die Reichshauptkasse abzuführen. Die Kassenhilfsstellen der Reichsabgabenverwaltung haben angenommene Einzahlungen noch am selben, spätestens am folgenden Werktage an die zuständige Amtskasse oder auf Grund besonderer Anordnung an die Oberfinanzkasse abzuliefern; die Annahmestellen führen Einzahlungen spätestens am ersten Werktage der folgenden Woche unbar an die zuständige Amtskasse bzw. die Oberfinanzkasse ab (AKO. Anl. 1 §§ 13 und 18).

6. Als eine besondere Art der Zahlstelle ist die Ausstattung einer Stelle oder einer Person mit einem Handvorschuß zur Bestreitung kleinerer fortlaufend auftretender Ausgaben anzusehen, die vorher nicht im einzelnen, sondern nur ihrer Art nach bestimmt sind. Der Handvorschuß wird in bestimmter Höhe festgesetzt. Er wird auf Grund einer an die beteiligte Kasse gerichteten Auszahlungsanordnung über die Auszahlung des Vorschusses an die mit seiner Verwaltung betraute Stelle oder Person, zumeist einen einzelnen Beamten oder den Inhaber eines bestimmten Postens, gezahlt; im letzteren Falle tritt bei Behinderung des Beamten der regelmäßige Stellvertreter an seine Stelle. Die Stelle, die den Handvorschuß verwaltet, erhält von der vorgesetzten Behörde eine bestimmte Anweisung, für welche Zwecke und unter welchen Voraussetzungen sie aus dem Vorschuß Ausgaben zu bestreiten hat. Es handelt sich zumeist um Ausgaben geringeren Umfangs, wie Erstattung von Fahrgeld für Fahrten im Stadtgebiet, Ankauf einzelner

Zeitungsnummern oder Zahlung von Abonnementsgeldern, Portokosten u. ä. Die Ausgaben sind aufzuzeichnen; soweit Belege vorhanden, sind sie zu sammeln; wenn nach der Verkehrssitte eine Quittung des Empfängers der einzelnen Zahlung zu erlangen ist, ist sie beizubringen; sind Belege nicht vorhanden, so sind sie durch eine Bescheinigung der Stelle über Höhe und Verwendung der verausgabten Beträge zu ersetzen. Von Zeit zu Zeit und jedenfalls vor Erschöpfung des Vorschusses hat der Verwalter desselben der ihm bei Überweisung des Vorschusses bezeichneten Stelle eine Nachweisung der ausgegebenen Beträge unter Beifügung der Belege vorzulegen. Die zuständige Kasse übernimmt auf Grund erhaltener Anweisung die nachgewiesenen Zahlungen in ihre Bücher und erstattet den nachgewiesenen Betrag, womit der Vorschuß wieder auf die vorgeschriebene Höhe aufgefüllt wird.

Der Handvorschuß in vorstehendem Sinne ist eine in der Praxis nicht zu entbehrende und an vielen Stellen vorhandene Einrichtung. Es handelt sich bei den aus ihm zu leistenden Zahlungen um unvermeidliche, aber nicht im voraus bestimmbare Ausgaben. Es kann den beteiligten Beamten nicht zugemutet werden, die — wenn auch oft nur geringen — Beträge aus eigener Tasche längere Zeit vorzulegen; anderseits wäre es nicht angängig, die Kasse mit der sofortigen Erstattung jedes einzelnen verauslagten Betrags zu belasten. Unter diesen Umständen ist die Zahlung eines Vorschusses auf die demnächst endgültig zu verrechnenden Auszahlungen vertretbar. Die Besonderheit des im vorstehenden behandelten Handvorschusses liegt im folgenden: Zahlstellen handeln grundsätzlich im Namen der Kasse, der sie zur Verfügung stehen und führen nur ein Zahlungsgeschäft aus, das auszuführen die Kasse bereits Auftrag hat; der Verwalter des Handvorschusses handelt im Auftrage der Verwaltungsbehörde und führt aus, was auszuführen nicht Aufgabe der Kasse ist, was sie aber hinterher anzuerkennen und durch Erstattung auszugleichen Auftrag hat oder Auftrag erhält. Eine Gleichheit beider Fälle könnte dadurch hergestellt werden, daß die Kasse beauftragt würde, die einzelnen Zahlungen, die der Verwalter des Handvorschusses leistet, selbst zu leisten, und daß sie ermächtigt würde, sich dazu der Hilfe eines Dritten zu bedienen, dem sie zu diesem Zwecke einen Vorschuß zahlt. Dies wäre aber nur eine etwas umständliche Form an Stelle der unmittelbaren Bestellung einer Person zur Verwaltung des Handvorschusses. Unter diesen Umständen steht nichts im Wege, den Verwalter eines Handvorschusses als eine Zahlstelle anzusehen. In der Anl. 1 der AKO. und den Richtlinien für die Zahlstellen der Reichshauptkasse ist die Einrichtung nicht vorgesehen; den Richtlinien der VV. RAM. paßt sie sich an.

Wenn der Verwalter des Handvorschusses im einzelnen Falle

statt mit der Kasse regelmäßig mit einer dieser zugehörigen Zahlstelle abrechnet, so handelt diese doch für die beteiligte Kasse, so daß der Verwalter des Vorschusses durch die Zahlstelle mittelbar mit der Kasse, wie es die Begriffsbestimmung voraussetzt (§ 2 Ziffer 2), abrechnet. Es handelt sich bei seinen einzelnen Auszahlungen um Zahlungen, zu deren Erstattung die Kasse — vorbehaltlich endgültiger Anweisung und Verbuchung — bereits eine allgemeine Auszahlungsanordnung erhalten hat, und zu deren Ausführung sie sich der Stelle, die den Vorschuß verwaltet, bedient.

Die Einrichtung des Handvorschusses ist, da die Angemessenheit der Ausgaben erst hinterher festgestellt werden kann, nur vertretbar, solange es sich um verhältnismäßig kleine Beträge handelt. Zur Zahlung größerer im einzelnen vorher nicht bestimmter Beträge kann ein Handvorschuß seinem Zwecke nach nicht überwiesen werden; er soll nur die unmittelbare Inanspruchnahme der Kasse für fortlaufend vorkommende geringfügige Zahlungen entbehrlich machen.

Eine besondere Regelung der Einrichtung des Handvorschusses in den Vollzugsbestimmungen über die Einrichtung von Zahlstellen erscheint im Hinblick auf die im vorstehenden behandelten Fragen angezeigt.

§ 9

Rechnungsstellen

Ist bei einer höheren Verwaltungsbehörde eine Oberkasse nicht eingerichtet, so können die Haushaltseinnahmen und -ausgaben der nachgeordneten Verwaltungsbehörden zum Zwecke der Abrechnung mit der Reichshauptkasse bei einer Stelle der höheren Verwaltungsbehörde zusammengestellt werden (Rechnungsstelle). Nähere Bestimmungen trifft der zuständige Reichsminister, insbesondere auch darüber, inwieweit die für die Oberkassen geltenden Bestimmungen auf die Rechnungsstellen anzuwenden sind.

VV. RAM., Heer und Marine.

Nach § 81 Abs. 1 haben die Amtskassen und Oberkassen ihre Bücher für jeden Kalendermonat und für das Rechnungsjahr abzuschließen und gleichzeitig mit der Oberkasse oder Reichshauptkasse abzurechnen. Über jeden Abschluß ist eine Abschlußnachweisung aufzustellen. Die Oberkasse oder Reichshauptkasse übernimmt auf Grund der Abschlußnachweisungen die Haushaltseinnahmen und -ausgaben in ihre Bücher. Bei Verwaltungen, die keine Oberkasse haben, entfällt die Abrechnung mit der Oberkasse, so daß die Amtskassen sogleich mit der

Reichshauptkasse abrechnen. § 9 sieht vor, daß da, wo zwar eine höhere Verwaltungsbehörde, aber keine Oberkasse vorhanden ist, bei der höheren Verwaltungsbehörde die Zusammenstellung der Haushaltseinnahmen und -ausgaben der nachgeordneten Verwaltungsbehörden erfolgen kann, die bei Vorhandensein einer Oberkasse durch diese (§ 81 Abs. 3) vorgenommen werden würde. Die Stelle, die die Haushaltseinnahmen und -ausgaben zusammenstellt, wird in § 9 Abs. 1 als Rechnungsstelle bezeichnet. Mit dieser Bezeichnung ist ein bestimmter Begriff kassenordnungsmäßig festgelegt. Die Stelle muß amtlich als Rechnungsstelle bezeichnet werden; um Verwechslungen, die sonst eintreten können, vorzubeugen, ist die Verwendung der gleichen Bezeichnung für andere Stellen zu vermeiden.

Die Zusammenstellung der Haushaltseinnahmen und -ausgaben bei der Oberkasse dient einmal zur Entlastung der Reichshauptkasse, sodann aber auch dazu, der beteiligten höheren Verwaltungsbehörde einen unmittelbaren Überblick über die Entwicklung und den Stand der Einnahmen und Ausgaben zu ermöglichen. Ein gleiches Bedürfnis ist auch da vorhanden, wo Oberkassen nicht eingerichtet sind, aber von einer größeren Zahl von Amtskassen mit der Reichshauptkasse abgerechnet werden muß, wie bei der Reichsarbeitsverwaltung, der Heeres- und der Marineverwaltung. Die aus diesem Anlaß eingerichteten Rechnungsstellen übernehmen damit, obgleich sie keine Kasse sind, Aufgaben, die sonst durch eine Oberkasse erledigt werden würden, nur keine Zahlungsgeschäfte. Gerade weil bei der beteiligten Verwaltung für die Einrichtung von Oberkassen zur Erledigung von Zahlungsgeschäften ein Bedürfnis nicht besteht, muß von ihrer Einrichtung abgesehen werden, anderseits bleibt aber das Bedürfnis der Zusammenfassung bestehen. Ihm wird durch die Bestimmung des § 9 Rechnung getragen. Sie gestattet folgerichtig die Einrichtung einer Rechnungsstelle mit der in § 9 bezeichneten Aufgabe nur, wenn eine Oberkasse nicht besteht. Mit Einrichtung einer solchen muß die etwa gemäß § 9 eingerichtete Rechnungsstelle fortfallen.

Die Zusammenstellungen der Rechnungsstelle müssen der RHK. alle für sie notwendigen Unterlagen liefern, die sie anderenfalls durch die Oberkasse erhalten würde. Es ist dem zuständigen Reichsminister überlassen, zu bestimmen, in welcher Weise die Rechnungsstelle ihre Aufgabe zu erledigen und inwieweit dabei die für die Oberkasse geltenden Bestimmungen der RKO. auf sie anzuwenden sind (vgl. VB. RAM., Heer und Marine zu § 9).

2. Teil: Innere Einrichtung der Kassen

1. Abschnitt: Kassenbeamte, Kassenaufsichtsbeamter

§ 10

Besetzung der Kassen

(1) Die Kasse steht unter einem Kassenleiter. Diesem werden, soweit erforderlich, Buchhalter und Kassiere sowie sonstige Arbeitskräfte beigegeben. In der Reichshauptkasse und den Oberkassen kann ein Oberbuchhalter bestellt werden.

(2) Kassenleiter, Oberbuchhalter, Buchhalter und Kassiere müssen Reichsbeamte sein.

(3) Ist die Kasse mit mehr als einem Beamten besetzt, so sind die Buchhalter- und Kassiergeschäfte verschiedenen Beamten zu übertragen. Buchhalter und Kassiere sollen sich regelmäßig nicht vertreten.

AKO. § 6; VB.RHK., RAM. und Heer.

1. Die Kasse ist ein Teil einer Verwaltungsbehörde; sie untersteht daher dem Leiter derselben, der als solcher auch für die Überwachung der Kassenführung verantwortlich ist (vgl. AKO. § 3 Abs. 2). Daneben ist für jede Kasse ein Kassenleiter zu bestellen, dem die unmittelbare Fürsorge und Verantwortung für die vorschriftsmäßige Ausführung der Kassengeschäfte obliegt.

„Kassenleiter, Oberbuchhalter, Buchhalter und Kassiere müssen Reichsbeamte sein." Kassenleiter, Oberbuchhalter, Buchhalter oder Kassier sind diejenigen Beamten, denen die Geschäfte eines Kassenleiters, Oberbuchhalters usw., sei es dauernd oder vorübergehend, zur selbständigen Wahrnehmung übertragen sind; einer amtlichen Bezeichnung als Kassenleiter usw. bedarf es dazu nicht. Planmäßige Stellen für Buchhalter und Kassiere sind in der Besoldungsordnung nur für Beamte der Reichshauptkasse vorgesehen. Die angeführten Kassenbeamten müssen Reichsbeamte sein; dafür ist es gleichgültig, ob sie als solche eine planmäßige Stelle innehaben oder nicht. Es genügt anderseits nicht, daß sie etwa als Landesbeamte planmäßig angestellt sind. Es wird sich öfter die Notwendigkeit ergeben, Landesbeamte im Kassendienst des Reichs zu beschäftigen; dann dürfen ihnen nach der Bestimmung des Abs. 2 die Geschäfte eines Kassenleiters, Oberbuchhalters, Buchhalters oder Kassiers zur selbständigen Wahrnehmung von ihrer Überführung in das Verhältnis als Reichsbeamte nicht übertragen werden. Dies bedingt indes nicht die Aufhebung der Eigenschaft als Landesbeamte, indem das RBG. gestattet, Landesbeamte im Reichsdienst als Reichsbeamte zu beschäftigen, ohne daß sie zuvor aus dem Landesdienst auszuscheiden brauchen; sie werden dann zunächst probeweise oder widerruflich in den Reichsdienst eingestellt (vgl. Brandt, Gesetz über die Rechtsverhältnisse der Beamten, 1929, § 4 Anm. C Ziffer 4). Die ausdrückliche Erteilung einer förmlichen Anstellungsurkunde und die Vereidigung des Beamten auf die Erfüllung der Obliegenheiten des ihm übertragenen Amtes (RBG. §§ 3 und 4) sind nicht unbedingt Voraussetzung für die Erlangung des Charakters als Reichsbeamte (vgl. Brandt a. a. O., § 3 Anm. 8a und § 4 Anm. A 1). Das übrige Kassenpersonal außer dem Kassenleiter, den Buchhaltern und Kassieren kann aus Reichs- und anderen Beamten, Angestellten und Arbeitern bestehen.

Wegen der Bestellung zweier Oberbuchhalter bei der RHK. vgl. WB. RHK. zu § 10 und RKO. § 98 Abs. 1.

2. In den §§ 13 bis 16 werden die Arbeitsgebiete des Kassenleiters, der Buchhalter und der Kassiere in großen Zügen dargestellt und gegen einander abgegrenzt. Diese Abgrenzung prägt sich besonders auch in der Verteilung der Buchungsgeschäfte auf die verschiedenen Beamten, wie sie im zweiten Buch im einzelnen vorgesehen ist (vgl. Anm. 2 zu § 58), aus. Mit dieser Abgrenzung werden die hauptsächlichen Aufgaben, die im Kassendienst zu erledigen sind, gekennzeichnet und einander gegenübergestellt. Ihre Verteilung auf die angeführten Beamten setzt aber voraus, daß die Kasse mit entsprechendem, d. h. dazu ausreichendem Personal besetzt ist. Ist dies nicht der Fall, so müssen die Geschäfte zusammengelegt und, wenn nur ein Beamter in der Kasse tätig ist, von diesem allein wahrgenommen werden. Wenn die Geschäfte also in der RKO. als solche des Kassenleiters, Buchhalters oder Kassiers bezeichnet werden, so sollen sie damit im wesentlichen nur als begrifflich scharf getrennte Aufgaben der Kasse gekennzeichnet werden, gleichviel ob der beteiligte Beamte im Einzelfalle wirklich als Kassenleiter, Buchhalter oder Kassier bestellt ist oder nicht. Ist die Kasse nur mit 2 Beamten besetzt, so können die Kassenleiter-, Buchhalter- und Kassiergeschäfte nicht von je einem Beamten wahrgenommen werden. § 10 Abs. 3 schreibt für diesen Fall vor, daß jedenfalls die Buchhalter- und Kassiergeschäfte verschiedenen Beamten zu übertragen sind. Diese Bestimmung soll der Ordnung und Sicherheit der Kassenführung dienen. Dem Buchhalter, der die rechtzeitige Leistung aller angeordneten Ein- und Auszahlungen zu überwachen hat, sind alle Belege, d. h. die Annahme- und Auszahlungsanordnungen und die Zahlungsnachweise zuzuleiten. Er ist daher in der Lage, über die Richtigkeit und Vollständigkeit der erfolgten Ein- und Auszahlungen eine Kontrolle auszuüben. Diese Kontrolle ist nur gesichert, wenn die

Buchhalter- und die Kassengeschäfte, insbes. auch die Buchung in den Zeit- und in den Sachbüchern (s. § 57 Anm. 1) nicht in einer Hand liegen. Aus diesem Grunde ist auch eine Vertretung des Kassiers durch den Buchhalter und umgekehrt, soweit es die Personalverhältnisse der Kasse gestatten, grundsätzlich zu vermeiden (vgl. AKO. § 6 Abs. 4).

Die Bestimmung des § 10 Abs. 3 gilt allgemein, also auch für den Fall, daß der Buchhalter nur Zahlungen zu buchen hat, die nicht vom Kassier bewirkt werden. Ist die Kasse mit nur 2 Beamten besetzt, so entfällt der Posten eines besonderen Kassiers, dessen Geschäfte der Kassenleiter, der auch das Hauptbuch führt, übernehmen muß (vgl. VV. Heer Ziffer 4). Besondere Bestimmungen über die Bestellung eines Vertreters des Kassenleiters und eines Hauptkassiers bei Vorhandensein mehrerer Kassiere sind enthalten in AKO. § 6 Abs. 2; desgleichen nähere Bestimmungen über die Bestellung der erforderlichen Personals in den angeführten VV.

3. Die RKO. bezeichnet als Kassenbeamte den Kassenleiter, die Buchhalter und die Kassiere, spricht aber nicht in bestimmter Weise aus, daß damit der Begriff der Kassenbeamten, wie Reichard RKO. (vgl. Anm. 2 zu § 10 und Anm. 2 zu § 12) annimmt, erschöpft sei. Für eine solche Auffassung könnte angeführt werden die Inhaltsbezeichnung der §§ 13 bis 16: „Besondere Obliegenheiten der Kassenbeamten, a) des Kassenleiters, b) usw." Man wird aber aus dieser Fassung der Inhaltsbezeichnung nicht den zwingenden Schluß ziehen können, daß damit der Begriff der Kassenbeamten tatsächlich begrenzt werden soll; die Inhaltsangabe kann sehr wohl dahin ausgelegt werden, daß damit lediglich die Obliegenheiten der im einzelnen aufgeführten Beamten gekennzeichnet werden sollen. Auch würde die Überschrift des Abschnitts mit der engeren Auslegung des Begriffs „Kassenbeamte" nicht in Einklang stehen. Mangels einer bestimmten Begrenzung, wie sie an sich möglich gewesen wäre, aber nicht ausgesprochen ist, wird man als Kassenbeamte alle Beamten ansehen müssen, die der Kasse zur Wahrnehmung von der Kasse obliegenden Geschäften zugeteilt sind, also neben dem Kassenleiter, den Buchhaltern und Kassieren alle in der Kasse beschäftigten Beamten, das können sein Büro- und Kanzleipersonal, Amtsgehilfen usw. Wenn in § 10 (vgl. auch § 11) neben den Kassenleitern, Buchhaltern und Kassieren von sonstigen Arbeitskräften gesprochen ist, so kommt damit nur zum Ausdruck, daß es bei den letzteren der Verwaltung überlassen ist, ob sie deren Posten von Beamten oder von Angestellten versehen lassen will (vgl. in diesem Sinne auch § 10 Abs. 2). Wenn in § 17 die Kassenbeamten von der Bestellung als Kassenaufsichtsbeamte ausgeschlossen sind, so gilt dies natürlich für alle in der Kasse tätigen und nicht nur für die in

§§ 13 bis 16 aufgeführten Beamten. Vgl. auch AKO. § 18 Abs. 5 zu b. Hätte der Begriff „Kassenbeamte" auf die in den §§ 13 bis 16 aufgeführten Beamten beschränkt werden sollen, so hätte er, seiner besonderen Bedeutung entsprechend, in § 2 aufgeführt werden müssen.

§ 11

Auswahl der Arbeitskräfte

In der Kasse dürfen nur zuverlässige Arbeitskräfte verwendet werden, deren wirtschaftliche Lage geordnet ist.

AKO. § 7; VB. RAM.

§ 11, dessen Inhalt einer besonderen Begründung nicht bedarf, enthält eine Weisung an diejenige Stelle, die die Personalbesetzung der Kasse regelt, und an den Kassenleiter. Die Bestimmung bezieht sich auf das gesamte in der Kasse verwendete oder zu verwendende Personal. In der Kasse dürfen nur Personen beschäftigt werden, die sich in ihrer bisherigen Laufbahn als zuverlässig erwiesen haben; wenn die Personalakten darüber nicht ausreichend Auskunft geben, ist das Vorhandensein dieser Voraussetzung auf andere Weise — Anhörung der bisherigen Dienstvorgesetzten usw. — festzustellen. Ferner muß die wirtschaftliche Lage der in der Kasse zu verwendenden Arbeitskräfte geordnet sein, d. h. sie dürfen nicht so verschuldet sein, daß die Abtragung der Schuld die Sicherheit ihrer wirtschaftlichen Lage gefährden kann oder die Gläubiger wegen der pünktlichen Abtragung bereits zu besonderen Maßnahmen (Pfändung u. ä.) haben greifen müssen. Eine geordnete wirtschaftliche Lage wird auch dann nicht als gegeben anzusehen sein, wenn an einen Bediensteten durch besondere Verhältnisse außerordentliche finanzielle Anforderungen gestellt werden, denen er nach seinem Einkommen schwer gerecht werden kann, oder wenn er Aufwendungen macht, deren Höhe zu seinem Einkommen in einem auffälligen Gegensatz steht. Tritt während der Beschäftigung eines in der Kasse tätigen Beamten usw. eine derartige Unsicherheit seiner wirtschaftlichen Lage ein, so ist es Sache des Kassenleiters, wegen anderweitiger Verwendung des betreffenden den Kassenaufsichtsbeamten (§ 17) zu verständigen oder seinem Dienstvorgesetzten Anzeige zu erstatten. Ebenso ist es die Aufgabe des Kassenaufsichtsbeamten, einzugreifen, wenn ihm auf andere Weise bekannt wird, daß bei einem Kassenbeamten die in § 11 angegebenen Voraussetzungen nicht mehr zutreffen. Nach § 12 Abs. 1 würde es auch Aufgabe der übrigen Kassenbeamten neben dem Kassenleiter sein, wenn eine Tatsache bekannt wird, die sich mit den in § 11 gestellten Anforderungen nicht vereinbaren läßt, dies beim Kassenleiter oder, wenn es sich um diesen selbst handelt, bei dem zuständigen Vorgesetzten des Kassenleiters zur Sprache zu bringen.

§ 12

Allgemeine Obliegenheiten der Kassenbeamten

(1) Die Kassenbeamten haben in ihrem Arbeitsgebiete sorgfältig auf die Sicherheit der Kasseneinrichtungen zu achten und etwaige Mängel oder Unregelmäßigkeiten zu melden, die sie, auch außerhalb ihres Arbeitsgebiets, in der Kasse bemerken.

(2) Die Kassenbeamten haben die ihnen zur Verwaltung übertragenen Bücher sorgsam zu führen und die Buchungen auf dem laufenden zu erhalten. Oberbuchhalter, Buchhalter und Kassiere haben auf Weisung des Kassenleiters im Rahmen der Aufgaben der Kasse auch außerhalb ihres eigentlichen Arbeitsgebiets liegende Arbeiten zu erledigen.

(3) Die Kassenbeamten dürfen Zahlungsmittel und sonstige Gegenstände, die nicht zur Kasse gehören, nur mit Genehmigung des Vorstehers der Verwaltungsbehörde, der die Kasse angehört, und nur dann im Kassenbehälter aufbewahren, wenn sie zum Dienstgebrauche bestimmt sind.

AKO. § 8; BB. RHK., RAM., Heer und Marine.

1. § 12 führt die allen Kassenbeamten gemeinsamen Obliegenheiten auf; in den §§ 13 bis 16 sind die besonderen Obliegenheiten einzelner Kassenbeamten aufgeführt. Die Kassenbeamten haben zunächst alle Pflichten, die den Reichsbeamten nach Maßgabe des Reichsbeamtengesetzes §§ 10 ff. auferlegt sind. Die gewissenhafte Wahrnehmung des übertragenen Amtes schließt für den Beamten die Aufgabe in sich, sich über alle seine amtliche Tätigkeit berührenden Vorschriften auf Grund des ihm zur Verfügung stehenden Materials fortlaufend unterrichtet zu halten (vgl. § 13 Anm. 2). Soweit die Beamten der Finanzverwaltung des Reichs angehören, besteht für sie die besondere Verpflichtung aus § 10 der Reichsabgabenordnung vom 19. 12. 1919 (RGBl. S. 1903): Geheimhaltung der Verhältnisse der Steuerpflichtigen und Ausschluß der unbefugten Verwertung von Geschäfts- oder Betriebsgeheimnissen, die sie dienstlich erfahren haben. Für die in einer Kasse beschäftigten Beamten gelten ferner die in § 12 RKO. aufgeführten Pflichten. Danach haben sie innerhalb des ihnen zugewiesenen Arbeitsgebietes auf die Sicherheit der Kasseneinrichtungen zu achten und ferner jeden Tatbestand, der die Sicherheit des Kassendienstes zu gefährden geeignet ist, auch wenn er nicht unmittelbar den eigenen Arbeitsbereich betrifft, sobald sie ihn bemerken, anzuzeigen, d. h. sie haben nach jeder Richtung für die Sicherheit des Dienstes der Kasse

einzutreten. Der Kassenbeamte, der bemerkt, daß etwas nicht in Ordnung ist, was die Kasse angeht, soll das zur Sprache bringen. Die Anzeige wird im allgemeinen dem Kassenleiter zu erstatten sein; je nach Lage des Falles kann sie aber auch, wenn die Anzeige an den Kassenleiter aus besonderen Gründen untunlich ist, bei dem Kassenaufsichtsbeamten oder, wenn dieser nicht zu erreichen, bei dem Leiter der Verwaltungsbehörde, der die Kasse angehört, erfolgen.

2. Abs. 2 Satz 1 betont lediglich die an sich selbstverständliche Pflicht der Beamten, die Bücher zu führen haben, sie sorgfältig zu führen und auf dem laufenden zu halten. Reste in der Buchführung gefährden die Erfüllung der der Buchführung gestellten Aufgaben; sie erschweren die Aufklärung von Unstimmigkeiten, die bei rechtzeitiger Eintragung der Zahlungen usw. leicht hätten aufgeklärt werden können; sie hindern, wenn es sich um Annahmeanordnungen handelt, gegebenenfalls die rechtzeitige Erhebung einer Einnahme usw.

Die Bestimmung in Satz 2 ist lediglich getroffen im Hinblick auf die §§ 14 bis 16, um einer unrichtigen Auslegung der letzteren dahin, daß mit den daselbst gekennzeichneten Aufgaben das Arbeitsgebiet der betreffenden Kassenbeamten abschließend bestimmt sei, vorzubeugen. Die Worte „im Rahmen der Aufgaben der Kassen" besagen, daß ihnen vom Kassenleiter nicht Arbeiten übertragen werden können, die außerhalb der Aufgaben der Kasse liegen. Diese Aufgaben beschränken sich aber nicht ohne weiteres auf Kassengeschäfte, sondern sie bestimmen sich nach den auf Grund des § 4 der Kasse erteilten dienstlichen Aufträgen. Die Verteilung der Arbeiten nimmt der Kassenleiter unter Beachtung der dieserhalb bestehenden Vorschriften (vgl. z. B. § 10 Abs. 3) und von dem Behördenleiter erteilten Weisungen vor. Die Verpflichtung zur Übernahme anderer als eigentlicher Kassenarbeiten auf Anordnung des Kassenleiters gilt natürlich auch für die übrigen Beamten der Kasse, ebenso wie der Kassenleiter auf Anweisung der Behördenvorstehers solche Arbeiten übernehmen muß.

3. Im Kassenbehälter sollen im allgemeinen nur Gegenstände, die zur Kasse gehören (zum Kassenbestand gehörige Zahlungsmittel, Wertgegenstände, Kassenbücher, Vordrucke zu Schecken und Überweisungsaufträgen im Postscheck- und Reichsbankgiroverkehr und zu Anerkenntnissen über Kassenbestandsverstärkungen, Dienststempel u. a.), aufbewahrt werden. Die Aufbewahrung anderer Gegenstände kommt nur in Frage, wenn sie zum dienstlichen Gebrauch einer Reichsstelle bestimmt sind (z. B. wertvolles, dem Reich gehöriges und von der Behörde verwaltetes Repräsentationszwecken dienendes Tafelgerät). Auch zur Aufbewahrung derartiger Gegenstände bedarf es der Genehmigung des Vorstandes der Verwaltungsbehörde, der die Kasse angehört. Die Aufbewahrung von

Sachen Privater — also z. B. von Sachen einzelner Beamten — ist ohne Einschränkung untersagt; sie würde die Ordnung und Übersicht beeinträchtigen, leicht zu Mißbräuchen führen und auch die Feststellung des Kassenbestands sowie die Sicherheit der Kasse gefährden können, letzteres, indem das Vorhandensein wertvoller Gegenstände im Kassenbehälter die Gefahr einer Beraubung, die dann auch die der Kasse gehörigen Gegenstände treffen würde, zu erhöhen geeignet ist.

Zahlungsmittel, die nicht zur Kasse gehören, also nicht von ihr verwaltet werden und nicht Teil des Kassenbestandes sind, sind von diesem getrennt zu halten und wegen der Gefahrstragung im Falle eines Verlustes (durch Feuer, Einbruch u. a.) für sich aufzubewahren. Die Gefahr geht zu Lasten dessen, für den die Gegenstände aufbewahrt werden, es sei denn, daß die beteiligten Beamten den Verlust verschuldet haben (BGB. § 690 und Gesetz über die Haftung des Reichs für seine Beamten vom 22. Mai 1920, RGBl. S. 798).

Als zum Dienstgebrauch bestimmt gelten alle Gegenstände, die im Interesse einer Reichsstelle aufbewahrt werden. Maßgebend für die Kasse ist die Entscheidung des Behördenvorstehers. Etwaige Bedenken gegen die Zulässigkeit würden von dem Kassenleiter in geeigneter Weise zur Sprache zu bringen sein. VB. Heer Ziffer 2 zu § 12 — ebenso VB. Marine Ziffer 9b — schreibt vor, daß, wenn der Behördenvorsteher selbst Kassenleiter ist, die Genehmigung der höheren Verwaltungsbehörden erforderlich ist. Eine solche Bestimmung ist als im Sinne des § 12 Abs. 3 liegend anzusehen.

§ 13

Besondere Obliegenheiten der Kassenbeamten

a) des Kassenleiters

(1) Der Kassenleiter hat für die ordnungsmäßige und wirtschaftliche Erledigung der Kassengeschäfte zu sorgen; er hat sein Augenmerk auch darauf zu richten, daß in der Kasse nur die erforderliche Zahl von Arbeitskräften beschäftigt wird.

(2) Beim Wechsel des Kassenleiters hat der bisherige Kassenleiter seinem Nachfolger die Geschäfte zu übergeben (Kassenübergabe). Der zuständige Reichsminister trifft nähere Bestimmungen für den Fall, daß der bisherige Kassenleiter die Kassenübergabe nicht vornehmen kann.

(3) Der Kassenleiter hat beim Wechsel des Oberbuchhalters, Buchhalters oder Kassiers die Übergabe der Geschäfte an den Nachfolger zu leiten.

AKO. §§ 9, 13, 14; VB. RHK., RAM., Heer und Marine.

1. In den §§ 13 bis 16 ist das „eigentliche Arbeitsgebiet" (vgl. § 12 Abs. 2) der in ihnen genannten Beamten umschrieben. Die Verteilung der Geschäfte auf die verschiedenen Kassenbeamten ist abhängig von der mehr oder weniger reichlichen Besetzung der Kasse mit Personal. Je nach dem Umfang der Kasse und ihrem Personalbestand sind die Geschäfte des Kassenleiters, des Oberbuchhalters (bei Oberkassen), der Buchhalter, des Kassiers je besonderen Personen übertragen oder zu mehreren bei einer Person vereinigt, und zwar fallen, je weniger zahlreich das Personal ist, nacheinander fort zuerst der Oberbuchhalter, dann der Kassier und zuletzt der Buchhalter, so daß bei kleinen Kassen nur der Kassenleiter als einziger Beamter übrig bleibt. Vgl. hierzu § 10 Anm. 2 und VB. RAM. zu § 13 (1 bis 3).

Die in den §§ 13 bis 16 angeführten besonderen Obliegenheiten erfahren eine Ergänzung durch die zahlreichen in der RKO. enthaltenen Sonderbestimmungen über die von dem einzelnen Kassenbeamten auszuübende Tätigkeit.

2. Der Kassenleiter hat darüber zu wachen, daß die Kassengeschäfte in der vorgeschriebenen Weise und zwar mit möglichst geringem Aufwand erledigt werden. Seinen Weisungen hat das übrige Kassenpersonal, soweit ihm nicht eine eigene selbständige Verantwortung auferlegt ist (vgl. § 76 Abs. 2 und Anm. 2 das.) bei Erledigung der Kassenarbeiten zu folgen. Er hat jedoch im übrigen nicht die Stellung eines Behördenvorstehers, sodaß ihm eine Strafbefugnis gegenüber den Kassenbediensteten nicht zusteht. Wenn er es daher für geboten hält, daß ein Kassenbeamter wegen einer dienstlichen Verfehlung zur Verantwortung gezogen werde, so hat er sich dieserhalb an den Leiter der Verwaltungsbehörde, der er angehört, zu wenden. Als von besonderer Bedeutung ist in Abs. 1 hervorgehoben, daß der Kassenleiter sein Augenmerk darauf richten muß, daß in der Kasse nur die erforderliche Zahl von Arbeitskräften beschäftigt wird (vgl. VB. RAM. zu § 10 Ziffer 1). Dies schließt die Fürsorge dafür in sich, daß von allen der Vereinfachung und der Einschränkung der Arbeiten der Kasse dienenden Bestimmungen und Einrichtungen, insbesondere auf dem Gebiet des Buchungswesens und der Verwendung technischer Einrichtungen, der geeignete Gebrauch gemacht wird; vgl. § 20 Abs. 6 und § 72 und AKO. § 19 a. E., worin als Aufgabe des Kassenleiters bezeichnet wird, auf die möglichste Vereinfachung des Schriftverkehrs durch Aufstellung von Listen, Verwendung von Vordrucken usw. hinzuwirken. Aus der Überwachung der ordnungsmäßigen Erledigung der Kassengeschäfte erwächst weiter die Aufgabe, dafür zu sorgen,

daß die Beamten der Kasse von allen die Kasse berührenden Vorschriften unterrichtet werden und auf dem laufenden bleiben. Von besonderer Wichtigkeit ist die Verantwortung des Kassenleiters dafür, daß der Kassenbestand die zulässige Höhe nicht übersteigt und die danach verfügbaren Beträge unverzüglich an die Reichshauptkasse oder die gegebenenfalls zuständige Oberkasse abgeliefert werden (§§ 47 und 54 Abs. 1). Wegen der Beteiligung des Kassenleiters an der Buchführung vgl. § 58 Anm. 2; im übrigen vgl. wegen der Geschäfte des Kassenleiters (Vollziehung von Schriftstücken und Quittungen der Kasse, Verschluß des Kassenbehälters, Zuteilung der Eingänge und der Zahlungsbeweise an die zur Bearbeitung berufenen Stellen, Feststellung des Tagesabschlusses, Ermittelung des Kassenbestandes bei der Kassenprüfung usw.) §§ 20, 31, 59 Abs. 5, 70 Abs. 4, 76, 80, 88 u. a.

3. Ein Wechsel des Kassenleiters wie überhaupt in der Person jedes Kassenbeamten liegt nur dann vor, wenn dem Beamten dauernd eine andere Tätigkeit zugewiesen wird oder er aus dem Dienste ausscheidet, nicht auch, wenn er durch Krankheit oder Urlaub vorübergehend in der Wahrnehmung seiner Dienstgeschäfte verhindert ist. Die dem Kassenaufsichtsbeamten obliegende Leitung der Geschäftsübergabe beim Wechsel des Kassenleiters schließt die Durchführung der Übergabe für den Fall, daß der ausscheidende oder ausgeschiedene Beamte die Geschäfte nicht selbst übergeben kann, in sich.

Wegen der Regelung der Vertretung von Kassenbeamten und der damit sowie mit dem Wechsel der Beamten zu verbindenden Übergabe der Geschäfte sind nähere Bestimmungen enthalten in AKO. § 9 Abs. 1, §§ 13 und 14, VB. Heer zu § 13 und VB. Marine Ziffer 10. In welcher Weise die Übergabe zu geschehen hat, ist nicht besonders vorgeschrieben. Im allgemeinen ergibt es sich aus den Aufgaben, die dem ein Arbeitspensum übernehmenden Beamten zufallen. Dieser ist, soweit nötig, mit seinen Dienstobliegenheiten und mit den Beamten, mit denen er bei deren Erfüllung zu tun hat, bekannt zu machen. Die zu dem Arbeitspensum gehörigen Bücher, Belege, Bestände, Materialien usw. sind ihm gegen Empfangsbestätigung zu übergeben. Im übrigen hat die Übergabe so zu erfolgen, daß der übernehmende Beamte sich nach Maßgabe der bei der Übergabe zur Verfügung stehenden Unterlagen von dem ordnungsmäßigen Stand der zu dem betreffenden Arbeitspensum gehörigen Bücher, Aufzeichnungen, Belege, Bestände usw. überzeugen und auf dieser Grundlage die Verantwortung für die ordnungsmäßige Fortführung der ihm übergebenen Geschäfte übernehmen kann.

§ 14

b) des Oberbuchhalters

Der Oberbuchhalter hat die Erledigung der Buchhaltergeschäfte zu überwachen und den Kassenleiter bei der Durchführung seiner Dienstobliegenheiten zu unterstützen. Daneben können ihm Buchhaltergeschäfte übertragen werden.

Oberbuchhalter dürfen nur in der RHK. und in den Oberkassen bestellt werden. Ihnen liegt in erster Linie die Überwachung der vorschriftsmäßigen Erledigung der Buchhaltergeschäfte ob. Soweit diese Aufgabe, wie die Prüfung der Eintragungen im Gegensachbuch, es bedingt, hat er auch auf die richtige Führung der nicht von Buchhaltern geführten Bücher, deren Inhalt mit den von den Buchhaltern zu führenden Büchern zusammenhängt, in gleicher Weise wie die Buchhalter selbst hinzuwirken. In der Überwachung der Buchhaltergeschäfte liegt eine wesentliche Entlastung des Kassenleiters, der dadurch von einer fortlaufenden persönlichen Überwachung dieser Geschäfte befreit wird. Im übrigen soll ihn der Oberbuchhalter auch sonst bei Durchführung seiner Dienstobliegenheiten unterstützen. Der Kassenleiter kann den Oberbuchhalter in jeder Weise zu seiner Unterstützung heranziehen, darf ihm jedoch nicht die ihm als Kassenleiter im einzelnen ausdrücklich zugewiesenen Geschäfte, so insbesondere die Mitwirkung beim Tagesabschluß gemäß § 80 oder die Verschließung des Kassenbehälters (§ 31) übertragen. Nach § 4 der OFKO. ist der Oberbuchhalter der ständige Vertreter des Kassenleiters, desgleichen der dienstältere Oberbuchhalter Vertreter des Leiters der RHK. (VB. RHK. zu § 13). § 65 weist dem Oberbuchhalter ein für allemal die Führung des Abrechnungsbuches zu; daneben können ihm sonstige Buchhaltergeschäfte (§ 14 Schlußsatz) und gegebenenfalls auch andere in der Kasse auszuführende Arbeiten (§ 12 Abs. 2) übertragen werden.

§ 15

c) des Buchhalters

Der Buchhalter hat die ihm zur Verwaltung übertragenen Bücher zu führen, die dazugehörigen Belege zu sammeln und die Rechnungslegung vorzubereiten. Er hat ferner darauf hinzuwirken, daß die Haushaltseinnahmen und -ausgaben sowie die sonstigen Zahlungen rechtzeitig und vollständig erhoben und geleistet, sowie daß Hinterlegungen und Vorschüsse sobald wie möglich abgewickelt werden.

AKO. §§ 10, 39 f.; VB. RHK. und Heer.

§ 15 umschreibt die Buchhaltergeschäfte, gleichviel ob sie von einem ausdrücklich als Buchhalter bestellten oder von einem anderen Beamten, insbesondere dem Kassenleiter selbst wahrgenommen werden (vgl. § 10 Anm. 2). Bei der RHK. und bei den Kassen der Reichsabgabenverwaltung werden die von den Buchhaltern verwalteten Stellen Buchhaltereien genannt und mit römischen bzw. arabischen Ziffern bezeichnet (BB. RHK. Abs. 1 und AKO. § 10 Abs. 1 und 4). Die Buchhalterei umfaßt alle Beamten, die — wie bei der Reichshauptkasse allgemein — neben dem Buchhalter und unter dessen Verantwortung die Buchhaltereigeschäfte bearbeiten.

Die Bestimmungen des § 15, die bereits die vielseitige, keineswegs auf die Führung der Bücher beschränkte Tätigkeit des Buchhalters kennzeichnete, erfahren eine Ergänzung durch zahlreiche Einzelvorschriften der RKO., wie in den §§ 62, 63, 64, 65, 69, 71, 73, 75 bis 78 und 81, und durch die eingangs angeführten BB. Von besonderer Bedeutung ist die dem Buchhalter gemäß § 62 (vgl. § 76 Abs. 1 bis 3) obliegende Führung des Titelbuchs. Über seine Zusammenarbeit mit dem Kassier, der Auszahlungen nur leisten darf, wenn die Auszahlungsanordnung mit dem Namenszeichen des Buchhalters versehen ist, verhält sich insbesondere § 76; vgl. dazu AKO. § 10 Abs. 3, wonach der Buchhalter Quittungen über Einzahlungen, die seine Buchhalterei betreffen, vorzubereiten und zu unterschreiben hat. Zur Vorbereitung der Rechnungslegung hat der Buchhalter insbesondere die einschlägigen umfangreichen Bestimmungen der RRO. über die formelle Einrichtung der Rechnungen und der Belege (vgl. insbesondere RRO. §§ 9, 43 und 89 ff. und RKO. § 76 Abs. 2) zu beachten und auf ihre Beachtung hinzuwirken.

Neben der Buchführung, der Sammlung der Belege (RRO. §§ 89 ff.; vgl. auch RKO. § 77) und der Vorbereitung der Rechnungslegung liegt dem Buchhalter nach Satz 2 die besondere Aufgabe ob, darauf hinzuwirken, daß die Haushaltseinnahmen und -ausgaben sowie die sonstigen Zahlungen rechtzeitig und vollständig erhoben und geleistet, sowie daß Hinterlegungen und Vorschüsse so bald wie möglich abgewickelt werden. Er hat danach dafür zu sorgen, daß der Kassier die Unterlagen für die Auszahlungen und Einzahlungen erhält, daß die Auszahlungen je nach der Fälligkeit bewirkt und, wenn die Einzahlungen nicht bei Fälligkeit eingehen, der Zahlungspflichtige durch Mahnung und erforderlichenfalls Beitreibung der Schuld zur Zahlung angehalten wird (vgl. hierzu besonders AKO. §§ 39 f.). Dabei liegt ihm zur Vermeidung eigener Haftung insbesondere auch ob, im Falle verspäteter Einzahlung eines dem Reiche geschuldeten Betrages dafür zu sorgen, daß die etwa eingeleitete Beitreibung sogleich eingestellt wird. Die Abwicklung der Hinterlegungen und Vorschüsse (vgl. hierzu Anm. 2 zu § 2 Ziffer 8 und 9) hat er, soweit nicht ihm die Gründe bekannt sind, die der Erledigung entgegenstehen, in geeigneter Weise, u. a. durch Herbeiführung einer Anzeige an die zuständige Stelle oder durch Vorlage beim Kassenleiter, wenn die Sache von der Kasse selbst erledigt werden kann (§ 37 Abs. 3) zu betreiben (vgl. AKO. § 10 Abs. 3 a. E.).

Wegen der dem Buchhalter obliegenden Prüfung, daß die ihm zugehenden Kassenanweisungen über Auszahlungen den Vermerk über ihre Eintragung in die nach § 42 RWB. zu führende Haushaltsüberwachungsliste tragen, und seiner Mitwirkung bei Führung der Betriebsmittelüberwachungsliste (RWB. § 52) vgl. § 76 Anm. 1 Schlußabsatz.

§ 16

d) des Kassiers

Der Kassier hat den baren und unbaren Zahlungsverkehr (§ 22) zu erledigen.

AKO. § 11; VB. RHK.

Bei größeren Kassen bedingt der Umfang des reinen Zahlungsgeschäfts die Betrauung eines oder mehrerer Beamten mit der Erledigung des Zahlungsverkehrs, d. h. die Bestellung eines oder mehrerer Kassiere. Nach AKO. § 11 Abs. 1 wird die vom Kassier verwaltete Stelle mit Schalter bezeichnet. E sist hierbei vorausgesetzt, daß, wie es der Praxis entspricht, der Kassier den baren Zahlungsverkehr erledigt. In der Kassenführung stehen sich die Tätigkeit des Kassiers und die des Buchhalters scharf geschieden gegenüber, während sie gleichzeitig ein fortdauerndes Hand-in-Hand-Arbeiten der beiden erfordern (vgl. hierzu § 10 Anm. 2). Der Kassier nimmt Einzahlungen an und leistet Auszahlungen nach Maßgabe der ihm über den Buchhalter zugeleiteten Zahlungsanordnungen; Ein- und Auszahlungen werden in der Reihenfolge, in der sie geleistet werden, aufgezeichnet. Der Buchhalter, der bereits an der Vorbereitung der Zahlungen mitwirkt, zeichnet die daraufhin erfolgten Zahlungen in einer durch den Charakter der einzelnen Zahlung bedingten Ordnung auf (vgl. §§ 15, 76 Abs. 1 und 2 und § 62). Die beiderlei Aufzeichnungen müssen in ihrem Ergebnis miteinander übereinstimmen (vgl. § 57 Anm. 1). Wegen der Zusammenarbeit zwischen Kassenleiter, Buchhalter und Kassier s. § 76. Weitere Obliegenheiten des Kassiers sind aufgeführt in den §§ 20 Abs. 2 und 4, 23, 30, 34, 36, 39 f., 44, 60 f., 66 bis 68 und 76. § 80 schreibt vor, daß die Kasse täglich einen Tagesabschluß zu machen hat und die vorhandenen Zahlungsmittel im Kassenbehälter aufzubewahren sind. Dies bedingt eine in der Kassenordnung nicht ausdrücklich erwähnte Mitarbeit des Kassiers, durch dessen Hand die Zahlungen erfolgt sind, und die Ablieferung der eingenommenen und nicht wieder zu Zahlungen verwendeten Zahlungsmittel an den Kassenleiter.

Was die Beteiligung des Kassiers an der Buchführung anbetrifft, so ist eine Buchung der einzelnen vom Kassier bewirkten Zahlungen in der Kassenanordnung nicht als organisationsmäßige Aufgabe des Kassiers bezeichnet. Nach der RKO. könnte es genügen, wenn der Kassier nach Schluß des Schalterdienstes oder bei bargeldlosen Kassen nach Abschluß der Zahlungen die von ihm erledigten Aufträge mit den zugehörigen Zahlungsbeweisen (Quittungen der Empfänger, Einzahlungsscheinen der Einzahlungspflichtigen und Zahlungsvermerken) nebst den danach vereinnahmten Zahlungsmitteln dem Kassenleiter übergäbe. In der Praxis wird ein solches Verfahren nicht geübt werden. Die RKO. sieht, ohne eine bindende Anordnung zu treffen, für den Fall, daß die Zahlungen nicht unmittelbar in das vom Kassenleiter zu führende Hauptbuch eingetragen werden können — und dieser Fall wird regelmäßig bei Bestellung eines Kassiers vorliegen — eine Reihe von Aufzeichnungen vor, deren Führung dem Kassier zufällt, nämlich die Tagesnachweisungen (§ 60), die Vorbücher (§ 61) und gegebenenfalls die Tageskladde (§ 66), ferner das etwa bei der Kasse geführte Postscheckgegenbuch und die etwaigen Girokontogegenbücher (§§ 67 f.). Hiernach wird der Kassier regelmäßig Tagesnachweisungen bzw. Vorbücher oder eine Tageskladde führen. Ferner hat er das nicht zu den Kassenbüchern gehörige Geldeingangsbuch zu führen, wenn Wertsendungen von der Post abgeholt werden (§ 20 Abs. 2).

§ 17

Kassenaufsichtsbeamter

(1) Der zuständige Reichsminister bestimmt einen Beamten, der die Geschäftsführung der Kasse zu beaufsichtigen hat (Kassenaufsichtsbeamter); er kann diese Befugnis auf die höheren Verwaltungsbehörden übertragen. Der Kassenaufsichtsbeamte darf nicht zu den Kassenbeamten (§ 10) gehören. Eine unmittelbare Weisungsbefugnis steht dem Kassenaufsichtsbeamten als solchem nicht zu.

(2) Liegen bei einer Reichsverwaltung besondere Verhältnisse vor, so können die Aufgaben des Kassenaufsichtsbeamten von einer Stelle der höheren Verwaltungsbehörde wahrgenommen werden.

AKO. § 12; VV. RAM., Heer und Marine.

1. Die Aufsicht über die vorschriftsmäßige Wahrnehmung des Kassendienstes liegt dem Vorsteher der Behörde ob, der die Kasse angehört (vgl. Anm. 1 zu § 10). Es liegt aber auf

der Hand, daß er, besonders in größeren Verhältnissen, häufig nicht in der Lage ist, der Kasse diejenige Aufmerksamkeit zu widmen, die eine verantwortungsvolle Überwachung bedingt. Aus diesem Grunde und da bei der Bedeutung der Kassengeschäfte ihre ordnungsmäßige Erledigung unbedingt sichergestellt sein muß, ist von jeher in der Verwaltung die Bestellung eines Kassenkurators oder Kassenpflegers, wie er früher genannt ist, zur Überwachung der Kassengeschäfte der einzelnen Kassen Brauch gewesen. Diese bisher sehr verschieden gehandhabte Einrichtung ist nunmehr durch § 17 einheitlich dahin festgelegt worden, daß mit der sich aus Abs. 2 ergebenden Ausnahme (vgl. Anm. 3) für jede Kasse ein Kassenaufsichtsbeamter zu bestellen ist.

Es entspricht dem Wortlaut des Abs. 1 „der zuständige Minister bestimmt" und liegt in der Natur der Sache, daß der Kassenaufsichtsbeamte aus dem Bereich der Behörde zu entnehmen ist, die ihn als solchen bestellt. Zumeist wird als Kassenaufsichtsbeamter entweder der Leiter der Behörde, der die Kasse angehört, oder wenn die Behörde einen oder mehrere andere geeignete Beamten umfaßt, einer von diesen bestellt werden. Bei seiner Bestellung ist auf den Umfang der ihm als Kassenaufsichtsbeamten zufallenden Aufgaben und die Möglichkeit ihrer Erfüllung im Rahmen seines Dienstes Rücksicht zu nehmen. Der Kassenaufsichtsbeamte muß dem Leiter der Behörde, dem die Kasse angehört oder der sie unterstellt ist, in jeder Weise für die Erfüllung der Aufgabe, die ihm als Kassenaufsichtsbeamten obliegt, unmittelbar amtlich zur Verfügung stehen. Er darf, wie sich von selbst versteht, nicht der Kasse, deren Geschäftsführung er beaufsichtigen soll, angehören. Seine Aufgabe ist, den Dienst der Kasse in jeder Beziehung zu überwachen und für Behebung irgendwelcher beobachteter Mängel usw. zu sorgen. Dies setzt voraus, daß die mit der Kassenaufsicht betrauten Beamten den Kassendienst vollständig beherrschen; andernfalls kann die mit der Kassenaufsicht verbundene Verantwortung ihnen nicht übertragen und von ihnen nicht übernommen werden. Eine Befugnis, den Beamten der Kasse Weisungen zu erteilen, steht dem Kassenaufsichtsbeamten nicht zu; sie würde in dem Maße, in dem von ihr Gebrauch gemacht würde, die eigene Verantwortung des Kassenleiters aufheben. Die Autorität des Kassenaufsichtsbeamten als solchen muß von selbst dazu führen, daß seine sachlichen Anregungen gebührend beachtet werden. Geschieht dies nicht, so hat er als Kassenaufsichtsbeamter nichts anzuordnen, sondern nötigenfalls eine entsprechende Anordnung der Behörde zu erwirken. Dabei ist natürlich nicht ausgeschlossen, daß gegebenenfalls er selbst nach dem ihm durch die Geschäftsverteilung bei dieser Behörde zugewiesenen Aufgabenkreis die von ihm angeregten Maßnahmen anordnen kann; dies tut er dann aber nicht in seiner Eigenschaft als Kassenaufsichtsbeamter, sondern kraft der ihm laut Geschäftsverteilungsplan und Verwaltungsanordnung beigelegten Anordnungsbefugnis; so insbesondere, wenn der Behördenleiter gleichzeitig als Kassenaufsichtsbeamter bestellt ist.

Der Kassenaufsichtsbeamte steht der Kasse nicht nur gewissermaßen als Kontrolleur gegenüber, sondern er ist auch diejenige Stelle, bei der der Kassenleiter in Angelegenheiten der Kasse sich unmittelbar und am schnellsten Rat holen und Anregungen vorbringen kann; auf diese Weise kann viel zeitraubender Schriftwechsel, wie er ohne eine solche Vermittlung im Verkehr mit der Verwaltungsbehörde, der die Kasse angehört, sich ergeben würde, vermieden werden. Bei Anordnungen, die die Kasse (Personal- oder Geschäftsführung) betreffen, wird er, soweit seine Kenntnis der Verhältnisse dabei von Bedeutung sein kann, zweckmäßig zu hören oder sonst zu beteiligen sein; im übrigen werden sie ihm bekannt zu geben sein.

2. Der Kassenaufsichtsbeamte hat sich fortlaufend von der vorschriftsmäßigen Durchführung der Kassengeschäfte zu überzeugen (vgl. hierzu AKO. § 12 Anm. 3). In welcher Weise er die ihm gestellte Aufgabe erfüllen will, ist im übrigen, soweit nicht Vollzugsbestimmungen oder Weisungen des Behördenleiters darüber bestimmen, seinem eigenen pflichtmäßigen Ermessen überlassen. Zu den regelmäßigen Aufgaben des Kassenaufsichtsbeamten gehört die Vornahme der ordentlichen und gegebenenfalls der außerordentlichen Kassenprüfungen (§ 87); wegen seiner Mitwirkung bei Anordnung der ordentlichen Kassenprüfungen vgl. § 84 Abs. 1, desgleichen bei der Übergabe der Geschäfte des Kassenleiters an einen Nachfolger § 13 Abs. 2. Eine unmittelbare Mitwirkung des Kassenaufsichtsbeamten bei der Geschäftsführung der Kasse ist vorgeschrieben in § 51 Abs. 2, wonach der Kassenaufsichtsbeamte die der Oberkasse oder Reichshauptkasse vorgelegten Quittungen über angeforderte Zuschußbeträge mit seinem Sichtvermerk zu versehen hat, in Anlage 7 § 3 Abs. 3 und in Anlage 8 § 3 Abs. 2 (Sichtvermerk für die von der Kasse ausgestellten Anerkenntnisse bzw. Schecke zur Erlangung einer Kassenbestandsverstärkung) und in § 81 Abs. 3, wonach die Abschlußnachweisung der Kasse mit der Richtigkeitsbescheinigung des Kassenaufsichtsbeamten zu versehen ist (vgl. AKO. § 18 Abs. 7). Vgl. auch § 11a und RKO. § 45 Abs. 1 (Bescheinigung der Übertragung der für einen neuen Zeitabschnitt erheblichen Eintragungen in den neu angelegten Rechnungslegungsbüchern — § 75 Abs. 5 und 8 und Anm. 6 das. —).

3. Bei Abs. 2 ist insbesondere an die Heeres- und die Marineverwaltung gedacht, bei denen die Personalverhältnisse

die Bestellung eines besonderen Kassenaufsichtsbeamten für jede einzelne Kasse nicht überall gestatten. Die VV. Heer und Marine sehen demgemäß eine besondere Regelung vor. Im Bereich der Heeres- und der Marineverwaltung werden die Aufgaben des Kassenaufsichtsbeamten von einer Stelle der höheren Verwaltungsbehörde wahrgenommen; die Verteilung der mit der Kassenaufsicht verbundenen Aufgaben auf die verschiedenen mit ihnen betrauten Beamten erfolgt durch den Geschäftsplan der Behörde.

Wenn der Behördenvorsteher nicht selbst Kassenbeamter ist, sind ihm von dem Vorsteher der höheren Verwaltungsbehörde bestimmt zu bezeichnende Befugnisse eines Kassenaufsichtsbeamten über die zugehörige Amtskasse von Fall zu Fall oder auf die Dauer zu übertragen. Die Betrauung des Behördenvorstehers allein als Kassenaufsichtsbeamter für die Kasse ist nicht vorgesehen.

2. Abschnitt: Geschäftsgang

§ 18

Allgemeine Bestimmungen

Der Geschäftsgang der Kasse regelt sich nach den für den Geschäftsgang der Verwaltungsbehörde, der sie angehört, geltenden Bestimmungen, soweit sich nicht aus der Reichskassenordnung (§§ 19, 20, 76) und den Vollzugsbestimmungen (§ 102) etwas anderes ergibt.

AKO. § 15; VV. RHK.

§ 18 entspricht der in § 2 Abs. 1 gegebenen Begriffsbestimmung der Kasse. Für die Kasse als Teil der Behörde, der sie zugehört, sind zunächst ohne weiteres die allgemeinen für den Geschäftsgang dieser Behörde geltenden Bestimmungen maßgebend. Es bedarf also für die Kassen insoweit keiner besonderen Vorschrift. Anderseits sind jene Bestimmungen den besonderen Bedürfnissen des Kassendienstes nicht angepaßt; sie gelten daher nach § 18 nur insoweit, als sich nicht aus der RKO. und den Vollzugsbestimmungen etwas anderes ergibt. Da es sich bei den beiderlei Bestimmungen um Verwaltungsvorschriften handelt, gehen die Bestimmungen der RKO. als Sonderbestimmungen den allgemeinen Bestimmungen über den Geschäftsgang vor. Die §§ 19, 20 usw. sind daher in § 18 nur als Beispiele aufgeführt. Die §§ 19 und 20 enthalten verschiedentliche Abweichungen von den allgemeinen Bestimmungen (unmittelbarer Verkehr der Kassen miteinander, Beschränkung der Kassenstunden auf bestimmte Tage, Verbot der Führung von Tagebüchern u. a.). In § 76 ist von besonderer Bedeutung die Bestimmung des Abs. 4, wonach der zuständige Reichsminister nähere Bestimmungen über den Gang des Buchungsverfahrens trifft.

§ 19

Unmittelbarer Verkehr der Kassen miteinander

Die Kassen treten unmittelbar miteinander in Verbindung, soweit die Erledigung von Kassengeschäften es erfordert.

AKO. § 16.

§ 19. Auf die Bedeutung des § 19 ist schon bei § 3 (vgl. Anm. 3 das.) hingewiesen worden. Ein unmittelbarer Verkehr zwischen Teilen von Verwaltungsbehörden untereinander und zwischen ihnen und anderen Behörden kommt nur soweit in Betracht, als er infolge eines dafür bestehenden praktischen Bedürfnisses zugelassen ist. Ein Verkehr der Kassen untereinander über die Behörden, denen die Kassen angehören, würde eine zwecklose und unerträgliche Erschwerung des Geschäftsganges der Kasse bedeuten. § 19 schreibt deshalb vor, daß die Kassen unmittelbar miteinander in Verbindung treten, soweit die Erledigung von Kassengeschäften es erfordert. Die Vorschrift gilt nach ihrem Zweck und ihrem Wortlaut nicht für die Erledigung von Verwaltungsgeschäften, die einer Kasse übertragen sind (§ 4 Abs. 2). Dagegen gilt sie für alle Kassengeschäfte der Kasse, auch solche, die sie für andere Stellen als das Reich ausführt (§ 4 Abs. 2), soweit für die andere beteiligte Kasse die gleiche Vorschrift gilt, also insbesondere für den Verkehr mit den übrigen Reichskassen. In welcher Weise sie mit den Behörden, deren Geschäfte sie gemäß § 4 Abs. 2 wahrnimmt, zu verkehren hat, ist bei Übertragung der Geschäfte an die Kasse gleichzeitig zu bestimmen. Der zwischen den Kassen zu führende Schriftwechsel geht sonach unter der Anschrift der empfangenden Kasse. Die absendenden Stellen werden von einer Vorschrift, wonach ein Teil des Schriftwechsels etwa zunächst dem Leiter der Behörde, zu der die empfangende Kasse gehört, vorzulegen ist (vgl. AKO. § 18), nicht berührt.

Es liegt im Sinne der Vorschrift des § 19, daß allen Ersuchen, die sich im Rahmen der der ersuchenden und der ersuchten Kasse nach der RKO. zugewiesenen Aufgaben halten, zu entsprechen ist. Es handelt sich hierbei um die Erledigung der der angegangenen Kasse obliegenden dienstlichen Aufgaben. Durch Nichterfüllung eines begründeten Ersuchens würde der beteiligte Beamte für die darin liegende Verletzung seiner Dienstpflichten verantwortlich werden. Wegen des Verhältnisses der Amtskassen der Reichsabgabenverwaltung zu der zuständigen Oberfinanzkasse und der Reichshauptkasse vgl. § 3 Anm. 3.

§ 20

Besondere Bestimmungen

(1) Für den persönlichen Verkehr mit der Bevölkerung können innerhalb der Dienststunden Kassenstunden festgesetzt werden. Die Kassenstunden sind unter Berücksichtigung der Belange der Bevölkerung so zu legen, daß die sonstigen Kassengeschäfte ordnungsgemäß erledigt werden können. In geeigneten Fällen können die Kassenstunden auf bestimmte Tage beschränkt werden.

(2) Die Kasse soll Wertsendungen von der Postanstalt abholen lassen. In diesem Falle hat der Kassenleiter oder, wenn ihm ein Kassier beigegeben ist, dieser ein Geldeingangsbuch zu führen, das den Bestimmungen der Postordnung entspricht.

(3) Die Kasse soll Tagebücher über eingehende und hinausgehende Schriftstücke nicht führen.

(4) Empfangsbescheinigungen über Postsendungen, Quittungen über von der Kasse angenommene Einzahlungen sowie Schecke und Überweisungsaufträge sind, wenn die Kasse mit mehr als einem Beamten besetzt ist, außer vom Kassier noch vom Kassenleiter oder einem anderen Kassenbeamten zu vollziehen. Die Unterschriften der zur Vollziehung von Quittungen berechtigten Beamten sind durch Aushang im Kassenraume bekanntzugeben.

(5) Schreiben der Kasse enthalten die Bezeichnung der Kasse und die Angabe der Kassenstunden, der Fernsprechanschlüsse sowie der Postscheckverbindung und der Anschlüsse an Geldanstalten. Die Schreiben sind vom Kassenleiter zu vollziehen; ist die Kasse mit mehr als einem Beamten besetzt, so sind, soweit nicht etwas anderes bestimmt ist, Schreiben der Kasse, die sich auf einen Buchungsvorgang beziehen, sowie Bescheinigungen in Büchern und Rechnungen außer vom Kassenleiter noch vom Buchhalter zu vollziehen.

(6) Zur Erledigung der Kassengeschäfte sind möglichst weitgehend Maschinen und sonstige technische Hilfsmittel zu verwenden. Der Reichsminister der Finanzen kann allgemeine Richtlinien hierüber aufstellen. Maschinen, die dazu dienen, Zahlungen zu überwachen, sind nach näherer Bestimmung des zuständigen Reichsministers gegen mißbräuchliche Verwendung zu sichern.

AKO. §§ 17 bis 19, 124; BB. RHK. RAM., Heer und Marine.

§ 20 enthält eine Reihe wichtiger unter sich nicht zusammenhängender Bestimmungen über den Kassendienst.

1. Zu Abs. 1.

a) Die Dienststunden der Kasse werden von der Verwaltungsbehörde, der die Kasse angehört, nach den für die Verwaltung maßgebenden Grundsätzen festgesetzt. Sendungen an die Kasse, die nach Schluß der Dienststunden eingehen, gelten erst als am folgenden Tage eingegangen und erhalten den Eingangsstempel dieses Tages.

Abs. 1 gestattet, für den Verkehr mit der Bevölkerung innerhalb der Dienststunden bestimmte Kassenstunden festzusetzen mit der Folge, daß für diesen Verkehr — das ist nicht nur der Zahlungsverkehr — die Kassenbeamten nur während der Kassenstunden zur Verfügung stehen. Die RAK. geht also davon aus, daß mangels einer besonderen Bestimmung die Kasse für den Zahlungsdienst während der ganzen Dauer der Dienststunden geöffnet ist. Bei Festsetzung der Kassenstunden für den Verkehr mit der Bevölkerung ist neben dem Interesse der letzteren und der Verkehrssitte auch das Interesse der Kasse an ungestörter Fertigstellung der Kassenarbeiten und an möglichst vollständiger Ablieferung der eingegangenen Beträge noch am Tage ihres Einganges mitbestimmend. Soweit im Reichsdienst eine mit Zahlungen verbundene Abfertigung stattfindet, wie im Zolldienst und im Wasserstraßenverkehr, muß auch die für die Annahme von Einzahlungen bestimmte Kasse oder Zahlstelle geöffnet sein.

Es bedeutet ein Entgegenkommen von seiten der Kasse, wenn im Einzelfalle ein Verkehr der Bevölkerung in der Kasse außerhalb der Kassenstunden zugelassen wird. Von besonderer Bedeutung ist die Festsetzung der Kassenstunden für den baren Zahlungsverkehr, d. h. den Schalterverkehr. Hier wirkt eine Ausdehnung des Verkehrs über die Kassenstunden hinaus besonders lästig, weil sie den Kassenabschluß für den Tag aufhält oder gar einen erneuten Abschluß notwendig macht. Im Interesse einer geordneten Führung der Kassengeschäfte muß deshalb grundsätzlich auf Einhaltung der Kassenstunden bestanden werden. Dies gilt insbesondere für größere Kassen. Andererseits kann die bedingungslose Einhaltung der Kassenstunden im Einzelfalle, wenn es sich z. B. um Abfertigung von Personen handelt, die einen weiten oder beschwerlichen Weg von ihrer Wohnung zur Kasse zurückzulegen haben, zur Härte werden. Für solche Fälle schließt die RKO., die nur eine Kannvorschrift enthält, nicht aus, die Beteiligten ausnahmsweise auch außerhalb der Kassenstunden abzufertigen. Es ist Sache der Verwaltung, bei Festsetzung der Kassenstunden zugleich anzuordnen, ob und unter welchen Voraussetzungen eine Abweichung von ihnen gestattet sein soll. Nach den VG.RHK. kann der Kassenleiter Ausnahmen von den festgesetzten Schalterstunden in besonderen Fällen zulassen. Bei der Heeres- und der Marineverwaltung ist im Hinblick auf die Belange der Truppen für dringende Fälle die Leistung von Zahlungen auch außerhalb der Kassenstunden vorgeschrieben. Bei Festsetzung der letzteren sollen besonders auch die Belange der Truppen berücksichtigt werden. Im Bereich der Reichsarbeitsverwaltung sind dringende Auszahlungen, auch wenn sie durch Übergabe von Zahlungsmitteln geleistet werden, außerhalb der Kassenstunden vorzunehmen. Es wird sich empfehlen, daß die anweisenden Stellen, um einer mißbräuchlichen Ausnutzung der Vergünstigung zu begegnen, dringliche Auszahlungen in der Kassenanweisung ausdrücklich als solche bezeichnen. Die AKO. sieht eine ähnliche Vergünstigung nicht vor. Jancke-Maaß, AKO. § 17 führen aus, daß allgemein jede unnötige Härte der Bevölkerung gegenüber zu vermeiden sein werde, wenn ein Zahlungspflichtiger nach Schluß der Kassenstunden eine Zahlung entrichten will. Insbesondere sei es nicht angängig, daß Personen, die von außerhalb an den Sitz der Kasse gekommen sind, um dort eine Zahlung zu leisten, und wenige Minuten nach Schalterschluß bei der Kasse eintreffen, nicht mehr abgefertigt werden; eine derartige Zurückweisung würde zu einer unnötigen Verärgerung der Bevölkerung führen. Dem ist in dem angeführten einschränkenden Sinne beizupflichten. Darüber hinaus scheint aber ein Entgegenkommen im allgemeinen nicht vertretbar, da dies den Zweck der Festsetzung der Kassenstunden vereiteln und auf den Geschäftsgang störend einwirken würde. Wenn die Kassenstunden unter angemessener Berücksichtigung der Interessen der Bevölkerung festgesetzt sind, wird gegen ihre grundsätzliche Einhaltung nichts einzuwenden sein. Selbstverständlich muß jeder Besucher, der sich während der Kassenstunden im Schalterraume zur Leistung oder Empfangnahme einer Zahlung oder Einholung einer Auskunft eingefunden hat, ohne Rücksicht auf die Dauer der Kassenstunden abgefertigt werden.

Wird eine fällige Zahlung während der Dienststunden nach Schluß der Kassenstunden angeboten, so kann sie nicht als rechtzeitig angeboten gelten, da die Festsetzung von Kassenstunden der Verkehrssitte entspricht. Es ist alsdann Sache des Einzahlers, die Zahlung auf andere Weise, z. B. durch Einzahlung bei der Post (vgl. § 35 zu d), zu bewirken.

b) Satz 3 des Abs. 1 gestattet, in geeigneten Fällen die Kassenstunden auf bestimmte Tage zu beschränken, d. h. die Kasse für den Verkehr mit der Bevölkerung an einzelnen Werktagen geschlossen zu halten. Hierbei wird tunlichst darauf Bedacht zu nehmen sein, daß der Schalterdienst nicht gerade an Tagen ausfällt, an denen bestimmte Zahlungsfristen ablaufen, oder sonst, z. B. wegen Marktverkehrs, die Offenhaltung der Kasse im Interesse des Publikums besonders erwünscht ist.

Einer Erörterung bedarf die Frage, inwieweit die Rechte Dritter durch die Festsetzung von besonderen Kassentagen beeinflußt werden. Der Zeitpunkt der Fälligkeit von einzelnen Einzahlungen und Auszahlungen wird durch die Festsetzung von Kassenstunden und Kassentagen, die lediglich eine Verwaltungsmaßnahme darstellt, nicht berührt. Auszahlungen sind ohne Rücksicht auf Kassentage oder Kassenstunden bis zum Zeitpunkt der Fälligkeit zu bewirken; dasselbe gilt grundsätzlich auch für Einzahlungen; es fragt sich aber, welche Rechtsfolge eintritt, wenn die Kasse am Tage der Fälligkeit geschlossen und daher zur Annahme einer ihr angebotenen Zahlung durch Übergabe von Zahlungsmitteln nicht bereit ist. Nach § 293 BGB. kommt der Gläubiger in Verzug, wenn er die ihm angebotene Leistung nicht annimmt. § 299 BGB. schreibt vor:

> Ist die Leistungszeit nicht bestimmt oder ist der Schuldner berechtigt, vor der bestimmten Zeit zu leisten, so kommt der Gläubiger nicht dadurch in Verzug, daß er vorübergehend an der Annahme der angebotenen Leistung verhindert ist, es sei denn, daß der Schuldner ihm die Leistung eine angemessene Zeit vorher angekündigt hat.

Da es sich bei den Einzahlungen zumeist um Leistungen handelt, die der Schuldner vor der bestimmten Zeit zu leisten berechtigt ist, und die zeitweilige Schließung der Kasse als eine durch das dienstliche Bedürfnis begründete vorübergehende Verhinderung anzusehen ist, so werden im allgemeinen aus der zeitweiligen Schließung des Kassenschalters Schwierigkeiten nicht entstehen. Zahlungen, bei denen eine Leistung Zug um Zug nicht in Frage kommt, können, wenn die Kasse geschlossen ist, ohne Schwierigkeit durch Einzahlung bei der Post oder Übersendung durch die Post, deren Dienststunden regelmäßig länger dauern als die Kassenstunden, bewirkt werden. Da es sich bei den Zahlungen regelmäßig um Bringschulden handelt, hat der Einzahler die Übersendungskosten zu tragen. Es fragt sich, ob die Vorschrift des § 299 cit. a. E. der Vorschrift des § 20 vorgeht. Fälle dieser Art werden — zumal bei Beachtung der Bestimmung im § 20 Abs. 5 Satz 1 — nur ausnahmsweise vorkommen. Zeigt der Einzahler angemessene Zeit vorher der Kasse an, wann er die Zahlung leisten will, so wird ihm in der Regel noch mitgeteilt werden können, daß die Kasse zu dem von ihm für die Zahlung in Aussicht genommenen Zeitpunkt nicht geöffnet ist. Kann dies nicht mehr geschehen, so wird, wenn es sich um eine Leistung Zug um Zug handelt, oder der Einzahler nach Lage der Verhältnisse nicht beliebig einen anderen Tag wählen konnte, der Kassenleiter zur Vermeidung von Weiterungen zweckmäßigerweise dafür sorgen, daß die Zahlung trotz des Kassenschlusses bewirkt werden kann. Dies bedeutet aber ein Entgegenkommen. Die Kasse gerät nicht in Verzug, wenn sie für die Annahme der Zahlung nicht zur Verfügung steht, da die vorangegangene Ankündigung des Einzahlungspflichtigen an der an sich nicht zu beanstandenden Maßnahme nichts ändern kann. Andererseits wird auch der Einzahlungspflichtige nicht in Verzug geraten, wenn er die Zahlung durch Übergabe der Zahlungsmittel nunmehr am nächsten Kassentage bewirkt.

2. Zu Abs. 2. Nach Abs. 2 soll der Eingang der mit der Post an die Kasse gesandten Wertsendungen, d. h. unter Wertangabe beförderte Briefe und Pakete (Postordnung § 14 Abs. 1), bei der Kasse durch Abholung der Wertsendungen vom Postamt unter Verwendung eines Geldeingangsbuches gesichert werden. Wegen der Gutschrift der durch Postscheck oder Postanweisung bewirkten Einzahlungen auf dem Reichsbankgirokonto oder dem Postscheckkonto der Kasse vgl. § 21 Abs. 2 sowie Anl. 2 § 3 und Anl. 3 § 3. Nach den Ausführungsbestimmungen Abs. 6 zu § 43 der Postordnung vom 22. Dezember 1921[1]) dürfen Geldbeträge und Wertsendungen an

[1]) Abs. 6 a. a. O. lautet:

Den Reichs- und den Staatsbehörden und ihren Kassen und den Reichsbankanstalten ist auf Verlangen über die abgeholten Post- und Zahlungsanweisungen, versiegelten Wertpakete (§ 16, II) und Wertbriefe — nicht auch Einschreibsendungen — laufend ein Anerkenntnis in einem Geldeingangsbuch von der PAnst zu erteilen; die PAnst haben abzuwarten, bis ein derartiges Verlangen ausgedrückt wird, was schriftlich und ein für allemal geschehen muß. Die Behörde oder Kasse hat die Post- und Zahlungsanweisungen und die Ablieferungsscheine (Paketkarten) in das Eingangsbuch einzutragen und es der PAnst bei Abholung der Beträge und Sendungen vorzulegen. Der Ausgabebeamte hat zu prüfen, ob die Post- und Zahlungsanweisungen, Ablieferungsscheine usw. in dem Eingangsbuch richtig verzeichnet sind, und als Beweis der Übereinstimmung seinen Namen in das Eingangsbuch zu schreiben sowie den Ausgabestempel beizudrücken; dies geschieht, wenn mehrere hintereinander eingetragene Beträge und Sendungen zugleich abgefordert werden, bei der letzten Eintragung. Außerdem ist bei Auszahlung von Post- und Zahlungsanweisungen der jedesmal gezahlte Gesamtbetrag in Buchstaben und bei Aushändigung mehrerer Sendungen die Stückzahl der Sendungen von dem Beamten anzugeben. Geldbeträge und Wertsendungen an Behörden oder Kassen, die ein Geldeingangsbuch unterhalten, dürfen nur verabfolgt werden, wenn bei Rückgabe der vollzogenen Postanweisungen usw. der PAnst zugleich das Eingangsbuch vorgelegt wird.

Behörden oder Kassen, die ein Geldeingangsbuch unterhalten, nur verabfolgt werden, wenn bei Rückgabe der vollzogenen Postanweisungen usw. der Postanstalt zugleich das Geldeingangsbuch vorgelegt wird. Dadurch ist gewährleistet, daß andere Wertsendungen als die in diesem Buche verzeichneten der Kasse von der Postanstalt nicht zugeleitet sind. Es kann daher bei Vergleichung der Kassenbücher mit dem Geldeingangsbuche keine mit der Post eingegangene Wertsendung der Kasse vorenthalten werden, wie dies bei Zustellung durch die Postanstalt möglich wäre, da in diesem letzteren Falle die Kasse keine Aufzeichnung über die ihr zugeleiteten Wertsendungen erhält. Das Geldeingangsbuch muß in seiner Einrichtung den Bestimmungen der Deutschen Reichspost entsprechen, kann aber auch gleichzeitig noch für weitere Eintragungen der Kasse eingerichtet und verwendet werden: vgl. hierzu AKO. § 124 Abs. 2 Danach können auch Einschreibsendungen in das Geldeingangsbuch aufgenommen werden; das Anerkenntnis der Post, daß andere als die in das Buch eingetragenen Wertsendungen der Kasse nicht zugeleitet sind, bezieht sich aber auf Einschriebsendungen, wie in der Ausführungsbestimmung besonders hervorgehoben, nicht. Die Quittungsleistung der Kasse über die empfangenen Wertsendungen erfolgt in derselben Weise wie bei den Sendungen, die ihr durch die Postanstalt zugestellt werden. In den BB. RHK. ist die Aufgabe des die Sendungen abholenden Beamten ausführlich dargestellt. Die Eintragungen in das Geldeingangsbuch erfolgen auf Grund der der Kasse von der Post zugeleiteten Begleitpapiere der eingegangenen Wertsendungen (vgl. AKO. § 124 Abs. 1). In dem Muster für das von den Kassen der Reichsabgabenverwaltung zu führende Geld- und Werteingangsbuch (Nr. 49) ist eine Spalte vorgesehen für den Nachweis über den Verbleib (Bezeichnung des Buches, Nr. . .). Ebenso Muster 1 der BB. RHK.

Über Einschreibesendungen, Briefe und Pakete, die Zahlungsmittel oder Wertgegenstände enthalten, führt die RHK. BB. Ziffer 3 ein besonderes Eingangsbuch. Nach AKO. § 124 Abs. 3 sind sie in einem besonderen Abschnitt des Geld- und Werteingangsbuchs aufzunehmen.

Abs. 2 ist eine Sollvorschrift. Besondere Gründe für eine Abweichung von ihr können sein die Entfernung des Postamts von der Kasse, die geringe Zahl der verfügbaren Beamten der Kasse und anderes. In den bisher vorliegenden BB. ist lediglich für den Bereich der Reichsarbeitsverwaltung angeordnet worden, daß die Abholung der Wertsendungen von der Postanstalt unterbleibt. Die RKO. trifft für den Fall, daß die Sendungen nicht abgeholt, sondern der Kasse zugestellt werden, und es somit an der durch die Führung des Geldeingangsbuches geschaffenen Kontrolle über die mit der Post eingegangenen Wertsendungen fehlt, keine Bestimmung. Es wird in diesem Falle zweckmäßig auf Grund des Abs. 4 (vgl. AKO. § 18 Abs. 5 zu a) anzuordnen sein, daß der Kassenleiter den Empfang der Sendungen bescheinigt und sich von der vorschriftsmäßigen Verbuchung der Eingänge überzeugt.

§ 20 Abs. 2 könnte im Zusammenhang mit § 1 dahin ausgelegt werden, daß sämtliche an eine Behörde gerichteten Wertsendungen von der Postanstalt an die Kasse abzugeben seien. Eine solche Regelung würde zu weit gehen, indem auch Sendungen, deren Inhalt nicht für die Kasse bestimmt ist, wie Akten, Urkunden u. a., gelegentlich als Wertsendungen versandt werden; auch sie regelmäßig durch die Kasse der Behörde zuzuführen, besteht kein allgemeines Bedürfnis. Die Vorschrift des § 20 ist daher nur auf solche Wertsendungen anzuwenden, die an die Kasse gerichtet sind, wobei es natürlich der Behörde unbenommen ist, unter entsprechender Verständigung mit der Postanstalt auch die an die Behörde gerichteten Wertsendungen durch die Kasse abholen zu lassen (vgl. AKO. § 18 Abs. 3). Einer gemeinsamen Abholung der an die Kasse und der an die Behörde gerichteten Wertsendungen würde nach der RKO. nichts im Wege stehen; eine etwaige Inempfangnahme durch die Behörde allein würde der Bestimmung des Abs. 3 nicht entsprechen — die Bestimmung des Einzahlungstages (§ 35 zu a und e) setzt die unmittelbare Übergabe der Sendungen von der Post an die Kasse voraus — und eine Verantwortung der Kasse nur für die an sie gegen Empfangsbestätigung abgelieferten Wertsendungen begründen.

3. Abs. 3 verbietet die Führung von Tagebüchern über eingehende und hinausgehende Schriftstücke, d. h. die Einrichtung einer Registratur in der Kasse. Die weitaus größte Zahl der bei der Kasse eingehenden und ausgehenden Schriftstücke betrifft die von den einzelnen Beamten zu bearbeitenden Zahlungsangelegenheiten. Über die in diesen Angelegenheiten hinausgehenden Schriftstücke sind von den beteiligten Beamten in einfachster Form Vermerke zurückzubehalten; die eingehenden Schriftstücke werden sich zumeist, ohne daß es neben der Buchung der Zahlung, die sie betreffen, einer weiteren Aufzeichnung bedarf, erledigen. Wegen der Behandlung der Belege s. § 77.

Schriftstücke, deren Inhalt für die Kasse von dauerndem Wert ist, sind nach Gegenständen geordnet in Akten aufzubewahren, so daß sie ohne besondere Aufzeichnung in einem Tagebuch jederzeit herausgefunden werden können. In BB. Heer ist angeordnet, daß der Kassenleiter Schriftstücke, deren Eintragung notwendig ist, besonders kennzeichnen soll, und daß sie im Tagebuch der Behörde, der die Kasse angehört, zu verzeichnen sind.

4. Abs. 4 spricht von Empfangsbescheinigungen und Quittungen; beide Worte haben sachlich die gleiche Bedeutung (vgl. BGB. § 368). Das Wort Quittung ist gewählt, soweit es sich um den Empfang von Geldbeträgen von Personen oder Stellen außerhalb der Kasse handelt, wie auch in §§ 36, 39 ff. und 50 f. Nach Abs. 4 sollen Empfangsbescheinigungen über Postsendungen und Quittungen über von der Kasse angenommene Einzahlungen sowie Schecke und Überweisungsaufträge, wenn mehr als ein Beamter in der Kasse beschäftigt ist, von zwei Beamten vollzogen werden. Dem Einzahlenden gegenüber würde auch die Quittung nur eines Beamten genügen können, wie sie ohnehin genügen muß, wenn die Kasse mit nur einem Beamten besetzt ist. Dadurch, daß noch ein zweiter Beamter die Quittung mitvollzieht und von der Zahlung Kenntnis erhält, soll gesichert werden, daß die der Kasse zugeleiteten Geldbeträge dem Kassenbestand zugeführt werden. Die RKO. gibt für die Vollziehung von Quittungen, Schreiben usw. nur gewisse Richtlinien an.

Nähere Bestimmungen darüber, welche Beamte in den Fällen der Abs. 4 und 5 die Unterschriften zu leisten haben, sind in VB. RHK. und AKO. § 18 Abs. 1 und 5 enthalten. Der Kassenleiter wird durch die Mitzeichnung der Empfangsbescheinigung in die Lage versetzt, sich die Zahlungen für die Eintragung im Hauptbuche und die Feststellung des Tagesabschlusses vorzumerken; der Buchhalter, der eine Quittung mitzeichnet, muß nach Schluß des Schalterdienstes feststellen, ob der Betrag, über den er mitquittiert hat, eingegangen ist oder nicht. Zur Vorbereitung dieser Kontrolle wird er bei Vollziehung der Quittung den Betrag in dem beteiligten Sachbuche oder sonst vormerken. Die Mitzeichnung eines anderen Beamten als des Kassenleiters oder Buchhalters hat nur dann Wert, wenn der Beamte entweder den Eingang des quittierten Betrages mit feststellt oder wenigstens die von ihm mitgezeichneten Quittungsentwürfe für den Fall einer späteren Differenz sich aufzeichnet; in dieser Beziehung enthält die RKO. keine nähere Bestimmung.

Nach der Fassung des Abs. 4 könnte der Zweifel entstehen, ob es sich in ihm um die Vollziehung von Schecken und Überweisungsaufträgen oder von Quittungen über von der Kasse angenommene Schecke usw. handelt; das erstere ist richtig, da Einzahlungen ohne weiteres auch die Annahme von Schecken in sich schließen, so daß die besondere Aufführung der Schecke usw. überflüssig wäre. Auch würde sonst eine Bestimmung über die Vollziehung von Schecken usw. fehlen; in Abs. 5 ist sie nicht enthalten, da Schecke nach (vgl. Abs. 5 Satz 1) ihrem Inhalt und dem herrschenden Sprachgebrauch nicht den Schreiben der Kasse zugezählt werden können. Der abweichenden

Ansicht von Jancke-Maaß, AKO. § 18 Ziffer 2 kann nicht beigetreten werden.

Dritte, die von der Kasse eine Empfangsbescheinigung oder Quittung erhalten, müssen sich darüber unterrichten, wer eine solche zu erteilen berechtigt ist. Um eine Nachfrage dieserhalb im Einzelfalle entbehrlich zu machen und jederzeit dem Einzahler eine Nachprüfung der Unterschrift zu ermöglichen, sind nach dem Schlußsatz des Abs. 4 die Unterschriften der zur Vollziehung von Quittungen berechtigten Beamten durch Aushang im Kassenraum bekannt zu geben. Der Aushang muß Namen und Unterschriftsprobe der zur Erteilung der Quittung usw. berufenen Beamten enthalten. Da diese Einrichtung einer allgemeinen Verkehrssitte entspricht und jedermann durch sie in die Lage versetzt ist, sich über die für die Ausstellung einer gültigen Quittung bestehenden Voraussetzungen zu unterrichten, brauchen Quittungen, die diesen Anforderungen nicht entsprechen, wenn die Einzahlung der Kasse nicht zugeführt ist, nicht als beweiskräftig anerkannt zu werden.

Die Bestimmung über den Aushang der Namen der zur Vollziehung von Quittungen berechtigten Beamten bezieht sich ihrem Wortlaut nach auf alle für die Kasse anzunehmenden Geldbeträge, ist aber ihrem Sinne nach nur auf die im Kassenraume erfolgten Zahlungen zu beziehen. AKO. § 18 Abs. 6 schreibt für die Einziehung von Geldbeträgen außerhalb des Kassenraums durch besonders dazu ermächtigte Beamte vor, daß sie allein Quittung zu erteilen haben. Diese mit dem Wortlaut des Abs. 4 nicht ganz in Einklang stehende Bestimmung ist ihm gegenüber jedenfalls insoweit gerechtfertigt, als sich das angeordnete Verfahren auf Gesetz oder Verordnung gründet; vgl. BeitrO. § 19).

Wie durch den Aushang die Einzahler von Zahlungsmitteln über die zur Annahme berechtigten Beamten unterrichtet werden, so sind die Namen und Unterschriftsproben der Beamten, die nach Abs. 4 berechtigt sind, Quittungen, Schecke usw. zu vollziehen, und alle dieserhalb eintretenden Veränderungen den Kassen, mit denen die Kasse im Abrechnungs- oder Ablieferungsverkehr steht, sowie der Post und den Geldanstalten, an die die Kasse angeschlossen ist, mitzuteilen. Die Mitteilung erfolgt zweckmäßig durch die Behörde, der die Kasse angehört, oder, wenn der Behördenvorsteher selbst der Kassenleiter ist, durch die ihm vorgesetzte Stelle. Die RKO. enthält eine entsprechende Bestimmung nur in Anl. 2 § 2 und Anl. 3 § 2 (vgl. dazu VV. Heer und Marine zu § 21). Im Zusammenhang ist die Angelegenheit geregelt in AKO. § 18 Abs. 8.

Die Bestimmungen über die Quittungserteilung beziehen sich nur auf Einzahlungen an die Kasse, nicht aber auf Geldbeträge, die innerhalb der Kasse von einem Beamten einem andern übergeben werden. Hierfür enthält die RKO. keine Bestimmung. Anderseits ist auch in diesen Fällen zur Vermeidung von unter Umständen schweren Unzuträglichkeiten eine Empfangsbescheinigung nicht zu entbehren; sie kann aber in einfacher Form erteilt werden; so AKO. § 18 Abs. 6.

5. Zu Abs. 5. Die Bestimmung im Eingange des Abs. 5 soll der Erleichterung und Beschleunigung des Geschäftsverkehrs und insbesondere der Förderung des unbaren Zahlungsverkehrs dienen.

Wenn vorgeschrieben ist, daß die Schreiben der Kasse vom Kassenleiter zu vollziehen sind, so heißt das, daß sie vollzogen werden müssen von demjenigen Beamten, der die Kassenleitergeschäfte wahrzunehmen hat, also gegebenenfalls auch von dem Oberbuchhalter im Rahmen der ihm zur Entlastung des Kassenleiters übertragenen Geschäfte und von dem Leiter der die Kasse in sich schließenden Verwaltungsbehörde, der als solcher die Kasse nach außen zu vertreten berechtigt ist (vgl. AKO. § 18 Abs. 1). Die Mitzeichnung der Schreiben, die sich auf einen Buchungsvorgang beziehen, und der Bescheinigungen in Büchern und Rechnungen — das sind die in der RHO. § 66 aufgeführten und in der RRO. §§ 8 bis 42 und 100 bis 106 näher behandelten Rechnungslegungsbücher und Kassenrechnungen — durch den beteiligten Buchhalter und erforderlichenfalls seinen Vertreter erfolgt einmal zur Entlastung des Kassenleiters hinsichtlich der alleinigen Verantwortung für die Richtigkeit der Schreiben und ferner zur Sicherung, daß hinsichtlich der Buchungsvorgänge nicht Erklärungen abgegeben werden, von denen der beteiligte Buchhalter keine Kenntnis hat und bezüglich deren er etwa eine abweichende Ansicht vertreten haben würde. AKO. § 18 Abs. 1 Schlußsatz sagt, daß die Bescheinigungen von dem zuständigen Buchhalter mit zu vollziehen seien, soweit nicht in Abs. 5 und 6 des § 18 und § 52 der AKO. etwas anderes bestimmt sei. Eine Abweichung von der Vorschrift der RKO. ist hierin nicht zu erblicken, da die in Abs. 5 und 6 und § 52 cit. angeführten Bescheinigungen nicht Bescheinigungen in Büchern und Rechnungen darstellen. Jancke-Maaß, AKO. § 4 zu 2k weisen darauf hin, daß, wenn der Leiter des Amtes ein Schreiben der Kasse vollzieht, der Zusatz (Finanzkasse) oder (Zollkasse) neben der Firma des Amtes wegzubleiben hat. Der der Ausführung zugrunde liegenden Auffassung ist durchaus zuzustimmen; sie ist jedoch mit dem Wortlaut des Abs. 1 § 18 AKO. nicht vereinbar. Trotzdem erscheint das von Jancke-Maaß angeführte Verfahren richtig.

Es handelt sich aber dann nicht mehr um ein Schreiben der Amtskasse, sondern um ein Schreiben des Amtes in einer Amtskassenangelegenheit.

6. Zu Abs. 6. Die Notwendigkeit, die außerordentlich umfangreichen Kassengeschäfte des Reichs mit dem geringsten Aufwand zu erledigen, bedingt, daß die Kassen in die Lage versetzt werden, sich aller Einrichtungen zu bedienen, die die moderne Bürobedarfsindustrie zur Vereinfachung, Beschleunigung und Sicherung von Büro- und Kassengeschäften getroffen hat und weiter entwickelt. Für den Kassendienst kommen insbesondere in Frage Rechenmaschinen und rechnende Schreibmaschinen, Registrierkassen, unter gewissen Voraussetzungen das Lochverfahren (wie Hollerith oder Power) u. a. Es bedarf fortdauernder Übertragung und Erprobung, durch welche Hilfsmittel im Einzelfalle dem vorliegenden Bedürfnis am zweckmäßigsten entsprochen wird. Neben den Verwaltungsbehörden haben in erster Linie der Kassenleiter wie auch der mit der Aufsicht über die Kasse betraute Beamte und die übrigen beteiligten Beamten der Kasse fortlaufend darauf Bedacht zu nehmen, in welcher Weise die Geschäfte durch Verwendung technischer Hilfsmittel gefördert werden können; sie haben gegebenenfalls bei der zuständigen Stelle die Beschaffung der erforderlichen Einrichtungen anzuregen. Sache der obersten Reichsbehörden ist es, planmäßig die vorhandenen technischen Hilfsmittel und ihre Fortentwicklung zu verfolgen, sie auf ihre Verwendbarkeit im Büro- und Kassendienst hin zu prüfen oder prüfen zu lassen und den Kassen für ihre Verwendung im Kassendienst die geeigneten Fingerzeige zu geben. Allgemeine Richtlinien für die Verwendung von technischen Hilfsmitteln im Kassendienst (Abs. 6 Satz 2) sind von dem RFM. noch nicht aufgestellt worden.

Die Verwendung technischer Hilfsmittel kann Abweichungen von den in der Kassenordnung für die Zahlungen und Buchungen gegebenen Vorschriften bedingen; § 98 Abs. 2 sieht deshalb vor, daß der zuständige Reichsminister im Einvernehmen mit dem Reichsminister der Finanzen von der RKO. abweichende Bestimmungen treffen kann, soweit die Verwendung von Maschinen oder sonstigen technischen Hilfsmitteln dies angezeigt erscheinen läßt. Maschinen, die dazu dienen, Zahlungen zu überwachen, deren Aufzeichnung also gleichzeitig zur Feststellung von Zahlungen gegenüber den das Zahlungsgeschäft bewirkenden Beamten dienen soll, müssen, wie Abs. 6 Schlußsatz vorschreibt, gegen unbefugte Einwirkung auf die maschinellen Aufzeichnungen und Feststellungen besonders gesichert werden.

3. Teil: Zahlungen

Vorbemerkung

Der 3. Teil (Zahlungen) behandelt in drei Abschnitten den Zahlungsverkehr, die Zahlungen und die Geldverwaltung. Der 2. Abschnitt bringt im 1. Titel „Allgemeines" und damit Bestimmungen, die sich, für Einzahlungen und Auszahlungen geltend, den im 1. Abschnitt (§§ 21 bis 28) getroffenen Bestimmungen eng anschließen. An den 2. Abschnitt (Einzahlungen und Auszahlungen) schließt sich im 3. Abschnitt die Geldverwaltung mit Vorschriften über die Verwendung der Einzahlungen, Feststellung des Kassenbestandes, Versorgung der Kassen mit Geldmitteln und Ablieferung der verfügbaren Bestände an. Die §§ 52 f. (Ersuchens- und Auftragszahlungen) fallen inhaltlich mehr in das Gebiet der Einzahlungen und Auszahlungen als in das der Geldverwaltung. Sie sind wegen ihres Zusammenhangs mit den Kassenbestandsverstärkungen in den 3. Abschnitt aufgenommen worden.

1. Abschnitt: Zahlungsverkehr

§ 21

Allgemeine Bestimmungen

(1) Zahlungen werden bewirkt

a) **durch Übergabe oder Übersendung von Zahlungsmitteln;**

b) **durch Überweisung oder Postscheck;**

c) **mit Zahlkarte oder Postanweisung.**

(2) Die näheren Bestimmungen über die Annahme von Schecken und Überweisungsaufträgen, über den Postscheckverkehr und Reichsbankgiroverkehr enthalten die Anlagen 1, 2, 3.

(3) Der zuständige Reichsminister trifft nähere Bestimmungen über den Zahlungsverkehr der Kassen seines Verwaltungsbereichs, die sich im Ausland befinden.

AKO. § 20, BB. RAM., Heer und Marine.

1. § 21 will nicht angeben, in welcher Weise Zahlungen ausgeführt, sondern auf welchen verschiedenen Wegen sie bewirkt werden können. Wenn eine Zahlung „mit Zahlkarte" bewirkt wird, so bedeutet das, daß der Zahlende bei einer Postanstalt einen Betrag auf das Postscheckkonto des Empfangsberechtigten einzahlt, das beteiligte Postscheckamt daraufhin diesem Konto den Betrag gutschreibt und den Kontoinhaber davon benachrichtigt. In Wirklichkeit ist die Zahlung mit der Gutschrift bewirkt, weil von diesem Augenblick an der Betrag

in das Vermögen des Empfängers übergegangen ist. (Die Benachrichtigung ist dafür nicht wesentlich; der Kontoinhaber kann in Erwartung der Gutschrift über den Betrag, ohne die Benachrichtigung abzuwarten, verfügen.) Wenn es also in Abs. 1 u. a. heißt, daß die Zahlung mit Zahlkarte bewirkt wird, so handelt es sich hier um eine abgekürzte Ausdrucksweise. § 21 will nicht besagen, in welcher Weise eine Zahlung tatsächlich bewirkt wird, sondern er will nur die verschiedenen Wege kennzeichnen, die nach der RKO. für die Leistung von Zahlungen in Betracht kommen. Andere Wege als die in Abs. 1 aufgeführten kennt die RKO. nicht. Der in § 28 (letztem Paragraphen des Abschnitts: Zahlungsverkehr) behandelte Buchausgleich ist in § 21 nicht aufgeführt und nicht als Zahlung im Sinne der RKO. anzusehen; er soll vielmehr eine solche entbehrlich machen. Wegen der Erledigung einer Zahlungsverpflichtung durch Aufrechnung s. unten Anm. 3.

2. Wann eine Zahlung fällig ist und wann sie rechtlich als bewirkt anzusehen ist, bestimmt sich nach den bestehenden gesetzlichen Vorschriften. Der Zeitpunkt der Fälligkeit wird durch die verschiedenen Zahlungsarten nicht berührt (vgl. § 35 Anm. 1). Wann eine Zahlung kassenmäßig als erfolgt anzusehen ist, ist in den §§ 35 und 38 besonders geregelt.

Der einfachste Weg der Zahlung ist die unmittelbare Übermittelung von Bargeld (§ 24) an den Empfangsberechtigten oder seinen Vertreter entweder durch Übergabe von Hand zu Hand oder durch Übersendung vermittels eines Boten oder Inanspruchnahme einer Beförderungsanstalt. Die Übersendung schließt begrifflich außer der Absendung auch die Aushändigung der Zahlungsmittel an den Empfänger in sich. Die zu 1 a angeführte Zahlungsart beschränkt sich aber nicht auf die Übermittelung baren Geldes, sondern schließt auch die Übermittelung von Schecken, Postscheck- und Reichsbanküberweisungsaufträgen (§ 2 Ziffer 14) in sich ein. Überweisungsaufträge werden zumeist der Stelle, die die Überweisung ausführen soll, unmittelbar zugeleitet; soweit sie Zahlungsmittel sind, können sie aber auch dem Empfangsberechtigten übergeben werden (vgl. § 23 Abs. 3). Eigene Schecke wird die Kasse zur Leistung einer Auszahlung nur ausnahmsweise dem Empfangsberechtigten übersenden und dann mit ihm vereinbaren, daß die Übersendung auf seine Gefahr und unter den mit ihm zu verabredenden Sicherheitsmaßnahmen (Rektascheck, Wertbrief usw.) erfolgt (vgl. Anl. 1 § 3 Abs. 2 und Anm. 2 das.).

Die Überweisung (Abs. 1 zu b) besteht darin, daß eine Geldanstalt, bei der jemand ein Guthaben hat, auf Veranlassung dieses Kontoinhabers das Guthaben oder einen Teil desselben dem Konto eines anderen ihrer Geschäftskunden gutschreibt oder einer anderen Geldanstalt, bei der der Empfänger des Betrages ein Konto hat, zur Gutschrift auf diesem überweist; Überweisung im Sinne des Abs. 1 zu b bedeutet also Übertragung eines Guthabenbetrages von einem Konto auf ein anderes. Die Zahlung wird nicht bewirkt durch den Auftrag des Zahlungspflichtigen an die Geldanstalt zur Überweisung des Betrages — den Überweisungsauftrag —, sondern durch die Überweisung des Betrages von seiten der angewiesenen Geldanstalt, und sie wird vollendet dadurch, daß der überwiesene Betrag dem Empfänger gutgeschrieben wird. Ist der Aussteller des Überweisungsauftrages nicht im Besitz eines entsprechenden Guthabens, und kommt es deshalb nicht zur Überweisung, so erweist sich der Überweisungsauftrag für diesen Fall als ein untaugliches Mittel zur Zahlung. Die Einzahlung gilt als nicht entrichtet (Anl. 1 § 3 Abs. 3 und § 6).

Die Zahlung durch Postscheck (Abs. 1 zu b) erfolgt in der Weise, daß der angewiesene Betrag dem Empfänger durch die Post ausgehändigt oder seinem Antrag entsprechend seinem Postscheckkonto zugeführt wird.

Die Zahlung gemäß Abs. 1 zu c wird dadurch vollendet, daß der mit Zahlkarte oder Postanweisung eingezahlte Betrag dem Empfänger auf seinem Postscheckkonto gutgeschrieben bzw ihm ausgehändigt wird.

3. Die Begleichung einer Geldschuld kann außer durch eine Zahlung auch im Wege der Aufrechnung erfolgen. Nach BGB. § 395 ist gegen eine Forderung des Reiches oder eines Bundesstaates sowie einer Gemeinde oder eines anderen Kommunalverbandes die Aufrechnung nur zulässig, wenn die Leistung an dieselbe Kasse zu erfolgen hat, aus der die Forderung des Aufrechnenden zu berichtigen ist. Danach kann eine Aufrechnung für die Kasse nur insoweit in Frage kommen, als sie auf Grund ihr vorliegender Zahlungsanordnungen an jemand eine Zahlung zu leisten und gleichzeitig von ihm eine Zahlung anzunehmen oder einzuziehen hat. In diesem Falle kann die Kasse, soweit sich die beiden Zahlungsbeträge decken, dem Einzahler, ohne daß eine Einzahlung erfolgt, unter gleichzeitiger Entgegennahme der Quittung über den von der Kasse zu zahlenden Betrag Quittung erteilen. Es werden dann gleichzeitig Einzahlung und Auszahlung, als ob sie tatsächlich geleistet wären, verbucht; eine Zahlung findet jedoch nicht statt; der Kassenbestand wird nicht verändert, soweit die gleichzeitige Einzahlung und Auszahlung sich decken. Es wäre nicht zu billigen, wenn in einem solchen Falle die Kasse auszahlen und es dem Einzahlungspflichtigen überlassen wollte, die geschuldete Einzahlung zu leisten oder sich mahnen zu lassen, vorausgesetzt, daß nach Lage der Verhältnisse der Kassenleiter, Buchhalter oder Kassier das

Vorhandensein der Aufrechnungsmöglichkeit erkennen konnte und mußte. Handelt es sich um die Aufrechnung von Forderungen, über die die Kasse nicht bereits Annahme- und Auszahlungsanordnung hat, so ist es, wenn der Einzahlungspflichtige unter Berufung auf eine begründete Aufrechnung die Zahlung ablehnt, Sache der Verwaltungsbehörde, über die Aufrechnung zu entscheiden und die Kasse gegebenenfalls mit entsprechender Kassen- und Buchungsanweisung zu versehen. Die Kasse selbst kann eine Aufrechnung nur unter der eingangs erwähnten beschränkten Voraussetzung durchführen und hat die vorliegende Auszahlungsanordnung ohne Rücksicht auf die Möglichkeit einer etwaigen Aufrechnung mit Forderungen, bezüglich deren sie eine Annahmeanordnung nicht hat, auszuführen. Es ist Sache der Behörde, die eine Auszahlungsanordnung erteilt, eine solche Aufrechnungsmöglichkeit wahrzunehmen. Für den Bereich der Reichsabgabenverwaltung (vgl. Reichsabgabenordnung § 103) sind über die Aufrechnung insbesondere gegen Steuerforderungen und das dabei zu beobachtende Verfahren in der BeitrO. §§ 32 ff. eingehende Vorschriften enthalten.

4. Wegen des Anschlusses der Kassen an den Postscheckverkehr, den Reichsbankgiroverkehr und an den Verkehr mit sonstigen Geldanstalten s. §§ 25 und 26.

5. Die Vorschriften der RKO. über die Ausführung von Zahlungen sind für die Kassen des Reichs, die sich im Ausland befinden, also insbesondere die Kassen des auswärtigen Dienstes und Schiffskassen, nach Lage der Verhältnisse häufig nicht in vollem Umfange anwendbar; die RKO. sieht deshalb, da eine einheitliche Regelung durch sie wegen der Verschiedenheit der in Betracht kommenden Verhältnisse nicht angezeigt war, in Abs. 3 vor, daß der zuständige Reichsminister nähere Bestimmungen über den Zahlungsverkehr der Kassen seines Verwaltungsbereichs, die sich im Ausland befinden, trifft. Entsprechende Vollzugsbestimmungen sind bisher in der Beilage 1 der VB. Marine getroffen.

§ 22

Barer und unbarer Zahlungsverkehr

(1) Bar ist der Zahlungsverkehr, in dem der Kasse oder von der Kasse Bargeld übergeben oder übersandt wird.

(2) Unbar ist der Zahlungsverkehr, in dem Zahlungen durch buchmäßige Übertragung von Guthaben bei dem Postscheckamt oder einer Geldanstalt bewirkt werden. Als unbar gilt auch der Zahlungsverkehr, in dem Zahlungen einem Guthaben der Kasse zu- oder von ihm abgeschrieben werden, während der Einzahlungspflichtige Bargeld bei der Post oder

einer Geldanstalt einzahlt oder der Empfänger Bargeld von der Post oder einer Geldanstalt erhält.

AKO. § 21.

Wegen des Begriffs „Bargeld" s. § 24.

Der Zahlungsverkehr vollzieht sich entweder bar oder unbar oder halb bar und halb unbar. Bar ist die Zahlung, bei der der Zahlende zum Zwecke der Zahlung Bargeld hingibt und der Empfänger Bargeld annimmt, unbar ist die Zahlung, bei der, ohne daß Bargeld bewegt wird, ein Guthaben des einen Teils bei einer Geldanstalt dem Konto des andern Teils bei derselben oder einer anderen Geldanstalt gutgeschrieben wird. Eine gänzlich unbare Zahlung ist also nur möglich, wenn der Einzahlungspflichtige und der Empfänger ein Bank- oder Postscheckkonto haben; hat nur einer von beiden ein solches Konto, so kann die Zahlung nur bar oder halb bar, halb unbar bewirkt werden; auf seiten dessen, der kein Konto hat, nur bar, auf seiten des andern Teils auch unbar, indem er durch seine Geldanstalt zahlen läßt oder der zu empfangende Betrag dieser Geldanstalt und damit seinem Konto zugeführt wird. Der Vorgang spielt sich für ihn, ohne daß er Bargeld annimmt oder ausgibt, ab.

Die RKO. unterscheidet die Zahlungsarten bar und unbar allein vom Standpunkt der Kasse aus. Bar ist für diese der Verkehr, bei dem von ihr oder an sie Bargeld übergeben oder übersandt wird, also die Einzahlung oder Auszahlung von Bargeld am Schalter, die Übersendung von Bargeld an den Empfänger durch Brief oder Boten oder durch Einzahlung bei der Post mittels Zahlkarte oder Postanweisung und der Empfang von Bargeld durch Brief. Aller übrige Zahlungsverkehr der Kasse gilt für die Kasse und im Sinne der RKO. als unbar. Die Übersendung von Geld an die Kasse durch Postanweisung, Zahlkarte oder Postscheck wirkt sich für die Kasse nicht als Barzahlung aus, da die auf diese Weise ihr zugehenden Geldbeträge ihrem Postscheck- oder Reichsbankgiroguthaben gutgeschrieben werden (vgl. Anl. 2 § 3 und Anl. 3 § 3). Ebenso ist es für den Charakter einer Auszahlung als unbar im Sinne der RKO. unerheblich, wenn der Empfänger der Auszahlung von der Post oder einer Geldanstalt Bargeld erhält (Abs. 2 a. E.). Der Empfang von unbaren Zahlungsmitteln (Schecken und Reichsbanküberweisungen) stellt eine unbare Zahlung dar, da die in den Schecken usw. aufgeführten Beträge den Guthaben der Kasse zugeschrieben werden. In den vorstehenden Ausführungen ist vorausgesetzt, daß die Kasse ein Postscheck- oder sonstiges Konto hat; ist dies nicht der Fall, so kann ihr Zahlungsverkehr nur bar erledigt werden.

Da Auszahlungen durch die Kasse möglichst unbar zu bewirken sind (§ 23) und die briefliche Übersendung von Bargeld wenig üblich ist, spielt sich der Zahlungsverkehr der Kassen mit Ausnahme des Schalterverkehrs in der Hauptsache unbar ab und auch der Schalterverkehr ist dadurch, daß auf unbare Erledigung auch der Einzahlungen hingewirkt wird, weiter eingeschränkt.

§ 23

Förderung des unbaren Zahlungsverkehrs

(1) Zahlungen sind, soweit irgend möglich, unbar zu bewirken.

(2) Die Kasse hat auf jede geeignete Weise, insbesondere durch Aushang im Kassenraum und Hinweis in Einzahlungsaufforderungen darauf hinzuwirken, daß die Einzahlungspflichtigen sich des unbaren Zahlungsverkehrs bedienen. Einzahlungsaufforderungen sollen, soweit es nicht nach Lage der Sache unzweckmäßig erscheint, Zahlkartenvordrucke beigelegt werden.

(3) Die Kasse soll Auszahlungen durch Überweisung oder Postscheck leisten. Schecke und Überweisungsaufträge sollen dem Empfänger nur übergeben werden, wenn dadurch die Beschaffung von Bargeld für die Auszahlung vermieden wird und ein Mißbrauch nicht zu befürchten ist.

AKO. § 22; VV. RHK. und RAM.

1. Der bargeldlose Zahlungsverkehr dient dem allgemeinen volkswirtschaftlichen Interesse wie dem Interesse jedes einzelnen, der in der Lage ist, seine Geldmittel zeitweilig einer Geldanstalt zur Aufbewahrung zu überlassen. Er macht die Ansammlung von Bargeld, das anderenfalls für Zahlungen bereitgehalten werden müßte, entbehrlich, womit die Arbeit und die Kosten entfallen, die mit der gesicherten Aufbewahrung, der Verwaltung und Versendung des baren Geldes verbunden wären; durch ihn werden die mit der Verwendung von Bargeld verbundene Abnutzung desselben und die Kosten der Erneuerung vermieden; er gestattet die Ansammlung größerer Geldbeträge bei Geldanstalten, die sie für produktive Zwecke der Wirtschaft zur Verfügung stellen und gleichzeitig dem Kontoinhaber eine Zinsvergütung zahlen können; er schränkt den Bedarf an Geldumlaufsmitteln in hohem Maße ein und erleichtert es der Reichsbank, die vorgeschriebene Deckung für die von ihr ausgegebenen Noten zu halten (§ 28 des Bankgesetzes vom 30. August 1924). Die mit der unbaren Erledigung der Kassengeschäfte verbundenen vermehrten Buchungen und Arbeiten (vgl. § 70 und Anl. 1 § 3 Abs. 3 und § 6) können zu einer gewissen Mehrbelastung gegenüber der baren Zahlung führen, doch fällt dieser Nach-

teil gegenüber dem allgemeinen volkswirtschaftlichen Nutzen der unbaren Zahlungsweise und ihren Vorteilen auch für die Kasse nicht ins Gewicht.

2. Jeder, der Anspruch auf die Leistung einer Zahlung hat, hat die Wahl, ob er den an ihn zu zahlenden Betrag in barem Gelde empfangen oder mit einer anderen Zahlungsweise einverstanden sein will. Das Reich hat durch die RKO., soweit nicht Vollzugsbestimmungen oder vertragliche Abmachung etwas anderes vorbehalten, sein Einverständnis damit zu erkennen gegeben, daß die Einzahlungen an die Reichskasse auf einem beliebigen der in § 21 angegebenen Zahlungswege erfolgen. Ebenso wie nach § 23 Abs. 2 (vgl. auch § 20 Abs. 5) die Kassen in jeder geeigneten Weise auf die Wahl der bargeldlosen Einzahlung hinwirken sollen, haben auch die Verwaltungsbehörden die Aufgabe, in den von ihnen abzuschließenden Verträgen sogleich bargeldlose Zahlung der zu zahlenden Beträge vorzusehen und auch sonst auf geeignete Weise auf die Förderung des bargeldlosen Zahlungsverkehrs hinzuwirken (vgl. RWB. § 35 Abs. 1). Zahlkartenvordrucke werden Einzahlungsaufforderungen dann nicht beizufügen sein, wenn der Kasse bekannt ist, daß der Zahlungspflichtige ein Postscheckkonto oder, falls es sich um größere Zahlungen handelt, ein Konto bei einer Geldanstalt hat, sowie wenn er ihm übersandte Vordrucke fortdauernd unbenutzt läßt.

3. Bei den Auszahlungen für das Reich handelt es sich im allgemeinen um Holschulden (vgl. § 270 BGB. und Artikel 92 des Einführungsgesetzes zum BGB. vom 18. August 1896 — RGBl. Seite 604 —, wonach die landesgesetzlichen Vorschriften, nach welchen Zahlungen aus öffentlichen Kassen an der Kasse in Empfang zu nehmen sind, unberührt bleiben). Dessenungeachtet hat das Interesse der Verwaltung an der Förderung des bargeldlosen Zahlungsverkehrs wie an einer fortlaufend schnellen Abwicklung der Kassengeschäfte zu der Bestimmung geführt, daß die Kassen Auszahlungen durch Überweisung oder Postscheck leisten sollen. Dem Umstande, daß das Einverständnis des Empfangsberechtigten mit dieser Zahlungsart, wenn sie ihn mit Kosten belastet, nicht ohne weiteres vorausgesetzt werden kann, ist dadurch Rechnung getragen, daß nach § 37 Abs. 4 das Reich die Kosten der Auszahlungen, die im Inland durch Überweisung oder Postscheck geleistet werden, trägt. Eine Barauszahlung kommt nur in Betracht, wenn dienstliche Interessen sie bedingen oder wenn der Empfangsberechtigte der Verwaltungsbehörde oder der Kasse, die den Zahlungsauftrag erhalten hat, gegenüber das Verlangen ausspricht, daß an der Kasse bar an ihn gezahlt werde. Die Zahlung hat auf dem für die Reichskasse vorteilhaftesten, d. h. sie am wenigsten belastenden Wege zu erfolgen. Wählt der Empfangsberechtigte eine andere als die für das

Reich billigste Zahlungsart, so hat er die Kosten der Auszahlung zu tragen. Die Reichshauptkasse hat Auszahlungen vorzugsweise, d. h. soweit es sich um Empfangsberechtigte handelt, die unmittelbar oder durch ihre Bankverbindung an den Reichsbankgiroverkehr angeschlossen sind, im Reichsbankgirowege zu leisten (vgl. VB. RHK.). Gleiches wird sinngemäß auch für die übrigen Kassen, die an den Reichsbankgiroverkehr angeschlossen sind, zu gelten haben.

Die Zahlung durch Übergabe eines Schecks oder Überweisungsauftrages soll nur ausnahmsweise erfolgen, wenn nämlich das für die Zahlung erforderliche Bargeld von der Kasse erst beschafft werden müßte und ein Mißbrauch des übergebenen Zahlungsmittels nicht zu befürchten oder, wie es in AKO. § 22 Abs. 3 heißt, der Empfänger als vertrauenswürdig bekannt ist. Es ist dabei an die Möglichkeit einer Fälschung gedacht; sie kann durch besonders vorsichtige Ausfüllung des Schecks usw. eingeschränkt werden. Wegen der Übersendung von Schecken vgl. § 21 Anm. 2.

§ 24

Bargeld

(1) Bargeld sind die gesetzlichen und die gesetzlich zugelassenen Zahlungsmittel. Nähere Bestimmungen enthält die Anlage 4.

(2) Ob und inwieweit die Kasse im Auslands- und im Grenzverkehr in fremden Geldsorten Einzahlungen annehmen und Auszahlungen leisten darf, bestimmt der zuständige Reichsminister.

AKO. § 23; VB. RHK., RAM., Heer und Marine.

1. Als Bargeld kommen im Inlandsverkehr nur Reichsbanknoten und Reichsmünzen sowie die Rentenbankscheine und die Noten der Privatbanken (Anl. 4 § 1) in Betracht. Wegen der Verpflichtung zu ihrer Annahme s. Anl. 4 §§ 2 und 3. Wegen der Behandlung nachgemachten, verfälschten, verdächtigen, beschädigten oder abgenutzten Bargeldes s. Anl. 5. Außer Kurs gesetztes, also nicht mehr umlaufsfähiges Geld hat damit die Eigenschaft als Bargeld und als Zahlungsmittel verloren.

2. Auch ausländische Geldsorten sind Bargeld (vgl. die Überschrift des § 24 und § 1 der Anl. 4 zur AKO.: Bestimmungen über die Bewirkung von Zahlungen in fremden Geldsorten. Wenn Zahlungen in einer fremden Geldsorte angenommen oder geleistet werden sollen, so ist dies, soweit es nach Lage der Sache möglich ist, in der Annahme- oder Auszahlungsanordnung ausdrücklich vorzuschreiben. Vgl. hierzu

BGB. § 244, wonach eine im Inland zahlbare in ausländischer Währung ausgedrückte Geldschuld in Reichswährung gezahlt werden kann, wenn nicht Zahlung in ausländischer Währung ausdrücklich bedungen ist; die Umrechnung erfolgt nach dem Kurswert, der zur Zeit der Zahlung für den Zahlungsort maßgebend ist. Für die Kasse ist allein die ihr zugegangene Annahme- oder Auszahlungsanordnung maßgebend. Die Annahme von Einzahlungen und die Leistung von Auszahlungen in fremden Geldsorten ist im Auslandsverkehr wie im Grenzverkehr nicht zu vermeiden. Eine einheitliche Regelung der Verwendung fremder Geldsorten im Zahlungsverkehr durch die RKO. verbietet sich aus den gleichen Gründen wie die des Zahlungsverkehrs der im Ausland befindlichen Kassen (§ 21 Abs. 3). Grenzverkehr ist der Zahlungsverkehr einer an oder nahe der Grenze gelegenen Kasse, bei der u. a. die aus dem Nachbarlande kommenden Personen, die vielfach nur im Besitz von Geldsorten dieses Landes sein werden, Zahlungsgeschäfte zu erledigen haben. Ein Grenzverkehr kommt insbesondere bei den Zollkassen in Frage, da die Verkehrsanstalten der Reichsbahn und der Deutschen Reichspost hier ausscheiden. Auslandsverkehr ist der Verkehr mit dem Auslande, d. h. der Zahlungsverkehr, bei dem vom Ausland her Einzahlungen an eine Inlandskasse geleistet oder von einer Inlandskasse Auszahlungen ins Ausland geleistet werden. Der Zahlungsverkehr der im Ausland befindlichen Kassen, bei denen sich die Verwendung fremder Geldsorten von selbst versteht, fällt nicht unter § 24 Abs. 2; er wird nach § 21 Abs. 3 geregelt (vgl. das. Anm. 5).

Abs. 2 (vgl. BB. RHK.) hat eine Ergänzung erfahren durch die §§ 37 und 38 RWB. (s. Beilage 6), betr. die Verwertung von angenommenen Zahlungsmitteln fremder Währung durch die Kasse und Auszahlungen der Kasse nach dem Ausland in Zahlungsmitteln fremder Währung. Die Bestimmung des § 38 cit. würde sinngemäß auch auf Auszahlungen im Inland anzuwenden sein, falls ausnahmsweise einmal eine solche angeordnet werden müßte.

§ 25

Anschluß an den Postscheck- und Reichsbankgiroverkehr

(1) Die Kassen sind an den Postscheckverkehr anzuschließen. Liegen bei einer Reichsverwaltung besondere Verhältnisse vor, so kann der zuständige Reichsminister im Einvernehmen mit dem Reichsminister der Finanzen Ausnahmen hiervon zulassen.

(2) Die Reichshauptkasse und die Oberkassen sowie Amts-

kassen, die ihren Sitz an einem Orte haben, an dem sich eine Reichsbankanstalt befindet, sind außerdem an den Reichsbankgiroverkehr anzuschließen. Im übrigen bestimmt der zuständige Reichsminister, welche Amtskassen seines Verwaltungsbereichs an den Reichsbankgiroverkehr anzuschließen sind; er kann diese Befugnis auf die höheren Verwaltungsbehörden übertragen.

AKO. § 24; BB. RAM., Heer und Marine.

Die §§ 25 und 26 behandeln den Anschluß der Kasse an den Postscheckverkehr und an Geldanstalten und zwar unter grundsätzlicher Bevorzugung des Postscheck- und des Reichsbankgiroverkehrs. Bei dem ersteren handelt es sich um eine unmittelbare Reichseinrichtung, vgl. §§ 7 und 8 des Reichspostfinanzgesetzes vom 18. März 1924, RGBl. I S. 287, und des Postscheckgesetzes vom 22. März 1914 in der Fassung der Bekanntmachung vom 22. März 1921, RGBl. S. 247. Die Reichsbank ist nach § 25 des Bankgesetzes vom 30. August 1924 (RGBl. II S. 235) verpflichtet, für das Reich durch ihre sämtlichen hierzu ihrer Natur nach geeigneten Niederlassungen auf Verlangen der Reichsbehörden Zahlungen anzunehmen oder zu leisten und den bargeldlosen Verkehr zwischen den Kassen des Reichs zu besorgen. Auch an ihr ist das Reich durch seine Beteiligung am Reingewinn (§ 37 des Bankgesetzes) finanziell interessiert. Der Reichsbankgiro- und der Postscheckverkehr vollziehen sich in einfachen genau festgelegten Formen; der Anschluß der Kasse an sie gestattet eine bequeme und schnelle Erledigung eines großen Teiles des Zahlungsverkehrs im Sinne des § 23 Abs. 1 und ermöglicht, worauf besonderes Gewicht zu legen ist, eine schleunige Abführung der verfügbaren Geldmittel an die Reichshauptkasse. Nähere Bestimmungen über den Postscheckverkehr und den Reichsbankgiroverkehr der Kassen sind in den Anlagen 2 und 3 enthalten.

Wenn im Einzelfalle für den Anschluß der Kasse an den Postscheckverkehr ein Bedürfnis nicht als vorliegend anerkannt wird, bedarf der Verzicht auf den Anschluß mit Rücksicht auf das allgemeine Interesse an der Förderung des bargeldlosen Verkehrs der Zustimmung des Reichsfinanzministers.

Neben dem allgemein angeordneten Anschluß an den Postscheckverkehr kann insbesondere für die Annahme von Einzahlungen ein praktisches Bedürfnis bestehen, die Kasse an Orten, an denen sich eine Reichsbankanstalt befindet, an den Reichsbankgiroverkehr anzuschließen. Wo es im dienstlichen Interesse liegt (z. B. wegen des Geschäftsumfanges oder wenn eine Kasse als versorgende Kasse in die Lage versetzt werden muß, sich selbst jederzeit Mittel zu beschaffen — vgl. Anl. 7 § 2 und Anl. 8 —) sollen auch andere Kassen als die am

Orte einer Reichsbankanstalt befindlichen dem Reichsbankgiroverkehr angeschlossen werden. Über den Anschluß von Kassen an Orten, an denen sich keine Reichsbankanstalt befindet, an den Reichsbankgiroverkehr entscheiden der zuständige Reichsminister oder die in den VB. dazu ermächtigten Stellen.

§ 26

Verbindung mit sonstigen Geldanstalten

(1) Die Kassen sollen an den Verkehr mit sonstigen Geldanstalten nicht angeschlossen werden. Der zuständige Reichsminister kann im Einvernehmen mit dem Reichsminister der Finanzen Ausnahmen hiervon zulassen, wenn der Anschluß nach Lage der örtlichen Verhältnisse zweckmäßig ist, und diese Befugnis auf die höheren Verwaltungsbehörden übertragen.

(2) Der Geschäftsverkehr der Kasse mit der Geldanstalt regelt sich nach den mit dieser zu treffenden Vereinbarungen.

AKO. § 25; VB. RAM., Heer und Marine.

Um einer Zersplitterung der Kassenmittel vorzubeugen, soll die Kasse im allgemeinen neben den in § 25 vorgesehenen Anschlüssen an sonstige Geldanstalten nur angeschlossen werden, wenn nach Lage der örtlichen Verhältnisse bestimmte Zweckmäßigkeitsgründe dafür sprechen. AKO. § 25 sieht die Möglichkeit eines solchen Anschlusses für den Fall vor, daß dadurch die Ablieferung der Einzahlungen an die zuständige Kasse erleichtert oder beschleunigt wird oder durch den Anschluß eine Förderung des unbaren Zahlungsverkehrs zu erwarten steht. Sie überläßt die Entscheidung dem Präsidenten des Landesfinanzamts und enthält in Anl. 7 „Richtlinien für den Anschluß der Amtskassen an Geldanstalten (mit Ausnahme der Reichsbank) und für den Geschäftsverkehr mit ihnen". Konten bei mehreren Geldanstalten dürfen nur eingerichtet werden, wenn die Bank- und Wirtschaftsverhältnisse am Ort es erfordern (AKO. Anl. 7 § 2). § 1 der Anl. 7 der AKO. führt die für einen Anschluß in Betracht kommenden Geldanstalten und allgemeinen Voraussetzungen für den Anschluß auf. Nach VB. RAM. kann das Hauptversorgungsamt den Anschluß einer Amtskasse an eine sonstige Geldanstalt zulassen, wenn sich keine Reichsbankanstalt am Orte befindet oder der Verkehr mit ihr infolge ihrer ungünstigen Lage zur Kasse erschwert ist. Unter Umständen, z. B. wenn die Geldbewegung dadurch eingeschränkt wird, kann die Amtskasse zum Zwecke der Geldversorgung an die Geldanstalt angeschlossen werden, an die die am Orte befindliche geldversorgende Kasse der Reichsabgabenverwaltung (Anl. 7) angeschlossen ist.

Für den Geschäftsverkehr der Kasse mit den Geldanstalten gelten mangels besonderer Verabredung die von den letzteren dafür aufgestellten Vorschriften. Sie werden jedoch dem Interesse der Reichskasse in der Regel nicht ausreichend gerecht und bleiben deshalb im Wege der Vereinbarung entsprechend zu ergänzen oder abzuändern. Dies gilt insbesondere hinsichtlich einer beschleunigten Überführung der der Kasse durch Vermittlung der Geldanstalt zufließenden Mittel in das Guthaben der Kasse und an die Reichshauptkasse bzw. die beteiligte Oberkasse; vgl. hierzu § 54 Abs. 5 und AKO. Anl. 7 §§ 5 ff., woselbst die in Betracht kommenden Vereinbarungen ausführlich angegeben sind.

§ 27

Wechsel

(1) Wechsel dürfen im Inlands- und im Grenzverkehre nur zum Zwecke der Sicherheitsleistung angenommen werden; sie gehören nicht zum Kassenbestande.

(2) Ob und inwieweit die Kasse im Auslandsverkehr Einzahlungen in Wechseln annehmen und Auszahlungen mit Wechseln leisten darf, bestimmt der zuständige Reichsminister.

AKO. § 1 Ziffer 23; VB. RAM., Heer und Marine.

Wechsel eignen sich im allgemeinen nicht zur Verwendung im Zahlungsverkehr und sind daher als Zahlungsmittel nur ausnahmsweise zugelassen (vgl. § 2 Ziffer 14). Wegen des Begriffs Auslands- und Grenzverkehr vgl. § 24 Abs. 2; wegen der Nichteinrechnung von Sicherheitswechseln bei Feststellung des zulässigen Kassenbestandes s. § 47 Abs. 3.

Wechsel werden im Inland als Zahlungsmittel nicht verwendet oder angenommen (vgl. AKO. § 1 Ziffer 23 und VB. RAM.). VB. Heer lassen die Annahme von Wechseln als Sicherheit im Inland zu. Bei der Kasse des Reichspatentamts waren Wechsel als Zahlungsmittel allgemein nach den auf Grund der Verordnung des Bundesrats vom 8. März 1917 (RGBl. S. 222) erlassenen Bestimmungen, betreffend die Zahlung patentamtlicher Gebühren, vom 12. März 1917 (Blätter für Patent-, Muster- und Zeichenwesen Nr. 3 vom 28. März 1917) zugelassen. Seit dem 1. April 1928 werden auch vom Reichspatentamt Wechsel als Zahlungsmittel nicht mehr angenommen.

Für den Bereich der Marineverwaltung sind die Leistung von Auszahlungen und die Kassenbestandsverstärkung der Schiffskassen im Ausland durch Wechsel, die sie im Ausland ziehen und verkaufen, geregelt durch VB. Marine Beilage 1.

Wegen der Behandlung der als Sicherheit angenommenen Wechsel vgl. § 55 Anm. 3.

§ 28

Buchausgleich

Hat die Kasse mit einer anderen Kasse einen Betrag zu verrechnen, so hat sie zu veranlassen, daß der Betrag ihr zur Last und der anderen Kasse gutgeschrieben wird (Buchausgleich). Der Buchausgleich wird, wenn beiden Kassen ein und dieselbe Oberkasse übergeordnet ist, durch diese, andernfalls durch die Reichshauptkasse vorgenommen. Kleine Beträge sollen unmittelbar im Postscheckweg ausgezahlt werden.

AKO. § 26; VB. RAM., Heer und Marine.

1. Der Begriff „verrechnen" erscheint in der RKO. nur an dieser Stelle und wird als bekannt vorausgesetzt. Er bedeutet im Sinne des § 28, daß eine Kasse aus einem anderen Anlaß als zum Zwecke der Kassenbestandsverstärkung oder Ablieferung einer anderen einen Betrag zuzuführen hat. Dies kann unmittelbar geschehen, indem sie ihn an die andere Kasse auf einem der in § 21 angegebenen Wege zahlt, oder mittelbar auf dem in § 28 angegebenen Wege des Buchausgleichs. Letzterer Weg wird als der regelmäßige vorgeschrieben, nur kleine Beträge sollen unmittelbar und zwar im Postscheckwege ausgezahlt werden (§ 28 a. E.). Die Verrechnung im Wege des Buchausgleichs wird dadurch ermöglicht, daß die Einnahmen und Ausgaben der beiden beteiligten Kassen bei einer übergeordneten Kasse, d. h. der ihnen gemeinsam übergeordneten Oberkasse bzw. Rechnungsstelle oder, wenn eine solche nicht vorhanden, der Reichshauptkasse, zusammengefaßt werden. Der Ausgleich wird durch die nächste den beiden Kassen gemeinsam übergeordnete Kasse vorgenommen.

Die Verrechnung eines Betrages mit einer anderen Kasse kann u. a. erforderlich werden, wenn eine Behörde an eine andere eine Zahlung zu leisten hat, z. B. als Entgelt für ihr überlassene Gegenstände oder zur Erstattung der Bezüge von Beamten, die ihr von der anderen Behörde zur vorübergehenden Verwendung überwiesen sind, oder infolge von Ersuchenseinzahlungen und -auszahlungen, wie sie § 52 vorsieht, oder infolge einer Einzahlung an eine unzuständige Kasse (§ 37 Abs. 3). Auftragseinzahlungen gemäß § 53 kommen für den Buchausgleich nicht in Betracht; sie werden gemäß § 54 Abs. 2 und 3 unmittelbar durch Anrechnung oder Ablieferung erledigt, ersteres auch in Form eines buchmäßigen Ausgleichs, aber nicht des in § 28 behandelten Buchausgleichs. Dieser hat zur Voraussetzung und bezieht sich auf den Fall, daß die Verrechnung zwischen zwei nicht einander über- oder nachgeordneten Kassen erfolgen soll. Der von Reichard, RKO. § 28 Anm. 2b angeführte Fall entspricht nicht dieser Voraussetzung, nach der ein Buchausgleich im Sinne des § 28 sich nicht zwischen zwei Kassen allein, sondern stets nur unter Mitwirkung einer dritten ihnen beiden übergeordneten Kasse als Ausgleichstelle vollziehen kann. So auch Jancke-Maaß, AKO. S. 249 (Ausführung zu § 26). Wollte man diese Auffassung nicht gelten lassen, so müßte ein Buchausgleich zwischen einer Amtskasse und der ihr übergeordneten Oberkasse nach Satz 2 des § 28 durch die Reichshauptkasse erfolgen, was nicht in Frage kommen kann. Die Einbeziehung der Ersuchenseinzahlung an eine übergeordnete Kasse in den Buchausgleich würde eine Ergänzung des § 28 etwa durch Einfügung der Worte (hinter Reichshauptkasse) „bei einer Ersuchenseinzahlung an eine übergeordnete Kasse durch diese" erfordern. Damit würde die eigenartige Bedeutung des Buchausgleichs als Ausgleich zwischen zwei Kassen durch die ihnen gemeinsam nächstübergeordnete dritte Kasse aufgehoben werden. Eher würde sich empfehlen, § 54 etwa durch den Zusatz zu ergänzen: „Ersuchenseinzahlungen an eine übergeordnete Kasse sind als Ablieferungen der ersuchten Kasse zu behandeln."

Durch den Buchausgleich wird erreicht, daß der zu verrechnende Betrag nicht erst an die empfangende Kasse und dann von dieser an die beteiligte Oberkasse oder die Reichshauptkasse abgeführt, sondern dieser unmittelbar zugeführt wird. Damit wird eine mehrfache zwecklose Geldbewegung vermieden und die Abführung der Mittel an die übergeordnete Kasse beschleunigt oder eine sonst notwendige Kassenbestandsverstärkung entbehrlich. Die unmittelbare Überführung des Betrages von der zahlenden an die empfangende Kasse würde wegen des mit dem Postscheckamte oder einer Geldanstalt dieserhalb zu führenden Schriftwechsels und der erforderlichen Überweisungen eine geraume Zeit in Anspruch nehmen und währenddessen der Betrag der Reichshauptkasse vorenthalten werden. Anderseits bedeutet der Buchausgleich wegen der zu seiner Durchführung notwendigen Buchungen und Inanspruchnahme einer oder mehrerer übergeordneter Kassen eine geschäftliche Belastung der an dem Ausgleich beteiligten Stellen. Aus diesem Grunde ist in § 28 Schlußsatz vorgeschrieben, daß kleine Beträge unmittelbar im Postscheckwege ausgezahlt werden sollen. Auch ihrer Auszahlung im Wege des Buchausgleichs steht die Bestimmung nicht im Wege, wenn sich nach Lage der Verhältnisse der Buchausgleich nicht erheblich umständlicher gestaltet als die unmittelbare Abführung der Beträge an die empfangende Kasse. Einem Mißbrauch des Buchausgleichs würde die den Ausgleich vermittelnde Kasse zu begegnen haben. Im übrigen vgl. hierzu im einzelnen die eingangs angeführten VV.

2. In welcher Weise der Buchausgleich durchzuführen ist, ist

in § 28 nicht näher angegeben und der Regelung durch Vollzugsbestimmungen vorbehalten. Solche sind des näheren enthalten in AKO. § 26 und in BB. RAM. Das Verfahren soll nachstehend erläutert werden. Der Darstellung werden folgende Fälle (vgl. Anm. 1 Abs. 2) zugrunde gelegt:

1. eine Kasse ist durch förmliche Kassenanweisung beauftragt, einer anderen Kasse einen Betrag zu zahlen;
2. eine Kasse hat auf Ersuchen einer anderen Kasse für diese eine Auszahlung geleistet (§ 52);
3. eine Kasse hat auf Ersuchen einer anderen Kasse eine Einzahlung für sie angenommen (§ 52);
4. bei einer Kasse ist eine Einzahlung bewirkt worden, für deren Annahme eine andere Kasse zuständig ist (§ 37 Abs. 3).

Der Ausgleich ist nach § 28 von der Kasse zu veranlassen, die an eine andere einen Betrag abzuführen hat, d. i. also, wenn es sich um eine Einzahlung handelt, die Kasse, die die Einzahlung angenommen hat, und bei einer Auszahlung die Kasse, die durch Auszahlungsanordnung die Auszahlung zu bewirken angewiesen ist. Im ersteren Falle muß die Kasse die angenommene Einzahlung der Kasse, für die sie bestimmt ist, zuführen, im letzteren Falle muß die Kasse, der die Zahlung aufgetragen ist, der Kasse, an die sie zu leisten ist, deren Betrag zuführen oder der Kasse, die sie für sie geleistet hat, den Betrag wieder erstatten. Die Voraussetzung für die Verrechnung ergibt sich in dem Falle zu 1 unmittelbar aus der der Kasse erteilten Kassenanweisung; in dem Falle zu 2 ergibt sie sich aus der Mitteilung der ersuchten Kasse, daß die Zahlung gemäß dem Ersuchen erfolgt ist; in den Fällen zu 3 und 4 ist sie mit der bei der Kasse erfolgten Einzahlung gegeben. Die Kasse, mit der der Betrag zu verrechnen ist, ist über den Anlaß dazu im Falle zu 1 durch eine ihr erteilte entsprechende Annahmeanordnung, in den Fällen zu 2 und 3 durch ihr eigenes Ersuchen unterrichtet; zu 4 erfährt sie ihn mit der Benachrichtigung von der Gutschrift (s. den folgenden Absatz).

Im einzelnen gestalten sich in den eingangs der Anmerkung angeführten 4 Fällen Buchung und Ausgleich, wie folgt:

Im Falle zu 1 bucht die Kasse die Auszahlung im Zeitbuch und Sachbuch (also im Hauptbuch und je nach der Auszahlungsanordnung im Titelbuch oder im Vorschußbuch), im Anschluß daran bucht sie den Betrag als Kassenbestandsverstärkung im Abrechnungsbuch und im Hauptbuch und ersucht die den Ausgleich vermittelnde Kasse (Anm. 1 Abs. 1), ihr den Betrag als Kassenbestandsverstärkung zur Last zu schreiben und ihn der anderen beteiligten Kasse gutzuschreiben; die Ausgleichskasse verfährt danach und verständigt die andere Kasse von der Gutschrift des Betrages als Ablieferung. Diese bucht den Betrag gemäß der erhaltenen Annahmeanordnung oder in Ermangelung einer solchen im Hinterlegungsbuch als Einzahlung und im Abrechnungsbuch als Ablieferung; dazu im Hauptbuch entsprechend als Einzahlung und als Auszahlung. Der Kassenbestand der Kasse, die den Betrag zu verrechnen hatte, hat sich nicht geändert; sie hat sich gemäß der erhaltenen Auszahlungsanordnung buchmäßig entlastet und durch Buchung der Kassenbestandsverstärkung entsprechend belastet; für sie ist die Auszahlungsanordnung damit ohne Leistung einer Zahlung (§ 21 Abs. 1 und § 44 Abs. 2) erledigt. Die Auszahlung an die empfangende Stelle bewirkt die den Buchausgleich vermittelnde Kasse.

Der 1. Fall liegt am einfachsten, weil bei ihm der Anlaß zum Buchausgleich unmittelbar durch die Zahlungsanordnung gegeben ist, während in den Fällen 2 bis 4 dem Ausgleich eine Zahlung vorangeht, deren Betrag durch Ausgleich zu verrechnen ist.

Im Falle zu 2 hat die um Auszahlung ersuchte Kasse den Betrag im Hauptbuch und im Vorschußbuch eingetragen und die ersuchende Kasse von der Auszahlung — unter vorläufiger Zurückbehaltung des Zahlungsbeweises (vgl. Anm. 2 a. E.) — verständigt. Auf diese Mitteilung hin verfährt die letztere Kasse ebenso wie im Falle zu 1 für die verrechnende Kasse angegeben, d. h. sie bucht die Auszahlung, belastet sich mit einer Kassenbestandsverstärkung in gleicher Höhe und ersucht die beteiligte übergeordnete Kasse um Vornahme des Buchausgleichs. Sobald die Kasse, die den Betrag gezahlt hat, die Mitteilung von der Gutschrift erhält, bucht sie den Betrag im Vorschußbuch als Einzahlung, im Abrechnungsbuch als Ablieferung und im Hauptbuch entsprechend als Einzahlung und als Auszahlung. Damit sind die ursprüngliche Ersuchensauszahlung und die Buchung im Vorschußbuch erledigt. Gebucht ist der Betrag zweimal als Auszahlung und einmal als Einzahlung; der danach verbleibenden Auszahlung entspricht die Buchung als Ablieferung.

In den Fällen zu 3 und 4 bucht die Kasse die Einzahlung zunächst im Hinterlegungsbuch und im Hauptbuch; sodann bucht sie den Betrag als Kassenverstärkung im Abrechnungsbuch als Auszahlung im Hinterlegungsbuch und entsprechend im Hauptbuch als Einzahlung und Auszahlung und ersucht die den Ausgleich bewirkende Kasse in gleicher Weise wie im Falle zu 1 und zu 2 um Vornahme des Ausgleichs. Die Ausgleichskasse belastet die Kasse mit der Kassenbestandsverstärkung, bucht den Betrag als Ablieferung der Kasse, der er zugeführt werden soll, und verständigt diese davon unter Mitteilung des Grundes der Gutschrift. Die Kasse, die die Einzahlung angenommen hat, hat zwei Einzahlungen und eine Auszahlung gebucht; der danach verbleibenden Einzahlung entspricht die Buchung als Kassenbestandsverstärkung.

Das geschilderte Verfahren kommt im Ergebnis einer Umbuchung aus dem Vorschuß- bzw. Hinterlegungsbuch gleich, es wird aber von den beteiligten Kassen ohne die für eine solche notwendige Umbuchungsanordnung auf Grund des § 28 durchgeführt.

In der vorangehenden Darstellung ist davon ausgegangen, daß die Kassen, zwischen denen auszugleichen ist, der Ausgleichstelle (Reichshauptkasse oder Oberkasse) unmittelbar nachgeordnet sind. Etwas umständlicher gestaltet sich das Verfahren, wenn zwischen eine der abrechnenden Stellen oder beide und die Ausgleichstelle noch eine Oberkasse oder eine Rechnungsstelle eingeschaltet ist, wenn also z. B. eine Finanzkasse mit einer Versorgungskasse abzurechnen hat. In diesem Falle muß der Ausgleich von der Reichshauptkasse gegebenenfalls unter Mitwirkung der beteiligten Oberfinanzkasse und der Rechnungsstelle des Reichsarbeitsministeriums durchgeführt werden. Das hierbei zu beobachtende Verfahren ist in AKO. § 26 Abs. 3 des näheren dargestellt. Steht die Amtskasse, die den Buchausgleich veranlaßt, mit der Reichshauptkasse in unmittelbarem Ablieferungsverkehr, so ersucht sie diese, den durch Buchausgleich zu verrechnenden Betrag ihr zur Last und der Kasse, für die er bestimmt ist, gutzuschreiben. Steht sie mit der Reichshauptkasse nicht in unmittelbarem Abrechnungsverkehr, so behandelt sie den zu verrechnenden Betrag als Kassenverstärkung (Zuschuß) mit dem Vermerk auf der Quittung, daß sie den Betrag „durch Buchausgleich" von der anderen, namentlich zu bezeichnenden Amtskasse erhalten habe; die Oberkasse schreibt ihr den Betrag als Zuschuß zur Last, bucht ihn selbst als von der Reichshauptkasse erhaltenen Zuschuß und veranlaßt, daß diese den Betrag der Kasse, für die er bestimmt ist, als Ablieferung gutschreibt. Die Reichshauptkasse benachrichtigt diese, gegebenenfalls unter Mitwirkung der Oberkasse oder der Rechnungsstelle, von der Gutschrift unter Angabe des Grundes. Die Kasse bucht darauf den Betrag als Einzahlung und gleichzeitig als Ablieferung. Wenn nach AKO. § 26 Abs. 2, wie angeführt, die Kasse, die den Buchausgleich veranlaßt, den zu verrechnenden Betrag als Zuschuß der Oberfinanzkasse zu behandeln und auf der Quittung zu vermerken hat, „daß sie den Betrag durch Buchausgleich von der anderen namentlich zu bezeichnenden Amtskasse erhalten" habe, so dürfte diese abgekürzte Fassung des Vermerks dem Sachverhalt nicht ganz entsprechen. Die Kasse hat den Betrag nicht „durch Buchausgleich" von der anderen Kasse, sondern als eine durch Buchausgleich zugunsten der anderen Kasse zu verrechnende Einzahlung erhalten. Eher würde man von der letzteren Kasse sagen können, daß sie den Betrag durch Buchausgleich erhalten habe. In Satz 3 § 26 Abs. 3 der AKO. ist abweichend von den übrigen Anführungen in § 26 die Rede von der Amtskasse, die den Buchausgleich veranlaßt hat; das Wort „hat" wird auch an dieser Stelle entfallen müssen.

Mit den angeführten Buchungen ist die Verrechnung im Wege des Buchausgleichs ohne irgendwelche Geldbewegung durchgeführt. Eine abgesonderte Ablieferung des in den Fällen zu 3 und 4 eingezahlten Betrages — wie im Falle des § 54 Abs. 3 — kommt nicht in Frage, weil die Einzahlung durch den Buchausgleich verrechnet ist. Die tatsächlichen Ablieferungen und Kassenbestandsverstärkungen vollziehen sich ohne Rücksicht auf einen erforderlichen Buchausgleich und ganz unabhängig von ihm lediglich nach den Kassenbestands- und -bedarfsverhältnissen der beteiligten Kassen.

Der bei Ausführung der Zahlung in den Fällen 2 bis 4 aufgestellte Zahlungsbeweis verbleibt bei der Kasse, die die Zahlung angenommen bzw. geleistet hat, da er bei ihr für die Kassenprüfung gebraucht wird (vgl. § 90 Abs. 1), so lange, bis der Ausgleich erfolgt ist.

3. Nach Satz 1 des § 28 soll der Buchausgleich von der Kasse, die an die andere einen Betrag abzuführen hat, veranlaßt werden, denn der zu verrechnende Betrag soll der anderen Kasse „gutgeschrieben" werden. Die erstere Kasse allein kann über ihre Mittel entscheidend verfügen, d. h. um die eigene Belastung ersuchen. Ein entsprechendes Ersuchen der empfangenden Kasse, das nach dem Wortlaut der Bestimmung nicht in Frage kommen kann, würde, um endgültig wirksam zu sein, der Ergänzung durch eine zustimmende Erklärung der verrechnungspflichtigen Kasse bedürfen. In den Vollzugsbestimmungen verschiedener Verwaltungen ist ein abweichendes Verfahren vorgesehen. Nach VB. RAM. ist der Ausgleich von der Kasse, die für die andere eine Einzahlung angenommen oder eine Auszahlung geleistet hat, zu veranlassen. Dies steht, soweit die auszahlende Kasse den Buchausgleich veranlassen soll, mit dem Wortlaut von § 28 Satz 1 nicht in Einklang, es dient aber zur Beschleunigung des Ausgleichs, indem zunächst die Kasse, die Zahlung geleistet oder angenommen hat, allein feststellen kann, daß die Voraussetzung für die Vornahme des Buchausgleichs — eben durch die Zahlung — gegeben ist. Es entfällt die besondere Benachrichtigung der anderen Kasse von der erfolgten Zahlung als Voraussetzung für die Veranlassung des Buchausgleichs. Der Buchausgleich wird auf Veranlassung der Kasse, die für die andere ausgezahlt hat, von der Ausgleichskasse vorgenommen in der Voraussetzung, daß die andere beteiligte Kasse dem Ausgleich, durch den sie belastet wird, zustimmen wird. Diese Voraussetzung ist regelmäßig gegeben. Beanstandungen werden nur ganz ausnahmsweise vorkommen; es würde dann allerdings der von der übergeordneten Kasse an-

geordnete Buchausgleich wieder rückgängig gemacht werden müssen. Ein nennenswerter Schaden für die Reichskasse kann durch eine nicht gerechtfertigte Veranlassung eines Buchausgleichs im allgemeinen nicht entstehen, da durch ihn eine Zahlung an Dritte aus der Reichskasse nicht bewirkt wird. Trotzdem wird das von § 28 abweichende Verfahren mit einer gewissen Vorsicht anzuwenden sein; es setzt voraus, daß die belastete Kasse der Ausgleichstelle gegenüber die Belastung sofort anerkennt, damit etwaige Unstimmigkeiten unmittelbar aufgeklärt werden können. Von den Erfahrungen in der Praxis wird es abhängen, ob § 28 bei Gelegenheit entsprechend zu ergänzen sein wird.

4. § 28 sieht einen Buchausgleich zunächst zwischen Reichskassen vor, schließt ihn aber im Verkehr mit anderen Kassen nicht aus. Soweit Landeskassen bei der Reichshauptkasse ein Konto haben, besteht die Möglichkeit, auch zwischen ihnen und Reichskassen Beträge durch Buchausgleich zu verrechnen; es bedarf dazu einer entsprechenden Vereinbarung zwischen den beteiligten Behörden des Reichs und des Landes. Auf das Verfahren würden die für die Reichskassen geltenden Bestimmungen sinngemäß anzuwenden sein.

2. Abschnitt: Einzahlungen und Auszahlungen

1. Titel: Allgemeines

§ 29

Berechnung von Teilbeträgen

Bei Berechnung von Teilbeträgen wird, wenn nicht etwas anderes bestimmt ist, der Monat zu 30 Tagen gerechnet. Ergeben sich bei der Berechnung Bruchteile eines Reichspfennigs, so bleiben diese bei Einzahlungen unerhoben, bei Auszahlungen sind sie nach oben auf einen vollen Reichspfennig abzurunden. Die sich hierbei ergebenden Mindereinzahlungen und Mehrauszahlungen werden nicht ausgeglichen.

AKO. § 28; **BB. RHK.**

§ 29 regelt zweierlei, einmal wie Teilbeträge eines Geldbetrages, die die Kasse anzunehmen oder auszuzahlen hat, zu berechnen sind, und ferner, wie es gehalten werden soll, wenn sich bei der Berechnung eines Teilbetrages Bruchteile eines Pfennigs ergeben. Beide Fragen sind verschiedentlich durch Abrundungsvorschriften geregelt, sei es auf Grund des § 59 RHO., wonach der RFM. für Einnahmen und Ausgaben Abrundungsvorschriften treffen kann, oder besonderer gesetzlicher Vorschriften, wie im Besoldungsgesetz vom 16. Dezember 1927

(RGBl. S. 349) § 21 Abs. 4 und im Einkommensteuergesetz vom 10. August 1925 (RGBl. I S. 180) § 72 Abs. 5 u. a. — vgl. die Anweisung für die Berechnung, Erhebung und Verbuchung von Zinsen (ZinsA) vom 14. Januar 1927 —. Auf Grund der bestehenden Abrundungsvorschriften und auch, wenn solche fehlen, werden die Verwaltungsbehörden bei Zahlungsanordnungen und den ihnen etwa zugrunde liegenden Vereinbarungen von vornherein klarstellen, in welcher Weise etwaige Teilbeträge zu berechnen sind, und es möglichst so einrichten, daß die Berechnung von Teilbeträgen für diese volle Pfennige ergibt. § 29 schreibt vor, wie die Kasse es halten soll, wenn diese Voraussetzung, was nicht immer zu vermeiden, nicht erfüllt ist. Alsdann sollen, soweit nicht eine besondere Bestimmung den Fall regelt, der Monat zu 30 Tagen gerechnet und die sich dabei ergebenden Bruchteile eines Reichspfennigs bei Einzahlungen unerhoben bleiben, bei Auszahlungen nach oben auf einen vollen Reichspfennig abgerundet werden.

Über die Berechnung von Teilbeträgen eines nur für den Zeitraum eines Jahres festgesetzten Zahlungsbetrages für einen Monat oder für eine Anzahl von Tagen ist in der RKO. nichts bestimmt. Der Monatsbetrag wird durch Teilung des Jahresbetrages durch 12 gefunden (vgl. AKO. § 27 Abs. 1). Ist also ein Betrag von 100 *RM* in monatlichen Teilbeträgen auszuzahlen, so sind zu zahlen monatlich 8,34 *RM*, d. s. für das Jahr 100,08 *RM*; ist der gleiche Betrag zu erheben, so sind einzuzahlen monatlich 8,33 *RM*, d. s. für das Jahr 99,96 *RM*. Ist ein Monatsbetrag nur für eine Anzahl von Tagen zu zahlen, so entfallen auf diese, „wenn nicht etwas anderes bestimmt ist", je $^1/_{30}$ des Monatsbetrages, also bei einem Monatsbetrage von 30 *RM* auf 8 Tage 8 *RM*, gleichviel wieviel Tage der betreffende Monat hat, also auch im Februar; bei einer Zahlung für 30 Tage der volle Monatsbetrag von 30 *RM*, auch wenn der Monat 31 Tage hat. Bei Berechnung des auf eine Reihe von Tagen entfallenden Anteils eines Jahresbetrags würde das Jahr, der Bestimmung in Satz 1 entsprechend, sinngemäß zu 365 Tagen zu rechnen sein (vgl. BGB. § 191). Die Worte im Satz 1 „soweit nicht etwas anderes bestimmt ist" müssen sinngemäß auch für Satz 2 gelten, da § 29 der Kasse nur eine Handhabe für die Regelung der Zahlungen, soweit sie nicht anderweit bereits durch eine an die Kasse gerichtete Anordnung getroffen ist, geben will. Ein Ausgleich der aus der Abrundung sich ergebenden Mehr- oder Minderzahlung gegenüber dem Rechnungssoll, wie er bei der Schlußzahlung oder der letzten Zahlung im Rechnungsjahr durch Kürzung des Auszahlungs- oder Erhöhung des Einzahlungsbetrages möglich wäre, findet zur Vermeidung von Auseinandersetzungen mit dem Empfänger oder dem Einzahlungspflichtigen und zur Vereinfachung der Kassengebarung nicht statt. Die sich aus den angeführten Berechnungen ergebenden Abweichungen in der Kassenrechnung von den zum Soll gestellten Beträgen sind, soweit es noch nötig ist, mit der gemäß § 29 ausgeführten Abrundung zu begründen. Dies muß auch für außerordentliche Ausgaben gelten für den Fall, daß sich bei ihnen eine durch Abrundung verursachte geringe Überschreitung (RHO. § 33 Abs. 2) ergeben sollte.

§ 30

Prüfung von Zahlungsmitteln

(1) Zahlungsmittel, die der Kasse von dem Einzahlenden übergeben werden, sind in dessen Gegenwart auf ihre Echtheit und Vollzähligkeit oder Vollständigkeit zu prüfen. Wertsendungen, die der Kasse zugehen, sollen in Gegenwart eines Zeugen geöffnet und geprüft werden. Enthalten andere Sendungen Zahlungsmittel, so soll zu der Prüfung ein Zeuge zugezogen werden.

(2) Bei versiegelten Rollen und Wertsendungen sowie bei versiegelten oder mit Bleiverschluß versehenen Geldbeuteln ist zunächst zu prüfen, ob die äußere Umhüllung und die Siegel oder der Bleiverschluß unverletzt sind und ob das angegebene Gewicht zutrifft. Ist dies nicht der Fall, so sind die Rollen, Wertsendungen oder Geldbeutel zurückzuweisen. Ordnungsgemäß verschlossene Rollen und Geldbeutel, die der Kasse von einer Reichs-, Landes- oder Gemeindebehörde, von der Reichsbank oder einer sonstigen vertrauenswürdigen Geldanstalt zugegangen sind, dürfen uneröffnet an solche Stellen weitergegeben werden, wenn die äußere Beschaffenheit und das Gewicht unmittelbar vor der Weitergabe genau geprüft worden sind.

(3) Die Kasse hat Minderbeträge, die sich bei der Prüfung ergeben, sofort von dem Einzahlenden nachzufordern; Mehrbeträge sind, soweit sie nicht auf fällige Forderungen verrechnet werden können, dem Einzahlenden zurückzugeben oder, wenn er nicht anwesend ist, zu seiner Verfügung zu halten. Ergeben sich bei der Prüfung von Einzahlungen, die der Kasse durch Übersendung zugegangen sind, Unstimmigkeiten, so sind diese aktenkundig zu machen; der zu der Prüfung zugezogene Zeuge hat den Vermerk mitzuunterschreiben. Die Kasse hat Beweismittel, die für die Aufklärung von Mehr- oder Minderbeträgen von Wert sein können (Umhüllungen und dergleichen), aufzubewahren.

(4) Für die Behandlung nachgemachten, verfälschten, verdächtigen, beschädigten oder abgenutzten Bargeldes gelten die Bestimmungen der Anlage 5. Andere Zahlungsmittel, deren Echtheit zweifelhaft ist, sind zurückzuweisen; liegt der Verdacht einer strafbaren Handlung vor, so ist die zuständige Polizeibehörde zu verständigen.

AKO. §§ 28 f., VB. RAM.

1. Die Prüfung von Zahlungsmitteln, die der Kasse von dem Einzahlenden übergeben werden, muß mit der sich aus Abs. 2 Satz 3 ergebenden Abweichung (s. Anm. 2) in Gegenwart des Einzahlenden erfolgen, weil hinterher, nachdem diesem ordnungsmäßige Quittung erteilt ist, Beanstandungen wegen der der Verwaltung obliegenden Beweispflicht nur sehr schwer noch mit Erfolg geltend zu machen sind. Will der Einzahlende der Prüfung nicht beiwohnen, so kann ihm eine Quittung über den von ihm nach seiner Angabe eingezahlten Betrag vor Beendigung der Prüfung nicht erteilt werden. Die Prüfung ist in diesem Falle in sinngemäßer Anwendung von Abs. 1 Satz 2 in Gegenwart eines Zeugen vorzunehmen. Dies muß auch für den Fall gelten, daß der Einzahler nicht geschäftsfähig ist. Wegen der Übergabe von Zahlungsmitteln durch einen Kassenbeamten an einen anderen vgl. § 32 Anm. 2 a. E.

Die Prüfung hat sich auf die Echtheit und Vollzähligkeit oder Vollständigkeit der Zahlungsmittel zu erstrecken. Wegen der Behandlung nachgemachten, verfälschten, verdächtigen, beschädigten oder abgenutzten Bargeldes vgl. Anl. 5. Zur Prüfung der Echtheit von Münzen und Geldscheinen gehört auch die Feststellung ihrer Umlaufsfähigkeit (vgl. § 24 Anm. 1). Bei Schecken usw. ist insbesondere die Echtheit der Unterschrift zu prüfen. Unbare Zahlungsmittel, deren Echtheit zweifelhaft ist, sind zurückzuweisen (Abs. 4). Besteht der Einzahler auf ihrer Annahme, und kann die Unechtheit nicht alsbald festgestellt werden, so werden sie im Hinblick auf § 2, § 3 Abs. 3 und § 6 der Anl. 1 dann anzunehmen sein, wenn bestimmte Merkmale oder Anhaltspunkte für die Annahme der Unechtheit fehlen. Eine von dem Empfang einer Einzahlung abhängige Gegenleistung des Reichs ist vor Einlösung des Schecks, durch den die Einzahlung bewirkt werden soll, wenn über seine Echtheit Zweifel bestehen, in jedem Falle (vgl. Anl. 1 § 2 Abs. 2) ausgeschlossen. Die Prüfung der Vollzähligkeit, d. h. des Betrages der baren Zahlungsmittel wie der unbaren Zahlungsmittel versteht sich von selbst. Die Prüfung der Vollständigkeit bezieht sich auf die Münzen und Geldscheine (vgl. Anl. 5 §§ 4 bis 6), insbesondere aber auf den textlichen Inhalt der unbaren Zahlungsmittel, also der Schecke, Überweisungsaufträge und Wechsel. Der nach Abs. 1 hinzuzuziehende Zeuge wird möglichst aus dem übrigen Kassenpersonal oder dem Personal der Behörde, der die Kasse angehört, zu wählen sein, damit er im Bedarfsfalle ohne Umstände zur Aufklärung herangezogen werden kann. Wegen der Feststellung von Unstimmigkeiten s. Abs. 3.

2. Abs. 2 schreibt für versiegelte Geldrollen usw. vor, daß sie vor ihrer Öffnung auf Unverletztheit und Richtigkeit des angegebenen Gewichts geprüft werden. Ergeben sich hierbei Anstände, so sind sie zurückzuweisen bzw. uneröffnet zurückzusenden. Abs. 2 ist auch auf den Fall zu beziehen, daß Gegenstände der angeführten Art bei der Kasse mit der Post eingehen. Die Prüfung, ob das angegebene Gewicht zutrifft, schließt die Prüfung in sich, ob es dem angegebenen Inhalt entspricht.

Aus Satz 3 des Abs. 2 ergibt sich eine wichtige Abweichung von der Vorschrift des Abs. 1 Satz 1. „Ordnungsmäßig verschlossene Rollen und Geldbeutel, die der Kasse von einer Reichs-, Landes- oder Gemeindebehörde, von der Reichsbank oder einer sonstigen vertrauenswürdigen Geldanstalt zugegangen sind", dürfen uneröffnet an solche Stellen weitergegeben werden; sie brauchen deshalb auf Echtheit und Vollzähligkeit oder Vollständigkeit nur insoweit geprüft zu werden, wie dies ohne ihre Öffnung möglich ist. Ob sie ordnungsmäßig verschlossen sind, ist nach den Vorschriften der Anl. 6, betr. „Verpacken von Bargeld, Öffnen der Verpackung" festzustellen. Bei der Bestimmung des Abs. 2 ist vorausgesetzt, daß die Kasse alsbald Gelegenheit zur Weitergabe hat. Es ist zu vermeiden, daß Rollen oder Geldbeutel längere Zeit ohne Prüfung ihres Inhalts bei der Kasse verbleiben. Besteht keine Aussicht, daß die Rollen bald (z. B. bei der Ablieferung) weitergegeben werden können, so sind sie nach dem Eingang gemäß Abs. 1 vollständig, d. h. geöffnet zu prüfen. § 89 sieht eine Ermächtigung des Prüfungsbeamten, Rollen pp. uneröffnet zu lassen, nicht vor.

Reichard, RKO. § 30 Anm. 3 weist mit Recht darauf hin, daß, wenn auch die Deutsche Reichsbahngesellschaft in Abs. 2 nicht mitaufgeführt ist, ihre Dienststellen doch ebenso wie die amtlichen Stellen des Reichs zu behandeln sein werden. Im übrigen ist die Weitergabe an andere Stellen als die in Abs. 2 aufgeführten nach der RKO. nicht statthaft. Wenn ausnahmsweise Geld in Rollen oder Beuteln an Private auf deren besonderen Wunsch an Stelle oder gegen Hergabe unverpackten Geldes abgegeben wird, so kann dies nur auf die Gefahr des Privaten, die dieser ausdrücklich übernehmen muß, also ohne Verantwortung der Kasse geschehen (vgl. die Anm. zu Anlage 6 § 2). Will der Private die Gefahr nicht übernehmen, so kann ihm das in den Rollen usw. befindliche Geld nur unverpackt übergeben werden.

3. Die Begriffe „Minderbeträge" und „Mehrbeträge" sind in Abs. 3 nicht näher klargestellt. Das Mehr oder Weniger kann darin bestehen, daß der Einzahler einen höheren oder niedrigeren Betrag als Einzahlung angegeben hat, als er tatsächlich einzahlt, oder der Einzahler hat eine bestimmte Schuld zu begleichen und übermittelt der Kasse zu diesem Zweck einen Betrag, der höher oder niedriger ist als die Schuld. Beide Fälle fallen mangels einer näheren Angabe unter Abs. 3.

Hat der Einzahler mehr eingezahlt, als er schuldete, so ist ihm der Mehrbetrag am Schalter zurückzugeben oder, wenn er ihn übersandt oder überwiesen hat, zur Verfügung zu stellen. Der Mehrbetrag ist letzterenfalls im Hinterlegungsbuch zu buchen und auf Verlangen gemäß § 37 Abs. 3 zurückzuzahlen (vgl. RWB. § 32 Abs. 3 und AKO. § 29 Abs. 2; auf ausdrückliches Verlangen des Einzahlers werden abweichend von § 29 Abs. 2 cit. auch Beträge unter 1 *RM* an den Einzahler zurückzuzahlen sein). Hat der Einzahler infolge eines Versehens mehr eingezahlt, als er wollte — z. B. einen Scheck über 100 *RM* eingesandt, statt, wie von ihm angekündigt, über 50 *RM* —, so ist der Mehrbetrag zunächst auf etwa fällige weitere Forderungen der Kasse zu verrechnen und der Restbetrag ihm, wie vor, zur Verfügung zu stellen. Hat der Einzahler weniger eingezahlt, als er einzuzahlen schuldig war, so ist der geschuldete Mehrbetrag sofort nachzufordern und die Einziehung im übrigen in dem der Schuld entsprechenden Weise zu betreiben; hat er weniger eingezahlt, als von ihm gleichzeitig angegeben, aber mehr als den von ihm einzuzahlenden Betrag, so ist wegen dieses Mehrbetrages wie in dem erstangeführten Falle zu verfahren; gleichzeitig ist der Einzahler entsprechend zu verständigen.

Als Einzahlung muß der Betrag gelten, der zum Zwecke der Zahlung der Kasse übergeben wird. Hat jemand aus verschiedenem Anlaß zwei Beträge von 50 und 30 *RM* zu begleichen und er kommt zur Kasse, um den Betrag von 50 *RM* einzuzahlen, so sind ihm, wenn er 100 *RM* hingibt, 50 *RM* darauf zurückzuzahlen. Hat er aber 100 *RM* eingesandt, so sind daraus die beiden fälligen Beträge zu begleichen. Die letzteren 100 *RM* hat er, wenn auch vielleicht versehentlich, so doch wissentlich der Kasse übermittelt; gegen die Rückforderung von 50 *RM* würde die Verwaltung mit der zweiten Forderung aufrechnen. Die 100 *RM*, die der Einzahler am Schalter übergeben hat, hat er gar nicht einzahlen, sondern nur in Höhe von 50 *RM* zur Verfügung stellen wollen.

Wegen der Behandlung von Kassenüberschüssen (§ 80 Abs. 3), von Bargeld und von Einzahlungen, bei denen die Person des

Einzahlers oder der Grund der Einzahlung nicht festgestellt werden kann, vgl. RWB. § 32 (s. Anl. 6) und AKO. § 29 Abs. 4 und 5.

4. Wegen der Annahme unbarer Zahlungsmittel, deren Echtheit zweifelhaft ist, s. Anm. 1 Abs. 2.

Ungeeignete oder mangelhafte Zahlungsmittel (Schecke pp. ohne Unterschrift, Wechsel, fremdes Geld u. a.) sind dem Einzahler, wenn sie übergeben werden, zurückzugeben, andernfalls zur Verfügung zu stellen und bis dahin als Wertgegenstand von der Kasse aufzubewahren.

§ 31

Aufbewahrung von Zahlungsmitteln

Zahlungsmittel sind sicher aufzubewahren. Der zuständige Reichsminister trifft nähere Bestimmungen über die Aufbewahrung, insbesondere darüber, ob und welche Beamte außer dem Kassenleiter den Kassenbehälter unter Mitverschluß zu nehmen haben und welche Kassen mit einem Kassenschrank auszustatten sind.

AKO. §§ 30 f.; VB. RHK., RAM., Heer und Marine.

Die sichere Aufbewahrung der Kassenmittel setzt das Vorhandensein eines geeigneten Kassenbehälters voraus. Der Kassenbehälter kann ein selbständiger Gegenstand sein, ein Kasten, ein Schrank, besonders ein Kassenschrank, oder ein Teil eines Gegenstandes, eine Schublade, ein Fach, ein Safe, ein in den Kassenraum eingebauter Geldschrank usw. Er muß für sich verschließbar sein. Ein Behälter, der ohne Schwierigkeit oder Umstände von seinem Platz entfernt und mitgenommen werden kann, also z. B. eine mäßig große Kassette, würde für sich allein nicht als Kassenbehälter geeignet sein, sondern müßte seinerseits noch wieder eingeschlossen werden. Es würde dann das Behältnis, in das er eingeschlossen wird, den Kassenbehälter darstellen, und es wären auf dieses Behältnis die für den Kassenbehälter bestehenden Vorschriften, insbesondere auch § 12 Abs. 3 anzuwenden. Welche Anforderungen an die Sicherheit des Kassenbehälters zu stellen und welche Einrichtungen dieserhalb zu treffen sind, muß nach den Verhältnissen jeder Kasse entschieden werden. Von Bedeutung ist hierbei, daß durch die Förderung des unbaren Zahlungsverkehrs und unverzügliche Ablieferung der Beträge, die den zulässigen Kassenbestand übersteigen (vgl. § 54 Abs. 1), die Notwendigkeit, Zahlungsmittel in größeren Beträgen über Nacht aufzubewahren, sehr eingeschränkt ist.

Der Kassenbehälter steht unter dem Verschluß des Kassenleiters (§ 80 Abs. 4; AKO. § 31 Abs. 1). Wenn ein anderer Beamter den Mitverschluß hat, so bedeutet das, daß der

Behälter verschiedene Verschlußeinrichtungen hat und daher ohne Mitwirkung des anderen Beamten nicht vorschriftsmäßig verschlossen und nicht wieder geöffnet werden kann. Sind zu einem Schlosse zwei Schlüssel vorhanden, so müssen sie sich in der Hand desselben Beamten befinden oder der zweite Schlüssel muß versiegelt an einer anderen sicheren Stelle aufbewahrt werden (vgl. AKO. § 31 Abs. 2, VB. RAM. Abs. 2 und VB. Marine zu e). Die Verteilung der Schlüssel auf verschiedene Beamte (vgl. auch VB. RHK. zu § 31) muß unter schriftlicher Bestätigung des Empfanges der Schlüssel aktenkundig gemacht werden. Sie dient der Kassensicherheit, indem eine unbefugte Öffnung des Kassenbehälters mittels der Kassenschlüssel durch Dritte die gleichzeitige heimliche oder gewaltsame Beschaffung der an verschiedenen Stellen aufbewahrten Schlüssel notwendig macht. Zu dieser Sicherung würde der einfache Mitverschluß durch einen zweiten Beamten, ohne daß dieser den Inhalt des Kassenbehälters mitfestzustellen brauchte, genügen. Anderseits haben die Verwaltungsbehörde und der Kassenleiter ein Interesse daran, daß der in den Kassenbehälter eingeschlossene Kassenbestand vor Verschluß des Behälters von einem mitverantwortlichen Beamten festgestellt wird. § 80 Abs. 4 bestimmt daher, daß die Beamten, die den Kassenbehälter mitverschließen, den in ihm aufbewahrten Betrag an Zahlungsmitteln anerkennen. Die Anerkennung muß unmittelbar vor oder, wenn das Anerkenntnis nicht im Kassenbehälter aufbewahrt wird, spätestens unmittelbar nach Verschließen des Behälters mit dem doppelten Verschluß erfolgen; durch sie bestätigt der Beamte, daß der anerkannte Betrag sich bei Verschließung des Kassenbehälters in diesem befunden hat. Dementsprechend hat er bei Wiederöffnung des Kassenbehälters bei der Feststellung mitzuwirken, daß der anerkannte Bestand vorhanden ist. Für das, was zwischen Öffnung und Wiederverschluß des Kassenbehälters mit dem Inhalt geschieht, hat er keine Verantwortung (vgl. AKO. § 31 Abs. 3). Nähere Bestimmungen über die Aufbewahrung der Zahlungsmittel und den Verschluß der Kassenbehälter finden sich in den angeführten VB.

§ 32

Verpackung und Beförderung von Zahlungsmitteln

(1) Bargeld ist zum Zwecke der Weitergabe nach den näheren Bestimmungen der Anlage 6 zu verpacken.

(2) Bei der Beförderung von Zahlungsmitteln sind alle erforderlichen Sicherungsmaßnahmen zu treffen. Nähere Bestimmungen trifft der zuständige Reichsminister; er kann

diese Befugnis auf die höheren Verwaltungsbehörden übertragen.

AKO. § 32; VB. RHK., RAM., Heer und Marine.

1. Nach Abs. 1 hat die Verpackung von Bargeld zum Zwecke der Weitergabe zu erfolgen. Damit ist nicht gesagt, daß die Weitergabe des Geldes unbedingt in der Verpackung zu erfolgen hat, sondern nur, daß die Verpackung in irgendeiner Weise dazu dienen muß, die Weitergabe des Geldes zu erleichtern oder zu beschleunigen. Die Verpackung in Rollen oder Bündeln kann gleichzeitig die Feststellung des Kassenbestandes erleichtern, indem sie wiederholte Zählungen entbehrlich macht.

2. Abs. 2 betrifft die Beförderung von Zahlungsmitteln im Kassendienst, also durch Kassenpersonal. Nach dem Wortlaut des Abs. 2 würde die Bestimmung sich auf jede Beförderung von Zahlungsmitteln, sei es außerhalb oder innerhalb der Kassenräume beziehen. Gedacht ist aber bei ihr nur an die Beförderung von Zahlungsmitteln von der Kasse an eine andere Stelle und umgekehrt. Dies ergibt sich aus dem Zusammenhang der Bestimmung mit Abs. 1, wo von einer Weitergabe der Zahlungsmittel, also einer Abgabe von der Kasse an Dritte die Rede ist, und aus den zu § 32 ergangenen VB. Nach Abs. 2 regelt der zuständige Reichsminister die Sicherung der Beförderung von Zahlungsmitteln oder überträgt diese Befugnis auf die höheren Verwaltungsbehörden; vgl. hierzu die angeführten VB. Wenn die außerordentliche Verschiedenheit der Verhältnisse eine ins einzelne gehende Regelung durch die RKO. verbietet, so sollte doch durch ihre Übertragung an den zuständigen Reichsminister und die höheren Verwaltungsbehörden eine gewisse Einheitlichkeit in den vorzusehenden Maßnahmen gesichert und anderseits die Möglichkeit geschaffen werden, die besonderen Verhältnisse jeder Verwaltung bei der Regelung zu berücksichtigen.

Die anzuordnenden Maßnahmen müssen sich nach den gesamten in Betracht kommenden Verhältnissen, Art und Betrag der zu befördernden Zahlungsmittel, Länge und Sicherheit des Beförderungsweges, nach der Persönlichkeit der die Zahlungsmittel befördernden Beamten usw. richten. Als Sicherungsmaßnahmen kommen insbesondere in Betracht die Ausführung der Beförderung durch mehrere Personen, die Verwendung geeigneter Geldtaschen, die Benutzung von Fahrzeugen, unter Umständen auch die Ausrüstung mit einer Waffe. Im Rahmen der durch die VB. oder die Verwaltungsbehörde getroffenen Anordnungen hat der Kassenleiter für die sichere Durchführung der vorkommenden Transporte zu sorgen.

Für den Begriff der Beförderung ist es unerheblich, ob sie durch eine Mittelsperson, z. B. einen Amtsgehilfen, erfolgt, dem die Zahlungsmittel zur Beförderung an den Empfänger übergeben werden, oder durch die Person, die, wie der Kassenleiter oder Kassier, die zu befördernden Zahlungsmittel für die Kasse in Gewahrsam hat oder in Besitz nimmt. BB. RAM. weisen darauf hin, daß zur Vermeidung von Doppelarbeit Bargeld im allgemeinen von dem Kassenbeamten, dem das Zahlungsgeschäft obliegt, bei der Bankanstalt in Empfang genommen werden soll. Unerheblich ist ferner, wie weit die Kasse und die andere beteiligte Stelle von einander entfernt sind. Eine Beförderung zwischen zwei Stellen liegt daher auch vor, wenn diese in demselben Gebäude untergebracht sind. Ihr muß sinngemäß auch die Beförderung zwischen der Kasse und einem in einem anderen Gebäude oder sonst räumlich von ihr vollständig getrennten Schalter der Kasse gleichgeachtet werden. Im übrigen findet innerhalb der Kasse eine Beförderung von Zahlungsmitteln im Sinne des Abs. 2 im allgemeinen nicht statt. Der Kassier wird sich das für den Schalterdienst benötigte Bargeld selbst vom Kassenleiter abholen und es zum Schalter bringen und umgekehrt. Wird Bargeld innerhalb der Kasse übersandt, z. B. vom Kassenleiter durch einen Amtsgehilfen an den Kassier, so hat der Kassenleiter die für die richtige Übermittelung erforderlichen Anordnungen zu treffen. Vielfach wird ihr eine Verständigung zwischen Kassenleiter und Kassier vorangehen. Werden Zahlungsmittel unverschlossen zur Beförderung übergeben, so muß die Übergabe in formloser Weise bescheinigt werden (vgl. § 20 Anm. 4 a. E.). Werden sie verschlossen übergeben, so steht es bei dem Empfänger, ob er den Inhalt in sinngemäßer Anwendung des § 30 Abs. 1 in Gegenwart eines Zeugen, wie z. B. des Überbringers, feststellen will.

3. Wenn an einer Beförderung mehr als eine Person beteiligt ist, so ist regelmäßig die eine von beiden — der im Dienstrange höher stehende oder der dienstältere — als Transportführer anzusehen. Der andere Beteiligte hat im allgemeinen bei der Beförderung der Zahlungsmittel nur mitzuwirken, indem er sie trägt oder tragen hilft oder, wenn der Transportführer selbst sie trägt, ihn zu seiner Sicherheit begleitet. An der Übernahme der Zahlungsmittel und ihrer Abgabe an die empfangende Stelle hat er nur zur Unterstützung des Transportführers und auf Grund entsprechenden Auftrags mitzuwirken; er kann also z. B. zum Geldzählen herangezogen werden (vgl. BB. RAM.); die Verantwortung für die zur Beförderung übernommenen Mittel bleibt deswegen doch beim Transportführer. Werden Zahlungsmittel zwei Personen getrennt übergeben, aber gemeinsam befördert, so dürfen sie während des Transports nicht vermengt werden, sondern sie sind getrennt zu halten, da jeder nur die Verantwortung für die Zahlungsmittel übernehmen kann, die er

selbst übernommen hat; es würde sich dann um zwei miteinander verbundene Transporte handeln.

Die Begleitperson braucht der Kasse nicht anzugehören; soweit sie nicht aus dem Kassenpersonal entnommen werden kann, wird der Leiter der Behörde, zu der die Kasse gehört, für ihre Bestellung sorgen.

Die Beförderung ist grundsätzlich auf dem kürzesten und sichersten Wege und, soweit nicht dienstlich eine Abweichung erforderlich, ohne Unterbrechung durchzuführen. Jede der beteiligten Personen hat darüber zu wachen, daß die Zahlungsmittel bis zur Übergabe an den Empfänger im Besitze dessen, der sie zu befördern hat, verbleiben, und wenn der letztere unfähig wird, den Transport durchzuführen, selbst die Zahlungsmittel und die weitere Beförderung zu übernehmen. Der Kassenleiter hat, soweit nötig, dafür zu sorgen, daß die mit der Beförderung von Zahlungsmitteln betrauten Personen über die ihnen dabei zufallende Aufgabe genau unterrichtet werden.

Quittung über die von der Kasse an andere Stellen beförderten Zahlungsmittel ist nach Maßgabe der §§ 40 und 42 zu fordern und gegebenenfalls vorzubereiten, Quittung über Zahlungsmittel, die die Kasse von einer anderen Stelle abholen läßt, ist von ihr nach § 36 auszustellen, soweit nicht etwas anderes (wie für die Abholung von Zahlungsmitteln zur Kassenbestandsverstärkung [vgl. Anlage 7 § 3 Abs. 3 a. E.]) bestimmt oder mit der die Zahlungsmittel hergebenden Stelle vereinbart ist. Die mit der Beförderung von Zahlungsmitteln betrauten Personen sind als solche nicht Bevollmächtigte, sondern lediglich Beauftragte der Kasse. Wenn sie für diese Geld abholen, haben sie neben der Übergabe der von der Kasse ausgestellten Quittung auf dieser die Aushändigung an sie auf Verlangen durch Unterschrift zu bestätigen.

2. Titel: Einzahlungen

§ 33

Einzahlungen an die zuständige Kasse

(1) Einzahlungen sind regelmäßig an die zuständige Kasse zu entrichten. Die Zuständigkeit regelt sich nach gesetzlichen Vorschriften oder nach Bestimmungen des zuständigen Reichsministers.

(2) Als Einzahlungen an die zuständige Kasse gelten auch Einzahlungen, die für ihre Rechnung an die Oberkasse oder Reichshauptkasse entrichtet werden. Nähere Bestimmungen hierüber trifft der zuständige Reichsminister mit der Maßgabe, daß solche Einzahlungen an die Reichshauptkasse nur

entrichtet werden sollen, wenn sie einen von dem Reichsminister der Finanzen festzusetzenden Mindestbetrag übersteigen.

AKO. § 33; VV. RHK., RAM. und Heer.

1. Nach Abs. 1 sind Einzahlungen regelmäßig an die zuständige Kasse zu richten. Die Bestimmung wendet sich damit ihrem Wortlaut nach scheinbar an den Einzahlungspflichtigen. Für diesen wäre sie jedoch bei dem Charakter der RKO. als Verwaltungsanordnung (vgl. Anm. 2 zur Eingangsformel) nicht bindend. Es handelt sich daher bei ihr auch nicht um eine Anordnung, sondern um eine Feststellung, die die Kassen bei ihrer Geschäftsführung zu berücksichtigen haben. Die RKO. unterläßt es ausdrücklich, für die Kassen die Folgerung aus Satz 1 zu ziehen, daß sie Einzahlungen, für deren Annahme sie nicht zuständig sind, nicht annehmen dürfen, und enthält sich einer näheren Angabe über die Regelung und Bedeutung der Zuständigkeit. Beides bleibt hier zu erörtern. Abs. 2 enthält eine Ausnahme von dem in Abs. 1 aufgestellten Grundsatz.

Für die Kontrolle der Einnahmen und die Ordnung des Kassenwesens ist es wichtig, daß Einzahlungen nicht bei jeder beliebigen Kasse, sondern nur bei bestimmten zu ihrer Annahme berufenen Kassen geleistet werden dürfen. Anderseits dient es zur Erleichterung und Beschleunigung der Einzahlungen, wenn Einzahlungen, soweit es die vorbezeichneten Zwecke gestatten, auch bei geeigneten anderen Kassen als der zuständigen bewirkt werden dürfen. „Zuständig" für die Einzahlung ist nicht jede Kasse, die die Einzahlung annehmen darf; schon Abs. 2 sieht Fälle vor, in denen Zahlungen statt an die zuständige Kasse an eine andere für sie geleistet werden dürfen; AKO. § 34 Abs. 2 gestattet ausdrücklich Einzahlungen auch an eine örtlich unzuständige Kasse. Nach Satz 2 des Abs. 1 regelt sich die Zuständigkeit nach gesetzlicher Vorschrift oder nach Bestimmung des zuständigen Reichsministers. Die Anordnung des Ministers ist entweder in der für den Geschäftsbereich seiner Verwaltung geltenden Verwaltungsordnung enthalten oder durch besondere Erlasse getroffen. Sie wird regelmäßig dahin gehen, daß die Kassen zuständig sind für die Annahme der Einzahlungen, die sich im Geschäftsbereich der Verwaltungsbehörde, deren Kassengeschäfte sie versehen, ergeben. Dem entspricht auch die Bestimmung des § 34 Abs. 1 — wonach die Annahme von Einzahlungen, von gesetzlicher Vorschrift abgesehen, regelmäßig eine Anordnung der zuständigen Verwaltungsbehörde voraussetzt —, da jede Behörde nur für ihren eigenen Geschäftsbereich Annahmeanordnungen erlassen kann. Die Möglichkeit an eine Kasse eine Einzahlung zu leisten, beschränkt sich aber nicht auf die nach Vorstehendem zuständigen Kassen, — Abs. 1 Satz 1 ist nur eine Sollvorschrift — sondern es können, soweit nicht die RKO. entgegensteht, auch andere Kassen zur Annahme von Einzahlungen an Stelle der zuständigen Kasse ermächtigt werden; an sie wird dann aber für Rechnung der zuständigen Kasse gezahlt, so in den Fällen des Abs. 2, bei den Ersuchens- und Auftragseinzahlungen (§§ 52 und 53) und den Einzahlungen gemäß AKO. § 34 Abs. 2.

Nach Vorstehendem reicht die Zuständigkeit der Kassen im allgemeinen soweit, wie die Zuständigkeit der Behörden, deren Kassengeschäfte sie versieht, für den Erlaß von Annahme- und Auszahlungsanordnungen. Über jede Abweichung hiervon muß die Kasse ausdrücklich unterrichtet werden. Sind ihr die Kassengeschäfte einer Behörde nur zu einem Teile übertragen, so schränkt sich damit die Zuständigkeit der Kasse entsprechend ein. Eine Kasse, die für eine Behörde nur die Auszahlungen an Bezügen für Beamte und Angestellte zu bewirken hat (vgl. § 5 Abs. 1 Satz 2), ist für die Leistung anderer Auszahlungen und die Annahme von Einzahlungen für jene Behörde nicht zuständig. Hat eine Kasse den Auftrag, die Kassengeschäfte für ein Versorgungsamt zu übernehmen, so sind darin alle Annahme- und Auszahlungsanordnungen des Amtes eingeschlossen; hat sie etwa den Auftrag, die Kassengeschäfte des Versorgungsamts in Versorgungsangelegenheiten zu übernehmen, so ist ihre Zuständigkeit für die Annahme von Einzahlungen auf solche aus dem Gebiet des Versorgungswesens beschränkt. Es ist selbstverständlich Aufgabe der Verwaltungsbehörden, bei Erlaß ihrer Annahmeanordnungen die Zuständigkeit der anzuweisenden Kassen zu berücksichtigen. Würde die Behörde, der die Kasse angehört, dieser eine Annahmeanordnung erteilen, die über deren eingeschränkte Zuständigkeit hinausgeht, so würde die Kasse etwaige Zweifel, ob die Anordnung nicht versehentlich erteilt ist, zur Sprache bringen müssen (vgl. § 76 Abs. 2 und § 4 Anm. 2). Würde eine der anderen Behörden, für die die Kasse Kassengeschäfte versieht, eine solche die Einschränkung außer acht lassende Annahmeanordnung erteilen, so hätte die Kasse die Entscheidung der Behörde, der sie angehört, einzuholen, ob die Anweisung ausgeführt werden soll; der Behördenvorsteher würde im Falle der Unzuständigkeit der Kasse mit der Behörde, die die Annahmeanordnung erlassen hat, wegen deren Zurücknahme in Verbindung treten. Zweifel dieser Art entfallen, wenn einer Kasse die Kassengeschäfte einer Behörde ohne Einschränkung übertragen sind. Sie hat dann sämtliche Annahmeanordnungen der Behörde — vorbehaltlich einer Beanstandung aus § 76 Abs. 2 — auszuführen; die Behörde hat die Verantwortung dafür, daß sie innerhalb ihrer Zuständigkeit handelt (vgl. § 4 Anm. 2).

2. Die in Anm. 1 erörterte Zuständigkeit kann eine zweifache sein, eine sachliche und eine örtliche. Die sachliche Zu-

ständigkeit bedeutet, daß die Kasse für eine bestimmte Art von Einzahlungen zuständig ist, also z. B. die Kasse des Reichspatentamts für Einzahlungen, die sich aus dem Geschäftskreise des Reichspatentamts, die Kassen der Versorgungsämter für Einzahlungen, die sich aus der Tätigkeit der Versorgungsämter ergeben. Daneben besteht eine örtliche Zuständigkeit, wenn nämlich für Einzahlungen gleicher Art verschiedene Kassen derselben Verwaltung nebeneinander in Betracht kommen, wie z. B. die Kassen der Versorgungsämter. Aus- und Einzahlungen können auf die Kassen einer Verwaltung nach Gegenständen verteilt werden; zumeist jedoch erstreckt sich die Zuständigkeit solcher Kassen sachlich auf das gleiche Gebiet, aber sie beschränkt sich für jede Kasse auf die Einzahlungen, die sich in dem Bereich des Versorgungsamts, dem sie zugehört, oder der Versorgungsämter, für die sie die Kassengeschäfte versieht, ergeben, d. h. es besteht neben der sachlichen noch eine örtliche Zuständigkeit. Für die Kasse des Reichspatentamts kommt eine örtliche Zuständigkeit neben der sachlichen nicht in Frage, da andere Kassen neben ihr zur Annahme von Einzahlungen für das Reichspatentamt nicht berufen sind. Die Zuständigkeit einer Kasse ist gegeben, wenn sie sachlich und, falls mehrere gleichartige Kassen nebeneinander bestehen, auch örtlich zur Annahme der Einzahlung zuständig ist. Fehlt eine dieser Voraussetzungen, so fehlt der Kasse die Zuständigkeit für die Annahme der Einzahlung.

Die aus der mangelnden örtlichen oder sachlichen Zuständigkeit folgende Beschränkung in der Befugnis zur Annahme von Einzahlungen ist im wesentlichen nur dann von Bedeutung, wenn der Kasse eine Einzahlung angeboten oder zugeführt wird, zu deren Annahme sie nicht durch eine an sie gerichtete einzelne oder allgemeine Annahmeanordnung oder durch besondere Anweisung (vgl. Anm. 1 a. E., § 34 Abs. 2 und Anm. 3 und 4 das.) ermächtigt ist. Gehört die Einzahlung in den Geschäftsbereich der Behörde, deren Kassengeschäfte sie wahrnimmt, so hat die Kasse sie nach § 34 Abs. 2 anzunehmen; anderenfalls ist die Kasse für ihre Annahme, wenn nicht eine Gesetzesvorschrift oder eine besondere Verwaltungsanordnung ihre Zuständigkeit begründet, entweder örtlich oder sachlich, oder nach beiden Richtungen unzuständig (s. hierzu Anm. 4).

3. Nach vorstehendem ist im Sinne des Abs. 1 für die Annahme einer Einzahlung diejenige Kasse als zuständig anzusehen, die entweder durch gesetzliche Vorschrift als zuständig bezeichnet oder an die nach Anordnung des Ministers, zu dessen Verwaltungsbereich sie gehört, die vorgeschriebene Anordnung zur Annahme der Einzahlung (§ 34) zu richten ist. Es dürfte zu erwägen sein, ob sich nicht empfiehlt, die Bestimmung in Satz 2 des Abs. 1 bei Gelegenheit durch eine Bestimmung etwa des Inhalts zu ersetzen, daß — vorbehalt-

lich der Bestimmung durch eine gesetzliche Vorschrift oder eine abweichende Anordnung des zuständigen Reichsministers — die Zuständigkeit der Kassen sich erstreckt auf alle Einzahlungen und Auszahlungen im Bereich der Behörden, deren Kassengeschäfte sie wahrnehmen, in dem Umfange, wie ihnen die Annahme und Leistung dieser Zahlungen übertragen ist.

Für die Leistung von Auszahlungen (vgl. § 37) besteht ein gleiches Bedürfnis, die Zuständigkeit der Kassen besonders festzustellen, nicht. Die Kassen haben nur auf schriftliche Anordnung hin Zahlung zu leisten. Wenn die Anordnung, wie es bei einer allgemeinen — auch gesetzlichen — Auszahlungsanordnung möglich ist, Zweifel darüber bestehen läßt, welche Kasse im einzelnen zur Zahlung berufen ist, so müssen diese Zweifel durch die zuständige Stelle behoben werden; erst nachdem dies geschehen, ist die Auszahlung zu leisten. Insofern kann auch hier von einer Feststellung der Zuständigkeit der Kassen gesprochen werden. Sie fällt aber mit der Feststellung des Inhalts der Auszahlungsanordnung zusammen und bedarf keiner besonderen Regelung. Bei den Einzahlungen liegt es insofern anders, als der Kasse Einzahlungen angeboten oder — z. B. durch Überweisung — zugeführt werden, für die sie eine Annahmeanordnung noch nicht erhalten oder überhaupt nicht zu erwarten hat, oder für die eine an mehrere Kassen gerichtete allgemeine Annahmeanordnung besteht. Sie muß wissen, wie sie sich gegenüber solchen Anerbieten und Einzahlungen zu verhalten hat, d. h. es muß u. a. ihre Zuständigkeit für deren Annahme festgestellt werden. Dies geschieht durch § 33 in Verbindung mit § 34.

4. Wie bereits in Anm. 1 angeführt, sagt Abs. 1 nicht, wie die Kasse es mit Einzahlungen halten soll, für deren Annahme sie nicht zuständig ist. Dabei ist zu unterscheiden zwischen Einzahlungen, die der Kasse am Schalter angeboten werden, und solchen, die ihr — z. B. durch Überweisung — ohne ihre Mitwirkung und, ohne daß sie es hindern kann, zugeführt werden. Die letzteren sind in ihrem Besitz, und es muß, da sie sie nicht behalten kann, über sie verfügt werden; die ersteren ist sie in der Lage wegen Unzuständigkeit zurückzuweisen. Die Annahme einer Einzahlung, für die die Kasse nicht zuständig ist, verursacht dieser eine unnötige Mehrarbeit; es entspricht daher dem praktischen Bedürfnis und dem in Abs. 1 aufgestellten Grundsatz, daß die Kasse eine solche Einzahlung, wenn sie ihr am Schalter angeboten wird, zurückweist, es sei denn, daß eine besondere Anordnung sie zur Annahme ermächtigt (vgl. AKO. § 34 Abs. 2 und RKO. §§ 52 und 53). Es ist durch die Sollvorschrift nicht in das Ermessen der Kasse gestellt, ob sie trotz Unzuständigkeit die Einzahlung annehmen will oder nicht. Nur die zuständige Behörde kann ein Ab-

weichen von der Bestimmung des Abs. 1 anordnen. Hiervon wird auch durch § 34 Abs. 2 (s. Anm. 4 das.) nichts geändert.

Die der Kasse durch Übersendung oder unbar zugeführten Einzahlungen kann sie, nachdem sie einmal in ihren Besitz gelangt sind, nicht mehr kurzerhand zurückweisen. Die Behandlung dieser Fälle ergibt sich aus § 34 Abs. 2 Satz 3 (s. Anm. 4 dazu) in Verbindung mit § 37 Abs. 3. Die Einzahlung ist zunächst als Hinterlegung zu buchen. Liegt eine der Voraussetzungen des § 37 Abs. 3 vor, so ist nach diesem zu verfahren. Anderenfalls, d. h. wenn die Kasse für die Annahme zuständig oder dies zweifelhaft ist, ist die Einzahlung der zuständigen Stelle, d. h. der Behörde, die über die Annahme zu entscheiden hat — im Zweifel der Behörde, der die Kasse angehört —, anzuzeigen und deren Verfügung abzuwarten.

5. Der Einzahlungspflichtige wird durch eine Mitteilung der Behörde, in deren Geschäftsbereich der Grund zu der Einzahlung entstanden ist (Verkauf von Altmaterial, Gebührenzahlung, Schadenersatzpflicht u. a.; vgl. RWB. § 35 und RKO. § 20 Abs. 5), oder, wenn es sich um eine allgemeine Zahlungsanordnung handelt, durch öffentliche Bekanntmachung darüber unterrichtet, welche Kasse für die Annahme der Einzahlung zuständig ist und an welche anderen Kassen gegebenenfalls außerdem Zahlung geleistet werden kann.

Durch die Zahlung an eine nicht zuständige Kasse oder Stelle wird der Zahlungspflichtige von der Schuld, die er durch die Zahlung erfüllen will, vor der etwaigen Überweisung der Einzahlung an die zuständige Kasse nicht befreit; die Folgen der durch die Einzahlung bei einer unzuständigen Kasse eingetretenen Verzögerung der Erfüllung fallen dem Einzahler zur Last. Da verfügbare Mittel an die Reichshauptkasse abzuführen sind, der eingezahlte Betrag also entweder der Reichshauptkasse zugeführt oder zu Auszahlungen für das Reich verwendet ist, werden Verzugszinsen für die Zeit zwischen der Einzahlung bei einer Kasse und der Überführung an die zuständige Kasse (vgl. § 28) im allgemeinen nicht zu zahlen sein. Wenn sich an die nicht rechtzeitige Zahlung der Schuld irgendeine bestimmte Rechtsfolge knüpft, z. B. das Reich die freie Verfügung über einen Gegenstand erlangt oder ein Patentanspruch erlischt, so tritt diese Rechtsfolge ein, wenn zu dem entscheidenden Zeitpunkt an die zuständige Stelle nicht gezahlt ist; nur bei ihr kann maßgeblich festgestellt werden, ob die Zahlungspflicht erfüllt ist. Ist eine Kasse auch zur Annahme von Einzahlungen, für deren Annahme sie an sich nicht zuständig ist, ermächtigt, so muß die Einzahlung wie eine an zuständiger Stelle erfolgte Einzahlung gelten. Hat eine Kasse trotz Unzuständigkeit eine durch Übergabe von Zahlungsmitteln bewirkte Einzahlung vorbehaltlos angenommen, so wird die beteiligte Behörde bei Beurteilung der Versäumnis des Einzahlers nach Möglichkeit Billigkeitsrücksichten gelten lassen.

6. Anstatt an die sachlich und örtlich zuständige Kasse können für deren Rechnung Einzahlungen nach näherer Bestimmung des zuständigen Reichsministers auch an die beteiligte Oberkasse oder an die Reichshauptkasse geleistet werden)§ 33 Abs. 2). Auf diese Weise wird in der Regel erreicht, daß die Einzahlungen der Reichshauptkasse beschleunigt zugeführt werden, da der Umweg über die Amtskasse, bei der sie nicht früher als bei der Reichshauptkasse bewirkt zu werden brauchten, vermieden wird. Das Verfahren liegt auch im Interesse der Zahlungspflichtigen, soweit sie bei Geldanstalten am Orte der Oberkasse oder der Reichshauptkasse ein Konto unterhalten, da die Überweisung an diese Kassen sich zumeist einfacher und schneller — also unter Zinsersparnis — vollzieht als an eine nicht am gleichen Orte gelegene Amtskasse. Die Zahlung an Oberkasse oder Reichshauptkasse steht in diesen Fällen der Zahlung an die zuständige Kasse gleich. Ihre Zulassung setzt in jedem Falle eine Anordnung des zuständigen Reichsministers nach Maßgabe des Abs. 2 Satz 2 voraus. Für die Reichsabgabenverwaltung ist sie in der AKO. § 33 enthalten, woselbst nähere Vorschriften für das Verfahren — Mindestbeträge, Beifügung eines Benachrichtigungsschreibens für die zuständige Kasse, deren Benachrichtigung, Buchung der Einzahlung als Ablieferung dieser Kasse — gegeben sind. Von besonderer Wichtigkeit ist die sofortige Verständigung der zuständigen Kasse über die für ihre Rechnung erfolgte Einzahlung zur Hintanhaltung von Beitreibungsmaßnahmen wie auch zur Feststellung, ob die Einzahlung rechtzeitig erfolgt ist oder etwa Zinsen zu erheben sind. Ein Mindestbetrag für die Einzahlungen (§ 33 Abs. 2 a. E.) ist vom RFM. bisher nicht einheitlich festgesetzt worden, sondern dies für den Einzelfall vorbehalten. Der zuständige Reichsminister wird die Festsetzung veranlassen, wenn für seinen Verwaltungsbereich ein Bedürfnis vorliegt, die Entrichtung von Einzahlungen an die Oberkasse oder Reichshauptkasse für Rechnung der zuständigen Kasse zuzulassen.

Auf Grund des Gesetzes über die Londoner Konferenz vom 30. August 1924 (RGBl. II S. 289) verpfändete Haushaltseinnahmen sind nach § 1 der Anl. 14 der AKO. von der Entrichtung an die Reichshauptkasse ausgeschlossen.

§ 34

Annahmeanordnung, Einzahlungsschein

(1) Die Kasse darf Einzahlungen regelmäßig nur auf Grund einer Anordnung der zuständigen Verwaltungsbe-

hörden oder auf Grund gesetzlicher Vorschriften annehmen (Annahmeanordnung). Die Verwaltungsbehörden erteilen die Annahmeanordnung durch eine förmliche Kassenanweisung oder allgemein.

(2) Auch wenn die Voraussetzung des Abs. 1 nicht vorliegt, sind Einzahlungen, die durch Übergabe von Zahlungsmitteln entrichtet werden, anzunehmen, sofern ein sachlicher Grund für sie anzuerkennen ist; die Kasse hat in diesem Falle von dem Einzahlenden einen Einzahlungsschein über Betrag und Grund der Einzahlung zu fordern. Diese Einzahlungen sind als Hinterlegungen zu behandeln und der zuständigen Stelle anzuzeigen, soweit nicht anderes bestimmt ist. Satz 2 gilt auch für Einzahlungen, die in anderer Weise als durch Übergabe von Zahlungsmitteln entrichtet werden.

(3) Der zuständige Reichsminister kann bestimmen, daß die Kasse von dem Einzahlenden einen Einzahlungsschein auch in den Fällen zu fordern hat, in denen die Annahmeanordnung nicht auf einen ziffermäßigen Betrag lautet.

(4) Die Kasse darf, soweit nicht etwas anderes bestimmt ist, Einzahlungspflichtigen keine Stundung gewähren.

AKO. §§ 34, 35, 40; WB. RHK., RAM., Heer und Marine.

1. Die RHO. schreibt in § 58 vor, daß Kassen nur auf Anweisung des zuständigen Reichsministers oder der von ihm mit selbständiger Anweisungsbefugnis ausgestatteten Dienststellen Zahlung leisten dürfen. Die RKO. erweitert die Vorschrift des § 58 cit., indem sie in Abs. 1 des § 34 zunächst vorschreibt, daß auch Einzahlungen regelmäßig nur auf Grund einer Annahmeanordnung anzunehmen sind; gleichzeitig aber ist in Abs. 2 eine durch das praktische Bedürfnis bedingte Ausnahme vorgesehen. Einzahlungen, die durch Übergabe von Zahlungsmitteln entrichtet werden, sind auch ohne Annahmeanordnung anzunehmen, sofern ein sachlicher Grund für sie anzuerkennen ist (vgl. Anm. 4). Hiernach ergibt sich aus § 34 in Verbindung mit § 37 als Grundsatz, daß die Kassen nur auf Anweisung Zahlungen anzunehmen oder zu leisten haben. Für die Auszahlungen versteht sich dies von selbst, da nur die Verwaltungsbehörde über die Haushaltsmittel verfügen und entscheiden kann, ob eine Auszahlung geleistet werden darf. Für die Einzahlungen soll durch die Bestimmung des Abs. 1 in Verbindung mit § 33 Abs. 1 die Ordnung im Kassenwesen gesichert werden. Eine Annahmeanordnung ist unentbehrlich, wenn es sich nicht nur um die Annahme angebotener Einzahlungen, sondern um die Einziehung von Forderungen handelt, da die Kasse zum Erlaß einer Mahnung und zur etwaigen

Beitreibung eine greifbare ihr Vorgehen begründende Unterlage haben muß.

Wenn §§ 34 und 37 als Voraussetzung für Ein- und Auszahlungen eine Annahme- bzw. Auszahlungsanordnung fordern, so gilt dies nicht für die Fälle, in denen die RKO. selbst Ein- und Auszahlungen ohne Wahrung jener Voraussetzung anordnet, wie z. B. bei den Kassenbestandsverstärkungen und den Ablieferungen (§§ 48—51 und § 54). In den Fällen der §§ 52 und 53 ist eine entsprechende Anordnung bei der ersuchenden bzw. auftraggebenden Kasse vorhanden und Voraussetzung des Ersuchens.

2. § 34 unterscheidet zwei Formen der Annahmeanordnung, eine Anordnung der zuständigen Verwaltungsbehörden und gesetzliche Vorschrift. Die Verwaltungsanordnung muß an die Kasse gerichtet sein; die gesetzliche Vorschrift muß, wenn sie als Annahmeanordnung gelten soll, die unmittelbare Vorschrift enthalten, daß die Kasse gewisse Einzahlungen anzunehmen hat. Diese letztere Form der Annahmeanordnung kommt nur ausnahmsweise vor und dürfte ebenso wie für Auszahlungsanordnungen aus praktischen Gründen und, da die Kassen nicht selbständige Behörden, sondern nur Teile einer solchen sind, tunlichst vermieden werden. Sie hat zur Voraussetzung, daß der Kasse die gesetzlichen Vorschriften von Amts wegen entweder fortlaufend oder für den einzelnen Fall bekanntgegeben werden, da die Kasse als solche nicht die Aufgabe haben kann, anders als auf Grund des ihr amtlich zugeleiteten Materials festzustellen, ob etwa durch ein Gesetz eine Zahlungsanordnung, deren Ausführung ihr obläge, getroffen ist. Aber auch, wenn der Kasse das Gesetzgebungsmaterial von Amts wegen fortlaufend zugänglich gemacht wird, wird die zuständige Behörde gegebenenfalls nicht unterlassen, die Kasse ausdrücklich auf die gesetzliche Anordnung — erforderlichenfalls unter Beigabe von Ausführungsvorschriften — hinzuweisen. Letztere sind notwendig, wenn sich aus der Anordnung die der einzelnen Kasse zufallende Aufgabe nicht mit Bestimmtheit ergibt. (Wegen der Begründung der auf gesetzliche Anordnung hin erfolgenden Einzahlungen bei der Rechnungslegung vgl. RRO. § 69 — Beilage 7 —).

3. Durch die Wirtschaftsbestimmungen für die Reichsbehörden (RWB.) vom 11. Februar 1929, II. Buch, 2. Teil, 3. Abschnitt, 1. Titel, §§ 27—38 (s. Beilage 6), sind inzwischen nähere Bestimmungen über die Erteilung von Annahmeanordnungen und Auszahlungsanordnungen und ihre Ausführung durch die Kassen getroffen worden. Für alle Annahme- und Auszahlungsanordnungen ist Voraussetzung, daß sie von einer Stelle ausgehen, die der zuständige Reichsminister mit der entsprechenden Anordnungsbefugnis ausgestattet hat (RWB. § 27 Abs. 1). Nach Abs. 4 des § 27 in Verbindung mit § 30

das. sind jeder Kasse Name, Amtsbezeichnung und Unterschriftsprobe der Beamten, die ihnen Annahme- oder Auszahlungsanordnung zu erteilen befugt sind, mitzuteilen. Dies gilt insbesondere auch für den Fall, daß andere Behörden als diejenige, der die Kasse angehört, die Befugnis haben, der Kasse gegenüber die Annahme von Einzahlungen oder Auszahlungen anzuordnen. In diesen Fällen ist mit der Mitteilung der Namen der beteiligten Beamten die Bezeichnung der Behörde, in deren Namen sie die Anordnungsbefugnis ausüben, zu verbinden. Die Unterschriftsproben sind in Urschrift, nicht als Faksimile beizufügen. Mit der vorangeführten Bestimmung wird auch die Frage beantwortet, ob die Kasse von einer der Behörde, der sie angehört, vorgesetzten Behörde Zahlungsanordnungen anzunehmen hat. Dies ist, wenigstens soweit es sich um schriftliche förmliche Kassenanweisungen handelt, nur der Fall, wenn der Kasse von der zuständigen Stelle mitgeteilt ist, daß und mit Unterschrift welcher Beamten sie Anweisungen der höheren Stelle anzunehmen und auszuführen hat (vgl. hierzu RWB. § 27 Abs. 1 Satz 2).

Die Mitteilung der Namen und Unterschriften an die Kasse muß ihrer Natur nach schriftlich erfolgen. Jede Veränderung in der Anordnungsbefugnis ist der Kasse in gleicher Weise sofort mitzuteilen. Besteht eine Kasse nur aus dem Kassenleiter und ist dieser zugleich der Leiter der Behörde, zu der die Kasse gehört, so kann eine besondere Benachrichtigung der Kasse, bis etwa ein besonderer Kassenleiter für sie bestellt wird, entfallen. Dem Kassenleiter steht alsdann das amtliche Material betr. die Anordnungsbefugnis gegenüber der Kasse in seiner Eigenschaft als Behördenvorsteher zur Verfügung. Gehören zur Kasse noch andere Beamte, so müssen sie über jede der Kasse gegenüber bestehende Anordnungsbefugnis, soweit deren Kenntnis für sie wichtig ist (vgl. insbes. § 76 Abs. 1 und 2), unterrichtet werden. Diese Unterrichtung muß in jedem Falle schriftlich erfolgen, wozu aber genügt, wenn den Beamten die einschlägigen amtlichen Unterlagen zur Kenntnisnahme gegen Sichtvermerk vorgelegt werden. Sie werden sich deren Inhalt vermerken und im Bedarfsfalle — z. B. wegen notwendiger Vergleichung einer Unterschrift mit der Schriftprobe — in die beim Kassenleiter bzw. Behördenvorsteher aufbewahrten Unterlagen Einsicht nehmen. In welcher Weise der Behördenvorsteher über die nach RWB. § 27 festgestellten Anordnungsbefugnisse unterrichtet wird, ist Sache der Verwaltung und berührt die Kasse als solche nur, wenn Behördenvorsteher und Kassenleiter dieselbe Person sind. Für den Behördenvorsteher sind die ihm von der vorgesetzten Stelle oder durch deren Hand zugeleiteten Mitteilungen darüber maßgebend. In allen Zweifelsfällen bleibt bei dieser Stelle anzufragen.

Die RKO. (§§ 34 Abs. 1 und 37 Abs. 1) und die RWB.

(§ 28 Abs. 1) unterscheiden förmliche Kassenanweisungen und allgemeine Zahlungsanordnungen; die ersteren werden für eine einzelne oder für eine Reihe einzelner Zahlungen — unter bestimmter Kennzeichnung der zu zahlenden Beträge und der Empfänger bzw. Einzahlungsverpflichteten — erteilt; bei den allgemeinen Zahlungsanordnungen werden die Zahlungsbeträge und die Empfänger bzw. Einzahlungspflichtigen zumeist nicht einzeln aufgeführt, sondern nur im allgemeinen bezeichnet. Allgemeine Annahme- und Auszahlungsanordnungen sind nach § 28 cit. Abs. 1 Satz 2 nur zu erteilen, wenn dies nach der Natur der Zahlungen geboten oder zur Geschäftsvereinfachung zweckmäßig ist und wenn dadurch die Prüfung nicht erheblich erschwert wird. Die näheren Bestimmungen hierüber trifft der zuständige Reichsminister unter Berücksichtigung der Verhältnisse seines Verwaltungsbereichs; dabei sind die vom Rechnungshofe des Deutschen Reichs hierüber erlassenen Bestimmungen zu beachten. In RKO. § 68 sind die Fälle aufgeführt, in denen bei Zahlungen, die auf Anordnung der Reichsbehörden erfolgen, von Ausfertigung einer förmlichen Kassenanweisung abgesehen, also eine allgemeine Anordnung oder gegebenenfalls auch eine mündliche Kassenanweisung (vgl. Abs. 5 der Anm.) erteilt werden kann.

Auszahlungsanordnungen sind stets, Annahmeanordnungen in der Regel schriftlich zu erteilen. Wenn eine Annahmeanordnung nicht schriftlich erteilt ist, so ist der Kasse nachträglich eine schriftliche Annahmeanordnung zu übersenden (RWB. § 28 Abs. 2; vgl. auch § 74 Abs. 2 das.).

Über die Angaben, die eine förmliche Kassenanweisung zu enthalten hat, trifft die RKO. in §§ 49 ff. (s. Beilage), auf die die RWB. (§ 31) ausdrücklich verweisen, Bestimmung. Abweichungen davon können nach § 67 das. bei Haushaltseinnahmen an Abgaben, Gebühren, Kosten und Geldstrafen, die auf Grund gesetzlicher Vorschrift festgesetzt und erhoben werden, vom zuständigen Reichsminister im Einvernehmen mit dem Rechnungshof zugelassen werden. In diesen Fällen kann also gegebenenfalls auch eine förmliche Kassenanweisung in mündlicher Form erteilt werden, wenngleich sich dies mit ihrer Bezeichnung als förmliche Kassenanweisung wenig verträgt (vgl. AKO. § 34 Abs. 1 und VB. Heer Abs. 1 und Marine Ziff. 21; bei den beiden letzteren Verwaltungen handelt es sich insbesondere um Fälle der in § 68 zu a RKO. angeführten Art). Schriftliche Kassenanweisungen müssen — mit den sich aus § 67 RKO. ergebenden Ausnahmen — allen Anforderungen der §§ 49 ff. cit. und hinsichtlich der Unterschrift den sich aus RWO. §§ 27, 28 und 30 ergebenden Anforderungen entsprechen. Für förmliche Kassenanweisungen über Besoldungen und Versorgungsbezüge gelten besondere Bestimmungen (RWB. § 31 Abs. 2).

Über die formelle Einrichtung allgemeiner Annahme- und Auszahlungsanordnungen enthält die RKO. keine Vorschriften, nur ist aus § 68 Abs. 3 das. zu entnehmen, daß eine allgemeine Zahlungsanordnung auch in einer Dienstvorschrift enthalten sein kann. Allgemeine Annahme- und Auszahlungsanordnungen werden ihrer Natur nach regelmäßig schriftlich erteilt werden. Dabei muß als Schriftform auch die Mitteilung durch Umdruck oder Druck gelten. Hinsichtlich der Befugnis zum Erlaß und zu unterschriftlicher Vollziehung allgemeiner Zahlungsanordnungen enthalten die §§ 27, 28 und 30 RWB. zwar keine Einschränkung, so daß sie auch für diese Anordnungen maßgebend wären. (Aus Abs. 1 Satz 3 des § 28 wird man eine solche Einschränkung nicht herleiten dürfen, denn die daselbst dem zuständigen Reichsminister gegebene Vollmacht bezieht sich sinngemäß nur auf die nähere Bestimmung darüber, in welchen Fällen und unter welchen Voraussetzungen allgemeine Zahlungsanordnungen zulässig sein sollen.) Andererseits gehen die für die Mitteilung der Anordnungsbefugnis usw. und der Unterschrift der Zahlungsanordnungen vorgesehenen Bestimmungen der RWB. (§§ 27 Abs. 4 und 30), soweit es sich um allgemeine Zahlungsanordnungen handelt, über die allgemeine Praxis und das Bedürfnis hinaus. Solche Anordnungen werden vielfach in der Form einer allgemeinen durch Umdruck oder Amtsblatt bekanntgegebenen Verwaltungsanordnung getroffen; so z. B. in dem Erlaß des RM. betreffend die Einführung der AKO. vom 12. März 1928, woselbst eine allgemeine Annahmeanordnung erteilt ist

a) für die Annahme von Zinsen nach Maßgabe der ZinsA;
b) für die Annahme des Gegenwerts für verkaufte Wertzeichen und Vordrucke;
c) für die Annahme gefundener Zahlungsmittel.

Die §§ 27 Abs. 4 und 30 cit. sind auf solche allgemeinen Zahlungsanordnungen nicht anwendbar. Es kann nicht als die Absicht der RWB. angesehen werden, hinsichtlich allgemeiner Annahme- und Auszahlungsanordnungen die bestehende Praxis uneingeschränkt im Sinne der getroffenen Bestimmungen zu ändern. Darüber, inwieweit bei allgemeinen Zahlungsanordnungen von den Vorschriften in den §§ 27 und 30 cit. abgewichen werden kann, und welche Behörden zum Erlaß allgemeiner Zahlungsanordnungen in jedem Verwaltungsbereich als befugt zu gelten haben, werden die Kassen durch VB. zu den RWB. bzw. zur RKO. zu unterrichten sein.

Die in §§ 49—70 RKO. getroffenen Bestimmungen beziehen sich nur auf Kassenanweisungen über Haushaltseinnahmen und -ausgaben (§ 2 Ziff. 6 und 7). Es ist Sache der Verwaltung, wieweit sie bei förmlichen Kassenanweisungen über andere als Haushaltseinnahmen und -ausgaben, also über Hinterlegungen und Vorschüsse, nach denselben Bestimmungen verfahren oder Abweichungen von ihnen zulassen will. Im Interesse einer geordneten Kassenführung wird es liegen, von solchen Abweichungen, soweit sie sich nicht aus der Natur der Sache ergeben, möglichst abzusehen.

4. Nach Abs. 2 hat die Kasse Einzahlungen, die durch Übergabe von Zahlungsmitteln entrichtet werden, auch wenn die Voraussetzung des Abs. 1 nicht vorliegt, anzunehmen, sofern ein sachlicher Grund für sie anzuerkennen ist. Sowohl das Fehlen der angegebenen Voraussetzung wie der Begriff des sachlichen Grundes für die Einzahlung kann in verschiedener Weise gedeutet werden. Die Voraussetzung des Abs. 1 liegt nicht vor, wenn die zuständige, d. h. die zur Erteilung von Annahmeordnungen an die Kasse zuständige Behörde ihr eine solche nicht hat zugehen lassen, gleichviel ob sie eine solche zu erteilen noch vorhat oder ob eine andere Behörde zur Erteilung der Anweisung berufen ist und Anweisung bereits erteilt hat oder erteilen wird. Ob dies der Fall ist, wird der Kasse zumeist nicht bekannt sein. Für sie kommt es zunächst darauf an, ob ihr eine Anordnung der für sie zuständigen Behörde vorliegt oder nicht. Letzterenfalls fragt es sich, ob ein sachlicher Grund für die Annahme der Einzahlung anzuerkennen ist. Es ist Sache dessen, der die Einzahlung anbietet, die Behauptung, daß ein sachlicher Grund für die Einzahlung gegeben sei, zu belegen oder sonst in glaubhafter Weise darzutun. Ein solcher Grund liegt nur vor, wenn es sich um eine Einzahlung handelt, für deren Annahme die Kasse sachlich zuständig wäre. Die Kasse eines Versorgungsamts kann ordnungsmäßig nicht eine ihr angebotene Steuerzahlung annehmen. Aber auch die sachliche Zuständigkeit genügt für sich allein nicht, es muß auch die örtliche Zuständigkeit der Kasse für die Annahme der Einzahlung (vgl. § 33 Anm. 2) gegeben, d. h. es muß ein sachlicher Grund für die Einzahlung bei der Kasse, der sie angeboten wurde, vorhanden sein. Eine von dieser Auffassung abweichende Auslegung des Begriffs des sachlichen Grundes würde mit dem in § 33 Abs. 1 aufgestellten Grundsatz nicht in Einklang stehen. Die Forderung der sachlichen Zuständigkeit entspricht auch der Bestimmung in Abs. 2 Satz 2, der eine Anzeige an die zuständige Stelle vorschreibt; diese kann nicht wohl eine andere sein, als die in Abs. 1 bezeichnete Stelle. Es ist also vorausgesetzt, daß es sich bei dem sachlichen Grund um einen Tatbestand handelt, der eine Annahmeanordnung durch die Stelle, deren Kassengeschäfte die Kasse versieht, begründet. Nur die Anordnung selbst darf noch fehlen, sei es, daß ihre Aufstellung infolge der geschäftlichen Behandlung oder sonst sich verzögert hat, daß sie aus bestimmten Gründen oder versehentlich noch unterblieben ist u. ä.

Sonach ist grundsätzlich auch im Falle des Abs. 2 die örtliche Zuständigkeit als Voraussetzung anzusehen. Dies kann insbesondere für den Fall nicht zweifelhaft sein, daß eine andere Kasse eine Annahmeanordnung für die Einzahlung hat und der Kasse dies bekannt ist, z. B. aus einer allgemeinen Zahlungsanordnung, oder wenn der, der diese Einzahlung anbietet, ein Schreiben vorweist, nach dem der anderen Kasse die Annahmeanweisung erteilt ist. In diesen Fällen ist zwar die in Abs. 2 eingangs angegebene Voraussetzung dem Wortlaut der Bestimmung nach gegeben; es ließe sich aber mit § 33 Abs. 1 nicht vereinbaren, wenn die Kasse ohne besondere Anweisung die Einzahlung annehmen sollte. Damit würden die örtliche Zuständigkeit und der Grundsatz des § 33 Abs. 1 ihrer Bedeutung gänzlich entkleidet werden. Es ist jedoch der Verwaltung, da § 33 nur eine Regelvorschrift enthält, nicht benommen, durch eine Vollzugsbestimmung (vgl. § 102 Abs. 1) eine abweichende geschäftliche Behandlung zuzulassen; in diesem Sinne schreibt AKO. § 34 Abs. 2 vor, daß die Einzahlung auch anzunehmen ist, wenn die örtliche Zuständigkeit der Amtskasse nicht gegeben ist, und daß ein sachlicher Grund für die Einzahlung insbesondere dann als vorliegend gelten soll, wenn die Einzahlungen sachlich zum Geschäftskreise der Kasse der Reichsabgabenverwaltung gehören. Die Bestimmung dient der beschleunigten Überführung der dem Reiche zukommenden Einzahlungen in die Reichskasse, welchem Vorteil gegenüber die aus der Einzahlung bei der unzuständigen Kasse erwachsende Mehrarbeit in den Kauf genommen wird. Angesichts der vorstehenden Erörterungen dürfte sich eine Klarstellung des Begriffs „ein sachlicher Grund" bei Gelegenheit empfehlen.

Wegen Tilgung der durch die Einzahlung zu begleichenden Schuld in dem Falle, daß eine für die Annahme nicht zuständige Kasse in unrichtiger Auslegung des Abs. 2 eine Einzahlung angenommen hat, vgl. § 33 Anm. 5 Abs. 2.

5. Satz 2 des Abs. 2 regelt die weitere Behandlung der ohne Annahmeanordnung gemäß der Vorschrift in Satz 1 angenommenen Einzahlung; sie ist als Hinterlegung zu behandeln und, soweit nicht etwas anderes bestimmt ist, der zuständigen Stelle anzuzeigen, damit die fehlende Annahmeanordnung nachgeholt werden kann. Eine abweichende Bestimmung, auf die Satz 2 bereits hindeutet, befindet sich z. B. in § 37 Abs. 3, der auf § 34 Abs. 2 Bezug nimmt. Ein Hinweis auch in § 34 auf § 37 Abs. 3 würde für das Verständnis des Satzes 2 in Abs. 2 von Wert gewesen sein. § 37 Abs. 3 gilt für den Fall, daß sich bei näherer Prüfung durch die Kasse herausstellt, daß doch ein sachlicher Grund für die Einzahlung bei der Kasse nicht gegeben war. Dann hat es keinen Zweck, die

Einzahlung der zuständigen Stelle (s. Anm. 3) anzuzeigen; es ist vielmehr nach § 37 Abs. 3 mit ihr zu verfahren.

Der Schlußsatz des Abs. 2 erstreckt sich nach Sinn und Wortlaut auf alle nicht durch Übergabe von Zahlungsmitteln bewirkten Einzahlungen, nicht wie Satz 1 nur auf solche, für die ein sachlicher Grund anzuerkennen ist. Mit Satz 3 des Abs. 2 ist insbesondere auch über die Behandlung der Einzahlungen bei einer für diese nicht zuständigen Kasse (§ 33 Anm. 4 und 5) Bestimmung getroffen.

6. Da in den Fällen des Abs. 2 eine Anordnung, die den Betrag, der von dem Einzahlungspflichtigen zu zahlen ist, und den Grund für die Einzahlung angibt, nicht vorhanden ist, muß, um beides festzustellen, von dem Einzahler ein Einzahlungsschein ausgestellt werden, in dem der eingezahlte Betrag und der Grund der Zahlung anzugeben sind. Er bildet den Zahlungsbeweis für die Einzahlung (vgl. RKO. § 71). Die Forderung eines Einzahlungsscheins bedeutet eine gewisse Erschwerung des Kassenverkehrs, sie ist aber geboten, weil mangels einer Annahmeanordnung ein Anhalt für den Grund und die Höhe der Einzahlung fehlt, und der Kasse gegenüber nur unter Mitwirkung des Einzahlers festgestellt werden kann, in welcher Höhe eine Einzahlung geleistet ist. Außerdem muß der Einzahler angeben, aus welchem Grunde die Einzahlung erfolgt, da diese Angabe für die rechtliche Bedeutung der Einzahlung und ihre kassenmäßige Behandlung wichtig ist. Es fragt sich, wie sich die Kasse zu verhalten hat, wenn der Einzahlende ausnahmsweise es ablehnt oder nicht in der Lage ist, einen Einzahlungsschein auszustellen. Abs. 2 macht es der Kasse nur zur Pflicht, einen Einzahlungsschein zu fordern, besagt aber nicht, daß, wenn seine Ausstellung abgelehnt wird, dann auch die Annahme der Einzahlung unterbleiben müsse. Sie ist abzulehnen, wenn durch die Weigerung des Einzahlers, den Schein auszustellen, die Richtigkeit des von ihm angegebenen sachlichen Grundes wieder in Frage gestellt wird. Anderseits kann die unverzögerte Annahme der Einzahlung durchaus im Reichsinteresse liegen. Eine solche Einzahlung kann ja auch im Falle der Übersendung von Bargeld an die Kasse ohne einen Begleitvermerk, der den Betrag angibt, nicht verhindert werden, in welchem Falle es ebenfalls an einem Beleg für die Einzahlung fehlen würde. Ein Einzahlungsschein pflegt im Verkehrsleben allgemein von den Kassen gefordert zu werden, wenn für eine Einzahlung nicht andere Unterlagen vorhanden sind. Wird die Ausstellung eines Einzahlungsscheins abgelehnt oder ist der Überbringer des Geldbetrages nicht in der Lage, ihn auszustellen oder auch nur zu unterzeichnen, so pflegt deswegen die Annahme der Einzahlung nicht abgelehnt zu werden. Entweder fertigt der Kassier ihn selbst aus mit einem Vermerk über die Weigerung des Überbringers, ihn

auszustellen, und es wird demjenigen, von dem oder für den die Zahlung geleistet ist, alsbald schriftlich die Einzahlung bestätigt, oder ein anderer Angestellter der Kasse als der Kassier fertigt den Einzahlungsschein an; letzteres erscheint als das richtigere und ist wohl auch bei größeren Kassen das übliche. Es handelt sich im allgemeinen nur um Ausnahmefälle, die vorkommendenfalls im Einvernehmen mit dem Kassenvorsteher erledigt werden. Jedenfalls besteht keine bestimmte Verkehrssitte, Geld in diesen Fällen ohne Einzahlungsschein nicht anzunehmen. Ein Verbot, gegebenenfalls eine Einzahlung auch ohne Einzahlungsschein anzunehmen, ist aus § 34 Abs. 2 nicht zu entnehmen. Es wird also, solange nicht eine abweichende Anordnung ergeht, von den Kassen zweckmäßig wie vorstehend angegeben, verfahren werden. Der Einzahlungsschein ist in einem solchen Falle, wenn mehr als ein Beamter in der Kasse anwesend ist, nicht von dem Kassier, sondern möglichst von einem an der Einzahlung nicht beteiligten Beamten auszustellen. Bei der nach § 90 Abs. 1 vorzunehmenden Prüfung der Buchungen und Belege ist auf die sachdienliche Erledigung eines solchen Falles besonders achtzugeben.

§ 34 enthält keine besondere Angabe darüber, ob die Kasse Teileinzahlungen anzunehmen hat. Die Frage ist im Hinblick auf die Bestimmung in § 30 Abs. 3 Satz 1 zu bejahen. § 280 BGB., der lediglich ein Recht zur Ablehnung von Teilzahlungen begründet, steht dem nicht entgegen. Die Kasse wird einen Teilbetrag einer fälligen Einzahlung anzunehmen nur dann ablehnen, wenn er in einem so wenig angemessenen Verhältnis zu der geschuldeten Einzahlung steht, daß der Kasse aus der Annahme eine ungebührliche Belastung erwachsen würde. Nicht zu verwechseln mit Teilzahlungen sind gleichartige selbständig nebeneinander herlaufende Einzahlungsverpflichtungen, z. B. monatlich nacheinander fällig gewordene oder mehrere für verschiedene Objekte aus verschiedenen Verträgen oder Vertragsabreden gleichzeitig fällig gewordene Mietzinsbeträge. Die Annahme solcher einzelnen fälligen Beträge kann überhaupt nicht abgelehnt werden.

Auch bei Teilzahlungen könnte die Forderung eines Einzahlungsscheins in Frage kommen, weil der Betrag der Einzahlung sich mit dem der Annahmeanordnung nicht deckt. Eine entsprechende Anordnung ist unterblieben, weil der Betrag der geschuldeten Einzahlung feststeht und die Einzahlung des verbleibenden Restes in derselben Weise zu betreiben bleibt, wie die des ganzen Betrages zu betreiben gewesen wäre, wenn die Teilzahlung nicht erfolgt wäre.

7. In den in Abs. 3 angeführten Fällen, in denen es an einer Anordnung, die den einzuzahlenden Betrag ziffermäßig angibt, fehlt, kann die Ausstellung des Einzahlungs-

scheins aus den gleichen Gründen angezeigt sein wie in dem Falle des Abs. 2 (s. Anm. 6 und die angeführten BB.).

8. Bei der Entscheidung über Stundungsanträge handelt es sich um einen Verwaltungsakt, der an sich nicht zu den Kassengeschäften zählt. Über die Stundung kann nur die Behörde verfügen, die die Annahmeanordnung erlassen hat. Die Kasse kann jedoch zur Entscheidung über Stundungsanträge nach bestimmten Richtlinien ermächtigt werden (§ 4 Abs. 2). Soweit dies nicht geschehen ist, sind die Einzahlungspflichtigen mit etwaigen Stundungsanträgen an die zuständige Verwaltungsbehörde zu verweisen. Für den Bereich der Reichsabgabenverwaltung sind in der Stundungsordnung vom 29. Januar 1923 (RGBl. 1923 I S. 75) eingehende Vorschriften über die Stundung von Abgaben enthalten. Bei den übrigen Verwaltungen ist, soweit nicht besondere Bestimmungen über das Verfahren bei Stundungsgesuchen getroffen sind, über das Ausbleiben von Einzahlungen infolge eines angekündigten Stundungsantrages an die Behörde, die den Einziehungsauftrag gegeben hat, in derselben Weise zu berichten, als wenn der Schuldner erfolglos an die Einzahlung gemahnt wäre.

§ 35.
Einzahlungstag.

Als Einzahlungstag gilt:

a) **bei Übergabe oder Übersendung von Zahlungsmitteln an die Kasse der Tag des Einganges;**

b) **bei Überweisung auf das Postscheckkonto der Kasse und bei Einzahlung durch Postscheck der Tag, der sich aus dem Tagesstempelabdrucke des Postscheckamts ergibt;**

c) **bei einer sonstigen Überweisung der Tag, an dem der Betrag der Kasse gutgeschrieben wird;**

d) **bei Einzahlung mit Zahlkarte oder Postanweisung der Tag, der sich aus dem Tagesstempelabdrucke der Aufgabepostanstalt ergibt;**

e) **bei Einzahlungen aus dem Ausland der Tag, an dem sie bei der Kasse eingehen oder ihr gutgeschrieben werden.**

AKO. § 36.

1. Bei Ein- und Auszahlungen sind vier Zeitpunkte von Bedeutung:

1. der Tag der Fälligkeit;
2. der Tag, an dem die Zahlung rechtlich als bewirkt anzusehen ist (Erfüllungstag);

3. der Tag, an dem sie kassenmäßig als bewirkt anzusehen ist (Zahlungstag);
4. der Buchungstag.

Der Zeitpunkt zu 1 und 2 bestimmt sich nach gesetzlicher Vorschrift oder besonderer Vereinbarung und unabhängig von dem Zeitpunkt zu 3; der kassenmäßige Zahlungstag und der Buchungstag (Ziffer 3 und 4) sind durch die RKO. bestimmt, ersterer durch die §§ 35 und 38, der letztere durch § 75 (s. das. Anm.). Der Zahlungstag ist dem Einzahlungspflichtigen und dem Empfänger gegenüber insoweit von Bedeutung, als er von der Verwaltung günstiger festgesetzt ist, als der Erfüllungstag (vgl. Anm. 2 Abs. 4). Eine günstigere Festsetzung kommt ihnen zugute; eine weniger günstige kann an dem wirklichen Erfüllungstage nichts ändern. Wenn aus verspäteter Zahlung eines Einzahlungspflichtigen Verpflichtungen desselben hergeleitet werden, ist dabei der Zahlungstag und, wenn es für ihn günstiger ist, der Erfüllungstag zugrundezulegen.

In den Sachbüchern mit Ausnahme des Abrechnungsbuchs ist bei jeder Buchung der Tag der Zahlung anzugeben (§ 62 Abs. 3, § 63 Abs. 2, § 64 Abs. 1). Die Angabe des Zahlungstages, der sich bei Einzahlungen vielfach nicht mit dem Tage ihrer Buchung deckt, ist notwendig, damit bei Nachfrage oder für Prüfungszwecke aus den Büchern jederzeit alsbald festgestellt werden kann, wann die Zahlung bewirkt, sowie ob sie zur richtigen Zeit — nicht zu spät und insbesondere als Auszahlung nicht zu früh — erfolgt ist und etwa noch Zinsansprüche gegen den Einzahler oder die die Zahlung vermittelnde Geldanstalt geltend zu machen sind.

2. Verpflichtungen aus Schuldverhältnissen sind, wenn nichts anderes durch gesetzliche Vorschrift oder Vereinbarung festgesetzt ist oder sich aus der Natur des Schuldverhältnisses ergibt, im allgemeinen am Orte des Wohnsitzes oder, wenn es sich um Verbindlichkeiten aus dem Gewerbebetriebe des Schuldners handelt, am Orte der gewerblichen Niederlassung des Schuldners zur Zeit der Entstehung des Schuldverhältnisses zu erfüllen (vgl. § 269 BGB.). Für geschuldete Geldbeträge gilt die besondere Vorschrift des § 270 BGB., wonach sie im Zweifel von dem Schuldner auf seine Gefahr und Kosten dem Gläubiger an dessen Wohnsitz oder gegebenenfalls den Ort seiner gewerblichen Niederlassung zu übermitteln sind. Die Übermittelung ist vollendet, sobald dem Gläubiger oder einer von ihm zur Empfangnahme ermächtigten Stelle der Betrag durch Übergabe oder Überweisung zugeführt ist. Die Wahrung des Zeitpunkts der Fälligkeit setzt voraus, daß die geschuldete Leistung spätestens am Fälligkeitstage bewirkt wird, d. h. der Erfüllungstag darf nicht später liegen als der Fälligkeitstag. Es ist daher von grundlegender Wichtigkeit, welcher Tag im

Falle des § 270 als Erfüllungstag zu gelten hat, der Tag der Absendung oder der des Empfangs des übermittelten Geldbetrages. Die Ansichten hierüber gehen ungeachtet der Vorschrift des Abs. 4 des § 270 cit., wonach die Vorschriften über den Leistungsort unberührt bleiben, auseinander. Enneccerus, Kipp und Wolff (Lehrbuch des bürgerlichen Rechts, Band I, 2 § 247) wollen, da die Übermittlung auf Kosten und Gefahr des Schuldners erfolge und die Leistung sich erst mit der Ankunft beim Empfänger vollende, als Tag der Leistung den der Übergabe des Geldes an den Empfänger angesehen wissen und messen dem Abs. 4 des § 270 nur für den Gerichtsstand, für Fragen des internationalen Privatrechts und gegebenenfalls für Auslegungsfragen Bedeutung bei. Demgegenüber wird u. a. in dem Kommentar der Reichsgerichtsräte zum BGB. (Anm. 1), wie in den Kommentaren von Oertmann (1928, Anm. 3) und Staudinger (Anm. 4) die Ansicht vertreten, daß entsprechend der Vorschrift des Abs. 4 cit. und im Sinne des § 269 ungeachtet der Übermittlungspflicht des Schuldners als Leistungsort doch der Ort, an dem der Schuldner wohnt bzw. eine Niederlassung hat, anzusehen sei. Diese Auffassung, die außer im § 270 Abs. 4 BGB. auch in der Rechtsprechung des Reichsgerichts (Entscheidungen in Zivilsachen Band 78 S. 137, Jurist. Wochenschrift 1912, Nr. 10 S. 345) eine Stütze findet, ist der nachstehenden Erläuterung der RKO. zugrunde gelegt. Sonach ist bei Einzahlung von Geldbeträgen als Leistungs- oder Erfüllungstag der Tag anzusehen, an dem der einzuzahlende Betrag der Kasse übergeben oder an sie abgesandt wird. Die Übersendung muß auf einem geeigneten, der Verkehrssitte entsprechenden Wege (wie Postanweisung, Geldbrief, Einschreibebrief) erfolgen; der Schuldner haftet für die sachgemäße Auswahl der Beförderungsart. Für Verspätungen der Übermittlung, die ohne ein Verschulden seinerseits eintreten, hat er nicht aufzukommen. Geht die Sendung unterwegs verloren, so muß der Schuldner die Zahlung, da die Übersendung auf seine Gefahr ging, dem Gläubiger gegenüber erneut leisten.

Da bei einem Postscheckkontoinhaber dessen Einverständnis mit der Einzahlung auf sein Konto, wenn nichts anderes vereinbart worden ist, vorausgesetzt werden kann, so ist die Einzahlung mit Zahlkarte derjenigen mit Postanweisung ohne weiteres gleichzuachten. Bei unbarer Zahlung muß der Schuldner innerhalb der Fälligkeitsfrist alles getan haben, was von seiner Seite zur rechtzeitigen Übermittlung der Zahlung nötig ist. Hat der Gläubiger bei derselben Geldanstalt ein Konto, wie der Schuldner, so genügt es, wenn dieser den Überweisungsauftrag an die Geldanstalt an demselben Tage absendet, an dem er bei Barzahlung den Betrag hätte absenden müssen, andernfalls muß er die Geldanstalt, an die er angeschlossen ist, so frühzeitig zur Zahlung anweisen, daß sie statt seiner an dem Tage, an dem er selbst hätte erfüllen müssen, den Betrag absenden oder der Geldanstalt des Empfängers überweisen kann. Die an Stelle des Schuldners handelnde Bank in R. — heißt es in dem in der Jurist. Rundschau 1925 Nr. 762 mitgeteilten Urteil des Reichsgerichts — mußte innerhalb der Fälligkeitsfrist die zur Überweisung des geschuldeten Betrages auf das Bankkonto des Gläubigers bei der Bank in S. erforderlichen Schritte vornehmen; das Eintreffen bei der Bank in S. am Erfüllungstage kann nicht gefordert werden. Eine Benachrichtigung des Gläubigers von dem Eintreffen der Zahlung ist zur Vollendung der Übermittlung nicht erforderlich.

3. § 35 bestimmt, welcher Tag bei den verschiedenen Zahlungsarten für die Kasse als Einzahlungstag zu gelten hat. Vom Standpunkt der Kasse aus gesehen kommen für sie zwei Tage als Zahlungstage in Betracht, entweder der Tag, an dem die Einzahlung oder Auszahlung in das Vermögen der Kasse, also in ihren Kassenbestand im weiteren Sinne übergegangen bzw. aus ihm hinausgegangen ist, oder der Tag, an dem eine Zahlung bei ihr vorgenommen oder ihr bekannt geworden ist. Diese Tage sind aber für die Verwaltung nicht in erster Linie von Bedeutung. Die Festsetzung der Zahlungstage soll im wesentlichen dem Zwecke dienen, festzustellen, ob eine Zahlung rechtzeitig, eine Einzahlung nicht zu spät, eine Auszahlung nicht früher als nötig geleistet ist. Diesem Zwecke würde nur genügt werden, wenn Zahlungs- und Erfüllungstag miteinander zusammenfielen, d. h. der Erfüllungstag auch als Zahlungstag angesetzt würde. Dies ist aber bei unbaren wie bei baren Zahlungen praktisch nicht durchführbar, denn es kann nur ein Tag dafür gewählt werden, der von der Kasse ohne weiteres mit Bestimmtheit festgestellt werden kann; auch muß die Regelung eine möglichst einfache sein. Es kommt also darauf an, unter Wahrung dieser Voraussetzungen den Zahlungstag so festzusetzen, daß er mit dem Erfüllungstag und, wenn dies nicht erreichbar, mit dem Tage, an dem das Vermögen der Kasse durch die Zahlung vermehrt oder vermindert wird, zusammenfällt oder diesen Tagen möglichst nahekommt.

Zu a und d des § 35 deckt sich, nachdem auch die Übergabe von unbaren Zahlungsmitteln als Zahlung anerkannt ist (§ 21 Abs. 1 zu a), im Falle der Übergabe von Zahlungsmitteln der Zahlungstag mit dem Erfüllungstage. Im Falle der Übersendung von Zahlungsmitteln wird dieser dem Zahlungstage nach den vorstehenden Ausführungen zumeist vorangehen. Auch in den Fällen zu b wird der Zahlungstag vielfach später liegen als der Erfüllungstag, er kann aber aus praktischen Gründen nicht anders festgesetzt werden. Durch Erlaß des RFM. vom 3. Mai 1929 ist die Bestimmung des § 35 zu b dahin erweitert worden, daß auch bei Überweisungen auf das Reichsbankgirokonto der Kasse als Einzahlungstag der Tag gilt, der sich aus dem Tagesstempelabdruck der Reichsbankanstalt ergibt. Wie zu b wird auch in den Fällen zu c der Erfüllungstag vielfach dem Zahlungstage vorangehen, da die Gutschrift im allgemeinen einen Tag später erfolgt als die Absendung der Überweisung durch die die Zahlung bewirkende Geldanstalt; doch kann auch hier im Interesse einer vereinfachten Buchführung ein anderer Tag als der der Gutschrift nicht in Betracht kommen.

Wenn zu c der Tag der Gutschrift als Zahlungstag angesetzt ist, so ist dabei vorausgesetzt, daß der Kasse die Gutschrift unmittelbar im Anschluß an diese mitgeteilt wird, so daß sie über die ihr gutgeschriebenen Mittel alsbald verfügen kann (vgl. § 26 Anm. a. E.). Eine Rückdatierung der Gutschrift ist für die Kasse zwecklos, da sie nicht mit rückwirkender Kraft über die Mittel verfügen kann. Sie würde nur erkennen lassen, daß die Geldanstalt der Kasse verspätet von der Überweisung Nachricht gegeben hat. Der Einzahlungspflichtige wird bei rechtzeitiger Überweisung des geschuldeten Betrages an die Geldanstalt, die die Kasse als ihre Bankverbindung angegeben hat (vgl. § 20 Abs. 5), von seiner Schuld befreit. Die verspätete Ausführung und Mitteilung von der Gutschrift und die infolgedessen verspätete Buchung der Einzahlung bei der Kasse geht nicht zu Lasten des Einzahlungspflichtigen.

Es könnte als eine gewisse Unstimmigkeit erscheinen, daß der Empfang eines Schecks oder eines geeigneten Überweisungsauftrages als der eines Zahlungsmittels bereits der Einzahlung gleichgestellt wird (§ 35 zu a), obwohl die Gutschrift erst durch Weiterleitung des Schecks usw. an die Geldanstalt herbeigeführt werden muß, während die üblichere Hingabe des Schecks oder Überweisungsauftrages an die Geldanstalt usw. nicht schon als Zahlung behandelt wird, sondern erst die auf sie folgende Gutschrift auf dem Konto des Empfangsberechtigten. In Wirklichkeit ist der Unterschied zwischen beiden Zahlungsarten nicht erheblich, da Schecke und Überweisungsaufträge nur unter der in § 1 der Anl. 1 angeführten Bedingung anzunehmen sind, die eine schleunige Einlösung sichert. Die entgegenkommende Behandlung der der Kasse übergebenen unbaren Zahlungsmittel hat ihren Grund außer in der planmäßigen Begünstigung aller unbaren Zahlungen darin, daß die Buchung der empfangenen Schecke und Überweisungsaufträge als Einzahlung sich wesentlich einfacher gestaltet, als wenn die Schecke usw. zunächst als Wertgegenstände vorläufig gebucht und erst, nachdem die Gutschrift herbeigeführt, endgültig als Einzahlung gebucht werden würden. Es kommt hinzu, daß der Tag der Übergabe des Zahlungsmittels und der der Gutschrift feststehen, während für den Tag der Hingabe eines Überweisungsauftrags oder Schecks seitens des Schuldners an die Geldanstalt ein gleich zuverlässiger Anhalt fehlt. Seine Feststellung würde die Kasse unverhältnismäßig belasten.

§ 35a bezieht sich nach Wortlaut und Sinn nur auf Einzahlungen, die bei der Kasse eingehen. Reichard, RKO. § 35 Anm. 2a und Jancke-Maaß, § 36 Abs. 2, wollen, wenn eine Einzahlung im Falle des § 35 zu a statt bei der Kasse bei der Behörde, der die Kasse angehört, eingeht, den Tag des Eingangs bei der Behörde als Einzahlungstag ansehen. Dem kann nicht uneingeschränkt beigetreten werden. Die Kasse wird durch die Behörde in Zahlungsgeschäften nicht vertreten, und es kann nach der RKO. als Zahlungstag nur der Tag in Betracht kommen, an dem die eingegangenen Zahlungsmittel der Kasse übergeben werden. Es ist deshalb für die unverzügliche Weiterleitung der an die Behörde gesandten Zahlungsmittel an die Kasse zu sorgen, so daß der Tag des Eingangs bei der Behörde und bei der Kasse möglichst sich decken. Eine andere Frage ist, ob der Einsender durch die Einsendung der Zahlungsmittel an die Behörde mit deren Eingang bei dieser von seiner Schuld befreit wird. Dies wird für den Fall, daß die Behörde die Einzahlung angenommen hat, wenn die Zahlung als solche bei der Annahme erkennbar war, zu bejahen sein. Die Behörde hat aber die Annahme von Geldsendungen abzulehnen und den, der sie anbringt, damit an die Kasse zu verweisen. Nach § 1, der in dieser Form allerdings in die RKO. nicht übernommen ist, sind allein die Kassen zur Empfangnahme von Zahlungen berechtigt. Daß sie ein Teil der Behörde sind, zu der sie gehören, ist hierbei unerheblich, da nach § 1 die Annahme von Einzahlungen sich — vorbehaltlich abweichender gesetzlicher Bestimmung — ausschließlich nach den Bestimmungen der RKO. regelt (vgl. § 1 Anm. 4).

4. Bei Einzahlungen aus dem Auslande — durch Übersendung von Zahlungsmitteln, durch Überweisung oder durch Einzahlung bei der Post — kann ein anderer Zeitpunkt als der zu e angegebene nicht in Frage kommen. Im Falle einer Einzahlung mit Zahlkarte oder Postanweisung bei einer ausländischen Postanstalt ist der Zeitpunkt der Aufgabe bei dieser als Zahlungstag nicht annehmbar, da der eingezahlte Betrag unter Umständen erst sehr viel später der Kasse zur Verfügung stehen wird.

§ 36.

Quittung.

(1) Die Kasse hat über jede Einzahlung, die durch Übergabe von Zahlungsmitteln entrichtet wird, dem Einzah-

lungspflichtigen eine Quittung zu erteilen. Über die in anderer Weise entrichteten Einzahlungen hat die Kasse dem Einzahlungspflichtigen nur auf Verlangen eine Quittung zu erteilen. Die Quittung ist mit Tinte oder Tintenstift auszustellen.

(2) Die Quittung enthält außer dem Empfangsbekenntnisse die Bezeichnung des Einzahlungspflichtigen, den eingezahlten Betrag (den Reichsmarkbetrag auch in Buchstaben), den Grund der Einzahlung, die Nummer, unter der die Einzahlung gebucht ist, den Abdruck des Dienststempels, den Ort und Tag der Einzahlung, die Bezeichnung der Kasse und die Unterschriften (§ 20 Abs. 4). Wird die Einzahlung durch Übergabe eines Schecks oder eines Postscheck- oder Reichsbanküberweisungsauftrags entrichtet, so ist dies in der Quittung anzugeben.

(3) Wird die Quittung auf einem die Einzahlung betreffenden Schriftstück erteilt, so kann von der Bezeichnung des Einzahlungspflichtigen und der Angabe des Grundes der Einzahlung abgesehen werden, wenn diese sich aus dem Schriftstück ergeben.

AKO. §§ 37 f.; BB. RAM.

1. Nach § 368 BGB. hat der Gläubiger gegen Empfang der Leistung auf Verlangen ein schriftliches Empfangsbekenntnis (Quittung) zu erteilen. Die Quittung ist ein Beweismittel für die in ihr bekundete Zahlung, das allerdings durch den Gegenbeweis, daß die Zahlung nicht oder nicht in der angegebenen Höhe erfolgt ist, entkräftet werden kann. Ein solcher Beweis ist seiner Natur nach sehr schwer zu führen. Nach § 36 hat die Kasse über jede Einzahlung, die durch Übergabe von Zahlungsmitteln erfolgt, dem Einzahlungspflichtigen nicht nur auf Verlangen (BGB. § 368), sondern von Amts wegen Quittung zu erteilen. Lehnt der Einzahler die Annahme der Quittung ab, so steht es im Belieben der Kasse, ob sie sie für den Fall einer späteren Einforderung aufheben oder vernichten will. Nach BB. RAM. ist die Quittung mit einem entsprechenden Vermerk zu den Belegen zu nehmen; für die Rechnungslegung ist sie nicht von Bedeutung. Die Aufnahme eines entsprechenden Vermerks über die Nichtausfolgung einer Quittung ist geboten für den Fall, daß der Einzahler später eine Quittung verlangt. Hat er auf sie verzichtet oder ihre Annahme abgelehnt, so hat er keinen Anspruch mehr auf Quittungsleistung. Doch steht der späteren Erteilung einer solchen — insbesondere auch, wenn die Annahme der Quittung versehentlich unterblieben ist — in gleicher

Weise wie bei den nicht durch Übergabe entrichteten Zahlungen nichts im Wege (vgl. AKO. § 37 Abs. 5); gerade dann ist aber Voraussetzung, daß die Kasse die Nichtaushändigung einer Quittung bei Annahme der Zahlungsmittel, sei es auf dem Beleg oder auf andere Weise, aktenkundig gemacht hat. Der dieserhalb gemachte Vermerk ist bei nachträglicher Quittungsleistung entsprechend zu ergänzen. Mangels eines solchen Vermerks könnte die Quittung nur mit dem Zusatz „doppelt für einfach" erteilt werden. In jedem Falle hat der Einzahlungspflichtige nach BGB. § 369 Abs. 1 etwa aus der Quittungserteilung erwachsende Kosten zu tragen; der abweichenden, nicht näher begründeten Ansicht von Reichard, RKO. § 36 Anm. 2b kann mit Jancke-Maaß, AKO. § 37 Abs. 2 (vgl. auch AKO. § 37 Abs. 1) nicht beigetreten werden.

Bei den anders als durch Übergabe von Zahlungsmitteln bewirkten Einzahlungen wird die Quittung im allgemeinen durch eine Bescheinigung der die Zahlung für den Einzahlungspflichtigen vermittelnden Stelle — Einlieferungsschein, Lastschriftzettel , Kontoauszug u. a. — ersetzt und ihm nur auf Verlangen von der Kasse besondere Quittung erteilt. Für den Fall, daß die Quittung durch geeignete Maschinen hergestellt oder vorbereitet wird, können — unbeschadet des aus § 368 cit. sich ergebenden und des durch die Bedürfnisse einer geordneten Kassenführung bedingten Inhalts der Quittung — nach § 98 Abs. 2 von § 36 abweichende Bestimmungen getroffen werden. So schreibt die AKO. in § 37 Abs. 1 vor, daß die Quittung mit Tinte, Tintenstift, Schreibmaschine oder durch Druck herzustellen und mit Tinte oder Tintenstift zu unterschreiben ist. Letzterer ist insbesondere zu verwenden, wenn die Quittung im Durchschreibeverfahren ausgestellt wird. Durch dieses Verfahren und die Zurückbehaltung des Durchschlags werden Fälschungen der Quittung zwar nicht völlig verhindert, aber doch erheblich erschwert. Vgl. hierzu AKO. § 37 Abs. 3 und § 38.

2. Die Quittung enthält nach Abs. 2 alle Angaben, die für den Einzahler und die Kasse von Bedeutung sind. Der Einzahlungstag bestimmt sich nach § 35. Die Angabe der Buchungsnummer soll sichern, daß Quittung nur über Einzahlungen geleistet wird, die entsprechend gebucht sind. Außerdem dient sie zur leichteren Feststellung der Einzahlung, wenn später einmal auf diese zurückgegangen werden muß. Abs. 2 läßt es offen, von welcher Eintragung — ob von der in dem Zeitbuch oder in dem Sachbuch — die Nummer in der Quittung angegeben werden soll. Da die Bestimmung von der Nummer der Buchung, also nur von einer und nicht von mehreren Nummern spricht, so kann sie sich nur auf die Buchung in dem beteiligten Zeitbuch (§§ 59 ff.) als die zunächst vorzunehmende, die Einzahlung nachweisende Buchung (§ 76

Abs. 1) beziehen. So auch AKO. § 37 Abs. 2, wonach die Quittung gegebenenfalls auch den Zeitraum, für den die Zahlung entrichtet wird, und die Nummer des Titelbuchs enthalten muß. Wegen der Vollziehung der Quittungen durch zwei Beamte vgl. § 20 Anm. 4 Abs. 1 und 2.

Der in die Quittung gegebenenfalls aufzunehmende Hinweis darauf, daß die Einzahlung durch Übergabe eines Schecks oder eines Postscheck- oder Reichsbanküberweisungsauftrages entrichtet ist, ist wichtig, da andernfalls bei fehlender Deckung, wenn hinterher der Einzahler ordnungsmäßig gezahlt zu haben behauptet, die Kasse für die gegenteilige Behauptung beweispflichtig ist und die Quittung zunächst einem Vollstreckungsbeamten gegenüber als Nachweis der Einzahlung mit Erfolg vorgewiesen werden kann.

3. Abs. 3 bezieht sich auf Fälle, in denen der Einzahler ein die Einzahlung betreffendes Schriftstück (z. B. einen Steuerbescheid — AKO. § 37 Abs. 4 zu 6 —, eine Zahlungsaufforderung, ein Mahnschreiben u. a.) an der Kasse verweist. Die in Abs. 2 aufgeführten Aufgaben müssen mit Ausnahme der Bezeichnung des Einzahlungspflichtigen und des Zahlungsgrundes, wenn diese aus dem Schriftstück ersichtlich sind, — auch in die auf das Schriftstück zu setzende Quittung aufgenommen werden.

3. Titel: Auszahlungen.

§ 37.

Auszahlungsanordnung, Kosten der Auszahlungen.

(1) Die Kasse darf Auszahlungen nur auf Grund einer schriftlichen Anordnung der zuständigen Verwaltungsbehörden oder auf Grund gesetzlicher Vorschriften leisten (Auszahlungsanordnung). Die Verwaltungsbehörden erteilen die Auszahlungsanordnung durch eine förmliche Kassenanweisung oder allgemein.

(2) Die Kasse darf ohne besondere Anordnung Auszahlungen nicht vor der Fälligkeit leisten.

(3) Die Kasse kann hinterlegte Beträge, die sie im Falle des § 34 Abs. 2 ohne Annahmeanordnung angenommen hat, ohne Auszahlungsanordnung auszahlen wenn der Betrag offenbar irrtümlich eingezahlt ist und an den Einzahlenden oder die zuständige Kasse des Reichs, eines Landes oder

einer sonstigen öffentlich-rechtlichen Körperschaft ausgezahlt werden kann.

(4) Die Kosten der Auszahlungen, die im Inland durch Überweisung oder Postscheck geleistet werden, trägt das Reich.

AKO. § 37; VB. RHK., RAM., Heer, Marine.

1. § 37 Abs. 1, der die Auszahlungen behandelt, weicht von der die Einzahlungen betreffenden Vorschrift des § 34 in zwei wesentlichen Punkten ab. § 34 schreibt vor, daß Einzahlungen regelmäßig nur auf Grund einer Annahmeanordnung anzunehmen sind, § 37 schreibt als bindend vor, daß Auszahlungen — von den Fällen des Abs. 3 daselbst abgesehen — nur auf Grund einer Auszahlungsanordnung geleistet werden dürfen. Nach § 34 ist für die Annahmeanordnungen der Verwaltungsbehörden die Schriftform nicht unbedingt vorgeschrieben; dagegen können Auszahlungsanordnungen der zuständigen Verwaltungsbehörden nach § 37 nur schriftlich erteilt werden. Es liegt auf der Hand, daß für die Auszahlungen der Kassen schärfere Bedingungen als für die Annahme von Einzahlungen vorgesehen werden müssen. Aus unberechtigter Annahme von Geldbeträgen wird dem Reich im allgemeinen ein Schaden nicht erwachsen, während der aus einer unbegründeten Auszahlung gegebenenfalls erwachsende Schaden häufig selbst bei Heranziehung des etwa für die unberechtigte Auszahlung verantwortlichen Beamten überhaupt nicht oder nur teilweise wieder ausgeglichen werden kann. Die Kassen dürfen daher, soweit nicht die RKO. selbst (vgl. Abs. 3 und §§ 52 f. — Ersuchens- und Auftragszahlungen —, §§ 48 bis 51 -- Kassenbestandsverstärkungen — und § 54 — Ablieferungen —) oder Vollzugsbestimmungen im Rahmen des § 98 etwas anderes vorsehen, Auszahlungen nur auf Grund schriftlicher Auszahlungsanordnung ausführen und müssen mangels einer solchen eine ihnen aufgetragene oder von ihnen verlangte Auszahlung ablehnen. Gibt der Inhalt einer Auszahlungsanordnung zu Zweifeln Anlaß, so müssen diese, wenn sie die Auszahlung betreffen, vor der Auszahlung behoben werden (§ 76 Abs. 2).

Wegen der gesetzlichen Auszahlungsanordnungen, wegen der Unterscheidung zwischen förmlichen Kassenanweisungen und allgemeinen Zahlungsanordnungen, der Befugnis zu ihrer Erteilung und der Mitteilung der Befugnis an die Kassen, der Form und des Inhalts der Auszahlungsanordnungen wird auf die Ausführungen zu § 34 Anm. 2 und 3 und die daselbst angeführten §§ 27 f. und 30 RWB. (Beilage 6) und §§ 49 ff. und 68 ff. RRO. (Beilage 7) verwiesen.

Wenn für die Auszahlungsanordnung ohne Einschränkung die Schriftlichkeit gefordert wird, so steht hier „schriftlich“ im

Gegensatz zu mündlich; es genügt also jede Schriftform, auch der Druck, nur muß in förmlichen Kassenanweisungen die vorgeschriebene Unterschrift der zur Vollziehung der Ausgabeanordnung berechtigten Personen von diesen in Urschrift geleistet werden. Eine faksimilierte Unterschrift genügt nicht. Ebenso entsprechen telegraphische Anweisungen wegen Fehlens der eigenhändigen Unterschrift nicht der geforderten Schriftform.

Wegen der an allgemeine Auszahlungsanordnungen hinsichtlich der Vollziehung zu stellenden Anforderungen vgl. § 34 Anm. 3 Abs. 6. Besonders hinsichtlich dieser Anordnungen wird es wichtig sein, die Kassen darüber zu unterrichten, inwieweit die Anordnungen den in §§ 27 f. und 30 RWB. hinsichtlich der Anordnungsbefugnis und der Vollziehung enthaltenen Bestimmungen entsprechen müssen.

2. Nach Abs. 2 dürfen Auszahlungen ohne besondere Anordnung nicht vor der Fälligkeit geleistet werden (vgl. hierzu § 35 Anm. 1). Ist ein Fälligkeitstag in der Auszahlungsanordnung nicht besonders angegeben, so hat die Kasse die Anordnung ohne Verzögerung nach Empfang auszuführen. Es ist Sache der anweisenden Behörde, darauf zu achten, daß, wenn eine Zahlung nicht sofort erfolgen soll oder wenn es sich um fortlaufende Zahlungen handelt, der Zeitpunkt, zu dem die einzelne Zahlung zu leisten ist, in der Auszahlungsanordnung, soweit er der Kasse nicht durch besondere Vorschrift bekannt gegeben ist, entweder durch Bezeichnung eines bestimmten Tages oder durch allgemeine Bestimmung des Zahlungstages, z. B. durch die Angabe „vierteljährlich nachträglich zahlbar", ausdrücklich angegeben wird (vgl. § 38 Anm. 1 und RKO. § 52). Es genügt nicht, daß der Zeitpunkt aus der Begründung der Anweisung zu entnehmen ist, da es die Kassen zu sehr belasten würde, wenn sie erst die Begründung jedesmal darauf prüfen müßten, ob etwa die Zahlung nicht zu einem späteren Zeitpunkt fällig wird. Allerdings wird die Kasse, wenn nach Lage der Sache Zweifel in ihr bestehen, wann die Zahlung zu leisten ist, bei der anweisenden Stelle die Ergänzung der Anweisung veranlassen müssen (vgl. § 76 Abs. 2 Satz 6 und 7). Die Zahlung zu einem früheren Zeitpunkt als dem der Fälligkeit bedarf nach Abs. 2 einer besonderen Anordnung. Ohne eine solche würde es der Kasse, da die Auszahlungsanordnung nur eine Auszahlung zu dem Zeitpunkt der Fälligkeit begründet, für eine frühere Zahlung an der vorgeschriebenen Zahlungsanordnung fehlen. Abs. 2 will diese aus der Bedeutung der Zahlungsanordnung sich von selbst ergebende Folgerung nur ausdrücklich hervorheben.

3. Abs. 3 enthält eine Abweichung von der in Abs. 1 gegebenen Vorschrift (vgl. Anm. 1 Abs. 2), indem er die Kasse

ermächtigt, unter bestimmten Voraussetzungen auch ohne eine Auszahlungsanordnung eine Auszahlung vorzunehmen; als eine allgemeine Auszahlungsanordnung kann Abs. 3 selbst nicht angesehen werden, da er nur eine Ermächtigung und nicht eine Anordnung der Auszahlung enthält. Es handelt sich in Abs. 3 um die Rückzahlung oder Weiterleitung von Mitteln, die der Kasse ohne einen ausreichenden sachlichen Grund zugeführt sind und entweder überhaupt nicht in die Reichskasse oder in eine andere Kasse als die, bei der sie eingegangen sind, gehören. Sobald ein sachlicher Grund für die betreffende Einzahlung in Frage kommt, ist nach § 34 Abs. 2 Satz 2 zu verfahren (vgl. § 34 Anm. 4). Wegen Weiterleitung an die zuständige Kasse wird sich die Kasse geeignetenfalls mit dem Einzahler in Verbindung setzen.

Abs. 3 muß nach dem Grundsatz in majore minus für den Fall, daß irrtümlich eine größere Zahlung geleistet ist als die, für die eine Annahmeanordnung vorliegt, auch hinsichtlich des überschießenden Betrages gelten (vgl. § 30 Abs. 3 Anm. 3).

4. Nach Abs. 4 übernimmt das Reich im Interesse der Förderung des bargeldlosen Zahlungsverkehrs wie zur Vereinfachung der Kassengeschäfte, zur Beschleunigung der angeordneten Auszahlungen und zur Vermeidung umständlicher Buchungen von Portobeträgen und etwaiger Auseinandersetzungen mit den Empfängern ohne Rücksicht darauf, ob es sich im Einzelfalle um eine Bringschuld oder eine Holschuld des Reichs handelt, die Kosten der Auszahlung, soweit sie im Inlande durch Überweisung oder Postscheck bewirkt wird. Das Reich verzichtet also insoweit darauf, die Auszahlungen als Holschulden (vgl. § 23 Anm. 3) zu behandeln. Wünscht der Empfangsberechtigte eine andere Form der Zahlung, so hat er die durch die Zahlung erwachsenden Kosten — nicht nur der Mehrkosten —, auch wenn es sich um eine Bringschuld handelt, zu tragen, da die Kasse durch Leistung mittels Überweisung oder Postschecks ihrer Zahlungspflicht genügt (§ 270 BGB). Reichard RKO. § 37 Anm. 5 weist darauf hin, daß, wenn die Kasse, die nach § 23 Abs. 3 möglichst durch Überweisung oder Postscheck auszahlen soll, auf ihrem Postscheckkonto oder dem Konto bei ihrer Geldanstalt kein entsprechendes Guthaben hat, sie in sinngemäßer Anwendung der Bestimmung des Abs. 4 die Kosten der Übermittelung auf anderem Wege (Postanweisung u. a.) übernehmen könne. Dem kann nicht beigetreten werden. Die durch die Auszahlung im Inland mittels Überweisung oder Postschecks erwachsenden Kosten bilden eine verhältnismäßig geringe Belastung des Reichs. Darüber hinaus für die Übersendung des zu zahlenden Betrages besondere Kosten aufzuwenden, besteht für das Reich, soweit es sich nicht ausnahmsweise um eine Bringschuld handelt, kein Anlaß. Der Fall der baren Zahlung wird nur praktisch,

wenn die Kasse kein Guthaben, aber Bargeld zur Verfügung hat. Es wäre nicht angängig, lediglich um bargeldlos zahlen zu können, das Bargeld auf das Postscheckkonto zu übertragen und dann die Zahlung anzuweisen; auch eine Kassenverstärkung durch Zahlungsübernahme (Anl. 7 § 4) kann nicht in Frage kommen, weil die Kasse ja mit Zahlungsmitteln ausreichend versehen ist. Wenn die Kasse also die Zahlung nicht so lange hinausschieben kann oder will, bis sie Mittel auf ihrem Postscheckkonto hat, so wird sie, wenn der Empfänger am selben Orte wohnt oder sonst in der Nähe erreichbar ist, sich mit ihm darüber verständigen, ob er sich den Betrag abholen will oder dieser ihm unter Kürzung der Portokosten übersandt werden soll; anderen Empfängern wird sie ihn unter Kürzung des Portos zuschicken. Es wird abzuwarten sein, ob sich hieraus — etwa bei Empfängern, denen Zahlungen sonst in der Regel kostenlos übermittelt werden, — Unzuträglichkeiten ergeben werden, die eine anderweitige Regelung rechtfertigen. Jedenfalls ist die Kasse ohne besondere Ermächtigung nicht in der Lage, Auszahlungen auf Holschulden ohne Kürzung der Übersendungskosten anders als durch Übergabe von Zahlungsmitteln oder durch Postscheck oder Überweisung zu leisten.

Abs. 4 bezieht sich nur auf Auszahlungen, die für das Reich geleistet werden (vgl. § 46 und AKO. § 44 Abs. 3). Führt die Kasse gemäß § 4 Abs. 2 auch Kassengeschäfte anderer Stellen als von Reichsbehörden aus, so muß in den Abmachungen mit diesen festgestellt werden, ob § 37 Abs. 4 sinngemäß zu Lasten des beteiligten Landes usw. angewendet werden soll, und verneinendenfalls die Kasse wegen des zu beobachtenden Verfahrens mit Weisung versehen werden (vgl. AKO. § 44 Abs. 2).

§ 38.

Auszahlungstag

Als Auszahlungstag gilt:

a) **bei Übergabe oder Übersendung von Zahlungsmitteln an den Empfänger der Tag der Übergabe oder Absendung;**

b) **bei Überweisung und bei Auszahlung durch Postscheck, mit Zahlkarte oder Postanweisung der Tag der Hingabe des Auftrags an die Post oder die Geldanstalt.**

AKO. § 46; VV. RAM.

1. Wie in § 35 für die Einzahlungen wird in § 38 für die Auszahlungen festgestellt, welcher Tag bei der einzelnen Auszahlung als Zahlungstag zu gelten hat. Wegen der auch für die Auszahlungen in Betracht kommenden Zeitpunkte: Fällig-

keits-, Erfüllungs-, Auszahlungs- und Buchungstag sowie des Verhältnisses des Erfüllungstages zum Zahlungstage und der für die Festsetzung des letzteren in Betracht zu ziehenden Gesichtspunkte muß auf die Ausführungen zu § 35 Anm. 1 bis 3 verwiesen werden. Von besonderer Wichtigkeit ist dabei die Feststellung, welcher Tag bei Übermittelung eines Geldbetrags zur Erfüllung einer Zahlungsverpflichtung als Leistungs- oder Erfüllungstag anzusehen ist, der der Absendung des geschuldeten Betrages oder der seines Eingangs beim Gläubiger. Wenn nicht eine gesetzliche oder vertragliche Festsetzung etwas anderes bedingen, ist der Tag der Absendung des Betrages an den Gläubiger durch den Schuldner oder die für ihn handelnde Geldanstalt als Erfüllungstag anzusehen; der Absendung steht die Einzahlung mit Zahlkarte, die Überweisung des Betrages durch die vorbezeichnete Geldanstalt oder, wenn Gläubiger und Schuldner bei derselben Geldanstalt ein Konto haben, die Absendung des Überweisungsauftrages an die Geldanstalt gleich (vgl. § 35 Anm. 2). Die Kasse hat dafür zu sorgen, daß Auszahlungen, die zur Erfüllung einer rechtlichen Verpflichtung dienen sollen, bis zum Fälligkeitstage in der vorangegebenen Weise geleistet werden. Ist durch Vereinbarung oder gesetzliche Vorschrift festgesetzt, daß eine Zahlung bis zu einem bestimmten Tage im Besitz des Empfängers sein soll, so hat die Kasse die Auszahlung entsprechend früher, nämlich so frühzeitig zu bewirken, daß sie an diesem Tage in das Vermögen des Empfängers überführt wird, sei es durch Übermittelung von Zahlungsmitteln oder, wenn er ein Konto bei einer Geldanstalt hat und nichts anderes vereinbart ist, durch Gutschrift auf diesem Konto. In diesen Fällen ist der Erfüllungstag der Tag des Eingangs des Geldbetrages beim Empfänger, d. h. der Überführung in sein Vermögen. Bei Festsetzung des Auszahlungstages kommt es darauf an, den Zahlungstag möglichst nahe an den Erfüllungstag und, soweit dies aus praktischen Gründen nicht angezeigt ist, an den Tag, an dem die Kasse sich des Geldbetrages entäußert oder der Verfügung über ihn begibt, heranzurücken (vgl. § 35 Anm. 3). Die Festsetzung des Auszahlungstages in § 38 entspricht diesem letzteren Gesichtspunkt, wobei sich aber Erfüllungs- und Auszahlungstag in weitem Umfange decken. Da nach § 75 Abs. 1 Auszahlungen am Auszahlungstag zu buchen sind, ergibt sich, daß bei den Auszahlungen Erfüllungs-, Zahlungs- und Buchungstag weit enger zusammenliegen als bei den Einzahlungen.

2. Der Auszahlungstag zu a ergibt sich für die Kasse zweifelsfrei aus dem Geschäftsgange. Die Zahlung durch Hingabe oder Übersendung unbarer Zahlungsmittel (Schecke und Postscheck- und Reichsbanküberweisungsaufträge) wird nur ausnahmsweise vorkommen (§ 23 Abs. 3); sie setzt das Ein-

verständnis des Empfangsberechtigten voraus. Mit Absendung dieser Zahlungsmittel begibt sich die Kasse in Höhe ihres Betrages der Verfügung über ihre Guthaben; die Abbuchung der Beträge von dem Guthaben der Kasse erfolgt erst später, nachdem der Empfänger den Scheck usw. der beteiligten Geldanstalt vorgelegt hat. Der Fälligkeitstag ist eingehalten, wenn die Zahlungsmittel am Fälligkeitstage dem Empfangsberechtigten übergeben oder im Falle der Übermittelung durch Übersendung an dem Tage an den Empfangsberechtigten abgesandt werden, an dem sie zur Wahrung der Fälligkeitsfrist an die beteiligte Geldanstalt hätten abgeschickt werden müssen.

Zu Zweifeln kann die Fassung des § 38 zu b Anlaß geben. Bei Auszahlung mit Zahlkarte oder Postanweisung gilt als Zahlungstag der Tag der Hingabe des Auftrags an die Postanstalt, d. h. der Einzahlung des Zahlungsbetrages bei dieser. Die Überweisung und die Auszahlung durch Postscheck können auf doppelte Weise herbeigeführt werden, einmal durch unmittelbare Hingabe des Auftrags an die Geldanstalt, also durch Einwurf in deren Briefkasten oder Abgabe bei ihrer Briefannahme, und ferner durch Hingabe des Auftrags an eine Postanstalt (Einwerfen in den Briefkasten) zur Beförderung an die Geldanstalt. Hierbei ist es unerheblich, ob man das Postscheckamt als Geldanstalt im Sinne der Bestimmung zu b ansehen will oder nicht. (Der Sprachgebrauch der RKO. ist in dieser Beziehung nicht einheitlich; vgl. § 25 und Anl. 1 § 1 Abs. 1; im vorliegenden Falle liegt es näher, die Scheckämter den Geldanstalten gleichzustellen; so auch in § 22 Abs. 2). Wird der Auftrag dem Postscheckamt übergeben, so ist ohne weiteres dieser Zeitpunkt maßgebend; wird er bei einer Postanstalt zur Beförderung an das Scheckamt eingeliefert, so muß dieser Zeitpunkt sinngemäß in gleicher Weise als der der Hingabe an die Post gelten wie bei Einlieferung der an die Geldanstalten gerichteten Aufträge bei der Postanstalt. Dem Tage des Eingangs des Auftrages bei dem Scheckamt kann neben dem der Einlieferung desselben an die Postanstalt zur Beförderung an das Scheckamt eine Bedeutung nicht beigemessen werden. Der Auszahlungstag zu a deckt sich im allgemeinen mit dem Erfüllungstag; dasselbe gilt für den Auszahlungstag zu b; er geht dem Erfüllungstage voran, wenn eine Geldanstalt mit der Auszahlung beauftragt wird, bei der der Empfänger nicht auch ein Konto hat (vgl. Anm. 1 Abs. 1).

Jancke-Maaß, AKO. § 46 Abs. 1 sehen als „Tag der Hingabe des Auftrags an die Post oder Geldanstalt" den „Tag des Einwerfens bei dieser als Absendung" an, „weil erst dadurch, daß die Post- oder Geldanstalt den Betrag vom Konto des Reichs abbucht, dieses die Verfügungsbefugnis über die auszuzahlenden Beträge verliert". Abgesehen davon, daß diese Begründung, in der das Wort Post abwechselnd mit und ohne Bindestrich verwendet wird — in § 38 fehlen sie — nicht zu dem angeführten Schlusse nötigt, steht dieser auch mit den Anführungen in Abs. 3 a. a. O. nicht in Einklang, wo es heißt: „Die Ak. buchen in ihren Büchern Auszahlungen an dem Tage, an dem die Zahlungsmittel übergeben oder abgesandt werden. Unbare Zahlungen werden an dem Tage gebucht, an dem der Auszahlungsauftrag an die Post- oder Geldanstalt abgesandt wird." Müßte als Tag der Hingabe an die Post oder die Geldanstalt der Tag des Eingangs bei der Geldanstalt einschl. des Postscheckamtes angesehen werden, so dürften die Auszahlungen durch Überweisung oder Postscheck, da sie am Auszahlungstage zu buchen sind (§ 75 Abs. 1), zumeist erst an dem Werktage gebucht werden, der auf den Tag folgt, an dem die Kasse bereits alles getan hat, was von ihrer Seite zur Ausführung der Auszahlung zu tun ist. Ein solches Ergebnis ist im Sinne einer geordneten Kassen- und Buchführung nicht annehmbar und auch mit der Fassung des § 38 zu a schlecht vereinbar; er müßte dann deutlicherweise lauten: bei Auszahlung mit Zahlkarte oder Postanweisung der Tag der Hingabe des Auftrags an die Postanstalt, bei Überweisung und bei Auszahlung durch Postscheck der Tag der Hingabe des Auftrags an die Geldanstalt oder das Postscheckamt.

3. Die AKO. hat in § 46 die Fassung des § 38 übernommen und sie durch eine Bestimmung dahin ergänzt, daß der Tag der Abbuchung als Zahlungstag zu gelten hat, wenn in dem Auftrage die Buchung an einem bestimmten späteren Tage angeordnet ist; so auch VV. RAM. In diesem Falle steht der angegebene spätere Tag als Zahlungstag für die Kasse ebenfalls fest. Die Buchung muß, da der Tag der Absendung des Auftrags nicht in Betracht kommen kann, auf den der Abbuchung verschoben werden (§ 75 Abs. 1 Satz 3); sie wird zweckmäßig im Kontogegenbuch (§§ 67 f.) vorzumerken sein.

§ 39

Empfänger

(1) Auszahlungen, die durch eine förmliche Kassenanweisung der Verwaltungsbehörde angeordnet sind (§ 37 Abs. 1 Satz 2), sind an den in der Kassenanweisung bezeichneten Empfänger zu leisten. Liegt eine förmliche Kassenanweisung nicht vor, so hat die Kasse den Empfänger selbst zu ermitteln.

(2) Wenn Zweifel über die Person des Empfängers bestehen (z. B. wegen Todesfalls) oder wenn die Kasse Grund zu der Annahme hat, daß der in der förmlichen Kassenanweisung bezeichnete oder von ihr ermittelte Empfänger zum

Empfange der Auszahlung nicht berechtigt ist (z. B. wegen Konkurses, vorläufigen Zahlungsverbots, Abtretung oder Pfändung der Forderung und dergleichen, so hat die Kasse vor der Auszahlung die Entscheidung der zuständigen Stelle darüber herbeizuführen, an wen die Auszahlung geleistet werden soll.

(3) Sollen Auszahlungen durch Übergabe von Zahlungsmitteln geleistet werden, so soll die Kasse verlangen, daß der Empfänger sich über seine Person ausweist. Ist der Empfänger eine juristische Person oder eine sonstige Personenvereinigung oder Anstalt, so sind solche Auszahlungen an den berechtigten Vertreter zu leisten. Dieser hat nötigenfalls seine Vertretungsbefugnis durch Vorlegung eines beglaubigten Registerauszugs oder auf andere geeignete Art nachzuweisen und sich über seine Person auszuweisen.

(4) Wenn der Empfänger oder der berechtigte Vertreter einer juristischen Person oder einer sonstigen Personenvereinigung oder Anstalt nicht selbst erscheint, so darf die Kasse Auszahlungen der in Abs. 3 genannten Art an einen Bevollmächtigten oder den Überbringer einer Quittung leisten. Der Bevollmächtigte hat nötigenfalls seine Vollmacht nachzuweisen und sich über seine Person auszuweisen. Liegt Grund zu der Annahme vor, daß der Überbringer einer Quittung auf unrechtmäßige Weise in den Besitz der Quittung gelangt ist, oder bestehen Zweifel an der Echtheit der Quittung, so hat die Kasse die Vorlegung einer beglaubigten Vollmachtsurkunde zu fordern. Ist der Empfänger eine juristische Person oder eine sonstige Personenvereinigung oder Anstalt, so hat die Kasse zu prüfen, ob die Vollmachtsurkunde oder die Quittung von hierzu berechtigten Personen ausgestellt ist, und nötigenfalls einen entsprechenden Nachweis durch Vorlegung eines beglaubigten Registerauszugs oder auf andere geeignete Art zu verlangen.

AKO. § 47; VB. RHK., RAM., Heer-und Marine.

1. Die Bestimmungen des § 39 sollen sichern, daß Zahlung an den Empfangsberechtigten geleistet wird, und daß das Reich durch sie von der Schuld, die etwa durch die Zahlung getilgt werden soll, befreit wird. Wer der Empfangsberechtigte ist, muß sich aus der Auszahlungsanordnung ergeben; in der förmlichen Kassenanweisung wird er in der Regel individuell bezeichnet. Wenn er, soweit es sich um Haushaltseinnahmen und -ausgaben handelt, nach RKO. § 51 so gekennzeichnet sein muß, daß die Person des Verpflichteten oder Berechtigten

bei der Rechnungsprüfung zweifelsfrei erkannt werden kann (RKO. § 51), so wird das allgemein als Erfordernis zu gelten haben. Läßt die Bezeichnung des Empfangsberechtigten in der förmlichen Kassenanweisung — etwa wegen des Vorhandenseins mehrerer Personen gleichen Namens, wegen einer Ungenauigkeit in der Schreibweise des Namens in der Personenstands- oder Berufsbezeichnung des Empfängers oder aus anderen Gründen — Zweifel über die Person des berechtigten Empfängers übrig, so ist die Ergänzung der Anordnung durch die anordnende Stelle herbeizuführen (§ 76 Abs. 2 Satz 6). Die ergangene Entscheidung ist dem Rechnungsbeleg für die Rechnungslegung beizufügen (RKO. § 72 Abs. 5). Wenn beispielsweise in dem Erlaß des RFm. betr. die Einführung der AKO. den Amtskassen eine allgemeine Auszahlungsanordnung erteilt ist

für Erstattung von Vorauszahlungen an Steuern,
für die Fälle des § 29 Abs. 1, 2 und des § 34 Abs. 3 AKO.,
für Fernsprechgebühren und Fracht- und Rollgeld für dienstliche Sendungen,
für Zinsen nach Maßgabe des ZinsA. usw.

oder wenn eine allgemeine Anordnung erteilt ist, an die Beamten, die einen Wohnungsgeldzuschuß beziehen, ihn mit einem um bestimmte Prozente erhöhten Betrage auszuzahlen, so ergibt sich die Person der Empfangsberechtigten, auch ohne daß sie näher bezeichnet sind, in diesen Fällen ohne Schwierigkeit.

2. Abs. 2 behandelt den Fall, daß bezüglich des Empfängers gewisse Veränderungen eingetreten sind oder in der Zahlungsanordnung nicht berücksichtigte Umstände vorliegen, die der Auszahlung an ihn entgegenstehen. Dabei werden zweierlei Fälle unterschieden, einmal, daß Zweifel über die Person des Empfängers bestehen (z. B. wegen Todesfalls), und zweitens, daß ein bestimmter Grund zu der Annahme vorliegt, daß der in der Auszahlungsanordnung bezeichnete oder auf Grund ihrer ermittelte Empfänger zum Empfange nicht berechtigt ist (Konkurs, Pfändung usw.) — In beiden Fällen darf die Kasse an den Empfänger nicht zahlen, sondern sie hat die Entscheidung der zuständigen Stelle — d. i., wenn nichts anderes bestimmt ist, die Stelle, die die Auszahlungsanordnung erlassen hat, oder, wenn es sich um eine allgemeine Auszahlungsanordnung handelt, die vorgesetzte Behörde — einzuholen.

Die Einschaltung („z. B. wegen Todesfalls") wird von Reichard, RKO. § 29 Anm. 2 und Jancke-Maaß, Erl. § 47 Anm. 2 verschieden ausgelegt. Ersterer vertritt die Ansicht, daß der Tod des Empfängers in jedem Falle einen Zweifel über die Person des nunmehrigen Empfangs-Berechtigten begründe, Jancke-Maaß halten die Vorschrift nur für anwendbar, wenn bei der Kasse wirklich ein Zweifel dieserhalb besteht, nicht aber, wenn die Kasse z. B. auf Grund eines ihr vorgewiesenen Erbscheins (BGB. § 2353) über die Berechtigung der Rechtsnachfolger des Empfängers keinen Zweifel hat. Jancke-Maaß haben den Wortlaut der Vorschrift für sich, Reichard ihren Sinn. Seiner Ansicht, die mit dem Wortlaut der Bestimmung nicht unvereinbar erscheint, muß beigetreten werden. Nach § 39 Abs. 2 ist die zuständige Stelle zweifellos anzurufen, wenn der Empfänger zum Empfange der Auszahlung nicht berechtigt ist (z. B. wegen Konkurses usw.), auch wenn der Berechtigte (z. B. der Konkursverwalter) für die Kasse mit Sicherheit erkennbar ist. Es besteht kein Grund, den Fall, daß der Empfänger überhaupt fortgefallen ist, anders zu behandeln. Der Tod des Empfängers hat in jedem Falle zur Folge, daß die Rechtsnachfolgeschaft festgestellt werden muß. Er ist daher als ein Beispiel für den Fall eines Zweifels über die Person des Empfängers angeführt in dem Sinne, daß bei ihm stets und ohne weiteres eine Ungewißheit über die Person des nunmehrigen Empfängers vorauszusetzen ist. Die RKO. will in allen Fällen, in denen an den in der Auszahlungsanordnung bezeichneten Empfänger nicht mehr ausgezahlt werden darf oder kann, die Entscheidung der Verwaltungsbehörde vorbehalten, weil die Kasse nicht mit dieser Verwaltungstätigkeit belastet werden soll und grundsätzlich nicht zu ihrer Ausübung berufen ist. Ihre Aufgabe ist es, die ihr zugegangenen Zahlungsanordnungen auszuführen. Stehen der Ausführung Hindernisse entgegen, so muß die Verwaltungsbehörde die Angelegenheit auf Grund der veränderten Sachlage erneut regeln. Nach RKO. § 72 Abs. 5 ist die von der zuständigen Stelle eingeholte Entscheidung dem Zahlungsbeweise beizufügen.

3. Die Prüfung der Legitimation des Empfängers ist von besonderer Wichtigkeit, wenn die Zahlung durch Übergabe von Zahlungsmitteln, also am Schalter oder sonst von Hand zu Hand bewirkt werden soll. Bei der Übersendung von Bargeld und bei bargeldloser Auszahlung bedarf es nur der genauen Bezeichnung des Empfangsberechtigten in der Anschrift bzw. dem Zahlungsauftrag (Scheck, Überweisungsauftrag usw.). Dafür, daß der zu zahlende Betrag darauf dem Empfangsberechtigten zugeleitet wird, ist die mit der Auslieferung bzw. Auszahlung beauftragte Stelle verantwortlich. Hier können der Natur der Sache nach, wenn der Empfangsberechtigte genau und richtig bezeichnet ist, Fehlzahlungen zu Lasten der Kasse, ohne daß diese eine andere Stelle dafür verantwortlich machen könnte, nicht vorkommen. Anders bei der Auszahlung am Schalter. Bei ihr bedarf es der genauen Feststellung, daß der, der die Zahlungsmittel in Empfang nimmt, für seine Person oder in Vertretung des Empfangsberechtigten zur

Annahme des Betrages und gegebenenfalls Quittungsleistung berechtigt ist. Nachstehend ist zunächst im Zusammenhange dargestellt, welche Voraussetzungen in den verschiedenen Fällen vor der Auszahlung erfüllt sein müssen.

Ist der Empfangsberechtigte eine geschäftsfähige natürliche Person, so braucht, wenn er am Schalter erscheint, nur festgestellt zu werden, daß der Erschienene mit dem Empfangsberechtigten identisch ist, d. h. er muß sich erforderlichenfalls über seine Person ausweisen.

Ist der Empfänger eine juristische Person, eine sonstige Personenvereinigung oder Anstalt oder, wie in AKO. § 47 Abs. 3 ergänzend angeführt, eine geschäftsunfähige oder in der Geschäftsfähigkeit beschränkte Person, so muß festgestellt werden, ob die Person, die sich am Schalter meldet, zur Vertretung des Empfängers berufen ist. Sie hat diesen Nachweis durch Vorlegung ihrer Bestallung, eines beglaubigten Registerauszugs oder auf andere geeignete Weise zu führen und muß sich außerdem über ihre Person, d. h. über ihre Identität mit der vertretungsberechtigten Person ausweisen (§ 39 Abs. 3 und Anm. 4 Abs. 3, vgl. AKO. § 47 Abs. 3).

Kommt der Empfänger oder sein berufener Vertreter nicht selbst, sondern schickt er jemand anders zur Kasse, so muß er diesem eine Vollmacht oder eine Quittung mitgeben. Bezüglich beider muß festgestellt werden, daß sie vom Empfangsberechtigten oder seinem berufenen Vertreter (s. den vorhergehenden Absatz!) ausgestellt sind. Der Überbringer der Vollmacht muß seine Identität mit dem Bevollmächtigten nachweisen. Bestehen Zweifel an der Echtheit der Quittung oder der Vollmacht oder daran, daß der Überbringer rechtmäßig in den Besitz der vorgewiesenen Quittung gelangt ist, so hat die Kasse die Vorlegung einer beglaubigten Vollmacht zu fordern; die Notwendigkeit des Identitätsnachweises des Überbringers mit dem Bevollmächtigten bleibt bestehen (Abs. 4 des § 39.) Durch die Vorlegung der beglaubigten Vollmacht in Verbindung mit dem Ausweis des Überbringers über seine Person wird jeder Zweifel an seiner Berechtigung zur Empfangnahme des Zahlungsbetrages behoben. Eine beglaubigte Quittung würde für den rechtmäßigen Besitz der Quittung auf seiten des Überbringers nichts beweisen, aber genügen, wenn die Kasse keinen Zweifel hat, daß der Überbringer rechtmäßig in den Besitz der Quittung gelangt ist.

4. Die Kasse soll verlangen, daß sich der Empfänger und ebenso, wer als sein Vertreter zur Kasse gekommen ist, über ihre Person ausweisen. Dieses Ausweises bedarf es nicht, wenn die Beteiligten der Kasse zuverlässig bekannt sind. Dazu genügt nicht, daß sie einem oder mehreren Kassenbeamten irgendwie, ohne daß Gewähr für ihre richtige Identifizierung bestand, bekannt geworden sind; dies gilt für alle Personen,

die nicht regelmäßig bei der Kasse verkehren. Kennt der Kassenleiter oder der Kassier sie nicht selbst und werden sie ihm durch einen andern Kassenbeamten oder eine andere vertrauenswürdige Person vorgestellt, so wird er darüber einen Vermerk machen und ihn zu seiner eigenen Sicherheit zweckmäßig von dem andern Beamten usw. bestätigen lassen.

Der Personalnachweis kann auf verschiedene Weise geführt werden; es ist der Kasse überlassen, pflichtmäßig zu entscheiden, mit welchen Ausweisen sie sich begnügen kann. Sie wird hierbei die nötige Vorsicht üben, weil sie dafür verantwortlich ist, daß nur an eine berechtigte Person gezahlt wird. Die Anforderungen werden je nach der Höhe des Geldbetrages verschieden sein; bei geringen Beträgen wird sich die Kasse nach Lage des Falles damit begnügen können, daß ihr amtliche oder andere Papiere, die sich regelmäßig nur in der Hand des Berechtigten befinden, vorgewiesen werden (Steuerquittung, Sparkassenbuch, Eheschließungsurkunde, gegebenenfalls Vereinsausweis, ein vom Arbeitgeber ausgestellter Nachweis u. v. a.). Kann ein ausreichender Ausweis nicht vorgewiesen werden, so ist tunlichst bargeldlose Zahlung zu vereinbaren oder der Empfänger zur Beschaffung eines amtlichen Ausweises, wie Paß, sonstiger polizeilicher Ausweis, Postausweis u. a. zu veranlassen. Nötigenfalls ist bei Fälligkeit der Zahlung zu einem bestimmten Zeitpunkt der auszuzahlende Betrag zu hinterlegen (§ 372 BGB.).

Entsprechendes gilt für den Nachweis der Vertretungsbefugnis bei Auszahlungen an geschäftsunfähige, juristische Personen usw. In diesen Fällen muß der Kasse die Berechtigung der als Vertreter des Empfängers auftretenden Personen zu der Vertretung, soweit sie ihr nicht zuverlässig bekannt ist, nachgewiesen werden durch die Vorlegung der Bestallung als Vormund oder Pfleger, durch einen beglaubigten Registerauszug oder auf andere geeignete Weise (vgl. hinsichtlich der Vereine und Stiftungen BGB. §§ 21 ff. und 80 ff., der Eintragung in das amtsgerichtliche Vereinsregister §§ 55 ff. das., der Öffentlichkeit des Registers § 79 das., hinsichtlich der Eintragung der Handelsgesellschaften und der stillen Gesellschafter in das Handelsregister Handelsgesetzbuch §§ 8 ff.). Soweit der Nachweis durch Vorlegung eines beglaubigten Registerauszugs oder eines ähnlichen Ausweises zu führen ist, ist darauf zu sehen, daß der Auszug neuesten Datums ist, es sei denn, daß der die Auszahlung leistende Beamte oder der Kassenleiter an der Hand der entsprechenden Veröffentlichungen hat verfolgen können, daß seit der Ausstellung eine Änderung nicht eingetreten ist. Die Kasse hat die Verantwortung dafür, daß sie sich in zuverlässiger Weise von der zur Zeit der Auszahlung bestehenden Befugnis des Vertreters zur Vertretung der als Empfänger bezeichneten juristischen

Person usw. überzeugt. Stößt die Kasse bei Feststellung dieses Vertreters auf Schwierigkeiten, so wird sie die Entscheidung der Stelle, die die Auszahlungsanordnung erlassen hat, einholen.

Wegen des Vermerks des Nachweises auf der Quittung s. § 40 Abs. 4.

Statt an den Empfänger oder seinen berechtigten Vertreter kann Zahlung an einen Bevollmächtigten oder an den Überbringer einer Quittung erfolgen. Für die Vollmacht ist eine bestimmte Form nicht vorgeschrieben (BGB. § 167). Der Nachweis der Bevollmächtigung erfolgt nicht schon durch die bloße Vorzeigung der Vollmacht: sie muß der Kasse zur Prüfung übergeben werden (vgl. § 40 Abs. 4 Anm. 4). Der Nachweis kann, wenn der Kasse die Unterschriften nicht bekannt sind oder Zweifel an der Echtheit bestehen, durch Befragung des Vollmachtgebers oder durch Forderung einer Beglaubigung der Vollmacht erbracht werden. Ein Zweifel an der Echtheit liegt dann vor, wenn die Kasse nach Lage der Verhältnisse unsicher ist, ob die Unterschrift der Vollmacht wirklich von dem Vollmachtgeber herrührt. Bei der Verantwortlichkeit des Kassenbeamten für die richtige Auszahlung muß ihm die Entscheidung darüber, ob die unbeglaubigte Quittung genügt, überlassen werden.

Die Berechtigung zur Zahlung an den Überbringer einer Quittung entspricht dem § 370 BGB. Danach gilt der Überbringer als ermächtigt, die Leistung zu empfangen, sofern nicht die dem Leistenden bekannten Umstände der Annahme einer solchen Ermächtigung entgegenstehen. Der Besitz der Quittung genügt. Eine Verpflichtung des Schuldners, an den Überbringer der Quittung zu zahlen, besteht nicht. Ob der Überbringer sich in berechtigtem Besitz der Quittung befindet, ist für den Schuldner, dem nichts Gegenteiliges bekannt ist, unerheblich. Die Quittung muß von dem Empfänger oder seinem berechtigten Vertreter ausgestellt sein, und es darf kein Zweifel daran bestehen, daß die Unterschrift auf der Quittung echt ist, d. h. von einer dieser Personen herrührt. Die Vertretungsberechtigung der Unterzeichner ist in derselben Weise nachzuweisen, wie wenn sie sich zur Empfangnahme einer Zahlung am Schalter einfinden. Der Echtheit der Unterschriften wird sich der Kassenbeamte auf Grund seiner Kenntnis der Handschrift der Beteiligten vergewissern. Bestehen Zweifel an der Echtheit der Quittung, d. h. erscheint es dem Kassier unsicher, ob die Quittung von den dazu berechtigten Personen vollzogen ist, so ist eine beglaubigte Vollmacht zu fordern. Eine solche ist auch zu fordern, wenn Grund zu der Annahme vorliegt, daß der Überbringer einer Quittung auf unrechtmäßige Weise in den Besitz der Quittung gelangt ist, nicht schon, wenn Zweifel daran bestehen, ob der Überbringer die Quittung rechtmäßig erworben hat. Wer eine Quittung ausstellt, hat dafür zu sorgen, daß sie — ebenso wie Bargeld — nicht in falsche Hände gerät, und trägt die aus einem Verlust der Quittung erwachsende Gefahr der Zahlung an einen Unberechtigten. Die Kasse ist rechtlich nicht genötigt, die Berechtigung des Vorzeigers der Quittung zu ihrer Vorlegung nachzuprüfen. Sie soll aber, wenn nach Lage der Sache ein rechtmäßiger Besitz in den Händen des Überbringers unwahrscheinlich ist, die Auszahlung zurückhalten.

Der Bevollmächtigte hat für den Empfänger Quittung zu leisten. Von dem Überbringer der Quittung braucht eine weitere Empfangsbescheinigung nicht gefordert zu werden. Es entspricht aber vielfacher Übung, auch ihn den Empfang des auszuzahlenden Betrages auf der Quittung durch Namensunterschrift bestätigen zu lassen (so auch AKO. § 47 Abs. 4 a. E.) Für den Fall einer späteren Beanstandung der bei der Kasse vorhandenen Quittung durch den Empfänger als unecht oder der Höhe des bescheinigten Betrages nach kann die Unterschrift des Überbringers unter Umständen für die Aufklärung der Angelegenheit von Wert sein.

Hat die Kasse die Vorlegung einer beglaubigten Vollmacht gefordert, so ist dem Empfänger überlassen, ob er eine solche Vollmacht beibringen oder auf andere Weise — bargeldlos oder durch eigenes Erscheinen — die Auszahlung von der Kasse erwirken will.

Wegen eines Vermerks über die erhaltenen Nachweise auf der Quittung vgl. § 40 Abs. 4.

§ 40

Quittung

(1) Die Kasse hat über jede Auszahlung, die durch Übergabe oder Übersendung von Zahlungsmitteln geleistet wird, von dem Empfänger eine Quittung zu verlangen. Die Quittung soll mit Tinte oder Tintenstift ausgestellt sein.

(2) Die Quittung enthält außer dem Empfangsbekenntnisse den ungekürzten Betrag (den Reichsmarkbetrag auch in Buchstaben) unter Angabe etwa einbehaltener Beträge, den Grund der Auszahlung, die Angabe, daß die Auszahlung aus der Reichskasse geleistet ist, den Ort und Tag der Ausstellung der Quittung und die eigenhändige Unterschrift des Empfängers, seines Vertreters oder Bevollmächtigten. Ist der Tag der Ausstellung der Quittung nicht zugleich der Auszahlungstag, so hat die Kasse diesen in der Quittung zu vermerken.

(3) Die Quittung kann in der Kasse vorbereitet werden; der Kassier soll die Quittung nicht vorbereiten.

(4) Hat der Kasse ein Nachweis über die Empfangsberechtigung (z. B. eine Vollmacht) vorgelegen, so ist dies in der Quittung zu vermerken.

AKO. § 48; VB. RAM.

1. Nach BGB. § 368 hat der Gläubiger gegen Empfang der Leistung auf Verlangen ein schriftliches Empfangsbekenntnis (Quittung) zu erteilen und er kommt in Verzug, wenn er nicht zur Quittungsleistung bereit ist (BGB. § 298). § 40 Abs. 1 schreibt vor, daß über jede Auszahlung, die durch Übergabe oder Übersendung von Zahlungsmitteln geleistet wird, von dem Empfänger eine Quittung zu verlangen ist. Bei Auszahlungen, die auf anderem Wege bewirkt werden, wird die Quittung der Kasse gegenüber durch die Bescheinigung der die Zahlung ausführenden Stelle (Kontoauszug, Lastschriftzettel u. a.) (vgl. § 44 Abs. 1) ersetzt. Die beteiligte Geldanstalt ist in der Lage und verpflichtet, erforderlichenfalls die Ausführung der Zahlung nachzuweisen (vgl. BGB. § 666 und HGB. § 347). Auch bei Auszahlungen, die durch Übersendung von Zahlungsmitteln geleistet werden, ist eine Quittung des Empfängers nicht zu entbehren, weil in diesem Falle der etwaige Posteinlieferungsschein über den Wertbrief oder das Wertpaket die Quittung nicht ersetzen kann.

Erscheint der Empfangsberechtigte am Schalter, so kann an ihn nur gezahlt werden, wenn Zug um Zug Quittung geleistet wird. Dies ist bei der Übersendung von Zahlungsmitteln nicht ausführbar. Anderseits sagt Abs. 1 nicht, daß die Quittung zu verlangen ist über jede Auszahlung, die in der angegebenen Weise geleistet ist, sondern über jede Auszahlung, die auf diese Weise geleistet wird. Hieraus ergibt sich, daß im Falle der Übersendung von Zahlungsmitteln eine Quittungsleistung vor der Übersendung verlangt werden muß. Da der Schuldner, wenn nicht besondere Abmachungen vorliegen, regelmäßig nicht verpflichtet ist, Zahlung durch Übersendung von Zahlungsmitteln zu leisten, so kommt diese Zahlungsart gegenüber der Vorschrift im § 23 Abs. 3 nur in Betracht, wenn sie vom Empfänger besonders gewünscht wird, und ist dann von der vorhergehenden Einsendung einer Quittung abhängig zu machen (vgl. AKO. § 48 Abs. 1 Satz 2) Eine solche in Erwartung der Zahlung ausgestellte Quittung hat jedoch nur einen bedingten Wert, da ihr durch den — auf Grund des vorangegangenen Schriftwechsels zumeist verhältnismäßig leicht zu führenden — Nachweis, daß sie vor der Zahlung dem Schuldner übermittelt sei, die Beweiskraft genommen wird. Der Gläubiger braucht, wenn er diesen Nachweis geführt hat, nicht zu beweisen, daß seine Forderung noch besteht. Allerdings kann in besonders gearteten Fällen die Tatsache, daß er die Quittung längere Zeit unbeanstandet in den Händen des Schuldners belassen hat, als Beweis für die spätere tatsächliche Ausführung der Leistung dienen. Wieweit eine solche Würdigung der Sachlage Platz zu greifen hat, ist Sache des tatsächlichen Ermessens im Einzelfall. (Entsch. d. Reichsgerichts Bd. 108 S. 50 ff.). Wenn die vorstehende Ansicht auch nicht einheitlich vertreten wird — z. B. abweichend Enneccerus, Kipp und Wolff, BGB. Teil I, 2 § 297 a. E. — so muß doch jedenfalls mit ihr gerechnet werden. Es ist deshalb in den angegebenen Fällen der Nachweis der tatsächlichen Auszahlung mit besonderer Vorsicht zu sichern. Werden unbare Zahlungsmittel übersandt, so liegt die Sache nicht wesentlich anders als bei einer anderen unbaren Zahlung; die Kasse erhält den Nachweis der Zahlung durch Lastschriftzettel oder Kontoauszug der Bankanstalt. Bargeld ist durch Wertbrief unter entsprechender Wertangabe zu übersenden; die Einlegung des Betrages in den Wertbrief ist durch einen zweiten Beamten oder eine andere geeignete in der Kasse beschäftigte Person zu bescheinigen. Der Einlieferungsschein ist genau und ausführlich auszufüllen. Im Interesse der Erlangung einer beweiskräftigen Quittung wird die Übersendung von Bargeld tunlichst zu vermeiden und eine geeignete Kasse um Ausführung der Auszahlung zu ersuchen sein (§ 52). Die Belege über die Auszahlung sind, soweit nicht für Zwecke der Rechnungslegung eine längere Aufbewahrung geboten ist, solange aufzubewahren, als der durch die Auszahlung getilgten Schuld nicht die Einrede der Verjährung entgegengesetzt werden kann (vgl. § 77).

Wegen der Quittungsleistung bei Auszahlungen gegen sofortigen Empfang von Kleinhandelsware sowie bei Benutzung der Verkehrseinrichtungen der Deutschen Reichspost, der Reichsbank und der Deutschen Reichsbahngesellschaft siehe § 42 Abs. 3. Zahlungen an die Reichspost usw. zur Erfüllung einer diesen Anstalten gegenüber bestehenden Zahlungsverpflichtung aus anderem Anlaß als der Benutzung ihrer Verkehrseinrichtungen — z. B. für Anmietung von Gebäuden u. a. — unterliegen den allgemeinen Bestimmungen über die Quittungsleistung; sie werden aber regelmäßig bargeldlos erfolgen.

2. Abs. 2 schreibt vor, welche Angaben die Quittung zu enthalten hat. Auf bestimmte Weigerung des Empfängers wird die Kasse sich aber mit einer von diesem vorgelegten, dem § 368 BGB. nach der Verkehrssitte entsprechenden Quittung begnügen müssen (vgl. Eingangsformel Anm. 2). Die in § 40 an die Quittung gestellten Anforderungen decken sich inhaltlich im wesentlichen mit dem ihr nach § 368 cit. zu gebenden Inhalt. Die Kasse hat stets zunächst Quittung in der Form, die

Abs. 2 vorschreibt, zu verlangen, und soweit sie sie selbst vorbereitet, in dieser Form zu entwerfen. In jedem Falle muß die Quittung außer dem gezahlten Betrage — dem ungekürzten, gegebenenfalls unter Angabe der Abzugsbeträge — die Angabe des Schuldverhältnisses, des Auszahlers und den Ort und Tag der Zahlung enthalten. Statt aus der Reichskasse wird es in ihr auch z. B. heißen dürfen „aus der Finanzkasse N." oder „aus der Finanzkasse N. für Rechnung der Bayerischen Landeskasse" u. ä. Eine Quittung, in der lediglich die Zahlung „aus der bayerischen Landeskasse" bestätigt wird, würde die Kasse als dem tatsächlichen Verhältnis nicht entsprechend zurückweisen und damit die Auszahlung des Betrages ablehnen müssen. Die Kasse einer Reichsbehörde bleibt lediglich eine Reichskasse, gleichviel ob bei ihr Kassengeschäfte des Reichs oder des Landes überwiegen: die Zahlung erfolgt in jedem Falle aus Reichsmitteln, gleichviel ob sie der Kasse aus Reichs- oder Landesmitteln zugeflossen sind (vgl. § 47 Anm. 2).

Sind auf eine Forderung Abschlagzahlungen geleistet worden, so kann bei der Schlußzahlung, wenn nichts anderes vereinbart, nur Quittung über den Schlußzahlungsbetrag gefordert werden (vgl. VB. RAM.), da über die vorangegangenen Abschlagzahlungen, ob sie nun als Haushaltsausgaben oder vorschußweise verbucht sind, bereits Quittung geleistet worden ist. Der teilweise abweichenden Meinung von Jancke-Maaß, AKO. § 48 Ziffer 2 kann nicht beigetreten werden. Die Art der Verbuchung ist dem Empfänger gegenüber nicht von Bedeutung; im Falle der Umbuchung der Vorschußzahlungen sind die entsprechenden Zahlungsbeweise zu dem Beleg über die Umbuchung zu nehmen. Ist der Empfänger bereit, gegen Rückempfang der früheren Teilquittungen eine Quittung über den Gesamtbetrag auszustellen, so steht dem nichts im Wege (vgl. auch RKO. §§ 40 und 59).

Die Angabe der Reichsmark in Buchstaben (vgl. auch RKO. § 72 Abs. 1) entspricht auch der Verkehrssitte.

Der Schlußsatz des Abs. 2 betrifft u. a. den Fall, daß die Quittung vom Empfangsberechtigten vorher eingesandt (s. Anm. 1 Abs. 2) oder daß sie mit dem abweichenden Datum der Kasse durch einen Beauftragten des Empfangsberechtigten überbracht ist (vgl. § 39 Abs. 4). Der Vermerk des von dem Datum der Quittung abweichenden Zahlungstages wird regelmäßig erst hinterher angebracht und dann nicht in die Quittung, d. h. das Empfangsbekenntnis aufgenommen, sondern auf die Quittung, d. h. auf das sie darstellende Schriftstück gesetzt werden.

3. Durch die Vorbereitung der Quittung in der Kasse wird die vorschriftsmäßige Abfassung der Quittung als Rechnungsbeleg gesichert und die Abwicklung der Kassengeschäfte be-

schleunigt. Sie soll grundsätzlich nicht durch den Kassier, der die Zahlung ausführt, erfolgen, da dann leichter eine beabsichtigte Fälschung vorbereitet werden könnte. Für die Rechtsgültigkeit der Quittung ist die Bestimmung nicht von Bedeutung. Die Bestimmung gilt für alle Kassen, die zur Zeit der Auszahlung mit mehr als einem Beamten besetzt sind. Wenn nach AKO. § 48 Abs. 4 der Kassier die Quittung nur dann vorbereiten darf, wenn kein anderer Kassenbeamter anwesend ist, so wird dies dahin auszulegen sein, daß nach dem Geschäftsplan der Kasse diese während der Schalterstunden nur mit einem Beamten besetzt ist. Bei lediglich vorübergehender kurzer Abwesenheit des zweiten Beamten wird im allgemeinen mit der Auszahlung bis zu dessen Rückkehr gewartet werden müssen.

4. Die Vorschrift des Abs. 4 gilt gleichviel, ob der der Kasse bei der Auszahlung vorgelegte Nachweis über die Empfangsberechtigung in der Kasse geblieben ist oder nicht. Ersterenfalls wird der Vermerk in einem kurzen Hinweis auf das Vorhandensein des Nachweises bestehen. Im letzteren Falle genügt nicht der Vermerk, daß ein Nachweis vorgelegen hat, sondern die Kasse hat aus dem Nachweis die Angaben zu entnehmen und aufzuzeichnen, die später gegebenenfalls einen Rückgriff auf den Nachweis gestatten, z. B. bei gerichtlich, notariell oder polizeilich beglaubigten Vollmachten das Datum, die beglaubigende Stelle, deren Geschäftsnummer u. dgl., bei anderen mindestens Ort, Datum und Unterschrift und sonstige zweckdienliche Angaben. Soweit eine Vollmacht oder Bescheinigung sich nur auf eine einzelne Auszahlung bezieht, wird die Kasse sie für den Zahlungsbeweis und die Rechnungslegung einbehalten (vgl. RKO. § 72 Abs. 1).

§ 41

Änderungen der Quittung

Die Kasse darf Quittungen, in denen der Betrag geändert ist, nicht annehmen. Sonstige Änderungen sollen vom Empfänger bestätigt sein.

AKO. § 49.

Eine Quittung, in der der Betrag geändert ist, läßt nicht mit Sicherheit erkennen, über welchen Betrag der Aussteller Quittung erteilt hat, da später nicht einwandfrei festzustellen ist, ob die Änderung schon vorhanden war, als die Quittung vollzogen wurde, oder erst später vorgenommen ist. Diese Unsicherheit macht eine im Betrage geänderte Quittung als Beweismittel und Beleg ungeeignet. Nach § 41 würde es auch nicht ausreichen, wenn die Änderung unter Angabe des nach der Änderung gültigen

Betrages vom Empfänger bescheinigt würde. Die Kasse darf nach § 41 eine solche Quittung nicht annehmen; sie muß versuchen, statt ihrer eine der Vorschrift entsprechende Quittung zu erhalten. Gelingt dies ausnahmsweise nicht, so wird sie sich mit der in der angegebenen Weise abgeänderten Quittung gemäß BGB. § 368 begnügen müssen (vgl. § 40 Abs. 2 Anm. 2). Eine neue der Anforderung des § 41 entsprechende Quittung wird man im Hinblick auf die Fassung des § 41 in ihr nicht, wie Reichard, RKO. § 41 Anm. 2 Abs. 2 meint, erblicken können. Anderseits brauchten ernstliche Bedenken gegen die Zulassung einer solchen vom Empfänger bestätigten Änderung — unter Wiederholung der Reichsmark in Buchstaben — kaum zu bestehen, wenn die Angabe im Text mit Tinte deutlich durchgestrichen wird.

Andere Änderungen als solche des Betrages sollen vom Empfänger bestätigt sein. Die Vorschrift ermöglicht es, wenn die Änderung den wesentlichen Inhalt der Quittung nicht beeinträchtigt, nötigenfalls auf die ausdrückliche Bestätigung der Änderung zu verzichten, sodaß wegen ihres Fehlens die Auszahlung nicht zu unterbleiben braucht.

§ 42

Vereinfachte Quittung

(1) Liegt ein Beleg vor, so soll die Quittung auf diesem erteilt werden. In diesem Falle genügen die Worte „Betrag erhalten“ mit Angabe des Ortes und Tages der Ausstellung und der Unterschrift des Empfängers. Für Auszahlungsnachweisungen und dergleichen, in denen eine Quittungsspalte vorgesehen ist, genügt die Unterschrift des Empfängers in dieser Spalte.

(2) Ist an die Stelle des in dem Beleg ursprünglich angegebenen Betrags ein anderer Betrag gesetzt worden, so ist der ausgezahlte Betrag in Ziffern in die Quittung aufzunehmen. In Auszahlungsnachweisungen und dergleichen ist der ausgezahlte Betrag auch dann in der Quittung zu vermerken, wenn der auszuzahlende einzelne Betrag geändert ist.

(3) Benutzt die Kasse Verkehrseinrichtungen der Deutschen Reichspost, der Reichsbank oder der Deutschen Reichsbahn-Gesellschaft, so hat sie Quittungen, die den von diesen Anstalten erlassenen Bestimmungen entsprechen, anzunehmen.

(4) Bei Auszahlungen gegen sofortigen Empfang von Kleinhandelsware in geringen Mengen genügen die im allgemeinen Verkehr üblichen Empfangszettel als Quittung.

Werden Empfangszettel nicht ausgegeben, so ist zu bescheinigen, daß und wofür der Betrag ausgezahlt ist.

AKO. § 50; WB. RAM. und Heer.

1. In ähnlicher Weise wie in § 36 Abs. 3 für die Einzahlungen ist in § 42 auch für die Auszahlungen eine vereinfachte Quittungsleistung vorgesehen. Sie macht die Ausstellung der Quittung auf einem besonderen Blatt entbehrlich; sie vereinfacht den Beleg und auch die Rechnungsprüfung.

§ 42 bringt nach drei Richtungen Bestimmungen über eine für die Abwicklung des Zahlungsverkehrs sehr wichtige Vereinfachung bzw. Einschränkung der in § 40 Abs. 1 und 2 vorgeschriebenen Quittungsleistung. Abs. 1 und 2 behandeln die Erteilung einer abgekürzten Quittung über Auszahlungen auf dem zugehörigen Beleg, Abs. 3 das Verfahren bei Zahlungen aus Anlaß der Benutzung von Verkehrseinrichtungen und Abs. 4 den Ersatz und gegebenenfalls Fortfall der Quittung im Kleinhandelsverkehr. In allen diesen Fällen handelt es sich um Auszahlungen durch Übergabe von Zahlungsmitteln (§ 40 Abs. 1), und eine Abweichung von dem in § 40 Abs. 2 vorgeschriebenen Inhalt der Quittung über die Auszahlung.

Die in § 40 Abs. 2 geforderten Angaben können, wenn auf dem Beleg Quittung geleistet wird, wesentlich eingeschränkt werden, weil sich Zahlungsbetrag, Zahlungsgrund und Zahlung aus der Reichskasse aus dem Beleg, auf den die Quittung gesetzt wird, ergeben. Als geeignete Belege kommen zumeist in Betracht die Auszahlungsanordnung, besonders in Verbindung mit einer Rechnung über Lieferungen oder Leistungen, und Gehalts- und Lohnlisten. Auszahlungsanordnungen über fortlaufende Auszahlungen werden im allgemeinen nicht zur Quittungsleistung verwendet werden. Die Quittung ist möglichst auf die Seite des Belegs zu setzen, auf der der zu zahlende Betrag angegeben ist. Für die Quittungsleistung auf Auszahlungsnachweisungen (vgl. § 62 Abs. 4) und dergl., in denen eine besondere Quittungsspalte vorgesehen ist, ist, dem praktischen Bedürfnis entsprechend, in Satz 2 des Abs. 1 noch die einfachere Form der Unterschrift des Empfängers in der Quittungsspalte zugelassen. Die Angabe „Betrag erhalten“ und Ort und Tag der Quittungsleistung fallen dabei fort.

2. Abs. 2 behandelt zunächst den Fall, daß der in dem Beleg ursprünglich angegebene Betrag gestrichen und durch einen anderen ersetzt ist. In diesem Falle ist — anders als nach der Vorschrift des § 41 — lediglich der ausgezahlte Betrag in Ziffern in die Quittung aufzunehmen. Insbesondere soweit der geänderte Zahlungsbetrag unter Anführung des Betrages rechnerisch festgestellt sein muß (RRO. § 87 Abs. 2), ist die

in dem Beleg vorgenommene Änderung für die Quittungsleistung nicht von wesentlicher Bedeutung, und es ist lediglich, um jeden Zweifel auszuschließen, die Wiederholung des Betrages in Ziffern angeordnet. Soweit es sich indes um Haushaltsausgaben handelt, ist nach RKO. § 72 Abs. 1 in jedem Falle der ausgezahlte Betrag in Ziffern, der Reichsmarkbetrag in Buchstaben anzugeben. Die gleiche Wiederholung ist in Satz 2 für den Fall einer Änderung des zu zahlenden Betrages in einer Auszahlungsnachweisung u. dergl. vorgeschrieben. Die Worte „auch dann" daselbst (ebenso in AKO. § 50 Abs. 2) können irreführen; gemeint ist mit ihnen „ebenfalls" oder „ebenfalls dann".

3. Verkehrseinrichtungen der Deutschen Reichspost, der Reichsbank oder der Deutschen Reichsbahngesellschaft im Sinne des Abs. 3 sind neben den Einrichtungen zur Beförderung von Personen und Sachen u. a. der Postscheckverkehr und der Reichsbankgiroverkehr. Für Auszahlungen an die genannten Anstalten bei Benutzung ihrer Verkehrseinrichtungen kann natürlich die Vorschrift des § 40 keine Anwendung finden. Auch die Kassen müssen sich nach den für die Benutzung dieser Einrichtungen getroffenen Bestimmungen richten und können mit Rücksicht auf die glatte Abwicklung des Verkehrs für sich nicht Sondervergünstigungen in Anspruch nehmen. Bei dem Verkauf von Wertzeichen, Fahrkarten, Annahme von Paketen, Frachtgütern usw. entfällt eine Quittungsleistung, soweit sie nicht besonders vorgesehen ist (vgl. hierzu Anm. 4 a. E.); bei Einzahlung von Geldbeträgen mit Zahlkarte oder Postanweisung erfolgt sie in der von der Post vorgesehenen Form. Bei der Benutzung von Fernsprechautomaten entfällt jede Quittungsleistung; die Zahlung der Fernsprechgebühr ist daher nach Maßgabe des Abs. 4 Satz 2 zu behandeln. Bei der Einlösung von Frachtbriefen kann auf Quittung über die Frachtzahlung verzichtet werden, weil Frachtbriefe stets nur gegen Zahlung der sämtlichen durch die Beförderung des Gutes erwachsenen Kosten und einer etwaigen Nachnahme an den Empfänger ausgehändigt werden (vgl. VB. RAM.) Wegen der aus anderem Anlaß als der Benutzung ihrer Verkehrseinrichtungen an die genannten Anstalten zu leistenden Zahlungen vgl. § 40 Anm. 1 a. E.

4. Abs. 4 entspricht der allgemeinen Übung in Handel und Verkehr und dem praktischen Bedürfnis (vgl. hierzu AKO. § 50 Abs. 4). Die Empfangszettel und die gemäß Satz 2 des Abs. 4 abzugebende Bescheinigung ersetzen die für den Zahlungsnachweis zu fordernde Quittung. Die Bescheinigung ist von dem Beamten, der die Ware oder sonstige Leistung gegen Hingabe des Geldes angenommen hat, oder von einem anderen Beamten, der dies aus eigener Wissenschaft bestätigen kann, abzugeben. § 20 Abs. 5 findet keine Anwendung, da

es sich hier nicht um eine Bescheinigung in einem Buch oder einer Rechnung handelt.

§ 43
Vollziehung der Quittung in besonderen Fällen

(1) Empfänger, die des Schreibens unkundig sind, haben die Quittung durch Handzeichen zu vollziehen.

(2) Handzeichen sollen regelmäßig bei Beträgen bis zu 1000 RM durch einen, bei höheren Beträgen durch zwei bei der Auszahlung anwesende Zeugen bescheinigt werden, wenn die Bescheinigung auf der Quittung nicht bereits von einer zuständigen Behörde oder einem zuständigen Beamten erteilt ist.

(3) Bei Blinden und Lesensunkundigen sowie bei Personen, die die Quittung in anderen als deutschen oder lateinischen Buchstaben vollziehen, ist in der in Abs. 2 angegebenen Weise zu bescheinigen, daß der auszuzahlende Betrag ausgezahlt ist.

AKO. § 51; BB. RAM.

1. § 43 behandelt in Abs. 1 und 2 den Fall, daß der Empfänger des Schreibens nicht kundig ist, in Abs. 3 einmal den Fall, daß der Empfänger nicht sehen oder nicht lesen kann, und ferner den Fall, daß er die Quittung mit anderen als deutschen oder lateinischen Buchstaben vollzieht, so daß die Kassenbeamten und die Prüfungsbeamten (§ 87) die Unterschrift nicht lesen können.

Empfänger, die des Schreibens — aber nicht des Lesens, s. Abs. 3 — unkundig sind, also ihren Namen nicht schreiben können, haben die Quittung durch Handzeichen — Kreuze, Striche o. ä. — zu vollziehen, die nach Abs. 2 durch einen oder zwei Zeugen zu bestätigen sind.

Die Handzeichen brauchen nicht mit der Hand, sondern können, wenn die Hände fehlen, beschädigt oder gelähmt sind, ebenso wie die Unterschrift, wenn der Empfänger die erforderliche Geschicklichkeit besitzt, auch mit anderen Gliedmaßen oder mit einer Prothese hergestellt werden.

Zeugen sind Personen, die bei der Übergabe der Zahlungsmittel anwesend sind und den Vorgang aus eigener Anschauung bestätigen können. Der Kassenbeamte, der die Auszahlung bewirkt, kann als Zeuge nicht in Betracht kommen. Als Zeugen werden vorzugsweise Personen hinzuzuziehen sein, die zur Kasse oder zu einer benachbarten Verwaltungsstelle gehören und von denen anzunehmen ist, daß sie im Bedarfsfalle zur Bestätigung des von ihnen bekundeten Vorganges zu erreichen sein werden. Durch die Bescheinigung der Handzeichen wird bestätigt, daß die Handzeichen von der in der Bescheinigung bezeichneten Person herrühren. Es ist daher die Aufgabe der Zeugen, sich der Identität des Erschienenen mit der in der Bescheinigung genannten Person (§ 39 Abs. 3 und 4) in gleicher Weise zu vergewissern wie der auszahlende Beamte selbst. Die etwaige Vertretungsbefugnis des Erschienenen zu prüfen, ist Sache der Kasse und nicht Aufgabe der Zeugen.

Der Schlußsatz des Abs. 2 bezieht sich auf den Fall, daß der Empfänger oder jemand anders eine vorschriftsmäßig bescheinigte Quittung der Kasse überbringt. In diesem Falle ist entsprechend § 39 Abs. 4 zu verfahren. Bringt der Empfänger selbst die Quittung zur Kasse und muß die Quittung im Sinne des § 39 beanstandet werden, so ist sie durch eine Quittung des Empfängers nach § 43 Abs. 1 zu ersetzen. Welche Stellen befugt sind, Handzeichen auf Quittungen zu beglaubigen, muß der Kasse, soweit es nicht anderweit amtlich geschehen, von der Behörde, der sie zugehört, mitgeteilt werden (vgl. AKO. § 51 Abs. 2, wonach die Bescheinigung von einem Gerichte, einem Notar, einer Polizeibehörde oder einer Stelle, die der Präsident des Landesfinanzamtes als dazu befugt bezeichnet hat, zu erteilen ist).

Wenn im Falle des § 40 Abs. 1 die Quittung eines des Schreibens unkundigen Empfängers vor Übersendung der Zahlungsmittel an ihn verlangt wird (vgl. § 40 Anm. 1), so kann nur eine von einer zuständigen Behörde oder einem zuständigen Beamten bescheinigte Quittung in Frage kommen.

2. Von Blinden und von Personen, die in deutscher Sprache Geschriebenes nicht lesen können, kann Vollziehung der Quittung durch Unterschrift oder durch Handzeichen nicht verlangt werden, da sie von dem Inhalt der Quittung, die zu vollziehen wäre, nicht selbst Kenntnis nehmen können. Es ist Sache des Empfängers, der nicht lesen, aber seinen Namen schreiben kann, wenn der Mangel von der Kasse nicht bemerkt ist und sie keinen Anlaß hatte, seine Lesenskundigkeit festzustellen, auf den Mangel aufmerksam zu machen. Andernfalls würde ihn die Beweislast treffen, wenn er späterhin den Inhalt der Quittung anfechten wollte.

Abs. 3 muß, wie in VB. RAM. angeführt, sinngemäß auch für Personen gelten, die zwar lesen können, aber z. B. durch Kriegsbeschädigung oder sonst körperlich verhindert sind, selbst nach § 40 oder § 43 Abs. 1 Quittung zu leisten.

Die Unterschrift einer Quittung in anderen als deutschen oder lateinischen Buchstaben ist ihrem Inhalt nach für die Kasse und die spätere Kassenprüfung in der Regel nicht erkennbar, sie ist also insofern kein brauchbarer Zahlungsbeleg. Sie könnte, wenn der Empfänger den Quittungstext lesen kann, ebenso wie ein Handzeichen bescheinigt werden: da jene

Voraussetzung aber in der Regel nicht zutreffen wird, ist bei einer Unterschrift in fremden Schriftzeichen dieselbe Bescheinigung wie bei Blinden und Lesensunkundigen vorgeschrieben. Die Bescheinigung (Abs. 3 a. E.) reicht wesentlich weiter als die der Handzeichen (s. Anm. 1 Abs. 2 a. E.). Bei diesen wird lediglich bescheinigt, daß sie von der in der Bescheinigung bezeichneten Person herrühren; auf die Auszahlung selbst erstreckt sich die Bescheinigung nicht. Bei den in Abs. 3 bezeichneten Personen wird bescheinigt, „daß der auszuzahlende Betrag ausgezahlt ist". Man wird ergänzen müssen „an die in der Bescheinigung genannte Person", denn es soll ja durch die Bescheinigung die mangels einer Unterschrift oder einer brauchbaren Unterschrift fehlende vorschriftsmäßige Quittung ersetzt werden. In den Fällen des Abs. 1 wird die Quittung in einer von der regelmäßigen Form abweichenden Form abgegeben, in den Fällen des Abs. 3 entfällt eine Quittung überhaupt oder sie wird in einer als Zahlungsbeweis nicht brauchbaren Form abgegeben.

§ 44

Bescheinigungen der Kasse an Stelle von Quittungen

(1) Bei Auszahlungen, die in anderer Weise als durch Übergabe oder Übersendung von Zahlungsmitteln geleistet werden, ist auf dem Belege, bei Auszahlungen durch Überweisung oder Postscheck mit Angabe der Nummer des Überweisungsauftrags oder Postschecks zu bescheinigen, an welchem Tage und auf welchem Wege die Auszahlung geleistet ist. Ist die Kasse mit mehr als einem Beamten besetzt, so haben zwei Kassenbeamte die Bescheinigung zu vollziehen.

(2) Bei Auszahlungen durch Buchausgleich (§ 28) hat die Kasse auf den Beleg den Vermerk „Durch Buchausgleich am ... ausgezahlt" zu setzen. Abs. 1 Satz 2 gilt sinngemäß.

AKO. § 52; VB. RAM.

1. Ein Hauptbestandteil des Rechnungsbeleges über eine Haushaltsausgabe ist der Zahlungsbeweis (RKO. §§ 48 b und 71 ff.). Die einfachste Form des Zahlungsbeweises ist die Quittung des Empfangsberechtigten. Eine solche ist nach § 40 Abs. 1 bei jeder Auszahlung, die durch Übergabe von Zahlungsmitteln geleistet wird, — nicht nur bei Haushaltsausgaben — zu verlangen. Sie entfällt bei den Zahlungen, die in anderer Weise geleistet werden, und muß daher insoweit für die Zwecke

der Rechnungslegung durch etwas anderes ersetzt werden. Dies könnte geschehen durch Beifügung des Einlieferungsscheins zu dem Beleg bei Zahlung mittels Zahlkarte oder Postanweisung und Beifügung des Lastschriftzettels u. ä. bei Zahlung durch Postscheck oder Überweisung. Diese Möglichkeit entfällt, wenn die Einlieferungen bei der Post in Einlieferungsbüchern bescheinigt und Postschecke und Überweisungsaufträge in Listen zusammengefaßt werden. Die RKO. macht jedoch zwischen den Fällen, in denen der Kasse ein einzelner Zahlungsbeweis zur Verfügung steht, und den übrigen Fällen keinen Unterschied und schreibt einheitlich für alle Fälle, in denen eine Quittung des Empfängers selbst nicht gefordert wird, vor, daß auf dem Belege — bei Auszahlungen durch Überweisung oder Postscheck mit Angabe der Nummer des Überweisungsauftrages oder Postschecks — bescheinigt wird, an welchem Tage und auf welchem Wege die Auszahlung geleistet ist. Die Nachweise betreffend die durch Postscheck oder Überweisung bewirkten Zahlungen sind danach für sich bei der Kasse aufzubewahren und nicht zu den Belegen zu nehmen.

Reichard RKO. § 44 Anm. 1 weist zutreffend darauf hin, daß die Bescheinigung gemäß Abs. 1 auch dann abzugeben ist, wenn der Empfänger der Kasse vor Übersendung der Zahlungsmittel an ihn eine ordnungsmäßige Quittung übermittelt hat (vgl. § 40 Abs. 1 Anm.). Jancke-Maaß, AKO. § 52 halten es in diesem Falle für zweckmäßig, die Bescheinigung auf die Quittung zu setzen, um einen Mißbrauch der überzähligen Quittung zu verhüten. Eine solche Anordnung erscheint im Interesse der Kassensicherheit durchaus empfehlenswert. Nach der RKO. — § 40 Abs. 1 — bedeutet eine ohne nähere Angabe der Zahlungsart ausgestellte Quittung, daß die Auszahlung durch Übergabe oder Übersendung von Zahlungsmitteln geleistet ist. In dem vorliegenden Falle hat sie diesen Sinn nicht; es ist deshalb mit Rücksicht auf die Klarheit des Kassengebarens von Wert, daß ihre von der Regel abweichende Bedeutung durch einen entsprechenden Vermerk festgestellt wird (vgl. hierzu § 90 Abs. 1 und Anm. 2 das.). Wird die Quittung der Kasse erst nachträglich übersandt, so wäre sie sinngemäß mit einem Vermerk über die gemäß § 44 Abs. 1 auf den Beleg gesetzte Bescheinigung zu versehen und dem Beleg beizufügen, wenn es ihrer auch für die Rechnungslegung an sich neben jener Bescheinigung nicht bedarf.

Die Bescheinigung ist, wenn die Kasse mit mehr als einem Beamten besetzt ist, durch zwei Beamte zu vollziehen. Der eine von ihnen ist regelmäßig der Beamte, der die Zahlungsgeschäfte versieht (vgl. AKO. § 52 Abs. 1); der zweite Beamte — der Kassenleiter oder ein von ihm bestimmter Beamter — hat sich vor Abgabe der Bescheinigung zu versichern, daß die Zahlung ausgeführt ist.

2. Abs. 2 bezieht sich auf die Beträge, die an eine andere Kasse als Empfänger zu zahlen oder auf Ersuchen von einer anderen Kasse an den Empfänger geleistet und mit der anderen Kasse zu verrechnen sind. Sobald die Kasse von der ausgleichenden Stelle die Weisung erhalten hat, den Betrag als Auszahlung und in gleicher Höhe als Kassenbestandsverstärkung zu buchen (s. § 28 Anm. 2 S. 150), bucht sie beides und versieht den Beleg mit dem in Abs. 2 angeführten Vermerk. Abs. 2 setzt voraus, daß die Zahlung an den Empfänger bargeldlos bewirkt ist oder daß sich dessen Quittung nicht bei der Kasse befindet, auf deren Veranlassung an ihn gezahlt ist. Ist dieser Kasse die Quittung von der anderen Kasse übersandt worden (vgl. § 28 Anm. 2 a. E.), so gelten für diesen Fall sinngemäß die Anführungen in Anm. 1 Abs. 2.

Die Richtigkeit der abgegebenen Bescheinigungen und der gemäß Abs. 2 bei Auszahlungen durch Buchausgleich auf die Belege gesetzten Vermerke unterliegt der Prüfung bei Gelegenheit der ordentlichen und außerordentlichen Kassenprüfungen (§§ 90 Abs. 1 und 96). Der Prüfungsbeamte hat sich an der Hand der Buchungen und Belege (Lastschriftzettel, Kontoauszüge, Abrechnungsbuch usw.) davon zu überzeugen, daß die Auszahlung in der angegebenen Weise erfolgt ist.

§ 45

Lebens- und ähnliche Bescheinigungen

(1) Die Kasse darf laufende Auszahlungen im Inland, die die Vorlage einer Lebens- oder ähnlichen Bescheinigung voraussetzen, für das neue Rechnungsjahr erst dann leisten. wenn eine Bescheinigung aus dem letzten Monat des abgelaufenen Rechnungsjahrs vorliegt.

(2) Kassenbeamte dürfen Lebens- und ähnliche Bescheinigungen nicht ausstellen.

AKO. § 55; VB. RAM.

1. Bei der Vorschrift des § 45 ist hauptsächlich an die verschiedenartigen Versorgungsbezüge, laufende Unterstützungen u. ä. gedacht. Durch die Beibringung der entsprechenden Bescheinigungen soll die Überzahlung von laufenden Bezügen für deren Gewährung die gesetzlichen oder sonstigen Voraussetzungen nicht mehr bestehen, verhindert werden. Das Erfordernis der Vorlegung einer Lebens- oder ähnlichen Beschei-

nigung gründet sich zumeist nicht auf besondere gesetzliche Vorschrift, sondern auf eine Verwaltungsanordnung; vgl. § 80 des Gesetzes über das Verfahren in Versorgungssachen vom 10. Januar 1922 (RGBl. S. 59) in der Fassung der Bekanntmachung vom 20. März 1928 (RGBl. I S. 71), wonach die Versorgungsbehörden die Zahlung der Versorgungsgebührnisse von Vorlegung einer amtlichen Bescheinigung über die persönlichen Verhältnisse des Versorgungsberechtigten abhängig machen können. In einer Ausführungsbestimmung hierzu ist lediglich auf die bestehenden Vorschriften über die Ausstellung der Lebensbescheinigung verwiesen. Inwieweit laufende Auszahlungen die Vorlegung einer Lebens- oder ähnlichen Bescheinigung voraussetzen, bestimmt sich nicht nach der RKO., sondern muß der Kasse in der Auszahlungsanordnung oder durch besondere Verfügung mitgeteilt oder von ihr aus den ihr zur Verfügung stehenden Verwaltungsbestimmungen entnommen werden. Im Zweifel wird die Kasse die Weisung der Behörde, die die Auszahlungsanordnung erteilt hat, einholen. § 74 RRO. schreibt für alle Fälle der Zahlung von Versorgungsgebührnissen und laufenden Unterstützungen für die Rechnungslegung die Beibringung einer Bescheinigung vor, daß der Empfänger, der im Inland (einschließlich Saargebiet und Danzig) wohnt, an dem Tage am Leben gewesen ist, an dem die letzte Auszahlung im Rechnungsjahre fällig war. Eine Vorschrift wie in § 45, gegebenenfalls die Zahlungen einzustellen, ist in dieser Bestimmung, die nur die Ausgestaltung des Rechnungsbelegs regelt, nicht enthalten. An Vorschriften, die über § 45 Abs. 1 hinausgehende Anforderungen wegen Beibringung der angeführten Bescheinigungen stellen, wird durch § 45 nichts geändert; er will nur für alle Fälle, in denen regelmäßig Bescheinigungen beizubringen sind, eine bestimmte periodische Nachprüfung sichern.

Die Kasse muß die vorgeschriebenen Bescheinigungen so frühzeitig anfordern, daß die rechtzeitige Beibringung gesichert ist und die begründete Fortzahlung der Bezüge keine Verzögerung erfährt. Solange die Bescheinigung nicht beigebracht ist, darf eine weitere Zahlung nur auf Anordnung der Stelle, die die Auszahlungsanordnung erlassen hat, erfolgen.

§ 45 bezieht sich nur auf Auszahlungen im Inland. Bei Auszahlungen an Empfänger im Ausland bedarf es wegen der oft weiten Entfernungen, die die rechtzeitige Vorlegung einer Bescheinigung aus dem letzten Monat des abgelaufenen Rechnungsjahres erschweren oder unmöglich machen, — vorbehaltlich gesetzlicher Vorschrift — besonderer Bestimmung über eine Einstellung der Zahlungen (vgl. § 102). RRO. § 74 enthält eine nähere Bestimmung darüber, in welcher Weise im Ausland die Lebens- und gegebenenfalls die Reichsangehörigkeitsbescheinigung zu erteilen ist [1]).

2. Die Ausstellung von Lebensbescheinigungen u. ä. ist vielfach einzelnen Beamten, die zur Führung eines Dienstsiegels berechtigt sind, überlassen. Demgegenüber weist Abs. 2 darauf hin, daß Kassenbeamte Lebens- und ähnliche Bescheinigungen nicht ausstellen dürfen. Die Vorschrift bezieht sich ihrem Wortlaut nach nicht nur auf die Beamten der an der Zahlung beteiligten Kasse, sondern auf die Beamten aller Kassen (§ 2 Ziffer 1, § 10). Im Zweifelsfalle ist besonders festzustellen, daß der Aussteller einer Bescheinigung zur Zeit der Ausstellung nicht Kassenbeamter, d. h. nicht in einer Kasse ständig oder vorübergehend beschäftigt gewesen ist. In den VB. RAM. ist zutreffend darauf hingewiesen, daß Kassenbeamte auch nicht Abschriften von Lebens- und ähnlichen Bescheinigungen beglaubigen dürfen. Stellt sich heraus, daß die Bescheinigung von einem Kassenbeamten ausgestellt ist, so gilt sie als im Sinne des Abs. 1 nicht vorhanden.

3. Abschnitt: Geldverwaltung.

§ 46.

Verwendung der Einzahlungen.

Die Einzahlungen für das Reich dürfen nur für Reichszwecke verwendet werden. Hat die Kasse in den Fällen des § 4 Abs. 2 Auszahlungen zu leisten, so darf sie hierzu, sofern nicht etwas anderes bestimmt ist, nur Beträge verwenden, die ihr infolge der Wahrnehmung der fremden Kassengeschäfte zur Verfügung stehen.

AKO. § 56; VB. RAM.

1. Der Eingangssatz des § 46 enthält einen an sich selbstverständlichen Verwaltungsgrundsatz (vgl. RHO. §§ 25, 30

[1]) RKO. § 74 lautet von Satz 2 ab, wie folgt: Im Ausland ist die Lebensbescheinigung durch die am Orte befindliche deutsche Vertretung zu erteilen. Hat der Bezugsberechtigte seinen Wohnsitz im Ausland an einem Ort, an dem sich keine deutsche Vertretung befindet, so kann die Lebensbescheinigung durch geeignete ausländische Ortsbehörden ausgestellt sein oder durch die Auskunft des Vorstandes eines angesehenen deutschen Vereins oder eines ortsangesessenen deutschen Geistlichen ersetzt werden. In diesem Falle muß jedoch die Lebensbescheinigung oder Auskunft von der zuständigen deutschen Auslandsvertretung beglaubigt sein. Ist die Auszahlung davon abhängig, daß der Empfangsberechtigte die deutsche Reichsangehörigkeit besaß, so hat sich die Bescheinigung der deutschen Auslandsvertretung auch auf diese Voraussetzung zu erstrecken. Die Lebensbescheinigung ist nach §§ 91 Abs. 1, 96 Abs. 1 den Rechnungsbelegen einzuordnen.

und 75). Einzahlungen für das Reich sind die entsprechend § 34 bei den Kassen eingegangenen für das Reich bestimmten (vgl. § 37 Abs. 3) Beträge einschließlich der Kassenbestandsverstärkungen aus Reichsmitteln (§§ 48 ff.). Wenn der angeführte Verwaltungsgrundsatz in die RKO. aufgenommen ist, so bedeutet das, daß er auch von den Kassen bei Wahrnehmung ihrer Dienstgeschäfte als Richtschnur zu beachten ist. Wegen der Unzulässigkeit der Entnahme von Kassenmitteln aus der Kasse durch Kassenbeamte für private Zwecke vgl. § 37 Anm. 1). In VB. RAM. ist es als unzulässig bezeichnet, Einzahlungen für das Reich zum Zwecke des Zinsgewinnes oder aus sonstigen Gründen bei Geldanstalten anzulegen. Eine solche eigenmächtige Anlegung von Geldbeträgen durch die Kasse verbietet sich bereits nach §§ 37 und 54. Die Anlegung verfügbarer Reichsmittel kann nur durch die Reichshauptkasse nach Weisung des RFM. erfolgen, da die einzelne Kasse nicht übersehen kann, in welcher Weise Reichsmittel jeweils die nützlichste Verwendung finden. Die angeführte Bestimmung ist also sachlich insbesondere an die Behörden der Reichsarbeitsverwaltung gerichtet; sie soll diesen einen für alle Reichsbehörden mit Ausnahme des RFM. (vgl. § 47 Abs. 2 und VB. RHK. zu § 4 Ziffer 1) geltenden, aber nicht immer beachteten Grundsatz (vgl. RHO. §§ 25, 29 f. und 55) einschärfen.

Der in Satz 1 des § 46 angeführte Grundsatz ist für die Kassen von sehr verschiedener Bedeutung, je nachdem sie nur für Reichsbehörden, also für das Reich tätig sind, oder auch für Länder, Gemeinden oder andere Körperschaften Kassengeschäfte wahrnehmen. Die Auswirkung des Grundsatzes im letzteren Falle prägt sich in dem 2. Satze des § 46 aus.

Die Reichsbehörden verwalten die Einnahmen und Ausgaben des Reichs nach dem Reichshaushaltsplan (RHO. § 25; vgl. RWB. §§ 13 bis 18 und 29 Abs. 1). Alle in diesem vorgesehen Ausgaben dienen ihrer Natur nach Reichszwecken. Dasselbe gilt für die gemäß § 33 RHO. veranlaßten Haushaltsüberschreitungen und außerordentlichen Ausgaben. Es kann danach allgemein vorausgesetzt werden, daß die von den Reichsbehörden erlassenen — ebenso wie die in Reichsgesetzen enthaltenen — Auszahlungsanordnungen dem eingangs angeführten Verwaltungsgrundsatz entsprechen. Wenn der Kasse trotzdem eine Auszahlungsanordnung zugeht, die offenbar oder anscheinend von ihm abweicht — es ist z. B. die Kostenrechnung eines Reichs- oder eines Landesbeamten für eine in einer Landesangelegenheit ausgeführte Dienstreise zur Zahlung aus Reichsmitteln angewiesen — so würde die Kasse das bei ihr dieserhalb bestehende Bedenken gemäß § 76 Abs. 3 Satz 6 geltend machen müssen. Ist eine Haushaltsausgabe zur Zahlung auf einen bestimmten Haushaltstitel oder Teil eines solchen oder als außerplanmäßig angewiesen, so ist die

Frage, ob sie Reichszwecken dient, in die Frage einbegriffen, ob gegen die vorgeschriebene Verrechnung Bedenken bestehen. Bei Auszahlungen, die vorschußweise und solchen, die durch eine allgemeine Auszahlungsanordnung angeordnet sind, fehlt gegebenenfalls ein solcher Anhalt; im Zweifel ist ebenso wie bei der Haushaltsausgabe die Entscheidung der zuständigen Stelle einzuholen. Derartige Zweifelsfälle werden bei Kassen, die lediglich für Reichsbehörden Kassengeschäfte wahrnehmen, nur ausnahmsweise vorkommen. Von weit größerer Bedeutung ist der in § 46 aufgestellte Grundsatz in den Fällen des Satz 2.

2. Die Kassen, die gemäß § 4 Abs. 2 für andere Stellen als das Reich Kassengeschäfte ausführen, dürfen zu Zahlungen, die sie aus diesem Anlaß zu leisten haben, sofern nicht etwas anderes bestimmt ist, nur Beträge verwenden, die ihnen infolge der Wahrnehmung der fremden Kassengeschäfte aus entsprechenden Einzahlungen zur Verfügung stehen; im Bedarfsfalle hat die Kasse danach von der Stelle, deren Kassengeschäfte sie versieht, die benötigten Mittel anzufordern. Die Einzahlungen für jene anderen Stellen werden nicht als besonderer Kassenbestand getrennt gehalten, sondern gehen in den Kassenbestand der Kasse über und werden damit zu Reichsmitteln (vgl. § 40 Abs. 2 und Anm. 2 das.); wohl aber sind sie getrennt von den Einzahlungen und Auszahlungen für das Reich zu buchen. Die Kasse muß jeweils an der Hand der Bücher feststellen können, in welchem Umfang über bei ihr eingegangene Einzahlungen für ein Land usw. durch Leistung von Auszahlungen einschließlich Ablieferungen zugunsten des Landes bereits verfügt ist, und welcher Betrag danach für Auszahlungen für Rechnung des Landes noch zur Verfügung steht; insoweit kann sie dann, wenn sie die Landeseinnahmen gemäß § 54 an eine übergeordnete Kasse als eigene Ablieferung abführt, ihre Zahlungsmittel, gleichviel woher sie stammen, zu Auszahlungen für das Land verwenden.

Die Anführung „sofern nicht etwas anderes bestimmt ist" in Satz 2 deutet auf die Möglichkeit besonderer Abmachungen zwischen dem Reich und den Ländern usw. dieserhalb hin. Wegen einer ausnahmsweise zugelassenen Verwendung von Reichsmitteln für Auszahlungen auf Rechnung eines Landes usw. siehe AKO. § 56 Abs. 3.

Nach Reichard, RKO. § 46 Anm. 3 Abs. 1 soll entsprechend der Bestimmung des § 46 auch das Land das Recht haben, zu verlangen, daß die aus Einzahlungen für Rechnung des Landes stammenden Kassenmittel nicht für Reichszwecke verwendet werden. Diese Frage wird lediglich nach der zwischen dem Reich und dem Land über die Ablieferung der für das Land angenommenen Beträge getroffenen Vereinbarung beantwortet werden müssen. Soweit nach dieser eine Ablieferung nicht geboten ist, stehen die der Kasse aus Einzahlungen für das Land zugeflossenen Mittel ihr für Reichszwecke (Auszahlungen einschl. Ablieferungen) zur Verfügung.

§ 47

Kassenbestand

(1) Der Kassenbestand der Amtskassen und Oberkassen darf den Betrag, der an den nächsten beiden Tagen für die voraussichtlich zu leistenden Auszahlungen oder als Wechselgeld erforderlich ist, nicht übersteigen; Beträge, die nach Anlage 7 § 4 durch eine andere Kasse unmittelbar auszuzahlen sind, bleiben hierbei unberücksichtigt. Der zuständige Reichsminister kann zulassen, daß Kassen, die wegen ihrer besonderen örtlichen Lage während eines bestimmten Zeitraums nicht die Möglichkeit haben, ihren Kassenbestand zu verstärken, den Betrag, dessen sie zur Leistung von Auszahlungen während dieses Zeitraums bedürfen, als Kassenbestand behalten. Von Zahlungsmitteln, die als Sicherheit angenommen worden sind, ist nur Bargeld zum Kassenbestande zu rechnen. Bei Kassen, die berechtigt sind, dem Reichsbankgiroguthaben der Reichshauptkasse Beträge zu entnehmen (§ 51 Abs. 1 Satz 2), soll der Kassenbestand auf den Betrag beschränkt bleiben, der erforderlich ist, um die der Kasse bereits bekannten Auszahlungen am nächsten Tage zu leisten.

(2) Über den Kassenbestand der Reichshauptkasse verfügt der Reichsminister der Finanzen.

AKO. § 57; VB. RHK., RAM., Heer und Marine.

1. Kassenbestand (§ 2 Ziff. 15 und Anm. dazu) sind die Mittel, die der Kasse jeweils zur Verwendung zur Verfügung stehen. Bei der großen Zahl der Kassen ist es für die Kassengebarung des Reichs von besonderer Wichtigkeit, daß sie ihren Kassenbestand möglichst niedrig halten, weil jede Versäumnis in dieser Beziehung den Kassenbestand der Reichshauptkasse unmittelbar oder mittelbar nachteilig beeinflußt. Verzögerungen in der Ablieferung und ungerechtfertigte Einschränkungen der Ablieferung sowie die Erwirkung von Kassenbestandsverstärkungen über das tatsächlich gebotene Maß hinaus führen dazu, daß die Reichshauptkasse entweder verfügbare Mittel nur in entsprechend geringerem Umfange durch Anlegung nutzbar machen kann oder daß das Reich, wenn ihre Mittel nicht ausreichen, gezwungen ist, in entsprechend

höherem Maße kostspieligen Kredit aufzunehmen. Durch unstatthafte Einschränkung der Ablieferungen und unwirtschaftliche Kassenbestandsverstärkungen wird also das Reich erheblich geschädigt: es bleibt Geld brach liegen, das die Reichshauptkasse sonst nützlich anlegen oder zu dringenden Ausgaben verwenden würde, für die statt dessen mit erheblichen Kosten die Mittel beschafft werden müssen. Aus diesen Gründen ist die sorgsamste Behandlung des Kassenbestandes von größter Wichtigkeit (vgl. § 48 Abs. 1 Satz 2 und § 54 Abs. 1 Satz 1). Die Verantwortung für sie liegt in erster Linie dem Kassenleiter ob, der für jeden hierbei aus schuldhafter Versäumnis dem Reiche erwachsenen Schaden aufzukommen hat und gegebenenfalls beamtenstrafrechtlicher Verfolgung sich aussetzt (vgl. § 13 und RBG. §§ 72 ff.).

Der Kassenbestand ist so niedrig zu halten, wie es der alsbald, d. h. an den beiden nächsten Tagen zu erwartende Bedarf der Kasse an Zahlungsmitteln gestattet (Abs. 1 Satz 1). Bei Schätzung dieses Bedarfs ist auch der zu erwartende Geldeingang zu berücksichtigen, anderseits müssen selbstverständlich Beträge, die nach Anl. 7 § 4 durch eine andere Kasse unmittelbar auszuzahlen sind, dabei unberücksichtigt bleiben. Der Zeitraum, für den eine Kasse Mittel zurückbehalten darf, kann länger bemessen werden, wenn sie wegen ihrer besonderen örtlichen Lage eine bestimmte Zeit hindurch nicht die Möglichkeit hat, ihren Kassenbestand zu verstärken (Abs. 1 Satz 2), wie die Schiffskassen der Marine in der Zeit, während deren Schiffe sich in See befinden, oder die Kassen auf Inseln, die zeitweilig keine Verbindung mit dem Festlande haben (VB. Marine). Der Zeitraum, für den Mittel zurückbehalten werden dürfen, ist kürzer zu bemessen, wenn die Kasse berechtigt ist, dem Reichsbankgiroguthaben der Reichshauptkasse Beträge zu entnehmen (§ 51 Abs. 1 Satz 2 und Anl. 8 §§ 1 und 4), so daß sie sich jederzeit kurzfristig mit Mitteln versehen kann. Eine solche Kasse soll nicht mehr Mittel zurückbehalten, als erforderlich sind, um die der Kasse bereits bekannten Auszahlungen am nächsten Tage zu leisten.

Die RKO. sieht davon ab, anzuordnen, daß für die Kasse, wie es früher üblich war, Höchstbeträge des zurückzuhaltenden Kassenbestandes festgesetzt werden. Die Festsetzung würde, wenn der zulässige Bestand sehr knapp bemessen wird, zu einer unwirtschaftlichen Vermehrung der Ablieferungen und der Kassenbestandsverstärkungen führen, und wenn sie zu reichlich bemessen wird, ihren Zweck verfehlen. Es ist die Aufgabe des Kassenleiters, fortdauernd unter Beobachtung der gesamten Kassenlage — durch frühzeitige Ablieferung verfügbarer Beträge (§ 54 Abs. 1), tunlichst umgehende Weitergabe unbarer Zahlungsmittel (Schecke, Überweisungsaufträge) zur Einlösung, sorgfältige Schätzung der zu erwartenden Eingänge, durch Niedrighaltung der Anforderungen von Kassenbestandsverstärkungen (§ 48 Abs. 1) usw. — für die möglichste Einschränkung des Bestandes zu sorgen, und die Aufgabe des Kassenaufsichtsbeamten ist es, darüber zu wachen, daß hiernach verfahren wird. Die Mitwirkung des letzteren ist u. a. dadurch vorgesehen, daß alle Anforderungen von Kassenbestandsverstärkungen seinen Sichtvermerk tragen sollen (§ 51 und Anl. 7 § 3 Abs. 3). In welcher Höhe die Kassen Wechselgeld bereit zu halten haben, wird in der Regel von der Verwaltung bestimmt werden; vgl. AKO. § 57 Abs. 1. VB. RAM. untersagen die Entnahme von Handvorschüssen aus dem Kassenbestande; hierunter wird die selbständige, nicht auf eine Auszahlungsanordnung (§ 37) gegründete Entnahme zu verstehen sein; vgl. hierzu § 8 Anm. 6.

2. Von Zahlungsmitteln, die als Sicherheit angenommen werden und an sich zum Kassenbestande gehören, ist nur Bargeld im Sinne des § 87 zum Kassenbestand zu rechnen (Abs. 1 Satz 3). Als Sicherheit eingezahltes bares Geld kann von anderem baren Gelde nicht getrennt gehalten werden und ist ohne weiteres dem Kassenbestand zuzuzählen. Sobald andere als Sicherheit übergebene Zahlungsmittel (Schecke, Überweisungsaufträge und Wechsel) in bares Geld oder in Guthaben umgewandelt sind, gehören diese ebenfalls zum Kassenbestande. Es dürfte übrigens einer Anordnung nichts im Wege stehen, nach der als Sicherheit angenommene unbare Zahlungsmittel (Schecke, Postscheck- und Reichsbanküberweisungsaufträge), die ihrer Natur nach eine alsbaldige Einlösung bedingen, in gleicher Weise wie andere unbare Zahlungsmittel dem Kassenbestande zuzurechnen wären. Zur Sicherheit übergebene Wechsel, die sich zur Verfallzeit noch im Besitz der Kasse befinden, sind zur Einlösung vorzulegen, falls nicht eine Prolongation oder etwas anderes verabredet wird.

3. Nach VB. RHK. Abs. 2 ist dem Reichsfinanzminister täglich ein Kassenbericht über die Ein- und Auszahlungen sowie den Bestand der Reichshauptkasse vorzulegen. Ihr Mindestguthaben auf dem Reichsbankgirokonto ist auf 1 Million Reichsmark festgesetzt. Es ist die Aufgabe des RFM., für die Beschaffung der zur Auffüllung des Mindestguthabens erforderlichen Mittel auf Grund der entsprechenden Ermächtigung durch das jeweilige Reichshaushaltsgesetz (vgl. das Gesetz zur Feststellung des Reichshaushaltsplans für das Rechnungsjahr 1929 vom 29. Juni 1929, RGBl. II S. 443, § 5) zu sorgen. Die übrigen an den Reichsbankgiroverkehr angeschlossenen Kassen sind von der Haltung eines Mindestbetrages auf dem Reichsbankgirokonto befreit.

§ 48

Kassenbestandsverstärkungen

a) Allgemeines

(1) Die Amtskassen und Oberkassen haben ihren Kassenbestand zu verstärken, wenn er zur Leistung der Auszahlungen nicht ausreicht. Der Kassenbestand wird im Wege der Geldversorgung (§ 49), der Geldaushilfe (§ 50) oder durch Gewährung von Zuschüssen (§ 51) verstärkt. Kassenbestandsverstärkungen sind nur in der notwendigen Höhe anzufordern. Der Betrag ist bei der anfordernden Kasse als Einzahlung, bei der anderen Kasse als Auszahlung zu buchen.

(2) Hat der Reichsminister der Finanzen dem zuständigen Reichsminister Betriebsmittel für dessen Verwaltungsbereich für bestimmte Zeiträume zur Verfügung gestellt, so dürfen Kassenbestandsverstärkungen nur in der Höhe gewährt werden, bis zu der der zuständige Reichsminister die Verwaltungsbehörde, der die anfordernde Kasse angehört, zur Leistung von Auszahlungen ermächtigt hat. Die Kassenbestandsverstärkungen sind auf der Ermächtigung abzuschreiben.

AKO. § 58: VB. RHK. und RAM.

1. Soweit die Kassen nicht aus Einzahlungen die ihnen obliegenden Auszahlungen bewirken können, müssen die erforderlichen Mittel durch eine Kassenbestandsverstärkung beschafft werden. Das Bedürfnis, die Mittel der Kasse zur Leistung von Auszahlungen zu verstärken, ist verschieden, je nachdem bei einer Kasse die Einzahlungen oder die Auszahlungen überwiegen (vgl. § 54 Anm. 2); soweit bei einer Kasse das erstere der Fall ist, entfällt die Notwendigkeit, die eigenen Mittel auffüllen zu lassen, oder sie ist nur zeitweilig vorhanden, und es besteht unter Umständen vielmehr die Möglichkeit, die Kasse zur Aushilfe für andere Kassen (Bedarfskassen) heranzuziehen. Als Kassen der ersteren Art kommen in erster Linie die Kassen der Reichsabgabenverwaltung in Betracht. Bei der Versorgung der Kassen mit den erforderlichen Mitteln ist es besonders wichtig, daß eine entbehrliche Hin- und Hersendung von Mitteln, durch die der Reichshauptkasse unnötigerweise Mittel entzogen werden (vgl. § 47 Anm. 1), vermieden wird. Wenn also an einem Ort oder in nahe bei einander gelegenen Orten mehrere Kassen vorhanden sind, soll eine Kasse, die genötigt ist, ihren Kassenbestand zu verstärken, nicht von außerhalb Mittel heranziehen, wenn sie sie von

einer benachbarten Kasse erhalten kann. Wenn die eine Kasse in A der anderen in A oder in dem benachbarten B mit 1000 RM., die sie sonst abliefern würde, aushilft, so kann die gemeinsame Oberkasse in C ihren Bestand behalten. Andernfalls müßte sie der Bedarfskasse in A oder B die benötigten 1000 RM. übermitteln und ihren eigenen Bestand entsprechend verringern oder gar sich selbst erst die entsprechenden Mittel beschaffen. Am nächsten Tage erhielte sie von der Überschußkasse in A die bei dieser entbehrlichen 1000 RM. als Ablieferung. Das Ergebnis wäre also in diesem Falle zweimalige Übermittlung von 1000 RM. und einen Tag entsprechender Minderbestand bei der Oberkasse gegenüber lediglich einmaliger Übermittlung von 1000 RM. an eine benachbarte Kasse — und keiner zeitweiligen Bestandsminderung bei der Oberkasse — im Falle der Aushilfe durch die benachbarte Kasse. Die Wirtschaftlichkeit des letzteren Verfahrens liegt auf der Hand. Es ist daher in weitem Umfange der Regelung des Verfahrens bei der Kassenverstärkung in den §§ 48—51 zugrunde gelegt.

§ 50 sieht die gegenseitige Aushilfe gleichgeordneter Kassen ein und derselben Verwaltung nach näherer Bestimmung des zuständigen Ministers vor (Geldaushilfe). § 51 regelt die Mittelbeschaffung für die Kassen, für die eine Kassenbestandsverstärkung im Wege der Geldversorgung nicht vorgesehen ist usw. — das sind nach dem Wortlaut des § 49 die Kassen der Reichsabgabenverwaltung (vgl. § 49 Anm. 1) — durch Zuschüsse, § 49 die Geldversorgung der übrigen Kassen. Bei der Anordnung der §§ 49—51 sind die letzteren Kassen als die hauptsächlich für eine Versorgung in Betracht kommenden vorangestellt. Die Geldaushilfe besteht darin, daß die gleichgeordneten Kassen ein und derselben Reichsverwaltung gegenseitig sich, soweit sie dazu in der Lage sind, gegen Aushändigung einer Quittung mit Geld aushelfen (§ 50). Ist eine Versorgung auf diesem Wege nicht möglich, so müssen Kassen einer anderen Reichsverwaltung oder eine übergeordnete Kasse herangezogen werden; hierbei macht die RKO. einen Unterschied zwischen den Kassen der Reichsabgabenverwaltung (§ 51) und den übrigen Kassen (§ 49). Die ersteren erhalten die erforderliche Bestandsverstärkung durch die übergeordnete Oberkasse bzw. die Reichshauptkasse in der Form von Zuschüssen (§ 51), die übrigen im Wege der Geldversorgung durch eine Amtskasse oder Oberkasse der Reichsabgabenverwaltung; gegebenenfalls kann auch eine andere Kasse mit der Versorgung betraut werden (§ 49). Über das Verfahren im einzelnen enthalten die §§ 49—51 mit den dazugehörigen Anl. 7 und 8 nähere Bestimmungen.

§ 48 enthält in Abs. 1 noch zwei für sämtliche Kassenbestandsverstärkungen maßgebende Bestimmungen, einmal die ausdrückliche Anordnung, daß Bestandsverstärkungen nur in der notwendigen Höhe angefordert werden dürfen — hierfür sind dieselben Gründe bestimmend, wie für die Niedrighaltung des Kassenbestands, vgl. § 47 Anm. 1 — und weiter die Vorschrift, daß der Betrag der Kassenbestandsverstärkung bei der anfordernden Kasse als Einzahlung, bei der sie gewährenden Kasse als Auszahlung zu buchen ist. Kassenbestandsverstärkungen und Ablieferungen bedeuten zwar nur eine Verschiebung von Reichsmitteln innerhalb der Kassen. Da aber der Betrag der Bestandsverstärkung aus der Kasse, die ihn hergibt, hinausgeht und bei der Kasse, die ihn empfängt, eingeht, so stellen sie eine Auszahlung und eine Einzahlung im Sinne des § 2 Ziff. 4 und 5 dar und sind entsprechend zu buchen.

Für Auszahlungen zu Landeszwecken usw. darf eine Kassenverstärkung nur gewährt werden, wenn der versorgenden Kasse hierzu Mittel des Landes usw. im Sinne des § 46 Satz 2 zur Verfügung stehen (vgl. hierzu AKO. § 59 Abs. 4 und § 60 Abs. 2).

2. Die Zuweisung von Betriebsmitteln (Abs. 2) ist in den §§ 50 ff. RWB. geregelt [1]). Durch die Zuweisung von Betriebsmitteln in Verbindung mit der Bestimmung des Abs. 2

---

[1]) §§ 50 und 52 lauten:

§ 50

Ermächtigungschreiben

(1) Der Reichsminister der Finanzen ermächtigt nach den Bedarfsanmeldungen die Reichsminister, das Büro des Reichspräsidenten, den Präsidenten des Reichstags, den Rechnungshof des Deutschen Reichs und den Reichssparkommissar durch Ermächtigungschreiben nach Muster 17, in ihrem Verwaltungsbereich im nächsten Monat Auszahlungsanordnungen bis zur Höhe des in dem Schreiben angegebenen Gesamtbetrags erteilen zu lassen.

(2) Auf Grund dieser Ermächtigung ermächtigen die Reichsminister nach den Bedarfsanmeldungen ihre eigene Kasse durch Schreiben nach Muster 18a, Auszahlungen bis zur Höhe des in dem Schreiben angegebenen Gesamtbetrags zu leisten, und die ihnen unmittelbar nachgeordneten Behörden durch Schreiben nach Muster 18b, in ihrem Geschäftsbereich Auszahlungsanordnungen bis zur Höhe des in dem Schreiben angegebenen Gesamtbetrags erteilen zu lassen.

(3) Die höheren Reichsbehörden ermächtigen ihre eigene Kasse und nach den ihnen zugegangenen Bedarfsanmeldungen die Kassen der nachgeordneten Behörden nach Muster 18a, Auszahlungen bis zur Höhe des in dem Schreiben angegebenen Gesamtbetrags zu leisten.

(4) Die Ermächtigungschreiben sind von dem Sachbearbeiter des Haushalts mitzuzeichnen, soweit er sie nicht selbst abschließend zeichnet.

(5) Über Betriebsmittel, die in dem Zeitraume, für den sie zur Ver-

des § 48 soll gesichert werden, daß die Kassen nicht über die Mittel hinaus, die der RFM. zur Verfügung gestellt hat, Auszahlungen leisten können. Der Verwendung von Einzahlungen zu Auszahlungen — über die zugewiesenen Betriebsmittel hinaus — wird durch die Führung der Betriebsmittelüberwachungsliste (§ 52 cit.) entgegengewirkt (vgl. § 76 Anm. 1 a. E.). Da der RFM. Mittel nur im Rahmen des Reichshaushaltsplans oder für von ihm gemäß § 33 RHO. zugestandene außer- und überplanmäßige Ausgaben zur Verfügung stellt, ist durch die angeführten Bestimmungen im wesentlichen gewährleistet, daß ohne das Einverständnis des RFM. von den einzelnen Verwaltungen der Gesamtbetrag der durch den Reichshaushaltsplan für ihren Bereich bewilligten Mittel nicht überschritten werden kann.

Nach § 50 c. erhält jede Kasse von der vorgesetzten höheren bzw. obersten Reichsbehörde ein Schreiben, durch das

---

fügung gestellt sind, nicht verbraucht sind, kann die Behörde nach Ablauf dieses Zeitraums nicht mehr verfügen.

(6) Wird auf Grund eines Ermächtigungschreibens in den Fällen der §§ 49, 51 der Reichskassenordnung eine Kassenbestandsverstärkung angefordert, so ist auf dem Anerkenntnis oder der Zuschußquittung der Stand der Betriebsmittel (§ 52) unter ausdrücklicher Angabe etwa unverwendet gebliebener und wieder abgelieferter Kassenbestandsverstärkungen ersichtlich zu machen; bis zur Höhe des Betriebsmittelstandes darf eine Kassenbestandsverstärkung gewährt werden.

§ 52

Betriebsmittelüberwachungsliste

(1) Die Kasse hat über die ihr zur Verfügung gestellten Betriebsmitte eine Betriebsmittelüberwachungsliste nach Muster 19 zu führen. In der Liste ist täglich der Stand der Betriebsmittel in der Weise ersichtlich zu machen, daß den vorhandenen Betriebsmitteln etwa zur Verfügung gestellte neue Betriebsmittel zugeschrieben werden und die beim Tagesabschluß ermittelte Summe der geleisteten Auszahlungen mit Ausnahme der Ablieferungen abgeschrieben wird. Bis zur Höhe des verbleibenden Betrags darf die Kasse weitere Auszahlungen leisten.

(2) Wenn zu erwarten ist, daß die zur Verfügung gestellten Betriebsmittel für den laufenden Monat nicht ausreichen, hat die Kasse der zuständigen Behörde rechtzeitig mitzuteilen, wann sie voraussichtlich verbraucht sein werden. Sobald die Betriebsmittel verbraucht sind, darf die Kasse Auszahlungen nicht mehr leisten; Ablieferungen werden hierdurch nicht berührt. Die zuständige Behörde ist unverzüglich zu benachrichtigen.

(3) Der zuständige Reichsminister trifft im Einvernehmen mit dem Reichsminister der Finanzen nähere Bestimmungen darüber, wie die Betriebsmittelüberwachungsliste in Sammelkassen und Einheitskassen (§ 5 der Reichskassenordnung) zu führen ist.

sie ermächtigt wird, während eines bestimmten Zeitraums Auszahlungen bis zu einem angegebenen Betrage zu leisten; jede Kassenbestandsverstärkung ist durch die Stelle, die sie hergibt, von der zur Verfügung gestellten Summe auf der Ermächtigung abzuschreiben (§ 48 Abs. 2). Das Ermächtigungsschreiben ist bei jeder Anforderung von Mitteln zur Abschreibung des überwiesenen Betrages mit vorzulegen oder bei der versorgenden Kasse zu hinterlegen.

§ 49

b) Geldversorgung

Die Kassen der Reichsabgabenverwaltung versorgen die Kassen der übrigen Reichsverwaltungen nach den Bestimmungen der Anlage 7 mit Geld. Der Reichsminister der Finanzen kann zulassen, daß auch die Kassen einer anderen Reichsverwaltung die Geldversorgung übernehmen.

AKO. § 59; VB. RHK., RAM., Heer und Marine.

1. Über die Geldversorgung als eine der Formen der Kassenbestandsverstärkung und die für diese allgemein getroffenen Bestimmungen vgl. § 48 Anm. 1. Die Geldversorgung liegt den Kassen der Reichsabgabenverwaltung ob, die als Einnahmekassen (vgl. § 54 Anm. 3) in der Regel im Besitze von Zahlungsmitteln sind, mit denen sie anderen Kassen aushelfen können. Für sie selbst als zu versorgende Kasse kommt eine Geldversorgung nicht in Frage (§ 51). Abweichende Bestimmungen, wie sie Satz 2 des § 49 vorsieht, sind im Bereich der Reichsvermögensverwaltung in Koblenz für die Kasse des Reichsvermögensamts Koblenz und die Amtskassen der Reichsvermögensstellen, an deren Sitz sich keine Kasse der Reichsabgabenverwaltung befindet. sowie für eine Reihe von in Berlin befindlichen Kassen getroffen. Wegen der letzteren vgl. VB. RAM zu § 51 und VB. Heer zu § 51. Nach diesen VB. erfolgt die Kassenbestandsverstärkung durch die Reichshauptkasse — abweichend von der Bestimmung des § 49 Satz 2 — nicht im Wege der Geldversorgung, sondern der Zuschußgewährung (§ 51). Die Anlage 7, auf deren § 7 sich diese Abweichung stützen dürfte, beschränkt sich danach nicht, wie nach dem Wortlaut des § 49 anzunehmen wäre, auf die Regelung, in welcher Weise die Versorgung gemäß § 49 stattzufinden hat, sondern sie hat in der Praxis auch die Unterlage für eine Regelung geboten, nach der die Geldversorgung durch eine andere Form der Kassenbestandsverstärkung, nämlich die Gewährung von Zuschüssen (§ 51), ersetzt wird (vgl. die Anm. zu § 7 cit. und § 51 Anm. 1).

§ 51 sieht für die Versorgung der Kassen der Reichsabgabenverwaltung usw. vor, daß sie erst, wenn sie sich die erforderlichen Mittel nicht im Wege der Geldaushilfe (§ 50) beschaffen können, Zuschüsse von der Oberkasse oder Reichshauptkasse erhalten. Eine gleiche Bestimmung ist in § 49 hinsichtlich der Geldversorgung nicht enthalten; trotzdem wird auch für sie das gleiche zu gelten haben, wenn nach den von dem zuständigen Minister getroffenen Bestimmungen (§ 50) die Möglichkeit besteht, eine Geldaushilfe zu erlangen. Während im Wege der Geldversorgung des § 49 Mittel stets mit Sicherheit beschafft werden können, führt der Weg der Geldaushilfe nur zum Ziel, wenn die Kasse, die aushelfen soll, die Mittel dazu besitzt. Diese Voraussetzung ist bei den Kassen der Reichsabgabenverwaltung zumeist gegeben, bei den übrigen Kassen aber im allgemeinen nicht. Eine Geldaushilfe wird daher neben der Geldversorgung weit seltener in Frage kommen als neben der Zuschußgewährung. Wenn aber die Möglichkeit einer Geldaushilfe vorliegt, wird sie auch von Kassen anderer Verwaltungen als der Reichsabgabenverwaltung nutzbar zu machen sein; als regelmäßiger Weg der Kassenverstärkung wird sie nur vereinzelt in Betracht kommen.

2. Nähere Bestimmungen über das Verfahren bei der Geldversorgung, insbesondere auch über die Versorgung durch Übernahme von Auszahlungen für die zu versorgende Kasse sind in der Anlage 7 enthalten. Danach bestimmt der Präsident des Landesfinanzamts, welche Kassen die Versorgung zu übernehmen haben. Die Anforderung der Verstärkung erfolgt durch Übergabe eines Anerkenntnisses, das den Sichtvermerk des Kassenaufsichtsbeamten trägt, der dadurch die Mitverantwortung für die Notwendigkeit der Anforderung übernimmt. In dem Anerkenntnis ist anzugeben, auf welchem Zahlungsweg und zu welchem Tage der Betrag der Bedarfskasse zugeführt werden soll (§ 3 a. a. O. Abs. 2 und 3), und, wenn er durch Übergabe von Zahlungsmitteln ausgezahlt werden soll, wer die Zahlungsmittel abholen wird. Wird die Kassenbestandsverstärkung für Auszahlungen im Einzelmindestbetrage von mindestens 500 RM. benötigt, so ist die versorgende Kasse um Leistung der Zahlung zu ersuchen. In diesem Falle ist der Betrag bereits bei Hingabe des Anerkenntnisses als Einnahme und Ausgabe zu buchen. Die gezahlten Beträge sind von der versorgenden Kasse wie Auftragszahlungen (§ 53) zu behandeln (§ 4 a. a. O.). Im einzelnen wird auf die Bestimmungen der Anl. 7 und die Erläuterungen dazu verwiesen.

§ 50

c) Geldaushilfe

Die gleichgeordneten Kassen ein und derselben Reichsverwaltung helfen sich gegen Aushändigung einer Quittung mit

Geld aus. Die näheren Bestimmungen über die Geldaushilfe trifft der zuständige Reichsminister.

RKO. 59; VB. RAM., Heer und Marine.

Über die Geldaushilfe als eine der Formen der Kassenbestandsverstärkung und ihr Verhältnis zur Geldversorgung vgl. § 49 Anm. 1 Abs. 2. Voraussetzung für ihre Gewährung ist eine entsprechende Anordnung des zuständigen Reichsministers. Eine Geldaushilfe kommt nur in Frage, soweit mehrere Kassen derselben Verwaltung am gleichen Orte oder an nahe beieinander gelegenen Orten bestehen, wie im Bereiche der Reichsabgaben-, der Reichsarbeits- und der Heeresverwaltung. Um einer formlosen Anwendung der Geldaushilfe vorzubeugen, ist die an sich selbstverständliche Aushändigung einer Quittung ausdrücklich vorgeschrieben, so daß nicht bei einer Kassenprüfung das Fehlen von Geld zunächst mit der Behauptung, daß es zur Aushilfe an eine andere Stelle hingegeben sei, begründet werden kann.

Die Aushilfe erfolgt nur, wenn die ersuchte Kasse zu ihrer Gewährung aus eigenen Mitteln in der Lage ist. Sie erstreckt sich zunächst auf die Überlassung baren Geldes, doch ist auch die Aushilfe durch Überweisung von Mitteln oder durch Übernahme einer Auszahlung nicht ausgeschlossen. Erstere wird dann in Frage kommen, wenn die beiden beteiligten Kassen bei derselben für sie leicht erreichbaren Stelle ein Konto haben. Es ist Sache des zuständigen Reichsministers, unter Beachtung der Bestimmungen des § 48 die näheren Anordnungen hierüber sowie über die buchmäßige Behandlung der Geldaushilfe zu treffen. Für den Bereich der Reichsabgabenverwaltung sind solche Bestimmungen in der AKO. § 59 vorgesehen; sie lehnen sich an die Vorschriften der Anl 7 der RKO. an. Vgl. auch VB. RAM.

§ 51

d) Zuschüsse

(1) Amtskassen und Oberkassen, für die eine Kassenbestandsverstärkung im Wege der Geldversorgung nicht vorgesehen ist und die sich die erforderlichen Mittel nicht im Wege der Geldaushilfe beschaffen können, erhalten Zuschüsse von der Oberkasse oder Reichshauptkasse. Kassen, die berechtigt sind, dem Reichsbankgiroguthaben der Reichshauptkasse Beträge zu entnehmen, erlangen den Zuschuß durch Hingabe eines farbigen Schecks an die zuständige Reichsbankanstalt nach den Bestimmungen der Anlage 8, andere Kassen dadurch, daß sie der Oberkasse oder Reichshauptkasse eine Quit-

tung über den angeforderten Betrag vorlegen. Der Zuschuß kann auch in der Weise gewährt werden, daß die Oberkasse oder Reichshauptkasse für die anfordernde Kasse unmittelbar Auszahlungen an den Empfänger (§ 39) leistet.

(2) In der in Abs. 1 genannten Quittung ist anzugeben, auf welchem Zahlungsweg und zu welchem Tage der angeforderte Betrag ausgezahlt werden soll. Die Quittung soll den Sichtvermerk des Kassenaufsichtsbeamten tragen, durch den dieser die Angemessenheit des angeforderten Betrags bestätigt. Kann der Sichtvermerk des Kassenaufsichtsbeamten nach Angabe der anfordernden Kasse nicht beigebracht werden, so hat die Oberkasse oder Reichshauptkasse den Kassenaufsichtsbeamten von der Auszahlung des Zuschusses unverzüglich zu benachrichtigen. Soll der angeforderte Betrag ganz oder teilweise durch Übergabe von Zahlungsmitteln ausgezahlt werden, so ist der Abholende in der Quittung namentlich zu bezeichnen; er hat sich nötigenfalls über seine Person auszuweisen.

AKO. § 60; WB. RHK., RAM. und Heer.

1. Über die Zuschüsse als eine der Formen der Kassenbestandsverstärkungen und die für diese allgemein getroffenen Bestimmungen vgl. § 48 Anm. 1.

Nach dem Eingang des Abs. 1 würde sich § 51 nur auf die Kassen der Abgabenverwaltung beziehen, da für „die Kassen der übrigen Reichsverwaltungen" nach § 49 die Geldversorgung vorgesehen ist. Abweichend hiervon ist aber für eine Reihe von Kassen in Berlin die Kassenbestandsverstärkung durch Zuschüsse von der Reichshauptkasse angeordnet (vgl. § 49 Anm. 1 und Anl. 7 § 7 Anm.), wodurch der Kreis der nach § 51 zu versorgenden Kassen sich gegenüber dem nach dem Wortlaut der §§ 49 und 51 bestimmten Bereich entsprechend erweitert.

§ 51 regelt das Verfahren bei Erlangung von Kassenbestandsverstärkungen durch Zuschüsse. Diese kommen erst in Frage, wenn die erforderlichen Mittel nicht im Wege der Geldaushilfe beschafft werden können (Abs. 1; vgl. § 50 Anm. Abs. 1). Die erforderlichen Zuschüsse erhalten die Kassen von der übergeordneten Oberkasse oder der Reichshauptkasse. Eine Kassenbestandsverstärkung durch Zuschüsse von einer nachgeordneten Kasse kommt nicht in Frage; ist eine solche Kasse imstande, der übergeordneten Kasse Mittel zur Verfügung zu stellen, so geschieht dies nicht durch Zuschußgewährung, sondern durch Ablieferung der Mittel (§ 54).

2. Die Anforderung der Zuschüsse erfolgt, wenn die Kasse berechtigt ist, dem Reichsbankgiroguthaben der Reichshauptkasse Beträge zu entnehmen, durch Hingabe eines farbigen Schecks an die zuständige Reichsbankanstalt nach den Bestimmungen der Anlage 8 (s. dieselbe, insbesondere § 4 das.), im anderen Falle durch Vorlegung einer Quittung über den angeforderten Betrag bei der Oberkasse bzw. der Reichshauptkasse. Nach dem Wortlaut des Abs. 1 — ebenso AKO. § 60 Abs. 2 — ist für jede Kasse nur einer der angeführten beiden Wege als zugelassen anzusehen. Wenn die Kasse, die einen Zuschuß auf farbigen Scheck entnimmt, mit der Reichshauptkasse nicht im Abrechnungsverkehr steht, so schreibt diese der zuständigen Oberkasse den Scheckbetrag als Kassenbestandsverstärkung zur Last, die die Kassenverstärkung dann für sich als Einzahlung und sogleich als Auszahlung an die versorgende Kasse bucht.

Der Zuschuß kann ebenso wie die Geldversorgung auch in der Weise gewährt werden, daß die Oberkasse oder die Reichshauptkasse für die anfordernde Kasse unmittelbar Auszahlungen an den Empfänger leistet (Abs. 1 Schlußsatz). In diesem Falle ist — mangels einer anderweitigen Anordnung — sinngemäß nach Anlage 7 § 4 zu verfahren.

Wegen des Inhalts der vorzulegenden Quittung siehe Abs. 2. Die in Abs. 1 erwähnte Quittung und der der Reichsbankanstalt zu übergebende Scheck sollen den Sichtvermerk des Kassenaufsichtsbeamten tragen (§ 51 Abs. 2 und Anl. 8 § 3). Die ausdrückliche Angabe, daß der Sichtvermerk des Kassenaufsichtsbeamten nicht hat beigebracht werden können (Abs. 2 Satz 3), darf nicht fehlen; anderenfalls kann der Zuschuß nicht gewährt werden. Durch die Angabe übernehmen die Beamten, die die Quittung ausgestellt haben, die Verantwortung für die Richtigkeit des für das Fehlen des Sichtvermerks anzuführenden Grundes. Die Angabe kann nur schriftlich erfolgen. Der von der Gewährung des Zuschusses durch die ihn hergebende Kasse verständigte Kassenaufsichtsbeamte hat die Angemessenheit der Anforderung alsbald nachträglich zu prüfen. Unvollständige Quittungen müssen vor Gewährung des Vorschusses entsprechend ergänzt werden. In der Quittung fehlende Angaben über den Zahlungsweg und den Bedarfstag werden auch mündlich nachgeholt werden können.

Wegen der Benennung des Abholers in der Quittung bei Zuschußleistung durch Übergabe von Zahlungsmitteln (Abs. 2 a. E.) vgl. § 49 Anm. 2.

Wegen der Buchung der Zuschüsse vgl. § 48 Abs. 1.

§ 52

Ersuchenszahlungen

(1) In den Fällen, in denen eine Kassenbestandsverstärkung (§§ 48 bis 51) nicht in Frage kommt, kann die Kasse eine gleichgeordnete Kasse ausnahmsweise ersuchen, für sie Auszahlungen zu leisten (Ersuchensauszahlungen). Ein solches Ersuchen soll nur gestellt werden, wenn es zur Vereinfachung des Zahlungsgeschäfts erforderlich ist.

(2) Ersuchen um Annahme von Einzahlungen sollen an eine gleichgeordnete oder übergeordnete Kasse nur gerichtet werden, wenn die Voraussetzung des Abs. 1 Satz 2 vorliegt (Ersuchenseinzahlungen).

AKO. § 62; VB. RHK. und RAM.

1. Zu den § 48 bis 51 ist dargelegt worden, daß die Kassenbestandsverstärkungen auch in der Form der Leistung einer Auszahlung durch die versorgende Kasse für die versorgte Kasse stattfinden können. In diesen Fällen wird von der einen Kasse eine andere für Auszahlungen in Anspruch genommen, weil es ihr selbst an Mitteln für die Auszahlung fehlt. Es können aber auch andere Gründe die Inanspruchnahme einer anderen Kasse erforderlich machen. Diese Fälle werden in §§ 52 und 53 behandelt. Nach § 53 sind die Reichshauptkasse und die Oberkassen befugt, nachgeordnete Kassen zur Annahme von Einzahlungen und Leistung von Auszahlungen, über die diese Kassen keinen rechnungsmäßigen Nachweis führen, in Anspruch zu nehmen, wenn dadurch das Zahlungsgeschäft vereinfacht wird. Nach § 52 sind weiter sämtliche Kassen ermächtigt, auch außer in Fällen, in denen eine Kassenbestandsverstärkung in Frage kommt, andere gleichgeordnete Kassen ausnahmsweise für die Leistung von Auszahlungen oder die Annahme von Einzahlungen an ihrer Stelle in Anspruch zu nehmen. Die Aufgabe der versorgenden Kasse, für die zu versorgende Kasse Auszahlungen zu leisten, wenn es dieser an Mitteln fehlt, ist in ihrer Eigenschaft als versorgende Kasse begründet. Dies gilt für andere Fälle und für andere Kassen nicht. Die Leistung oder die Annahme einer Zahlung für eine andere Kasse verursacht durch den Schriftwechsel und die verschiedentlichen Buchungen, die damit verbunden sind, stets eine gewisse Mehrarbeit. Dazu kommt eine gewisse Gefahr, daß auf gefälschte Ersuchen die Zahlung geleistet wird. Ersuchensauszahlungen sollen daher nur ausnahmsweise und nur, wenn es zur Vereinfachung des Zahlungsgeschäftes erforderlich ist, veranlaßt werden (vgl. Anm. 3 Abs. 1).

2. Ersuchen, eine Auszahlung zu leisten, sind nur an gleichgeordnete, nicht an übergeordnete oder nachgeordnete Kassen zu richten. Gleichgeordnet im Sinne der RKO. (vgl. § 3 Anm. 3) ist jede Kasse, die der ersuchenden nicht über- oder nachgeordnet ist. Amtskassen können an sämtliche Amtskassen und an ihnen nicht übergeordnete Oberkassen, Oberkassen können an sämtliche Oberkassen und sämtliche ihnen nicht nachgeordnete Amtskassen Ersuchen im Sinne des Abs. 1 des § 51 richten. Auszahlungsersuchen sind ausgeschlossen gegenüber über- und nachgeordneten Kassen, Einzahlungsersuchen gegenüber nachgeordneten Kassen. Das Ersuchen einer nachgeordneten Kasse wird durch deren Inanspruchnahme nach § 53 ersetzt; für die Zulassung von Auszahlungsersuchen an eine übergeordnete Kasse besteht im Hinblick auf die Bestimmung in § 51 Abs. 1 Schlußsatz kein Bedürfnis. Die sachliche und örtliche Zuständigkeit der ersuchten Kasse, wie sie § 33 Abs. 1 für Einzahlungen fordert, wird durch das an sie gemäß § 52 gerichtete Ersuchen, das, soweit es sich nicht um beitreibbare Forderungen handelt, das Einverständnis des Empfängers voraussetzt, begründet. Des Einverständnisses des Einzahlungspflichtigen mit der Einziehung des Betrages durch die ersuchte Kasse bedarf es nicht, da ihm unbenommen ist, an die ersuchende Kasse zu zahlen. Soweit es sich um beitreibbare Forderungen handelt, regelt sich die Beitreibung nach den für diese maßgebenden Vorschriften.

Ersuchenszahlungen sind ausgeschlossen, wenn eine Auszahlung im Wege der Kassenverstärkung (§ 51 und Anl. 7 § 4) in Frage kommt. Eine solche hat zur Voraussetzung, daß es der Bedarfskasse an Mitteln für eine von ihr zu leistende Auszahlung fehlt. In anderen Fällen steht einem Ersuchen an die versorgende Kasse, wenn die Voraussetzungen des § 52 im übrigen gegeben sind, nichts im Wege.

3. Die Voraussetzung für ein Auszahlungsersuchen ist schärfer gefaßt als wie für den Auszahlungsauftrag des § 53. Das Ersuchen soll nur ausnahmsweise und wenn es zur Vereinfachung des Zahlungsgeschäfts erforderlich ist, gestellt werden (vgl. Anm. 1); es soll also nach Möglichkeit überhaupt vermieden werden. Die Vereinfachung das Zahlungsgeschäfts für sich allein genügt nicht zur Begründung des Ersuchens; es muß zur Vereinfachung erforderlich sein, d. h. die Zahlung muß sich auf andere Weise nicht ohne besondere Umstände oder Unzuträglichkeiten für die Kasse oder den Empfänger erledigen lassen. Diese Voraussetzung kann gegeben sein, wenn mit einer Zahlung unmittelbar eine Gegenleistung verbunden werden soll, wie z. B. bei Zahlung eines Geldbetrages Zug um Zug gegen Übergabe einer Urkunde (Hypothekenbrief, Löschungsurkunde u. a.) oder von be-

stimmten Wertpapieren, oder wenn es sich um eine Zahlung an einen auf der Fahrt befindlichen Schiffer handelt, dessen jeweiliger Aufenthaltsort nicht mit Bestimmtheit angegeben werden kann, mit dem daher vereinbart ist, daß er bei einer bestimmten an seinem Wege gelegenen Kasse sich melden wird. Das Vorhandensein eines entsprechenden Grundes für das Ersuchen muß für die ersuchte Kasse erkennbar sein, um so mehr als Auszahlungsersuchen allgemein mit besonderer Vorsicht auf ihre Echtheit hin geprüft werden müssen, da der Kasse die Unterschriften des Ersuchens regelmäßig nicht bekannt sein werden. Die genaue Prüfung ist besonders dann geboten, wenn dem Ersuchen eine Unterlage, aus der sich die Begründung für die Ersuchenszahlung zuverlässig entnehmen läßt, nicht beigefügt ist. Auch in dem oben angeführten Falle der Leistung Zug um Zug ist eine sorgfältige Prüfung der Echtheit des Ersuchens unerläßlich.

Die Ausführung eines gefälschten Ersuchens wird die Reichskasse zumeist unwiederbringlich schädigen, und der beteiligte Beamte, dem dabei ein Verschulden zur Last fällt, wird für den entstandenen Schaden haftpflichtig gemacht werden. Die Kasse wird daher in jedem Falle, in dem sie nicht sicher ist, es mit einem echten Ersuchen zu tun zu haben, die Auszahlung zurückhalten und sich im Sinne von AKO. § 62 Abs. 3 der Echtheit des Ersuchens vergewissern. Daß ein Ersuchen sehr dringlich gemacht ist, kann diese Aufgabe nicht einschränken, sondern eher geeignet sein, aufkommende Zweifel zu verstärken. Besondere Vorsicht ist angebracht, wenn es sich um einen hohen Betrag oder um einen nicht am Sitze der Kasse oder in ihrer Nähe wohnhaften, also erforderlichenfalls später schwer oder gar nicht erreichbaren Empfänger handelt.

4. Über das Verfahren bei Ersuchenszahlungen enthält § 52 — abweichend von § 53 Abs. 2 — keine nähere Vorschrift. Da es sich bei ihnen nicht um endgültige Ein- oder Auszahlungen handelt, diese vielmehr mit der ersuchenden Kasse verrechnet werden müssen, sind sie ebenso, wie für die Auftragszahlungen angeordnet, nur vorläufig, also als Hinterlegung oder Vorschuß zu buchen. Die Verrechnung mit der ersuchenden Kasse erfolgt gegebenenfalls im Wege des Buchausgleichs (§ 28), der für Auftragszahlungen nicht in Frage kommt (§ 54 Abs. 2 und 3).

§ 53

Auftragszahlungen

(1) Die Reichshauptkasse und die Oberkassen können nachgeordnete Kassen zur Annahme von Einzahlungen und Lei-

stung von Auszahlungen, über die die nachgeordneten Kassen keinen rechnungsmäßigen Nachweis zu führen haben, in Anspruch nehmen, wenn dadurch das Zahlungsgeschäft vereinfacht wird (Auftragszahlungen). Der für die auftraggebende Kasse zuständige Reichsminister kann, nötigenfalls im Einvernehmen mit dem beteiligten Reichsminister, hierüber nähere Bestimmungen treffen.

(2) Auftragseinzahlungen sind als Hinterlegungen, Auftragsauszahlungen als Vorschüsse zu buchen.

AKO. § 63; VB. RHK. und RAM.

1. Die in § 53 vorgesehenen Auftragszahlungen umfassen die nicht in den §§ 48 bis 51 und § 52 behandelten Fälle der Inanspruchnahme einer anderen Kasse zur Annahme von Einzahlungen oder Leistung von Auszahlungen und bilden somit das Schlußglied in der Reihe der von den Kassen für andere Kassen wahrzunehmenden Zahlungsgeschäfte. Sie unterscheiden sich von den Ersuchenszahlungen des § 52 in ihren Voraussetzungen wie in der Form ihrer Abwicklung.

Zu Auftragszahlungen können, wie ihre Bezeichnung andeutet, nur nachgeordnete Kassen in Anspruch genommen werden; die Reichshauptkasse kann also sämtliche Kassen, die Oberkassen können die ihnen nachgeordneten Kassen mit entsprechenden Aufträgen versehen. Der Auftrag darf sich nur auf Auszahlungen beziehen, über die die beauftragte Kasse nicht den rechnungsmäßigen Nachweis führt, die sie also nicht als Haushaltseinnahme oder -ausgabe im eigenen Namen anzunehmen oder zu leisten und in ihren eigenen Abschluß (§ 81 Abs. 3) aufzunehmen hat. Die Auftragszahlungen erfolgen für Rechnung der den Auftrag erteilenden Kasse und werden mit ihr bei Ablieferung der Einzahlungen ausgeglichen (§ 54 Abs. 2 und 3). Für die beauftragte Kasse sind sie damit erledigt.

Auftragszahlungen dürfen nicht nur ausnahmsweise und wenn es zur Vereinfachung des Zahlungsgeschäfts erforderlich ist (vgl. § 52), sondern allgemein dann angeordnet werden, wenn das Zahlungsgeschäft dadurch vereinfacht wird. Ob diese Voraussetzung im Einzelfalle gegeben ist, unterliegt nicht der Nachprüfung der beauftragten Kasse; wenn in dieser Beziehung Bedenken bestehen, so sind sie, ohne daß dadurch die Ausführung des Auftrags beeinträchtigt werden darf, dem Kassenaufsichtsbeamten oder dem Leiter der Behörde, der die Kasse angehört, zu unterbreiten. Die Echtheit des von der übergeordneten Kasse erteilten Auftrages ist in gleicher Weise wie bei den Ersuchenszahlungen sorgfältig zu prüfen; die Prüfung wird der Kasse aber dadurch erleichtert, daß ihr die Unterschriften der beteiligten Beamten der übergeordneten Kasse zumeist bekannt sind und eine Verständigung mit dieser Kasse wegen der regelmäßigen Verbindung mit ihr auf einfachere Weise herbeigeführt werden kann, als mit irgendeiner der ersuchten Kasse gänzlich fremden und häufig sehr weit entfernten Kasse. In AKO. § 63 Abs. 3 ist im Interesse der Kassensicherheit ausdrücklich vorgeschrieben, daß die Amtskasse einen Auszahlungsauftrag nur ausführen darf, wenn er von denjenigen Beamten unterschrieben ist, die ihr unter Beifügung von Unterschriftsproben als zur Erteilung von Auszahlungsanordnungen oder zur Unterzeichnung von Auszahlungsaufträgen befugt bezeichnet sind. Andere Kassen als solche der Reichsabgabenverwaltung können Aufträge nur von der Reichshauptkasse erhalten; solche Aufträge kommen nur äußerst selten vor. Im Bereich der Reichsabgabenverwaltung sind Zahlungsaufträge zeitweilig in größerem Umfange vorgekommen, weil der rechnungsmäßige Nachweis der Haushaltseinnahmen und -ausgaben mit Ausnahme der Steuer- und Zolleinnahmen im wesentlichen von den Oberfinanzkassen geführt wurde, die auch für den Bereich des Landesfinanzamts die Rechnung legen. Inzwischen wird auch im Bereich der Reichsabgabenverwaltung eine Einschränkung der Auftragszahlungen durch Übertragung des rechnungsmäßigen Nachweises an Amtskassen angestrebt. Wegen der Anrechnung der Belege für die Auftragszahlungen als Ablieferung und der Ablieferung der Auftragszahlungen s. § 54 Abs. 2 und 3 und Anm. das.

2. § 53 beschränkt den Begriff der Auftragszahlung auf Zahlungen, die von der Reichshauptkasse oder der zuständigen Oberkasse veranlaßt werden. In der Praxis werden die die Zahlung betreffenden Zahlungsanordnungen den zu beauftragenden Kassen vielfach unmittelbar mit dem Auftrage zugeleitet, sie als Auftragszahlungen für Rechnung der übergeordneten Kasse auszuführen. Voraussetzung dabei ist natürlich, daß die Stellen, die die Zahlungsanordnung ergehen lassen, gegenüber der Kasse, die den Auftrag erhält, dazu berechtigt sind (vgl. § 37 Abs. 1 und Anm. das.). Es entspricht dem Sinne des § 53, daß diese Zahlungen ebenso wie die gemäß § 53 Abs. 1 veranlaßten behandelt werden. AKO. § 63 Abs. 2 sieht dies ausdrücklich vor.

Als Auftragszahlungen sind ferner diejenigen Auszahlungen zu buchen, die nach der RKO. wie Auftragszahlungen zu behandeln sind, wie die Kassenbestandsverstärkungen im Wege der Geldversorgung gemäß Anl. 7 § 5 Abs. 1.

3. Die Vorschrift des Abs. 1 Satz 1 gilt auch, wenn nähere Bestimmungen gemäß Satz 2 nicht getroffen sind. Da die Reichshauptkasse und sämtliche zur Zeit vorhandenen Oberkassen dem Reichsfinanzminister unterstehen, so ist im Sinne des Satz 2 beteiligter Minister der Minister, dem eine beauf-

tragte nicht zur Reichsabgabenverwaltung gehörende Kasse untersteht.

4. Das Verfahren bei Ausführung von Auftragszahlungen regelt sich nach den Bestimmungen des Abs. 2 und des § 54 Abs. 2 und 3. In der periodisch aufzustellenden Abschlußnachweisung (§ 81 Abs. 3) werden die Auftragszahlungen mit Ausnahme der Auftragseinzahlungen (vgl. § 54 Anm. 1 Abs. 2) nicht als solche nachgewiesen; sie sind ohne besondere Aufführung in den in die Nachweisung aufgenommenen Ablieferungszahlungen enthalten.

§ 54

Ablieferung der Einzahlungen

(1) Die Amtskassen und Oberkassen haben die Beträge, die den zulässigen Kassenbestand übersteigen, unverzüglich an die Reichshauptkasse abzuliefern. Der zuständige Reichsminister kann im Einvernehmen mit dem Reichsminister der Finanzen bestimmen, daß Amtskassen, denen eine Oberkasse übergeordnet ist, an diese abliefern. Die Amtskassen und Oberkassen haben die Kasse, an die sie abgeliefert haben, von der Ablieferung zu benachrichtigen; Amtskassen, denen eine Oberkasse übergeordnet ist und die unmittelbar an die Reichshauptkasse abliefern, haben auch die Oberkasse zu benachrichtigen. Der zuständige Reichsminister bestimmt, innerhalb welcher Frist die Benachrichtigung stattzufinden hat.

(2) Die Amtskassen und Oberkassen, die Auftragsauszahlungen (§ 53) für die Oberkasse oder Reichshauptkasse leisten, haben die hierzu verwendeten Beträge der auftraggebenden Kasse anzurechnen und ihr gleichzeitig die Auszahlungsbelege oder die sie ersetzenden Bescheinigungen zu übersenden (Ablieferung durch Anrechnung von Auszahlungsbelegen).

(3) Auftragseinzahlungen sind als solche bei der Ablieferung zu kennzeichnen.

(4) Bargeld ist an Orten, an denen sich eine Reichsbankanstalt befindet, durch diese, an anderen Orten sowie in den Fällen, in denen die Reichsbankanstalt bereits geschlossen ist, durch Vermittlung der Postanstalt abzuliefern. Der Reichsminister der Finanzen kann Ausnahmen hiervon zulassen.

(5) In den nach § 26 Abs. 2 zu treffenden Vereinbarungen ist vorzusehen, daß die Geldanstalt bei nicht rechtzeitiger Ausführung eines Ablieferungsvertrags Verzugszinsen in Höhe von 2 v. H. über dem jeweiligen Reichsbankdiskonte zu entrichten hat. Kommt eine Geldanstalt dieser Verpflichtung

nicht nach oder führt sie wiederholt Aufträge der Kasse nicht rechtzeitig aus, so ist die Verbindung mit ihr zu lösen.

AKO. §§ 64, 65, 67, 68; BB. RHK., RAM. und Heer.

1. Nach § 47 darf der Kassenbestand der Amtskassen und der Oberkassen den Betrag, der an den beiden nächsten Tagen für die voraussichtlich zu leistenden Auszahlungen oder als Wechselgeld erforderlich ist, und wenn die Kasse dem Reichsbankgiro der Reichshauptkasse Beträge entnehmen darf, den Betrag der ihr bereits bekannten am nächsten Tage zu leistenden Auszahlungen nicht übersteigen. In Anm. 1 zu § 47 ist die Bedeutung dieser Bestimmung dargelegt. § 48 schreibt in ihrem Sinne vor, daß Kassenbestandsverstärkungen nur in der notwendigen Höhe angefordert werden dürfen. § 54 ordnet in der gleichen Richtung an, daß die Beträge, die den zulässigen Kassenbestand überschreiten, unverzüglich an die Reichshauptkasse abzuliefern sind. Die angeführten Bestimmungen haben übereinstimmend zum Ziele, daß die bei den Kassen eingegangenen Einzahlungen, soweit sie nicht alsbald zu Auszahlungen verwendet oder gebraucht werden, nicht brach liegen bleiben, sondern so schnell als möglich der Reichshauptkasse zugeführt werden.

Ebenso wie Kassenverstärkungen ohne Rücksicht auf den Zweck, dem sie dienen sollen, lediglich nach Maßgabe des Kassenbedarfs angefordert und gewährt werden, so erfolgen auch die Ablieferungen lediglich nach Maßgabe des verfügbaren Kassenbestandes unabhängig davon, wie sich der Kassenbestand aus Einzahlungen und Auszahlungen, aus Haushaltseinnahmen und -ausgaben, aus Hinterlegungen und Vorschüssen zusammensetzt (vgl. § 81 Anm. 4 S. 329). Eine nähere Kennzeichnung der Einzahlungen, die der Ablieferung zugrunde liegen, findet nicht statt, mit Ausnahme der Auftragseinzahlungen. Für diese schreibt Abs. 3 wegen der notwendigen Unterrichtung der ersuchenden Kasse über den Eingang der Zahlung ausdrücklich vor, daß sie bei der Ablieferung als Auftragseinzahlungen zu kennzeichnen sind (vgl. Anm. 4 Abs. 1).

2. Je nachdem bei einer Kasse die Einnahmen oder die Ausgaben überwiegen, unterscheidet man Einnahme- und Ausgabekassen oder auch Überschuß- und Bedarfskassen, Begriffe, die für die Kassenführung nicht von Bedeutung und daher in die RKO. nicht aufgenommen sind. Einnahmekassen bewirken regelmäßig Ablieferungen und bedürfen nur ausnahmsweise, etwa an Tagen, an denen Besoldungen zu zahlen sind, einer Kassenbestandsverstärkung. Bei den Ausgabekassen liegt es umgekehrt (vgl. BB. RAM.), doch haben auch sie, wenn gelegentlich ihr Kassenbestand die zulässige Höhe übersteigt, den überschießenden Betrag sofort abzuliefern. Die

verfügbaren Bestände sind der Reichshauptkasse so schnell als möglich zuzuführen, damit diese sie für die Zwecke des Reichs nutzbar machen kann. Die Ablieferung hat „unverzüglich“, also geeignetenfalls, besonders sobald es sich um größere Beträge handelt, mehrmals im Laufe des Tages zu erfolgen, wenn dadurch erreicht wird, daß die Reichshauptkasse die Verfügung über die Mittel früher erlangt, als bei täglich nur einmaliger Ablieferung zum Dienstschluß. Neben der Beschleunigung der Ablieferung durch die Kasse ist in gleicher Weise die beschleunigte Durchführung der Ablieferung von Wichtigkeit. Sie ist besonders zu überwachen, wenn die Ablieferung durch Vermittlung einer Geldanstalt, an die die Kasse angeschlossen ist (§ 26), erfolgt. Zu diesem Zweck ist der Stelle, an die abgeliefert wird, mit der in Satz 3 des Abs. 1 vorgeschriebenen Benachrichtigung mitzuteilen, an welchem Tage der Ablieferungsauftrag von der Geldanstalt auszuführen war. Bei vorkommenden Versäumnissen ist nach Abs. 5 zu verfahren (vgl. BB. RHK.).

Wegen der Ablieferung statt an die Reichshauptkasse an die übergeordnete Oberkasse (Abs. 1 Satz 2) vgl. AKO. § 64 Abs. 1, woselbst die Präsidenten der Landesfinanzämter zu einer entsprechenden Anordnung — soweit es sich nicht um Auftragseinzahlungen für die Reichshauptkasse handelt — ermächtigt sind. Durch Ablieferung der verfügbaren Bestände an die Oberkasse statt an die Reichshauptkasse wird die Abführung der Mittel an diese verzögert. Doch muß dies im Hinblick auf die geschäftliche Belastung, die durch Ablieferungen einer großen Zahl kleiner Kassen an die Reichshauptkasse bei dieser entstehen würde, in Kauf genommen werden.

3. Ablieferungen werden von der abliefernden Kasse als Auszahlungen im Hauptbuch und im Abrechnungsbuch gebucht. Erfolgt die Ablieferung durch Anrechnung von Auszahlungsbelegen, so sind die im Vorschußbuch gebuchten Auszahlungen in diesem auszubuchen und der Gesamtbetrag als Ablieferung im Abrechnungsbuch zu buchen. Die Kasse, an die ein Geldbetrag abgeliefert wird, muß von der geschehenen Ablieferung benachrichtigt werden, sowohl um den richtigen und rechtzeitigen Eingang überwachen zu können (vgl. Abs. 5), wie auch gegebenenfalls, um über die Tatsache der Ablieferung zwecks geeigneter Berücksichtigung bei ihren Dispositionen unterrichtet zu werden. Von Ablieferungen an die Reichshauptkasse ist gleichzeitig die etwa übergeordnete Oberkasse wegen der mit dieser nach § 81 Abs. 3 vorzunehmenden Abrechnung zu verständigen. Die Benachrichtigung hat ihrem Zweck entsprechend und im Sinne der Vorschrift in Satz 3 des Abs. 1 gesondert von der Ablieferung zu erfolgen. Sie ist nicht ohne weiteres bei jeder einzelnen Ablieferung geboten, sondern sie kann für bestimmte

Zeiträume zusammengefaßt werden (Abs. 1 Schlußsatz; vgl. AKO. § 65, wonach der Kasse, an die abgeliefert wird, dreimal monatlich eine sog. Überwachungsmitteilung über die erfolgten Ablieferungen und Kassenbestandsverstärkungen zu übersenden ist). Die in Abs. 1 angeordnete Benachrichtigung bezieht sich nicht ohne weiteres auf die in Abs. 2 behandelten Ablieferungen durch Anrechnung von Auftragsauszahlungen (Abs. 3). Bei diesen Ablieferungen ist nicht der Zeitpunkt der Benachrichtigung über die Ablieferung das wesentliche, sondern die Bestimmung des Zeitpunkts, zu dem die Anrechnung und die Übersendung der Auszahlungsbelege zu erfolgen hat (vgl. Anm. 4 Abs. 4).

§ 54 trifft keine Bestimmung darüber, ob und in welcher Weise der Kasse der Eingang der Ablieferung zu bestätigen ist. Eine besondere Vorschrift dieserhalb erscheint entbehrlich im Hinblick auf die vorgeschriebene gesonderte Benachrichtigung der Stelle, an die abgeliefert wird, und die Aufführung der getätigten Ablieferungen in der Abschlußnachweisung des § 81 Abs. 3. Es ist aber dabei vorausgesetzt, daß jede Kasse, der eine Ablieferung gemeldet wird, deren Eingang überwacht und, sobald dieser sich verzögert, die abliefernde Kasse verständigt. Wegen Bestätigung der durch Anrechnung von Auszahlungsbelegen erfolgten Ablieferungen s. Anm. 4 Abs. 3.

4. Abs. 2 und 3 beziehen sich auf alle Auftragszahlungen (Einzahlungen und Auszahlungen), gleichviel, ob der Auftrag von der Kasse, an welche nach Abs. 1 regelmäßig abzuliefern ist, oder von einer anderen übergeordneten Kasse erteilt ist; desgleichen auf die Auftragszahlungen, die nicht auf einen unmittelbaren Auftrag einer übergeordneten Kasse zurückzuführen sind (vgl. § 53 Anm. 2). Bei Kassen, die einer Oberkasse nicht nachgeordnet sind, ist die auftraggebende Kasse dieselbe wie die Kasse, an welche abzuliefern ist, nämlich die Reichshauptkasse. In diesem Falle regelt sich die Ablieferung, von der Abs. 2 spricht, einfach dadurch, daß der auftragsweise ausgezahlte Betrag als Ablieferung oder Teil einer solchen bezeichnet, verrechnet und durch Beifügung der Auszahlungsbelege usw. belegt wird. Der auftragsweise eingezogene Betrag wird gemäß Abs. 1 Satz 1 — je nachdem für sich allein oder zusammen mit anderen Ablieferungsbeträgen — abgeliefert und dabei ausdrücklich vermerkt, daß es sich um eine Auftragseinzahlung und um welche handelt. Wird der durch eine Auftragseinzahlung eingenommene Betrag unmittelbar zu Auszahlungen benötigt, so bucht die Kasse den abzuliefernden Betrag unter Hingabe einer entsprechenden Zuschußquittung (§ 51) als Ablieferung und gleichzeitig als Kassenbestandsverstärkung.

Bei Kassen, die einer Oberkasse nachgeordnet sind, sind zwei Fälle zu unterscheiden: einmal, die Auftragszahlung geht von der Kasse aus, an die regelmäßig abzuliefern ist; dann gilt das Vorstehende; oder die auftraggebende Kasse und die Kasse, an die regelmäßig abzuliefern ist, sind nicht identisch. Ist nach Abs. 1 an die Reichshauptkasse abzuliefern und der Auftrag von der Oberkasse erteilt, so ist mit dieser abzurechnen, im umgekehrten Falle mit der Reichshauptkasse. Für das dann einzuschlagende Verfahren bedarf es näherer Vorschriften, wie sie die Reichsabgabenverwaltung, bei der die Fälle im Geltungsbereich der Reichskassenordnung zur Zeit allein praktisch werden können, in der AKO. §§ 67 und 68 vorsieht.

Die auftraggebende Kasse bestimmt, ob die Anrechnung sogleich nach der Auszahlung oder — unter Zusammenfassung von Auftragsauszahlungen — zu bestimmten Zeitpunkten erfolgen soll. Da die Kasse gleichzeitig mit der Anrechnung die Auszahlungsbelege oder die sie ersetzenden Bescheinigungen an die Reichshauptkasse bzw. die Oberkasse übersenden soll, so hat sie, wenn der Auszahlungsbeleg in einer Quittung besteht und die Sendung verloren geht, keinen Nachweis über die geleistete Auszahlung in Händen. Eine besondere Benachrichtigung der Kasse, der die Belege angerechnet werden, von der Ablieferung — wie in Abs. 1 — ist nicht vorgeschrieben (vgl. auch AKO. § 68 Abs. 2 und 3 und Muster 14 und 15). Es ist daher von Wichtigkeit, daß ihr der Eingang des Anrechnungsschreibens mit den Auszahlungsbelegen alsbald bestätigt wird. Dies ist in der AKO. § 68 Abs. 2 dadurch vorgesehen, daß die Kasse die Anrechnung durch einen Lieferschein in doppelter Ausfertigung vornimmt und ihr die eine Ausfertigung nach Prüfung und der Bestätigung der Richtigkeit zurückgegeben wird. Bei Ausbleiben des Duplikats würde die Kasse sofort den Sachverhalt feststellen müssen.

5. Die Form der Ablieferung richtet sich nach dem Gegenstand, der abgeliefert wird. Guthaben werden durch Überweisung abgeliefert. Dabei kann mit der Geldanstalt, an die die Kasse angeschlossen ist, vereinbart werden, daß die Geldanstalt, ohne besonderen Auftrag abzuwarten, sobald das Guthaben eine gewisse Höhe erreicht hat, entsprechende Beträge abliefert (Reichard, RKO. § 54 Anm. 7: automatische Ablieferung).

Bargeld ist in erster Linie an die am Sitz der Kasse befindliche Reichsbankanstalt und, soweit eine solche nicht zur Verfügung steht, durch Vermittlung der Postanstalt abzuliefern. In letzter Linie kommt die Ablieferung durch Vermittlung einer Geldanstalt, an die die Kasse angeschlossen, in Frage (Abs. 4 Schlußsatz; vgl. AKO. § 64 Abs. 2). Mit den Reichsbankanstalten und den anderen beteiligten Geldanstalten ist nach Möglichkeit eine Verständigung dahin anzustreben, daß sie auch nach Schluß ihrer Kassenschalter für den öffentlichen Verkehr noch Bargeldeinlieferungen annehmen. Die unmittelbare Übergabe baren Geldes an die Kasse, an welche abgeliefert wird, im Bedarfsfalle ist natürlich — eine entsprechende Verständigung vorausgesetzt — nicht ausgeschlossen. Die Ablieferung durch Vermittlung der Post geschieht mittels Zahlkarte. Zahlungsmittel, die nicht in Bargeld oder Guthaben bestehen, müssen erst in solche umgewandelt werden, ehe sie abgeliefert werden können. Mit der Übermittlung eines unbaren Zahlungsmittels an die beteiligte Geldanstalt kann gegebenenfalls sogleich der Auftrag verbunden werden, den Betrag statt an die Kasse an die Stelle, an die eine Ablieferung zu bewirken ist, abzuführen. Im Falle der Ablieferung vermittels Übergabe oder Übersendung von Zahlungsmitteln bedarf es einer Quittung gemäß § 40.

AKO. § 64 Abs. 1 schreibt, um die Abstimmung der Ablieferungen mit den zugehörigen Benachrichtigungen (Abs. 1 Satz 3) zu erleichtern, vor, daß die Ablieferungen an die Reichshauptkasse während eines Zeitraumes von 6 Tagen, die Ablieferungen an die Oberkasse während eines Zeitraumes von 3 Tagen keine gleichlautenden Beträge aufweisen sollen.

6. Wegen der rechtzeitigen Ausführung von Ablieferungsaufträgen durch eine Geldanstalt (Abs. 5) siehe Anm. 2 Abs. 1.

4. Teil: Wertgegenstände

§ 55

(1) Der zuständige Reichsminister trifft im Einvernehmen mit dem Reichsminister der Finanzen Bestimmungen über die Behandlung von Wertgegenständen.

(2) Wertgegenstände im Sinne des Abs. 1 sind Wertpapiere, Wertzeichen, verkäufliche Vordrucke, ferner Kostbarkeiten und sonstige als Hinterlegung zu behandelnde Sachen.

(3) Wertpapiere und Kostbarkeiten, die als Sicherheit angenommen oder beschlagnahmt sind, sollen einer Reichsbankanstalt oder sonstigen vertrauenswürdigen Geldanstalt zur Verwaltung übergeben werden. Von dem Hinterleger ist eine Gebühr zu erheben, deren Höhe der Reichsminister der Finanzen festsetzt.

AKO. §§ 72 ff.; VV. RHK., RAM., Heer und Marine.

1. In § 4, der die Aufgaben der Kasse aufführt, sind die Annahme, Verwaltung und Auslieferung von Wertgegen-

ständen nicht als eine Aufgabe der Kasse bezeichnet. Als Verwaltungsgeschäfte im Sinne des Abs. 2 des § 4 wird man sie nicht anzusehen haben, da sie ihrer Natur nach, zumal wenn sie nicht ganz vereinzelt vorkommen, eine kassenmäßige Behandlung erfordern, und in Abs. 2 überhaupt bei Anführung der Verwaltungsgeschäfte an Geschäfte anderer Art, als wie sie die RKO. behandelt, gedacht ist. Aus der Einreihung des § 55 in das I. Buch der RKO. ist jedoch zu entnehmen, daß die Behandlung der Wertgegenstände als eine im allgemeinen den Kassen zufallende Aufgabe gelten soll. Sie ist dies aber nicht schon nach der RKO. — insbesondere schließt die zwingende Bestimmung des § 1 die Behandlung der Wertgegenstände nicht in sich — sondern sie wird es erst durch die Anordnung des zuständigen Reichsministers und im Rahmen der von ihm zu treffenden Bestimmungen.

Es ist davon abgesehen, die Behandlung von Wertgegenständen durch die Kasse in der RKO. des näheren zu regeln, weil einmal die Verhältnisse bei den Verwaltungen des Reichs sehr verschieden liegen, und ferner eine erschöpfende Reglung des Gegenstandes, der für zahlreiche Kassen nur von geringer Bedeutung ist, die RKO. unverhältnismäßig beschwert und ihre Fertigstellung verzögert haben würde. Die RKO. beschränkt sich daher auf die wenigen Bestimmungen des § 55, von denen nur Abs. 3 eine unmittelbare Vorschrift über die Behandlung von Wertgegenständen durch die Kasse enthält.

Abs. 1 überläßt dem zuständigen Minister, im Einvernehmen mit dem RFM. Bestimmungen über die Behandlung von Wertgegenständen für seinen Verwaltungsbereich zu treffen. Solche Bestimmungen sind in den eingangs angeführten und in anderen VB. enthalten. In sehr eingehender Weise ist die Verwaltung der Wertgegenstände in der AKO. §§ 72 bis 82 geregelt. Nähere Bestimmungen enthalten auch die VB. RHK. zu § 55, nach deren Ziffer 1 für die Einlieferung und Auslieferung von Wertgegenständen die Bestimmungen der RKO. über Einzahlungen und Auszahlungen sinngemäß gelten. Die übrigen VB. beschränken sich zumeist auf wenige Anführungen (vgl. VB. RAM.), aus denen aber zu entnehmen ist, daß in der beteiligten Verwaltung die Behandlung von Wertgegenständen als Aufgabe der Kassen zu gelten hat.

Soweit in den Teilen 1 bis 3 des I. Buchs der RKO. Bestimmungen über die Behandlung von Wertgegenständen wie Schecken und Überweisungsaufträgen als Zahlungsmitteln getroffen sind, ist nach diesen Bestimmungen zu verfahren. § 55 gilt nur für die Fälle, in denen Wertgegenstände außerhalb des in den vorhergehenden Paragraphen behandelten Zahlungsverkehrs in den Besitz des Reichs gelangen (vgl.

RKO. § 72 Abs. 1 a. E. und Abs. 3 und wegen der als Sicherheit angenommenen Wertpapiere Anm. 3).

2. Der Begriff der Wertpapiere ist der des bürgerlichen Rechts und des Handelsrechts, d. h. es sind die Urkunden, in denen ein Recht verbrieft und deren Besitz Bedingung für die Verwertung dieses Rechts ist (vgl. BGB. §§ 793 bis 808, HGB. §§ 1, 363, 367 und RKO. § 72 Abs. 1, woselbst die wichtigsten für die Kasse in Betracht kommenden Wertpapiere, und ebenda Abs. 2, woselbst eine Reihe von Urkunden aufgeführt sind, die, ohne zu den Wertpapieren zu zählen, doch wie Wertpapiere zu behandeln sind). Der Verkehr mit Wertpapieren ist für den Bereich der Reichsabgabenverwaltung außer in der RKO. selbst durch deren Anlage 13 — Bestimmungen über den Verkehr mit Wertpapieren (Wertverkehr) — geregelt. Im übrigen sind in der RKO. §§ 74 ff. nähere Bestimmungen getroffen für die Entgegennahme, Auslieferung und Untersuchung von Wertgegenständen, die Empfangsbescheinigung über die Einlieferung und Auslieferung, die Kennzeichnung und Verpackung, Aufbewahrung und Beförderung von Wertgegenständen, Ein- und Auslieferungstag und die Buchungen. Nach RKO. § 74 Abs. 1 gelten für die Einlieferung und Auslieferung von Wertgegenständen die Bestimmungen der RKO. über Annahmeanordnungen, Einzahlungsscheine, Einzahlung durch Übergabe von Zahlungsmitteln, Auszahlungsanordnungen und Auftrags- und Ersuchensauszahlungen sinngemäß. RKO. §§ 81 und 82 enthalten Bestimmungen über Beschaffung, Verwendung und Verrechnung der bei dem Amt, dem die Kasse zugehört, benötigten Postwertzeichen und Versicherungsmarken (vgl. VV. RAM., Heer und Marine). Als Wertzeichen, d. s. von amtlicher Stelle ausgegebene, über einen Geldbetrag lautende Druckstücke, werden in der RKO. § 73 Abs. 1 aufgeführt Stempelmarken, Postwertzeichen, Versicherungsmarken, statistische Marken und Steuerzeichen. Wegen der verkäuflichen Vordrucke — den verkäuflichen Vordrucken sind andere verkäufliche Druckschriften gleichgestellt —, wegen des Begriffs der Kostbarkeiten und der sonstigen als Hinterlegung zu behandelnden Sachen vgl. RKO. § 73 Abs. 2 bis 4. Wenn daselbst als Kostbarkeiten neben Gold- und Silbersachen usw. andere bewegliche Sachen, die im Verhältnis zu ihrem Umfang oder Gewicht einen außerordentlich und ungewöhnlich hohen Wert haben, aufgeführt sind, so wird schon eines dieser letzten beiden Merkmale für den Begriff als Kostbarkeit genügen. Da auch „sonstige als Hinterlegung zu behandelnde Sachen" zu den Wertgegenständen zählen (Abs. 2), ist die Frage nicht von Bedeutung. Bares Geld einschließlich fremder Geldsorten gehört begrifflich nicht zu den Wertgegenständen im Sinne des § 55 Abs. 2 (vgl. § 24 Anm. 2).

Die Buchung der Einlieferung und Auslieferung von Wertgegenständen erfolgt getrennt von der Buchung von Einzahlungen und Auszahlungen, entweder in einem besonderen Abschnitt des Hinterlegungsbuchs (vgl. AKO. § 114 und die angeführten BB.) oder in besonderen Büchern (vgl. BB. RHK. Ziffer 5, wonach die RHK. ein Wertzeitbuch und ein Wertesachbuch zu führen hat, und Ziffer 6). In das Hauptbuch werden sie nicht eingetragen.

3. Die Sollvorschrift des Abs. 3 bezieht sich auf alle von der Kasse als Sicherheit angenommenen Wertpapiere und Kostbarkeiten. Eine Übergabe an eine Geldanstalt kommt nicht in Frage, wenn der Kasse als Sicherheit Wertpapiere, wie Schecke und Überweisungsaufträge übergeben sind, die gleichzeitig Zahlungsmittel darstellen und von der Kasse selbst in Guthaben umzuwandeln sind.

Die Aufbewahrung von als Sicherheit angenommenen Wertpapieren und Kostbarkeiten verursacht je nach dem Gegenstande — u. a. durch Zinseinziehung, Überwachung der Kündigung oder Auslosung — eine beträchtliche Arbeit und schließt eine erhebliche Verantwortung in sich. Abs. 3 will die Kasse von dieser außerhalb ihres eigentlichen Aufgabenkreises liegenden Arbeit entlasten. Für die mit der Verwaltung der Sicherheiten verbundene Mühwaltung soll nach Abs. 3 eine Gebühr festgesetzt und erhoben werden, gleichviel ob die Kasse selbst die Arbeiten ausführt oder die Wertpapiere usw. einer Geldanstalt — gegen entsprechende Vergütung — zur Verwaltung übergibt. Übergibt der Besteller der Sicherheit statt Wertpapiere einen mit Sperrvermerk versehenen Depotschein über solche, so entfällt für die Kasse die besondere Verwaltung der Sicherheit; der Schein ist lediglich aufzubewahren und die Erhebung einer Gebühr nach Abs. 3 Schlußsatz nicht begründet.

Für die Reichsabgabenverwaltung ist die Behandlung der als Sicherheit angenommenen oder beschlagnahmten Wertpapiere und Kostbarkeiten in AKO. § 78 (vgl. OFKO. § 1) in Verbindung mit Anl. 13 der AKO. geregelt; für die Reichshauptkasse in BB. RHK. Ziffer 3 und 7; im übrigen vgl. BB. RAM. Heer und Marine.

Der Schlußsatz des Abs. 3 enthält lediglich eine Verwaltungsvorschrift. Die angeführte — bisher noch nicht allgemein festgesetzte — Gebühr kann nur insoweit erhoben werden, als sie sich auf eine für den Einlieferer verbindliche gesetzliche Vorschrift oder eine sonstige Verpflichtung gründet. Ihre Erhebung wird unterbleiben müssen, wenn dem Hinterleger ein vertragsmäßiges Recht auf Hingabe der Wertpapiere usw. zur Aufbewahrung, ohne daß die Zahlung einer Gebühr vereinbart ist, zusteht. Es ist Sache der Behörde, die die Annahme eines Wertgegenstands als Sicherheit anordnet, in der Annahmeanordnung gegebenenfalls die Kasse wegen Nichterhebung der Gebühr entsprechend anzuweisen.

4. Soweit nicht Abs. 3 Platz greift, sind Wertgegenstände bzw. die gemäß Abs. 3 erhaltenen Depotquittungen in der Regel im Tresor aufzubewahren (vgl. AKO. § 78 Abs. 2, BB. RHK. und RAM.).

II. Buch: Buchführung in den Kassen

Vorbemerkung

Auf die Bedeutung der im II. Buch über die Buchführung getroffenen Bestimmungen ist in der Vorbemerkung zum I. Buch der RKO. hingewiesen worden. Im 1. Teil des II. Buches werden nach einer Einführung über den Zweck und die verschiedenen Arten der zu führenden Bücher diese einzeln nach Zweck und Inhalt behandelt. Teil 2 behandelt die Führung der Bücher und Teil 3 den Abschluß der Bücher zum Zwecke der Abrechnung über die gebuchten Zahlungen. Mit dem II. Buch schließen die Bestimmungen der RKO. über die Ausführung der den Kassen obliegenden Zahlungs- und Kassengeschäfte im wesentlichen ab (vgl. noch §§ 98 bis 100). Ihm folgen im III. Buch die Bestimmungen über die Kassenprüfungen, die nicht mehr Zahlungszwecken dienen. Die weiterhin den Kassen obliegende Rechnungslegung (§ 4 Abs. 1) ist durch die Rechnungslegungsordnung für das Reich (vgl. § 101 Anm.) geregelt.

1. Teil: Die Bücher

1. Abschnitt: Allgemeines

§ 56

Zweck

Zweck der Buchführung ist, die kassenmäßigen Vorgänge festzuhalten und die Unterlagen für die Abrechnung mit der Reichshauptkasse oder Oberkasse sowie für die Rechnungslegung zu gewinnen.

AKO. § 83.

Zu den wesentlichsten Aufgaben der Kassen gehört die Buchführung (§ 4 Abs. 1). Der Zweck der Buchführung ist in § 56 erschöpfend angegeben. Er ist ein dreifacher: Aufzeichnung sämtlicher kassenmäßigen Vorgänge, Beschaffung der Unterlagen für die Abrechnung mit der übergeordneten Kasse, bei der die Haushaltseinnahmen und -ausgaben der nachgeordneten Kassen zusammengefaßt werden, und Gewinnung der Unterlagen für die Rechnungslegung

Zu den kassenmäßigen Vorgängen gehören in erster Linie sämtliche Zahlungen ohne Rücksicht auf den Grund der Zahlung, sodann kassenmäßige Vorgänge, die sich ohne Bewirkung von Zahlungen (§ 21) vollziehen, wie Umbuchungen, Buchausgleich, Tagesabschluß u. a. Die Aufzeichnung sämtlicher bei der Kasse vorgekommenen Ein- und Auszahlungen ermöglicht die jederzeitige Feststellung des Standes der Kasse, d. h. ihres Sollbestandes zur Vergleichung mit dem Istbestande. Die Abrechnung mit der übergeordneten Kasse bedingt die Buchung der Kassenvorgänge in der Weise, daß aus ihr die für die Abrechnung erforderlichen Angaben entnommen werden können (§ 81 Abs. 3 und § 57 Abs. 1). Die Gewinnung der Unterlagen für die Rechnungslegung wird unmittelbar oder mittelbar bedingt durch die den Kassen obliegende Verpflichtung zur Rechnungslegung (RHO. § 66, vgl. § 57 Anm. 1). Sie deckt sich zum Teil mit den für die Abrechnung erforderlichen Buchungen. Neben den erforderlichen Buchungen, die u. a. auch die Vorschußzahlungen umfassen (vgl. § 64 Anm.), schließt sie auch die Beschaffung oder Bereitstellung der für die Rechnungslegung erforderlichen Belege in sich (§§ 15, 76 und 77).

Während in den Bestimmungen über die Buchführung einerseits alle zur zuverlässigen Erfüllung der voraufgeführten Aufgaben erforderlichen Aufzeichnungen planmäßig vorgesehen werden mußten, kam es anderseits darauf an, das gesteckte Ziel in möglichst einfacher Weise unter tunlichster Nutzbarmachung der notwendigen Aufschreibungen für die verschiedenen Zwecke der Buchführung zu erreichen. Diesem Ziele dienen u. a. die Bestimmungen in § 72 über die Vereinigung von Büchern, in § 62 über die Verwendung von Zeitbüchern als Teil des Titelbuches und in § 75 Abs. 2 über die Verwendung der für den rechnungsmäßigen Nachweis in Frage kommenden Bücher und Nachweisungen der Kasse als Kassenrechnung oder als Teil derselben (vgl. RRO. § 7).

§ 57

Arten der Bücher

(1) Die Zahlungen sind sowohl der Zeitfolge nach als auch nach der dem Reichshaushaltsplan entsprechenden oder sonst vorgesehenen Ordnung zu buchen.

(2) Für die Buchungen nach der Zeitfolge dienen die Zeit-

bücher, für die zweite Art der Buchungen die Sachbücher; daneben werden Hilfsbücher geführt.

AKO. § 84.

1. Daß jede Kasse über die von ihr angenommenen und geleisteten Zahlungen genaue Aufzeichnungen zu machen hat, bedarf keiner besonderen Begründung; es ergibt sich aus der Natur der Kassengeschäfte und der rechtlichen und wirtschaftlichen Bedeutung der Zahlungen. Es versteht sich von selbst, daß die Zahlungsvorgänge von der Kasse fortlaufend buchmäßig festgehalten werden müssen, so daß jederzeit der Stand der Kasse, und ferner festgestellt werden kann, welche Einzahlungen und Auszahlungen im einzelnen die Kasse angenommen oder geleistet hat. Die Buchführung ist aber auf diese Aufgabe nicht beschränkt. Nach Art. 85 RV. sind alle Einnahmen und Ausgaben des Reichs für jedes Rechnungsjahr zu veranschlagen und der Haushaltsplan vor Beginn des Rechnungsjahrs durch ein Gesetz festzustellen. Nach Art. 86 das. legt der RFM. in dem folgenden Rechnungsjahr zur Entlastung der Reichsregierung dem Reichsrat und dem Reichstag Rechnung. Dem entsprechen die Vorschriften der §§ 25 und 66 RHO. Nach § 25 RHO. werden die Einnahmen und Ausgaben des Reichs nach dem Haushaltsplane verwaltet; nach § 66 ebenda haben die Kassen für jedes Jahr Rechnung zu legen, und es sind in den Kassenrechnungen die Einnahmen und Ausgaben ebenso zu ordnen, wie im Haushaltsplane. Es kommt hiernach bei der Buchführung nicht nur darauf an, daß die kassenmäßigen Ergebnisse des Zahlungsgeschäfts festgelegt werden, sondern die erfolgten Zahlungen müssen für die Rechnungslegung auch nach ihrem Gegenstand übersichtlich gruppiert dargestellt werden, so daß ersichtlich wird, in welcher Höhe Mittel je für die verschiedenen im Reichshaushaltsplane vorgesehenen Zwecke aufgewendet und aus den verschiedenen ebenda aufgeführten Einnahmequellen aufgekommen sind. Es ist also auch eine systematische nach dem Gegenstande der Zahlungen gegliederte Aufschreibung aller Kassenvorgänge erforderlich. In kleinen Verhältnissen können die fortlaufende Aufzeichnung der Kassenvorgänge und ihre systematische Buchung miteinander verbunden werden (vgl. § 72), in größeren Verhältnissen ist es bei der Verschiedenartigkeit der Zahlungen nicht möglich, in demselben Buche neben der zeitlichen Aufzeichnung auch noch eine dem Haushaltsplan entsprechende Gruppierung der Zahlungen vorzusehen. Eine solche Gruppierung setzt die Anlegung einer entsprechenden Zahl von Spalten voraus, für die es in dem Buche an dem erforderlichen Platz fehlen würde (vgl. auch § 59 Anm. 1 Abs. 2). Dies nötigt zu einer zweifachen, gesonderten Aufzeichnung der Zahlungsvorgänge,

einmal nach ihrer zeitlichen Reihenfolge und zweitens in systematischer Anordnung. Diese doppelte Aufzeichnung ist aber nicht nur aus den angeführten Gründen, sondern auch an sich aus Gründen der Kassenordnung und -sicherheit von Bedeutung und notwendig. Die Aufzeichnung nach der Zeitfolge findet in Zeitbüchern — früher insbesondere Kassenjournal, auch schlechtweg Kassenbuch genannt —, die systematische Aufzeichnung in Sachbüchern — früher Manual, Rechnungsbuch, Sollbuch u. ä. genannt — statt (Abs. 2). Im Interesse der Kassensicherheit ist besonderer Wert darauf zu legen, daß beide Aufzeichnungen, soweit dies möglich, unabhängig voneinander erfolgen. Diese Unabhängigkeit der Eintragungen in Zeit- und Sachbüchern voneinander wird in der RKO. in doppelter Weise angestrebt, einmal in personeller Beziehung, indem sie vorschreibt, daß, wenn eine Kasse mit mehr als einem Beamten besetzt ist, die Buchhalter- und Kassengeschäfte verschiedenen Beamten übertragen werden (§ 11 Abs. 3). Für die Führung der Zeitbücher — vgl. die Übersicht in § 58 Anm. 2 — kommen der Kassenleiter und der Kassier in Betracht, die Führung der Sachbücher liegt dem Buchhalter ob. Hiernach ist bei den Kassen, die mit mehreren Beamten besetzt sind, dafür gesorgt, daß die Führung der Zeit- und der Sachbücher nicht in einer Hand liegt. In sachlicher Beziehung wird auf die Unabhängigkeit der beiden Aufzeichnungen voneinander dadurch hingewirkt, daß die Eintragungen in den Sachbüchern soweit wie möglich nicht auf Grund der Zeitbücher, sondern auf Grund der Belege erfolgen (§ 76 Abs 1 und 2). In Verbindung mit den weiteren Maßnahmen, die eine Kontrolle des Buchhalters über den richtigen Eingang der an die Kasse zu zahlenden Beträge und die richtige Auszahlung der von ihr zu leistenden Auszahlungen bezwecken — Zumsollstellung laufender Haushaltseinnahmen und -ausgaben, Mitwirkung bei Aufstellung der Quittung über Einzahlungen und Auszahlungen (vgl. § 76 Anm.) — ist die Eintragung der Zahlungen in Zeit- und Sachbücher in hohem Grade geeignet, die richtige Vereinnahmung der der Kasse zugeführten Gelder und ihre ordnungsmäßige Verwendung seitens der Kasse mit zu sichern.

2. Nach Abs. 1 und den vorstehenden Ausführungen ist auch die Buchführung der Kassen nach der RKO. eine doppelte Buchführung. Sie hat aber deswegen nichts zu tun mit der kaufmännischen doppelten Buchführung, sondern verbleibt in der vorgeschriebenen Form durchaus im Rahmen der kameralistischen Buchführung, wie sie die RHO. vorschreibt (vgl. das. §§ 25, 56, 66, 96 und § 85, welch letzterer für kaufmännisch eingerichtete Reichsbetriebe eine in der Natur der Sache begründete Abweichung gestattet). Buchführung und Rechnungslegung der Kassen dienen nicht dem Ziel, nachzu-

weisen, ob und wieweit das Vermögen des Reichs sich in einem Rechnungsjahr vermehrt oder vermindert hat, sondern ob und mit welchen Abweichungen die Ansätze des Reichshaushaltsplans bei Verwaltung der Einnahmen und Ausgaben des Reichs eingehalten sind (RHO. §§ 25 und 96; vgl. Schulze-Wagner, RHO. § 15 Anm. 1). Daß die Prüfung der Rechnungen sich nicht nur auf die Einhaltung des Reichshaushaltsplans und die Belegung der nachgewiesenen Zahlungen erstreckt, sondern mit dieser Prüfung die Überwachung einer wirtschaftlichen Gebahrung der Reichsstellen bei Ausführung des Haushaltsplans Hand in Hand zu gehen hat, ist in der RHO. selbst ausdrücklich angeordnet (vgl. das. § 26 und § 96 Ziffer 3).

3. Die Buchung der Zahlungen „nach der dem Reichshaushaltsplan entsprechenden Ordnung" erfolgt im Titelbuche (§ 62). Wenn Abs. 1 noch von einer sonst, also außerhalb des Reichshaushaltsplans vorgesehenen Ordnung spricht, so ist dabei an eine aus Verwaltungsrücksichten oder für Zwecke der Rechnungslegung (vgl. RRO. § 11) noch weiter durchgeführte Unterteilung der Titel und an außerplanmäßige Ausgaben oder Einnahmen gedacht. An der Einhaltung der dem Haushaltsplan entsprechenden Ordnung und der Buchung im Titelbuche wird dadurch nichts geändert. In gleicher Weise wie für die Haushaltseinnahmen und -ausgaben ist für Ein- und Auszahlungen, die nicht Haushaltseinnahmen oder -ausgaben darstellen, d. h. Hinterlegungen und Vorschüsse sowie Kassenbestandsverstärkungen und Ablieferungen, eine besondere Buchung neben der nach der Zeitfolge vorgesehen (§ 58 Abs. 1 Ziffer 2). Wenn bei den Zahlungen der Schwerpunkt zumeist bei den Haushaltseinnahmen und -ausgaben liegt, so hat der zweite Teil des Abs. 1 doch wesentlich die Bedeutung, daß sämtliche Zahlungen nach ihrem Inhalt gruppiert — in einem Sachbuch (Abs. 2) — zu buchen sind, also getrennt die Haushaltseinnahmen und -ausgaben (titelweise usw.), die Ablieferungen und die Kassenverstärkungen und die Ein- und Auszahlungen, die noch nicht endgültig in eine der vorbezeichneten Gruppen eingereiht werden können; diese sind vorläufig als Hinterlegung oder Vorschuß zu buchen. Jede Zahlung ist nach der Zeitfolge zu buchen und dieser Buchung muß eine Buchung in einem Sachbuch entsprechen.

4. Die Zeit- und Sachbücher enthalten die für die ordnungsmäßige Erfüllung der in § 56 gekennzeichneten Aufgaben unbedingt erforderlichen Eintragungen. Die Hilfsbücher (Abs. 2) sollen die Erfüllung dieser Aufgaben erleichtern und sichern; sie sind mit Ausnahme des Girokontogegenbuches (§ 68) und des Scheckûberwachungsbuches (§ 70) nur nach Bedarf zu führen. Letzteres wird von allen Kassen geführt,

ersteres von den Kassen, die an eine Geldanstalt angeschlossen sind (§§ 25 f.).

§ 58

Bezeichnung der Bücher

(1) Nach den Bestimmungen der §§ 59 bis 72 werden folgende Bücher geführt:

1. als Zeitbücher das Hauptbuch, die Vorbücher zum Hauptbuch;

2. als Sachbücher das Titelbuch, das Hinterlegungsbuch, das Vorschußbuch, das Abrechnungsbuch;

3. als Hilfsbücher die Tageskladden, das Postscheckkontogegenbuch, die Girokontogegenbücher, das Gegensachbuch, das Scheckübirwachungsbuch, das Auftragsbuch.

(2) Weitere Bücher dürfen nur, wenn besondere Aufgaben der Kasse es erfordern, und mit Genehmigung des zuständigen Reichsministers im Einvernehmen mit dem Reichsminister der Finanzen geführt werden.

AKO § 85; VB. RHK., RAM., Heer und Marine.

1. Abs. 1 enthält keine Anordnung, sondern gibt eine Übersicht über die nach der RKO. Buch II zu führenden Bücher. Für die Führung der Bücher sind die in den §§ 59 bis 72 im einzelnen getroffenen Bestimmungen maßgebend. Nach diesen Bestimmungen sind — vorbehaltlich der Zusammenlegung nach § 72 — von allen Kassen zu führen: das Hauptbuch, das Hinterlegungs- und das Vorschußbuch, das Abrechnungsbuch und das Scheckübirwachungsbuch. Dazu kommt das Titelbuch für alle Kassen, die einen rechnungsmäßigen Nachweis zu führen haben. Die übrigen Bücher sind nach Bedürfnis anzulegen. § 72 gestattet unter gewissen Voraussetzungen eine weitgehende Einschränkung der zu führenden Bücher durch Vereinigung derselben (vgl. § 72 Anm. 1). Unter Ziffer 1 sind die Tagesnachweisungen (§ 60) nicht mit aufgeführt, weil sie kein Buch sind — ihre Form entspricht nicht einer den in § 73 Abs. 2 aufgeführten Formen — und nur einen Zubehör des Hauptbuchs darstellen (vgl. § 60 Anm. 4).

In Teil 1 des II. Buches der RKO. ist organisch und, soweit es sich um den regelmäßigen Zahlungsverkehr handelt, erschöpfend geregelt, welche Bücher für die Kassenführung in Frage kommen. Abs. 2 des § 58 macht daher die Führung weiterer Bücher als der in Abs. 1 aufgezählten davon abhängig, daß sie durch besondere Aufgaben der Kasse bedingt wird und der Reichsminister der Finanzen ihr zustimmt (vgl. VB. RHK., VB. Heer — zu Ziffer 2 b —, VB. Marine — zu A Abs. 2 — und AKO. § 85 Abs. 1 Ziffer 5, 6 und 8 und

Abs. 2). Auf die gemäß § 55 einzurichtenden Bücher bezieht sich Abs. 2 nicht (vgl. § 57 und § 58 Abs. 1).

2. Die RKO. schreibt in den §§ 59 ff. vor, wer die Bücher im einzelnen zu führen hat. Danach haben zu führen

der Kassenleiter
  das Hauptbuch und
  das ScheckĂźberwachungsbuch;
der Oberbuchhalter,
  soweit ein solcher vorhanden ist, das Abrechnungsbuch;
der Buchhalter
  die Sachbücher (wenn ein Oberbuchhalter vorhanden, mit Ausnahme des Abrechnungsbuches),
  die Tagesnachweisungen über die Beleganrechnungen und Umbuchungen,
  das Gegensachbuch und
  das Auftragsbuch;
der Kassier
  die VorbĂźcher zum Hauptbuch,
  die Tagesnachweisungen zum Hauptbuch Ăźber den baren und den unbaren Zahlungsverkehr,
  die Tageskladde,
  das Postscheckkontogegenbuch und
  das Girokontogegenbuch.

Wenn der Umfang der Geschäfte es erfordert, kann zugelassen werden, daß statt des Kassenleiters ein anderer Beamter der Kasse unter Verantwortung des ersteren die Eintragungen in das Hauptbuch vornimmt (§ 59 Abs. 5) und vom Kassenleiter ein Beamter mit der Führung des Schecküberwachungsbuches beauftragt wird (§ 70 Abs. 4). Die Führung der Vorbücher kann bei starkem baren Zahlungsverkehr einem anderen Beamten als dem Kassier übertragen werden; Buchhalter sollen damit nicht betraut werden (§ 61 Abs. 3). Die Eintragungen in das Abrechnungsbuch können mit Zustimmung des zuständigen Reichsministers, wenn der Umfang der Kasse es erfordert, einem anderen Beamten der Kasse als dem Oberbuchhalter unter Verantwortung des letzteren übertragen werden (§ 65 Abs. 3).

2. Abschnitt: Die ZeitbĂźcher

§ 59

Hauptbuch

(1) Über Einzahlungen und Auszahlungen wird ein Hauptbuch geführt. Die Einzahlungen und Auszahlungen sind entweder in verschiedene Spalten ein und derselben Seite oder

je auf die linke und rechte Seite oder je in einen Abschnitt oder Teilband einzutragen.

(2) Das Hauptbuch enthält die laufende Nummer und den Tag der Eintragung, die Bezeichnung des Einzahlungspflichtigen oder Empfängers, den Grund der Eintragung, bei Beleganrechnungen und Umbuchungen statt dessen die Bezeichnung der anrechnenden Kasse oder des Grundes der Umbuchung, und den Betrag der Zahlung.

(3) Nach Bedarf können in das Hauptbuch für einzelne Gruppen von Einzahlungen und Auszahlungen oder für die verschiedenen Buchhalter, in das Hauptbuch einer Einheitskasse oder Sammelkasse für die Verwaltungsbehörden, deren Kassengeschäfte ihr ganz oder teilweise übertragen sind, besondere Spalten aufgenommen werden. In diesen Fällen kann von der in Abs. 2 vorgesehenen Einteilung des Hauptbuchs abgewichen werden. Können die Einzahlungen und Auszahlungen in verschiedene Spalten ein und derselben Seite oder je auf die linke und rechte Seite des Hauptbuchs eingetragen werden, so sollen die Spalten für die Eintragungen nach Abs. 2 in der Mitte zwischen den Einzahlungen und Auszahlungen vorgesehen werden.

(4) Zur Darstellung des Tagesabschlusses (§ 80) ist im Hauptbuch hinter den Auszahlungen ein Anhang einzurichten.

(5) Das Hauptbuch führt der Kassenleiter. Der zuständige Reichsminister kann zulassen, daß, soweit der Umfang der Kassengeschäfte es erfordert, ein anderer Beamter der Kasse unter der Verantwortung des Kassenleiters die Eintragungen in das Hauptbuch vornimmt.

AKO. § 103; BB. RHK., RAM. und Marine.

1. Das Hauptbuch bildet die Grundlage der gesamten Buchführung der Kasse. Sämtliche Kassenvorgänge, die eine Einzahlung oder Auszahlung in sich schließen, sind in ihm der Zeitfolge nach aufzuzeichnen, also Haushaltseinnahmen und -ausgaben, Einzahlungen, deren endgültige Verrechnung oder Zugehörigkeit zur Kasse nicht feststeht, Auszahlungen, deren endgültige Begründung und Verrechnung noch nicht feststeht, Verschiebungen in den Beständen der Kassen untereinander (durch Ablieferungen, Kassenbestandsverstärkungen oder Buchausgleich), Verlust und Auffinden von Zahlungsmitteln, schließlich auch die Umbuchung einer früher gebuchten Einzahlung oder Auszahlung. Alle diese einzelnen Vorgänge gehören und kommen mit ihrem Geldbetrage und den übrigen sie kennzeichnenden Angaben (Empfänger oder Einzahlungs-

pflichtiger, Tag und Grund der Eintragung) unmittelbar oder mittelbar ins Hauptbuch, mittelbar, wenn sie in einer Tagesnachweisung oder einem Vorbuche zum Hauptbuch aufgezeichnet werden, indem deren Ergebnisse täglich mit ihrem Gesamtbetrage in das Hauptbuch übernommen werden. So spiegelt sich in dem Hauptbuch in Verbindung mit den dazu gehörigen Tagesnachweisungen und Vorbüchern die gesamte Geldgebarung der Kasse wider. Dem entspricht es, daß der Kassenleiter das Hauptbuch führt (Abs. 5).

Es liegt auf der Hand, daß bei größeren Kassen die Buchung der sämtlichen einzelnen Ein- und Auszahlungen in nur einem Buche nicht möglich ist. Sie würde das Buch, auch wenn es in Teilbänden — wie für Einzahlungen und Auszahlungen — geführt wird, ungewöhnlich anschwellen lassen, eine Übersicht unmöglich machen und sich vielfach in der dafür zur Verfügung stehenden Zeit nicht durchführen lassen. Anderseits müssen die bei der Kasse vorkommenden Zahlungen in geeigneter Weise in einem Buche zusammengefaßt werden. Das Hauptbuch muß daher, wenn die Zahlungen einen größeren Umfang annehmen, als daß sie sämtlich einzeln in einem Buche aufgezeichnet werden können, entlastet werden. Dies geschieht durch die in den §§ 60 f. vorgesehenen Tagesnachweisungen und Vorbücher. Sie werden für bestimmte Gruppen von Zahlungen angelegt und ihre Gesamtergebnisse täglich in das Hauptbuch übernommen. Sie müssen alle Angaben enthalten, die sonst nach § 59 in das Hauptbuch eingetragen werden müßten. Zahlungen, die nicht in Tagesnachweisungen oder oder Vorbücher aufgenommen werden, sind einzeln im Hauptbuche zu buchen. Während die Tagesnachweisungen und Vorbücher zur Entlastung des Hauptbuchs dienen, können anderseits nach § 72 geeignetenfalls auch Einzeleinnahmen und -ausgaben (§ 62 Abs. 3), Hinterlegungen, Vorschüsse, Ablieferungen und Kassenbestandsverstärkungen im Hauptbuch nachgewiesen werden. Hieraus ergibt sich, daß die Einrichtung des Hauptbuchs je nach Art und Menge der zu buchenden Zahlungen den Bedürfnissen der Verwaltung in der verschiedensten Weise angepaßt werden kann (vgl. die Muster in den Beilagen 1, 2 u. 4, S. 531 ff., 552 f. und 6 . .). Die §§ 59 bis 61 behandeln in Verbindung mit § 72 die hierbei in Betracht kommenden Formen der Ausgestaltung des Hauptbuchs sowie der Tagesnachweisungen und Vorbücher.

Ein- und Auszahlungen können in das Hauptbuch nicht ungesondert hintereinander eingetragen werden, da das die Aufrechnung hindern würde. Sie sind, wie in Satz 2 des Abs. 1 vorgesehen, voneinander getrennt zu halten, indem sie — je nach der Einrichtung des Hauptbuchs — entweder in zwei verschiedene Spalten oder je auf die linke und rechte Seite des Hauptbuchs oder je in einen besonderen Abschnitt des Hauptbuchs oder in einen Teilband desselben eingetragen werden. Wegen der äußeren Anordnung der Eintragung, falls die Einzahlungen und Auszahlungen nicht je in einem besonderen Abschnitt oder Teilbande gebucht werden, trifft Abs. 3 Schlußsatz (s. Anm. 3 a. E.) Bestimmung; vgl. hierzu auch § 98 Abs. 1. Die Bestimmungen über die getrennte Behandlung der Ein- und Auszahlungen im Hauptbuch sind nach Vorstehendem an drei Stellen der RKO. enthalten (§ 59 Abs. 1 und Abs. 3 und § 98 Abs. 1).

2. Abs. 2 schreibt vor, mit welchen Angaben jede einzelne Zahlung in das Hauptbuch einzutragen ist. Für jede Angabe ist eine besondere Spalte vorzusehen (vgl. Abs. 3 Satz 2). Der Einzahlungspflichtige oder der Empfänger ist so genau zu bezeichnen, daß eine Verwechslung mit anderen Einzahlungspflichtigen usw. ausgeschlossen ist. Unter „Grund der Eintragung" ist der Grund oder Gegenstand der eingetragenen Zahlung — Miete, Postgebühren, Arbeitslohn, Steuer usw. — zu verstehen. Der Zahlungstag (§§ 34 und 37) wird nur in die Sachbücher eingetragen (§§ 62 bis 64); in den Zeitbüchern, in denen lediglich die einzelnen Zahlungen festgehalten werden sollen, ist diese Angabe entbehrlich. Statt des Grundes der Eintragung ist bei Umbuchungen der Grund der Umbuchung, bei eingegangenen Beleganrechnungen die anrechnende Kasse zu vermerken. Von der in Abs. 2 vorgesehenen Einteilung des Hauptbuchs kann nach Abs. 3 Satz 2 abgesehen werden, wenn gemäß Abs. 3 Satz 1 besondere Spalten im Hauptbuch gebildet sind, deren Anlegung eine Einschränkung der in Abs. 2 vorgesehenen Eintragungen gestattet.

3. Das Hauptbuch ist so einzurichten, daß die bei der Kasse vorkommenden Zahlungen im Rahmen der verschiedenen Gruppierungsmöglichkeiten für die Zwecke der Verwaltung und die Aufgaben der Kasse am zweckmäßigsten aufgezeichnet werden (vgl. Anm. 1 Abs. 2). Wegen der getrennten Buchung der Einzahlungen und der Auszahlungen s. Anm. 1 Schlußabsatz. Abs. 3 behandelt die weitere Gruppierung der Zahlungen durch ihre Aufzeichnung in besonderen Spalten. Solche können nach Bedarf vorgesehen werden für bestimmte Gruppen von Zahlungen, wie insbesondere häufig für Vorschüsse, Hinterlegungen, Ablieferungen, Kassenbestandsverstärkungen und Umbuchungen, oder für die je auf die einzelnen Buchhaltereien der Kasse entfallenden Zahlungen, ferner bei Einheits- oder Sammelkassen für die verschiedenen Verwaltungsbehörden, deren Kassengeschäfte der Kasse ganz oder teilweise übertragen sind. Die Einrichtung von Spalten ist u. a. dann geboten, wenn die Buchungen im Sachbuch gemäß § 72 durch die Buchungen im Hauptbuch ersetzt werden sollen (s. § 72 Anm. 2). Die Anlegung von Spalten dient insbesondere dem Zweck,

eine Abstimmung zwischen dem Hauptbuch und den Sachbüchern, wie sie anläßlich der periodischen Kassenabschlüsse (§ 81) und bei der Kassenprüfung sowie durch das Gegensachbuch stattzufinden hat (vgl. § 82 Abs. 2, § 91 Abs. 2 und § 69), zu erleichtern.

Nach § 73 Abs. 5 darf der zuständige Reichsminister die Aufnahme weiterer Spalten, als in der RKO. vorgesehen, anordnen. Als solche kommen für das Hauptbuch in Betracht Spalten für die Eintragung von Gesamtbeträgen, von Hinweisen auf andere Buchungen u. a. Wenn gemäß Abs. 3 Schlußsatz die Einzahlungen und Auszahlungen in verschiedenen Spalten ein und derselben Seite oder je auf die linke und rechte Seite des Hauptbuches eingetragen werden, so sollen die nach Abs. 2 erforderlichen Eintragungen in der Mitte zwischen den Einzahlungen und Auszahlungen vorgesehen werden. Diese werden dadurch deutlicher auseinander gehalten und die Angaben nach Abs. 2 werden mit den zugehörigen Geldbeträgen eng verbunden.

4. Das Hauptbuch muß für den Tagesabschluß täglich abgeschlossen werden. Um die täglichen Ergebnisse der Geldverwaltung fortlaufend im Zusammenhange darzustellen, ist zur Aufzeichnung des Tagesabschlusses im Hauptbuch hinter den Auszahlungen ein Anhang einzurichten; vgl. § 80 Anm. 2 und 4. Gemäß § 73 Abs. 1 ist geeignetenfalls ein besonderer Teilband für die Aufzeichnung der Abschlüsse anzulegen (vgl. VB. RHK. und RAM.).

5. Das Hauptbuch führt der Kassenleiter oder gegebenenfalls unter seiner Verantwortung ein anderer Beamter der Kasse (Abs. 5) Der Kassenleiter ist auf diese Weise in der Lage, jederzeit den Stand der Kasse zu überblicken. Die RKO. läßt es offen, welchen Beamten der Kasse gegebenenfalls die Vornahme der Eintragungen unter Verantwortung des Kassenleiters übertragen werden darf. Nach § 10 Abs. 3 sind die Buchhalter- und die Kassiergeschäfte verschiedenen Beamten zu übertragen. Das Hauptbuch ist im wesentlichen dazu bestimmt, die Ergebnisse der Zahlungsgeschäfte der Kasse festzuhalten. Es wird daher im Sinne des § 10 zu vermeiden sein, einen Buchhalter mit den Eintragungen in das Hauptbuch zu betrauen.

§ 60

Tagesnachweisungen

(1) Liegen bei einer Reichsverwaltung besondere Verhältnisse vor, so kann der zuständige Reichsminister bestimmen, daß Tagesnachweisungen zum Hauptbuch aufgestellt werden

a) **für den baren Zahlungsverkehr einschließlich der Schecke und Überweisungsaufträge vom Kassier,**

b) für den unbaren Zahlungsverkehr vom Kassier, und zwar bei starkem unbaren Zahlungsverkehre getrennte Tagesnachweisungen für die Zahlungen, die im Postscheckwege, durch Vermittlung der Reichsbank oder durch Vermittlung sonstiger Geldanstalten bewirkt werden,

c) für die Beleganrechnungen (§ 54 Abs. 2) und Umbuchungen von einem vom Kassenleiter zu bestimmenden Beamten.

(2) Die Tagesnachweisungen sind auf der Vorderseite mit einer für das Rechnungsjahr durchlaufenden Nummer zu versehen; ferner sind der Tag, für den die Nachweisung aufgestellt wird, und die Buchungsnummer des Hauptbuchs anzugeben. Die Tagesnachweisungen sind im übrigen dem Hauptbuch entsprechend einzurichten.

(3) Die Ergebnisse der Tagesnachweisungen werden in das Hauptbuch übernommen.

AKO. § 111; VB. RHK., RAM. Heer und Marine.

1. Bei Kassen mit größerem Zahlungsverkehr würde die Eintragung sämtlicher einzelnen Zahlungen in das Hauptbuch, wie zu § 59 Anm. 1 Abs. 2 ausgeführt, sich vielfach nicht durchführen lassen. Es ist daher zur Entlastung des Hauptbuchs in den §§ 60 und 61 vorgesehen, daß unter gewissen Voraussetzungen zum Hauptbuch Tagesnachweisungen aufgestellt oder Vorbücher geführt werden. Erstere sind getrennt nach der Zahlungsart — bar, unbar usw. — aufzustellen, letztere werden nach Bedarf für einzelne oder mehrere Gruppen von Ein- oder Auszahlungen eingerichtet. Die beiden Buchungsarten unterscheiden sich in formeller und in sachlicher Beziehung voneinander. Die Tagesnachweisungen haben den Zweck, das Hauptbuch zu entlasten und seine Führung vorzubereiten; statt in das Hauptbuch werden die Zahlungen einzeln in die Tagesnachweisungen eingetragen, deren Endsummen täglich in das Hauptbuch übernommen werden. Auch in die Vorbücher werden die einzelnen Zahlungen anstatt in das Hauptbuch eingetragen, aber bei der Führung eines Vorbuchs ist es wesentlich, einmal, daß in ihm nur einzelne oder mehrere bestimmte Gruppen von Einzahlungen oder Auszahlungen aufgezeichnet werden, und ferner, daß ein Bedürfnis besteht, diese bestimmten Zahlungen im Zusammenhange und für sich — also nicht wie im Hauptbuche oder in den Tagesnachweisungen in beliebiger Reihenfolge, zusammen mit Zahlungen anderer Art — gebucht zu sehen. Die Führung des Vorbuchs dient also nicht, wie die Tagesnachweisungen, nur den Zwecken des Hauptbuchs, son-

dern gleichzeitig noch einem anderen besonderen Zwecke (vgl. § 61 Anm. 1 und § 62 Abs. 6 und Anm. 8 das.).

Die §§ 60 und 61 enthalten keine Bestimmung darüber, ob Tagesnachweisungen und Vorbücher — abgesehen von den Tagesnachweisungen zu den Vorbüchern selbst (§ 61 Abs. 4) — nebeneinander geführt werden dürfen. Nach ihrem Wortlaut erscheint dies nicht ausgeschlossen und sachlich steht, wo es einem Bedürfnis entspricht, nichts im Wege, gewisse Gruppen von Zahlungen in Vorbüchern nachzuweisen und die übrigen Zahlungen in Tagesnachweisungen oder teilweise in solche und im übrigen unmittelbar in das Hauptbuch einzutragen. Jede einzelne Zahlung kann natürlich unmittelbar nur entweder im Hauptbuch oder in einer Tagesnachweisung oder einem Vorbuch der Zeitfolge nach aufgezeichnet werden.

2. Für die Aufstellung von Tagesnachweisungen und die Einrichtung von Vorbüchern bestehen nach der RKO. voneinander abweichende Voraussetzungen. Vorbücher können für bestimmte Zahlungsgruppen angelegt werden, wenn die Art der Kassengeschäfte es erfordert. Tagesnachweisungen können aufgestellt werden, wenn bei einer Reichsverwaltung besondere Verhältnisse vorliegen und der zuständige Reichsminister es anordnet. Die Aufstellung von Tagesnachweisungen ist damit in doppelter Weise unter eine strengere Voraussetzung gestellt als die Einrichtung von Vorbüchern. Der Unterschied in der Behandlung beider Buchungsarten wird dadurch abgeschwächt, daß Vorbücher zumeist dann eingerichtet werden, wenn sie gleichzeitig als Teile des Titelbuchs gelten sollen, und dazu bedarf es nach § 62 Abs. 6 ebenfalls der Genehmigung des zuständigen Reichsministers, und zwar im Einvernehmen mit dem RFM.

Die Aufstellung von Tagesnachweisungen nach Maßgabe des Abs. 1 kann der zuständige Reichsminister anordnen, wenn bei seiner Verwaltung besondere Verhältnisse vorliegen. Es müssen also Verhältnisse sein, die ihrem Wesen nach nur bei einer oder bei einzelnen Reichsverwaltungen, jedenfalls aber nicht bei allen Verwaltungen gleichmäßig gegeben sind. Trotzdem wird von Reichard, RKO. § 60 Anm. Abs. 1 als erster Anlaß zur Aufstellung von Tagesnachweisungen angeführt, daß der Zahlungsverkehr so umfangreich ist, daß die Zahlungen schlechterdings nicht mehr einzeln in das Hauptbuch eingetragen werden können, sondern das Buchen auf mehrere Stellen verteilt werden muß. In diesem Sinne ordnen die VB. RAM. zu § 60 Ziffer 1 an, daß Tagesnachweisungen aufzustellen sind, wenn der Zahlungsverkehr so umfangreich ist, daß er von e i n e m Kassenbeamten nicht bewältigt werden kann. Nach AKO. § 111 sind, wenn der Kassenleiter es für erforderlich erachtet, zum Zwecke der Eintragung von Gesamtbeträgen in Hauptbuch oder Vorbücher oder zwecks Verteilung von Zahlungen auf verschiedene Zahlungsarten Tagesnachweisungen für den unbaren Zahlungsverkehr und für Umbuchungen aufzustellen. Für die Reichshauptkasse bestimmen die VB. zu § 60, welche Nachweisungen als Tagesnachweisungen zu gelten haben, und welche Tagesnachweisungen außerdem aufgestellt werden dürfen. Man wird in den Vollzugsbestimmungen das Vorliegen besonderer Verhältnisse bei der beteiligten Verwaltung nicht überall erkennen können, es ist vielmehr im allgemeinen das bei der Kasse vorhandene Bedürfnis, das Hauptbuch zu entlasten, oder seine sachgemäße Führung vorzubereiten, das zur Aufstellung von Tagesnachweisungen führt. Die Praxis hat hiernach der Bestimmung des Abs. 1 nicht die strenge Auslegung gegeben, die nach ihrem Wortlaut zu erwarten gewesen wäre. Das praktische Bedürfnis wird in der Frage entscheidend sein müssen. Tagesnachweisungen sind zunächst dann aufzustellen, wenn der Umfang der Zahlungsgeschäfte oder räumliche Getrenntheit der Schalter einer unmittelbaren Eintragung der einzelnen Einzahlungen in das Hauptbuch entgegenstehen. Ihre Aufstellung kann u. a. ferner dann angezeigt sein, wenn Zahlungen, die Ein- oder Auszahlungen für mehrere verschiedene Zwecke in sich schließen, für die Eintragung ins Hauptbuch entsprechend aufgeteilt werden müssen. Um die richtige Buchung herbeizuführen, werden sie in eine Tagesnachweisung aufgenommen und diese dem Buchhalter zugeleitet, der die Verteilung des Zahlungsbetrages nach den verschiedenen Zahlungsgründen und Spalten vornimmt, worauf dann die Buchung im Hauptbuche in den vorgesehenen Spalten erfolgen kann.

3. Abs. 1 sieht eine Aufstellung von Tagesnachweisungen nach drei Richtungen vor, a) für den baren, b) den unbaren Zahlungsverkehr und c) für Beleganrechnungen und Umbuchungen. Der bare Zahlungsverkehr im Sinne des Abs. 1a umfaßt die Ein- und Auszahlungen durch Übergabe oder Übersendung von Bargeld und die der Kasse übergebenen oder übersandten Schecke und Überweisungsaufträge, also den Ein- und Ausgang von Zahlungsmitteln. Sind mehrere Schalter vorhanden, so kann für jeden von ihnen eine Tagesnachweisung aufgestellt werden. Die zu 1b vorgesehene Anlegung getrennter Nachweisungen für im Postscheckwege, Reichsbankgirowege usw. bewirkten Zahlungen ermöglicht eine gleichzeitige Aufstellung und frühere Fertigstellung der Nachweisungen, die dann nicht vom Kassier selbst, sondern unter seiner Verantwortung auch von anderen Arbeitskräften der Kasse aufgestellt werden.

Sämtliche Tagesnachweisungen sind der Einteilung des Hauptbuchs (§ 59 Abs. 1 bis 3) entsprechend einzurichten (Abs. 2 a. E.) und auszufüllen, so daß die Endergebnisse in das Hauptbuch spaltenweise übernommen werden können. Jede Zahlung ist so, wie in § 59 Abs. 2 und 3 für das Hauptbuch vorgeschrieben, einzeln aufzuzeichnen. Für Einzahlungen und Auszahlungen sind zu Abs. 1a und b getrennte Nachweisungen aufzustellen. In den Nachweisungen zu Abs. 1c sind je Einzahlungen und Auszahlungen einander gegenüberzustellen, bei den Belegeanrechnungen die Ablieferungssumme den Zahlungen auf Grund der einzelnen Auszahlungsbelege, bei den Umbuchungen die durch sie bedingte Einzahlung der entsprechenden Auszahlung und umgekehrt (vgl. § 54 Abs. 2 und Anm. 3 und 4 und § 78 Anm.).

4. Tagesnachweisungen werden auf Blättern, nicht in Büchern hergestellt und sind je für sich, wie in Abs. 2 angegeben, zu kennzeichnen. Die Buchungsnummer des Hauptbuches ist bei der Übernahme ihrer Ergebnisse in das Hauptbuch von dem Beamten, der dieses führt, in die Tagesnachweisung einzutragen.

Die Führung der Tagesnachweisungen über den baren und unbaren Zahlungsverkehr liegt dem Kassier, der nach § 16 den baren und unbaren Zahlungsverkehr zu erledigen hat, ob. Die Tagesnachweisungen für die Beleganrechnungen (§ 54 Abs. 2) und Umbuchungen sind von einem vom Kassenleiter zu bestimmenden Beamten aufzustellen; es kann dies ebenfalls der Kassier, aber auch ein Buchhalter oder ein anderer Beamter der Kasse sein.

Die Tagesnachweisungen sind Zubehör des Hauptbuchs und mit diesem zusammen aufzubewahren (§ 77). Sie werden verschiedentlich als Teile des Hauptbuchs bezeichnet, so in BB. RHK. Ziffer 3 und BB. RAM. Ziffer 2; nicht auch in AKO. § 111. Da die Bestimmungen über äußere Form der Bücher u. a. sich auf die Tagesnachweisungen nicht anwenden lassen (vgl. auch § 58 Anm.), erscheint es richtiger, sie nicht als Teile des Hauptbuchs, sondern als dessen Zubehör zu bezeichnen.

Wegen der Verwendung der Tagesnachweisungen als Unterlagen für die Buchungen in den Sachbüchern vgl. § 76 Anm. 4.

§ 61

Vorbücher zum Hauptbuch

(1) Wenn die Art der Kassengeschäfte es erfordert, können Vorbücher zum Hauptbuch für einzelne oder mehrere Gruppen von Einzahlungen oder Auszahlungen geführt werden. Die Einteilung der Vorbücher ist der des Hauptbuchs anzupassen.

(2) Die Tagesergebnisse der Vorbücher werden in das Hauptbuch übernommen.

(3) Die Vorbücher führt der Kassier. Bei starkem baren Zahlungsverkehre kann die Führung der Vorbücher einem anderen Beamten übertragen werden; ein Buchhalter soll damit nicht betraut werden.

(4) Liegen bei einer Reichsverwaltung besondere Verhältnisse vor, so kann der zuständige Reichsminister bestimmen, daß Tagesnachweisungen zu den Vorbüchern für den unbaren Zahlungsverkehr und für Umbuchungen aufgestellt werden; § 60 gilt sinngemäß.

AKO. §§ 104 bis 110; VB. RAM., Heer und Marine.

1. Wegen des Verhältnisses der Vorbücher zu den Tagesnachweisungen und des Wesens der Vorbücher vgl. die Ausführungen zu § 60 Anm. 1 und 2. Abs. 1 macht die Führung von Vorbüchern zum Hauptbuch davon abhängig, ob die Art der Kassengeschäfte es erfordert. Es ist damit, falls nicht wie in den meisten VB. über die Führung von Vorbüchern besondere Bestimmung getroffen ist, dem Kassenleiter überlassen, über die Anlegung von Vorbüchern zu entscheiden. In Anm. 1 zu § 60 ist darauf hingewiesen, daß Vorbücher anzulegen sind, wenn ein Bedürfnis besteht, bestimmte Gruppen von Ein- oder Auszahlungen getrennt von den übrigen in das Hauptbuch einzutragenden Ein- und Auszahlungen im Zusammenhange für sich aufzuzeichnen. Dieses Bedürfnis, das nicht in dem Zwecke des Hauptbuchs begründet ist, gründet sich zumeist darauf, daß die Eintragung in das Vorbuch die Buchung an einer anderen Stelle, nämlich einem Sachbuch, ersetzen oder ergänzen soll, und zwar in solchen Fällen, in denen das Sachbuch sich nach Einrichtung und Inhalt nicht zu regelmäßiger Aufrechnung, wie sie § 81 Abs. 2 erfordert, eignet. Dem angeführten Bedürfnis entspricht die Bestimmung in § 62 Abs. 6, nach der der zuständige Reichsminister im Einvernehmen mit dem RFM. zulassen kann, daß Zeitbücher als Teile des Titelbuchs gelten. Als solche Zeitbücher kommen die Vorbücher zum Hauptbuch in Betracht. Ihre Führung ist in weitem Umfange angeordnet für den Bereich der Reichsabgabenverwaltung; vgl. AKO. §§ 104 bis 106, wonach die Einnahme- und Ausgabebücher für Steuern und für Einzelhaushaltseinnahmen und -ausgaben gleichzeitig als Titelbücher gelten (AKO. § 104 Abs. 2, § 105 Abs. 3 und § 106; in §§ 109 f. daselbst sind außerdem Einzahlungs- und Auszahlungsbücher für Hinterlegungen und Vorschüsse und ein Sammelvorbuch zum Hauptbuch vorgesehen). Nach VB. RAM. führen die Amtskassen der Versorgungsämter Sammelhefte als Vorbücher zum Hauptbuch; diese sind nach VB. RMA. zu § 58 Ziffer 1 zu 1b wegen der titelmäßigen

Verteilung der Tagessummen gleichzeitig als Unterteile des Titelbuchs anzusehen.

Die Einrichtung der Vorbücher ist, da sie die unmittelbare Eintragung der einzelnen Zahlungen in das Hauptbuch ersetzen soll, in ihrer Einteilung dem Hauptbuch anzupassen (Abs. 1 Satz 2; vgl. § 60 Anm 3 Abs. 2 zu der Bestimmung in § 60 Abs. 2 Schlußsatz). Die Vorbücher müssen also die nach § 59 für das Hauptbuch vorgeschriebenen Angaben in der dem § 59 Abs. 3 entsprechenden Einteilung enthalten; im übrigen sind sie gemäß den Zwecken, denen ihre Anlegung sonst dienen soll, auszugestalten. Ihre Tagesergebnisse werden, wie die der Tagesnachweisungen, in das Hauptbuch übernommen. Mehrere Gruppen von Einzahlungen oder Auszahlungen können in einem Vorbuch durch Einrichtung von Spalten vereinigt werden, es können aber auch je nach dem praktischen Bedürfnis einzelne Vorbücher dafür eingerichtet werden.

2. Die Vorbücher werden ebenso wie die Tagesnachweisungen über den Zahlungsverkehr vom Kassier (§ 61 Abs. 3) geführt. Sie können, wenn der Kassier durch den Zahlungsverkehr sehr stark in Anspruch genommen ist, einem anderen Beamten übertragen werden, doch soll dies — entsprechend § 10 Abs. 3 — nicht ein Buchhalter sein.

In gleicher Weise wie zum Hauptbuch selbst können auch zu den Vorbüchern Tagesnachweisungen aufgestellt werden, doch ist dies nur für den unbaren Zahlungsverkehr und für Umbuchungen vorgesehen (Abs. 4). Bare Zahlungen, die in der Regel am Schalter bewirkt werden, sind einzeln im Vorbuch zu buchen; ein Bedürfnis zur Aufstellung von besonderen Tagesnachweisungen für sie besteht nicht. Dasselbe gilt hinsichtlich der Beleganrechnungen (vgl. § 54 und AKO. § 68, wonach seitens der Amtskassen der Reichsabgabenverwaltung die Anrechnung unter Beigabe von Buchhalterei- bzw. Titelverzeichnissen erfolgt). Die Ergebnisse der Tagesnachweisungen werden in das Vorbuch, die des Vorbuches in das Hauptbuch eingetragen.

Wegen der Führung einer Tageskladde neben dem Vorbuch durch den Kassier siehe § 66 Abs. 2.

3. Abschnitt: Die Sachbücher

§ 62

Titelbuch

(1) Bei Kassen, die einen rechnungsmäßigen Nachweis zu führen haben, sind die Haushaltseinnahmen und -ausgaben in der dem Reichshaushaltsplan entsprechenden oder sonst vorgeschriebenen Ordnung in ein Titelbuch einzutragen. Für

jeden Titel und Unterteil eines Titels des Reichshaushaltsplans ist im Titelbuch ein Abschnitt einzurichten; das gleiche gilt, wenn ein Titel oder ein Unterteil eines Titels in den Erläuterungen zum Reichshaushaltsplane mit der Wirkung zerlegt ist, daß die Verwaltung bei der Bewirtschaftung an die im einzelnen ausgebrachten Beträge gebunden ist. Der zuständige Reichsminister kann bestimmen, daß auch in anderen Fällen innerhalb eines Titels oder eines Unterteils eines Titels besondere Abschnitte im Titelbuch eingerichtet werden. Jeder Abschnitt ist mit einer seinen Inhalt bezeichnenden Überschrift zu versehen.

(2) Unter der Überschrift jedes nach Abs. 1 Satz 2 eingerichteten Abschnitts sind die im Reichshaushaltsplan, in einem Einzelplan, im Kassenanschlag oder besonders zur Verfügung gestellten Haushaltsmittel (Haushaltsbetrag) sowie die nach der vorjährigen Rechnung verbliebenen Haushaltsreste (§ 30 Abs. 1 der Reichshaushaltsordnung) und die Vorgriffe (§ 30 Abs. 2, § 73 Abs. 1 Satz 2 der Reichshaushaltsordnung) vorzutragen. Wenn im Laufe des Rechnungsjahrs Haushaltsmittel zur Verfügung gestellt oder zurückgezogen werden, so ist dies unter dem Haushaltsbetrage zu vermerken. Wird im Laufe des Rechnungsjahrs eine Haushaltsüberschreitung genehmigt oder die Genehmigung einer Haushaltsüberschreitung zurückgenommen, so ist dies unter der Überschrift jedes Abschnitts gesondert anzuschreiben. Vorgriffe sowie Vermerke über die Zurückziehung von Haushaltsmitteln und die Zurücknahme der Genehmigung von Überschreitungen sind mit roter Tinte einzutragen.

(3) Das Titelbuch enthält bei Haushaltseinnahmen und -ausgaben, die ihrem Wesen nach mit einem Mal im vollen Anordnungsbetrage zu erheben und zu leisten sind (Einzelhaushaltseinnahmen und -ausgaben), die laufende Nummer innerhalb eines jeden Abschnitts, den Tag der Zahlung, die Bezeichnung des Einzahlungspflichtigen oder Empfängers, den Grund der Haushaltseinnahme oder -ausgabe, den gezahlten Betrag und die Nummer des Belegs; bei anderen Haushaltseinnahmen und -ausgaben (laufenden Haushaltseinnahmen und -ausgaben) außerdem den auf ein Jahr entfallenden Anordnungsbetrag (Jahresbetrag), den Tag, von dem die Anordnung gilt, den für das Rechnungsjahr rechnungsmäßig nachzuweisenden Betrag (Rechnungssoll), die zu den einzelnen Zeitabschnitten gezahlten Beträge in Monats- oder Vierteljahrsspalten und den für das

Rechnungsjahr gezahlten Gesamtbetrag der Haushaltseinnahmen oder -ausgaben. Der Angabe des Grundes der Haushaltseinnahme oder -ausgabe bedarf es nicht, wenn damit die Überschrift des Abschnitts wörtlich wiederholt würde. Einzelhaushaltseinnahmen und -ausgaben können statt in besonderen Abschnitten in verschiedenen Spalten nebeneinander nachgewiesen werden.

(4) Der zuständige Reichsminister kann zulassen, daß bei laufenden Haushaltseinnahmen und -ausgaben die zu den einzelnen Zeitabschnitten gezahlten Beträge statt im Titelbuch in Zahlungsnachweisungen nachgewiesen werden und der für das laufende Rechnungsjahr insgesamt gezahlte Betrag in das Titelbuch übernommen wird.

(5) Einzelhaushaltseinnahmen und -ausgaben können, wenn es zweckmäßig erscheint, ganz oder teilweise wie laufende Haushaltseinnahmen und -ausgaben behandelt werden. Dies gilt insbesondere für Einzelhaushaltseinnahmen und -ausgaben, deren Erhebung und Leistung in Teilbeträgen zugelassen ist, sowie für Einzelhaushaltseinnahmen und -ausgaben, die zur Erlangung einer besseren Übersicht gesondert zusammengestellt werden.

(6) Liegen bei einer Reichsverwaltung besondere Verhältnisse vor, so kann der zuständige Reichsminister im Einvernehmen mit dem Reichsminister der Finanzen zulassen, daß das Titelbuch in anderer als der in Abs. 1 bis 3 vorgesehenen Form geführt wird und daß Zeitbücher als Teile des Titelbuchs gelten.

(7) Das Titelbuch führt der Buchhalter.

AKO. § 112; VB. RHK., RAM., Heer und Marine.

1. Begriff und Bedeutung des rechnungsmäßigen Nachweises als Buchung der Haushaltseinnahmen und -ausgaben als solcher sind in der Anm. zu § 2 Ziffer 12 dargelegt. Nach § 4 bestimmt der zuständige Reichsminister im Einvernehmen mit dem RFM., über welche Haushaltseinnahmen und -ausgaben des Reichs die einzelnen Kassen den rechnungsmäßigen Nachweis zu führen haben. Die damit beauftragte Kasse erfüllt den Auftrag durch Führung des Titelbuchs, über dessen Einrichtung und Führung § 62 Bestimmung trifft.

Das Titelbuch steht an erster Stelle unter den Sachbüchern, einmal, weil in den Haushaltseinnahmen und -ausgaben, deren Nachweis es dient, der Schwerpunkt aller Ein- und Auszahlungen liegt, und ferner, weil es seiner Bestimmung gemäß vornehmlich als Rechnungslegungsbuch nach RRO. § 8 in Betracht kommt. Während das Hauptbuch den tatsächlichen

Stand der Ein- und Auszahlungen ohne Rücksicht auf ihr Verhältnis zu den Ansätzen im Haushaltsplan nachweist, schafft das Titelbuch die Unterlagen für die Rechnungslegung und damit für die Feststellung, inwieweit die Einnahmen und Ausgaben des Reichs nach dem Haushaltsplan verwaltet worden sind. Bei Behörden, deren Geschäftsumfang ohne weiteres einen Überblick über den Stand der Ausgabemittel auf Grund des Titelbuchs in Verbindung mit Schätzungen zuläßt, macht das Titelbuch die Führung der sonst vorgeschriebenen Haushaltsüberwachungsliste entbehrlich (RWB. § 42 Abs. 1). Aber auch bei Behörden, die diese Liste führen, wird häufig auf die Eintragungen im Titelbuch zur Kontrolle der eigenen Aufzeichnungen zurückgegriffen.

Im Titelbuch werden die Einzahlungen und Auszahlungen nach ihrer haushaltsplanmäßigen Bedeutung, d. h. nach ihrer Zugehörigkeit zu den einzelnen Titeln und Titelteilen des Reichshaushaltsplans gruppiert. Es umfaßt diesem Zweck entsprechend außer den überplanmäßigen auch die außerplanmäßigen Haushaltseinnahmen und -ausgaben (RHO. §§ 33, 68 und 74). Die Zusammenstellung der Ergebnisse der verschiedenen an der Buchung von Zahlungen auf denselben Titel oder Untertitel beteiligten Kassen in der Oberrechnung oder gegebenenfalls der Zentralrechnung (RRO. §§ 100 f.) ergibt, wieweit der entsprechende Ansatz des Haushaltsplans eingehalten, überschritten oder nicht erreicht ist. Wenn an den Ein- oder Auszahlungen auf einen bestimmten Titel nur eine Kasse beteiligt ist, so ergibt sich unmittelbar aus der Abschlußsumme des Titels bei ihr, wieweit der Haushaltsplan eingehalten ist.

2. Da das Titelbuch dem Nachweis dienen soll, wieweit die Titel und Untertitel des Haushaltsplanes eingehalten sind, so sind in ihm die Zahlungen nach der dem Haushaltsplane entsprechenden Ordnung zu gruppieren, d. h. für jeden Titel oder Unterteil eines Titels des Reichshaushaltsplans ist im Titelbuch ein besonderer Abschnitt einzurichten; ebenso, wenn ein Titel oder ein Unterteil eines Titels in den Erläuterungen zum Haushaltsplane mit der Wirkung zerlegt ist, daß die Verwaltung bei der Bewirtschaftung an die im einzelnen ausgebrachten Beträge gebunden ist (RHO. § 34), für jeden dieser Beträge (Abs. 1). Wenn die Verwaltung ein Interesse an einer noch weitergehenden Unterteilung der Eintragungen hat, kann der zuständige Reichsminister bestimmen, daß innerhalb eines Titels oder Untertitels noch weitere besondere Abschnitte im Titelbuch eingerichtet werden (Abs. 1 Satz 3). Es ist dies einer der in den Worten des Abs. 1 Satz 1 „oder sonst vorgeschriebenen Ordnung" angedeuteten Fälle; weitere Fälle einer solchen Anordnung sind in den nachstehend angeführten Bestimmungen der §§ 10 und 11 der RRO. ge-

geben. Es handelt sich in allen diesen Fällen nicht um eine Abänderung, sondern nur um eine Ergänzung der dem Reichshaushaltsplan entsprechenden Ordnung. Diese muß auf alle Fälle gewahrt werden.

Wieweit im Haushaltsplan Unterteile bei einem Titel vorzusehen sind, ergibt sich zunächst aus dem in Anlage 2 der RWB. enthaltenen Eingliederungsplan (so z. B. unter A. Ordentlicher Haushalt, II. Ausgaben, Titel 7: a) Entschädigungen an versetzte Beamte sowie an Angestellte, b) Fahrkosten für versetzte und auswärts beschäftigte Beamte und Angestellte zum Besuch der von ihnen getrennt lebenden Familie) und weiter aus den Bedürfnissen der einzelnen Verwaltung. Die Zerlegung eines Titels in den Erläuterungen des Haushaltsplans mit der Wirkung, daß die Verwaltung bei der Bewirtschaftung an die im einzelnen ausgebrachten Beträge gebunden ist, kommt durch die Worte „es entfallen auf" zum Ausdruck; nicht bindende Zahlenangaben (Schätzungen) werden durch die Worte „es sind veranschlagt" gekennzeichnet (RWB. § 6 Abs. 13). In dem angeführten Eingliederungsplan sind nur Zerlegungen der letzteren Art vorgesehen. Nach RRO. § 10 Abs. 3 kann der Rechnungshof in einzelnen Fällen die Zerlegung des Titelbuchs in weitere Teile verlangen, wenn er es zur Durchführung seiner Aufgabe für erforderlich erachtet.

Die Bestimmungen des Abs. 3 haben für den Fall, daß das Titelbuch zugleich für Zwecke der Rechnungslegung verwendet wird, eine allgemeine Erweiterung erfahren durch die Bestimmung in § 11 Abs. 1 der RRO., wonach für jeden Unterteil eines Titels, auch wenn er nur der Schätzung des Gesamtaufwandes dient, im Titelbuch ein Abschnitt zu bilden ist. Es sind jedoch Erleichterungen und Abweichungen von der Regel vorgesehen [1]).

Für welche Titel usw. die Kasse Abschnitte anzulegen hat,

---

[1]) § 11 RRO. lautet:

Bildung von Buchungsabschnitten im Titelbuch.

(1) Ist ein Titel in den Erläuterungen zum Reichshaushaltsplan in Unterteile zerlegt, so ist für jeden Unterteil, auch wenn er nur der Schätzung des Gesamtaufwands dient, im Titelbuch ein Buchungsabschnitt zu bilden. Der Rechnungshof kann Erleichterungen zulassen. Haushaltseinnahmen, die auf Grund entsprechender Ermächtigung im Reichshaushaltsplane den Ausgabemitteln zugeführt werden (§ 71 Abs. 1 der Reichshaushaltsordnung), sind ebenfalls in einem besonderen Buchungsabschnitte nachzuweisen. Das gleiche gilt für Haushaltsausgaben, die nach dem Reichshaushaltsplan aus Einnahmemitteln geleistet werden dürfen. Buchungsabschnitte innerhalb eines Titels sind mit einer laufenden Nummer zu versehen.

(2) Handelt es sich um Haushaltsausgaben, so brauchen für Unter-

muß ihr von der Behörde, der sie angehört, — geeignetenfalls an der Hand eines Abdrucks des Reichshaushaltsplans oder des die Kasse betreffenden Teils desselben oder eines Kassenanschlags — mitgeteilt werden.

Die Abschnitte sind so anzulegen, daß für die bei dem Abschnitt in dem Buchungszeitraum (§ 73 Abs. 1 Satz 1) zu erwartenden Zahlungen ausreichender Raum zur Eintragung vorhanden ist. Sie können hintereinander oder, soweit es sich um Einzeleinnahmen oder -ausgaben handelt, in der Weise angeordnet werden, daß für mehrere Abschnitte Spalten nebeneinander vorgesehen werden (Abs. 3 Schlußsatz). Letzteres kommt für laufende Einnahmen und Ausgaben nicht in Frage, weil bei diesen die Spalten für die Eintragung der regelmäßigen Zahlungsraten gebraucht werden (Abs. 3 Satz 1 a. E. und Abs. 5). Durch die Verwendung von Spalten für die einzelnen Abschnitte wird eine Raumersparnis im Titelbuch erzielt und das häufige Umwenden der Blätter, um den beteiligten Abschnitt aufzuschlagen, eingeschränkt. Anderseits wird der von den Spalten eingenommene Raum nur zum Teil ausgenutzt, da häufig für die zu buchende Zahlung nur eine der angelegten Spalten in Betracht kommt; auch kann die Verwendung von Spalten leichter zu einer falschen Buchung führen. Der Vorteil der bequemen Handhabung des Buches wird diese Nachteile zumeist überwiegen.

Jeder Abschnitt bzw. die ihn ersetzende Spalte ist mit einer den Inhalt des Abschnitts bezeichnenden Überschrift zu versehen. Die Angabe kann abgekürzt werden, wenn sich der Inhalt der Abschnitts aus der Gesamtbezeichnung des angelegten Titelbuchs oder Teilbandes desselben (§ 73 Abs. 1) mit ausreichender Bestimmtheit ergibt. In jedem Falle muß aus ihr hervorgehen, für welchen Haushaltstitel oder Unterteil eines solchen der Abschnitt bestimmt ist.

3. Die Aufgabe des Titelbuches erschöpft sich nicht darin, daß in ihm die Haushaltseinnahmen und -ausgaben nach ihrer Zugehörigkeit zum Haushaltsplane aufgezeichnet werden, sondern es soll auch einen Anhalt bieten für die Einhaltung der der Behörde, deren Kassengeschäfte die Kasse wahrnimmt, zugewiesenen Mittel des Haushaltsplans und ferner für die Ausführung der der Kasse zugegangenen Zahlungsanordnungen. Zu diesem Zweck sind außer den einzelnen Zah-

---

teile eines Titels, die in den Erläuterungen gebildet sind und lediglich der Schätzung des Gesamtaufwands dienen, besondere Buchungsabschnitte nicht eingerichtet zu werden, wenn die Haushaltsausgaben in der Haushaltsüberwachungsliste getrennt nach den Erläuterungen zum Reichshaushaltsplan eingetragen werden und der Rechnungshof sich mit der Vorlegung der Haushaltsüberwachungsliste zur Ergänzung der Rechnungslegung einverstanden erklärt hat.

lungen selbst zunächst die Haushaltsbeträge aufzuzeichnen, deren Bewirtschaftung der Behörde, soweit die Kasse für sie die Kassengeschäfte versieht, zufällt (Abs. 2), und ferner die der Kasse zugegangenen Anordnungen, betreffend die Einziehung bzw. Leistung laufender Haushaltseinnahmen und -ausgaben und gegebenenfalls ihnen ähnlicher Einzelhaushaltseinnahmen und -ausgaben, ihrem Inhalt nach zu vermerken (Abs. 3 Satz 1 und Abs. 5; vgl. Anm. 4 Abs. 3).

Nach Absatz 2 sind unter der Überschrift jedes nach Abs. 1 eingerichteten Abschnittes die im Reichshaushaltsplan, in einem Einzelplan, im Kassenanschlag oder besonders zur Verfügung gestellten Haushaltsmittel (Haushaltsbetrag) sowie die nach der vorjährigen Rechnung verbliebenen Haushaltsreste und die Vorgriffe vorzutragen. Die Eintragung bezieht sich nur auf Haushaltsausgaben, und zwar nicht unmittelbar auf die im Reichshaushaltsplan vorgesehenen Beträge, sondern auf den Haushaltsbetrag, der der Behörde, welcher die Kasse angehört, gemäß RWB. § 14 Abs. 1 und 2 unter Berücksichtigung der Ausgabereste aus dem abgelaufenen Rechnungsjahre (vgl. RWB. § 17 Abs. 2) und der Haushaltsvorgriffe zur Bewirtschaftung zur Verfügung gestellt ist. Dieser Betrag wird der Kasse von der Verwaltungsbehörde, deren Kassengeschäfte sie versieht, für die einzelnen Titel, über die sie den rechnungsmäßigen Nachweis führt, als Haushaltsbetrag mitgeteilt. Für die Höhe der zu bewirtschaftenden Beträge ist von Bedeutung, ob der Titel im Haushaltsplan als mit einem anderen Titel einseitig oder gegenseitig deckungsfähig bezeichnet ist. In diesem Falle wird bei dem Haushaltsbetrage ein entsprechender Hinweis anzubringen sein. Eines Vermerks über die etwaige Übertragbarkeit der Titelbewilligung bedarf es nicht, da eine Ausnützung der Übertragbarkeit durch Vorgriffe formell eine Haushaltsüberschreitung in sich schließt und der Kasse dieserhalb dann eine Weisung der über den Titel verfügenden Stelle zugehen muß.

Alle Veränderungen des Haushaltsbetrages durch Erhöhung oder Einschränkung sind unter dem Haushaltsbetrage zu buchen (Abs. 2 Satz 2). Genehmigte Haushaltsüberschreitungen und die Zurückziehung einer solchen Genehmigung sind ebenfalls, aber gesondert unter der Überschrift des Abschnittes einzutragen; sie sollen, ihrem besonderen Charakter entsprechend, von den sonstigen Veränderungen des Haushaltsbetrages getrennt gebucht werden. Es ist Sache der zuständigen Verwaltungsbehörde, je nach dem Stande der ihr zur Verfügung stehenden Mittel zu entscheiden, ob der Haushaltsbetrag noch erhöht werden kann oder ob eine Überschreitung (§ 33 RHO.) genehmigt werden muß. Alle Eintragungen, die eine Einschränkung von zur Verfügung gestellten Mitteln betreffen, also „Vorgriffe sowie Vermerke über die Zurückziehung von Haushaltsmitteln und die Zurücknahme der Genehmigung von Überschreitungen“ sind wie Absetzungen mit roter Tinte einzutragen (Abs. 2 a. E.).

4. In Absatz 3 sind zwei verschiedenartige Vorschriften zusammengefaßt worden. Satz 1 schreibt — und zwar, wie sich aus dem Worte „außerdem“ im 2. Halbsatz ergibt, nicht nur für die Einzelhaushaltseinnahmen und -ausgaben, sondern allgemein — vor, welche Angaben die Eintragungen von Haushaltseinnahmen und -ausgaben im Titelbuch enthalten müssen, nämlich:

die laufende Nummer innerhalb des Abschnitts,
den Tag der Zahlung,
die Bezeichnung des Einzahlungspflichtigen oder Empfängers,
den Grund der Haushaltseinnahme oder -ausgabe,
den gezahlten Betrag und
die Nummer des Belegs,

und trifft damit sogleich über die äußere Einrichtung des Titelbuchs Bestimmung. Über die Nummerung der Belege enthält die RKO. (vgl. § 77) keine nähere Bestimmung; sie ist, da sie die formelle Einrichtung der Belege betrifft, gemäß RHO. § 66 Abs. 3 in der RRO. §§ 89 ff. eingehend geregelt.

Der in Abs. 3 Satz 1 weiter vorgesehenen Angabe des Grundes der Haushaltseinnahme oder -ausgabe bedarf es nicht, wenn damit die Überschrift des Abschnittes wörtlich wiederholt werden würde (Abs. 3 Satz 2). Lautet z. B. die Überschrift des Abschnittes „Geschäftsbedürfnisse“ oder „Post-, Telegraphen- und Fernsprechgebühren“, so bedarf es stets der näheren Angabe des Grundes, weil im ersteren Falle die Angabe „Geschäftsbedürfnisse“ den Grund der Zahlung nicht ausreichend bezeichnen würde und im zweiten Falle ohne nähere Angabe nicht erkennbar wäre, ob es sich um Post-, Telegraphen- oder um Fernsprechgebühren handelt, ohne diese Angabe aber der Grund der Zahlung nicht ausreichend bezeichnet wäre.

Der 2. Halbsatz von Satz 1 des Abs. 3 enthält eine Ergänzung der angeführten Bestimmung des 1. Halbsatzes, soweit es sich um laufende Haushaltseinnahmen und -ausgaben handelt. Einzelhaushaltseinnahmen und -ausgaben sind solche, „die ihrem Wesen nach mit einem Male im vollen Anordnungsbetrage zu erheben oder zu leisten sind“, zu den laufenden zählen alle übrigen Haushaltseinnahmen und -ausgaben. Für diese letzteren wird eine besondere Anordnung getroffen; bei ihnen beschränkt sich die Eintragung nicht auf die vorangeführten allgemein vorgeschriebenen Angaben, sondern diese sind noch durch folgende Angaben zu ergänzen:

den auf ein Jahr entfallenden Anordnungsbetrag (Jahresbetrag),

den Tag, von dem an die Anordnung gilt,
den für das Rechnungsjahr rechnungsmäßig nachzuweisenden Betrag (Rechnungssoll),
die zu den einzelnen Zeitabschnitten gezahlten Beträge in Monats- oder Vierteljahrsspalten und
den für das Rechnungsjahr gezahlten Gesamtbetrag der Haushaltseinnahmen oder -ausgaben.

Während also bei Einzeleinnahmen und -ausgaben nur die jeweilige Zahlung selbst gebucht wird, ist, wie schon in Anm. 2 ausgeführt, bei laufenden Haushaltseinnahmen und -ausgaben der Inhalt des Zahlungsauftrages auf Grund der Zahlungsanordnung ebenfalls im Titelbuch zu vermerken. Damit ist hinsichtlich der Haushaltseinnahmen und -ausgaben die Unterlage geschaffen für die dem Buchhalter obliegende Überwachung, daß die Haushaltseinnahmen und -ausgaben, sowie die sonstigen Zahlungen rechtzeitig und vollständig erhoben und geleistet werden (§ 15). Für die Einzelhaushaltseinnahmen und -ausgaben bedarf es der gleichen Anordnung nicht, da ihre Erledigung an der Hand der vorliegenden Zahlungsanordnungen unmittelbar verfolgt werden kann; ihre Eintragung als Rechnungssoll (Zumsollstellung), wie sie früher vielfach üblich gewesen, ist als entbehrlich fallen gelassen. Die mit ihr verbundene Mehrarbeit steht nicht in angemessenem Verhältnis zu dem von ihr zu erwartenden Nutzen. Was die Auszahlungen anbetrifft, so werden im allgemeinen die Empfangsberechtigten, wenn die Zahlung ausbleibt, an sie erinnern, und der Eingang der angeordneten Einzahlungen wird durch die von den Reichsbehörden, die Einnahmemittel bewirtschaften, zu führende Anschreibungsliste über angeordnete Verwaltungseinnahmen überwacht. Die Liste ist bei Kassenprüfungen dem Prüfungsbeamten zu übergeben, der die vorschriftsmäßige Erledigung der Annahmeanordnungen durch die Kasse festzustellen hat (RWB. § 41).

Der Begriff der Einzelhaushaltseinnahme und -ausgabe darf nicht mit dem der einmaligen Einnahme und Ausgabe des Haushaltsplans verwechselt werden. Wegen der einmaligen Einnahmen, die die RHO. als solche nicht anführt, vgl. RHO. §§ 4 und 77 und Schulze-Wagner, RHO. § 77 Anmerkung 3b. Die einmaligen Ausgaben sind ein haushaltsrechtlicher, die Einzelhaushaltseinnahmen und -ausgaben ein kassentechnischer Begriff. Laufende Haushaltsausgaben können auf einmalige Bewilligungen des Reichshaushalts (z. B. Anmietung eines Baubüros für die Errichtung eines Neubaues, den Bau einer Kanalstrecke usw.) und Einzelhaushaltsausgaben (wie z. B. alle aus Unterhaltungsmitteln zu bestreitenden Handwerkerrechnungen) auf fortdauernde Ausgaben des Haushaltsplanes angewiesen werden. Es kommt bei der

Unterscheidung zwischen Einzel- und laufenden Haushaltseinnahmen und -ausgaben nicht darauf an, auf was für eine Haushaltsbewilligung sie verrechnet werden, sondern darauf, ob nach der Zahlungsanordnung der in ihr angegebene Betrag als einheitlicher Betrag — wenn auch vielleicht in Teilbeträgen — erhoben oder geleistet oder ob die Zahlungen ihrem Wesen nach laufend erfolgen sollen. Ein Erstattungsanspruch in Höhe von 1000 *RM*, der in monatlichen Teilbeträgen von 10 *RM* abzutragen ist, ist eine Einzelhaushaltseinnahme; die vierteljährlich im voraus zahlbare Miete für eine auf ein Jahr gemietete Wohnung ist eine laufende Ausgabe; bei ihr gehört die in Abschnitten erfolgende Zahlung zum Wesen der Mietsschuld; bei der Erfüllung des Erstattungsanspruches besteht dieser von Anfang an in voller — nicht durch Zeitablauf irgendwie beeinflußter — Höhe. Die Zahlung in Teilbeträgen ist in diesem Falle ein Zugeständnis, das nichts daran ändert, daß der Betrag an sich sofort in voller Höhe geschuldet ist. Es liegt jedoch auf der Hand, daß auch bei Einzelhaushaltseinnahmen und -ausgaben, wenn sie wie im vorangeführten Beispiel längere Zeit hindurch in Teilbeträgen erhoben oder geleistet werden, der Anlaß zur Aufzeichnung von Jahresbetrag, Rechnungssoll usw. in gleicher Weise gegeben ist, wie bei laufenden Haushaltseinnahmen und -ausgaben; Abs. 5 sieht deshalb vor, daß sie gegebenenfalls ebenso wie die laufenden Haushaltseinnahmen und ausgaben behandelt werden dürfen.

Der Unterschied zwischen den beiderlei Einnahmen oder Ausgaben kann sehr gering sein. Die Mietszahlung aus einem Vertrage, nach dem für eine Mietsdauer von 6 Monaten unter Zugrundelegung einer Jahresmiete von 1200 *RM* monatlich 100 *RM* zu zahlen sind, oder in dem eine Monatsmiete von 100 *RM* verabredet ist, stellt eine fortlaufende Einnahme dar. Ist als Mietsbetrag eine runde Summe von 600 *RM*, zahlbar in Monatsraten von 100 *RM* festgesetzt, so handelt es sich um eine Einzeleinnahme. Die wirtschaftliche Aufgabe, die die Kasse in den verschiedenen Fällen zu erfüllen hat, ist die gleiche. Der Zweifel, ob es sich im Einzelfalle um eine Einzel- oder eine laufende Haushaltseinnahme oder -ausgabe handelt, wird sich in der Praxis zweckmäßig dadurch erledigen, daß geeignetenfalls von der in Abs. 5 vorgesehenen Ermächtigung Gebrauch gemacht wird.

5. Abs. 3 Satz 1 stellt Jahresbetrag und Rechnungssoll einander gegenüber. Jahresbetrag ist der Betrag, der bei den laufenden Haushaltseinnahmen und -ausgaben auf ein Jahr entfällt, wobei es — dem Charakter der laufenden Einnahme und Ausgabe entsprechend — gleichgültig ist, ob bei der Festsetzung das Rechnungsjahr oder das Kalenderjahr oder ein anderer 12 Monate umfassender Zeitraum zugrundegelegt ist.

Das Rechnungssoll ergibt sich aus dem Jahresbetrag unter Zugrundelegung des Zeitraums, für den innerhalb des Rechnungsjahres die Einnahmen oder Ausgaben zu erheben oder zu leisten sind. Bei einem vom 1. 10. bis zum 30. 6. des folgenden Jahres laufenden Mietsvertrage und einer Jahresmiete von 2400 *RM* ist der Jahresbetrag für beide Rechnungsjahre mit je 2400 *RM*, das Rechnungssoll für das erste beteiligte Rechnungsjahr mit *RM* 1200,—, für das zweite beteiligte Rechnungsjahr mit *RM* 600,— zu buchen. Aus der Buchung der Zahlungen („Gesamtbetrag", vgl. Abs. 3 Satz 1 a. E.) ergibt sich, ob das Soll erfüllt ist oder nicht.

Die Angabe des Jahresbetrages und des Rechnungssolls im Titelbuch ist zweckmäßig, indem sie die Führung besonderer Aufzeichnungen — wie z. B. für die laufenden Auftragszahlungen im Auftragsbuch — entbehrlich macht und dem Buchhalter die einschlägigen Anordnungen in bequemster Weise zur Verfügung hält. Ferner ist sie für die Rechnungslegung und Rechnungsprüfung von Wert. Nach RRO. § 45 bedarf es für die Buchungen in den späteren Rechnungsjahren der Beibringung eines Rechnungsbelegs nicht, soweit die Buchung der Haushaltseinnahme oder -ausgabe im ersten Rechnungsjahr ordnungsgemäß belegt war und in dem neuen Rechnungslegungsbuch die Richtigkeit und Vollständigkeit der Übertragung der für den neuen Zeitabschnitt geltenden Anordnungsbeträge und aller für die weiteren Zahlungen erheblichen Eintragungen durch den Kassenaufsichtsbeamten oder den ihm nach § 87 Abs. 3 der Reichskassenordnung beigegebenen Beamten bescheinigt wird. Der die Übertragungen prüfende Beamte hat auf der Titelseite des Rechnungslegungsbuchs, bei Karteien auf der einzelnen Karte oder auf einem besonderen Blatte, zu bescheinigen, daß die Übertragungen vollständig und richtig erfolgt sind. In der Bescheinigung sind die laufenden Nummern der als richtig befundenen Überträge anzugeben.

Wegen des Nachweises von Einzelhaushaltseinnahmen und -ausgaben statt in besonderen Abschnitten in verschiedenen Spalten nebeneinander (Abs. 3 Schlußsatz) s. Anm. 2. Weitere Bestimmungen über die Führung des Titelbuchs sind in den Buchungsbestimmungen des § 75 Abs. 4 ff. enthalten (s. das. Anm. 5). Nach Abs. 4 cit. ist im Titelbuch bei laufenden und ihnen gleich zu behandelnden Einzel-Haushaltseinnahmen und -ausgaben anzugeben, in welcher Weise die Anordnungsbeträge einzuziehen oder auszuzahlen sind.

6. Die Eintragung der einzelnen Zahlungen kann bei laufenden Einnahmen und Ausgaben zu einer großen, die Übersicht erschwerenden Belastung des Titelbuches führen. Nach Abs. 4 darf deshalb der zuständige Reichsminister zulassen, daß bei laufenden Haushaltseinnahmen und -ausgaben die zu

den einzelnen Zeitabschnitten gezahlten Beträge statt im Titelbuch in Zahlungsnachweisungen nachgewiesen werden und der für das laufende Rechnungsjahr insgesamt gezahlte Betrag in das Titelbuch aufgenommen wird. In diesem Falle ersetzen die Eintragungen in der Zahlungsnachweisung die vorgeschriebene jedesmalige Eintragung in das Titelbuch und bilden so einen Zubehör des letzteren; sie sind wie das Titelbuch vom Buchhalter zu führen. Wegen der Aufrechnung der Zahlungsnachweisungen für die periodische Abschlußnachweisung vgl. § 81 Abs. 3 und Anm. 4 daselbst.

7. In Abs. 5 ist an die Eintragungen gemäß Abs. 3 Satz 1 wie an die Aufzeichnung in Zahlungsnachweisungen gemäß Abs. 4 (vgl. Anm. 3 und 5) gedacht. Die gesonderte Zusammenstellung zur Erlangung einer besseren Übersicht, wie sie der Schlußsatz des Abs. 5 vorsieht, wird insbesondere bei zwar regelmäßig sich wiederholenden, aber nicht vorher ihrem Betrage nach festzusetzenden Ausgaben, wie für den Bezug von Gas, Wasser und Elektrizität, Fernsprechgebühren u. ä., in Frage kommen.

8. Abs. 6 enthält in seinem Schlußsatz eine bedeutsame Abweichung von dem in § 57 Abs. 2 aufgestellten Grundsatz. Die Bestimmung will besonders den Verhältnissen bei der Reichsabgabenverwaltung Rechnung tragen, bei der für Steuern Sollkarteien als Titelbuch geführt werden. Die Sollkarteien werden im allgemeinen nicht fortlaufend aufgerechnet und werden daher durch die Einnahmebücher ergänzt (AKO. § 113 Abs. 1 und 2). Voraussetzung für die Anwendung des Abs. 6 ist, daß die Kontrolle, die in der Führung des Titelbuchs gegenüber den Zeitbüchern liegt, auf andere Weise mit gleicher Sicherheit erreicht wird. (vgl. AKO. § 114 Abs. 4).

§ 63

Hinterlegungsbuch

(1) Über Hinterlegungen wird ein Hinterlegungsbuch geführt. Die Einzahlungen sind auf die linke, die Auszahlungen auf die rechte Seite einzutragen; Auszahlungen sind so zu buchen, daß sie den entsprechenden Einzahlungsbuchungen gegenüberstehen. In dem Hinterlegungsbuche sollen besondere Abschnitte eingerichtet werden, wenn Art und Umfang der Hinterlegungen es erfordern.

(2) Das Hinterlegungsbuch enthält die Nummer der Eintragung, den Tag der Zahlung, die Bezeichnung des Einzahlungspflichtigen oder Empfängers, den Grund der Zahlung, den Betrag und einen Hinweis auf die Stelle, an der der Betrag in den Zeitbüchern gebucht ist. Auf der Aus-

zahlungsseite können die Beträge für die einzelnen Monate oder Vierteljahre getrennt nachgewiesen werden.

(3) Das Hinterlegungsbuch führt der Buchhalter.

RKO. § 114; BB. RHK., RAM., Heer und Marine.

1. Wegen der Begriffe und der Behandlung der Hinterlegungen und der Vorschüsse vgl. Anm. zu § 2 Ziffer 8 und 9. Die Sachbücher zerfallen in 3 Gruppen:

Das Titelbuch für Haushaltseinnahmen oder -ausgaben, über die die Kasse den rechnungsmäßigen Nachweis zu führen hat;

das Abrechnungsbuch für Ablieferungen und Kassenbestandsverstärkungen und

das Hinterlegungs- und das Vorschußbuch für die übrigen Ein- und Auszahlungen.

In Kassen, die keinen rechnungsmäßigen Nachweis zu führen haben, sind daher mit Ausnahme der Ablieferungen und Kassenbestandsverstärkungen sämtliche Einzahlungen und Auszahlungen im Hinterlegungs- bzw. Vorschußbuch zu buchen. Haushaltseinnahmen und -ausgaben, über die die Kasse nicht den rechnungsmäßigen Nachweis führt, können von ihr nur als Ersuchens- oder Auftragszahlungen angenommen oder geleistet werden und werden von ihr im Hinterlegungs- bzw. Vorschußbuch gebucht. Diese beiden Bücher stellen die Sammelstelle für alle Ein- und Auszahlungen dar, die nicht in einem der beiden anderen Sachbücher (Titel- oder Abrechnungsbuch) aufzuzeichnen sind. Wegen der Buchung auch der Vorschüsse in einem Abschnitt des Hinterlegungsbuchs s. § 64 Abs. 2; wegen der Buchung von Hinterlegungen und Vorschüssen im Hauptbuch statt im Hinterlegungs- und im Vorschußbuch s. § 72 Abs. 2. Die Buchungen im Hinterlegungs- und im Vorschußbuch dienen gleichzeitig als Unterlage für die den Kassenrechnungen nach §§ 62 f. RHO. (vgl. RRO. § 111) beizufügende Nachweisung der bis zum Bücherabschluß für das abgelaufene Rechnungsjahr nicht abgewickelten Hinterlegungen und Vorschüsse. Rechnung wird über Hinterlegungen und Vorschüsse nicht gelegt.

Nach § 15 hat die Kasse dafür zu sorgen, daß Hinterlegungen und Vorschüsse sobald wie möglich abgewickelt werden. Dies wird durch die Einrichtung der Buchungen im Hinterlegungs- und im Vorschußbuch gefördert, indem die Buchungen nach § 63 Abs. 1 und 64 Abs. 1 so vorzunehmen sind, daß aus den Büchern jederzeit ohne weiteres zu ersehen ist, welche Hinterlegungen und Vorschüsse noch nicht abgewickelt sind. Zu diesem Zweck werden den gebuchten Einzahlungen auf der linken Seite des Hinterlegungsbuchs die Auszahlungen, durch die sie abgewickelt werden, auf der rechten Seite unmittelbar gegenübergestellt. In gleicher Weise sind im Vorschußbuch die Einzahlungen, durch die die Vorschüsse abgewickelt werden, den Vorschußzahlungen gegenüber zu buchen. Die Abwicklung der Hinterlegungen erfolgt entweder durch Umbuchung des Betrages, sobald die endgültige Buchungsstelle feststeht, oder durch Wiederherauszahlung des Betrages. Die Umbuchung und die Wiederauszahlung stellen die in Abs. 1 erwähnten Auszahlungen (vgl. § 78 Anm.) dar.

Besondere Abschnitte (Abs. 1 Satz 3) sind nach dem praktischen Bedürfnis einzurichten, wenn bestimmte Arten von Ein- oder Auszahlungen regelmäßig wiederkehren und ihre von den übrigen Zahlungen getrennte Aufzeichnung erwünscht ist. AKO. § 114 Abs. 1 schreibt für den Fall der Bildung von Abschnitten die Anlegung eines Verzeichnisses auf der Titelseite oder auf besonderen Bogen vor. Ein besonderer Teilband ist nach AKO. § 114 für die Buchung von Wertgegenständen im Hinterlegungsbuch anzulegen. In gleicher Weise ist in den übrigen VB. zu § 55 zumeist die Einrichtung eines besonderen Abschnitts im Hinterlegungsbuch für die Nachweisung der angenommenen Wertgegenstände angeordnet (vgl. § 55 Anm.).

2. Abs. 2 führt die Angaben an, die im Hinterlegungsbuch für eine jede Einzahlung zu machen sind, und ist damit neben Abs. 1 insoweit bestimmend für die Einrichtung des Hinterlegungsbuches. Die Eintragung der Hinterlegungen erfolgt hintereinander in der Reihenfolge ihres Eingangs, die der Auszahlungen zwar zeitlich auch in der Reihenfolge ihres Ausgangs, buchmäßig aber an der Stelle, die ihnen nach der Zugehörigkeit zu der vorangegangenen Hinterlegung zukommt.

Die Auszahlungen erscheinen danach in zeitlicher Beziehung willkürlich durcheinander, und es ist eine Aufrechnung der in einen bestimmten Zeitraum fallenden Auszahlungen ohne besondere Maßnahmen (Sonderaufzeichnungen u. a.) schlecht ausführbar. Um für Abschlußzwecke eine Abrechnung zu ermöglichen, können daher für die Auszahlungen in den verschiedenen Zeiträumen besondere Spalten, also nach Bedarf für die einzelnen Monate oder Vierteljahre (§ 81 Abs. 1 Schlußsatz) angelegt werden. In die Spalten werden die Geldbeträge der einzelnen Zahlungen eingetragen; sie können ohne weiteres aufgerechnet und der Summe der auf den gleichen Zeitraum entfallenden Hinterlegungsbeträge zuzüglich der noch nicht abgewickelten älteren Hinterlegungsbeträge gegenübergestellt werden (vgl. § 81 Anm.).

Da Hinterlegungen sich nicht immer durch eine einzelne Auszahlung erledigen, die Auszahlungen aber der Eintragung der Hinterlegung gegenüber gebucht werden sollen, so ist für sie auf der rechten Seite entsprechend Platz zu lassen. Wird er dennoch knapp, so können nötigenfalls Auszahlungen, wenn es zweckmäßig erscheint, auch noch zwischen den Zeilen eingetragen werden (vgl. § 74 Anm. 4). Sobald die Eintragungen aber unübersichtlich werden würden, sind sie an eine spätere Stelle des Hinterlegungsbuchs zu setzen; sie sind dann mit der Hinterlegung, zu der sie gehören, durch gegenseitige Hinweise zu verbinden.

3. Wegen der Führung des Hinterlegungsbuchs durch den Buchhalter vgl. § 57 Anm. 2.

§ 64

Vorschußbuch

(1) Über Vorschüsse wird ein Vorschußbuch geführt. § 63 gilt sinngemäß mit der Maßgabe, daß für Vorschüsse, die voraussichtlich als Haushaltsausgabe nachzuweisen sind, die Abschnitte getrennt nach Kapiteln und Titeln des Reichshaushaltsplans anzulegen sind. Auch im Vorschußbuche sind die Auszahlungen auf die rechte, die Einzahlungen auf die linke Seite einzutragen. Auf der Einzahlungsseite können die Beträge für die einzelnen Monate oder Vierteljahre getrennt nachgewiesen werden.

(2) Die Vorschüsse können statt in einem besonderen Buche in einem Abschnitt des Hinterlegungsbuchs nachgewiesen werden.

AKO. § 115; BB. RHK., RAM., Heer und Marine.

Wegen des Begriffs und der Bedeutung der Vorschüsse s. die Anm. zu § 2 Ziffer 8 und 9. Für die Einrichtung und Führung des Vorschußbuches gelten die Vorschriften des § 63 sinngemäß (Abs. 1; vgl. § 63 Anm. 1 und 2). Wegen des Zweckes und der Verwendung des Vorschußbuchs wird auf die Ausführungen zu § 63 Anm. 1 verwiesen. Das Vorschußbuch ist das Sachbuch für alle Auszahlungen der Kasse, die nicht von ihr als Haushaltsausgaben im Titelbuch oder als Ablieferungen im Abrechnungsbuch zu buchen sind. Vorschüsse sind als Auszahlungen auf die rechte Seite, die ihrer Abwicklung dienenden Einzahlungen auf die linke Seite des Vorschußbuchs einzutragen. Es entspricht dies dem allgemein üblichen Verfahren (vgl. § 59 Abs. 1, § 73 Abs. 3 und § 63 Abs. 1), und es ist auf diese Weise, wenn auch ein abweichendes Verfahren im vorliegenden Falle sich würde vertreten lassen, nunmehr ein einseitliches Verfahren bei der Gegenüberstellung von Einzahlungen und Auszahlungen herbeigeführt worden.

Die Bestimmung, daß für Vorschüsse, die voraussichtlich als Haushaltsausgabe nachzuweisen sind, nach Kapiteln und Titeln des Reichshaushaltsplanes getrennte Abschnitte im

Vorschußbuch anzulegen sind (Abs. 1 Satz 2), entspricht der Vorschrift in § 62 RHO., daß die Vorschüsse, die bis zum Bücherabschlusse nicht abgewickelt werden konnten, in einem Anhang zu den Kassenrechnungen, getrennt nach den Kapiteln und Titeln, denen die Ausgaben in der endgültigen Abrechnung voraussichtlich zur Last fallen, nachzuweisen sind. Nach § 62 Abs. 2 der RHO. müssen die Vorschüsse bis zum Ablauf des zweiten, auf ihre Entstehung folgenden Rechnungsjahrs abgerechnet werden; Ausnahmen bedürfen der Zustimmung des RFM.

Wegen der Anlegung von Monats- oder Vierteljahrsspalten für die auf der Einzahlungsseite zu buchenden Geldbeträge vgl. § 63 Anm. 2 Abs. 2.

Abs. 2 gestattet — zur Ersparung von Geschäftskosten — geeignetenfalls die Vorschüsse statt in einem besonderen Vorschußbuch in einem Abschnitt des Hinterlegungsbuchs nachzuweisen. Es handelt sich hier nur um die Unterbringung der Aufzeichnungen in einem der übrigen von der Kasse zu führenden Bücher. An der getrennten und selbständigen Aufzeichnung der Vorschüsse nach Maßgabe des § 64 wird dadurch nichts geändert. Die äußerliche Übernahme der Vorschußbuchungen ins Hinterlegungsbuch ist danach etwas anderes als die in § 72 vorgesehene Vereinigung von Büchern.

§ 65

Abrechnungsbuch

(1) Über Ablieferungen an die Oberkasse und Reichshauptkasse, mit Ausnahme der Ablieferungen von Auftragseinzahlungen, und über Kassenbestandsverstärkungen wird bei der Kasse ein Abrechnungsbuch gegenüber der Kasse, mit der sie im Abrechnungsverkehre steht, geführt. Steht die Kasse mit mehreren Kassen im Abrechnungsverkehre, so ist für jede Kasse im Abrechnungsbuch eine Spalte oder ein Abschnitt einzurichten.

(2) Das Abrechnungsbuch enthält die laufende Nummer und den Tag der Eintragung, die Art der Ablieferung (bar, unbar, Belege), die Form der Kassenbestandsverstärkung (Geldversorgung, Geldaushilfe, Zuschuß), den Betrag der Ablieferung und der Kassenbestandsverstärkung.

(3) Das Abrechnungsbuch führt der Buchhalter. In Kassen, in denen ein Oberbuchhalter bestellt ist, führt dieser das Abrechnungsbuch; der zuständige Reichsminister kann zulassen, soweit der Umfang der Kassengeschäfte es erfordert, daß ein anderer Beamter der Kasse unter der Verantwortung

des Oberbuchhalters die Eintragungen in das Abrechnungsbuch vornimmt.

RKO. § 116; VB. RHK., RAM., Heer und Marine.

1. Das Abrechnungsbuch ist nach dem Inhalt des § 65 nicht ganz das geworden, was sein Name andeutet. Im Abrechnungsbuch werden lediglich die Ablieferungen einer Kasse und die Kassenbestandsverstärkungen, die sie erhalten hat, aufgezeichnet. Beide bilden zwar auch eine wichtige Unterlage für die Abrechnung (§ 81 Abs. 3), aber doch nur einen Teil der für eine vollständige Abrechnung in Betracht kommenden Unterlagen. Die Ausgestaltung des Abrechnungsbuchs in letzterem Sinne, insbesondere durch Eintragung des Ergebnisses der periodischen Abschlußnachweisungen, ist in der RKO nicht angeordnet (vgl. § 81 Anm. 4).

Die Fassung des Abs. 1 kann zu Zweifeln führen hinsichtlich des Kreises der Kassen, die ein Abrechnungsbuch zu führen haben. Nach dem Wortlaut des Abs. 1 Satz 1 möchte es scheinen als seien es nur die Kassen, die abliefern und Kassenbestandsverstärkungen erhalten. Auch Satz 2 nötigt nicht zu einer anderen Auslegung, da die Voraussetzung, daß eine Kasse mit mehreren Kassen im Abrechnungsverkehr steht, auch bei einer einzelnen Kasse, die abliefert usw., gegeben sein kann. Trotzdem ist der Sinn des § 65 ein anderer. Das Abrechnungsbuch ist nicht nur von der Kasse, die abliefert usw., zu führen, sondern auch von der Kasse, mit der sie im Abrechnungsverkehr steht, also der Oberkasse bzw. Rechnungsstelle (§ 9) oder der Reichshauptkasse (vgl. VB. RHK.). Die Führung des Abrechnungsbuchs ist danach nicht in dem Sinne eine gegenseitige, daß die Kasse, die abliefert und die Kasse, die die Ablieferung empfängt und ebenso die Kasse, die eine Kassenbestandsverstärkung empfängt, und die, die sie gewährt, die Ablieferung bzw. die Kassenverstärkung in das Abrechnungsbuch eintragen, vielmehr scheiden die Kassen, an die abgeliefert oder von denen die Kassenbestandsverstärkung gewährt wird, als solche hierbei aus.

Das Abrechnungsbuch wird übereinstimmend geführt von der Kasse, die eine Ablieferung bewirkt oder eine Kassenbestandsverstärkung erhält, und der Kasse, mit der sie im Abrechnungsverkehr steht, also einer Oberkasse oder der Reichshauptkasse (§ 81 Abs. 1). Dies bedingt, daß die Oberkasse und die Reichshauptkasse von allen Ablieferungen und Kassenbestandsverstärkungen, die sie nicht selbst annehmen oder gewähren, auf andere Weise Kenntnis erhalten. Sie bedürfen dieser Kenntnis zur Nachprüfung der Abschlußnachweisungen der mit ihnen abrechnenden Kassen (§ 81 Abs. 3) hinsichtlich der in diesen Nachweisungen enthaltenen Ablieferungen und

Kassenbestandsverstärkungen. Die Führung des Abrechnungsbuchs ihrerseits dient der Vorbereitung dieser Prüfung. Nach § 54 Abs. 1 haben Amtskassen, die unmittelbar an die Reichshauptkasse abliefern, auch die ihnen übergeordnete Oberkasse davon zu benachrichtigen. Die Ablieferung der Belege über Auftragsauszahlungen für die Reichshauptkasse ist der etwa vorhandenen Oberkasse in gleicher Weise wie andere unmittelbare Ablieferungen an die Reichshauptkasse anzuzeigen (RKO. § 68 Abs. 3). Die Reichshauptkasse schreibt die an sie unmittelbar erfolgten Ablieferungen der beteiligten Oberkasse alsbald oder in bestimmten Zeiträumen gut (RKO. § 65 a. E.). Die durch Hingabe eines grünen Schecks erlangten Zuschüsse an die Amtskassen der Reichsabgabenverwaltung werden der Oberfinanzkasse mit den Ablieferungen der Amtskassen monatlich mitgeteilt (RKO. § 65 Schlußsatz). Bestandsverstärkungen im Wege der Geldversorgung werden von der versorgenden Kasse der übergeordneten Kasse als Auftragszahlungen angerechnet. Die Belastung der versorgten Kasse erfolgt durch Buchausgleich, also unter Beteiligung der Kasse, mit der die versorgte Kasse im Abrechnungsverkehr steht.

Der Schlußsatz des Abs. 1 bezieht sich sowohl auf die Oberkassen und die Reichshauptkasse, mit denen die ihnen nachgeordneten Kassen abrechnen, wie auch auf Einheitskassen, die mit mehreren übergeordneten Stellen — Oberkasse, Rechnungsstelle oder Reichshauptkasse — im Abrechnungsverkehr stehen. Es versteht sich wegen der notwendigen Abstimmung von selbst, daß die Aufzeichnungen für die verschiedenen Kassen, mit denen eine Kasse abrechnet, getrennt zu halten sind.

Das Abrechnungsbuch soll der in § 81 vorgeschriebenen Abrechnung dienen; für diese kommen die Ablieferungen von Auftragseinzahlungen nicht in Betracht; sie sind daher in das Abrechnungsbuch nicht mit einzutragen (Abs. 1 Satz 1).

2. Das Abrechnungsbuch wird als Sachbuch vom Buchhalter geführt. In den Ablieferungen und Kassenbestandsverstärkungen kommen, von den Hinterlegungen und Vorschüssen abgesehen, die Ergebnisse der Kassenführung der nachgeordneten Kassen, wenn auch nur in abgerundeten Beträgen, zusammengefaßt zum Abdruck. Die Führung des Abrechnungsbuchs ist daher, seiner Bedeutung entsprechend (vgl. § 81 Anm. 4), da wo ein Oberbuchhalter vorhanden ist, diesem zugewiesen. Ist wegen des Umfangs der Kassengeschäfte statt seiner ein anderer Beamter mit der Führung des Buches betraut worden, so verbleibt dem Oberbuchhalter die volle Verantwortung für die Richtigkeit der Eintragungen, von der er sich also überzeugen muß.

4. Abschnitt: Die Hilfsbücher

§ 66

Tageskladden

(1) Zum Zwecke der Eintragung der durch Übergabe oder Übersendung von Zahlungsmitteln bewirkten Zahlungen können Tageskladden geführt werden, wenn dem Kassenleiter für die Erledigung des baren Zahlungsverkehrs ein Kassier beigegeben ist. Die Tageskladde führt der Kassier.

(2) Das gleiche gilt, wenn die Führung der Vorbücher zum Hauptbuch bei starkem baren Zahlungsverkehr einem anderen Beamten als dem Kassier übertragen ist (§ 61 Abs. 3).

(3) Werden Tagesnachweisungen für den baren Zahlungsverkehr aufgestellt (§ 60), so ist keine Tageskladde zu führen.

AKO. § 117; VB. RHK., Heer und Marine.

1. Es entspricht dem Wesen einer geordneten Kassenführung, daß der Beamte, der Zahlungen in größerer Zahl annimmt oder leistet, sie in irgendeiner Form aufzeichnet, damit er jederzeit die Richtigkeit des in seinen Händen befindlichen Kassenbestandes nachprüfen und Unstimmigkeiten sofort nachgehen kann. Diesem Zwecke soll, soweit ihm nicht durch andere geeignete Aufzeichnungen entsprochen wird, die Tageskladde dienen. In der Tageskladde werden in formloser Weise der bare Zahlungsverkehr und die durch Übergabe oder Übersendung von unbaren Zahlungsmitteln bewirkten Zahlungen aufgezeichnet. Ihre Führung kommt nur in Betracht, wenn bei der Kasse ein Kassier bestellt ist, und sie liegt dann diesem ob. Ist ein Kassier nicht bestellt, so bedarf es neben den vom Kassenleiter, der die Zahlungen ausführt, gemachten Aufschreibungen im Hauptbuch oder den dazu geführten Tagesnachweisungen und Vorbüchern einer besonderen Aufzeichnung nicht; ebenso entfällt die Führung einer Tageskladde für den Kassier, wenn er Tagesnachweisungen über den baren Zahlungsverkehr (§ 60 Abs. 1 zu a) aufstellt (Abs. 3) oder Vorbücher führt (§ 61 Abs. 3), die den durch Übermittlung von Zahlungsmitteln bewirkten Zahlungsverkehr in sich schließen. Werden wegen starken baren Geldverkehrs die Vorbücher nicht vom Kassier selbst geführt, so würde es ihm an eigenen Aufzeichnungen über die von ihm angenommenen oder abgegebenen Zahlungsmitteln fehlen. Es ist deshalb auch für diesen Fall die Führung einer Tageskladde zugelassen.

2. Abs. 1 und 2 enthalten nur eine Kannvorschrift; AKO. § 117 schreibt die Führung der Tageskladde für den Fall, daß ein besonderer Vorbuchführer bestellt ist, vor, desgl. die VB. RHK. die Führung der Tageskladde oder einer Tagesnach-

weisung über die angenommenen Einzahlungen und geleisteten Auszahlungen. Die Tageskladde ist zunächst nur eine Hilfsaufzeichnung, die der Kassier im eigenen Interesse macht; sie kann aber auch dazu dienen, den Kassenleiter über den jeweiligen Stand der Kasse zu unterrichten. Zu diesem Zwecke oder, wenn er es aus anderen Gründen für geboten hält, wird der Kassenleiter nach Maßgabe des § 66 die Führung der Kladde anordnen.

3. Die Tageskladde gehört zu den Kassenbüchern (§ 58 Abs. 1 Ziffer 3). Ein besonderer Grund, weshalb als Überschrift des § 66 und in Abs. 1 die Mehrheit „Tageskladden" und nicht wie bei den anderen Büchern und auch im weiteren Text des § 66 selbst — die Einheit gewählt ist, besteht nicht. Die Führung mehrerer Tageskladden bei Einrichtung verschiedener Schalter ist durch § 73 Abs. 1 Schlußsatz zugelassen. Form und Inhalt sind für die Tageskladde nicht besonders vorgeschrieben. Die Eintragungen können sich auf die Aufzeichnung der ein- und ausgezahlten Geldbeträge beschränken. Die Form der Tageskladde regelt sich nach § 73 Abs. 2 und für den Fall, daß für die Aufzeichnungen Maschinen oder andere technische Hilfsmittel verwendet werden, nach § 98 Abs. 2 (vgl. AKO. § 117 Schlußsatz, wonach, wenn die Zahlungen mit einer schreibenden Rechenmaschine zusammengestellt werden, die Streifen der Maschine als Tageskladde gelten).

§ 67.

Postscheckkontogegenbuch.

(1) Zum Nachweis des Guthabens der Kasse auf dem Postscheckkonto kann ein Postscheckkontogegenbuch geführt werden.

(2) Das Postscheckkontogegenbuch enthält die laufende Nummer und den Tag der Eintragung, bei Einzahlungen die Worte „Nach dem Kontoauszuge", bei Auszahlungen die Bezeichnung des Empfängers, und die gezahlten Beträge.

(3) Das Postscheckkontogegenbuch führt der Kassier.

AKO. § 118; VV. RHK., RAM., Heer und Marine.

1. Zur Kontrolle der Guthaben der Kasse bei den Geldanstalten, an die sie angeschlossen ist, und zur Feststellung der aus den Guthaben bewirkten Zahlungen dienen das Postscheckkontogegenbuch und die Girokontogegenbücher (§§ 67 und 68). Der Feststellung der Guthaben bedarf es u. a. für die tägliche Ermittlung des Kassenbestandes. Das Postscheckkontogegenbuch ist nach Bedarf zu führen; es entfällt also überall da, wo wegen geringen Postscheckverkehrs die nötigen Aufzeichnungen auf den Kontoauszügen o. ä. gemacht werden können, oder es besonderer Aufzeichnungen überhaupt nicht bedarf. Das Gut-

haben der Kasse ergibt sich aus den Einzahlungen auf das Konto — sie werden der Kasse durch den Kontoauszug mit den Einzahlungsabschnitten bekannt gegeben — nach Abzug der von der Kasse durch Postscheck oder Überweisungsauftrag angeordneten Auszahlungen zu Lasten des Kontos.

Für die Feststellung des jeweiligen Guthabens genügt der Kontoauszug nicht, denn es fehlen in ihm die Beträge der Postschecke und Überweisungsaufträge, die an das Scheckamt abgesandt sind oder ihm schon vorliegen, aber wegen Abschlusses des Kontoauszuges zu einem bestimmten Zeitpunkt nicht mehr in ihn aufgenommen werden konnten. Diese Beträge hat die Kasse bereits als Auszahlungen gebucht; sie müssen dementsprechend von dem im Kontoauszug angegebenen Guthaben abgezogen werden. Um zu sichern, daß sie bei Feststellung des wirklichen Guthabens beim Tagesabschluß berücksichtigt werden, und um die Ausführung der Scheck- und Überweisungsaufträge an der Hand des Postscheckkontogegenbuchs überwachen zu können, sind die dem Scheckamt übersandten Schecke usw. in ihm einzeln nach Betrag und Empfänger einzutragen. Die Einzahlungen auf das Konto brauchen für den Zweck des Buchs, das Guthaben nachzuweisen, nicht einzeln aufgeführt zu werden, sondern es genügt die Angabe des Gesamtbetrages „nach dem Kontoauszuge" (Abs. 2) nach Vergleichung mit den dem Auszug beiliegenden einzelnen Überweisungsabschnitten.

Schecke und Überweisungsaufträge, die der Kasse zur Gutschrift auf ihrem Postscheckkonto als Zahlungsmittel übergeben sind, gehören nicht ins Postscheckkontogegenbuch, sondern ins Schecküberwachungsbuch (vgl. § 70 Anm.); sie sind bereits als Einzahlung gebucht und ihre Einlösung wird durch das Schecküberwachungsbuch kontrolliert. Im Kassenbestand stellen sie noch kein Guthaben, sondern im Besitz der Kasse befindliche Zahlungsmittel dar. Das Postscheckkontogegenbuch erstreckt sich, soweit es sich um Zahlungen Dritter und an Dritte handelt, nur auf die der Kasse vom Scheckamt mitgeteilten Einzahlungen und die von ihr angeordneten Auszahlungen. Zweifelhaft kann erscheinen, wie zu buchen ist, wenn die Kasse vorhandene Barmittel, die mit Rücksicht auf bevorstehenden Bedarf nicht abgeliefert werden können, mit Zahlkarte ihrem Postscheckkonto zuführt, oder wenn sie, weil sie Bargeld braucht, das Scheckamt durch Postscheck mit der Auszahlung eines baren Betrages an die Kasse beauftragt. In beiden Fällen handelt es sich darum, daß Beträge aus der Kasse hinausgehen, um ihr sogleich in anderer Form — die baren als Guthaben, das Guthaben als Bargeld — wieder zugeführt zu werden. Wirtschaftlich gehen die Beträge nicht aus dem Vermögen der Kasse heraus, es wird nur die Zusammensetzung des Kassenbestandes geändert. Hat die

Kasse einen Betrag mit Zahlkarte auf ihr Konto eingezahlt, so ist der bare Kassenbestand entsprechend vermindert; es ist dann zweckmäßig der Betrag im Gegenbuch als Gutschrift vorzumerken, gerade so wie die Auszahlungen mit Postscheck usw. bereits vor der Lastschrift als Belastung gebucht werden. Bei Anweisung eines Betrages mit Postscheck zur Barauszahlung an die Kasse ist der Bargeldbestand noch nicht verändert; der Betrag ist als Auszahlung im Gegenbuch erst zu buchen, sobald er bar bei der Kasse eingetroffen oder der Kasse die Belastung vom Scheckamt mitgeteilt ist. Geht diese Mitteilung eher als der Bargeldbetrag bei der Kasse ein, so ist dieser als unterwegs befindliches Geld der Kasse dem Kassenbestand zuzurechnen und sein alsbaldiger Eingang zu überwachen. Im Hauptbuch und im Hinterlegungs- und Vorschußbuch wird weder die Einzahlung der Kasse bei der Post mit Zahlkarte noch die Einzahlung des mittels Postscheck angewiesenen Bargeldbetrages durch die Post an die Kasse gebucht, da es sich nicht um Zahlungen an einen Dritten oder um Einzahlungen eines solchen handelt (vgl. Anm. zu § 2 Ziffer 4 und 5).

2. Die Ausgestaltung des Postscheckkontogegenbuchs ergibt sich aus Abs. 2. In den in der AKO. und in den VB. RHK. zu § 67 enthaltenen Mustern ist zur leichteren Feststellung der Zahlung, die durch den Scheck usw. erfolgt ist, die Angabe der Nummer des Hauptbuchs, unter der die Zahlung eingetragen ist, vorgesehen.

Die Führung des Postscheckkontogegenbuchs gehört zur Erledigung des unbaren Zahlungsverkehrs und liegt daher dem Kassier ob (Abs. 3 und § 26).

Die angeordneten Auszahlungen müssen, soll das Buch auf dem laufenden sein (§ 12 Abs. 2) und seinen Zweck erfüllen, spätestens bis zur Feststellung des Kassenbestandes, für die das Guthaben zu ermitteln ist, in das Postscheckkontogegenbuch eingetragen werden. Die Kontoauszüge des Scheckamts müssen an der Hand der beigefügten Belege und des Postscheckkontogegenbuchs genau auf ihre Richtigkeit und Vollständigkeit geprüft werden (vgl. Anm. zu § 7 der Anlage 2).

§ 68

Girokontogegenbücher

(1) Zum Nachweis des Guthabens der Kasse bei Geldanstalten wird je ein Girokontogegenbuch geführt. § 67 Abs. 2 gilt sinngemäß. Wird von einer Geldanstalt ein Buch geliefert (z. B. das Reichsbankgirokontogegenbuch der Reichsbank), so dient dieses als Girokontogegenbuch.

(2) Die Girokontogegenbücher führt der Kassier.

AKO. § 119; BB. RHK., Heer und Marine.

Das zum Nachweis des Guthabens der Kasse bei den Geldanstalten, an die sie angeschlossen ist, zu führende Girokontogegenbuch entspricht dem gemäß § 67 über das Postscheckguthaben zu führenden Postscheckkontogegenbuch. Die über den Inhalt des letzteren in § 67 Abs. 2 getroffene Bestimmung ist daher auf die Girokontogegenbücher sinngemäß anzuwenden (Abs. 1 Satz 2). Ein Girokontogegenbuch ist für jede Geldanstalt anzulegen, an die die Kasse angeschlossen ist. Wird von der Geldanstalt ein Gegenbuch geliefert, so ist dieses als Girokontogegenbuch zu verwenden.

Ein Reichsbankgirokontogegenbuch wird nach den Bestimmungen der Reichsbank seit dem 16. März 1929 nicht mehr geführt; es ist durch täglich von ihr gelieferte Kontoauszüge ersetzt, die zeitweilig mit den an den Reichsbankgiroverkehr angeschlossenen Stellen — mit der Reichshauptkasse täglich — abgestimmt werden. Die Führung eines Girokontogegenbuchs zum Nachweise des Guthabens der Kassen bei der Reichsbank gemäß Abs. 1 wird dadurch nicht entbehrlich. Da bei der Reichshauptkasse die täglichen Last- und Gutschriften auf dem Reichsbankgirokonto der Reichshauptkasse in einer besonderen Tagesnachweisung festgestellt werden, ist bei ihr die Führung eines Gegenbuchs über ihr Guthaben auf dem Reichsbankgirokonto nachgelassen (§ 98 Abs. 1).

Wegen der Feststellung der Guthaben der Kasse für Zwecke der Kassenprüfung vgl. § 89 Abs. 1.

§ 69

Gegensachbuch

(1) Bei der Reichshauptkasse und den Oberkassen können Zahlungen, die in den Sachbüchern nachzuweisen sind, in ein Gegensachbuch eingetragen werden, um ihr Auffinden in den Sachbüchern und das Abstimmen zwischen dem Hauptbuch und den Sachbüchern zu erleichtern.

(2) Das Gegensachbuch enthält die laufende Nummer, die Nummer, unter der die Zahlung in den Zeitbüchern gebucht ist, die auf die einzelnen Sachbücher entfallenden Beträge mit der Angabe, an welcher Stelle sie in den Sachbüchern gebucht sind, und die Gesamttagessumme.

(3) Das Gegensachbuch führt der Buchhalter.

BB. RHK.

1. In den Sachbüchern sind die Zahlungen nach ihrem Gegenstande geordnet aufzuzeichnen; eine einzelne Zahlung ist daher in ihnen, wenn nicht genau bekannt ist, in welchem Abschnitt des Sachbuchs sie gebucht ist, sehr schwer her-

auszufinden. Durch die Führung des Gegensachbuchs soll das Auffinden der Zahlung im Sachbuch erleichtert werden.

Wenn die Sachbücher täglich aufgerechnet und die Ergebnisse zusammengestellt würden, so würde der Gesamtbetrag mit dem Betrage des Hauptbuches verglichen und auf diese Weise die Übereinstimmung der Eintragungen in Sach- und Zeitbüchern festgestellt werden können. Da von einer täglichen Aufrechnung der Sachbücher bei der großen Zahl der in ihnen anzulegenden Abschnitte im allgemeinen abgesehen werden muß (§§ 80 Abs. 1, 81 Abs. 1), ist die Übereinstimmung zwischen den Eintragungen in den Zeit- und den Sachbüchern auf andere Weise zu sichern. Diesem Zweck, sowie dem vorangeführten Zwecke, das Auffinden von Zahlungen in den Sachbüchern zu erleichtern, soll das Gegensachbuch dienen. Seine Führung ist besonders von Bedeutung bei den Oberkassen und der Reichshauptkasse, bei denen sehr verschiedenartige Einzahlungen und Auszahlungen in großer Zahl zusammenfließen. § 69 gestattet die Einrichtung eines Gegensachbuchs bei diesen Kassen. Für die Amtskassen ist bei ihren weniger vielseitigen Einzahlungen und Auszahlungen ein Bedürfnis zur Führung eines Gegensachbuchs nicht anerkannt.

Das Gegensachbuch stellt ein Zwischenglied und eine Verbindung zwischen Hauptbuch und Sachbuch dar. Im Gegensachbuch wird vor der Eintragung der Zahlungen in die Sachbücher (vgl. § 75 Abs. 1) — aufgezeichnet, wie sich die im Hauptbuch gebuchten Beträge auf die Sachbücher und deren einzelne Abschnitte verteilen. Das Gegensachbuch wird vom Buchhalter geführt, da es die Richtigkeit der Eintragungen in den Sachbüchern sichern soll, und zwar von jedem Buchhalter in einem Teilbande für sein Arbeitsgebiet, d. h. für die von ihm geführten Sachbücher oder deren Teile. In gleicher Weise werden auch im Hauptbuch die Buchungen nach den in der Kasse vorhandenen Buchhaltereien getrennt nachgewiesen (vgl. § 59 Anm. 3). Es müssen also die auf einen Buchhalter entfallenden Eintragungen im Hauptbuch mit den Eintragungen in dem von dem Buchhalter geführten Gegensachbuch im Ergebnis übereinstimmen.

Die Eintragung in das Gegensachbuch erfolgt grundsätzlich an der Hand der dem Buchhalter nach vorheriger Zahlung zugeleiteten Belege (vgl. § 76 Abs. 1 bis 3 und Anm. 6 das.). Aus ihnen entnimmt der Buchhalter zunächst, unter welcher Nummer die einzelnen Beträge ins Hauptbuch eingetragen sind. Die dem Buchhalter jeweils vorliegenden Belege werden für die Eintragung ins Gegensachbuch nach der Reihenfolge ihrer Eintragung in die Zeitbücher geordnet. Nächst der laufenden Nummer (vgl. Muster 14 in den BB. RHK.) und dem Tage der Eintragung wird in das Gegensachbuch in besonderer Spalte die Nummer des Hauptbuchs oder der Tagesnachweisung, unter der die durch den Beleg nachgewiesene Zahlung usw. gebucht ist, eingetragen. Der unter dieser Nummer gebuchte Geldbetrag wird sodann auf die verschiedenen Buchungsstellen, die an ihm beteiligt sind, verteilt. Für diese Stellen, d. s. die Buchungsabschnitte oder auch mehrere zusammengefaßte Buchungsabschnitte des Titelbuchs, sind entsprechende Spalten vorgesehen. In einer weiteren Spalte wird der auf die verschiedenen Buchungsstellen entfallende Gesamtbetrag der in je einem Beleg nachgewiesenen Zahlungen vermerkt. Für jeden Tag wird in dem von dem einzelnen Buchhalter geführten Gegensachbuch die Gesamttagessumme festgestellt. Sie muß sich mit dem Betrage decken, der im Hauptbuch am selben Tage als auf die betreffende Buchhalterei entfallend verzeichnet ist. Differenzen müssen und können an der Hand der vorliegenden Belege alsbald aufgeklärt werden. Eine Unstimmigkeit kann ihren Grund auch darin haben, daß ein Beleg mehrere Buchhaltereien betrifft und bis zu der Abstimmung mit dem Hauptbuch noch nicht zu allen beteiligten Buchhaltern gelangt ist; die alsbaldige Behebung der Differenz ist dann zu überwachen.

2. Die Vergleichung der täglichen Schlußsummen in Zeitbuch und Gegensachbuch erfolgt entweder unmittelbar zwischen Kassenleiter und Buchhaltern oder durch Mitteilung der einzelnen Schlußzahlen des Hauptbuchs an die Buchhalter. So bei der Reichshauptkasse. Bei ihr wird von den Eintragungen in die Tagesnachweisungen, die sämtliche Ein- und Auszahlungen, Buchausgleiche und Umbuchungen umfassen und spaltenweise nach Buchhaltereien aufgeteilt sind, ein Durchschlag gefertigt. Von den Durchschlägen, die spaltenweise perforiert sind, erhält jeder Buchhalter die ihn betreffenden Streifen. Nach Eintragung der Belege ins Gegensachbuch vergleicht er die Gesamttagessumme mit der Summe der auf den Streifen verzeichneten Beträge und stellt die Übereinstimmung fest; etwaige Differenzen sind sofort aufzuklären. Wenn die Belege in das Gegensachbuch richtig eingetragen sind und richtig addiert ist und es ergibt sich ein größerer Betrag als in den Streifen oder im Hauptbuch enthalten, so müßte in diesem eine Zahlung fehlen oder mit einem geringeren Betrage als dem im Beleg angegebenen eingesetzt sein; im umgekehrten Falle müßte der Buchhalterei ein Beleg nicht zugeleitet oder eine Auszahlung mit einem höhern Betrage als im Belege angegeben im Hauptbuch eingetragen sein. Mit der Abstimmung ist die Übereinstimmung zwischen den Eintragungen im Hauptbuch und den auf die Belege sich gründenden Eintragungen im Gegensachbuch dargetan. Es bleibt nunmehr dafür zu sorgen und festzustellen, daß die Eintragungen im Gegensachbuch auch mit denen in den Sachbüchern übereinstimmen. In die Sachbücher werden die ein-

zelnen Zahlungsvorgänge wiederum auf Grund der Belege eingetragen. Eine tägliche Aufrechnung der Sachbücher findet nicht statt; die Übereinstimmung zwischen Sachbüchern und Gegensachbuch wird durch Abstimmung der Eintragungen im Gegensachbuch mit denen in den Sachbüchern festgestellt. Abs. 2 des § 69 schreibt vor, daß bei den auf die einzelnen Sachbücher entfallenden Beträgen im Gegensachbuch anzugeben ist, an welcher Stelle sie in den Sachbüchern gebucht sind (vgl. Spalte 3 des Musters 14 in den BB. RHK.). Damit ist aber die Übereinstimmung zwischen Gegensachbuch und Sachbüchern noch nicht gesichert, denn es könnten in den Sachbüchern noch andere Vorgänge oder dieselben Vorgänge mit größeren Beträgen als im Gegensachbuch gebucht sein. Es ist deshalb notwendig, daß auch in den Sachbüchern bei jeder Eintragung angegeben wird, an welcher Stelle sie im Gegensachbuch eingetragen ist (vgl. § 73 Abs. 5, BB. RHK. Muster 8 und 9, OFKO. Muster 12). Sind auf diese Weise die Eintragungen im Gegensachbuch mit denen in den Sachbüchern im einzelnen abgestimmt, so müssen die Abschlußsummen beider zum Monatsabschluß übereinstimmen. Da die Übereinstimmung des Gegensachbuchs mit den Zeitbüchern fortlaufend festgestellt ist, ist es, wenn trotzdem schließlich Differenzen vorkommen, Sache des beteiligten Buchhalters, an der Hand der Sachbücher und des Gegensachbuchs und gegebenenfalls der Belege festzustellen, worin sie ihren Grund haben. Das zu dieser Feststellung letzten Endes erforderliche Material, die Belege, ist in seiner Hand; die Aufteilung der Buchungen in Spalten nach den Buchungsabschnitten (vgl. Anm. 1 Abs. 2 und 4) erleichtert die Nachprüfung, indem danach sogleich festzustellen ist, in welchem Abschnitt die Differenz vorhanden ist.

3. Die Führung des Gegensachbuchs setzt voraus, daß der Buchhalter die zur Ausfüllung der Spalten notwendigen Angaben aus den Belegen entnehmen kann. Auf ihnen muß also, wenn sie zum Buchhalter gelangen, angegeben sein, an welcher Stelle sie in den Zeitbüchern gebucht sind. Die RKO. enthält eine dies allgemein anordnende Bestimmung nicht, insbesondere ist eine solche in § 76 (vgl. das. Anm. 6) nicht vorgesehen; desgl. nicht in § 40 für die über eine Auszahlung vom Empfänger auszustellende Quittung. Lediglich in § 36 ist vorgesehen, daß die Quittung über Einzahlungen durch Übergabe von Zahlungsmitteln die Nummer, unter der die Einzahlung gebucht ist, enthalten muß; wird die Quittung im Durchschreibeverfahren hergestellt (vgl. § 36 Anm. 2), so verbleibt der Durchschlag als Belegstück bei der Kasse. Soweit ein Gegensachbuch geführt wird, bedarf es sonach einer Bestimmung über die Ergänzung der Belege durch die Angabe, an welcher Stelle in den Zeitbüchern die belegten Beträge gebucht sind. Für die

Reichshauptkasse ergibt sich eine solche Bestimmung mittelbar aus der Einfügung der Spalte 3 (Hauptbuch-Nr.) in das Muster für das Gegensachbuch (vgl. Anm. 1 Abs. 4), für die Oberfinanzkassen desgl. aus Spalte 4 des Gegensachbuchs (Nr. des Hauptbuchs); vgl. auch § 76 Anm. 6.

4. In den Sachbüchern oder gegebenenfalls den zugehörigen Zahlungsnachweisungen (vgl. § 62 Abs. 4) sind alle Zahlungen einzeln eingetragen. Im Gegensachbuch sind sie entweder ebenfalls einzeln eingetragen oder in ihm beigefügten Anlagen (vgl. Muster 16 in den BB. RHK. — Unteranlage Nr. . . zur Sammelüberweisung oder zum Sammelscheck —) enthalten. Wird nach einer Zahlung gesucht, z. B. um festzustellen, ob sie bereits erfolgt ist, an wen geleistet ist usw., so ist möglichst von der Stelle, die die Feststellung wünscht, zu erfragen, wer die Zahlung angeordnet hat, was sie betrifft, welcher Betrag gezahlt und wann die Zahlung erfolgt sein soll. Können diese Fragen beantwortet werden, so ist die Zahlung zweckmäßig aus dem Sachbuch festzustellen, da der beteiligte Abschnitt nach den angeführten Angaben ermittelt werden kann. Sind die Angaben nicht vollständig zu erlangen, so kann der Betrag leichter als aus dem Titelbuch mit seinen zahlreichen Teilbänden und Abschnitten aus dem Gegensachbuch und seinen etwaigen Anlagen festgestellt werden. Zu einem Zurückgehen auf die Eintragungen in den Zeitbüchern besteht bei Führung des Gegensachbuchs ein Anlaß regelmäßig nicht mehr.

Aus vorstehendem ergibt sich die erhebliche Bedeutung des Gegensachbuchs für die notwendige Abstimmung zwischen Zeit- und Sachbüchern und für das Aufsuchen von Zahlungen in den Sachbüchern. Wegen der Erleichterung dieses Aufsuchens allein würde sich die Aufstellung des Gegensachbuchs, die eine erhebliche Arbeit verursacht, im allgemeinen nicht lohnen; in Verbindung mit der Erleichterung der Abstimmung hat sie sich als eine nützliche und vielfach nicht entbehrliche Einrichtung erwiesen.

Abs. 1 enthält eine Kannvorschrift. Das Gegensachbuch ist in dem Umfang zu führen, wie es sein angeführter Zweck bedingt. Soweit sich Eintragungen im Hauptbuch und in den Sachbüchern leicht vergleichen und abstimmen lassen, bedarf es ihrer Aufzeichnung in einem Gegensachbuch nicht. Bei dessen Anlegung ist also besonders festzustellen, welche Eintragungen in das Gegensachbuch aufzunehmen sind. In dem Falle des § 72 Abs. 1 entfällt infolge Verbindung der Buchung nach der Zeitfolge mit der nach dem Gegenstande die Führung eines Gegensachbuches sowohl an sich als auch, weil die darin vorgesehene Vereinigung der Eintragungen nur bei Amtskassen vorkommen wird.

§ 70.

Schecküberwachungsbuch.

(1) Über die der Kasse übergebenen und übersandten Schecke wird ein Schecküberwachungsbuch geführt.

(2) Das Schecküberwachungsbuch enthält die laufende Nummer, den Tag der Annahme des Schecks, die Bezeichnung des Einzahlungspflichtigen, die Bezeichnung des Bezogenen, die Nummer des Schecks, den Betrag, den Tag der Vorlegung, den Einlösungstag, den Betrag etwaiger Kosten sowie im Falle der Nichteinlösung die Angabe, wann der Scheck zurückgesandt ist.

(3) In das Schecküberwachungsbuch sind auch Postscheck- und Reichsbanküberweisungsaufträge, die der Kasse übergeben oder übersandt werden, einzutragen. Abs. 2 gilt sinngemäß.

(4) Das Schecküberwachungsbuch führt der Kassenleiter oder, wenn der Umfang der Geschäfte es erfordert, ein von ihm zu bestimmender Beamter der Kasse.

AKO. § 120; VV. RHK., RAM., Heer und Marine.

1. Nach § 21 Abs. 1a werden bei Einzahlungen auch Schecke und Postscheck- und Reichsbanküberweisungsaufträge als Zahlungsmittel angenommen. Sie werden sogleich, also am Tag ihres Eingangs bei der Kasse als Zahlung gebucht (§ 35 Abs. 1a und § 75 Abs. 1) und beim Tagesabschluß dem Kassenbestand zugerechnet (§ 2 Ziffer 15). Da dies aber nur unter der Voraussetzung geschehen kann, daß die auf diese Weise eingezahlten Beträge der Kasse wirklich zufließen, muß die Einlösung der der Kasse übergebenen Scheck- und Überweisungsbeträge genau überwacht werden. Dies geschieht, gleichviel ob es sich um den Postscheckverkehr oder um andere Geldanstalten handelt, durch Führung des in § 70 vorgeschriebenen Schecküberwachungsbuches (Abs. 1 bis 3). Ohne die Führung einer solchen planmäßigen Kontrolle würde die Kasse häufig nur sehr schwer in der Lage sein, den richtigen Eingang des Gegenwerts der angenommenen unbaren Zahlungsmittel zuverlässig zu überwachen. Bei der Wichtigkeit dieser Überwachung ist die Führung eines Schecküberwachungsbuchs für alle Kassen, bei denen Einzahlungen mit Schecken oder Überweisungsaufträgen — gleichviel in welcher Häufigkeit — geleistet werden, vorgeschrieben.

Das Schecküberwachungsbuch ist vom Kassenleiter, der die Richtigkeit des Tagesabschlusses zu prüfen und die Zahlungsmittel aufzubewahren hat (§ 80 Abs. 4), zu führen. Er kann, wenn der Umfang der Geschäfte es erfordert, einen anderen

Beamten der Kasse mit der Führung beauftragen (Abs. 4), es ist dann aber seine Aufgabe, bei Anerkennung des Tagesabschlusses — in gleicher Weise, wie er das Vorhandensein der nachgewiesenen Barbeträge zu prüfen hat — sich zu vergewissern, daß die Schecke und Überweisungsaufträge, mit denen Einzahlungen bewirkt sind, in das Schecküberwachungsbuch eingetragen sind. Die Eintragung hat wegen der Identifizierung des Schecks usw. stets vor dessen Weitergabe zur Einlösung und spätestens unmittelbar vor dem Tagesabschluß (§ 80 Abs. 4) zu erfolgen.

2. Die Angaben nach Abs. 2 sollen u. a. den Inhalt des einzelnen Schecks usw. kennzeichnen, sodaß im Falle des Verlustes des Schecks auf sie zurückgegriffen werden kann. Neben diesen Angaben ist in dem Muster des Scheckübérwachungsbuches für die Finanzkassen und die Reichshauptkasse noch eine Spalte für die Namensunterschrift mit Tagesangabe als Quittung des Beamten, der den Scheck zur Vorlegung bei der Geldanstalt usw. erhalten hat, und in dem ersteren — zur leichteren Auffindung der durch den Scheck bewirkten Einzahlung — die Verbuchungsstelle des Scheckbetrages vorgesehen.

§ 71

Auftragsbuch

(1) Bei Amtskassen und Oberkassen, die Auftragseinzahlungen (§ 53) laufend anzunehmen oder Auftragsauszahlungen laufend zu leisten haben, kann hierüber ein Auftragsbuch geführt werden.

(2) Das Auftragsbuch enthält die laufende Nummer, den Grund der Zahlung, den auf ein Jahr entfallenden Anordnungsbetrag, den Tag, von dem an die Anordnung gilt, die Bezeichnung des Einzahlungspflichtigen oder Empfängers und die zu den einzelnen Zeitabschnitten gezahlten Beträge.

(3) Das Auftragsbuch führt der Buchhalter.

AKO. § 123; BB. RAM.

Durch das Auftragsbuch soll die Erledigung der der Kasse zugegangenen Aufträge zur Annahme laufender Einzahlungen oder Leistung laufender Auszahlungen — der etwas abweichende Wortlaut des Abs. 1 ist, wie sich aus Abs. 2 ergibt, in diesem Sinne aufzufassen — verfolgt und gesichert werden. In ähnlicher Weise, wie dies in § 62 Abs. 3 für laufende Haushaltseinnahmen und -ausgaben vorgeschrieben ist, sieht § 71 eine buchmäßige Aufzeichnung der der Kasse zugehenden Aufträge zu laufenden Einzahlungen und Auszahlungen vor. Über Anlegung eines Auftragsbuches entscheidet, soweit nichts anderes angeordnet ist, der Kassenleiter (vgl. AKO. § 123 Abs. 1).

Das Auftragsbuch ist ein Hilfsbuch und dient nur der Überwachung der Ausführung der der Kasse erteilten Aufträge; im übrigen sind die in Ausführung des Auftrages geleisteten oder angenommenen Zahlungen in der sonst vorgeschriebenen Weise in Zeit- und Sachbücher und alsdann in das Auftragsbuch einzutragen (§ 53 Abs. 2). Ein Rechnungssoll, wie im Titelbuch nach § 62 Abs. 3 wird in das Auftragsbuch nicht eingetragen, da eine Rechnungslegung der Kasse über Auftragszahlungen als solche nicht in Frage kommt.

5. Abschnitt: Vereinigung von Büchern

§ 72

Vereinigung von Büchern

(1) Einzelhaushaltseinnahmen und -ausgaben (§ 62 Abs. 3) sollen statt im Titelbuch im Hauptbuch oder in den Vorbüchern zum Hauptbuch nachgewiesen werden, wenn dadurch die Geschäftsführung der Kasse oder die Rechnungslegung nicht erschwert wird.

(2) Die Bestimmung des Abs. 1 gilt sinngemäß für Hinterlegungen, Vorschüsse, Ablieferungen und Kassenbestandsverstärkungen.

AKO. § 86; BB. RAM., Heer und Marine.

1. § 72 enthält ähnlich wie § 62 Abs. 5, eine bedeutsame Abweichung von dem in § 57 Abs. 2 aufgestellten Grundsatz, daß alle Zahlungen nach der Zeitfolge in Zeitbüchern und nach der Ordnung des Reichshaushaltsplans usw. in Sachbüchern zu buchen sind. Der Abweichung liegt der Gedanke zugrunde, daß nicht um eines an sich richtigen Prinzips willen ein umständlicheres Verfahren gewählt werden soll, wenn auf andere Weise das gegebene Ziel einfacher erreicht werden kann. Wenn es möglich ist, die nach der RKO. in den Sachbüchern zu machenden Aufzeichnungen in einem Zeitbuche, das ohnehin geführt werden muß, unterzubringen, ohne daß die Geschäftsführung der Kasse oder die Rechnungslegung dadurch erschwert werden, so sollen nach § 72 alle Eintragungen, die sonst in ein Sachbuch gehören, statt dessen im Hauptbuch oder in den Vorbüchern zum Hauptbuch nachgewiesen werden mit der Ausnahme, daß laufende Haushaltseinnahmen und -ausgaben im Titelbuch und andere laufende Ein- und Auszahlungen im Hinterlegungs- bzw. Vorschußbuch nachzuweisen bleiben. Laufende Haushaltseinnahmen

und -ausgaben eignen sich wegen der in § 62 Abs. 3 für sie vorgeschriebenen Behandlung, insbesondere der Eintragung der einzelnen Zahlungen in Monats- oder Vierteljahrsspalten, nicht zur Übernahme ins Hauptbuch. Dies muß sinngemäß auch für die nach § 62 Abs. 5 ihnen gleich zu behandelnden Einzelhaushaltseinnahmen und -ausgaben gelten.

Absatz 2 schreibt die sinngemäße Anwendung der Bestimmung auch auf Hinterlegungen und Vorschüsse vor. Danach fallen fortlaufende Hinterlegungen und Vorschüsse nicht unter die Ermächtigung des Abs. 1, obwohl der für den Ausschluß der fortlaufenden Haushaltseinnahmen und -ausgaben maßgebende Grund (s. vorstehenden Absatz) für Hinterlegungen und Vorschüsse — zumal bei Führung eines Auftragsbuches (§ 71) — nicht zutrifft.

An der Notwendigkeit, die Ein- und Auszahlungen im Hauptbuche oder in den Vorbüchern so zu buchen, wie für die Sachbücher in den §§ 62 bis 65 vorgeschrieben — vgl. insbesondere die Trennung nach Titeln oder Unterteilen eines solchen (§ 62 Abs. 1) — wird durch die Übernahme der Buchungen in das Hauptbuch oder ein Vorbuch nichts geändert. Für die im Sinne des § 62 zu bildenden Abschnitte müssen daher entsprechende Spalten im Hauptbuch oder in Vorbüchern vorgesehen werden. Erschwert die Übernahme der titelmäßigen Buchungen usw. in ein Zeitbuch die Geschäftsführung, so muß sie unterbleiben, denn die Maßnahme soll einer Vereinfachung der Geschäfte dienen. Eine Erschwerung kann außer darin, daß die Bücher gegebenenfalls unübersichtlich oder unhandlich werden würden, auch darin liegen, daß die Verwendung der Zeitbücher zur Rechnungslegung den geschäftlichen Bedürfnissen der Kassenführung widerstreitet. In RRO. § 8 ist die Verwendung eines gemäß § 72 erweiterten Hauptbuchs als Rechnungslegungsbuch nicht vorgesehen. Trotzdem würde im Sinne des § 7 RRO. in Verbindung mit § 29 das. der Rechnungslegung vermittelst des Hauptbuchs mit Zustimmung des Rechnungshofs nichts im Wege stehen. Dieser Zustimmung würde sich die Verwaltung gegebenenfalls vorher versichern müssen; in jedem Falle müßte sie selbst sich schlüssig machen, ob die Anforderungen, die die Rechnungslegung mit sich bringt, oder sonstige Rücksichten auf die Geschäftsführung der Kasse eine Vereinigung von Büchern nach Maßgabe des § 72 zweckmäßig erscheinen lassen. Die Buchung von Hinterlegungen und Vorschüssen im Hauptbuch (Abs. 2) wird mit Rücksicht auf die für das Hauptbuch und die Vorbücher nicht anwendbaren Bestimmungen im § 63 Abs. 1 und § 64 Abs. 1, wonach die Auszahlungen bzw. Einzahlungen der als hinterlegt oder vorschußweise gebuchten Beträge so zu buchen sind, daß sie der entsprechenden Einzahlungs- bzw. Auszahlungsbuchung gegenüberstehen, nur dann angebracht sein, wenn Hinterlegungen und Vorschüsse nicht in so großer Zahl vorkommen, daß die — anstatt der im Hauptbuch nicht möglichen Gegenüberstellung — erforderlichen Hinweise die Übersichtlichkeit der Buchungen beeinträchtigen.

Von der Weisung des § 72 wird nach Vorstehendem in der Hauptsache bei Kassen kleineren Umfangs Gebrauch zu machen sein. Anderseits bleibt die Möglichkeit einer wenigstens teilweise durchzuführenden Vereinigung von Sach- und Zeitbüchern im Hinblick auf die in ihr liegende Ersparnis an Büchern und Buchungen dauernd zu überwachen. Insbesondere wird die Nachweisung der Ablieferungen und der Kassenbestandsverstärkungen, die von der Rechnungslegung nicht berührt werden, häufig in das Hauptbuch verlegt werden können.

2. Die zeitliche und sachliche Buchung der Zahlungen im Hauptbuch oder einem Vorbuch erfolgt in der Weise, daß der Beamte, der das Hauptbuch oder das Vorbuch führt, die zu buchenden Zahlungen gleichzeitig darin nach der Zeitfolge und nach der Ordnung des Reichshaushaltsplans nachweist. Damit wird, dem Wesen der Maßnahme entsprechend, der Grundsatz außer acht gelassen, daß Buchhalter- und Kassiergeschäfte nicht von demselben Beamten wahrgenommen werden sollen; er entfällt ohnehin wenn die Kasse mit nicht mehr als einem Beamten besetzt ist (§ 10 Abs. 3).

2. Teil: Führung der Bücher

Vorbemerkung. Der zweite Teil des zweiten Buches bringt im Anschluß an die Aufführung der Bücher im ersten Teil in den §§ 73 bis 78 Bestimmungen über Anlegung und Einrichtung der Bücher, Form und Vornahme der Buchungen, den Gang des Buchungsverfahrens und die Aufbewahrung und Ordnung der Bücher und Belege. § 73 behandelt die äußere Einrichtung der Bücher, § 74 die Form der Eintragungen, § 75 gibt nähere Vorschriften über die Vornahme und den Inhalt der Buchungen, § 76 regelt den Gang des Buchungsverfahrens, § 78 das Verfahren bei Buchungsausgleich und Umbuchungen, § 77 behandelt die Aufbewahrung der Bücher und Belege.

§ 73

Äußere Form der Bücher, Kartei, Loseblattbücher

(1) Die Bücher der Kasse sind jeweils für ein Rechnungsjahr oder Teile eines Rechnungsjahrs zu führen, soweit der zuständige Reichsminister nicht für bestimmte Haushaltseinnahmen und -ausgaben Ausnahmen zuläßt. Satz 1 steht der

Verwendung eines für einen Zeitabschnitt angelegten Buches für weitere Zeitabschnitte nicht entgegen, sofern die Rechnungslegung dadurch nicht berührt wird. Die Bücher können in Teilbänden geführt werden; dies gilt insbesondere auch, wenn dadurch bei verschiedener Größe der zu verwendenden Vordrucke eine Papierersparnis erzielt wird.

(2) Die Bücher sollen in der Regel in gebundener oder gehefteter Form geführt werden. Der zuständige Reichsminister bestimmt, ob und welche Sicherungsmaßregeln für die Bücher zu treffen sind. Wenn es zur Erleichterung der Kassengeschäfte zweckmäßig ist, können Bücher in Form einer Kartei oder als Loseblattbücher geführt werden; der zuständige Reichsminister trifft die näheren Bestimmungen, die erforderlich sind, um Unregelmäßigkeiten, insbesondere ein unstatthaftes Entfernen einzelner Karten oder Blätter, auszuschließen.

(3) Die gebundenen und gehefteten Bücher sind mit Seitenzahlen zu versehen. Wenn Eintragungen über zwei sich gegenüberstehende Seiten eines Buches gemacht werden oder Einzahlungen und Auszahlungen sich auf der linken und rechten Seite gegenüberstehen, so gelten die beiden Blattseiten als eine Seite. Bücher und Bücherteile, die später in andere Bücher aufgenommen werden sollen, sind zunächst unten mit Seitenzahlen zu versehen.

(4) Die Bücher können so eingerichtet werden, daß die Spaltensummen einer Seite ohne Übertragung auf die nächste Seite den auf dieser eingetragenen Beträgen zugerechnet werden können.

(5) Der zuständige Reichsminister kann bestimmen, daß in die Bücher außer den in der Reichskassenordnung vorgesehenen Spalten noch weitere Spalten aufgenommen werden.

AKO. § 87; VB. RHK., RAM., Heer und Marine.

1. Die Führung der Bücher jeweils für ein Rechnungsjahr entspricht der Verwaltung der Einnahmen und Ausgaben des Reiches nach dem für das Rechnungsjahr festgestellten Haushaltsplan, dem jährlichen Abschluß der Kassenbücher und der sich daran anschließenden Rechnungslegung (RHO. §§ 25, 61 und 66). Abs. 1 sieht in Satz 1 und Satz 3 eine Teilung der Bücher in zeitlicher und in sachlicher Beziehung vor; beide Teilungen können miteinander verbunden werden in der Weise, daß die verschiedenen Teile, in die die Bücher sachlich zerlegt sind, je auch noch wieder in nacheinander angelegten Teilbänden geführt werden. Nach Satz 1 können die Bücher

für Teile eines Rechnungsjahres geführt, d. h. so angelegt werden, daß die in einen bestimmten Teil des Rechnungsjahres fallenden Zahlungen in sie aufgenommen und mit Ablauf des Zeitraumes die Buchungen abgeschlossen werden; so z. B., wenn das Titelbuch für die in dasselbe einzutragenden Zahlungen in jedem Vierteljahr neu angelegt oder wenn es getrennt für das 1. und 3. Vierteljahr und ebenso für das 2. und 4. Vierteljahr des Rechnungsjahres eingerichtet wird. In diesem Falle sind zwei Teilbände vorhanden, die zum Zwecke des rechnungsmäßigen Nachweises je für verschiedene Teile des Rechnungsjahres geführt werden; beide Teile werden nicht nebeneinander geführt, sondern wechseln miteinander ab; sachlich ist ihr Buchungsgebiet dasselbe. Eine solche zeitliche Aufteilung der Buchungen erfolgt zumeist zu dem Zweck, im Laufe des Rechnungsjahres bereits eine Rechnungsprüfung oder wenigstens die Vorprüfung (§ 92 RHO.) zu ermöglichen (vgl. VB. RAM., Heer und Marine). Während die Buchungen des abgeschlossenen Vierteljahrs für die Prüfung zur Verfügung stehen, werden die laufenden Buchungen in einen anderen Teilband eingetragen.

Einen anderen Charakter hat die in Satz 3 des Abs. 1 gestattete Führung eines Buches in Teilbänden. Auch bei ihr kann eine zeitliche Aufteilung in Teilbänden in Frage kommen. Wenn nämlich ein Buch durch Eintragungen bereits vor Abschluß des Rechnungsjahres vollständig ausgefüllt ist, so muß natürlich ein neuer Teilband angelegt werden; insofern schließt Satz 3 auch eine Aufteilung in Teilbände, die in verschiedenen Zeiträumen benutzt werden, in sich. Seine wesentliche Bedeutung liegt aber in der durch ihn vorgesehenen Möglichkeit, Bücher auch sachlich aufzuteilen, d. h. die Buchungen, für die ein Buch bestimmt ist, auf mehrere Teilbände zu verteilen. Anlaß hierzu ist u. a. dann gegeben, wenn gleichartige in dasselbe Buch gehörende Buchungen an verschiedenen Stellen, z. B. an mehreren Schaltern, vorgenommen werden müssen, oder wenn sie, wie bei größeren Kassen, so zahlreich sind, daß sie nicht täglich fortlaufend von einem Beamten erledigt werden können, oder ihre Zusammenfassung in einem Bande diesen unhandlich machen würde (vgl. AKO. § 87 Abs. 1). Für die Zwecke der Rechnungslegung sind in § 10 RRO. besondere Bestimmungen für die Anlegung von Teilbänden für das Titelbuch getroffen und dem Rechnungshofe vorbehalten, eine weitere Zerlegung zu fordern, wenn er dies zur Durchführung der Prüfung für erforderlich hält.

AKO. § 87 Abs. 1 schreibt vor, daß Teilbände durch Buchstaben A, B, C usw. zu kennzeichnen sind und auf der Titelseite des Teilbandes A vom Kassenleiter zu bescheinigen ist, welche Teilbände geführt werden

Jedes Buch und jeder Teilband ist grundsätzlich nur von je einem Beamten zu führen, da der Buchführer nur dann die Verantwortung für den Inhalt des Buches übernehmen kann, wenn er es allein führt. Für die Rechnungslegungsbücher schreibt RRO. § 22 ausdrücklich vor, daß bei jedem Wechsel in der Person des Beamten, der ein solches Buch führt, auf der Titelseite des Buches — bei Karteien auf einem besonderen Blatt — von dem Beamten, der das Buch bisher geführt hat, der Zeitraum, während deren er es geführt hat, zu bescheinigen ist (vgl. auch VV. RAM).

2. Hinsichtlich der zeitlichen Anlegung der Bücher gestattet Abs. 1 dem zuständigen Reichsminister, soweit es sich um Haushaltseinnahmen und -ausgaben handelt, eine Abweichung anzuordnen, d. h. er darf gestatten, Bücher auch für andere Zeiträume als das laufende Rechnungsjahr oder Teile desselben anzulegen und zu führen. So werden die als Titelbuch geführten Sollkarteien (vgl. Anm. 3) für die Einkommensteuer, Körperschaftsteuer, Vermögensteuer und Umsatzsteuer nicht für das Rechnungsjahr, sondern entsprechend den Zeiträumen, für die die Steuern veranlagt werden, für das Kalenderjahr oder für andere Zeiträume von 12 Monaten (1. Juli bis 30. Juni usw.), für die die einzelnen Zahlungen zu leisten sind, angelegt. Da Sollkarteien sich ihrer Einrichtung nach nicht zu fortlaufender Aufrechnung eignen, muß für die wegen des periodischen Kassenabschlusses (§ 81) notwendige Aufrechnung Ersatz geschaffen werden. Dies geschieht durch die Aufrechnung der Steuereinzahlungen in den Zeitbüchern. Die erhobenen Steuerbeträge erscheinen außer in den Sollkarteien in den betreffenden Vorbüchern zum Hauptbuch, die als Teile des Titelbuchs gelten (vgl. § 62 Anm. 9) und gemäß §§ 80 f. aufgerechnet werden. Da die Sollkarteien hiernach nicht für den Jahresabschluß abgeschlossen und aufgerechnet zu werden brauchen, können sie für Zahlungen, die dem Jahreszeitraum, für den sie angelegt sind, zugehören, noch längere Zeit und unabhängig von dem Zeitpunkt des für andere Bücher vorgeschriebenen Jahresabschlusses offen gehalten werden.

Die Beschränkung der Führung der Bücher auf das Rechnungsjahr soll nach Abs. 1 Satz 2 der Verwendung eines für einen Zeitabschnitt angelegten Buches für weitere Zeitabschnitte nicht entgegenstehen. Es braucht also auch für das neue Rechnungsjahr nicht ein neues Buch angelegt zu werden, wenn das alte Buch dafür noch genügend Raum enthält (vgl. VV. RAM. Ziffer 1 und VV. Heer Ziffer 2). Im übrigen ist das Buch für das neue Rechnungsjahr genau so anzulegen, wie wenn dafür ein neues Buch genommen wäre. Von der im Interesse der Wirtschaftlichkeit erteilten Ermächtigung,

Bücher für weitere Zeitabschnitte zu verwenden, kann bei Rechnungslegungsbüchern nur Gebrauch gemacht werden wenn sich das Verfahren mit den Anforderungen der Rechnungslegung verträgt, die abgeschlossenen Bücher also nicht für Zwecke der Rechnungsprüfung längere Zeit abgegeben oder so bereitgestellt werden müssen, daß sie für die weiter notwendigen Eintragungen nicht zur Verfügung stehen. Die Fortführung für weitere Rechnungsjahre kommt insbesondere bei den Teilen des Titelbuches in Frage, mit denen für einen längeren Zeitraum als ein Rechnungsjahr Rechnung gelegt wird (§§ 5 Abs. 2 und 3, 10 Abs. 2 RHO.), sowie bei Büchern in Frage, die nicht aufgerechnet werden, wie das Postscheckkontogegenbuch, die Girokontogegenbücher und das Scheckübewachungsbuch, ohne sich aber auf Bücher dieser Art zu beschränken.

3. Zur Sicherung der Kassenführung und ihrer Ergebnisse muß Vorsorge getroffen werden, daß aus den Büchern nicht unbemerkt Blätter entnommen oder gegen andere ausgetauscht werden können (Abs. 2 Schlußsatz). Besonderer Anordnungen bedarf es in dieser Beziehung hinsichtlich der Karteien und der Loseblattbücher. Karteien sind, da sie aus einzelnen nicht miteinander verbundenen Karten oder Blättern bestehen, an sich keine Bücher, können aber, wenn es zur Erleichterung der Kassengeschäfte dient, an Stelle von Büchern angelegt werden und werden dann nach der RKO. diesen gleichgeachtet (Abs. 2). Sie werden vorzugsweise als Titelbuch dann eingerichtet, wenn für einzelne Empfänger oder Einzahlungspflichtige für laufende oder wenigstens häufiger vorkommende Zahlungen Konten anzulegen sind. Sie haben u. a. den Vorzug, daß die Blätter für jede Zahlung handlich zur Verfügung stehen, daß in die einzelnen Blätter Eintragungen mittels Schreibmaschine bewirkt werden und daß sie bei Hinzutreten neuer Einzahlungspflichtiger usw. jederzeit leicht ergänzt werden können. Anderseits bedarf es besonderer Maßnahmen, um zu sichern, daß aus ihnen nicht Blätter vorschriftswidrig entfernt oder durch andere ersetzt werden. Loseblattbücher bestehen aus losen Blättern, die durch eine Einrichtung, die nur mittels besonderen Schlüssels oder eines sonstigen geeigneten Werkzeuges geöffnet werden kann, in einem Einbandrücken fest zusammengehalten werden, so daß sie aus dem auf diese Weise gebildeten Loseblattbuche ohne Öffnung des Verschlusses nicht herausgenommen oder ersetzt werden können. Sie können nach Bedarf durch Einfügung neuer Blätter oder Papierlagen ergänzt, ebenso können entbehrlich gewordene Blätter nach Öffnen des Verschlusses aus ihnen herausgenommen werden. Geeignete Maßnahmen zur Sicherung der verschiedenen Bucharten gegen unbefugte Herausnahme einzelner Blätter oder deren Austausch gegen

andere sind in § 87 Abs. 2, 3, 5 und 6 der AKO. aufgeführt, auf die hier verwiesen werden darf.

4. Zu Abs. 3 vgl. AKO. § 87 Abs. 3 und 5. Bei Karteien und gegebenenfalls auch Loseblattbüchern entfällt ihrem Zwecke nach die Anbringung von Seitenzahlen, wenn sie bestimmungsgemäß durch neueingeschobene Blätter ergänzt oder Blätter aus ihnen herausgenommen werden.

5. Das in Abs. 4 angeführte Verfahren kommt nur in Betracht, wo die Buchungen blattweise — nicht seitenweise — einander folgen und die aufeinander folgenden Blätter einen gemeinsamen Kopf haben, so daß auf jedem Blatte die erste Zeile sogleich der Eintragung eines Geldbetrages dient. Die besondere Übertragung der Spaltensummen auf die nächste Seite, d. h. auf das nächste Blatt, wird dadurch ersetzt, daß das erste Blatt, das auf der rechten Seite Eintragungen enthält, unten um eine Linie gekürzt und die Summe der Eintragungen des ersten Blattes auf die dadurch freigelegte entsprechende Linie des folgenden Blattes — die der zweitnächsten Seite — gesetzt wird. Dieses zweite Blatt ist wieder oben um eine Linie gekürzt; die Summe der Eintragungen des zweiten Blattes wird auf die dadurch freigelegte oberste Linie des dritten Blattes gesetzt usw. Es wird also die Schlußsumme jedes Blattes nicht auf diesem aufgezeichnet und dann von dort aus auf das folgende Blatt übertragen, sondern sofort als Übertrag auf dem folgenden Blatt gebucht. Auf diese Weise wird die lästige und gelegentlich zu Fehlern führende besondere Übertragung der Schlußsumme auf das nächste Blatt vermieden.

6. Die Reichskassenordnung schreibt als für alle Kassen verbindlich nur das gleichmäßig notwendige vor und läßt im übrigen den einzelnen Verwaltungen den notwendigen Spielraum, um nach ihren besonderen Bedürfnissen die Einrichtung der Kassenbücher durch Anlegung weiterer Spalten als der in der RKO. vorgesehenen zu ergänzen. Von dieser Ermächtigung ist vielfach durch entsprechende Ausgestaltung der Muster für die zu führenden Bücher (Einrichtung von Spalten für Hinweise auf Eintragungen an anderer Stelle und für andere Vermerke Gebrauch gemacht worden.

§ 74

Form der Eintragungen

(1) Die Eintragungen in Bücher und Nachweisungen sind deutlich lesbar mit schwarzer Tinte vorzunehmen; Tagessummen, für die keine besondere Spalte vorgesehen ist, dürfen mit grüner Tinte eingetragen werden. Absetzungen sind mit

roter Tinte einzutragen; zum Zwecke der Eintragung von Absetzungen in einem Gesamtbetrage kann ein besonderer Abschnitt eingerichtet werden, in dem die einzelnen Absetzungen mit schwarzer Tinte zu buchen sind. Der zuständige Reichsminister kann zulassen, daß zu Eintragungen in die Tageskladden Tintenstift verwendet wird.

(2) Abkürzungen sind zu gebrauchen, wenn sie allgemein verständlich oder von der zuständigen Verwaltungsbehörde zugelassen sind.

(3) Bei der Eintragung von Zahlungen nach der Zeitfolge dürfen Linien nicht freigelassen werden; Eintragungen zwischen den Linien sind unzulässig.

(4) Änderungen dürfen nur so vorgenommen werden, daß die ursprüngliche Eintragung lesbar bleibt; sie sind durch Beifügen des Namenszeichens des ändernden Beamten und des Tages der Änderung zu bescheinigen. Ausschaben, Überkleben und Übermalen ist unzulässig. Nach dem Tagesabschlusse (§ 80) dürfen die Beträge nicht mehr geändert werden; wenn Eintragungen zu berichtigen sind, ist der Unterschiedsbetrag durch eine Neueintragung zu- oder abzusetzen; bei der berichtigten Eintragung ist hierauf hinzuweisen.

(5) Ziffern sind in den Längsspalten sorgfältig untereinander zu setzen. Die Reichsmarkbeträge sind in Gruppen von je drei Ziffern anzuschreiben. Bei der Eintragung von Beträgen unter 10 Reichspfennigen ist vor den Betrag eine Null zu setzen.

AKO. § 88; VV. RAM., Heer und Marine.

1. § 74 behandelt eine Reihe von bei der Buchführung aus sachlichen Gründen zu beachtenden Äußerlichkeiten.

Die Sicherheit der Buchführung erfordert, daß die Eintragungen in den Kassenbüchern möglichst nicht abgeändert oder beseitigt werden können, ohne daß Spuren der Abänderung zurückbleiben. Demgemäß sind „die Eintragungen in Bücher und Nachweisungen", d. s. die gemäß der RKO. vorgeschriebenen Eintragungen, mit schwarzer Tinte vorzunehmen. Weiter ist ausdrücklich hervorgehoben, daß sie deutlich lesbar zu schreiben sind (Abs. 1 Satz 1), wodurch gleichzeitig die Möglichkeit einer nicht erkennbaren Abänderung erschwert wird. Andere, als die in der RKO. oder den Vollzugsbestimmungen vorgeschriebenen Eintragungen gehören nicht in die Kassenbücher. Gegen die Anbringung von Bleivermerken (Hinweisen, Summierungen u. ä.), die die Übersichtlichkeit der Buchführung nicht stören, sondern dem Buchführer lediglich die Buchführung erleichtern sollen, bestehen keine Bedenken.

2. Die Ordnung der Buchführung bedingt, daß farbige Tinte nicht beliebig, sondern nur nach einheitlichen Grundsätzen bei der Buchführung verwendet werden darf.

Wenn Zahlungen ohne Unterbrechung durch frei gelassene Linien (vgl. Abs. 3) hintereinander eingetragen und regelmäßig aufgerechnet werden, ist es natürlich von Wert, wenn die verrechneten Summen, soweit sie nicht in besonderer Spalte erscheinen, aus der Reihe der Eintragungen deutlich hervorgehoben werden. Dies geschieht durch die Verwendung einer farbigen — in diesem Falle grünen — Tinte für die Aufzeichnung von Tagessummen, für die keine besondere Spalte vorgesehen ist. Sie gibt die Möglichkeit, von Einrichtung besonderer Spalten für die Tagessummen da, wo sie wegen Raumknappheit oder sonst unerwünscht ist, abzusehen.

Absetzungen sind mit roter Tinte einzutragen. Eine Absetzung liegt vor, wenn eine Eintragung, die nicht mehr abgeändert werden kann (Abs. 4 Satz 3), aus irgendeinem Grunde wieder rückgängig gemacht werden muß, wie z. B. häufig bei Umbuchungen oder, wenn ein als Einzahlung angenommener Scheck oder Überweisungsauftrag hinterher mangels Deckung nicht eingelöst wird, oder in den Fällen des § 70 RHO. (Rückgängigmachung von Zahlungen im Laufe des Rechnungsjahres, in dem sie bewirkt sind, u. a.). Absetzungen stören die Aufrechnung, insbesondere wenn sie in größerer Anzahl vorkommen. Es ist deshalb gestattet, für die Absetzungen geeignetenfalls einen besonderen Abschnitt in dem Buche, in das eignetenfalls einen besonderen Abschnitt in dem Buche, in das sie einzutragen sind, einzurichten; hier werden sie natürlich mit schwarzer Tinte gebucht und nur ihr Gesamtbetrag für den Tagesabschluß mit roter Tinte unter die entsprechenden Eintragungen des Tages als Absetzung aufgenommen (Abs. 1 Satz 2).

Für die Tageskladde darf, da die in ihr enthaltenen Aufzeichnungen in der Hauptsache nur einem vorübergehenden Zwecke dienen (vgl. § 66 Anm.), mit Genehmigung des zuständigen Reichsministers Tintenstift verwendet werden (Abs. 1 Schlußsatz).

3. Allgemein, d. h. nicht nur im Bereich der Behörden verständliche Abkürzungen sind auch in der Kassenbuchführung anzuwenden. Daneben dürfen auch die von der zuständigen Behörde — das ist mangels anderweitiger Bestimmung die Behörde, der die Kasse angehört, oder eine jener vorgesetzte Behörde — zugelassenen Abkürzungen verwendet werden, auch wenn sie nicht allgemein, d. h. außerhalb des Bereichs der Behörde nicht jedermann verständlich sind. Andere Abkürzungen dürfen nicht gebraucht werden.

4. Die Bestimmung des Abs. 3, daß Linien nicht freigelassen und zwischen den Linien Eintragungen nicht gemacht werden dürfen, gilt für alle Eintragungen von Zahlungen „nach der Zeitfolge". Dadurch, daß die Eintragungen in zeitlicher Reihenfolge unmittelbar aneinander anzuschließen und Eintragungen zwischen den Linien für unzulässig erklärt sind, soll die nachträgliche Einfügung von Eintragungen unmöglich gemacht werden. Alle Eintragungen folgen einander im allgemeinen zeitlich in dem Buch bzw. dem Abschnitt, der zu ihrer Aufnahme bestimmt ist. Ausgenommen sind nur die Buchungen der Auszahlungen im Hinterlegungs- und der Einzahlungen im Vorschußbuch, die nicht räumlich hintereinander in der Reihenfolge ihres Vorkommens, sondern jeweils an der für sie offen gehaltenen Stelle gegenüber der Buchung der Hinterlegung bzw. des Vorschusses, zu der sie gehören, gebucht werden (vgl. § 63 Anm. 1). Die allgemeine zeitliche Aufeinanderfolge der zusammengehörigen Buchungen in der Reihenfolge ihres Vorkommens ist aber vielfach nichts ihnen wesentliches. Wenn daher in Abs. 3 ausdrücklich von der „Eintragung von Zahlungen nach der Zeitfolge" gesprochen wird, so wird man hierunter die in § 57 Abs. 1 und Abs. 2 festgelegte Eintragung nach der Zeitfolge in den Zeitbüchern verstehen müssen. Die Eintragungen in die letzteren sollen den jeweiligen Stand der Ein- und Auszahlungen festlegen, während die Sachbücher nur eine planmäßige Aufteilung und Gruppierung jener Zahlungen enthalten, ohne daß es dabei auf eine genaue Einhaltung der zeitlichen Reihenfolge, in der sie bewirkt sind, ankommt. Der abweichenden Auffassung von Reichardt, RKO. § 74 Anm. 6, der die Bestimmung auf alle Eintragungen, auch solche in die Sachbücher, anwenden will, wenn Zahlungen außer in sachlicher Gliederung in zeitlicher Folge gebucht werden, kann hiernach nicht beigetreten werden: so auch Jancke-Maaß, AKO. § 88 Ziffer 4.

Die Eintragungen auf einer Seite müssen stets auf der ersten Zeile beginnen.

Wenn der Übersichtlichkeit wegen oder um eine Übertragung weniger Zahlungsbeträge zu vermeiden, mit Eintragungen auf einer neuen Seite begonnen wird, während auf der vorhergehenden Seite noch Zeilen frei sind, so müssen diese durch kräftige Striche mit Tinte oder Maschinenschrift ausgefüllt werden. Vielfach werden freigelassene Linien mit einem dicken Strich, sog. Balken, durchzogen; eine dahingehende allgemeine Vorschrift besteht nicht.

5. Eine Änderung einer Eintragung (Abs. 4) liegt vor, wenn diese ganz oder teilweise abgeändert oder beseitigt wird. Eintragungen, die geändert werden müssen, sind insoweit zu durchstreichen. Die etwaige anderweitige Eintragung ist dar-

über oder darunter oder daneben zu setzen. Ein Überschreiben unrichtiger Ziffern mit der richtigen ist ebensowenig gestattet, wie das ausdrücklich verbotene Übermalen. Durch Überschreiben würde die Lesbarkeit der ursprünglich eingetragenen Ziffer beeinträchtigt werden. Unter Übermalen versteht man die gänzliche Unkenntlichmachung einer Eintragung durch vielfaches Durchstreichen kreuz und quer oder Überziehen mit runden Linien.

Eine Absetzung ist keine Abänderung im Sinne des Abs. 4; sie läßt die ältere Eintragung selbst, die durch sie der Sache nach geändert wird, in der Form unverändert bestehen.

Die Berichtigung von gebuchten Beträgen nach dem Tagesabschluß durch Abänderung ist ausgeschlossen, da sie nicht auf die Abänderung der Eintragung allein beschränkt werden könnte. Sie kann nur durch Zu- oder Absetzung bei den entsprechenden Eintragungen eines späteren Tages erfolgen; bei der berichtigten Eintragung ist auf die neue Eintragung hinzuweisen (Abs. 4 Schlußsatz).

6. Die Eintragung von Ziffern gemäß der Bestimmung in Abs. 5 wird vielfach bereits durch entsprechend eingerichtete Vordrucke veranlaßt. Die Bestimmung des Schlußsatzes gilt natürlich nicht nur für Beträge unter 10 Reichspfennigen, sondern für alle Beträge, in denen Pfennige in geringerer Zahl als 10 enthalten sind (z. B. 1,01 bis 1,09 *RM*). Enthält ein Betrag keine Pfennig- oder keine Reichsmarkbeträge, so wird es zweckmäßig sein, deren Stelle durch einen wagerechten Strich o. ä. auszufüllen; eine allgemeine Vorschrift in diesem Sinne besteht nicht (vgl. RKO. § 88 Abs. 5 und BB. RAM.).

§ 75

Buchungsbestimmungen

(1) Die Zahlungen sind zunächst in die Zeitbücher und Hilfsbücher, sodann in die Sachbücher einzutragen. Einzahlungen durch Übergabe oder Übersendung von Zahlungsmitteln sind am Einzahlungstage (§ 35), sonstige Einzahlungen an dem Tage, an dem die Kasse von der Gutschrift Kenntnis erhält, zu buchen. Auszahlungen sind am Auszahlungstage (§ 38) zu buchen.

(2) Die für den rechnungsmäßigen Nachweis in Frage kommenden Bücher und Nachweisungen der Kasse sind so zu führen, daß sie in Urschrift als Kassenrechnung oder als Teile der Kassenrechnung verwendet werden können.

(3) Amtskassen und Oberkassen haben die Buchungen so vorzunehmen, daß die Oberkasse oder Reichshauptkasse die

Ergebnisse in Gesamtbeträgen in ihre Bücher übernehmen kann, soweit sie nicht die Buchungen einzeln vornehmen muß.

(4) Bei laufenden Haushaltseinnahmen und -ausgaben (§ 62 Abs. 3) und den diesen gleich zu behandelnden Einzelhaushaltseinnahmen und -ausgaben (§ 62 Abs. 5) ist in dem Titelbuch anzugeben, in welcher Weise die Anordnungsbeträge einzuziehen oder auszuzahlen sind.

(5) In das für einen neuen Zeitabschnitt angelegte Titelbuch sind aus dem Titelbuche des abgelaufenen Zeitabschnitts die für den neuen Zeitabschnitt geltenden Anordnungsbeträge sowie die für Zahlungen in dem neuen Zeitabschnitt erforderlichen Vermerke zu übernehmen.

(6) Nicht gezahlte Beträge (Kassenreste) sind in dem abgeschlossenen Titelbuche zu vermerken und zu erläutern und in das für den neuen Zeitabschnitt angelegte Titelbuch einzutragen. In beide Titelbücher sind gegenseitige Hinweise aufzunehmen.

(7) Werden Einzelhaushaltseinnahmen und -ausgaben in Teilbeträgen erhoben oder geleistet, ohne daß nach § 62 Abs. 5 verfahren wird, so sind in das Titelbuch bei den einzelnen Zahlungen gegenseitige Hinweise aufzunehmen.

(8) Die Bestimmungen der Abs. 4 bis 7 gelten sinngemäß für das Hinterlegungsbuch, das Vorschußbuch und das Auftragsbuch.

AKO. §§ 112, 68, 89; VV. RAM.

1. Im Anschluß an die §§ 73 und 74, die sich mit der äußeren Form der Bücher und der Buchungen befassen, bringt § 75 eine Reihe verschiedenartiger Bestimmungen über die sachliche Behandlung der Buchungen und über eine Ergänzung des in den §§ 59 bis 71 vorgeschriebenen Inhalts der Kassenbücher.

Abs. 1 schreibt in knappen Worten vor, in welcher Reihenfolge die Zahlungen in die verschiedenen Arten der für sie in Betracht kommenden Bücher einzutragen sind. In Satz 2 und 3 des Absatzes folgen dann Bestimmungen, an welchem Tage die Ein- und Auszahlungen zu buchen sind.

Zahlungen sind zunächst in die Zeitbücher und Hilfsbücher, sodann in die Sachbücher einzutragen. Dies entspricht der Aufgabe, der die Bücher zu dienen haben. In erster Linie bedarf es, wie zu § 57 Anm. 1 ausgeführt, der Festlegung der tatsächlich erfolgten Zahlungen; sie geschieht in den Zeitbüchern; die Eintragung der Zahlungen in die Sachbücher stellt eine Gruppierung der in den Zeitbüchern enthaltenen Eintragungen nach dem Reichshaushaltsplan usw. dar und hat diesen Eintragungen naturgemäß zu folgen. Als Eintragung in die Zeitbücher müssen auch die — die Zahlungen ebenfalls festlegenden — Buchungen in den Tagesnachweisungen und den Vorbüchern zum Hauptbuche gelten, so daß in diesen Fällen mit der Eintragung in die Sachbücher nicht auf die Eintragung in das Hauptbuch selbst gewartet zu werden braucht (§ 76 Abs. 3).

Die Eintragungen in die Hilfsbücher beziehen sich ihrem Zwecke nach überwiegend auf die Eintragungen in den Zeitbüchern und haben sich diesen Eintragungen unmittelbar anzuschließen, so daß sie grundsätzlich ebenfalls den Eintragungen in die Sachbücher vorangehen. Zu einem Teile gehen sie der Eintragung in die Zeitbücher noch voraus, so teilweise die Aufzeichnungen in der Tageskladde, und ferner die Aufzeichnung der Aufträge zu Auftragszahlungen im Auftragsbuche (§ 71), die regelmäßig schon vor Annahme oder Leistung der ersten Zahlung erfolgen wird. In die Kontogegenbücher und das Schecküberwachungsbuch sind die Zahlungen bzw. die angenommenen Schecke usw. alsbald nach ihrer Buchung im Zeitbuch bis spätestens zur Feststellung des Kassenbestandes vor dem Tagesabschluß einzutragen. Die Eintragungen in das Gegensachbuch gehen der in die Sachbücher voran. Im Rahmen der vorstehenden Anführungen werden sich die Eintragungen in Zeit-, Hilfs- und Sachbücher nach Maßgabe der Geschäftsverteilung vollziehen, so daß nicht etwa mechanisch auf unbedingte Ausfüllung der Hilfsbücher vor den Sachbüchern geachtet werden muß. Dagegen ist die Bestimmung, daß die Eintragung in das Zeitbuch der in das Sachbuch voranzugehen hat, grundsätzlich und durchweg zu befolgen.

2. In Satz 2 und 3 des Abs. 1 ist bestimmt, an welchem Tage die angenommenen und die geleisteten Zahlungen zu buchen sind. Einzahlungen werden an dem Tage gebucht, an dem die Kasse von ihnen Kenntnis erhält, also Einzahlungen durch Übergabe oder Übersendung von Zahlungsmitteln an die Kasse am Tage des Eingangs bei der Kasse, andere Einzahlungen an dem Tage, an dem die Kasse von der Gutschrift Kenntnis erhält. Sendungen, die nach Schluß der Geschäftsstunden eingehen und erst am folgenden Tage geöffnet werden, gelten erst als an diesem eingegangen. Auszahlungen sind am Auszahlungstage (§ 38; s. das. Anm. 2) zu buchen. Der letztere deckt sich mit dem Zeitpunkt, an dem die Kasse sich der Verfügung über die Mittel begibt, die zur Leistung der Auszahlung dienen sollen, bzw. alles getan hat, was von ihrer Seite zur Ausführung der Zahlung zu veranlassen ist (vgl. Anl. 7 § 5 Abs. 1). Die Bestimmung wird bei der Eintragung in die Sachbücher nach Lage der Geschäfte nicht immer eingehalten werden können; die Angabe des Buchungstages ist in den Sachbüchern — mit Ausnahme des Abrech-

nungsbuchs — als für deren Zwecke entbehrlich nicht gefordert; an seiner Stelle ist in ihnen der Zahlungstag anzugeben (§§ 62 bis 64).

3. Welche Bücher und Nachweisungen bei der einzelnen Kasse als „Rechnungslegungsbücher“ in Frage kommen, ergibt sich aus der Rechnungslegungsordnung für das Reich und den gemäß § 8 und 117 das. von der zuständigen Behörde im Einvernehmen mit dem Rechnungshof getroffenen Anordnungen. Als Rechnungslegungsbücher kommen nach RRO. § 8 in Betracht das Titelbuch, gegebenenfalls in Verbindung mit Bauausgabebüchern, Zahlungsnachweisungen (§ 62 Abs. 4 und 5) oder im Falle des § 62 Abs. 6 mit Zeitbüchern (vgl. § 72 Anm. 1 Abs. 3), sowie bei Reichsbetrieben mit kaufmännischer Buchführung (RHO. § 85) die Geschäftsbücher in Verbindung mit der Inventur, der Bilanz, der Gewinn- und Verlustrechnung und dem Jahresbericht.

Die für den rechnungsmäßigen Nachweis in Frage kommenden Bücher und Nachweisungen sind nicht nur deutlich lesbar (§ 74 Abs. 1 Satz 1) zu führen, sondern sie müssen nach Abs. 2 auch den Anforderungen entsprechen, die in der RRO. §§ 9 bis 21 für den Fall der Rechnungslegung durch Bücher hinsichtlich dieser festgelegt sind. Es würde aber eine unnötige Belastung der Kasse bedeuten, wenn diesen Anforderungen ohne Rücksicht darauf entsprochen werden müßte, ob die Bücher usw. wirklich als Kassenrechnung verwendet werden sollen oder nicht; man könnte dies aus dem Wortlaut des Abs. 2 herauslesen, der schlechthin von den für den rechnungsmäßigen Nachweis in Frage kommenden Büchern usw. spricht. Eine ihrem Zwecke entsprechende Auslegung der Bestimmung muß jedoch dazu führen, daß diese dann nicht Platz greift, wenn die Aufstellung einer besonderen Kassenrechnung angeordnet ist, und danach eine Verwendung der betreffenden Bücher usw. als Kassenrechnung oder Teil einer solchen nicht in Frage kommt.

4. Für die Abrechnung der Kasse mit der übergeordneten Kasse über Haushaltseinnahmen und -ausgaben ist § 81 Abs. 3 maßgebend; danach übernimmt die übergeordnete Kasse die einzelnen ihr durch die Abschlußnachweisung mitgeteilten Summen der aus dem Titelbuch und gegebenenfalls dem Hauptbuch oder den Vorbüchern sich ergebenden Haushaltseinnahmen und -ausgaben in der dem Reichshaushaltsplan entsprechenden oder sonst vorgeschriebenen Ordnung in ihre Bücher. Abs. 3 bezieht sich hiernach nur auf Auftragszahlungen (§ 53). Sie sollen so gebucht werden, daß die Oberkasse oder Reichshauptkasse die Ergebnisse in Gesamtbeträgen in ihre Bücher übernehmen kann, soweit sie nicht die Buchungen einzeln vornehmen muß. Die Anwendung der Bestimmung entfällt also bei allen laufenden Zahlungen, da sie

einzeln nachgewiesen werden müssen; ebenso bei Zahlungen, die die obere Kasse selbst als Hinterlegung oder Vorschuß buchen muß. Auch Einzelzahlungen müssen von ihr als solche bei der Rechnungslegung nachgewiesen werden, es ist aber nicht nötig, daß sie von ihr selbst einzeln gebucht werden; sie können vielmehr mit Gesamtbeträgen eingetragen werden, nur müssen diesen Eintragungen geeignete Nachweise über die Einzelzahlungen beigefügt werden. Dies soll nach Abs. 3 durch die Buchungen bei der beauftragten Kasse vorbereitet werden. Auftragszahlungen werden bei diesen einzeln im Hinterlegungs- bzw. im Vorschußbuch nachgewiesen. Nach § 63 Abs. 1 Schlußsatz und § 64 sollen in diesen Büchern besondere Abschnitte eingerichtet werden, wenn Art und Umfang der Hinterlegungen bzw. Vorschüsse es erfordern. Es läßt sich daher die in Abs. 3 angeordnete Buchung durch Anlegung entsprechender Abschnitte durchführen. Anstatt der Eintragung in solche Abschnitte können die Zahlungen auch in besondere Verzeichnisse eingetragen werden, die der Anforderung des Abs. 3 und den Bedürfnissen der übergeordneten Kasse entsprechen; so in die in AKO. § 68 vorgeschriebenen Buchhalterei- und Titelverzeichnisse. Die ersteren werden auf einem Lieferschein in doppelter Ausfertigung mit ihren Schlußsummen zusammengestellt und der Oberkasse zugleich mit den Titelverzeichnissen übersandt; die zweite Ausfertigung erhält die Kasse bestätigt zurück. Sache der übergeordneten Kasse ist es in jedem Falle, die beauftragte Kasse darüber zu verständigen, welche einzelnen Zahlungen sie in Gesamtbeträgen zu buchen und in welcher Anordnung sie sie nachgewiesen zu sehen wünscht.

5. Die Abs. 4 bis 7 bilden eine Ergänzung zu § 62 Abs. 3 hinsichtlich der in das Titelbuch aufzunehmenden Angaben. Sie sind anstatt in § 62 in § 75 aufgenommen worden, weil sie nicht allein für das Titelbuch, sondern sinngemäß allgemein für die Sachbücher gelten mit Ausnahme des Abrechnungsbuchs, für das sie nicht in Betracht kommen (Abs. 8).

Nach Abs. 4 soll bei laufenden Haushaltseinnahmen und -ausgaben und ihnen gleich zu behandelnden Einzelhaushaltseinnahmen und -ausgaben im Titelbuch angegeben werden, in welcher Weise die zu zahlenden Beträge einzuziehen oder auszuzahlen sind, d. h. in welchen Teilbeträgen, zu welchen Zeitpunkten, ob im voraus oder nachträglich und durch Vermittlung welcher Geldanstalt, und ferner, welche sonstigen Vereinbarungen oder Verpflichtungen zu beachten sind. Das gleiche gilt nach Abs. 8 für die Führung des Hinterlegungs-, des Vorschuß- und des Auftragsbuches, wird aber nur bei letzterem praktisch werden, da Abs. 4 nur die in § 62 Abs. 3 vorgeschriebenen Eintragungen ergänzen will, gleichartige

Eintragungen aber für das Hinterlegungs- und das Vorschußbuch (§§ 63 und 64) nicht vorgeschrieben sind.

6. Die Vollständigkeit des Titelbuchs bedingt, daß bei der Anlegung desselben für einen neuen Zeitabschnitt die Eintragungen aus dem Titelbuch des abgelaufenen Zeitabschnitts, soweit sie weiterhin von Bedeutung und zu beachten sind, in das neue Buch übernommen werden (Abs. 5; vgl. auch RRO. § 45 Abs. 1 und RRO. § 62 Anm. 5). Die vollständige und richtige Übertragung der Angaben aus dem alten in das neu angelegte Buch ist bei der Kassenprüfung zu prüfen und zu bestätigen (§ 93 Abs. 3 und § 92 Abs. 1). Die sinngemäße Anwendung der Bestimmung des Abs. 5 auf die in Abs. 8 bezeichneten Bücher hat bei diesen eine verschiedene Bedeutung. In das neue Auftragsbuch sind die fortlaufenden Aufträge aus dem abgeschlossenen Buche zu übernehmen, gegebenenfalls mit den verbliebenen Kassenresten (Abs. 6). Bei dem Hinterlegungs- und dem Vorschußbuch handelt es sich nicht um für den neuen Zeitabschnitt geltende Anordnungsbeträge, sondern um die notwendige Abwicklung der noch unerledigten Hinterlegungen und Vorschüsse. Da ihre Abwicklung fortlaufend verfolgt werden muß, sind sie bei Neuanlegung eines Hinterlegungs- oder Vorschußbuchs in dieses zu übertragen.

7. Ist eine Zahlungsanordnung, ohne aufgehoben zu sein, nicht vollständig ausgeführt, so bildet der Betrag, um den der gezahlte Betrag oder die gezahlten Teilbeträge hinter dem Betrage zurückbleiben, der in dem Zeitabschnitt, für den das abgeschlossene Titelbuch galt, nach der Annahme- oder der Auszahlungsanordnung anzunehmen oder zu leisten war, den Kassenrest. Der Kassenrest ist nach Abs. 6 in dem abgeschlossenen Titelbuche zu vermerken und zu erläutern und — in ähnlicher Weise wie die weiterhin gültigen Vermerke bei laufenden Einnahmen oder Ausgaben nach Abs. 5 — in das für den neuen Zeitabschnitt, also für das neue Rechnungsjahr oder Vierteljahr angelegte Titelbuch einzutragen. In beide Titelbücher, das alte und das neue, sind gegenseitige Hinweise aufzunehmen (Abs. 6 a. E.).

Die Bestimmung des Abs. 6 gilt in gleicher Weise für Einzel- wie für laufende Haushaltseinnahmen und -ausgaben. Zahlungsanordnungen, die am Schlusse des Rechnungsjahres gar nicht, auch nicht nur zu einem Teile ausgeführt sind, sind gemäß RWB. § 34 Abs. 1 als unerledigt an die anordnende Behörde zurückzugeben; ein Kassenrest verbleibt in diesem Falle nicht.

Abs. 6 gilt sinngemäß auch für die in Abs. 8 aufgeführten Bücher, sobald sie neu angelegt werden (vgl. § 73 Anm. 2).

Kassenreste dürfen nicht verwechselt werden mit Haushaltsresten. Beide können gleichzeitig vorliegen, wenn z. B. bei einer einmaligen — also übertragbaren — Bewilligung eine Auszahlungsanordnung nicht vollständig ausgeführt ist; dann liegt ein Kassenrest vor und, wenn infolgedessen oder auch sonst noch entsprechende übertragbare Mittel bei der Haushaltsbewilligung für das folgende Jahr verfügbar bleiben, auch ein Haushaltsrest (RHO. §§ 72 f. und 77; vgl. Schulze-Wagner, RHO. § 77 Anm. 3). Es kann aber auch ein Kassenrest vorliegen, ohne daß gleichzeitig auch ein Haushaltsrest vorhanden ist, und umgekehrt. Wenn eine Zahlung auf eine nicht übertragbare Haushaltsbewilligung angewiesen ist, so bleibt, wenn sie nicht vollständig ausgeführt wird, ein Kassenrest übrig, nicht aber auch ein Haushaltsrest; die noch zu leistende Restzahlung muß auf die entsprechenden Mittel des folgenden Jahres verbucht werden. Sind solche ausnahmsweise nicht vorgesehen, so muß die Kasse die Auszahlungsanordnung der Stelle, die sie erlassen hat, zur Ergänzung vorlegen. Umgekehrt bleibt ein Haushaltsrest, auch wenn alle auf die Bewilligung angewiesenen Auszahlungen ohne Rest geleistet sind, doch dann vorhanden, wenn über die Bewilligung nicht ganz verfügt ist, und sie wegen noch bevorstehender Ausgaben nicht abgeschlossen werden kann. Ob ein Haushaltsrest verbleibt, ergibt sich aus der Reichshaushaltsrechnung (RHO. §§ 72 und 77); für die Kassen sind sie nur im Hinblick auf § 62 Abs. 2 (vgl. § 62 Anm. 3) von Bedeutung.

8. Im Falle des § 62 Abs. 5 werden auch die Teilbeträge von Einzelhaushaltseinnahmen und -ausgaben im Zusammenhange nachgewiesen; ist eine dem § 62 Abs. 5 entsprechende Anordnung nicht getroffen, so würde es zunächst an einem Zusammenhange und einer Übersicht über die verschiedenen gezahlten Teilbeträge fehlen. Diesem Mangel soll die Bestimmung des Abs. 7 abhelfen. Danach ist bei jeder Eintragung eines solchen Teilbetrages auf die letztvorangegangene und auf die nächstfolgende Eintragung durch Angabe der Stelle, an der sie gebucht sind, hinzuweisen.

Abs. 7 gilt sinngemäß auch für die Buchungen in den in Abs. 8 aufgeführten Büchern. Die sinngemäße Anwendung kommt u. a. dann in Frage, wenn das Hinterlegungs- oder das Vorschußbuch mit dem Hauptbuch gemäß § 72 vereinigt ist. In diesem Falle entfällt die in §§ 63 und 64 angeordnete Gegenüberstellung der Hinterlegungen und Vorschüsse einerseits und der Zahlungen, durch die sie abgewickelt werden, anderseits. Auch in diesen Fällen ist die Verbindung zwischen den zusammengehörigen Eintragungen durch gegenseitige Hinweise herzustellen.

9. Die sinngemäße Anwendung der in Abs. 4 bis 7 getroffenen Bestimmungen auf die Führung der in Abs. 8 ge-

nannten Bücher ist in den Anm. 5 bis 8 im einzelnen erläutert worden.

§ 76

Gang des Buchungsverfahrens

(1) Der Kassenleiter soll die Annahmeanordnungen über den Buchhalter dem Kassier zuleiten. Anordnungen über laufende Haushaltseinnahmen (§ 62 Abs. 3) und über diesen gleich zu behandelnde Einzelhaushaltseinnahmen (§ 62 Abs. 5) sind vor der Zuleitung an den Kassier zum Soll zu stellen. Die Belege werden von dem Kassier nach Annahme der Einzahlung zur Eintragung in das Hauptbuch an den Kassenleiter, von diesem zur Eintragung in die Sachbücher an den Buchhalter zurückgegeben.

(2) Der Kassenleiter soll die Auszahlungsanordnungen dem Buchhalter zuleiten. Dieser prüft, ob die Auszahlungsanordnungen in der Form den ergangenen Bestimmungen entsprechen und sich im Rahmen der verfügbaren Mittel halten. Ergeben sich bei der Prüfung keine Anstände, so versieht der Buchhalter die Anordnung mit seinem Namenszeichen und leitet sie dem Kassier zu. Anordnungen über laufende Haushaltsausgaben (§ 62 Abs. 3) und über diesen gleich zu behandelnde Einzelhaushaltsausgaben (§ 62 Abs. 5) sind vor der Zuleitung an den Kassier zum Soll zu stellen. Der Kassier leistet die Auszahlung auf die mit dem Namenszeichen des Buchhalters versehenen Anordnungen und gibt dem Kassenleiter die Belege zur Eintragung in das Hauptbuch zurück; dieser leitet die Belege dem Buchhalter zur Eintragung in die Sachbücher zu. Ist eine Auszahlungsanordnung zu beanstanden oder gibt sie sonst zu begründeten Bedenken Anlaß, so ist sie mit Begründung unerledigt an die anordnende Stelle zurückzuleiten. Erhält die Kasse die beanstandete Anordnung mit der schriftlichen Weisung, sie auszuführen, zurück, so ist auf Grund dieser Weisung die Auszahlung zu leisten.

(3) Der Kassier soll die Belege nach der Zahlung dem Buchhalter unmittelbar zuleiten, wenn Tagesnachweisungen (§ 60) aufgestellt oder Vorbücher zum Hauptbuch (§ 61) geführt werden.

(4) Der zuständige Reichsminister trifft unter Berücksichtigung der dienstlichen Erfordernisse der Kassen seines Verwaltungsbereichs die näheren Bestimmungen über den Gang des Buchungsverfahrens; für bestimmte Haushaltsein-

nahmen kann eine von Abs. 1 abweichende Regelung getroffen werden.

RKO. §§ 91, 95 f.; VB. RAM., Heer und Marine.

1. § 76 stellt in Abs. 1 bis 3 in großen Zügen Richtlinien für den Gang des Buchungsverfahrens auf und überläßt es, weil bei der Verschiedenartigkeit der Kassenvorgänge und der Kassenverhältnisse einheitliche bindende Vorschriften nicht gegeben werden können, in Abs. 4 dem zuständigen Reichsminister, unter Berücksichtigung der dienstlichen Bedürfnisse der Kassen seines Verwaltungsbereichs nähere Bestimmungen über den Gang des Buchungsverfahrens zu treffen. Das Buchungsverfahren umfaßt gemäß § 2 Ziffer 10 die Eintragung von Beträgen und die Eintragung erläuternden Angaben in die dafür bestimmten Bücher und Nachweisungen. Abs. 1 und 2 behandeln gewissermaßen als Schulfälle das Verfahren der Kasse nach Eingang einer Annahmeanordnung (Abs. 1) und einer Auszahlungsanordnung (Abs. 2); Abs. 3 trifft eine für beide Fälle geltende Bestimmung. Danach ist das Verfahren in beiden Fällen kurz folgendes: Der Kassenleiter, dem regelmäßig alle Zahlungsanordnungen zugehen, gibt sie an den Buchhalter; dieser prüft sie in förmlicher Hinsicht und bei Auszahlungen hinsichtlich der Verfügbarkeit der erforderlichen Haushaltsmittel, stellt bei laufenden Haushaltseinnahmen und -ausgaben und ihnen gleich zu behandelnden Einzelhaushaltseinnahmen und -ausgaben die Anordnungsbeträge im Titelbuch zum Soll und gibt die Anordnungen — und zwar die Auszahlungsanordnungen mit seinem Namenszug versehen — an den Kassier zur Annahme oder Leistung der Zahlung weiter. Nach erfolgter Zahlung gibt der Kassier die Belege dem Kassenleiter zur Eintragung ins Hauptbuch zurück, und der Kassenleiter leitet sie nach Buchung im Hauptbuch dem Buchhalter zur Eintragung in die Sachbücher und zur Aufbewahrung wieder zu. Die Zurückleitung über den Kassenleiter zur Eintragung ins Hauptbuch erübrigt sich, wenn Tagesnachweisungen aufgestellt oder Vorbücher zum Hauptbuche geführt werden (Abs. 3), da damit die Unterlagen für die Eintragungen in das Hauptbuch gegeben sind. Der Kassier soll deshalb in diesem Falle die Belege nach der Zahlung dem Buchhalter unmittelbar zuleiten.

Abs. 1 und 2 setzen voraus, daß die Annahme- und Auszahlungsanordnungen, dem üblichen Geschäftsgang und der dienstlichen Aufgabe des Kassenleiters entsprechend, nach Eingang zunächst dem Kassenleiter zugeleitet werden, der dadurch einen Überblick über die von der Kasse zu erledigenden Geschäfte gewinnt, die Eingänge hinsichtlich der Zuständigkeit der Kasse prüfen, die Erledigung wichtiger Eingänge sich —

u. a. zur Kontrolle der Vollständigkeit der Eintragungen im Hauptbuch — vormerken kann usw. (Wegen der abweichenden Behandlung der Annahmeanordnungen über Steuern vgl. AKO. § 91 Abs. 1.) Die Annahme bzw. Leistung der angeordneten Zahlung ist durch den Kassier zu bewirken, wenn aber ein Buchhalter in der Kasse vorhanden ist, ist die Anordnung dem Kassier über den Buchhalter zuzuleiten. Dies hat einen doppelten Zweck. Einmal hat der Buchhalter Auszahlungsanordnungen daraufhin zu prüfen, ob sie in der Form den ergangenen Bestimmungen (s. Anm. 2) entsprechen und ob sie sich im Rahmen der verfügbaren Haushaltsmittel halten, und zweitens hat er sie unter gewissen Voraussetzungen zum Soll zu stellen (s. Anm. 3). Ob sich eine Auszahlungsanordnung im Rahmen der verfügbaren Haushaltsmittel hält, ergibt sich, soweit es sich um Haushaltsausgaben handelt, aus der Angabe des Haushaltsbetrages im Titelbuch gemäß § 62 Abs. 2 und den daselbst bereits verzeichneten oder durch Sollstellung vorgemerkten Zahlungen. Die Prüfung der Zulänglichkeit der Mittel entfällt, wenn es sich um Auszahlungen handelt, über die die Kasse nicht den rechnungsmäßigen Nachweis führt (§ 53). In diesen Fällen hat die den Auftrag zur Zahlung erteilende Kasse oder, wenn die Auszahlungsanordnung der beauftragten Kasse unmittelbar zugeleitet wird (vgl. § 53 Anm. 2), die anordnende Stelle die Verantwortung für die Einhaltung der bewilligten Mittel; im letzteren Falle setzt die dem Buchhalter obliegende Prüfung hinterher ein, sobald die Auszahlungen von der zuständigen Kasse als Haushaltsausgaben gebucht werden (vgl. Anm. 4 zu § 8 a. E., die hier sinngemäß gilt).

Eine weitere Aufgabe ist dem Buchhalter durch die RWB. § 33 Abs. 2 zugewiesen, wonach Kassenanweisungen über Auszahlungen, die nicht den Vermerk über ihre Eintragung in die Haushaltsüberwachungsliste (Nummer der Eintragung und Namenszeichen des die Liste führenden Beamten) tragen, vor Zahlung an die anordnungsbefugte Stelle zur Vervollständigung zurückzugeben sind. Nach RWB. § 52 hat ferner die Kasse über die ihr zur Verfügung gestellten Betriebsmittel eine Betriebsmittelüberwachungsliste zu führen. Ihre Führung ist nicht ohne weiteres Sache des Buchhalters, er wird aber in der Regel, schon wegen des Zusammenhanges zwischen der Überwachung der Haushalts- und der Betriebsmittel, mit ihr betraut werden (vgl. VB. RHK. Ziffer 6).

2. Unter der Prüfung, ob die Auszahlungsanordnungen in der Form den ergangenen Bestimmungen entsprechen, ist die Prüfung zu verstehen, ob die einzelne Zahlungsanordnung allen Anforderungen genügt, die in den dafür maßgebenden Bestimmungen (vgl. §§ 27 ff. RWB. und §§ 49 ff. RKO. sowie § 34 Anm. 3) festgesetzt sind. Ergibt sich in dieser Be-

ziehung ein Anstand, so ist die Zahlungsanordnung mit entsprechender Begründung an die anordnende Stelle zurückzuleiten. Die Prüfungspflicht reicht aber nach Abs. 2 Satz 6 noch weiter; danach soll die Zahlungsanordnung auch dann der anordnenden Stelle wieder vorgelegt werden, wenn sie sonst zu begründeten Bedenken Anlaß gibt. Der Buchhalter soll danach alle Bedenken vorbringen, die sich aus seiner amtlichen Kenntnis der einschlägigen Verhältnisse gegenüber der Zahlungsanordnung ergeben, sei es im Hinblick auf bereits früher angeordnete Zahlungen in derselben Angelegenheit oder auf Unstimmigkeiten zwischen der Zahlungsanordnung und den beigefügten Belegstücken oder sei es wegen Zweifels über die richtige Austitelung der Zahlungsanordnung, über die Zuständigkeit der Kasse, über die Berechtigung zur Verwendung von Reichsmitteln (vgl. § 46 Anm. 1) u. dgl. Da die Zurückleitung der Zahlungsanordnung an die anordnende Stelle durch die Hand des Kassenleiters erfolgt, so hat dieser Gelegenheit, mitzuprüfen, ob das Bedenken oder der Zweifel begründet ist. Hält der Buchhalter abweichend von der Auffassung des Kassenleiters an seiner Beanstandung fest, so muß mangels einer abweichenden Anordnung die Entscheidung der anordnenden Stelle eingeholt werden, da der Buchhalter nicht zur Anbringung seines Namenszeichens auf der Zahlungsanordnung und der Kassier nicht zur Zahlung, ohne daß das Namenszeichen auf der Anordnung steht, veranlaßt werden kann. Hält die zur Entscheidung angerufene anordnende Stelle die Anordnung aufrecht, so gibt sie sie mit der schriftlichen Weisung, sie auszuführen, zurück. Die Weisung kann nur in schriftlicher Form und darf nicht gegen Rückgabe erfolgen, sondern muß der Kasse als Ergänzung der Zahlungsanordnung belassen werden. Auf Grund der Weisung versieht der Buchhalter die Zahlungsanordnung oder die ihr beigefügte Weisung mit seinem Namenszeichen. Reichard, RKO. § 76 Anm. 3 Abs. 3 ist der Ansicht, daß der Buchhalter in diesem Falle die Auszahlungsanordnung nicht mit seinem Namenszeichen versehen dürfe, da er sonst im Hinblick auf Abs. 2 Satz 3 bescheinigen würde, daß die Anordnung nicht zu beanstanden war. Die RKO (§ 76 Abs. 2) enthält hierüber keine nähere Bestimmung; die VB. RAM. schreiben vor, daß der Buchhalter nur die eingeholte Weisung, nicht aber die Zahlungsanordnung selbst mit seinem Namenszeichen zu versehen habe und die Weisung bei der Zahlungsanordnung verbleibe. Mit der Entscheidung der zuständigen Stelle sind die vom Buchhalter geltend gemachten Bedenken für die Kasse erledigt. Der Buchhalter kann sein Namenszeichen auf die Zahlungsanordnung oder die sie ergänzende Entscheidung setzen, auch wenn er die letztere Entscheidung nicht für begründet hält, da er keine Verantwortung für die Erledigung der von ihm vorgebrachten Zweifel trägt und die Entscheidung nicht zu vertreten hat. Sind inzwischen neue Bedenken aufgetaucht, so muß allerdings auch über sie noch entschieden werden. Im übrigen kann der Buchhalter nach ergangener Entscheidung der berufenen Stelle nicht mehr ablehnen, sein Namenszeichen auf die Anordnung zu setzen, denn er ist nach der RKO. die Stelle, die die Anordnung zu prüfen und die zu bestätigen hat, daß gegen sie unerledigte Bedenken nicht bestehen. Die Entscheidung der angerufenen Stelle kann das Namenszeichen des Buchhalters nicht ersetzen, zumal sie sich nur auf die vom Buchhalter vorgebrachten Bedenken, nicht aber auf die weitere dem Buchhalter obliegende Prüfung bezieht. Für den Kassier ist das Vorhandensein des Namenszeichens des Buchhalters Voraussetzung für die von ihm zu bewirkende Auszahlung, da ihm eine eigene Prüfung des Inhalts der Auszahlungsanordnung nicht aufgetragen ist (vgl. Anm. 4 Abs. 1). Eine Weigerung des Buchhalters, wegen seiner von der vorliegenden Entscheidung abweichenden Ansicht, sein Namenszeichen, wie vorgeschrieben, auf die Anordnung bzw. die ihr beizufügende Entscheidung zu setzen, würde die Nichterfüllung einer ihm obliegenden Dienstpflicht bedeuten.

Nach VB. RAM. Abs. 4 können Zahlungsanordnungen mit unerheblichen Formmängeln nach Entscheidung des Kassenleiters zunächst ausgeführt werden; die Mängel sind nach der Zahlung zu beseitigen. Es erscheint zweifelhaft, wieweit sich diese Bestimmung mit der RKO. verträgt und wie sie danach auszulegen ist. Es muß davon ausgegangen werden, daß der Kassenleiter dem Buchhalter die diesem auferlegte Verantwortung für die Anerkennung der Zahlungsanordnung als vorschriftsmäßig ausgestellt nicht abnehmen kann. Der Buchhalter muß selbst entscheiden, ob er einen Formmangel als unerheblich ansehen will oder nicht. Sähe er ihn zu Unrecht als unerheblich an, so würde ihn die Zustimmung des Kassenleiters nicht decken, wenn sich der Mangel hinterher doch als wesentlich erweist und er die Erheblichkeit erkennen konnte. Der Kassenleiter wird daher gegen die Auffassung des Buchhalters dessen Bedenken, auch wenn es sich um scheinbar unerhebliche Mängel handelt, nicht entscheidend für unerheblich erklären können. Eine abweichende Bestimmung erscheint mit der RKO. nicht vereinbar. Anderseits wird in der angeführten Vollzugsbestimmung die Ermächtigung für den Buchhalter zu erblicken sein, in Fällen, in denen er selbst Zweifel hat, ob seine Bedenken als unerheblich zurückgestellt werden können, sich der Zustimmung des Kassenleiters zu ihrer vorläufigen Außerachtlassung zu vergewissern. Tritt dieser ihm in letzterem Sinne bei, so übernimmt er damit die Mitverantwortung für die Unerheblichkeit der ihm vom Buchhalter vorgetragenen Bedenken. Kann sonach der Kassenleiter ohne das Einverständnis des zuständigen Buchhalters die Ausführung einer Auszahlungsanordnung nicht anordnen, so kann anderseits auch der Buchhalter gegen den Widerspruch des Kassenleiters, der ihm die Zahlungsanordnungen zuleitet, eine Auszahlung nicht durchsetzen. Das Namenszeichen des Buchhalters berechtigt den Kassier, die Auszahlungsanordnung als vorschriftsmäßig anzusehen, aber nicht, gegen eine etwaige Weisung des Kassenleiters die Zahlung durchzuführen (vgl. BB. RHO. Ziffer 3). Glaubt der Kassier ungeachtet der durch das Namenszeichen des Buchhalters bestätigten Prüfung der Zahlungsanordnung einen Mangel in ihr feststellen zu sollen, so wird er sich dieserhalb mit dem Buchhalter und gegebenenfalls dem Kassenleiter in Verbindung setzen. Die Weisung des letzteren muß dann für ihn maßgebend sein (vgl. § 10 Abs. 1 und § 13 Abs. 1).

Die in Abs. 2 Satz 2 vorgeschriebene Prüfung bezieht sich nur auf Auszahlungsanordnungen; bei Einzahlungsanordnungen (Abs. 1) ist eine gleiche Prüfung nicht vorgeschrieben und hat sie auch nicht dieselbe Bedeutung, doch werden auch hier Anstände oder sachliche Bedenken der anordnenden Stelle gegenüber zur Sprache zu bringen sein. Nach BB. RAM. Ziffer 1 hat der Buchhalter die Annahmeanordnungen in gleicher Weise wie die Auszahlungsanordnungen daraufhin zu prüfen, daß sie in der Form den Bestimmungen entsprechen. In jedem Falle sind Mängel der Annahmeanordnung, die deren Verbindlichkeit für die Kasse berühren, vor Ausführung der Anordnung zu beseitigen. Die in der RKO. enthaltenen Formvorschriften für Annahme- und Auszahlungsanordnungen müssen in gleicher Weise auch hier gewahrt sein.

3. Der weitere Grund, aus dem jede Annahme- oder Auszahlungsanordnung vor Abgabe an den Kassier dem Buchhalter zuzuleiten ist (vgl. Anm. 1 Abs. 2), ist der, daß die Anordnungen, bevor sie in den weiteren Geschäftsgang gegeben werden, soweit sie laufende Haushaltseinnahmen oder -ausgaben oder ihnen gleich zu behandelnde Einzelhaushaltseinnahmen oder -ausgaben (§ 62 Abs. 3 und 5) betreffen, zum Soll zu stellen sind. Dies geschieht durch die Eintragung der Anordnungen mit den in § 62 Abs. 3 aufgeführten Angaben in das Titelbuch. Bei anderen Ein- oder Auszahlungen als Haushaltseinnahmen und -ausgaben entfällt die Zumsollstellung; statt ihrer ist die Anordnung gegebenenfalls im Auftragsbuch (§ 71) aufzuzeichnen. Wegen des Fortfalls der Zumsollstellung bei Einzelhaushaltseinnahmen und -ausgaben vgl. § 62 Anm. 4 (S. 268).

4. Annahmeanordnungen soll der Kassenleiter dem Kassier über den Buchhalter zuleiten (Abs. 1 Satz 1). Auszahlungs-

anordnungen soll er dem Buchhalter zuleiten. Dieser versieht sie, wenn sich keine Anstände ergeben, mit seinem Namenszeichen und leitet sie dem Kassier zu (Abs. 2 Satz 1 und 3). Der Unterschied in der Behandlung der Annahme- und der Auszahlungsanordnungen liegt hauptsächlich in der viel schärferen Prüfung, der die letzteren durch den Buchhalter unterzogen werden. Die Vornahme dieser Prüfung wird durch das Namenszeichen des Buchhalters bestätigt; Auszahlungsanordnungen ohne dieses Namenszeichen muß der Kassier vor der Zahlung zur Vervollständigung zurückgeben (vgl. Anm. 2 Abs. 2). Wegen etwa trotz des Vorhandenseins des Namenszeichens bei ihm bestehender Bedenken gegen die Auszahlung vgl. Anm. 2 Abs. 2.

Bei laufenden Einzahlungen und Auszahlungen würde das in Abs. 1 und 2 geschilderte Verfahren die jedesmalige Zuleitung der Anordnung an den Kassier bedeuten. Dies wäre unnötig umständlich. Es ist deshalb auf Grund des Abs. 4 vielfach zugelassen, daß dem Kassier statt der Zahlungsanordnung ein mit dem Namenszeichen des Buchhalters versehener Buchungszettel oder, wenn mehrere derartige Zahlungen in Frage kommen, eine entsprechende Nachweisung zugeleitet wird; handelt es sich um eine Auszahlung durch Übergabe von Zahlungsmitteln, so kann dem Kassier statt der Zahlungsanordnung ein vorbereiteter Quittungsentwurf übermittelt werden (vgl. § 40 Abs. 3, AKO. § 95 Abs. 1 und BB. RAM.).

Nach erfolgter Zahlung leitet der Kassier die Belege (Anordnung und Zahlungsbeweis) dem Kassenleiter zur Eintragung ins Hauptbuch zu; dieser gibt sie nach der Eintragung an den Buchhalter zur Eintragung in die Sachbücher weiter (Abs. 1 Schlußsatz, Abs. 2 Satz 5). Soweit Tagesnachweisungen (§ 60) aufgestellt oder Vorbücher zum Hauptbuch (61) geführt werden, soll der Kassier nach Abs. 3 die Belege nach der Zahlung dem Buchhalter unmittelbar zuleiten, da für die Eintragungen in das Hauptbuch dann in den Tagesnachweisungen und Vorbüchern die Unterlagen gegeben sind. Bei diesem an sich zweckmäßigen Verfahren entfällt für den Kassenleiter die Feststellung, daß sämtliche Einzahlungen in die Tagesnachweisungen und die Vorbücher eingetragen und die Auszahlungen mit den richtigen Beträgen gebucht sind. Etwaige Fehler würden sich erst beim Monatsabschluß herausstellen. Aus diesem Grunde ist es nötig, daß, wenn dem Buchhalter die Belege unmittelbar zugeleitet werden, er hinterher auf Grund der Tagesnachweisungen bzw. Vorbücher die Übereinstimmung der Eintragungen in diesen mit den Belegen feststellt (vgl. AKO. § 93 Abs. 3). Diese besondere Feststellung erübrigt sich, wenn die Zahlungen in einem Gegensachbuch gebucht werden.

Wegen der Eintragung der Zahlungen in die Hilfsbücher vgl. § 75 Anm. 1. Es wird darauf Bedacht zu nehmen sein, daß die Zuleitung der Belege an den Buchhalter durch die Eintragung der Zahlungen in die Hilfsbücher so wenig wie möglich aufgehalten wird (vgl. § 75 Anm. 2).

5. In der Darstellung des Buchungsverfahrens in § 76 ist unterstellt, daß Einzahlungen und Auszahlungen anordnungsgemäß erfolgen. Die Ausführung der Auszahlungsanordnungen hat die Kasse im wesentlichen in der Hand. Anders liegt es bei den Annahmeanordnungen. Gehen die Einzahlungen nicht pünktlich ein, so muß der Einzahlungspflichtige wegen der Einzahlung gemahnt werden (§ 15 Satz 2); bei laufenden Einzahlungen geschieht dies auf Grund der Zumsollstellung im Titelbuch oder gegebenenfalls der Eintragung im Auftragsbuch; bei Einzeleinnahmen legt der Kassier die nicht erledigte Annahmeanordnung dem Buchhalter wieder vor, der darauf die Mahnung veranlaßt. Kommt eine Mahnung nicht in Frage oder bleibt sie erfolglos, so veranlaßt der Buchhalter, wenn es sich um eine im Verwaltungsverfahren beitreibbare Forderung handelt, die Beitreibung; andernfalls legt die Kasse der anordnenden Stelle die Annahmeanordnung mit dem Hinweis darauf, daß die Einziehung vergeblich versucht sei, wieder vor.

6. § 76 behandelt lediglich das Buchungsverfahren und zwar unter der Voraussetzung, daß der Kasse eine entsprechende Annahme- oder Auszahlungsanordnung vorliegt. Wie zu verfahren ist, wenn Einzahlungen durch Übergabe von Zahlungsmitteln oder in anderer Weise entrichtet werden, ohne daß eine Annahmeanordnung vorliegt, ist in § 34 Abs. 2 geregelt. Auszahlungen können nur auf Grund einer Auszahlungsanordnung erfolgen (§ 37 Abs. 1).

Im Anschluß an die Darstellung des Ganges des Buchungsverfahrens bleibt noch zu erörtern, wie die Belege in Verbindung mit den Buchungen zu behandeln sind. Die RKO. sieht in den Sachbüchern eine Eintragung der Nummer, unter der die einzelne Zahlung in den Zeitbüchern gebucht ist, nur für das Hinterlegungs- und das Vorschußbuch vor (§§ 63 f.); ebenso ist im Gegensachbuch die Nummer der Buchung in den Zeitbüchern zu vermerken (vgl. § 69 Anm. 3). Die Eintragung dieser Nummer in die angeführten Bücher bedingt, daß sie im Anschluß an die Buchung in den Zeitbüchern auf den Belegen angegeben wird. Eine ausdrückliche Bestimmung, auf den Belegen die Nummer, unter der sie im Zeitbuch gebucht sind, anzugeben, ist nicht vorgesehen. Im Titelbuch ist nach § 62 Abs. 3 lediglich die Nummer des Belegs anzugeben. Soweit es sich um Rechnungsbelege, also um die Belege, die den Eintragungen im Titelbuch zugrunde liegen, handelt, ist deren Nummerung in RRO. §§ 89 ff. geregelt. Nach RRO.

§§ 92 f und 96 ist auf den Belegen allgemein die Nummer, unter der sie im Zeitbuch eingetragen sind, zu vermerken; ebenso VV. RHK. Ziffer 4 und VV. Marine Ziffer 43 zu a. Die Anbringung des Vermerks trägt dazu bei, die Übereinstimmung zwischen Zeit- und Sachbüchern zu sichern; sie erleichtert die Feststellung dieser Übereinstimmung bei den Kassenprüfungen und eine etwaige spätere Nachforschung nach dem Zahlungsvorgang. Eine einheitliche Anordnung in diesem Sinne bleibt zu erwägen.

§ 77

Aufbewahrung der Bücher und Belege

Die Bücher und Belege sind sicher aufzubewahren. Belege sind so zu ordnen, daß sie jederzeit leicht aufgefunden werden können.

AKO. §§ 30 und 90; VV. RHK., RAM., Heer und Marine.

1. Die sichere Aufbewahrung der Bücher und Belege ist für die Kasse von besonderer Bedeutung zunächst für die Zeit bis zur Beendigung der Rechnungslegung und Rechnungsprüfung; darüber hinaus hinsichtlich der Bücher, soweit sie von der Kasse später noch gebraucht werden, und hinsichtlich der Belege, insbesondere der Zahlungsbeweise, als Beweismittel für die Feststellung von Tatsachen oder Tatbeständen, an der das Reich ein Interesse hat, sowie als Nachschlagematerial in Ergänzung der bei der beteiligten Behörde aufbewahrten Akten. Wie lange Bücher und Belege, auch nachdem sie nicht mehr unmittelbar gebraucht werden, aufzubewahren sind, ist z. B. geregelt durch den Erlaß des Reichskanzlers vom 25. Mai 1903, enthaltend „Bestimmungen wegen Vernichtung der Rechnungen und Kassenbücher, sowie der Belege berichtigter Rechnungen über Einnahmen und Ausgaben des Reichs" (mitgeteilt im Armee-Verordnungsblatt 1903, S. 284), und den die §§ 1 und 2 der Bestimmungen abändernden Erlaß des Reichskanzlers vom 12. November 1918 (s. Armee-Verordnungsblatt 1919, S. 59). Eine Neuregelung des Gegenstandes, die im Hinblick auf die inzwischen erfolgte Neuordnung des Kassen- und Rechnungswesens im Reich erwünscht wäre, ist noch nicht erfolgt. Sie würde, soweit es sich um die Aufbewahrung und Vernichtung der zur Rechnungslegung dienenden Bücher sowie der Rechnungsbelege und besonderen Prüfungsunterlagen handelt, nach § 115 RRO. der Zustimmung des Rechnungshofs bedürfen.

Während der Dienststunden hat jeder Beamte für die Sicherheit der von ihm geführten Bücher und der von ihm übernommenen Belege zu sorgen. Dazu gehört auch die Überwachung, daß nicht Unbefugte von dem Inhalt der Bücher und

Belege Kenntnis erhalten. Zum Schluß der Dienststunden hat er für die sichere Verwahrung der Bücher und Belege zu sorgen. Dafür müssen geeignete Einrichtungen (verschließbare Schränke usw.) vorhanden sein und nötigenfalls beschafft werden. Es ist Sache der beteiligten Beamten und des Kassenleiters, erforderlichenfalls die Beschaffung entsprechender Einrichtungen im Bedarfsfalle bei der Behörde, zu der die Kasse gehört, anzuregen (vgl. hierzu § 12 Abs. 1 und 3, § 13 Abs. 1 und AKO. §§ 30 und 90). Nach BB. RHK. ist das Hauptbuch im Kassenschranke des Kassenleiters zu verschließen; die Bücher und Belege sind in verschließbaren Schränken aufzubewahren. Eingehende Vorschriften über Verwahrung der Bücher und Belege siehe in AKO. § 30; nach Abs. 5 das. hat der Kassenleiter Vorsorge zu treffen, daß Zahlungsmittel und Bücher bei Feuer-, Aufruhr- und Kriegsgefahr rechtzeitig geborgen werden. Bei den Kassenprüfungen ist mitzuprüfen, ob eine sichere Aufbewahrung der Bücher und Belege gewährleistet ist (vgl. § 93 Abs. 2).

2. Nach Satz 2 des § 77 sind Belege so zu ordnen, daß sie jederzeit leicht aufgefunden werden können. Wegen des Begriffs der Belege s. Anm. zu § 2 Ziffer 11. Über die Ordnung und Sammlung der Rechnungsbelege sind in der RRO. Buch 2 Teil 5 (§§ 89 ff.) eingehende Bestimmungen getroffen.

§ 78

Behandlung des Buchausgleichs und der Umbuchungen

Die §§ 56 bis 77 gelten sinngemäß für den Buchausgleich (§ 28) und die Umbuchungen.

AKO. §§ 26 und 97; BB. RHK. und Heer.

§ 78 sagt nicht, welche Buchungen aus Anlaß eines Buchausgleiches und bei Umbuchungen notwendig sind, sondern nur, daß auf die Buchungen, die aus diesen Anlässen notwendig werden, die §§ 56—77, d. s. die über die Kassenbücher und die in sie zu machenden Eintragungen gegebenen Vorschriften, sinngemäß anzuwenden sind. Welche Buchungen durch einen Buchausgleich bedingt werden, ist in der Anm. 2 zu § 28 des näheren dargelegt; wegen der Umbuchungen enthält die Reichskassenordnung eine den Gegenstand zusammenfassende Angabe über die durch sie bedingten Buchungen nicht. Hervorzuheben sind indes die Bestimmung des § 59, daß bei einer Umbuchung im Hauptbuch statt des Grundes der Eintragung der Grund der Umbuchung anzugeben ist und die §§ 60 und 61, wonach für Umbuchungen besondere Tagesnachweisungen aufgestellt werden können. Die Frage muß daher aus dem Wesen der Umbuchung heraus beantwortet werden.

Über die Bedeutung des Begriffs der Umbuchung vgl. die Anm. zu § 2 Ziffer 10 b. Wird eine Zahlung umgebucht, so muß sie an einer neuen Stelle gebucht werden; wenn also eine Auszahlung umgebucht wird, muß eine Auszahlung, bei Umbuchung einer Einzahlung eine Einzahlung neu gebucht werden. Da bei der Umbuchung in Wirklichkeit weder eine Auszahlung noch eine Einzahlung erfolgt, der Kassenbestand sich also nicht verändert, so muß der neuen Buchung je eine sie ausgleichende Buchung einer Einzahlung bzw. Auszahlung gegenübergestellt werden. Das geschieht, wenn eine im Hinterlegungs- oder im Vorschußbuch enthaltene Eintragung umgebucht wird, durch Ausbuchung in diesen Büchern, d. h. durch Buchung als Auszahlung im Hinterlegungsbuch und als Einzahlung im Vorschußbuch. Wird bei einer Eintragung in einem anderen Sachbuche als dem Hinterlegungs- oder dem Vorschußbuch eine Umbuchung nötig, so wird die betreffende Eintragung in rot abgesetzt. Die Absetzung einer Einnahme steht einer Auszahlung, die Absetzung einer Ausgabe einer Einzahlung gleich. Diese Eintragungen sind in den Sachbüchern vorzunehmen. Eine einseitige Buchung lediglich im Sachbuch aber ist wegen der notwendigen Übereinstimmung zwischen Sachbüchern und Zeitbüchern ausgeschlossen; es müssen daher die durch die Umbuchung notwendig gewordenen Buchungen von Einzahlungen und Auszahlungen in den Sachbüchern sich auch in den Zeitbüchern auswirken. Dies wird bestätigt durch die oben angeführten Bestimmungen in den §§ 59 und 60 in Verbindung mit den Bestimmungen im § 57 Abs. 1 und § 82 Abs. 2. Aus ihnen ist zu entnehmen, daß überall da, wo es zur Herbeiführung der Übereinstimmung der Abschlüsse in den Sachbüchern mit denen in den Zeitbüchern nötig ist, bei einer Umbuchung den Buchungen in den Sachbüchern die entsprechenden Buchungen in den Zeitbüchern gegenüberstehen müssen. Es kann aber fraglich erscheinen, wie es zu halten ist, wenn eine Umbuchung im Sachbuch keine Änderung in den Abschlußzahlen des Sachbuches zur Folge hat, die zu einer Unstimmigkeit gegenüber den Zeitbüchern führen müßte, auch wenn die Auszahlung bzw. Einzahlung in diesen nicht eingetragen wird; also wenn z. B. ein Buchhalter im Titelbuch, dessen Ergebnisse im Hauptbuch nicht auseinander gehalten werden, sondern in ein und derselben Spalte erscheinen, eine Eintragung aus einem Abschnitt des Titelbuchs in einen anderen überträgt. In diesem Falle wird durch die Umbuchung irgendeine Unstimmigkeit zwischen Sachbuch und Zeitbuch nicht hervorgerufen. Die RKO. gibt auf die gestellte Frage keine Antwort; sie enthält weder eine entsprechende Anordnung, noch eine Bestimmung, wonach die korrespondierende Eintragung entbehrlich wäre. Aus den angeführten Bestimmungen (§ 59 usw.) ist das Vorhandensein einer bindenden Vorschrift, daß den Umbuchungen im Sachbuch entsprechende Eintragungen im Zeitbuch gegenüberstehen müßten, nicht zu entnehmen. Werden die mit den Abschlußzahlen der Zeitbücher zu vergleichenden Abschlußzahlen der Sachbücher in ihrem Ergebnis durch die Umbuchung nicht berührt, so ist aus der Systematik der Buchführung eine Notwendigkeit, die Umbuchung auch durch ein Zeitbuch laufen zu lassen nicht herzuleiten. Da die RKO. die Frage offen läßt, so wird es von den Erfahrungen und Bedürfnissen der Praxis abhängig gemacht werden müssen, ob man für die in Rede stehenden Fälle die Buchung in den Zeitbüchern allgemein vorschreiben oder unter gewissen Voraussetzungen — Mitwirkung des Kassenleiters, besondere Kennzeichnung der nur die Sachbücher betreffenden Umbuchungen u. a. — die alleinige Buchung im Sachbuch zulassen will.

Im Gegensachbuch ist die Umbuchung dann zu buchen, wenn der Abschnitt, in dem die umzubuchende Zahlung abgesetzt und der, in dem sie neu gebucht wird, im Gegensachbuch in verschiedenen Spalten erscheinen.

3. Teil: Abschluß der Bücher, Abrechnung

§ 79

Zweck und Arten des Abschlusses

(1) Die Bücher der Kasse sind zu bestimmten Zeitpunkten abzuschließen. Der Abschluß findet statt, um die Summen der angenommenen Einzahlungen und geleisteten Auszahlungen zu ermitteln.

(2) Es sind zu unterscheiden: der Tagesabschluß, der Monatsabschluß, der Vierteljahrsabschluß und der Jahresabschluß.

AKO. § 98.

Die RHO. § 61 schreibt im Hinblick auf die Rechnungslegung den jährlichen Abschluß der Kassenbücher vor. Die Sicherung einer ordnungsmäßigen Kassenführung sowie das Interesse an der Kenntnis der Entwicklung der Haushaltseinnahmen und -ausgaben bedingen eine häufigere Feststellung des Ergebnisses der Kassenführung. Die RKO. sieht einen täglichen und ferner periodische Abschlüsse vor, die sich von einander nicht nur hinsichtlich des Zeitraumes, den sie umfassen, sondern auch sachlich unterscheiden. Der Tagesabschluß erfolgt lediglich auf Grund der Zeitbücher. Sein Zweck ist, den Kassensollbestand, d. h. den Überschuß der Einzahlungen über die Auszahlungen und die Übereinstimmung des tatsächlichen Kassenbestandes mit dem Kassensollbestand festzustellen. Er ist gewissermaßen eine interne Angelegenheit der Kasse. Er findet auch am letzten Werktage jedes Monats ohne Rücksicht auf den für den Kalendermonat und das Rechnungsjahr vorzunehmenden Abschluß statt.

Die Monatsabschlüsse und der Jahresabschluß gründen sich auf die Gesamtbuchführung, d. h. auf die Zeit- und die Sachbücher, deren Ergebnisse übereinstimmen müssen. Im unmittelbaren Anschluß an die Abschließung der Bücher ist mit der übergeordneten Kasse — Oberkasse oder Reichshauptkasse — durch Aufstellen einer Abschlußnachweisung abzurechnen (§ 81 Abs. 1 und 3). Die Abrechnung umfaßt die Haushaltseinnahmen und -ausgaben der Kasse in Verbindung mit den in den Abrechnungszeitraum fallenden Kassenbestandsverstärkungen und Ablieferungen. Die periodischen Abrechnungen sollen die Ordnung der Buchführung sichern und den Jahresabschluß vorbereiten. Gleichzeitig sind sie geeignet, der Verwaltung eine Übersicht über den jeweiligen Stand der Bewirtschaftung des Haushaltsplans zu liefern.

Vierteljahresabschlüsse finden nach der RKO. nicht neben den Monatsabschlüssen, sondern auf Anordnung des zuständigen Ministers an Stelle der Monatsabschlüsse statt (§ 81 Abs. 1 Schlußsatz; vgl. AKO. § 98 Abs. 2 und § 101 Abs. 1).

§ 80

Tagesabschluß

(1) Die Kasse hat, wenn Zahlungen bewirkt worden sind, zum Schlusse der Dienststunden im Anhang zum Hauptbuch (§ 59 Abs. 4) einen Tagesabschluß zu machen. Nach der Übernahme der Ergebnisse der Tagesnachweisungen (§ 60) und Vorbücher zum Hauptbuch (§ 61) in das Hauptbuch sind in diesem die Einzahlungen und Auszahlungen je für sich aufzurechnen; der Unterschiedsbetrag zwischen den Gesamtsummen der Einzahlungen und Auszahlungen ist dem zuletzt buchmäßig festgestellten Bestande (Kassensollbestand) hinzuzurechnen. Der nach der Hinzurechnung sich ergebende Betrag bildet den neuen Kassensollbestand.

(2) Der Kassenbestand ist zu ermitteln (Kassenbestandsaufnahme) und dem Kassensollbestande gegenüberzustellen. Es ist ersichtlich zu machen, wie sich der Kassenbestand aus Zahlungsmitteln und Guthaben zusammensetzt und in welcher Höhe Schecke und Überweisungsaufträge zur Einlösung weitergegeben worden sind.

(3) Unstimmigkeiten, die sich bei der Gegenüberstellung des Kassenbestandes mit dem Kassensollbestand ergeben, sind so-

sort aufzuklären. Kassenfehlbeträge und Kassenüberschüsse sind zu vermerken. Kassenfehlbeträge sind von dem Kassenbeamten sofort zu ersetzen; geschieht dies nicht, so ist der Fehlbetrag, wenn der hierfür verantwortliche Beamte die Haftpflicht anerkennt, zu dessen Lasten, andernfalls zu Lasten des Reichs als Vorschuß zu buchen. Der Kassenleiter hat dem Vorsteher der Verwaltungsbehörde, der die Kasse angehört, und dem Kassenaufsichtsbeamten von dem als Vorschuß gebuchten Fehlbetrage Kenntnis zu geben. Kassenüberschüsse sind als Hinterlegungen zu behandeln; wenn sie aufgeklärt werden können, dürfen sie nur auf Grund einer Auszahlungsanordnung ausgezahlt werden, andernfalls verbleiben sie dem Reiche.

(4) Der Kassenleiter hat die Richtigkeit des Tagesabschlusses anzuerkennen. Die vorhandenen Zahlungsmittel sind im Kassenbehälter aufzubewahren; den Betrag haben die Beamten, unter deren Mitverschluß der Kassenbehälter steht, anzuerkennen.

AKO. §§ 98 bis 100; VV. RAM., Heer und Marine.

1. Wegen des Verhältnisses des Tagesabschlusses zum Monats- und Jahresabschluß vgl. die Anmerkung zu § 79. Eine geordnete Kassenführung bedingt, daß täglich die Richtigkeit des Kassenbestandes, d. h. seine Übereinstimmung mit dem aus den Büchern zu errechnenden Bestandsbetrage — dem Kassensollbestand — festgestellt wird. Die Feststellung erfolgt allein auf Grund der Eintragungen in den Zeitbüchern; auch die Aufrechnung im Gegensachbuch, die lediglich als Abstimmung zwischen Zeit- und Sachbuch dienen soll, kommt hierfür nicht in Betracht. Die Aufrechnung der Ein- und der Auszahlungen erfolgt im Hauptbuche. Die Feststellung des Unterschiedsbetrages gehört in den Anhang, in dem der Tagesabschluß darzustellen ist (§ 59 Abs. 4; vgl. AKO. Muster 28 und VV. Heer Beilage 10).

Ein Tagesabschluß ist zu machen, wenn im Laufe des Tages „Zahlungen bewirkt worden sind", denn nur durch Zahlungen kann der Kassensollbestand geändert werden. Es muß also eine Zahlung bewirkt, d. h. der Kasse ein Betrag zugeflossen oder aus ihr hinausgegangen sein (§ 2 Abs. 1 Ziffer 3 bis 5) und zwar auf einem der Wege, auf denen nach § 21 Abs. 1 Zahlungen bewirkt werden. Wird ein als Kassenbestand verzeichneter Scheck eingelöst, so fließt der Kasse damit ein neuer Betrag nicht zu, da der Scheck bereits als Einnahme gebucht ist (§ 35 Abs. 1 zu a). Er ist bei ihr im Sinne der RKO. bereits mit Annahme des Schecks eingegangen. Bei einer Umbuchung ändert sich der Bestand der Kasse nicht, es geht kein Betrag ein oder hinaus; desgleichen nicht beim Buchausgleich. Sonach begründen diese Vorgänge nicht die Notwendigkeit eines Tagesabschlusses. Anderseits genügt dazu das Vorkommen einer einzigen Zahlung, z. B. auch einer Ablieferung oder einer Kassenbestandsverstärkung. Stehen sich Ein- und Auszahlungen in gleicher Höhe gegenüber, so daß der Unterschied gleich Null ist, so ist der Kassensollbestand zwar der Höhe nach derselbe wie am Tage vorher, muß aber in dieser Höhe als neuer Bestand festgestellt werden, weil Zahlungen bewirkt sind.

Erscheint hiernach die Aufstellung eines Tagesabschlusses lediglich wegen Umbuchungen oder Buchausgleichs nach dem Wortlaut des Abs. 1 Satz 1 nicht geboten, so steht anderseits der Aufstellung eines neuen Tagesabschlusses in diesen Fällen nichts im Wege. Buchungen im Hauptbuch aus Anlaß von Umbuchungen oder Buchausgleichen (vgl. § 78) berühren zwar, weil sie sich ausgleichen, die Höhe des Kassensollbestandes, dessen Feststellung der Tagesabschluß dient, nicht, sie begründen aber eine Änderung der dem letzten Abschluß zugrunde liegenden Abschlußzahlen des Hauptbuchs. Durch die Aufstellung eines Tagesabschlusses in diesem Falle, auch wenn Zahlungen nicht vorgekommen sind, wird eine Arbeit vorweggenommen, die anderenfalls bei dem nächsten Tagesabschluß erledigt werden müßte. Es erscheint daher, insbesondere, wenn solche Buchungen in größerer Zahl vorliegen, zweckmäßig und es entspricht den vorgenommenen Buchungen und dem veränderten Inhalt der Bücher, daß ein Tagesabschluß auch dann gemacht wird, wenn Zahlungen zwar nicht bewirkt, aber gebucht worden sind; so auch AKO. § 99 Abs. 5. Vorgeschrieben ist er durch § 80 nicht.

Unabhängig davon, daß ein Tagesabschluß nicht erforderlich ist, ist die erneute Feststellung der im Kassenbehälter aufbewahrten Zahlungsmittel bei ihrer Wiedereinschließung zum Dienstschluß notwendig, wenn sie im Laufe des Tages aus dem Kassenbehälter herausgenommen sind oder dieser geöffnet worden ist. Eine Veränderung des Kassenbestandes in seiner Zusammensetzung — z. B. durch Umwandlung von Zahlungsmitteln in Guthaben und umgekehrt — bedingt für sich allein die Aufstellung eines Tagesabschlusses nicht. Wird ausnahmsweise nach Aufstellung des Tagesabschlusses noch eine Zahlung nötig, so kann nötigenfalls ihre Buchung auf den nächsten Tag verschoben werden; der Kassenbestand ist sofort richtigzustellen.

2. Wegen des Begriffs des Kassenbestandes s. Anm. zu § 2 Ziffer 15. In dem Anhang ist ersichtlich zu machen, wie sich der Kassenbestand aus Zahlungsmitteln und Guthaben zusammensetzt und in welcher Höhe Schecke und Überweisungsaufträge zur Einlösung weitergegeben worden sind. Eine

weitere Trennung, wie sie § 88 für die Kassenprüfungen vorsieht, ist nicht ausdrücklich vorgeschrieben, entspricht aber dem Sinne der Bestimmung und der Übung (vgl. die in Anm. 1 angeführten Muster für den Anhang).

3. Abs. 3 behandelt die bei der Gegenüberstellung sich ergebenden und nicht sofort aufgeklärten Kassenfehlbeträge und Kassenüberschüsse. Wird ein nicht aufgeklärter Fehlbetrag sofort ersetzt, so ist die Übereinstimmung zwischen Kassensollbestand und Kassenbestand wieder hergestellt. Der vorhanden gewesene Fehlbetrag bleibt gleichwohl zu vermerken (Abs. 3 Satz 2). Es ist dies von Bedeutung für den Fall, daß später die Ursache des Fehlbetrags aufgeklärt wird, da eine Rückerstattung des ersetzten Fehlbetrages an den beteiligten Beamten nur bei ordnungsmäßiger Aufzeichnung des Fehlbetrages erfolgen kann. Wird der Fehlbetrag nicht sofort ersetzt, so wird er, wenn der verantwortliche Beamte seine Haftpflicht anerkennt, zu dessen Lasten, im anderen Falle zu Lasten des Reichs als Vorschuß, d. h. als Auszahlung gebucht („Fehlbetrag der Kasse beim Tagesabschluß" oder „von dem ... N. N. als Schuld anerkannter Fehlbetrag"). Auf diese Weise wird, worauf im Interesse einer klaren, den tatsächlichen Verhältnissen entsprechenden Buchführung Wert zu legen ist, die Übereinstimmung zwischen dem Kassenbestand und den Büchern hergestellt. Es bleibt dann aber für die alsbaldige Abwicklung des Vorschusses Sorge zu tragen. Zu diesem Zweck hat der Kassenleiter dem Vorsteher der Verwaltungsbehörde, der die Kasse angehört, und dem Kassenaufsichtsbeamten von dem als Vorschuß gebuchten Fehlbetrag Kenntnis zu geben (Abs. 3 Satz 4). Die Abwicklung des Vorschusses erfolgt entweder dadurch, daß der fehlende Betrag der Reichskasse wieder zugeführt wird, z. B. infolge nachträglicher Einziehung vom Einzahlungspflichtigen, oder indem der etwa verantwortliche Beamte im Wege des Defektenverfahrens zur Deckung des Fehlbetrages herangezogen wird, oder, soweit dies nicht möglich ist. durch endgültige Verrechnung des Fehlbetrages als Ausgabe auf den dafür in Betracht kommenden Ansatz des Haushaltsplans auf Grund einer Auszahlungsanordnung.

Wenn Kassenüberschüsse, die — der Buchung der ungedeckten Fehlbeträge als Vorschüsse entsprechend — als Hinterlegungen zu buchen sind, späterhin aufgeklärt werden, darf der überschüssige Betrag doch nur auf Grund einer Auszahlungsanordnung ausgezahlt werden (§ 37 Abs. 1). Wenn ein Kassenüberschuß nicht aufgeklärt wird, verbleibt er dem Reiche, und es ist, sobald eine Aufklärung nicht mehr zu erwarten steht, zur Abwicklung des Hinterlegungsbetrages eine entsprechende Einzahlungsanordnung zu erlassen (§ 34 Abs. 1).

4. Der Kassenleiter hat die Richtigkeit des Kassenabschlusses

anzuerkennen, weil er die Verantwortung für die ordnungsmäßige Führung der Geschäfte und die Richtigkeit des auf Grund des von ihm geführten Hauptbuches aufgestellten Tagesabschlusses trägt und den bei der Kasse vorhandenen Kassenbestand übernimmt (vgl. AKO. § 99 Abs. 1 bis 3). Die Anerkennung erfolgt im Anhang unter dem Abschluß oder in besonderer Spalte.

Die Anerkennung des Betrages der im Kassenbehälter aufbewahrten Zahlungsmittel durch die Beamten, unter deren Mitverschluß der Kassenbehälter steht (Abs. 4 Schlußsatz; vgl. § 31 Anm. 2) muß schriftlich erfolgen. Die Bescheinigungen müssen für die Kassenprüfung (vgl. § 93 Abs. 1 Satz 1) zur Verfügung gehalten werden. Werden besondere Sortenzettel aufgestellt, so ist zweckmäßig auf ihnen der im Kassenbehälter verwahrte Bestand anzuerkennen. Andernfalls ist im Anhang eine Spalte dafür vorzusehen (vgl. VB. RAM. und die in Anm. 1 angeführten Muster für den Anhang) oder ein besonderes Heft für das Anerkenntnis anzulegen.

§ 81

Monats-, Vierteljahrs- und Jahresabschluß, Abrechnung

(1) Die Amtskassen und Oberkassen haben ihre Bücher für jeden Kalendermonat und für das Rechnungsjahr abzuschließen und gleichzeitig mit der Oberkasse oder Reichshauptkasse abzurechnen. Der zuständige Reichsminister setzt den Tag fest, an dem der Abschluß für den abgelaufenen Kalendermonat stattzufinden hat. Der Reichsminister der Finanzen bestimmt den Tag und den Monat, bis zu dem die Bücher für das abgelaufene Rechnungsjahr abzuschließen sind. Der zuständige Reichsminister kann bestimmen, daß die Bücher statt für jeden Kalendermonat nur für jedes Kalendervierteljahr abgeschlossen werden; Satz 2 gilt sinngemäß.

(2) Das Hauptbuch und die Vorbücher zum Hauptbuch, die Sachbücher und das Gegensachbuch sind aufzurechnen. Nach der Aufrechnung ist zu prüfen, ob die Ergebnisse der einzelnen Bücher übereinstimmen. Im Hauptbuch sind die Auszahlungen von den Einzahlungen abzuziehen, der in den nächsten Zeitabschnitt zu übernehmende Bestand ist anzugeben. Der zuständige Reichsminister kann im Einvernehmen mit dem Reichsminister der Finanzen bestimmen, daß bei den Abschlüssen von der Aufrechnung des Titelbuchs für bestimmte Haushaltseinnahmen abgesehen wird, wenn diese

getrennt nach Kapiteln und Titeln in Zeitbücher eingetragen werden, die nach § 62 Abs. 6 als Teile des Titelbuchs gelten.

(3) Die Amtskassen und Oberkassen haben über jeden Abschluß eine Abschlußnachweisung aufzustellen. Diese enthält die einzelnen Summen der aus dem Titelbuch und, soweit dieses nicht aufgerechnet wird, aus dem Hauptbuch oder den Vorbüchern zum Hauptbuch sich ergebenden Haushaltseinnahmen und -ausgaben in der dem Reichshaushaltsplan entsprechenden oder sonst vorgeschriebenen Ordnung, die Gegenüberstellung dieser Haushaltseinnahmen nebst Kassenbestandsverstärkungen und dieser Haushaltsausgaben nebst Ablieferungen nach dem Abrechnungsbuche sowie die Richtigkeitsbescheinigung des Kassenaufsichtsbeamten. Die Oberkasse oder Reichshauptkasse übernimmt auf Grund der Abschlußnachweisungen die Haushaltseinnahmen und -ausgaben in ihre Bücher und bewirkt die sonst erforderlichen Eintragungen.

(4) Der Reichsminister der Finanzen bestimmt, für welchen Zeitabschnitt die Reichshauptkasse ihre Bücher abzuschließen hat. Für den Abschluß der Bücher der Reichshauptkasse gelten die Abs. 1 bis 3 sinngemäß.

AKO. §§ 101 f.; VB. RHK., RAM. Heer und Marine.

1. Über das Verhältnis der in § 81 behandelten Abschlüsse zu dem Tagesabschluß des § 80 vgl. § 79 Anm. Durch die Abschlußnachweisungen des Abs. 3 werden die kassenmäßigen Ergebnisse der Bewirtschaftung des Reichshaushaltsplans periodisch festgestellt. Gleichzeitig wird durch ihre Aufstellung auf eine ordnungsmäßige Kassenführung hingewirkt (vgl. § 79 Anm.).

§ 81 ordnet in Abs. 1 zweierlei an, einmal, daß die Kassen periodisch ihre Bücher abzuschließen und ferner, daß sie gleichzeitig mit der nächsten übergeordneten Kasse abzurechnen haben; er regelt weiter, in welcher Weise der Zeitpunkt für die Vornahme des Abschlusses festzusetzen ist. Abs. 2 bestimmt, in welcher Weise der Abschluß auszuführen ist, Abs. 3, in welcher Weise die Abrechnung mit der übergeordneten Kasse zu erfolgen hat. Abs. 4 behandelt den Bücherabschluß der Reichshauptkasse.

§ 81 nennt drei verschiedene Zeiträume, für die die Bücher abzuschließen sind, nämlich Monat, Vierteljahr und Rechnungsjahr. Für jede einzelne Kasse kommen von ihnen nur zwei in Betracht, nämlich der Monat oder — statt seiner — nach Bestimmung des zuständigen Reichsministers das Vierteljahr (Abs. 1 Schlußsatz) und ferner das Rechnungsjahr. Jeder Monats- bzw. Vierteljahrsabschluß umfaßt die während des abgeschlossenen Monats oder Vierteljahrs von der Kasse angenommenen bzw. geleisteten Haushaltseinnahmen und -ausgaben sowie die Kassenbestandsverstärkungen und Ablieferungen aus dieser Zeit. Anders liegt es hinsichtlich des Abschlusses für das Rechnungsjahr. Die Bücher werden nach Abs. 1 auch für das Rechnungsjahr abgeschlossen; wenn es aber in Abs. 3 heißt, daß über jeden Abschluß eine Abschlußnachweisung aufzustellen ist, so ist damit nicht gesagt, daß sie das ganze Rechnungsjahr zu umfassen hat, sondern lediglich, daß in die Abschlußnachweisung die sämtlichen auf das abgelaufene Rechnungsjahr entfallenden Zahlungen, soweit sie nicht bereits in früheren Monats- oder Vierteljahrsabschlüssen enthalten sind, aufzunehmen sind. In der Praxis wird hierbei verschieden verfahren. Zumeist umfaßt die Abschlußnachweisung für das Rechnungsjahr den letzten Monat bzw. das letzte Vierteljahr des abgeschlossenen Rechnungsjahres zuzüglich derjenigen bis zum Jahresabschluß der Bücher noch bewirkten Zahlungen, die auf den Haushaltsplan für das abgelaufene Rechnungsjahr zu verrechnen sind. Ein anderes Verfahren besteht darin, daß für den April eine getrennte Nachweisung für die auf das abgelaufene Rechnungsjahr zu verrechnenden Zahlungen aufgestellt wird. Nach AKO. § 101 und OFKO. § 30 ist der Abschluß für das vierte Vierteljahr in der Regel mit dem Jahresabschlusse zu verbinden. Im Bereich der Reichsarbeitsverwaltung wird bei den Amtskassen der Abschluß für März mit dem Jahresabschluß verbunden. Im Bereich der Heeresverwaltung werden die Bücher am letzten Werktage des Monats und im April am 24. dieses Monats abgeschlossen. Der Abschluß der Bücher am 24. April ist, soweit er die für das alte Rechnungsjahr gebuchten Zahlungen nachweist, zugleich der Jahresabschluß für das abgelaufene Jahr. Der Abschluß für den Mai umfaßt auch die Tage vom 25. bis 30. April. Ebenso im Bereich der Marine; nur bei Schiffen im Ausland ist der Abschluß am 31. März zugleich der Jahresabschluß. Nach den vom RFM. aufgestellten Richtlinien für die Abrechnung der Reichskassen mit der Reichshauptkasse vom 30. Mai 1928 (R.Min.Bl. S. 173) rechnen die der Reichshauptkasse unmittelbar nachgeordneten Kassen und die den Oberkassen in dieser Beziehung gleichgestellten Rechnungsstellen mit der Reichshauptkasse allmonatlich — einschließlich des März — über die Haushaltseinnahmen und -ausgaben sowie Kassenbestandsverstärkungen und Ablieferungen ab; außerdem werden in der nach Schluß des April für diesen Monat aufzustellenden Nachweisung neben den das neue Jahr betreffenden Beträgen und getrennt von diesen die noch auf das abgelaufene Rechnungsjahr entfallenden Haushaltseinnahmen und -ausgaben sowie Kassenbestandsverstärkungen und Ablieferungen nachgewiesen (§§ 1 und 3 der Richtlinien). Eine das ganze Rechnungsjahr umfassende Abschlußnachweisung als solche wird — außer von den Oberfinanzkassen gemäß OFKO. § 31 — nicht aufgestellt. Wegen des Inhalts der Abschlußnachweisungen vgl. Anm. 5.

2. Der Abschluß einer übergeordneten Kasse erstreckt sich auch auf die während des Abrechnungszeitraums bei den nachgeordneten Kassen gebuchten Haushaltseinnahmen und -ausgaben. Soweit Kassen noch das Buchungsergebnis der Abschlußnachweisungen nachgeordneter Kassen oder von Zahlstellen in ihre Bücher zu übernehmen haben, können sie den Abschluß nicht unmittelbar nach Ablauf des Abrechnungszeitraums vornehmen, sondern sie müssen noch den Eingang der von den nachgeordneten Kassen oder von ihren Zahlstellen ihnen zu übermittelnden Abschlußnachweisungen abwarten. Hieraus ergibt sich, daß die Abschlußtage nicht für alle Kassen gleich angesetzt werden können, sondern daß dabei auf die vorangeführten Verhältnisse Rücksicht zu nehmen ist. Während der Zeitpunkt des Abschlusses bei den Amtskassen unmittelbar oder nahe an den Schluß des Abrechnungszeitraums herangerückt werden kann, muß bei den übergeordneten Kassen für den Eingang der Nachweisungen von den nachgeordneten Kassen ein angemessener Spielraum gewährt werden. Wann eine jede Kasse danach ihre Bücher abzuschließen hat, bestimmt nach Abs. 1 Satz 2 der zuständige Reichsminister; zumeist wird er in Verbindung damit auch festsetzen, bis wann der übergeordneten Kasse der Abschluß einzureichen ist. Hinsichtlich des Zeitraums, auf den sich die Nachweisung erstreckt, wird durch die Festsetzung des Tages, an dem die Bücher abzuschließen sind, nichts geändert. Nach Abs. 1 Satz 3 bestimmt der RFM. den Tag — die Worte „und den Monat" erscheinen entbehrlich —, bis zu dem die Bücher für das abgelaufene Rechnungsjahr abzuschließen sind, d. h. er bestimmt den Tag, bis zu dem noch Buchungen für das abgelaufene Rechnungsjahr vorgenommen werden dürfen (RHO. § 61). Da die nachgeordneten Kassen, wie dargelegt, ihre Bücher früher abschließen müssen, als die übergeordneten Kassen, so liegt für sie der Tag, bis zu dem sie noch Zahlungen für das abgelaufene Rechnungsjahr buchen dürfen (vgl. § 61 RHO.) früher als für die übergeordneten Kassen. Der Tag, an dem die Kassen die Bücher für das abgelaufene Rechnungsjahr abzuschließen haben, wird unter Berücksichtigung der vom RFM. gemäß Abs. 1 Satz 3 getroffenen Anordnung nach Satz 2 des Abs. 1 ebenfalls von dem zuständigen Reichsminister festgesetzt. Nach den Richtlinien für die Abrechnung der Reichskassen mit der Reichshauptkasse sind die monatlichen Nachweisungen der Reichshauptkasse bis zum 10. des auf den Ab-

schluß folgenden Monats einzureichen. Die Reichshauptkasse hat für das Rechnungsjahr die Bücher in der Regel am 15. Mai abzuschließen. Der zuständige Reichsminister bestimmt danach den Tag, an dem die Kassen die Bücher für das abgelaufene Rechnungsjahr abzuschließen haben, doch spätestens den 30. April.

3. Jeder Abschluß einer übergeordneten Kasse baut auf den Abschlüssen der nachgeordneten Kassen auf. Die Belegeanrechnungen nachgeordneter Kassen über die in dem abgeschlossenen Zeitraum bewirkten Auftragszahlungen sind der auftraggebenden Kasse so rechtzeitig zu übersenden, daß sie noch in deren Abschluß aufgenommen werden können. Sie erscheinen in der Abschlußnachweisung der nachgeordneten Kasse als Ablieferung. Die von der übergeordneten Kasse aufzustellenden Abschlußnachweisungen müssen sich mit den Abschlußnachweisungen der nachgeordneten Kassen, soweit deren Ergebnisse in die ersteren Nachweisungen aufgenommen werden, in Einklang befinden. Unstimmigkeiten sind schleunigst aufzuklären. Kassenbestandsverstärkungen, die bei der nachgeordneten Kasse in dem abgeschlossenen Zeitraum nicht mehr eingegangen und daher in ihrer Abschlußnachweisung nicht enthalten sind, müssen auch aus der Abschlußnachweisung der übergeordneten Kasse herausbleiben und können erst in der nächsten Abschlußnachweisung berücksichtigt werden. Bei Ablieferungen besteht die gleiche Schwierigkeit nicht, da Ablieferungen, die in der Abschlußnachweisung nachgewiesen sind, stets bis zu dem Zeitpunkt, an dem die übergeordnete Kasse ihre Bücher abschließt, eingegangen sein werden.

4. Abs. 2 behandelt den Abschluß der Bücher. Er spricht, dem Zwecke des Abschlusses entsprechend, nur von der Aufrechnung der Zeit- und Sachbücher und des die Verbindung zwischen beiden bildenden Gegensachbuchs. Die Bücher werden aufgerechnet, um das Ergebnis der für den abgeschlossenen Zeitraum gebuchten Zahlungen festzustellen. Der Abschluß der Bücher erfolgt je nach ihrem Zwecke in verschiedener Weise, entweder lediglich durch Aufrechnung der gebuchten Einzahlungen und Auszahlungen, gegebenenfalls unter Bildung eines Saldos — Abzug sich gegenüberstehender Einzahlungen und Auszahlungen voneinander —, oder durch gleichzeitige Übertragung der errechneten Summen oder Saldi auf den neuen Buchungszeitraum.

„Im Hauptbuch sind die Auszahlungen von den Einzahlungen abzuziehen, der in den nächsten Zeitabschnitt zu übernehmende Bestand ist anzugeben.“ Das Hauptbuch ist dazu da, die sämtlichen vorgekommenen Zahlungen nachzuweisen, so daß danach der Kassensollbestand festgestellt werden kann (§ 80). Es muß daher bei Abschluß des Hauptbuchs dieser Sollbestand durch Abziehung der Auszahlungen von den Einzahlungen festgestellt und, da das Hauptbuch den Kassensollbestand wiedergeben muß, das verbleibende Mehr der Einzahlungen in den neuen Zeitabschnitt übernommen, d. h. im Hauptbuch unter Einzahlungen vorgetragen werden.

Beim Titelbuch kommt es nur darauf an, für den Abschluß festzustellen, in welcher Höhe Haushaltseinnahmen und -ausgaben während des abgeschlossenen Zeitabschnitts gebucht sind. Eine Übertragung des Gesamtbetrages der in ihm aufgezeichneten Einzahlungen und Auszahlungen auf den neuen Zeitabschnitt findet nicht statt. Abgesehen davon, daß das Titelbuch durch die infolge der Übertragung stark anwachsenden Zahlen ungebührlich belastet werden würde, muß eine Übertragung wegen der notwendigen Übereinstimmung der jeweiligen Eintragungen in den Zeit- und Sachbüchern unterbleiben. Da im Hauptbuch die Gesamtbeträge der Ein- und Auszahlungen nicht auf den neuen Zeitabschnitt übertragen werden, ist die Übertragung auch im Titelbuch ausgeschlossen. (Wegen des Hinterlegungs- und des Vorschußbuchs sowie des Abrechnungsbuchs vgl. die folgenden beiden Absätze). Anderseits muß auch im Titelbuch das Jahresergebnis für die Zwecke der Rechnungslegung, gleichviel ob sie durch Vorlegung des Titelbuchs oder Aufstellung einer Rechnung erfolgt, festgestellt werden, sei es durch besondere Zusammenstellung der Monatsergebnisse am Schlusse des Rechnungsjahrs oder durch allmonatliche Hinzurechnung der Ergebnisse der Vormonate zu der Abschlußsumme des letztabgeschlossenen Monats. Die RKO. setzt ein solches Verfahren voraus, indem sie lediglich für besondere Fälle (vgl. § 12 und 18 das.) eine Bestimmung über die Bildung von Abschlußsummen im Titelbuch enthält. Für den Bereich der Heeres- und der Marineverwaltung ist die Aufstellung besonderer Nachweisungen vorgesehen, die in gewissem Umfange die Feststellung des Jahresergebnisses im Titelbuch ersetzen (vgl. BB. Heer zu § 62 Ziffer 4 und BB. Marine Ziffer 33g). Wenn laufende Haushaltseinnahmen und -ausgaben gemäß § 62 Abs. 4 statt im Titelbuch zunächst in Zahlungsnachweisungen aufgerechnet werden, so müssen diese zur Ermittlung der Monats- bzw. Vierteljahrssumme aufgerechnet werden. Die Gründe, aus denen gemäß § 62 Abs. 6 für das Titelbuch eine andere Form zugelassen und Zeitbücher als Teil des Titelbuchs angesehen werden dürfen, bedingen auch — wegen der Unzweckmäßigkeit der Aufrechnung des Titelbuchs in diesen Fällen — die im Schlußsatz des Abs. 2 für gewisse Haushaltseinnahmen vorgesehene Abweichung von der Regel.

Das Hinterlegungsbuch und das Vorschußbuch können nicht in dem Sinne abgeschlossen werden, daß damit die zurückliegenden Buchungen für die folgenden Buchungsabschnitte erledigt wären und weiterhin nicht mehr in Betracht kämen.

Die unerledigten Hinterlegungen und Vorschüsse bleiben auch für den neuen Zeitraum buchmäßig bestehen und die sie erledigenden Auszahlungen und Einzahlungen sind ihnen weiter gegenüberzustellen. Dies hindert jedoch nicht, auf Grund der Aufrechnung den Unterschied zwischen den Einnahmen und Ausgaben in beiden Büchern, d. h. je den Gesamtbetrag der noch nicht erledigten Hinterlegungen und Vorschüsse festzustellen und für den neuen Abrechnungszeitraum vorzutragen. Von der durch die Aufrechnung festgestellten Summe der Hinterlegungen bzw. Vorschüsse werden die in dem abgeschlossenen Zeitraum abgewickelten, regelmäßig in besonderer Spalte eingetragenen (vgl. § 63 Anm. 2) Beträge abgezogen; dies ergibt den Betrag der noch offenen Hinterlegungen und Vorschüsse, und dieser Betrag wird in den neuen Zeitabschnitt übernommen. Vgl. Schlußsatz des folgenden Absatzes.

Im Abrechnungsbuch stehen sich Kassenbestandsverstärkungen und Ablieferungen als Einzahlungen und Auszahlungen gegenüber. Da die Abschlußnachweisung den Zweck hat, den Verbleib der Haushaltseinnahmen und der Kassenbestandsverstärkungen nachzuweisen, so sind die Summen der aufgerechneten Bestandsverstärkungen und Ablieferungen nur für die Abstimmung der Zeit- und Sachbücher von Bedeutung. Für die Übertragung in den neuen Abrechnungsabschnitt kommt in Betracht, wie sich die Kassenbestandsverstärkungen und Ablieferungen zu den nachgewiesenen Haushaltseinnahmen und -ausgaben verhalten, d. h. es ist festzustellen, in welchem Umfange den Ablieferungen Haushaltseinnahmen zugrunde liegen, und in welcher Höhe Kassenbestandsverstärkungen zu Haushaltsausgaben verwendet worden sind. Einer Berücksichtigung der Hinterlegungen und Vorschüsse bedarf es hierbei nicht, da die nicht abgewickelten Hinterlegungen und Vorschüsse für sich in den neuen Buchungsabschnitt übernommen werden. Zu übertragen ist der Unterschied zwischen den Bestandsverstärkungen und Haushaltseinnahmen einerseits und den Ablieferungen und Haushaltsausgaben anderseits. Der Unterschiedsbetrag bleibt, wenn die ersteren, d. h. die Einzahlungen überwiegen, noch abzuliefern oder als Haushaltsausgabe nachzuweisen, wenn die Ablieferungen überwiegen, in einer späteren Abschlußnachweisung noch als Haushaltseinnahme nachzuweisen. Im ersteren Falle ist er als Kassenbestandsverstärkung, im letzteren als Ablieferung im Abrechnungsbuch für den nächsten Rechnungsmonat vorzutragen. Erstere steht der Kasse zur Last, den Betrag der letzteren hat sie bei der Kasse, mit der sie abrechnet, zugute. Daß die Kasse in die Lage kommen kann, mehr abzuliefern, als sie als Haushaltseinnahmen nachweist, liegt darin, daß die Hinterlegungen in der Abschlußnachweisung unberücksichtigt bleiben. Nachstehend ist an dem Beispiel zweier aneinander anschlie-

Kassenabschlüsse für April und Mai (zu § 81 Anm. 4, S. 329 a. E.)

April

Hauptbuch

Einzahlungen[1])		Auszahlungen	
Kassenbestandsverstärkungen	500		
Haushaltseinnahmen	2300[2])	Haushaltsausgaben	400[4])
Hinterlegungen	600	Vorschüsse	400
Vorschüsse[3])	200	Hinterlegungen	300[5])
		Ablieferungen	2100
	3600		3200
	− 3200		
	+ **400**		

Sachbücher

Titelbuch Einz.	Titelbuch Ausz.	Hinterlegungsbuch Einz.	Hinterlegungsbuch Ausz.	Vorschußbuch Einz.	Vorschußbuch Ausz.	Abrechnungsbuch Kassenbestandsverstärkungen	Abrechnungsbuch Ablieferungen
2000	200	600	300[6])	200[7])	400	500	2100
300[6])	200[7])						
+ 2300	− 400	+ 600	− 300	+ 200	− 400	+ 500	− 2100
		+ **300**		− **200**			
				dazu aus d. Titelbuch		+ 2300	− 400
						+ 2800	− 2500
						+ **300**	

[1]) Die Kasse ist zum 1. April neu eingerichtet, ein Übertrag daher nicht nachzuweisen.

[2]) Darin sind enthalten 800 *RM* umgebuchte Hinterlegungen.

[3]) Gegenbuchung zu der Umbuchung von 200 *RM* aus dem Vorschußbuch ins Titelbuch (vgl. § 78 Anm.)

[4]) Darin sind enthalten 200 *RM* umgebuchte Vorschüsse.

[5]) Gegenbuchung zu der Umbuchung von 300 *RM* aus dem Hinterlegungsbuch ins Titelbuch (vgl § 78 Anm.)

[6]) D. s. die aus dem Hinterlegungsbuch ins Titelbuch umgebuchten Hinterlegungen im Betrage von 800 *RM* (vgl. Anm. 2 und 5).

[7]) D. s. die aus dem Vorschußbuch ins Titelbuch umgebuchten Vorschüsse im Betrage von 200 *RM* (vgl. Anm. 4 und 8).

Zur Erläuterung.

Die 10 Beträge in den Sachbüchern finden sich in den 8 Beträgen im Hauptbuch (vgl. Anm. 2 und 4) wieder. Im Hauptbuch bleibt ein Kassenbestand von 400 *RM*, der auf den Mai übertragen wird. Im Abrechnungsbuch ergibt sich nach Zuzählung der Haushaltseinnahmen und -ausgaben aus dem Titelbuch ein Überschuß der Einzahlungen, der als Kassenbestandsverstärkung im Mai vorgetragen wird. Der Kassenbestand von 400 *RM* setzt sich zusammen aus der verbliebenen Kassenbestandsverstärkung von 300 *RM*, den nicht abgewickelten Hinterlegungen von 300 *RM* und desgl. Vorschüssen von 200 *RM* = + 300 + 300 − 200 = 400 *RM*.

Mai

Hauptbuch

Einzahlungen		Auszahlungen	
Übertrag [7])	400	Haushaltsausgaben	800 [3])
Haushaltseinnahmen	3150 [1])	Vorschüsse	250
Hinterlegungen	400	Hinterlegungen	250 [4])
Vorschüsse	350 [2])	Ablieferungen	2500
	4300		3800
	— 3800		
	+ 500		

Sachbücher

Titelbuch		Hinterlegungsbuch		Vorschußbuch		Abrechnungsbuch	
Einz.	Ausz.	Einz.	Ausz.	Einz.	Ausz.	Kassenbestandsverstärkungen	Ablieferungen
3000	450	300 [7])	100		200 [7])		
150 [5])	350 [6])	400	150 [5])	350 [6])	250	300 [7])	2500
3150	— 800	700	— 250	350	— 450	+ 300	— 2500
		+ 450		**— 100**			
				dazu aus d. Titelbuch		+ 3150	— 800
						3450	— 3300
						+ 150	

[1]) einschließlich 150 *RM* ins Titelbuch umgebuchte Hinterlegungen (vgl. Anm. 5).

[2]) Gegenbuchung zur Umbuchung der 350 *RM* aus dem Vorschußbuch ins Titelbuch.

[3]) einschließlich 350 *RM* ins Titelbuch umgebuchte Vorschüsse (vgl. Anm. 6).

[4]) = 100 *RM* zurückgezahlte Hinterlegung und Gegenbuchung zur Umbuchung der 150 *RM* aus dem Hinterlegungsbuch ins Titelbuch.

[5]) Aus dem Hinterlegungsbuch ins Titelbuch umgebucht.

[6]) Aus dem Vorschußbuch ins Titelbuch umgebucht.

[7]) Übertrag (gleich den fett gedruckten Zahlen des Vormonats).

Zur Erläuterung.

Die 10 Beträge in den Sachbüchern (ohne die Überträge) finden sich in den 7 Eintragungen im Hauptbuch (vgl. die Anm. 1, 3 und 4) wieder. Der Kassenbestand von 500 *RM* setzt sich zusammen aus der verbleibenden Kassenbestandsverstärkung von 150 *RM*, den nicht abgewickelten Hinterlegungen von 450 *RM* und desgl. Vorschüssen von 100 *RM* = + 150 + 450 — 100 = 500 *RM*.

ßender Monatsabschlüsse dargestellt, wie sich die Eintragungen in den Zeit- und Sachbüchern gegenseitig bedingen, sodaß die Endergebnisse der Buchungen in beiden übereinstimmen müssen (s. S. 330 f.).

Nach dem Vorangehenden stehen nach Abschluß der Zeit- und Sachbücher und Übernahme der vorangeführten Beträge in den neuen Abrechnungsabschnitt dem Übertrag des übernommenen Saldos im Hauptbuch gegenüber im Titelbuch kein Betrag, im Hinterlegungs- und im Vorschußbuch die noch nicht abgewickelten Eintragungen und im Abrechnungsbuch der Unterschiedsbetrag zwischen Kassenbestandsverstärkungen und Haushaltseinnahmen einerseits und Haushaltsausgaben und Ablieferungen anderseits. Der als Übertrag im Hauptbuch nachgewiesene Kassensollbestand setzt sich also zusammen aus den Beträgen der nicht abgewickelten Hinterlegungen und Vorschüsse und dem Übertrag im Abrechnungsbuch und muß mit diesen Beträgen übereinstimmen. Unstimmigkeiten sind durch Nachprüfung der Aufrechnungen und Abstimmung der Eintragungen in den Sachbüchern mit denen in den Zeitbüchern aufzuklären.

Mit der Aufrechnung der Bücher und der buchmäßigen Abstimmung und Feststellung ihrer Ergebnisse ist der Kassenabschluß bewirkt und die Unterlage für die Aufstellung der Abschlußnachweisung nach Abs. 3 geschaffen.

5. Nach Abs. 3 ist über jeden Abschluß eine Abschlußnachweisung zwecks Abrechnung mit der nächstübergeordneten Kasse aufzustellen. Diese Nachweisung schließt sich an den Abschluß gemäß Abs. 2 an, beschränkt sich aber, ihrem Zweck entsprechend (vgl. § 79 Anm.), unter Fortlassung der Hinterlegungen und Vorschüsse, über die nicht Rechnung gelegt wird, auf die Wiedergabe der Haushaltseinnahmen und der Kassenbestandsverstärkungen einerseits und der Haushaltsausgaben und der Ablieferungen anderseits.

Nach Satz 2 des Abs. 3 sind die Haushaltseinnahmen und -ausgaben in der dem Reichshaushaltsplan entsprechenden oder sonst vorgeschriebenen Ordnung (vgl. § 62 Abs. 1 und Anm. 2 das.) nachzuweisen. Diese Aufgabe ist vielfach in der Weise erfüllt, daß in der Abschlußnachweisung die Haushaltseinnahmen und -ausgaben in — nicht titelweise aufgeteilten — Gesamtbeträgen erscheinen und der Nachweisung zur Ergänzung besondere Einnahme- und Ausgabenachweisungen oder -übersichten beigegeben werden, in denen die Haushaltseinnahmen und -ausgaben nach Titeln und Unterteilen von solchen im Sinne des § 62 Abs. 1 getrennt aufgeführt sind, so nach AKO. § 101 Abs. 2, OFKO. § 32, VB. RAM. Abs. 2, Heer und Marine. In den Richtlinien für die Abrechnung der Reichskassen mit der Reichshauptkasse vom 30. Mai 1928 (R.Min.Bl. S. 373) ist in § 6 eine besondere Ordnung für die monatlichen Abschlußnachweisungen vorgeschrieben; der Abschlußnachweisung für den Monat April ist eine Nachweisung der Haushaltseinnahmen und -ausgaben des abgelaufenen Rechnungsjahres beizufügen, in der die Jahresergebnisse in der dem Reichshaushaltsplan entsprechenden Ordnung, getrennt nach Kapiteln und Titeln oder Unterteilen eines Titels aufzuführen sind.

Nach Abs. 3 Satz 2 a. E. ist die Abschlußnachweisung mit der Richtigkeitsbescheinigung des Kassenaufsichtsbeamten zu versehen, von ihm also eingehend auf ihre Übereinstimmung mit den Büchern zu prüfen. Nachdem diese Übereinstimmung durch den Kassenaufsichtsbeamten auf der Abschlußnachweisung bescheinigt ist, darf die Nachweisung ordnungsmäßig nicht mehr an die Kasse zurückgelangen; vgl. AKO. § 101 Abs. 4 und VB. RAM. (Schlußabsatz). Durch die Nachweisung werden die darin enthaltenen den Eintragungen in den Büchern entsprechenden Buchungsergebnisse der übergeordneten Kasse gegenüber festgelegt. Die Kasse darf nicht mehr in die Lage kommen, die von dem Kassenaufsichtsbeamten bescheinigte Nachweisung abweichend von den Buchungen nachträglich abzuändern.

6. „Die Oberkasse oder Reichshauptkasse übernimmt auf Grund der Abschlußnachweisungen die Haushaltseinnahmen und -ausgaben in ihre Bücher und bewirkt die sonst erforderlichen Eintragungen", d. h. sie verbucht die Haushaltseinnahmen und -ausgaben in ihren Zeit- und Sachbüchern. Die Buchung im Zeitbuch ist wegen der notwendigen Übereinstimmung desselben mit dem entsprechenden Sachbuch geboten (vgl. die Anmerkung zu § 78). Die Eintragung im Titelbuch allein genügt aber nicht, da ihr nicht wirkliche Zahlungen gegenüberstehen (vgl. § 4 Anm. 2 Abs. 3), sie ist vielmehr durch die entsprechende Absetzung im Abrechnungsbuch auszugleichen. Die Haushaltseinnahmen der nachgeordneten Kasse waren der übergeordneten Kasse bisher in der Form von Ablieferungen zugeführt; durch die Abschlußnachweisung werden sie ihr als Haushaltseinnahmen nachgewiesen. Nachdem sie als solche gebucht sind, entfällt die Buchung als Ablieferung und sie sind im Abrechnungsbuche in der nachgewiesenen Höhe abzusetzen. Die Übernahme in die Bücher der übergeordneten Kasse wirkt sich also wie eine Umbuchung aus (vgl. § 78 Anm.). Entsprechendes gilt für die nachgewiesenen Haushaltsausgaben.

Für die nachgeordnete Kasse, die die Abschlußnachweisung vorgelegt hat, ist eine gleiche Richtigstellung des Abrechnungsbuchs, d. h. die Absetzung von Kassenbestandsverstärkungen und Ablieferungsbeträgen nicht ausdrücklich vorgeschrieben. Anderseits ist auch in ihm die Übernahme des Ergebnisses der Abschlußnachweisung für den abgeschlossenen Zeitraum einmal wegen der notwendigen Übereinstimmung des Abrechnungsbuchs mit dem der übergeordneten Kasse und ferner zur Herstellung der Übereinstimmung der Buchungen in den Zeit- und Sachbüchern in dem neuen Abrechnungszeitraum unentbehrlich (vgl. Anm. 4 und § 65 Anm. 1). So auch Reichard, RKO. § 82 Anm. 6 Abs. 2. Entsprechende Anordnungen enthalten AKO. § 101 Abs. 4, VV. RAM. (Abs. 2) und § 4 Abs. 3 der Richtlinien für die Abrechnung der Reichskassen mit der Reichshauptkasse. Nach VV. Heer (Ziffer 12) und Marine (zuk) ist der Unterschiedsbetrag, da ein Abrechnungsbuch nicht geführt wird (s. VV. zu § 65), im Hauptbuch Spalte „Abrechnung" als Kassenbestandsverstärkung oder als Ablieferung in den neuen Abrechnungsabschnitt zu übertragen. Eine ausdrückliche Regelung durch die RKO. erscheint empfehlenswert.

7. Für den Abschluß der Bücher der Reichshauptkasse gelten die Abs. 1 bis 3 sinngemäß (Abs. 4). Wegen der Monatsabschlüsse der Reichshauptkasse vgl. VV. RHK. Ziffer 1 und 2. Die darin enthaltene Bestimmung, daß die Reichshauptkasse am letzten Werktage jedes Monats das Hauptbuch, die Sachbücher und das Gegensachbuch abzuschließen habe, ist überholt. Nach § 9 der Richtlinien für die Abrechnung mit der Reichshauptkasse schließt diese ihre Bücher monatlich nach Eingang der ihr bis zum 10. des auf den Abschluß folgenden Monats von den nachgeordneten Kassen einzureichenden Abschlußnachweisungen ab und legt dem RFM. eine Übersicht über die danach festgestellten Haushaltseinnahmen und -ausgaben des Reichs vor. Für das Rechnungsjahr hat die Reichshauptkasse nach § 9 der angeführten Richtlinien die Bücher vorbehaltlich abweichender Bestimmung des Reichsfinanzministers regelmäßig am 15. Mai abzuschließen.

III. Buch: Kassenprüfungen

1. Teil: Allgemeines

§ 82

Zweck und Arten

(1) Bei den Kassen sind ordentliche und außerordentliche Kassenprüfungen vorzunehmen. Der zuständige Reichsminister kann im Einvernehmen mit dem Reichsminister der Finanzen zulassen, daß in den Fällen des § 17 Abs. 2 von der Vornahme ordentlicher Kassenprüfungen abgesehen wird.

(2) Zweck der Kassenprüfungen ist, zu ermitteln, ob der Kassenbestand mit dem Ergebnis der Eintragungen in den Zeitbüchern übereinstimmt, ob die Bücher richtig geführt sind, insbesondere die Eintragungen in den Sachbüchern denen in den Zeitbüchern entsprechen, ob die erforderlichen Belege vorhanden und auch im übrigen die Kassengeschäfte ordnungsgemäß erledigt sind.

AKO. § 126; BB. RAM. und Heer.

1. Die Wichtigkeit einer geordneten Kassenführung bedingt neben deren fortlaufender Überwachung durch den Kassenleiter und den Kassenaufsichtsbeamten die Vornahme regelmäßiger förmlicher Prüfungen. Nach § 60 RHO. sind sämtliche Kassen mindestens jährlich, sämtliche Verwaltungen von Vorräten mindestens alle zwei Jahre einer unvermuteten Prüfung zu unterziehen; Abweichungen bedürfen der Zustimmung des RFM.; im übrigen ist die Bestimmung über die Prüfungen dem zuständigen Reichsminister überlassen. Durch die regelmäßigen ordentlichen Kassenprüfungen wird gesichert, daß eine Kasse nicht längere Zeit hindurch, ohne daß dies bemerkt werden müßte, sich in einem ungeordneten Zustande befinden kann. Durch die Vornahme außerordentlicher, d. h. unvermuteter Kassenprüfungen wird die zweckdienliche Durchführung der ordentlichen Kassenprüfungen überwacht und gleichzeitig wegen der mit der unvermuteten Prüfung verbundenen Gefahr der Entdeckung einer vorschriftswidrigen Verwendung von Kassenmitteln unter Vornahme entsprechender Buchungen entgegengewirkt. Das III. Buch der RKO. (§§ 82 bis 97) bringt in Ausführung des § 60 RHO. nähere Bestimmungen über die Vornahme der Kassenprüfungen. Der 1. Teil (§§ 82 bis 87) enthält die allgemeinen die Vornahme der Kassenprüfungen betreffenden Bestimmungen; sie behandeln die Häufigkeit der Kassenprüfungen, ihre Anordnung im einzelnen, den Prüfungsbereich der ordentlichen und der außerordentlichen Prüfung in zeitlicher Hinsicht und die Bestellung der Prüfungsbeamten. Der 2. und 3. Teil (§§ 88 bis 96) bringen die Vorschriften über das Prüfungsgebiet in sachlicher Beziehung und über das bei den Kassenprüfungen zu beobachtende Verfahren. Der 4. Teil (§ 97) betrifft das Verfahren bei den vom Rechnungshof des Deutschen Reichs vorzunehmenden Kassenprüfungen.

Da nach § 87 Abs. 1 die ordentlichen Kassenprüfungen vom Kassenaufsichtsbeamten vorzunehmen sind, sieht Abs. 1 Satz 2 für die Fälle, in denen nach § 17 Abs. 2 die Aufgabe des Kassenaufsichtsbeamten von einer Stelle der höheren Verwaltungsbehörde wahrgenommen werden, eine Abweichung von den Bestimmungen über die Vornahme der ordentlichen

Kassenprüfungen vor. Die Mitwirkung des Reichsministers der Finanzen hierbei soll sichern, daß von dem in Satz 1 festgelegten Grundsatz nur aus zwingenden Gründen und unter entsprechenden Bedingungen abgewichen wird. In VB. Heer ist angeordnet, daß ordentliche Kassenprüfungen nur bei den Amtskassen stattfinden, bei denen ein Beamter der Behörde, zu der die Amtskasse gehört, als Kassenaufsichtsbeamter bestimmt ist. Nach VB. Heer zu § 94 sollen die Bücher und Belege der übrigen Amtskassen, soweit sie bei diesen entbehrlich sind, von der höheren Verwaltungsbehörde zu einem nach der Geschäftslage geeigneten Zeitpunkt eingefordert und nach beschleunigter Prüfung ungesäumt wieder zurückgesandt werden.

2. Abs. 2 kennzeichnet den Zweck der Kassenprüfungen. In welcher Weise die daraus sich ergebende Aufgabe der Kassenprüfungen zu erfüllen ist, ergibt sich aus den Bestimmungen der §§ 88 bis 96. Die Bestimmung des Abs. 2 kann nur im Zweifel zur Auslegung der angeführten Paragraphen herangezogen werden. Nach Abs. 2 erstrecken sich die Prüfungen nicht nur auf die geldliche und buchmäßige Seite der Kassenführung — Feststellung des Kassensollbestandes an der Hand der Kassenbücher und der Belege und seiner Übereinstimmung mit dem tatsächlichen Kassenbestande (§§ 89 bis 91) —, sondern auf die gesamte Kassengebarung, also die Geschäftsführung, die Einrichtungen, die Personalbesetzung und -verwendung usw. (vgl. § 93).

§ 83

Zahl

Ordentliche Kassenprüfungen sind in der Regel monatlich einmal, außerordentliche Kassenprüfungen jährlich mindestens einmal vorzunehmen. Der zuständige Reichsminister bestimmt die Zahl der bei den Kassen seines Verwaltungsbereichs vorzunehmenden ordentlichen und außerordentlichen Kassenprüfungen; er kann diese Befugnis für die ordentlichen Kassenprüfungen auf die höheren Verwaltungsbehörden übertragen. Hat in dem Zeitabschnitt, in dem eine ordentliche Kassenprüfung vorzunehmen ist, eine außerordentliche Kassenprüfung stattgefunden, so kann von der Vornahme der ordentlichen Kassenprüfung abgesehen werden.

AKO. § 127; VB. RAM., Heer und Marine.

1. § 83 betrifft die Anzahl der im Laufe des Jahres bzw. in einzelnen Abschnitten desselben vorzunehmenden Kassenprüfungen. Die RKO. enthält ebenso wie die RHO. keine bindende Bestimmung über die Vornahme ordentlicher Kassen-

prüfungen, sondern stellt nur eine Richtlinie auf und überläßt wegen der Verschiedenheit der Verhältnisse die nähere Regelung im Rahmen der Vorschrift des Abs. 1 den zuständigen Reichsministern. Ordentliche Kassenprüfungen können, abgesehen von den Fällen des § 82 Abs. 1 Satz 2, häufiger oder seltener als einmal monatlich vorgenommen werden (vgl. AKO. § 127 Abs. 1 und VB. Heer Ziffer 1), außerordentliche erforderlichenfalls auch häufiger als einmal im Jahre (vgl. AKO. § 128 Abs. 1, VB. RAM. und VB. Heer zu §§ 82 f. Ziffer 2). Einer regelmäßigen Beschränkung der außerordentlichen Prüfungen auf eine in jedem Jahre steht die Erwägung entgegen, daß danach die Kasse, bei der eine außerordentliche Prüfung vorgenommen ist, vor Wiederholung einer solchen im selben Jahre sicher wäre. Es wird daher gelegentlich auch eine häufigere als einmalige außerordentliche Prüfung im Jahre vorgesehen oder nachträglich angeordnet werden müssen. § 83 läßt es ebenso wie § 60 RHO. offen, ob die Bestimmung sich auf das Kalender- oder das Rechnungsjahr beziehen soll. Die bisherige Praxis hat regelmäßig das letztere als gemeint angesehen.

Nach Satz 2 bestimmt der zuständige Minister im Rahmen der Anordnung in Satz 1 die Zahl der bei den Kassen seines Verwaltungsbereichs vorzunehmenden ordentlichen und außerordentlichen Prüfungen. Er kann, soweit es sich um die ordentlichen Prüfungen handelt, der höheren Verwaltungsbehörde (vgl. die Verordnung, betr. die Zuständigkeit der Reichsbehörden zur Ausführung des Gesetzes vom 31. 3. 73 [RBG.] vom 27. 12. 99, RGBl. S. 730) diese Bestimmung übertragen. Auf Grund der nach Satz 2 getroffenen Festsetzung, die sich nur auf die Anzahl der vorzunehmenden Prüfungen bezieht, wird die Vornahme der Prüfungen von den in § 84 bezeichneten Stellen angeordnet (vgl. § 84 Anm. 1). § 87 bestimmt, welche Personen die gemäß § 84 angesetzten Prüfungen als Prüfungsbeamte auszuführen haben.

2. § 83 will nicht nur die Vornahme regelmäßiger Kassenprüfungen sichern, sondern auch einer über das Bedürfnis hinausgehenden Ansetzung von Kassenprüfungen entgegenwirken. Eine Abweichung von der gemäß § 83 Satz 2 getroffenen Regelung, also eine häufigere oder eine seltenere Ausführung von Kassenprüfungen, als wie angeordnet, bedarf der Zustimmung der Stelle, die deren Zahl gemäß § 83 festgesetzt hat (vgl. jedoch § 84 Anm. 3). Wegen des Fortfalls der ordentlichen Prüfungen bei einem Teile der Heereskassen vgl. § 82 Anm. 1.

Die Vorschrift im Schlußsatz des § 83 gilt allgemein, soweit nicht in den VB. etwas anderes angeordnet ist (vgl. VB. RAM.); sie bedarf also nicht einer besonderen Bestätigung durch die VB. Wegen eines gleichen Verfahrens im Falle des § 85 vgl. die Anm. das. Abs. 2.

§ 84

Anordnung und Zeitpunkt

(1) Nach näherer Bestimmung des zuständigen Reichsministers werden die ordentlichen Kassenprüfungen von dem Kassenaufsichtsbeamten (§ 17) oder dem Vorsteher der Verwaltungsbehörde, der die Kasse angehört, die außerordentlichen von dem Vorsteher der Verwaltungsbehörde, der die Kasse angehört, der übergeordneten Verwaltungsbehörde oder dem zuständigen Reichsminister angeordnet.

(2) Der Zeitpunkt der ordentlichen Kassenprüfungen ist der Kasse vorher bekanntzugeben, wenn nicht besondere Gründe entgegenstehen; der Zeitpunkt der außerordentlichen Kassenprüfungen ist geheimzuhalten. Bei der Festsetzung des Zeitpunkts für die Vornahme der Kassenprüfungen ist die Geschäftslage der Kasse zu berücksichtigen, wenn nicht aus besonderen Gründen hiervon abgesehen werden muß.

AKO. § 128; VB. RHK., RAM. und Marine.

1. Nachdem in § 83 geregelt ist, in welchem Umfange der Zahl oder Häufigkeit nach Kassenprüfungen vorzunehmen sind, will § 84 regeln, welche Stelle in Verfolg der gemäß § 83 getroffenen Regelung die Vornahme der einzelnen Kassenprüfungen anzuordnen hat. Danach hat der zuständige Minister zu bestimmen, welche der in § 84 aufgeführten Stellen die Vornahme der verschiedenen Prüfungen anzuordnen und damit die Verantwortung für ihre Durchführung zu übernehmen hat. Die Aufgaben, eine Prüfung anzuordnen und sie vorzunehmen, können gemäß den Bestimmungen in §§ 84 und 87 bei dem Vorsteher der Verwaltungsbehörde, der die Kasse angehört, oder dem Kassenaufsichtsbeamten zusammenfallen. Je nachdem dies der Fall ist oder nicht, hat die gemäß § 84 zu treffende Anordnung einen verschiedenen Charakter. Sind die anordnende und die prüfende Person identisch, so wird die Vornahme der Prüfung nicht angeordnet, sondern die Prüfung wird angesetzt, d. h. es wird der Zeitpunkt bestimmt und der zu prüfenden Kasse, wenn es sich um eine ordentliche Prüfung handelt, mitgeteilt; sind beide verschiedene Personen, so erteilt die anordnende Stelle dem Prüfungsbeamten den Auftrag zur Vornahme der einzelnen oder einer Reihe von Prüfungen, wobei sie ihr geeignetenfalls die Bestimmung des Zeitpunkts innerhalb bestimmter Zeiträume überlassen kann. Die zu prüfende Kasse ist wie in dem ersteren Falle zu verständigen.

Sollte eine Regelung im Sinne des Abs. 1 ausnahmsweise nicht erfolgt sein, so wäre es Sache des Vorstehers der Verwaltungsbehörde, der die Kasse angehört, eine entsprechende Anordnung an zuständiger Stelle anzuregen.

2. Die vorhergehende Bekanntgabe des Zeitpunktes der ordentlichen Prüfung ist notwendig, damit die Kasse die Prüfung gemäß § 88 vorbereiten kann. Der Zeitpunkt einer außerordentlichen, also unvermuteten Prüfung (RHO. § 60; vgl. § 82 Anm. 1) darf der Kasse vorher nicht bekannt gegeben werden. Wegen des für die Vornahme der Prüfungen anzusetzenden Zeitpunkts vgl. VB. RHK. und RAM. Der Anfang der Kassenprüfungen ist zur Vermeidung einer besonderen Aufnahme des Kassenbestands in der Regel in den Beginn der Dienststunden zu legen. Vgl. auch § 87 Anm. 2.

3. Durch die Anordnung der vorzunehmenden Prüfungen gemäß § 84 Abs. 1 in Verbindung mit § 85 ist die Zahl der auszuführenden ordentlichen und außerordentlichen Prüfungen festgesetzt. Eine häufigere Vornahme kann regelmäßig nur durch die Stelle angeordnet werden, die die Prüfungen angeordnet hat (§ 83 Anm. 2). Es fragt sich, inwieweit auch über diese Anordnungen hinaus außerordentliche Prüfungen in Frage kommen. Die Aufsicht über die Kassenführung und die Verantwortung für diese, wie sie dem Kassenaufsichtsbeamten und dem beteiligten Behördenvorsteher obliegen, gestatten es diesen, soweit sie es neben den ordentlichen Kassenprüfungen für geboten erachten, sich jederzeit von dem Stand der Kassenführung zu überzeugen und erforderlichenfalls zu diesem Zwecke gleiche Feststellungen vorzunehmen, wie sie ihrer Art nach auch bei den vorgeschriebenen Kassenprüfungen vorkommen. Diese Erhebungen und Feststellungen werden je nach dem Anlaß, der zu ihrer Vornahme führt, sich mehr oder weniger umfangreich gestalten, stellen aber für sich keine außerordentliche Prüfung im Sinne des § 96 dar. Kann nach Lage der Sache nur eine erschöpfende außerordentliche Kassenprüfung zum Ziele führen und ist eine entsprechende Anordnung der nach § 83 dazu berufenen Stelle ohne Gefährdung des Prüfungszwecks ausnahmsweise nicht mehr rechtzeitig zu erwirken, so werden die genannten beiden Beamten für befugt zu erachten sein, von sich aus eine außerordentliche Kassenprüfung vorzunehmen bzw. einzuleiten. Die Übermittelung der über diese zu fertigenden Niederschrift an die gemäß § 95 Abs. 3 bestimmte Stelle gibt dieser Gelegenheit, die Berechtigung der ohne die Mitwirkung der zuständigen Stelle getroffenen Maßnahme nachzuprüfen. Einen Ausweis über die Ermächtigung zur Vornahme einer außerordentlichen Prüfung kann die Kasse von dem Kassenaufsichtsbeamten oder dem Behördenvorsteher nicht fordern. Von der Vornahme einer solchen Prüfung durch den Kassenaufsichts-

beamten ist dem Vorsteher der Behörde, der die Kasse angehört, sobald als möglich, spätestens unmittelbar nach Abschluß der Prüfung oder gegebenenfalls am Schlusse des ersten Tages der Prüfung Anzeige zu machen.

§ 85

Kassenprüfung bei Kassenübergabe

Bei der Kassenübergabe (§ 13 Abs. 2) ist eine ordentliche Kassenprüfung vorzunehmen.

AKO. § 13; VB. RAM., Heer und Marine.

Die Vornahme der Kassenprüfung bildet die Unterlage für Entlastung des bisherigen Kassenleiters; die Beteiligung des neuen Kassenleiters begründet die Verantwortung desselben für den ordnungsmäßigen Stand der von ihm übernommenen Kasse (§ 83). Dadurch, daß die Prüfung in seiner Gegenwart vorgenommen wird, ist er in der Lage, Fragen, deren Aufklärung vor Übernahme der Kasse er für geboten hält, zur Sprache zu bringen und ihre Klarstellung zu veranlassen.

Wenn die Verhältnisse es gestatten, wird es sich empfehlen, die für den Zeitraum, in den die Kassenübergabe fällt, vorgeschriebene ordentliche Kassenprüfung mit der Kassenübergabe zu verbinden. Dadurch, daß in dem betreffenden Prüfungsabschnitt eine ordentliche Prüfung, vielleicht erst kurz vorher, bereits stattgefunden hat, wird die anläßlich der Kassenübergabe vorzunehmende Prüfung nicht entbehrlich. Sie wird sich nur entsprechend kürzer gestalten. Ist die für den Zeitraum, in den die Kassenübergabe fällt, angeordnete Vornahme einer ordentlichen Prüfung noch nicht erfolgt, so wird diese Aufgabe durch die mit der Kassenübergabe verbundene Kassenprüfung erfüllt, wenn bei der Anordnung nicht etwas anderes bestimmt ist (vgl. VB. RAM.). Ist die ordentliche Prüfung auf einen bestimmten der Kassenübergabe folgenden Tag angesetzt, so bedarf es der Zustimmung der Stelle, die den Tag festgesetzt hat, d. h. also gegebenenfalls des Vorstehers der Verwaltungsbehörde (§ 84 Abs. 1), wenn die Vornahme der Prüfung im Hinblick auf die mit der Kassenübergabe verbundene ordentliche Kassenprüfung unterbleiben soll. Eine besondere Bestimmung im Sinne des Schlußsatzes des § 83 war hiernach für diesen Fall entbehrlich.

§ 86

Von der Prüfung umfaßter Zeitraum

Die ordentlichen Kassenprüfungen haben den Zeitraum bis zu der vorangegangenen ordentlichen oder außerordentlichen Kassenprüfung, die außerordentlichen Kassenprüfungen

haben, soweit die Bücher und Belege vorliegen, den Zeitraum bis zu der vorangegangenen außerordentlichen Kassenprüfung zu umfassen.

AKO. § 129; VB. RAM.

1. Die ordentlichen Prüfungen erstrecken sich ihrem Zwecke nach auf die Zeit seit der letztvorangegangenen — ordentlichen oder außerordentlichen — Kassenprüfung, und somit auf alle in diese Zeit fallenden Buchungen und die dazugehörigen Belege (§ 90 Abs. 1). Die außerordentliche Prüfung reicht zeitlich weiter, indem sie den Zeitraum bis zur vorangegangenen außerordentlichen Kassenprüfung umfaßt, aber mit der Einschränkung „soweit die Bücher und Belege vorliegen". Eine zeitliche Beschränkung der außerordentlichen Prüfung ist aus diesen Worten nicht zu entnehmen, zumal stets nur einzelne der von der Kasse in dem angegebenen Zeitraum geführten Bücher fehlen werden. Bei dem langen Zeitraum, den die außerordentliche Kassenprüfung umfaßt, sind die zur Rechnungslegung dienenden Bücher und die Belege von der Kasse vielfach schon für Zwecke der Rechnungsprüfung abgegeben. Hinsichtlich ihrer entfällt die Notwendigkeit der Nachprüfung bei der außerordentlichen Kassenprüfung.

Nach dem Wortlaut der Bestimmung des § 86 würde die angeführte Einschränkung hinsichtlich des Vorhandenseins der Bücher und Belege auch für die Zeit bis zur letztvorangegangenen ordentlichen Kassenprüfung zu gelten haben. Das ist nicht gemeint, zumal die außerordentliche Prüfung erschöpfender sein soll als die ordentliche und die für diese getroffenen Bestimmungen auch für die außerordentliche Prüfung maßgebend sind (§ 96 Satz 1). Satz 2 des § 96 bestätigt diese Auffassung, indem er es hinsichtlich des der vorangegangenen ordentlichen Kassenprüfung folgenden Zeitraums bei den zuvorangeführten Bestimmungen beläßt. Die außerordentliche Kassenprüfung erstreckt sich sonach auf die Zeit bis zur letztvorangegangenen gleichen Prüfung, doch sind Bücher und Belege aus der Zeit vor der letzten ordentlichen Kassenprüfung nur, soweit sie vorliegen, zu prüfen. Auf Bücher und Belege aus diesem Zeitraum, die nicht vorliegen, ist nur aus besonderem Anlaß zurückzugehen (vgl. AKO. § 129 Abs. 3).

2. Die ordentlichen Kassenprüfungen erstrecken sich, wie sich aus der für die außerordentlichen Prüfungen ausdrücklich vorgesehenen Einschränkung in Verbindung mit § 82 Abs. 2 und § 90 Abs. 1 und 3 ergibt, grundsätzlich auf alle seit der letztvorangegangenen Prüfung ausgeführten Buchungen und die dazu gehörigen Belege. Soweit Bücher und Belege, die zu prüfen sind, bis zum Schluß der Prüfung nicht vorgelegt werden können, ist ihr Fehlen als eine wesentliche Feststellung in der Niederschrift über die Kassenprüfung zu ver-

merken und die Prüfung bis zur nächsten ordentlichen Kassenprüfung nachzuholen (vgl. § 95 Abs. 1 Satz 1 und 2 sowie AKO. § 133 Abs. 3, woselbst dies ausdrücklich festgelegt ist). Nach AKO. § 129 Abs. 2 sind Bücher und Belege, die die Kasse vor einer ordentlichen Kassenprüfung abgeben muß, wenn sie sich auf Buchungen beziehen, die nach der letzten Kassenprüfung erfolgt sind, vorher dem Kassenaufsichtsbeamten zur Prüfung vorzulegen; ähnlich VB. RAM. Damit entfällt die Notwendigkeit, ihr Fehlen in der Niederschrift zu vermerken.

§ 87

Prüfungsbeamte

(1) Die ordentlichen Kassenprüfungen werden von dem Kassenaufsichtsbeamten vorgenommen.

(2) Außerordentliche Kassenprüfungen, die der Vorsteher der Verwaltungsbehörde, der die Kasse angehört, angeordnet hat, werden von diesem oder dem Kassenaufsichtsbeamten vorgenommen. Mit der Vornahme außerordentlicher Kassenprüfungen, die die übergeordnete Verwaltungsbehörde oder der zuständige Reichsminister angeordnet hat, beauftragt die anordnende Stelle einen ihrer Beamten oder einen Beamten der nachgeordneten Behörden.

(3) Wenn es der Umfang der Prüfungsgeschäfte erfordert, können dem Prüfungsbeamten andere Beamte, die nicht Beamte der Kasse sein dürfen, beigegeben werden; diese haben ihn nach seinen Weisungen bei der Vornahme der Kassenprüfung zu unterstützen.

AKO. § 130; VB. RAM., Heer und Marine.

1. Wegen der Anordnung der Prüfungen vgl. § 84 Abs. 1. Die Vornahme der ordentlichen Kassenprüfungen gehört zu den ständigen Aufgaben des Kassenaufsichtsbeamten. Wenn der Vorsteher der Behörde, der die Kasse angehört, die Vornahme einer außerordentlichen Prüfung anordnet, so steht es, wenn nicht etwas anderes angeordnet ist (vgl. AKO. § 130 Abs. 2), bei ihm, ob er sie selbst vornehmen oder den Kassenaufsichtsbeamten mit der Vornahme betrauen will. Gegebenenfalls kann der letztere auch in den Fällen des Satz 2 des Abs. 2 mit Vornahme der Prüfung beauftragt werden.

2. Es liegt im Interesse der Kasse wie des die Prüfung vornehmenden Beamten, daß diese unbeschadet der gebotenen Gründlichkeit in möglichst kurzer Zeit durchgeführt wird (vgl. AKO. § 126 Abs. 3 — die Kassenprüfungen sind beschleunigt und ohne Unterbrechung durchzuführen — und VB. RAM. zu § 82 sowie Anm. 2 zu § 84). Die Vornahme der sämtlichen Prüfungsarbeiten durch den mit der Vornahme der Prüfung

beauftragten Beamten selbst würde schon bei Kassen mittleren Umfanges eine unverhältnismäßig lange Zeit in Anspruch nehmen. Abs. 3 gestattet daher, dem Prüfungsbeamten andere Beamte, die aber nicht Beamte der Kasse sein dürfen, zu seiner Unterstützung „beizugeben". Sie können also von dem Prüfungsbeamten als solchem nicht herangezogen werden, sondern es wird über die Zuziehung der Leiter der Behörde, der die Kasse angehört, oder eine ihm vorgesetzte Stelle Bestimmung treffen müssen (vgl. VB. Heer und AKO. § 130 Abs. 3 Schlußsatz). Die beigegebenen Beamten haben nach den Weisungen des Prüfungsbeamten ihn bei Vornahme der Prüfung zu unterstützen. Beamte, die der Kasse nicht angehören (Abs. 3), aber innerhalb des Prüfungszeitraums (§ 86) dauernd oder vertretungsweise in der Kasse beschäftigt gewesen sind, sind sinngemäß ebenfalls von der Heranziehung zu den Prüfungsarbeiten auszuschließen (so in VB. RAM.). Hinsichtlich der Beteiligung der gemäß Abs. 3 hinzugezogenen Beamten an der Prüfung sind in den §§ 89, 91 und 93 gewisse Einschränkungen vorgesehen.

3. Alle mit der Vornahme einer Kassenprüfung betrauten Personen müssen sich dem Kassenleiter gegenüber, soweit sie ihm nicht bekannt sind, über ihre Person und, wenn sie nicht zu den Dienstvorgesetzten der Kasse gehören, auch über ihren Auftrag, falls dieser der Kasse nicht bereits mitgeteilt ist, ausweisen (vgl. AKO. § 130 Abs. 2 Schlußsatz).

2. Teil: Ordentliche Kassenprüfungen

§ 88

Vorarbeiten der Kasse

(1) Vor Beginn der ordentlichen Kassenprüfung haben die Kassenbeamten die Zeitbücher abzuschließen und den Kassensollbestand (§ 80 Abs. 1) zu ermitteln. Das Ergebnis des Abschlusses des Hauptbuchs und der Kassenbestand sind in einen Kassenbestandsausweis zu übernehmen.

(2) Der Kassenleiter hat den Kassenbestand zu ermitteln und getrennt nach Bargeld, Schecken, Postscheck- und Reichsbanküberweisungsaufträgen, Wechseln und nach den Guthaben der Kasse beim Postscheckamte, bei der Reichsbank und sonstigen Geldanstalten im Kassenbestandsausweise darzustellen.

(3) Der Kassenleiter hat den Kassenbestandsausweis zu vollziehen und dem Prüfungsbeamten zu übergeben.

AKO. § 131; VB. RAM.

Die Kassenprüfung bedingt ihrem Zwecke nach (vgl. § 82 Abs. 2) einen Abschluß der Kasse in ähnlicher Weise wie er täglich zum Schluß der Dienststunden als Tagesabschluß (§ 80 Abs. 1) stattzufinden hat. Es wird sich zumeist empfehlen, die ordentliche Prüfung zu Beginn der Dienststunden vorzunehmen (vgl. § 84 Anm. 2), so daß neben dem vorliegenden Tagesabschluß eine besondere Feststellung des Kassensollbestandes entbehrlich wird. Die Zeitbücher sind rechtzeitig abzuschließen, d. h. so zeitig, daß der Kassenbestandsausweis bis zu dem Zeitpunkt, auf den der Beginn der Prüfung angesetzt ist, fertiggestellt werden kann. Zahlungen, die bis dahin nach dem Abschluß der Bücher noch bewirkt werden müssen, sind im Bestandsausweis besonders nachzuweisen. Der Abschluß der Zeitbücher besteht in der Abschließung der etwa geführten Tagesnachweisungen und Vorbücher — nach Eintragung der bis zu dem angegebenen Zeitpunkt erfolgten Zahlungen — und der Eintragung ihrer Endergebnisse in das Hauptbuch. Werden Tagesnachweisungen oder Vorbücher nicht geführt, so gilt Entsprechendes für den Abschluß des Hauptbuchs. Wenn bis zum Beginn der Prüfung kein ausreichender Zeitraum für die vorbezeichneten Eintragungen und die Aufstellung eines besonderen Abschlusses bleibt, so muß der Kassensollbestand des letzten Tagesabschlusses unter entsprechender Ergänzung durch Anführung der seitdem noch bewirkten Zahlungen in den Bestandsausweis übernommen werden.

Nach AKO. § 131 Abs. 1 sind die Eintragungen in den Kassenbestandsausweis gemäß § 88 AKO. (gleich § 74 RKO.) mit Tinte vorzunehmen. Die sinngemäße Anwendung des § 74 erscheint angezeigt. Eine unmittelbare Geltung der Bestimmung des § 74 für andere als im II. Buch der RKO. vorgeschriebene Bücher und Nachweisungen wird indes nicht festzustellen sein.

Wegen der Spezialisierung des Kassenbestandes im Kassenbestandsausweis vgl. § 80 Anm. 2. Der Kassenbestandsausweis ist der Prüfungsniederschrift beizufügen (§ 95 Abs. 1).

§ 89

Prüfung des Kassenbestandes

(1) Bei Beginn der ordentlichen Kassenprüfung hat der Prüfungsbeamte zu prüfen, ob der in dem Kassenbestandsausweise nach § 88 Abs. 2 dargestellte Kassenbestand vorhanden ist; er hat die in dem Kassenbestandsausweis angegebenen Guthaben der Kasse bei der Reichsbank und sonstigen Geldanstalten von diesen bestätigen zu lassen und die Richtigkeit des Guthabens beim Postscheckamt auf Grund der Kontoauszüge des Postscheckamts zu prüfen.

(2) Der Prüfungsbeamte darf die Prüfung des Kassen-

bestandes den ihm nach § 87 Abs. 3 beigegebenen Beamten nicht übertragen.

AKO. § 132; VB. RAM.

Wegen beschleunigter Vornahme der Kassenprüfungen und Ansetzung der Prüfung auf den Beginn der Dienststunden vgl. § 87 Anm. 2 und § 88 Anm. Abs. 1.

Die Kassenprüfung beginnt mit der Feststellung des ausgewiesenen Kassenbestandes. Sie ist von dem Prüfungsbeamten selbst vorzunehmen (Abs. 2). Kann ausnahmsweise der Barbestand nicht vorgewiesen werden, weil der Kassenleiter nicht zur Stelle oder die Schlüssel nicht vollzählig zur Hand sind, so muß der Prüfungsbeamte, wenn er den Kassenbehälter nicht unter Aufsicht behält, durch Versiegelung desselben oder auf andere geeignete Weise sichern, daß er nicht anders als in seinem Beisein geöffnet wird.

Die in Abs. 1 angeordnete Feststellung des Barbestandes setzt auch eine Prüfung der bei der Kasse in Rollen oder Geldbeuteln vorhandenen Bargeldbeträge voraus; sie sind grundsätzlich mit dem übrigen Bestande dem Prüfungsbeamten vorzuzählen. Nur soweit es sich um weniger hohe Beträge handelt, wird er Rollen und Beutel ungeöffnet lassen können. Rollen und Beutel, die ein weit zurückliegendes Datum tragen, werden zumeist vollständig zu prüfen sein. Scheine in Päckchen wird der Prüfungsbeamte selbst nachzählen, soweit überhaupt der Inhalt ohne Öffnung des Verschlusses mit Sicherheit festgestellt werden kann.

Eine besondere Bestätigung des Postscheckguthabens ist im Hinblick auf die Kontoauszüge des Postscheckamts bei Feststellung des Vorhandenseins der der Kasse vom Scheckamt gelieferten, nach dem Auszuge und dem Postscheckkontogegenbuch nicht zu Anweisungen verwendeten Schecke und Überweisungsvordrucke (vgl. § 90 Abs. 2 a. E.) entbehrlich. Das Guthaben der Kasse bei der Reichsbank ergibt sich in gleicher Weise wie das beim Postscheckamt aus den Kontoauszügen der Reichsbankanstalt in Verbindung mit dem Girokontogegenbuch bei gleichzeitiger Prüfung der Vollständigkeit der vorhandenen Vordrucke zu Schecken und Überweisungsaufträgen. Einer besonderen Bestätigung des Guthabens bei der Reichsbank bedarf es danach nicht mehr (vgl. § 68 Anm.). Die Guthaben bei anderen Geldanstalten bedürfen der Bestätigung, weil für diese Anstalten ein im Reich einheitlich geordnetes, in seinen Formen festgelegtes Zahlungsverfahren wie für den Postscheck- und Reichsbankgiroverkehr nicht besteht.

Soweit Zahlungsmittel unterwegs sind (vgl. § 80 Abs. 2 und § 75 Abs. 1 Satz 3), bleibt deren Einlösung noch während der Prüfung oder, wenn diese vorher abgeschlossen wird, nachträglich oder bei der nächsten Kassenprüfung festzustellen.

Unstimmigkeiten sind sofort an der Hand der in der Kasse vorhandenen Unterlagen, erforderlichenfalls im Benehmen mit der beteiligten Geldanstalt, aufzuklären.

Wegen eines bei der Prüfung festgestellten Kassenüberschusses oder -fehlbetrages siehe § 91 Abs. 2.

§ 90

Prüfung der Buchungen und Belege

(1) Der Prüfungsbeamte hat die einzelnen Buchungen auf Grund der Belege, außerdem die Richtigkeit der in den Fällen des § 44 auf den Belegen abgegebenen Bescheinigungen an Hand der Lastschriftzettel oder sonstiger Unterlagen zu prüfen.

(2) Der Prüfungsbeamte hat zu prüfen, ob die im Geldeingangsbuche (§ 20 Abs. 2) eingetragenen Wertsendungen, die von dem Postscheckamt und von Geldanstalten der Kasse gutgeschriebenen Beträge und die zu Auszahlungen verwendeten Schecke und Überweisungsaufträge ordnungsgemäß verbucht sind; er hat ferner die Scheck- und Überweisungshefte auf ihre Vollständigkeit zu prüfen.

(3) Der Prüfungsbeamte soll die Belege daraufhin prüfen, ob sie in der Form den ergangenen Bestimmungen entsprechen.

(4) Der zuständige Reichsminister kann zulassen, daß die Prüfung auf Stichproben beschränkt wird.

AKO. §§ 133, 136 f., VV. RHK., RAM., Heer und Marine.

1. Die §§ 90 ff. enthalten neben § 89 eine nähere Ausführung des in § 82 Abs. 2 allgemein umschriebenen Prüfungsauftrages. § 90 bezieht sich auf die Prüfung der einzelnen Buchungen und der zugehörigen Belege, § 91 auf die Feststellung des Kassensollbestandes nach dem Hauptbuch und seine Vergleichung mit dem ausgewiesenen Kassenbestand sowie auf die Aufrechnung der Sachbücher zu dem letztvorangegangenen Abschluß, § 93 auf die gesamte sonstige Geschäftsführung. Die §§ 90 und 91 schreiben nur eine Prüfung der Buchungen und Belege, nicht auch der Bücher selbst vor. Eine Prüfung der Bücher erfolgt im allgemeinen bereits durch die Prüfung der Buchungen, im übrigen entspricht ihre Vornahme den Bestimmungen in § 92 und in § 93 Abs. 1 und 3. Die Prüfung gemäß § 90 erstreckt sich auf sämtliche Kassenbücher, in denen nach den Belegen Buchungen vorzunehmen waren, und auf das Geldeingangsbuch, die Prüfung gemäß § 91 auf die Aufrechnung des Hauptbuchs und der Sachbücher

und die in § 93 behandelte Prüfung in der Hauptsache auf die Sachbücher. Die AKO. schreibt die Prüfung der Bücher ausdrücklich und im einzelnen vor (§ 129 Abs. 2 und §§ 134 bis 137 das.).

2. Abs. 1 schließt neben der Prüfung der Buchungen auf Grund der Belege die Prüfung der Belege selbst in sich ein (vgl. § 86 Anm. 2). Die Prüfung der in den Fällen des § 44 auf den Belegen abgegebenen Bescheinigungen an der Hand der Lastschriftzettel und sonstigen Unterlagen ist wichtig, weil die Bescheinigungen für sich nur eine noch zu belegende Behauptung darstellen. AKO. § 133 Abs. 1 weist auf die Notwendigkeit hin, bei der Prüfung von Auszahlungsanordnungen darauf zu achten, daß dieselbe Auszahlung nicht doppelt gebucht und einmal durch eine Quittung und das andere Mal durch eine Bescheinigung gemäß § 52 AKO. belegt wird (vgl. § 44 Anm. 1 Abs. 2). Nach Abs. 3 ist zu prüfen, ob die Belege in der Form den ergangenen Bestimmungen entsprechen; vgl. hierzu § 76 Anm. 2. Es ist danach zu prüfen, ob sie sämtliche Angaben enthalten, die in den einschlägigen Bestimmungen — RKO., RRO. und RWB. — für sie vorgeschrieben sind. Wenn für die Form von Annahme- und Auszahlungsanordnungen die anordnende Stelle die Verantwortung trägt, so richtet sich die Beanstandung wegen Mängel in der Form doch insofern gegen die Kasse, als nach § 76 Abs. 2 der Buchhalter Auszahlungsanordnungen darauf zu prüfen hat, ob sie in der Form den ergangenen Bestimmungen entsprechen.

Die Prüfung der sämtlichen Belege und der in Abs. 2 angeführten Buchungen stellt eine überaus umfangreiche Arbeit dar. Zu ihrer Bewältigung sollen u. a. die in § 87 und § 94 vorgesehenen Maßnahmen dienen. Da eine erschöpfende Prüfung aber vielfach über das Bedürfnis hinausgehen und die damit verbundene Arbeit nicht im richtigen Verhältnis zu ihrem Nutzen stehen würde, ist in Abs. 4 die Anordnung der Vornahme von Stichproben zugelassen. Von dieser Ermächtigung ist in den VB. der einzelnen Verwaltungen in weitem Umfange Gebrauch gemacht worden, anderseits ist auch mehrfach für bestimmte Gruppen von Buchungen oder bestimmte Bücher die Vornahme von Stichproben ausgeschlossen worden, so in AKO. § 133 Abs. 1 hinsichtlich der Auszahlungsbuchungen, in VB. Heer hinsichtlich des Selbstbewirtschaftungsbuchs, des Hinterlegungs- und des Vorschußbuchs sowie der Kassenbestandsverstärkungen und Ablieferungen, d. s. sämtlich Bücher und Buchungen, die der Rechnungsprüfung überhaupt oder in der Regel nicht unterliegen.

Soweit nicht gemäß Abs. 4 die Vornahme von Stichproben gestattet ist, sind sämtliche Buchungen und Belege aus dem Prüfungszeitraum zu prüfen. Wegen des Verfahrens, wenn

Bücher oder Belege, die den Prüfungszeitraum betreffen, nicht vorgelegt werden können, vgl. § 86 Anm. 2.

3. Nach Abs. 2 sollen die bei der Kasse befindlichen Unterlagen nutzbar gemacht werden für die Prüfung, ob die der Kasse zugegangenen Einzahlungen und die unbar geleisteten Auszahlungen ordnungsmäßig gebucht sind und in den bei der Kasse befindlichen Scheck- und Überweisungsheften nicht Schecke usw. fehlen, die außer der Reihe verwendet und nicht gebucht sind; vgl. hierzu AKO. §§ 136 und 137.

4. Abs. 4 (vgl. Anm. 2 Abs. 2) gilt für die sämtlichen in § 90 aufgeführten Prüfungsarbeiten.

§ 91

Prüfung der Gesamtergebnisse der Bücher

(1) Nach Prüfung der einzelnen Buchungen und Belege hat der Prüfungsbeamte zu prüfen, ob die Tagesnachweisungen und Vorbücher zum Hauptbuch richtig aufgerechnet, die Summen der Tagesnachweisungen in das Hauptbuch oder die Vorbücher und die Summen der Vorbücher in das Hauptbuch richtig übernommen sind und das Hauptbuch richtig aufgerechnet ist. Sodann hat er zu prüfen, ob das nach § 88 Abs. 1 in dem Kassenbestandsausweise nachgewiesene Ergebnis des Abschlusses des Hauptbuchs mit dem Hauptbuch übereinstimmt und der angegebene Kassensollbestand richtig ist.

(2) Der Prüfungsbeamte hat zu prüfen, ob der durch die Prüfung festgestellte Kassensollbestand mit dem Kassenbestand übereinstimmt. Ergibt sich ein Kassenfehlbetrag oder Kassenüberschuß, so ist entsprechend § 80 Abs. 3 zu verfahren.

(3) Der Prüfungsbeamte hat ferner zu prüfen, ob die Sachbücher bei dem der ordentlichen Kassenprüfung vorangegangenen Abschluß richtig aufgerechnet sind und zu diesem Zeitpunkt mit dem Ergebnis des Hauptbuchs übereingestimmt haben. Der zuständige Reichsminister kann zulassen, daß nur in einzelnen Sachbüchern die Aufrechnung ganz oder teilweise nachgeprüft wird; er kann diese Befugnis auf die höheren Verwaltungsbehörden übertragen.

(4) Der Prüfungsbeamte darf die in Abs. 1 Satz 2 und Abs. 2 vorgesehene Prüfung den ihm nach § 87 Abs. 3 beigegebenen Beamten nicht übertragen.

AKO. § 134; VB. RHK., RAM., Heer und Marine.

1. Der Feststellung des Kassenbestandes (§ 88 Abs. 2) und der Prüfung der Buchungen und Belege gemäß § 90 folgt

die Nachrechnung der Zeitbücher in der in Abs. 1 angegebenen Weise. Die Vornahme von Stichproben ist hierbei wegen der Wichtigkeit der richtigen Feststellung des Kassensollbestandes nicht zugelassen. Mit Abschluß der Nachrechnung ist die Unterlage für die dem Prüfungsbeamten persönlich (siehe Abs. 4) obliegende Feststellung gewonnen, ob der im Kassenbestandsnachweis aufgeführte Abschluß des Hauptbuches mit dem Hauptbuch übereinstimmt. Die weitere in Abs. 1 angeführte Feststellung, ob der angegebene Kassensollbestand richtig ist, kommt nur in Betracht, wenn nach Abschluß des Hauptbuchs bis zum Beginn der Prüfung noch Zahlungen bewirkt sind. Die Prüfung, ob der festgestellte Kassensollbestand mit dem Kassenbestand übereinstimmt, besteht in der Gegenüberstellung des ersteren und des bei Beginn der Kassenprüfung festgestellten Kassenbestandes. Unstimmigkeiten sind möglichst aufzuklären; ein verbleibender Fehlbetrag oder Kassenüberschuß ist — unbeschadet seiner Anführung in der Kassenprüfungsniederschrift (§ 95 Abs. 1) — gemäß § 80 Abs. 3 zu behandeln.

2. Die Feststellung des Kassensollbestandes gründet sich auf die Zeitbücher; nach § 82 Abs. 2 soll auch geprüft werden, ob die Eintragungen in den Sachbüchern denen in den Zeitbüchern entsprechen. Aus den §§ 90 und 91 Abs. 3 ergibt sich, in welcher Weise diese Prüfung vorgenommen werden soll. Durch die an Hand der Belege getroffene Feststellung, ob die ihnen entsprechenden Buchungen in den Zeit- und Sachbüchern vorgenommen sind, ist bereits bis zu einem gewissen Grade die Übereinstimmung zwischen den Zeit- und den Sachbüchern festgestellt. Die zur vollständigen Abstimmung der Eintragungen in den Zeit- und Sachbüchern notwendige Abschließung der Sachbücher würde die Kassenprüfung sehr stark belasten; die Mehrarbeit würde im Hinblick darauf, daß diese Abstimmung regelmäßig durch den Monats- bzw. Vierteljahrsabschluß erfolgt (§ 81 Abs. 1 und 2), nicht im richtigen Verhältnis zu ihrem Werte stehen; Abs. 3 beschränkt daher die Prüfung der Sachbücher auf die Prüfung, ob die Sachbücher bei dem der ordentlichen Kassenprüfung vorangegangenen Abschluß richtig aufgerechnet sind und zu diesem Zeitpunkte mit den Ergebnissen des Hauptbuches übereingestimmt haben. Auf diese Weise wird die Richtigkeit der letzten Abschlußnachweisung, auf Grund deren die Abrechnung erfolgt ist, bei der Kassenprüfung nachgeprüft. Die Nachrechnung der Sachbücher kann mit Zustimmung des zuständigen Reichsministers auf einzelne Sachbücher oder Teile von solchen beschränkt werden.

AKO. §§ 135 und 136 enthalten nähere Angaben darüber, in welcher Weise die Sach- und Hilfsbücher abgesehen von der

Feststellung der den Belegen entsprechenden Buchungen in ihnen zu prüfen sind (vgl. § 90 Anm. 1).

§ 92

Zeichnung der Bücher und Belege

(1) Der Prüfungsbeamte oder die ihm nach § 87 Abs. 3 beigegebenen Beamten haben in den von ihnen geprüften Büchern zu vermerken, daß und an welchem Tage diese geprüft worden sind. Die geprüften Belege sind mit dem Namenszeichen zu versehen.

(2) Der Prüfungsvermerk ist in den Zeitbüchern und Hilfsbüchern neben die letzte Eintragung, in den Sachbüchern auf die erste Seite zu setzen.

AKO. § 139; BB. RAM.

Wenn Zeit- und Hilfsbücher in Teilbänden geführt werden oder in Abschnitte zerlegt sind, muß der Vermerk (gepr. am .... Namenszeichen) in jedem Band und hinter jedem Abschnitt gemacht werden. In Sachbüchern ist er auf die erste Seite zu setzen. Bei Büchern in Karteiform wird der Vermerk, wenn nicht etwas anderes angeordnet ist, auf ein besonderes, bei der Kartei aufzubewahrendes Blatt zu setzen sein. Die geprüften Belege sind nur mit dem Namenszeichen des prüfenden Beamten zu versehen.

Die Prüfungsvermerke sind notwendig, um — insbesondere für den Fall einer späteren Feststellung von Unregelmäßigkeiten in der Kassenführung wie auch für eine spätere Prüfung — festzulegen, in welchem Umfang jeweils die Prüfung vorgenommen ist. In den Büchern ist der Name des prüfenden Beamten zu vermerken; seine Dienststellung ist erforderlichenfalls aus der Niederschrift über die Prüfung zu entnehmen. Auf den Belegen bedarf es nur der Anbringung des Namenszeichens.

§ 93

Sonstige Obliegenheiten des Prüfungsbeamten

(1) Der Prüfungsbeamte hat sich davon zu überzeugen, ob auch im übrigen die Kassengeschäfte ordnungsgemäß erledigt, insbesondere die Haushaltseinnahmen und -ausgaben sowie die sonstigen Zahlungen rechtzeitig und vollständig erhoben und geleistet sind, ob der tägliche Kassenbestand die zulässige Höhe nicht überschritten hat, Hinterlegungen und Vorschüsse rechtzeitig abgewickelt und bei Auftragsauszahlungen die Auszahlungsbelege rechtzeitig angerechnet werden (§ 54 Abs. 2).

(2) Er hat ferner festzustellen, ob die für die Sicherheit der Kasse getroffenen Maßnahmen ausreichen.

(3) Nach dem Abschluß der Bücher (§ 81) hat er zu prüfen, ob die nach § 75 Abs. 5, 6, 8 aus den Büchern des abgelaufenen Zeitabschnitts in die für den neuen Zeitabschnitt angelegten Bücher zu übernehmenden Angaben richtig übertragen sind.

(4) Der Prüfungsbeamte hat festzustellen, ob die in der Niederschrift über die vorangegangene ordentliche Kassenprüfung enthaltenen Prüfungsbemerkungen erledigt sind oder welche Hinderungsgründe der Erledigung entgegenstehen.

(5) Der Prüfungsbeamte darf die Prüfung, ob der tägliche Kassenbestand die zulässige Höhe nicht überschritten hat (Abs. 1), sowie die in Abs. 2 und 4 vorgesehene Prüfung den ihm nach § 87 Abs. 3 beigegebenen Beamten nicht übertragen.

AKO. § 140; BB. RAM.

1. § 93 kennzeichnet den umfassenden Charakter der Kassenprüfung, die sich keinesfalls auf die Buchführung und das Vorhandensein eines ihrem Ergebnis entsprechenden Kassenbestandes zu beschränken, sondern auf die gesamte Kassenführung und die Beobachtung aller im Reichsinteresse hinsichtlich ihrer getroffenen Bestimmungen zu erstrecken hat. Die Kassengebarung soll nach allen Richtungen geprüft werden und zwar hinsichtlich besonders wichtiger Feststellungen durch den Prüfungsbeamten selbst und nicht durch die ihm beigegebenen Beamten (Abs. 5).

Die Prüfung der richtigen Einziehung und Leistung der Haushaltseinnahmen und -ausgaben usw. bedingt eine eingehende Prüfung des Titelbuchs und seiner Führung gemäß den Bestimmungen der §§ 62 Abs. 2 und 3 und 76 Abs. 1 und 2 (vgl. AKO. § 135). Die Prüfung hat sich natürlich nur darauf zu erstrecken, ob die der Kasse erteilten Zahlungsanordnungen vorschriftsmäßig erledigt sind. Zu prüfen, ob solche Anordnungen erschöpfend und richtig getroffen sind, ist Aufgabe der Rechnungsprüfung und nicht der Kassenprüfung. Mängel, die der Prüfungsbeamte in dieser Beziehung glaubt feststellen zu sollen, wird er nach pflichtmäßigem Ermessen, sei es in der Prüfungsniederschrift (§ 95) oder sonst in geeigneter Weise zur Sprache bringen. AKO. § 133 Abs. 2 schreibt das erstere vor.

Zu den in § 93 nicht besonders aufgeführten Kassengeschäften, deren ordnungsmäßige Erledigung zu prüfen ist, gehört auch die Verwaltung der von der Kasse angenommenen

Wertgegenstände nach den gemäß § 55 von dem zuständigen Reichsminister getroffenen Bestimmungen (vgl. § 55 Anm. 2 bis 4).

2. Bei den in Abs. 2 erwähnten Sicherheitsmaßnahmen handelt es sich um die für die Sicherheit der Kassenräume, des Kassenbehälters und anderer Behältnisse zur Aufbewahrung von zur Kasse gehörigen Gegenständen, des Kassenschalters usw. getroffenen Maßnahmen und Einrichtungen. Zu diesen gehört auch die richtige Verteilung und sachgemäße Aufbewahrung der Schlüssel zum Kassenbehälter. Die Prüfung, ob die im Interesse der Sicherheit der Buchführung und des sonstigen inneren Kassendienstes getroffenen Bestimmungen — vgl. z. B. § 10 Abs. 3 und § 12 Abs. 3 — befolgt werden, fällt unter die in Abs. 1 vorgesehene Prüfung (vgl. AKO. § 140 Abs. 1 und 3). Da die Bestimmung des Abs. 2 eine verschiedene Auslegung erfahren hat — vgl. BB. RAM. Ziffer 2 a. E. — möchte sich eine gelegentliche Klarstellung empfehlen.

3. Bei dem in Abs. 3 erwähnten Abschluß der Bücher handelt es sich um den Abschluß der Bücher am Ende des Zeitabschnitts, für den sie angelegt sind (§ 73 Abs. 1; vgl. das. Anm. 1). Die Prüfung der richtigen Übertragung von Angaben aus Büchern eines abgelaufenen Zeitabschnitts in die für den neuen Zeitabschnitt angelegten Bücher braucht natürlich für jede Übertragung nur einmal vorgenommen zu werden. Daß sie erfolgt ist, ist aus der Niederschrift über die betreffende Prüfung und dem gemäß § 92 in den betreffenden Büchern aufzunehmenden Vermerk festzustellen. AKO. § 140 Abs. 3 schreibt die Bescheinigung der Prüfung unter den Übertragungen in den neu angelegten Büchern vor. Wegen der Bedeutung der Bescheinigung für die Rechnungslegung vgl. RRO. § 45 und RKO. § 75 Anm. 6.

4. Nicht erledigte frühere Prüfungsbemerkungen (Abs. 4) sind in der Prüfungsniederschrift aufzuführen (§ 95 Abs. 1 Satz 3). Die Bestimmung gilt auch, wenn seit der letzten ordentlichen Kassenprüfung eine außerordentliche stattgefunden hat. Für die Behandlung der in den Niederschriften über außerordentliche Kassenprüfungen enthaltenen Prüfungsbemerkungen gilt § 93 nach § 96 sinngemäß. Das bedeutet, daß der Beamte, der eine außerordentliche Kassenprüfung vornimmt, sich zu vergewissern hat, ob die in der Niederschrift über die vorangegangene gleiche Prüfung enthaltenen Prüfungsbemerkungen erledigt sind. Soweit sich jedoch die Prüfungsbemerkungen, wie es die Regel bildet, gegen die Kasse richten, werden sie, wenn nicht im Einzelfalle etwas anderes geboten erscheint, dem Beamten, der die ordentlichen Prüfungen vornimmt, bekanntzugeben sein mit dem Auftrage, hinsichtlich ihrer in der in Abs. 4 vorgeschriebenen Weise zu verfahren.

§ 94

Laufende Vornahme von Prüfungsarbeiten

Die in den §§ 90 bis 93 genannten Arbeiten können, soweit es zweckmäßig ist, in dem zwischen zwei Kassenprüfungen liegenden Zeitraum vorgenommen werden.

Die Vornahme der in den §§ 90 bis 93 aufgeführten Arbeiten in dem zwischen zwei Kassenprüfungen liegenden Zeitraum, so daß damit die Arbeiten als nach Maßgabe der §§ 90 bis 93 ausgeführt angesehen werden können, hat, da sie nach § 94 nur eine zeitliche Verlegung der Arbeiten bedeutet, zur Voraussetzung, daß sie durch den Prüfungsbeamten oder nach seinen Weisungen durch einen gemäß § 87 Abs. 3 ihm beigegebenen Beamten —, wobei § 91 Abs. 4 und § 93 Abs. 5 zu beachten bleiben —, erfolgt. Die Maßnahme ist geeignet, die Durchführung der einzelnen Kassenprüfung erheblich zu beschleunigen. Im übrigen soll eine Vorwegprüfung nur stattfinden, soweit es zweckmäßig ist, d. h. soweit durch sie ohne besonderen Personalaufwand eine Entlastung der Prüfung erreicht und die Prüfungsaufgabe sachgemäß erfüllt wird.

§ 95

Kassenprüfungsniederschrift

(1) Über die ordentliche Kassenprüfung ist eine Niederschrift (Kassenprüfungsniederschrift) aufzunehmen, die Ort und Tag der Kassenprüfung, die Bezeichnung des Prüfungsbeamten, der geprüften Kasse und des Kassenleiters, den Gang, den Umfang und die Ergebnisse der Prüfung sowie etwaige Einwendungen des Kassenleiters gegen Prüfungsbemerkungen enthält. Sind Prüfungsbemerkungen aus früheren ordentlichen Kassenprüfungen noch nicht erledigt, so sind sie mit Angabe der Hinderungsgründe in der Niederschrift zu vermerken. Der Kassenbestandsausweis ist der Niederschrift beizufügen. Die Niederschrift ist von dem Prüfungsbeamten und dem Kassenleiter zu vollziehen.

(2) Geringfügige Beanstandungen sind nach Möglichkeit im Verlaufe der Kassenprüfung zu beseitigen. In diesem Falle ist von der Aufnahme einer Prüfungsbemerkung in die Niederschrift abzusehen.

(3) Der zuständige Reichsminister bestimmt, welcher Stelle die Niederschrift vorzulegen ist.

AKO. § 142; VB. RHK., RAM., Heer und Marine.

1. Die Wichtigkeit der Kassenprüfungen (vgl. § 66 RHO.) erfordert, daß ihre Vornahme und ihre Ergebnisse aktenkundig gemacht werden. Dies geschieht durch die Aufnahme einer Niederschrift über sie. Außer dem Prüfungsbeamten werden in der Niederschrift auch die ihm gemäß § 87 zu Abs. 3 zur Unterstützung beigegebenen Beamten zu verzeichnen sein (vgl. § 92 Abs. 1 und Anm. das.). Die Aufnahme etwaiger Einwendungen des Kassenleiters gegen Prüfungsbemerkungen ist geboten, da andernfalls von ihm nicht die Mitvollziehung der Niederschrift (Abs. 1 Schlußsatz) würde gefordert werden können. Es steht nichts im Wege, daß geeignetenfalls Einwendungen des Kassenleiters der Niederschrift als Anlage beigefügt werden.

2. Abs. 2 gilt, gleichviel, ob sich die Beanstandung — z. B. im Falle des § 90 Abs. 3 — sachlich gegen die Kasse richtet oder nicht; auch im letzteren Falle ist kurzer Hand für Abhilfe zu sorgen, wenn dies ohne Aufnahme einer Bemerkung in die Niederschrift möglich ist. Die Verantwortung dafür, daß nur Beanstandungen, die als geringfügig gelten können, aus der Kassenprüfungsniederschrift herausbleiben trägt der Prüfungsbeamte.

3. Die Vorlegung der Niederschrift erfolgt bei den verschiedenen Stellen zu verschiedenen Zwecken. Dem zuständigen Reichsminister, den obersten und den höheren Verwaltungsbehörden sind Prüfungsniederschriften vorzulegen, damit sie sich von der ordnungsmäßigen Handhabung des Prüfungsdienstes in ihrem Geschäftsbereich überzeugen können, von den Prüfungsergebnissen Kenntnis erhalten und, soweit aus den Niederschriften ein Anlaß dazu zu entnehmen ist, die erforderlichen Anordnungen treffen können. Dem Vorsteher der Behörde, dem die Kasse angehört, sind die Prüfungsniederschriften, soweit er an der Prüfung nicht beteiligt war, zur Kenntnis und im übrigen zur weiteren Veranlassung wegen der Prüfungsbemerkungen vorzulegen. Ferner müssen der Kassenleiter und der Kassenaufsichtsbeamte wegen der ihnen obliegenden Verantwortung für die ordnungsmäßige Handhabung der Kassengeschäfte, soweit sie an einer Prüfung nicht beteiligt waren, von deren Ergebnis Kenntnis erhalten (vgl. hierzu § 93 Abs. 4). Damit durch die Vorlegung der Niederschrift bei verschiedenen Stellen nicht eine Verzögerung in der Erledigung der Prüfungsbemerkungen usw. eintritt, ist die Niederschrift erforderlichenfalls in mehreren Stücken auszufertigen oder es sind beglaubigte Abschriften von ihr herzustellen. Für Stellen, die nur an einem Teil der Niederschrift Interesse haben, sind erforderlichenfalls Auszüge zu machen.

3. Teil: Außerordentliche Kassenprüfungen

§ 96

Für die außerordentlichen Kassenprüfungen gelten die §§ 89 bis 93 und § 95 sinngemäß; die außerordentlichen Kassenprüfungen sollen erschöpfender als die ordentlichen sein. Die Prüfung kann für den vor der vorangegangenen ordentlichen Kassenprüfung liegenden Zeitraum auf Stichproben beschränkt werden. Die in § 88 genannten Arbeiten sind bei Beginn der außerordentlichen Kassenprüfung auszuführen; der Kassenleiter hat den Kassenbestand in Gegenwart des Prüfungsbeamten zu ermitteln und in dem Kassenbestandsausweise darzustellen.

AKO. § 143; VB. RAM.

1. Die außerordentliche Prüfung unterscheidet sich von den ordentlichen Prüfungen einmal dadurch, daß sie unvermutet erfolgt und deshalb nicht vorbereitet werden kann, — die vorherige Aufstellung eines Kassenbestandsausweises (§ 88) kommt deshalb für sie nicht in Frage (Satz 3) — und ferner dadurch, daß sie sich auf die Zeit bis zur letztvorangegangenen außerordentlichen Kassenprüfung erstreckt, also auch die Zeiträume umfaßt, für die bereits eine ordentliche Prüfung stattgefunden hat (vgl. § 86 Anm. 1). Ferner soll sie „erschöpfender" sein als die ordentliche Prüfung. Die RKO. enthält keine Angabe darüber, in welcher Weise sie erschöpfender sein soll. Daß sie sich auf einen längeren Zeitraum erstreckt als die ordentliche Kassenprüfung, macht sie nur zeitlich umfassender; sie soll aber erschöpfender, d. h. auch sachlich umfassender sein. Da für die Vornahme beider Prüfungen dieselben Bestimmungen gelten, so könnte bei vorschriftsmäßiger Durchführung der Prüfungen ein Unterschied sich wesentlich nur noch etwa in dem Umfang der vorzunehmenden Stichproben auswirken. In dieser Beziehung wird sich ein Unterschied gegenüber der ordentlichen Kassenprüfung insofern ergeben, als die letztere regelmäßig von demselben Prüfungsbeamten vorgenommen wird, und dieser bei seiner hieraus erwachsenden Vertrautheit mit den Einrichtungen und der Geschäftsführung der Kasse häufig sich auf eine geringere Zahl von Stichproben beschränken wird. Bei einer außerordentlichen Prüfung muß der Prüfungsbeamte Stichproben stets in dem Umfang vornehmen, daß er, soweit sich nicht Anstände ergeben, die Überzeugung gewinnt, daß die Buchungen, Belege usw., von denen er eine Anzahl stichprobeweise geprüft hat, in ihrer Gesamtheit in Ordnung sind. Im übrigen wird sich die erschöpfendere Vornahme der Prüfung darin auswirken, daß sie unter Beob-

achtung der sämtlichen für die Prüfung in der RKO. im einzelnen gegebenen Bestimmungen durchgeführt wird. Der Prüfungsbeamte muß sich nach jeder Richtung hin die Gewißheit verschaffen, daß oder inwieweit die Kassengeschäfte vorschriftsmäßig erledigt sind und gehandhabt werden. Hierbei wird sich zeigen, ob bei den ordentlichen Prüfungen die sämtlichen Prüfungsbestimmungen beachtet worden sind. Insoweit schließt die außerordentliche Kassenprüfung mittelbar eine Prüfung in sich, ob die ordentlichen Prüfungen bestimmungsgemäß durchgeführt sind. Die außerordentliche Prüfung reicht ferner von selbst insofern weiter als die ordentliche, als sie unvermutet vorgenommen wird, Bücher und Einrichtungen also nicht für die Prüfung hergerichtet sind, wie für die ordentliche Kassenprüfung. Es wird daher u. a. festgestellt werden können, wieweit die Bücher regelmäßig auf dem laufenden gehalten werden. Die Erfüllung der umfangreichen Aufgabe, die die außerordentliche Prüfung in sich schließt, bedingt, daß dem Prüfungsbeamten die erforderliche Zeit und gegebenenfalls das nötige Hilfspersonal für die Durchführung der Prüfung zur Verfügung stehen müssen (vgl. § 87 Anm. 2).

2. Die außerordentliche Prüfung umfaßt den Zeitraum zwischen ihr und der letztvorangegangenen außerordentlichen Prüfung. Für die Zeit bis zu der ihr vorangegangenen ordentlichen Prüfung gilt für sie dasselbe, was für die Vornahme der ordentlichen Prüfung gilt (s. § 86 Anm. 1), mit den sich daraus, daß sie unvermutet vorgenommen wird, ergebenden Abweichungen. Mit Beginn der Prüfung sind die Bücher in gleicher Weise wie für die ordentliche Kassenprüfung abzuschließen (vgl. § 88 Anm.). Der Kassenbestand ist vorzuweisen und in dem Kassenbestandsausweis darzustellen (vgl. § 89 Anm.). Für die Zeit zwischen der letzten ordentlichen Kassenprüfung und der letztvorangegangenen außerordentlichen Prüfung gelten die Bestimmungen der in Satz 1 angeführten Paragraphen sinngemäß mit der Maßgabe, daß Bücher und Belege nur, soweit sie vorliegen, zu prüfen sind (§ 86), und ferner die Prüfung allgemein und ohne daß es dieserhalb noch einer besonderen Anordnung bedarf, wie im Falle des § 90 Abs. 4, auf Stichproben beschränkt werden kann. Diese Bestimmung gründet sich darauf, daß bei der Länge des Prüfungszeitraumes eine vollständige Prüfung an sich ausgeschlossen ist und ferner die in den Zeitraum fallenden Buchungen sämtlich bereits Gegenstand der Prüfung bei ordentlichen Kassenprüfungen gewesen sind.

Die gemäß § 94 ausgeführten Arbeiten werden nur dann für die außerordentliche Kassenprüfung nutzbar gemacht werden können, wenn dies etwa von der Stelle, die die Vornahme der Prüfung angeordnet hat, besonders bestimmt ist, oder wenn sie von Beamten ausgeführt sind, die den Prüfungsbeamten für die Durchführung der Prüfungsgeschäfte nach § 87 Abs. 3 beigegeben sind (vgl. § 87 Anm. a. E.)

4. Teil: Kassenprüfungen durch den Rechnungshof des Deutschen Reichs

§ 97

Nimmt der Rechnungshof des Deutschen Reichs nach § 97 der Reichshaushaltsordnung Kassenprüfungen vor, so bestimmt er das Verfahren.

Nach RHO. § 97 steht dem Rechnungshof des Deutschen Reiches neben der Befugnis zu örtlichen Erhebungen über die Kasseneinrichtungen das Recht zu, „soweit im Interesse der Überwachung der Wirtschaftsführung ein Anlaß dazu gegeben ist, außerordentliche Kassen- und Bestandsprüfungen vornehmen zu lassen. Im letzteren Falle ist dem zuständigen Reichsminister vorher Mitteilung zu machen, damit dieser über die Beteiligung der Verwaltung an den Verhandlungen Bestimmung treffen kann." Da der Rechnungshof nach RHO. § 118 „eine der Regierung gegenüber selbständige, nur dem Gesetz unterworfene oberste Reichsbehörde" ist, die RKO. aber nicht gesetzliche Bedeutung hat, so ist der Rechnungshof an die Vorschriften der RKO. nicht gebunden, sondern hat selbst das Verfahren bei einer von ihm angeordneten Kassenprüfung, die sich auch ihrem Zwecke nach nicht immer mit dem der ordentlichen und außerordentlichen Kassenprüfung decken wird, zu bestimmen. Selbstverständlich müssen dabei der Kasse gegenüber die für jede Kassenprüfung sich von selbst verstehenden Formen des Verfahrens gewahrt werden. So wäre z. B. eine Beschlagnahme oder eine Fortnahme von Kassenmitteln aus dem Gewahrsam der Kasse durch den vom Rechnungshof abgeordneten Prüfungsbeamten ausgeschlossen. Wie jeder andere mit Vornahme einer Kassenprüfung betraute Beamte ist auch der Beauftragte des Rechnungshofs nur zu Maßnahmen und Anordnungen befugt, die dem Zweck und dem Wesen einer Kassenprüfung entsprechen.

Wenn die Prüfung, wie es die Regel sein wird, nicht angekündigt ist, und der mit ihrer Vornahme beauftragte Beamte nicht durch einen — der Kasse bekannten oder sich ausweisenden — Beauftragten des zuständigen Ministers (s. Abs. 1 der Anm.) bei der Kasse eingeführt wird, so muß er dieser sowohl einen Ausweis über den Prüfungsauftrag wie über seine Person vorweisen. Der Prüfungsauftrag muß äußerlich als vom Rechnungshof ausgehend gekennzeichnet und handschriftlich vollzogen sein. Zur Vermeidung von Weiterungen und um dem Kassenleiter eine gewisse Sicherheit für die Berechtigung des Erschienenen zur Vornahme der Prüfung zu geben, ist der Auftrag zweckmäßig mit dem Dienstsiegel zu versehen. Die Unterschrift muß von einem Beamten herrühren, der namens des Rechnungshofs diesen Auftrag zu zeichnen berechtigt ist. Ein Auftrag mit einer nicht deutlich lesbaren Unterschrift ohne Dienstsiegel könnte zurückgewiesen werden. Außerdem muß der zur Vornahme der Prüfung erschienene Beamte sich über seine Person ausweisen. Von dem Erscheinen eines Beauftragten des Rechnungshofes zur Vornahme einer Kassenprüfung wird der Kassenleiter dem Vorsteher der Behörde, der er angehört, oder wenn er dies selbst ist, der vorgesetzten Behörde sofort Anzeige machen, wenn er nicht Grund zu der Annahme hat, daß die Behörde über die Vornahme der Prüfung unterrichtet ist.

IV. Buch: Übergangs- und Schlußbestimmungen

§ 98

Ermächtigung zum Erlaß abweichender Bestimmungen

(1) Der Reichsminister der Finanzen kann für die Reichshauptkasse und die Einheitskassen (§ 5), soweit erforderlich im Einvernehmen mit dem zuständigen Reichsminister, von der Reichskassenordnung abweichende Bestimmungen treffen, wenn die besonderen Aufgaben dieser Kassen es erfordern. Er kann insbesondere zulassen, daß im Hauptbuch, abweichend von den Bestimmungen des § 59, Einzahlungen und Auszahlungen in einer Spalte untereinander mit schwarzer und roter Tinte gebucht werden.

(2) Der zuständige Reichsminister kann im Einvernehmen mit dem Reichsminister der Finanzen von der Reichskassenordnung abweichende Bestimmungen treffen, soweit die Verwendung von Maschinen oder sonstiger technischer Hilfsmittel (§ 20 Abs. 6) dies angezeigt erscheinen läßt.

AKO. § 146.

1. Die Einrichtung der Einheitskasse (§ 5) ist neu, und es kann nach den mit ihr zu machenden Erfahrungen leicht erforderlich werden, für ihre Geschäftsführung hier und da Abweichungen von der RKO. zuzulassen. Ebenso sind bei der Reichshauptkasse im Hinblick auf die Eigenart und den Umfang ihrer Geschäfte gewisse Abweichungen von der RKO. nicht zu

umgehen. Ihre Festlegung in der RKO. würde deren Fertigstellung unnötig verzögert und sie auch mit Bestimmungen, die für die übrigen Kassen nicht von Bedeutung sind, belastet haben. Es ist daher dem Reichsminister der Finanzen, zu dessen Geschäftsbereich die Reichshauptkasse und die Einrichtung der Einheitskassen gehören (§ 6 Abs. 2), überlassen, für die genannten Kassen, und zwar, soweit erforderlich, d. h. soweit die Geschäfte anderer Ressorts davon berührt werden, im Einvernehmen mit dem zuständigen Reichsminister von der RKO. abweichende Vorschriften zu treffen, wenn die besonderen Aufgaben dieser Kassen es erfordern. Abs. 1 führt ein einzelnes Beispiel einer solchen Abweichung an, das auch in § 59 allgemein hätte vorgesehen werden können. Das angeführte Verfahren, das der Raumersparnis dienen soll, ist in der Praxis bereits angewandt und als brauchbar befunden, z. B. bei Oberpostkassen. Ob es sich dauernd und in weiterem Umfange als geeignet erweisen wird, muß die Praxis entscheiden.

2. Die stark vorwärtsschreitende Entwicklung in der Verwendung von Maschinen und anderen technischen Hilfsmitteln für den Büro- und Kassendienst kann leicht dazu führen, daß von der Reichskassenordnung abweichende Anordnungen hinsichtlich der Kassen- und Buchführung getroffen werden müssen. Da jene Bestrebungen im Interesse der Vereinfachung und Verbilligung des Kassendienstes durchaus zu begünstigen sind (vgl. § 20 Abs. 6), sieht Abs. 2 für die Durchführung entsprechender Maßnahmen eine vereinfachte Form vor.

§ 99

Künftig wegfallende Behörden

Der zuständige Reichsminister kann im Einvernehmen mit dem Reichsminister der Finanzen zulassen, daß von der Durchführung der Bestimmungen der Reichskassenordnung bei Kassen von Verwaltungsbehörden, die im Reichshaushaltsplan als künftig wegfallend bezeichnet sind, ganz oder teilweise abgesehen wird.

Die mit der Umstellung der Kasseneinrichtungen nach Maßgabe der RKO. verbundenen Arbeiten und Kosten stehen bei Verwaltungen, die demnächst wegfallen sollen, zumeist nicht in angemessenem Verhältnis zu den Vorteilen, die die Durchführung der RKO. für die kurze Zeit bis zum Wegfall der Behörde noch mit sich bringen kann. § 99 gestattet deshalb, von ihrer Durchführung ganz oder teilweise abzusehen. Die Bestimmung bezieht sich nur auf solche künftig wegfallenden Behörden, die eine eigene Kasse besitzen, also das Reichsausgleichsamt und das Reichsentschädigungsamt.

Nach der ganz allgemein lautenden Fassung des § 99 könnte er dahin ausgelegt werden, daß er auch für die Zukunft in Geltung bleiben solle. Dies wäre indes nur von sehr eingeschränkter Bedeutung, weil bei später als künftig wegfallend zu bezeichnenden Behörden selbst, wenn sie sogleich als künftig wegfallend geschaffen werden, nach Einführung der RKO. und Fortfall aller älteren Kassenvorschriften nach den Bestimmungen der RKO. gearbeitet werden muß. Es kommt hinzu, daß § 99 der einzige Paragraph des IV. Buchs ist, der als Übergangsbestimmung in Betracht kommen kann; wollte man in ihm also eine dauernd gültige Bestimmung erblicken, so würde die Überschrift des IV. Buches seinem Inhalt nicht entsprechen. § 99 ist daher nur auf am Tage seines Inkrafttretens im Reichshaushaltsplan als künftig wegfallend bezeichnete Verwaltungsbehörden anwendbar.

§ 100

Reichsbetriebe

Die Bestimmungen der Reichskassenordnung gelten sinngemäß für die Reichsbetriebe (§ 15 der Reichshaushaltsordnung), soweit nicht bei ihnen die kaufmännische doppelte Buchführung eingerichtet ist und die Art des Geschäftsbetriebs Abweichungen erfordert.

AKO. § 147.

Auch die Kassen- und Buchführung der Reichsbetriebe unterliegt den Grundsätzen, die die Reichsregierung gemäß RHO. § 55 für sie feststellt. Die Natur der kaufmännisch eingerichteten Reichsbetriebe, die zumeist abweichend von den Verwaltungszweigen des Reiches auf die Erzielung von Gewinn eingestellt sind, steht jedoch einer uneingeschränkten Anwendung der RKO. auf ihre Kassen- und Buchführung vielfach entgegen. § 100 schreibt deshalb vor, daß die Bestimmungen der RKO. für die Reichsbetriebe (§ 15 RHO.) sinngemäß gelten, soweit nicht bei ihnen die kaufmännische doppelte Buchführung eingerichtet ist und die Art des Geschäftsbetriebs Abweichungen erfordert. Kaufmännisch eingerichtete Betriebe können nach RHO. § 15 an Stelle einer nach Einnahmen und Ausgaben getrennten Veranschlagung mit ihrem voraussichtlichen Endergebnis in den Haushaltsplan aufgenommen werden, wenn die Art des Betriebs ein Wirtschaften nach Einnahme- und Ausgabeansätzen des Haushaltsplans nicht zuläßt (vgl. RWB. § 6 Abs. 11). § 100 bezieht sich, wie sich aus der Anführung des § 15 cit. ergibt, auf die im Haushaltsplan mit ihrem Endergebnis veranschlagten Reichsbetriebe und macht dabei einen Unterschied zwischen den Betrieben, in welchen die Bücher in kameralistischer Form geführt werden, und denen, in welchen die kaufmännische doppelte Buchführung eingerichtet ist. Für die beiderlei Betriebe ordnet er die sinngemäße Anwendung der Bestimmungen der RKO. an, für die Betriebe der letzteren Art aber mit der Maßgabe, daß die RKO. sinngemäß nur gelten soll, soweit nicht die doppelte Buchführung und die Art des Geschäftsbetriebs Abweichungen erfordert. Danach gilt also die RKO. für die sämtlichen mit ihrem Endergebnis veranschlagten Betriebe sinngemäß, d. h. mit den Abweichungen, die sich aus der von der Regel (RHO. § 7) abweichenden haushaltlichen Behandlung notwendigerweise ergeben; für die Betriebe mit kaufmännischer doppelter Buchführung gilt sie darüber hinaus insoweit nicht, als die Art der Buchführung und des Geschäftsbetriebs eine Abweichung erfordert.

Abweichungen werden sich vorzugsweise auf dem Gebiet des Buchungswesens ergeben. Das Fehlen einer getrennten Veranschlagung der Einnahmen und Ausgaben bedingt erhebliche Abweichungen von dem in der RKO. vorgesehenen Buchungsverfahren. Wenn im Falle kameralistischer Buchführung das Titelbuch nicht entbehrt werden kann, so muß für dasselbe doch eine besondere Ordnung (vgl. § 62 Abs. 1 Satz 1) an Stelle der sonst aus dem Reichshaushaltsplan zu entnehmenden Ordnung vorgeschrieben werden. Die Bestimmungen im I. Buch der RKO. werden auch bei den unter § 15 RHO. fallenden Reichsbetrieben in weitem Umfange anwendbar bleiben.

Die RRO. behandelt in § 28 die im Haushaltsplan nur mit ihrem Endergebnis veranschlagten Reichsbetriebe, trifft aber besondere Bestimmungen nur für den Fall, daß in diesen Betrieben die Bücher nach den Regeln der kaufmännischen doppelten Buchführung geführt werden. Sie geht sonach davon aus, daß bei kameralistischer Buchführung zu grundsätzlichen Abweichungen von der RRO. ein Bedürfnis nicht vorliegt. In der Regel werden in den Fällen des § 15 RHO., auch wenn eine kaufmännische Buchführung nicht angeordnet wird, besondere Bestimmungen über die Einrichtung der Bücher usw. von der zuständigen Reichsbehörde getroffen werden. Die hierbei gemäß § 100 RHO. eintretende Mitwirkung des Rechnungshofes gibt diesem Gelegenheit, gemäß RHO. § 66 Abs. 3 durch entsprechende Bestimmungen dafür zu sorgen, daß die Belange der Rechnungsprüfung bei der Buchführung gewahrt werden. Im übrigen sind die Bestimmungen der RRO. auch für die in Rede stehenden Reichsbetriebe und zwar nicht nur sinngemäß, sondern in der Form, in der sie in der RRO. enthalten sind, verbindlich.

Für den Fall der kaufmännischen doppelten Buchführung ordnet die RRO. an, daß die Bücher so eingerichtet werden müssen, daß unbeschadet der Wahrung der Zwecke des Betriebs und der größtmöglichen Sparsamkeit eine ordnungsgemäße Prüfung der Einnahmen und Ausgaben an Hand der einzelnen Buchungen und der Belege für den Rechnungshof möglich ist. Beide Aufgaben müssen miteinander in Einklang gebracht werden. Es ist daher im Schlußsatz des § 28 RRO. vorgesehen, daß der Rechnungshof die zur Durchführung seiner Aufgabe an die Bücher zu stellenden Anforderungen im einzelnen Falle in der Äußerung mitteilen wird, die von ihm nach § 100 der Reichshaushaltsordnung vor Erlaß der entsprechenden Weisungen der Verwaltung über Einrichtung und Führung der Bücher einzuholen ist.

§ 101

Befugnisse des Rechnungshofs

Die dem Rechnungshofe des Deutschen Reichs nach der Reichshaushaltsordnung zustehenden Befugnisse bleiben unberührt.

§ 101 enthält nicht eine Vorschrift oder eine neue Regelung, sondern im Hinblick darauf, daß die RKO. unter Mitwirkung des Rechnungshofs des Deutschen Reichs gemäß RHO. § 100 aufgestellt ist, und um einer unrichtigen Auslegung dieses Herganges vorzubeugen, lediglich die Feststellung, daß durch die RKO. an der Zuständigkeit des Rechnungshofes, wie sie die RHO. (vgl. insbesondere §§ 66 und 100 das.) begründet, nichts geändert wird. Der Zweck des § 101 ist in der Hauptsache, darauf hinzuweisen, daß, soweit in der RKO. Fragen, deren Regelung dem Rechnungshof des Deutschen Reiches zusteht, geregelt sind, dadurch die Befugnisse des Rechnungshofes nicht berührt werden und ihm also vorbehalten bleibt, insoweit, wenn er es für nötig hält, von sich aus eine anderweitige Regelung vorzunehmen. Hierbei ist insbesondere an den § 66 der RHO. gedacht, nach dessen Schlußsatz „die Vorschriften über die formelle Einrichtung der Rechnungen und Belege von dem Rechnungshof nach Benehmen mit den beteiligten Reichsministern erlassen" werden. Diese Vorschriften sind inzwischen im wesentlichen durch die Rechnungslegungsordnung für das Reich (RRO.) vom 3. Juli 1929 (Reichsministerialblatt S. 439) erlassen worden.

§ 102

Vollzugsbestimmungen, Inkrafttreten

(1) Die Reichsminister erlassen, soweit in der Reichskassenordnung nicht etwas anderes bestimmt ist, im Einvernehmen mit dem Reichsminister der Finanzen die zum Vollzuge der Reichskassenordnung erforderlichen Bestimmungen für ihren

Verwaltungsbereich. Der Reichsminister der Finanzen hat dafür zu sorgen, daß hierbei die Einheitlichkeit innerhalb der Reichsverwaltung hergestellt und gewahrt wird, soweit nicht sachliche Gründe entgegenstehen.

(2) Die Bestimmungen des Abs. 1 treten mit der Verkündung in Kraft. Im übrigen tritt die Reichskassenordnung nebst den Vollzugsbestimmungen am 1. April 1928 in Kraft.

AKO. § 150; VB. RAM., Heer und Marine.

1. Die RKO. bedarf als Muttervorschrift, die lediglich die für alle Kassen gemeinsam anwendbaren Vorschriften zusammenfassen will, für die verschiedenen Verwaltungsbereiche der Ergänzung durch Vollzugsbestimmungen. Im Interesse der Einheitlichkeit, die gerade durch den Erlaß der RKO. gefördert werden soll, schreibt § 102 in Abs. 1 vor, daß die Vollzugsbestimmungen von den zuständigen Reichsministern im Einvernehmen mit dem Reichsminister der Finanzen, d. h. mit dessen Zustimmung, zu erlassen sind, soweit nicht in der RKO. etwas anderes bestimmt ist. Vollzugsbestimmungen sind alle Bestimmungen, deren Erlaß in der RKO. den zuständigen Reichsministern überlassen ist, und alle sonstigen zur Durchführung der RKO. zu erlassenden Bestimmungen. Die Einschaltung „soweit nicht in der RKO. etwas anderes bestimmt ist" könnte man bei wörtlicher Auslegung dahin verstehen, daß die Reichsminister nur dann selbständig Vollzugsbestimmungen erlassen dürfen, wenn die RKO. die Mitwirkung des RFM. in irgendeiner Form erkennbar ausschließt. Der Sinn der Bestimmung ist jedoch ein anderer. Die RKO. weist die Regelung bestimmter Fragen bald dem zuständigen Reichsminister und bald ihm im Einvernehmen mit dem RFM. zu. Aus dieser ausdrücklich unterschiedlichen Behandlung ist zu entnehmen, daß in den ersteren Fällen die Mitwirkung des RFM. nicht gefordert wird, da anderenfalls die Unterscheidung durch die Bestimmung in Satz 1 des Abs. 1 bedeutungslos werden würde. Soweit also die RKO. dem zuständigen Reichsminister eine Entscheidung überläßt (vgl. z. B. § 4 Abs. 2, §§ 9, 21 Abs. 3, 24, 27 und 90 Abs. 4), bedarf es der Mitwirkung des RFM. nur, wenn sie ausdrücklich angeordnet ist Hält der RFM. die von dem zuständigen Reichsminister getroffene Regelung im Sinne der Reichsfinanzen nicht für erträglich, so bleibt es ihm überlassen, gemäß Art. 57 RV. die Angelegenheit der Reichsregierung zur Beratung und Beschlußfassung zu unterbreiten. Zu allen anderen Vollzugsbestimmungen bedarf es der Zustimmung des RFM., so daß im Falle einer Meinungsverschiedenheit der beteiligte Ressortminister, wenn er an der von ihm vorgeschla-

genen Regelung festhalten will, seinerseits die Sache der Reichsregierung zu unterbreiten hat.

Die verschiedene Festsetzung des Inkrafttretens des § 102 Abs. 1 und der RKO. selbst hat ihren Grund darin, daß den Reichsministern Zeit gelassen und Anlaß gegeben werden sollte, die Einführung der RKO. sowohl durch Erlaß von Vollzugsbestimmungen wie auch durch Einleitung der in den §§ 4 und 5 behandelten Maßnahmen vorzubereiten.

Wegen der Mitwirkung des Rechnungshofes bei Erlaß der notwendig werdenden Vollzugsbestimmungen zur RKO. vgl. RHO. § 100 und RKO. § 101.

2. Abs. 1 spricht von den zum Vollzug der RKO. für den einzelnen Verwaltungsbereich erforderlichen Bestimmungen. Er geht also davon aus, daß die RKO. als unmittelbar für alle Reichskassen verbindliche Vorschrift eingeführt werden würde. Abs. 2 bestätigt diese Auffassung unverkennbar. Hiermit steht nicht im Einklang, daß für die Reichsabgabenverwaltung nicht die RKO., sondern besondere Kassenordnungen, nämlich die Amtskassenordnung der Reichsabgabenverwaltung vom 12. März 1928 (Amtsblatt der Reichsfinanzverwaltung S. 33) und die Oberfinanzkassenordnung vom 22. März 1929 (ebenda S. 29) eingeführt worden sind. Amtskassenordnung und Oberfinanzkassenordnung lassen äußerlich nicht erkennen, wie weit sie mit der RKO. übereinstimmen oder von ihr abweichen, d. h. inwieweit Bestimmungen der RKO. in ihnen fortgelassen, im Wortlaut abgeändert oder ergänzt worden sind oder ihnen ein anderer Platz zugewiesen ist. Gerade mit Rücksicht auf die verschiedentlich abweichende Anordnung des Stoffes ist es im einzelnen Falle oft nicht leicht, festzustellen, ob und in welcher Form eine Bestimmung der RKO. in den Kassenordnungen der Abgabenverwaltung enthalten ist. Dadurch, daß die Abgabenverwaltung, die innerhalb des Reichs bei weitem die meisten Kassen aufzuweisen hat, mit eigenen Kassenordnungen arbeitet, wird, wenngleich an der Verbindlichkeit der Reichskassenordnung auch für sie grundsätzlich festgehalten wird, ihr Interesse an einer einheitlichen Fortentwicklung der Vorschriften der RKO. zweifellos eingeschränkt. Wenn gewichtige Gründe die unmittelbare Einführung der RKO. im Bereich der Reichsabgabenverwaltung untunlich gemacht haben, so muß dahingestellt bleiben, ob es nicht möglich gewesen wäre, den besonderen Bedürfnissen der Reichsabgabenverwaltung sogleich bei Abfassung der RKO. Rechnung zu tragen.

Anlage 1

(§ 21 Abs. 2 RKO)

Bestimmungen über die Annahme von Schecken und Überweisungsaufträgen

(Vgl. RKO. Anlage 2)

§ 1.

Voraussetzungen der Annahme.

(1) Die Kasse darf einen Scheck als Einzahlung (§ 2 RKO.) nur annehmen, wenn er am Sitze der Kasse eingelöst werden kann und die Geldanstalt, auf die der Scheck gezogen ist oder die ihn einlöst, sich verpflichtet hat, Schecke, für die die erforderliche Deckung vorhanden ist, sofort bei der Vorlegung bar einzulösen oder den Scheckbetrag spätestens am Vormittage des folgenden Werktags dem von der Kasse zu bezeichnenden Konto zu überweisen. Diese Beschränkungen gelten nicht für Postschecke und Reichsbankschecke. Die Kasse darf Schecke, die mit Indossament versehen sind, nicht annehmen.

(2) Der zuständige Reichsminister kann, wenn besondere örtliche Verhältnisse es erfordern, zulassen, daß Schecke, die nicht am Sitze der Kasse eingelöst werden können, als Einzahlung angenommen werden, sofern dadurch die Einlösung der Schecke nicht verzögert wird.

(3) Die Kasse soll Schecke, die ein späteres Datum tragen als den Tag, an dem sie bei der Kasse eingehen, nicht annehmen; Schecke, die so spät eingehen, daß sie innerhalb der Vorlegungsfrist nicht vorgelegt werden können, sind nicht anzunehmen.

(4) Die Kasse darf andere Überweisungsaufträge als Postscheck- und Reichsbanküberweisungsaufträge nicht als Einzahlung annehmen.

VV. RHK.

1. Wenn in § 1 und den folgenden Paragraphen der Anlage 1 nur von Schecken die Rede ist, so gelten sie doch — mit Ausnahme von Abs. 1 und 2 des § 1 und vom Abs. 2 des § 3 — sinngemäß auch für Postscheck- und Reichsbanküber-

weisungsaufträge (§ 6 der Anlage 1). Dies gilt auch für die nachstehenden Erläuterungen der Anlage 1.

2. Für die Annahme von Schecken als Einzahlung gelten zwei Voraussetzungen, einmal, daß sie am Sitz der Kasse eingelöst werden können, und ferner, daß die zur Einlösung berufene Geldanstalt sich verpflichtet hat, Schecke, für die die erforderliche Deckung vorhanden ist, sofort bei der Vorlegung bar einzulösen oder den Scheckbetrag spätestens am Vormittage des folgenden Werktags dem von der Kasse zu bezeichnenden Konto zu überweisen. Die vorstehenden Bedingungen können gestellt werden, da eine rechtliche Verpflichtung zur Annahme von Schecken oder Überweisungsaufträgen als Zahlungsmitteln nicht besteht. Durch das Erfordernis, daß die Schecke am Sitz der Kasse eingelöst werden können, werden die Umstände einer Versendung der Schecke und die mit ihr verbundene Gefahr eines Verlustes derselben vermieden und die sofortige Einlösbarkeit gesichert. Die in Abs. 1 angeführte Verpflichtung könnte ihrem Wortlaut nach dahin gedeutet werden, daß die Geldanstalt die Wahl zwischen sofortiger Bareinlösung und Gutschrift hätte. Gemeint ist aber, daß die Kasse Barauszahlung oder Gutschrift soll verlangen dürfen, so daß in Satz 1 des Abs. 1 vor „sofort" einzufügen wäre „auf Verlangen der Kasse". Die sofortige Einlösung des Schecks in bar oder durch Überweisung ist zu fordern, weil der Scheckbetrag schon als Einzahlung von der Kasse behandelt ist. Die vorstehende besondere Verpflichtung der Bankanstalt ist entbehrlich bei Post- und Reichsbankschecken, weil die alsbaldige Einlösung dieser Schecke durch die Einrichtungen des Postscheck- und Reichsbankgiroverkehrs gesichert ist. Die Übernahme der geforderten Verpflichtung kann aber — abgesehen davon, daß ihre Festlegung in großen Städten schwer durchführbar ist — auch bei anderen Geldanstalten auf Schwierigkeiten stoßen und über das Bedürfnis hinausgehen. Es wird dann, wenn die Annahme der auf sie gezogenen Schecke im Interesse des Reichs liegt, die Behörde, der die Kasse angehört, oder die ihr vorgesetzte Behörde eine Entscheidung treffen oder herbeiführen müssen, ob unter gewissen Voraussetzungen von dem Verlangen soll abgesehen werden können. Wenn Schecke auf Geldanstalten gezogen sind, die einer Abrechnungsstelle der Reichsbank als Mitglied angehören, so wird den an den Reichsbankgiroverkehr angeschlossenen Kassen der Betrag der der Reichsbankstelle zur Vermittelung der Einlösung bis zu einer bestimmten Stunde übergebenen Schecke — in Voraussetzung vorhandener Deckung — alsbald gutgeschrieben. Die Reichsbank übernimmt auch die Einlösung der den Kassen als Zahlungsmittel übergebenen auf andere als die vorbezeichneten Geldanstalten gezogenen Schecke (vgl. Anm. Abs. 2 zu § 4 dieser Anlage), doch kann die

Gutschrift der Scheckbeträge in diesem Falle nicht am Tage der Hingabe der Schecke an sie erfolgen. In Berlin werden die auf Banken, die dem Berliner Kassenverein angehören, gezogenen und bis zu einer bestimmten Vormittagsstunde bei der Reichsbank eingelieferten Schecke am Vormittag des 1. Werktags nach der Einlieferung der Kasse gutgeschrieben. Für Schecke, die auf andere Geldanstalten gezogen sind, dauert die Einlösungsfrist etwas länger. Die mit der Einlösung von Schecken bei zahlreichen verschiedenen Geldanstalten verbundenen Arbeiten und Umstände können auch dadurch vermieden werden, daß einer anderen Geldanstalt als einer Reichsbankstelle die Einlösung der bei den Kassen eingegangenen Schecke nach besonderer Vereinbarung übertragen wird. Zu einer solchen Vereinbarung wird jedoch, im Hinblick darauf, daß Abs. 1 eine derartige Regelung nicht vorsieht, die Zustimmung des zuständigen Ministers und des RFM. erforderlich sein.

Schecke, die mit Indossament versehen, also ursprünglich nicht auf die Kasse als Empfänger ausgestellt sind, erfordern eine besonders genaue Prüfung und im Falle der Nichteinlösung besondere Maßnahmen zur Wahrung der sich aus ihr ergebenden Rückgriffsrechte. Mit dieser Arbeit und Verantwortung die Kasse zu belasten, besteht kein Anlaß. Indossierte Schecke sind daher nicht anzunehmen. Wird ein nicht indossierter Scheck nicht eingelöst, so bedarf es nicht besonderer Regreßnahme, sondern er wird dem Aussteller mit der Aufforderung, die Einzahlung anderweit zu bewirken, zur Verfügung gestellt (vgl. Anm. 3 zu § 3 der Anlage).

3. Die in Abs. 2 enthaltene Ermächtigung setzt zweierlei voraus, daß besondere örtliche Verhältnisse eine Abweichung von der Regel erfordern und daß dadurch die Einlösung der Schecke nicht verzögert wird. Die besonderen Verhältnisse können u. a. bestehen in enger geschäftlicher Verbindung mit Nachbarorten oder darin, daß Geldanstalten an diesen Orten sich für eine Zulassung als besonders geeignet erwiesen haben. Die Einlösung der Schecke durch die beteiligten Geldanstalten darf nicht später erfolgen als die Einlösung bei einer geeigneten am Orte befindlichen Geldanstalt.

4. Schecke, die ein späteres Datum tragen als den Tag, an dem sie bei der Kasse eingehen, soll die Kasse nicht annehmen. Da der Scheck sogleich als Einzahlung gebucht werden soll, muß er auch sofort einlösbar sein; dies ist er, wenn er ein späteres Datum trägt, nicht, er kann also auch bis dahin nicht als Einzahlung gebucht werden. Die Vorschrift ist eine Sollvorschrift. Die Kasse wird also, wenn es sich um eine fällige Forderung handelt und die Rücksendung und Neuausstellung eines Schecks mit richtigem Datum eine längere Zeit als bis zu dem auf den Scheck gesetzten Datum in Anspruch nehmen würde, von der Rücksendung des Schecks ab-

sehen dürfen. Als Einzahlung kann er aber erst an dem späteren Datumstage gebucht werden. Da vordatierte Schecke der Wechselsteuer unterliegen, (§ 4 Abs. 2 des Wechselsteuergesetzes vom 10. August 1923), so wird die Kasse in diesem Falle die Versteuerung herbeiführen und den dazu verwendeten Betrag als Kosten der Einlösung vom Einzahlungspflichtigen einziehen (§ 4 der Anl.).

Ebensowenig wie Schecke mit einem späteren Datum sind solche mit einem früheren Datum als dem des Tages der Übergabe oder der Übersendung anzunehmen, wenn sie innerhalb der Vorlegungsfrist nicht mehr vorgelegt werden können. Diese Frist beträgt nach § 11 des Scheckgesetzes 10 Tage vom Ausstellungstage an gerechnet.

5. Die Annahme von Überweisungsaufträgen bedeutet gegenüber der Einzahlung durch Überweisung eine unnötige Belastung der Kasse, da sie die Einlösung der Aufträge veranlassen und überwachen muß, womit mehrfache Buchungen verbunden sind. Die RKO. beschränkt daher die Annahme von Überweisungsaufträgen auf Postscheck- und Reichsbanküberweisungsaufträge, deren Form und Behandlung für das ganze Reich einheitlich in bestimmter einfacher Weise geregelt sind, so daß den Kassen aus der Annahme der Aufträge eine erhebliche Belastung nicht erwächst.

§ 2

Gegenleistungen des Reichs bei Einzahlungen durch Scheck

(1) Eine von dem vorherigen oder gleichzeitigen Empfang einer Einzahlung abhängige Gegenleistung des Reichs (z. B. die Aushändigung von Waren oder Wertzeichen) darf auf Grund einer Einzahlung durch Scheck erst bewirkt werden, wenn der Scheck eingelöst ist.

(2) Die Gegenleistung darf vor der Einlösung bewirkt werden, wenn der Scheck von einer Reichs-, Landes- oder Gemeindebehörde oder von der Reichsbank oder der Bank eines Landes ausgestellt ist. Das gleiche gilt, wenn ein Scheck auf die Reichsbank gezogen und von dieser bestätigt ist.

(3) Der zuständige Reichsminister kann bestimmen, daß eine Gegenleistung des Reichs vor der Einlösung eines Schecks auch in anderen als den in Abs. 2 genannten Fällen bewirkt werden kann.

Wenn Geschäfte Zug um Zug zu erfüllen sind und die Leistung dem Reich gegenüber durch Scheck bewirkt wird, so kann die Gegenleistung des Reichs erst erfolgen, wenn der Scheck eingelöst oder seine Einlösung gesichert ist.

Diese Sicherung gilt nach Abs. 2 als gewährleistet, wenn der Scheck von einer Reichs-, Landes- oder Gemeindebehörde oder von der Reichsbank oder der Bank eines Landes ausgestellt ist, sowie wenn er auf die Reichsbank gezogen und von ihr bestätigt ist. Reichard, RKO. (S. 271) weist zutreffend darauf hin, daß die Bestimmung sinngemäß auch auf von der Deutschen Reichsbahngesellschaft (vgl. § 17 des Reichsbahngesetzes vom 30. August 1924) ausgestellte Schecke anzuwenden ist.

Ein Bestätigungsvermerk ist nur für weiße Schecke der Reichsbank vorgesehen (Bekanntmachung des Reichskanzlers vom 31. August 1916, RGBl. S. 985), im übrigen aber durch das Scheckgesetz nicht gestattet. Bestätigungsvermerke anderer Geldanstalten sind daher bedeutungslos. Die Bestätigung verpflichtet die Reichsbank, den Scheck, wenn er ihr innerhalb der Vorlegungsfrist vorgelegt wird, einzulösen. Es ist deshalb die Einhaltung der Vorlegungsfrist besonders sorgfältig zu überwachen.

Die Anwendung des Abs. 3 hat zur Voraussetzung, daß für die Verwaltung Anlaß zu einem entsprechenden Entgegenkommen gegeben ist, und ferner die gleiche Sicherheit für den Eingang der Gegenleistung geschaffen wird oder besteht, wie in den in Abs. 2 angeführten Fällen. Wieweit dies der Fall ist, muß nach der gesamten wirtschaftlichen Lage des Vertragsgegners pflichtmäßig beurteilt werden. Der zuständige Reichsminister wird im Falle der Anwendung des Abs. 3 Richtlinien für die hinsichtlich der Sicherheit zu stellenden Anforderungen aufstellen. Eingehende Bestimmungen dieserhalb sind in den §§ 4 und 5 der Anl. 2 der AKO. getroffen.

§ 3

Vorlage von Schecken

(1) Die Kasse hat angenommene Schecke unverzüglich der bezogenen Geldanstalt oder, wenn für die Einlösung von Schecken eine besondere Abrechnungsstelle oder eine ähnliche Stelle am Sitze der Kasse eingerichtet ist, dieser vorzulegen. Eine sonstige Weitergabe von Schecken ist untersagt.

(2) Die nicht bereits als Verrechnungsschecke gekennzeichneten Schecke sind mit einem quer über die Vorderseite zu setzenden Vermerke „Nur zur Verrechnung“ zu versehen. Die Kasse kann hiervon absehen und der bezogenen Geldanstalt Schecke zur Bareinlösung vorlegen, wenn sie des Bargelds bedarf, um Auszahlungen leisten zu können.

(3) Werden Schecke nicht eingelöst, so gilt die Einzahlung als nicht entrichtet.

1. Die Einlösung der angenommenen Schecke ist unverzüglich herbeizuführen (vgl. Anm. 2 zu § 1 dieser Anlage), da der Scheck bereits als Einzahlung gebucht ist und jeder Tag, um den die Einlösung sich verzögert, für das Reich einen Zinsverlust oder einen Zinsaufwand bedeutet (vgl. § 47 Anm. 1).

Abs. 1 schließt eine anderweitige Verwendung des Schecks als durch Hingabe zur Einlösung aus; einer Abgabe an die übergeordnete Kasse steht die Bestimmung, wenn dies im einzelnen Falle dem Interesse einer der beiden Kassen entspricht, nicht entgegen.

2. Die Kennzeichnung der Schecke als Verrechnungsschecke soll der mißbräuchlichen Verwendung eines Schecks im Falle des Verlustes vorbeugen. Nach § 14 des Scheckgesetzes darf ein Verrechnungsscheck nicht in bar eingelöst werden. Die Gutschrift des Betrages zugunsten eines anderen als des im Scheck benannten Empfängers, also gegebenenfalls auch eines Unbefugten, wird durch den Vermerk „nur zur Verrechnung" nicht verhindert. Ein Mißbrauch des Schecks ist lediglich insofern erschwert, als der Betrag nur einem Kontoinhaber überwiesen werden kann, so daß die Person des Empfängers in der Regel festzustellen sein wird. Da grundsätzlich nur Schecke angenommen werden dürfen, die am Sitze der Kasse eingelöst werden können, so wird eine Übersendung der Schecke durch Brief, die die Gefahr eines Verlustes in sich schließt, in der Regel nicht in Frage kommen. Die briefliche Übersendung von Schecken, die auf einen größeren Betrag lauten, wird die Kasse tunlichst vermeiden oder sie wird sich in geeigneter Weise — gegebenenfalls durch entsprechende Vereinbarung mit der beteiligten Geldanstalt — gegen die Gefahr eines Verlustes sichern. Der Verrechnungsvermerk ist seinem Zweck entsprechend unmittelbar nach der Annahme oder dem Eingang des Schecks auf diesen zu setzen. Dies darf nur unterbleiben, wenn die Kasse des Betrages für bare Auszahlungen bedarf. In diesem Fall ist der Scheck mit der gleichen Vorsicht wie Bargeld aufzubewahren.

3. Wird ein Scheck nicht eingelöst, so gilt die Einzahlung als nicht geschehen. Der Einzahlungspflichtige wird von der Nichteinlösung benachrichtigt und, indem ihm der Scheck zur Verfügung gestellt wird, zur anderweitigen Zahlung aufgefordert. Eine Wahrnehmung der aus der Nichteinlösung des Schecks als solchen herzuleitenden Rechte ist in der RKO. nicht vorgesehen. Es gilt lediglich die durch den Scheck bewirkte Einzahlung als nicht erfolgt und sie wird in den Büchern wieder abgesetzt. Gleichzeitig wird die Einziehung der nicht getilgten Forderung betrieben. Der erneuten Annahme eines Schecks, wenn der Einzahlungspflichtige in glaubwürdiger Weise die entsprechende Auffüllung seines Guthabens darlegt, steht nichts im Wege. Die RKO. enthält keine ausdrückliche

Bestimmung, wonach die Annahme eines Schecks verweigert werden könnte, wenn der Einzahlungspflichtige wiederholt Schecke hingegeben hat, für die eine Deckung fehlte. Eine entsprechende Bestimmung wäre, wenn dies öfter vorkäme, angebracht, zumal die Hingabe ungedeckter Schecke als solche in Deutschland bisher nicht unter Strafe gestellt ist.

§ 4

Kosten

Die Kasse hat Kosten, die durch die Einlösung von Schecken entstehen, von dem Einzahlungspflichtigen einzuziehen.

Kosten werden durch die Einlösung von Schecken in der Regel nicht entstehen. Gegebenenfalls sind sie von dem Einzahlungspflichtigen einzuziehen, wenn nicht das zwischen ihm und dem Reiche bestehende Rechtsverhältnis etwas anderes bedingt (vgl. auch § 1 Abs. 3 dieser Anlage und Anm. 4 das.).

Nach § 25 Abs. 1 und 5 des Bankgesetzes vom 30. August 1924 ist die Reichsbank verpflichtet, für die Reichskassen die Einlösung von Schecken unentgeltlich zu bewirken.

§ 5

Mitteilung beim Abhandenkommen von Schecken

Wenn ein Scheck abhanden gekommen ist, hat die Kasse unabhängig von der Einleitung eines Aufgebotsverfahrens die bezogene Geldanstalt sofort zu benachrichtigen.

Im § 5 handelt es sich um das Abhandenkommen eines als Einzahlung angenommenen Schecks. Nachdem die Kasse den Scheck angenommen bzw. zugeschickt erhalten und in Besitz genommen hat (vgl. § 35 zu a), hat sie die Verantwortung für seine sichere Aufbewahrung und trägt sie im Falle des Verlustes die Gefahr einer mißbräuchlichen Verwendung des Schecks durch einen Unbefugten (vgl. Anm. 2 zu § 3 dieser Anlage). Sie wird sich daher in Fällen des Abhandenkommens eines Schecks sofort mit der bezogenen Geldanstalt und dem Einzahler des Schecks in Verbindung setzen und die Sperrung des Schecks bei der Geldanstalt zu erwirken suchen. Gleichzeitig ist wegen des durch den Verlust des Schecks in der Kasse entstandenen Fehlbetrages dem Vorsteher der Verwaltungsbehörde, der die Kasse angehört, gemäß § 80 Abs. 3 Anzeige zu machen. Da der Scheck binnen 10 Tagen nach der Ausstellung vorgelegt werden muß (§ 11 des Scheckgesetzes), so wird der Aussteller zu ersuchen sein, gleichzeitig den Scheck für die spätere Zeit zu widerrufen (vgl. § 13 Abs. 3 des Scheckgesetzes). Innerhalb der Vorlegungsfrist muß sich entscheiden, ob der Scheck in falsche Hände geraten und seine Verwertung versucht ist. Ein Aufgebotsverfahren wird sich unter diesen Umständen regelmäßig erübrigen. Lehnt der Aussteller des Schecks wider Erwarten eine entsprechende Mitwirkung ab, so ist es die Aufgabe der beteiligten Behörde, das Erforderliche (Herbeiführung einer einstweiligen Verfügung u. a.) zu veranlassen.

§ 6

Postscheck- und Reichsbanküberweisungsaufträge

§ 1 Abs. 3, § 2, § 3 Abs. 1 und 3, §§ 4, 5 gelten sinngemäß für Postscheck- und Reichsbanküberweisungsaufträge.

Anlage 1 will, wie ihre Überschrift besagt und in Anm. zu § 1 der Anlage bereits hervorgehoben ist, die Annahme von Schecken und Überweisungsaufträgen, d. h. von unbaren Zahlungsmitteln, regeln. In § 6 der Anlage ist daher, nachdem die §§ 1—5 zumeist nur von Schecken handeln — abweichend nur § 1 Abs. 4 dieser Anlage —, die sinngemäße Geltung dieser Bestimmungen für Postscheck- und Reichsbanküberweisungsaufträge ausgesprochen. Ausgenommen sind hiervon nur die Bestimmungen in Abs. 1 und 2 des § 1 und in Abs. 2 des § 3 der Anlage. Der letzteren Ausnahme hätte es nicht bedurft, da § 6 nur eine sinngemäße Anwendung der vorangegangenen Paragraphen vorschreibt. Die Anwendung der Bestimmung in § 3 Abs. 2 der Anlage kommt bei Überweisungsaufträgen nicht in Frage, da bei ihnen eine Barauszahlung, wie sie die Bestimmung verhindern will, ihrer Natur nach ausgeschlossen ist. Die Bestimmungen in Abs. 1 und 2 des § 1 der Anl. gelten ebensowenig wie für Post- und Reichsbankschecke auch für Postscheck- und Reichsbanküberweisungsaufträge (vgl. Anm. 2 zu § 1 dieser Anlage).

§ 7

Scheckgesetz

Die Kassenbeamten haben sich mit den über Schecke erlassenen Vorschriften (insbesondere dem Scheckgesetze) vertraut zu machen.

Für die sachdienliche Behandlung der Schecke und Überweisungsaufträge bedarf es der Kenntnis der im Scheckgesetz und der Wechselordnung, auf die das Scheckgesetz verschiedentlich Bezug nimmt, enthaltenen Bestimmungen.

Anlage 2
(§ 21 Abs. 2 RKO.)

Bestimmungen über den Postscheckverkehr

(Vgl. AKO. Anlage 5)

§ 1

Antrag auf Eröffnung eines Postscheckkontos.

Die Kasse hat die Eröffnung eines Postscheckkontos auf dem von der Post anzufordernden Vordruck bei der zuständigen Postanstalt zu beantragen. Jede Kasse darf nur ein Postscheckkonto haben.

Für die Benutzung des Postscheckverkehrs sind neben dem Postscheckgesetz vom 26. März 1914 in der Fassung der Bekanntmachung vom 22. März 1921 (RGBl. S. 247) die Postscheckordnung vom 7. April 1921 (RGBl. S. 459) und die Ausführungsbestimmungen dazu maßgebend. Für die Postscheckkunden und anderen Interessenten hat die Deutsche Reichspost eine „Anleitung zur Benutzung des Postscheckkontos" herausgegeben, die unentgeltlich abgegeben wird.

Das zu eröffnende Konto hat auf den Namen der Kasse zu lauten (vgl. § 2 dieser Anlage). Die erforderliche Stammeinlage von 5 *RM* ist, da sie eine Einzahlung auf das eigene Konto darstellt, nicht als Auszahlung zu buchen (vgl. § 67 Anm. 1a); sie bleibt dauernd als Guthaben ein Teil des Kassenbestandes. Nach oben ist die Höhe des Guthabens postseitig nicht begrenzt.

Überweisungen und Schecke einschließlich der mit ihnen verbundenen Lastschriftzettel sind entweder durch Druck, mit der Schreibmaschine usw. oder handschriftlich mit Tinte auszufüllen; die Unterschrift ist stets handschriftlich mit Tinte oder Tintenstift anzugeben (s. Anleitung zur Benutzung des Postscheckkontos S. 10).

Verzeichnisse der an das eigene und der an andere Postscheckämter angeschlossenen Postscheckkunden sind von der Post gegen Entgelt zu beziehen.

§ 2

Mitteilung der Unterschriften

Die Namen und Unterschriften der zur Vollziehung von Postschecken und Postüberweisungsaufträgen berechtigten Beamten (§ 20 Abs. 4 RKO.) sind mit dem Sichtvermerke des Vorstehers der Verwaltungsbehörde, der die Kasse angehört,

nach Beidrücken des Dienststempels dem Postscheckamt auf den von diesem übersandten Unterschriftsblättern mitzuteilen. Jede Änderung in der Person der berechtigten Beamten ist dem Postscheckamt in der gleichen Weise anzuzeigen.

VB. Heer zu § 21 RKO., VB. Marine Ziff. 13.

Die Forderung des Sichtvermerks des Vorstehers der Verwaltungsbehörde, der die Kasse zugehört, auf dem Antrage der Kasse, ihr ein Postscheckkonto zu eröffnen, entspricht nicht einer ausdrücklichen postalischen Forderung, sondern sie ist eine auf eine Anordnung des Preußischen Finanzministers vom 5. Juli 1911 — Anlage F der Kassenordnung für die Regierungshauptkassen — zurückgehende verwaltungsseitige Bestimmung. Der Behördenvorsteher hat darauf zu halten, daß bei dem Antrage auf Eröffnung eines Postscheckkontos für die Kasse die Mitteilung der Namen und der Unterschriften der zur Vollziehung von Postschecken und Postscheküberweisungsaufträgen berechtigten Beamten durch seine Hand dem Postscheckamt zugeleitet wird. Das Gleiche gilt für alle Mitteilungen über Änderungen in der Person der berechtigten Beamten. Die Mitteilungen behalten dem Scheckamt gegenüber Gültigkeit, bis sie widerrufen werden. Die Beidrückung des Dienstsiegels soll den Schutz gegen Fälschungen erhöhen.

Über den Inhalt und den Zeitpunkt der dem Postscheckamt gemachten Mitteilungen hat die Kasse Aktenvermerke mit den Unterschriftsproben zurückzubehalten, da die Feststellung des Inhalts der einzelnen Mitteilung gelegentlich von Bedeutung sein kann.

§ 3

Antrag auf Überweisung von Postanweisungsbeträgen usw

Die Kassen, die nicht an den Reichsbankgiroverkehr angeschlossen sind (§ 25 Abs. 2 RKO.), haben bei der zuständigen Postanstalt zu beantragen, daß Einzahlungen durch Postscheck und mit Postanweisung ihrem Postscheckkonto gutgeschrieben werden.

Hat die Kasse auch ein Reichsbankgirokonto, so geht dieses mit Rücksicht auf die engen durch die Bankgesetze begründeten Beziehungen zwischen der Reichsbank und dem Reiche vor (vgl. § 3 der Anlage 3). Hat sie kein solches, wohl aber ein Postscheckkonto, so hat sie den in § 3 angeführten Antrag zu stellen. § 3 bezieht sich nur auf Einzahlungen, d. h. der Kasse von Dritten zugehende Beträge. Weist eine Kasse das Postscheckamt durch Scheck an, einen Betrag in bar an sie selbst zu zahlen, so findet die Bestimmung des § 3 keine Anwendung. In diesen Fällen ist der Scheck deutlich mit der Aufschrift „Barzahlung" zu versehen, damit nicht die Postanstalt, die die Auszahlung zu bewirken hat, den Betrag dem Postscheckkonto wiederzuführt.

§ 4

Nachweisung über laufende Haushaltsausgaben

Die Kasse kann über laufende Haushaltsausgaben (§ 62 Abs. 3 RKO.), soweit sie im Postscheckwege zu leisten sind, als Anlage zum Sammelscheck oder zum Sammelüberweisungsauftrag eine Jahresnachweisung mit Monats- oder Vierteljahresspalten oder einzelne Monatsnachweisungen führen, die dem Postscheckamte bei jeder Auszahlung mit dem Sammelscheck oder dem Sammelüberweisungsauftrage vorgelegt werden.

VB. RHK.

Sammelschecken und Sammelüberweisungsaufträgen ist ein Verzeichnis der einzelnen auszuführenden Zahlungen bzw. Überweisungen beizufügen. Soweit es sich um laufende Haushaltsausgaben handelt, können die Verzeichnisse in der im vorstehenden Paragraphen angegebenen Weise hergerichtet werden. Wenn häufig Änderungen in der Jahresnachweisung nötig werden, werden statt ihrer zweckmäßig Monatsnachweisungen aufgestellt, insbesondere, wenn dies auf maschinellem Wege geschehen kann.

§ 5

Gebühren

Die Postscheckgebühren und die Kosten der vom Postscheckamte bezogenen Vordrucke sind nach Eingang der Kontoauszüge zu buchen.

Die Buchung der Postscheckgebühren — Überweisungen sind gebührenfrei — und die Kosten der vom Postscheckamt bezogenen Vordrucke kann erst nach Eingang der Kontoauszüge erfolgen, da die Kasse vorher nicht genau weiß, wann sie ihr zur Last geschrieben werden. Sie sind als Ausgabe im Zeit-, Sach- und Postscheckkontogegenbuch zu buchen.

§ 6

Benachrichtigung der Postanstalt bei Kassenbestandsverstärkungen

Ist bei Kassenbestandsverstärkungen durch die Post Bargeld auszuzahlen, so hat die Kasse bei der Anforderung der

Kassenbestandsverstärkung die zuständige Postanstalt hiervon unter Angabe der etwa gewünschten Geldsorten zu benachrichtigen.

Die Benachrichtigung hat so frühzeitig zu erfolgen, daß die Postanstalt sich rechtzeitig mit den erforderlichen Mitteln versehen kann.

§ 7

Vergleich der Kontoauszüge bei dem Postscheckkontogegenbuche

Nach Eingang eines Kontoauszugs und Vornahme der noch erforderlichen Eintragungen ist zu prüfen, ob das aus dem Postscheckkontogegenbuche (§ 67 RKO.) zu errechnende Guthaben mit dem Guthaben, das sich aus dem Kontoauszug ergibt, übereinstimmt.

Der Kontoauszug ist mit dem Postscheckkontogegenbuch abzustimmen. Die Guthabenbeträge des Kontoauszugs und des Postscheckkontogegenbuchs werden auch nach Eintragung der Einzahlungen in das Postscheckkontogegenbuch zumeist nicht übereinstimmen, da bei Eingang des Kontoauszuges im Postscheckkontogegenbuch bereits wieder Auszahlungen durch Postscheck und Überweisungsauftrag gebucht sein werden, die im Kontoauszug des Scheckamts noch nicht berücksichtigt sein können. Bei der Abstimmung des Postscheckkontogegenbuchs mit dem Kontoauszuge müssen also die nicht bereits durch Lastschriftzettel belegten Auszahlungsaufträge unberücksichtigt bleiben. Zu prüfen ist, ob die dem Scheckamt aufgetragenen Zahlungen im Kontoauszug enthalten und durch Lastschriftzettel als ausgeführt nachgewiesen sind, ob die Kontoauszüge nicht Auszahlungen enthalten, zu denen die Kasse nicht Auftrag gegeben hat, ob die Einzahlungen entsprechend den beigefügten Abschnitten im Kontoauszug enthalten sind, und ob der Kontoauszug richtig aufgerechnet ist.

§ 8

Aufbewahrung der Vordrucke, Mitteilung beim Abhandenkommen von Schecken usw

(1) Die Vordrucke zu Schecken und Zahlungsanweisungen sowie zu Überweisungs- und Ersatzüberweisungsaufträgen sind im Kassenbehälter aufzubewahren.

(2) Die Kasse hat das Postscheckamt sofort schriftlich zu benachrichtigen, wenn Schecke und Zahlungsüberweisungen, Überweisungs- und Ersatzüberweisungsaufträge oder Vordrucke hierzu abhanden gekommen sind.

Zahlungsanweisungen und Ersatzüberweisungsaufträge im Sinne des vorstehenden Paragraphen sind die den Sammelschecken und den Sammelüberweisungsaufträgen außer dem Empfängerverzeichnis (siehe Anm. zu § 4 dieser Anlage) beizufügenden, mit einem für den Empfänger bestimmten Abschnitt versehenen Anlagen.

Nach der von der Reichspost herausgegebenen Anleitung zur Benutzung des Postscheckkontos (S. 10 das.) trägt der Postscheckkunde alle Nachteile, die aus dem Verlust oder dem sonstigen Abhandenkommen sowie aus dem Mißbrauch der Formblätter entstehen, wenn er nicht das Postscheckamt von dem Verlust usw. unter Angabe der Heft- und Blattnummer der verlorengegangenen oder sonst abhanden gekommenen Formblätter so zeitig benachrichtigt hat, daß die Überweisung oder Zahlung an einen Unberechtigten noch verhindert werden kann; auch hat er in solchem Falle die ihm vom Postscheckamt mitgeteilten Sicherheitsmaßnahmen sorgfältig zu beachten.

§ 9
Postscheckgesetz und Postscheckordnung

Die Kassenbeamten haben sich mit den Vorschriften über den Postscheckverkehr (insbesondere dem Postscheckgesetze, der Postscheckordnung, den Ausführungsbestimmungen zur Postscheckordnung) vertraut zu machen.

Vgl. die Anm. zu § 1 dieser Anlage.

Anlage 3

(§ 21 Abs. 2 RKO.)

Bestimmungen über den Reichsbankgiroverkehr

(Vgl. AKO. Anlage 6)

§ 1
Antrag auf Eröffnung eines Reichsbankgirokontos

Kassen, die an den Reichsbankgiroverkehr anzuschließen sind (§ 25 Abs. 2 RKO.), haben die Eröffnung eines Reichsbankgirokontos bei der zuständigen Reichsbankanstalt zu beantragen. Jede Kasse darf nur ein Reichsbankgirokonto haben.

Wie der Postscheckverkehr in weitestem Umfange insbesondere dem Kleinverkehr dient, so ist der Reichsbankgiroverkehr hauptsächlich dazu da, dem Großverkehr zu dienen. Er ist geregelt durch die von der Reichsbank herausgegebenen und bei den Reichsbankanstalten erhältlichen Bestimmungen über den Giroverkehr mit der Reichsbank. Der Giroverkehr ist für alle Kreise der Bevölkerung bestimmt, es kann also Kaufleuten, Anstalten, Behörden, wie auch Privatpersonen ein Konto eröffnet werden; Firmen nur dann, wenn sie handelsgerichtlich eingetragen sind. Die Guthaben werden gleich den Postscheckguthaben nicht verzinst. Wegen der täglichen Abrechnung durch Kontoauszüge vgl. § 68 Anm. Abs. 2. Zu Abhebungen vom Konto sind weiße Schecke zu verwenden: zu Überweisungen von Konto zu Konto dienen rote Überweisungsaufträge, sog. rote Schecke (vgl. AKO. Anl. 6 § 7; wegen der Abhebungen vom Guthaben der Reichshauptkasse s. Anl. 8 § 2).

§ 2

Mitteilung der Unterschriften

Die Namen und Unterschriften der zur Vollziehung von Reichsbankschecken und Reichsbanküberweisungsaufträgen berechtigten Beamten (§ 20 Abs. 4 RKO.) sind mit dem Sichtvermerke des Vorstehers der Verwaltungsbehörde, der die Kasse angehört, nach Beidrücken des Dienststempels der Reichsbankanstalt auf den von dieser übersandten Unterschriftsblättern mitzuteilen. Jede Änderung in der Person der berechtigten Beamten ist der Reichsbankanstalt in der gleichen Weise anzuzeigen.

VB. Heer zu § 21 RKO.; VB. Marine Ziff. 13.

Die Anbringung des Sichtvermerks des Vorstehers der Verwaltungsbehörde, der die Kasse angehört, und des Dienstsiegels, auf den von dieser übersandten Unterschriftsblättern entspricht einer Forderung der Reichsbank sowie dem Interesse der Verwaltung (vgl. die Anmerkung zu § 2 der Anl. 2). Nach Ziff. 11 der Bestimmungen über den Giroverkehr bleiben alle der Reichsbank mitgeteilten Unterschriften und Vollmachten solange gültig, bis der das Konto führenden Bankanstalt schriftlich von dem Erlöschen Anzeige gemacht ist.

§ 3

Antrag auf Überweisung von Postanweisungsbeträgen usw

Die Kassen, die an den Reichsbankgiroverkehr angeschlossen sind (§ 25 Abs. 2 RKO.), haben bei der zuständigen Postanstalt zu beantragen, daß Einzahlungen durch Postscheck

und mit Postanweisung ihrem Reichsbankgirokonto überwiesen werden.

Vgl. Anm. zu Anlage 2 § 3.

§ 4

Reichsbankgirokontogegenbuch.

Im Reichsbankgirokontogegenbuch (§ 68 RKO.) ist täglich der Bestand zu ermitteln. Die Kasse hat diesen mindestens alle 2 Wochen von der Reichsbank anerkennen zu lassen.

Die Bestimmung des § 4 ist überholt, nachdem die Reichsbank das Girokontogegenbuch durch die Aufstellung täglicher Kontoauszüge über vorgekommene Zahlungen ersetzt hat; vgl. § 68 Anm. Abs. 2.

§ 5

Aufbewahrung der Vordrucke, Mitteilung beim Abhandenkommen von Schecken usw.

(1) Die Vordrucke zu Schecken und Überweisungsaufträgen sind im Kassenbehälter aufzubewahren.

(2) Die Kasse hat die Reichsbankanstalt sofort schriftlich zu benachrichtigen, wenn Schecke, Überweisungsaufträge oder Vordrucke hierzu abhanden gekommen sind.

Ziff. 9 Buchstabe g der Bestimmungen über den Giroverkehr mit der Reichsbank lautet:

> Die Reichsbank ist befugt, aber nicht verpflichtet, die Berechtigung der Einreicher von Schecken oder der Empfangsbescheinigung über Scheckbücher zu prüfen. Alle Folgen und Nachteile des Abhandenkommens, der mißbräuchlichen Verwendung, der Fälschung und Verfälschung von Schecken, Scheckvordrucken, der Empfangsbescheinigungen über Scheckbücher und der Vordrucke hierzu trägt der Kontoinhaber. Die Reichsbank haftet nur für nachgewiesenes Verschulden und nur in dem Maße, als sie im Verhältnis zu den anderen Ursachen an der Entstehung des Schadens mitgewirkt hat.

Die sorgfältige Aufbewahrung der Vordrucke zu Schecken ist hiernach von großer Wichtigkeit und die sofortige schriftliche Benachrichtigung der betreffenden Reichsbankanstalt im Falle des Abhandenkommens eines ausgefüllten Schecks oder von Vordrucken zu Schecken und Überweisungsaufträgen geboten (Ziff. 9 zu b der angeführten Bestimmungen; vgl. Anm. zu § 8 der Anlage 2). Der schriftlichen Benachrichtigung wird zur sofortigen Herbeiführung der Sperre der abhanden gekommenen Schecke usw. für den Fall ihrer Vorlegung eine unverzügliche mündliche Verständigung der Reichsbankanstalt vorangehen.

§ 6

Reichsbankbestimmungen

Die Kassenbeamten haben sich mit den Bestimmungen über den Reichsbankgiroverkehr (insbesondere den „Allgemeinen Bestimmungen über den Geschäftsverkehr mit der Reichsbank") vertraut zu machen.

Die Bestimmung gilt für die Beamten der an den Reichsbankgiroverkehr angeschlossenen Kassen. Die Bestimmungen über den Reichsbankgiroverkehr sind in den Allgemeinen Bestimmungen über den Geschäftsverkehr mit der Reichsbank enthalten; sie bilden also einen Teil derselben.

Anlage 4

(§ 24 Abs 1 RKO.)

Gesetzliche und gesetzlich zugelassene Zahlungsmittel

(Vgl. AKO. Anlage 3)

§ 1

Begriff

Gesetzliche Zahlungsmittel sind die Reichsbanknoten und alle Reichsmünzen; gesetzlich zugelassene Zahlungsmittel sind die Rentenbankscheine und die Noten der Privatnotenbanken.

Die Unterscheidung in gesetzliche und gesetzlich zugelassene Zahlungsmittel gründet sich auf § 5 des Münzgesetzes [1]) vom 30. August 1924 (RGBl. II S. 254). Gesetzliche Zahlungsmittel

---

[1]) Die §§ 2, 4, 5 und 9 Abs. 1 und 2 des Münzgesetzes lauten:

§ 2

Als Reichsmünzen sollen ausgeprägt werden:
1. als Goldmünzen Stücke über 20 Reichsmark und 10 Reichsmark,
2. als Silbermünzen Stücke über Beträge von 1—5 Reichsmark,
3. Stücke über 1, 2, 5, 10 und 50 Reichspfennige.

§ 4

Als Reichsgoldmünzen gelten bis auf weiteres auch die auf Grund des Gesetzes betreffend die Ausprägung von Reichsgoldmünzen, vom 4. Dezember 1871 (RGBl. S. 404), des Münzgesetzes vom 9. Juli 1873 (RGBl. S. 233) und des Münzgesetzes vom 1. Juni 1909 (RGBl. S. 507) ausgeprägten Goldmünzen.

sind die Zahlungsmittel, mit denen mangels besonderer Vereinbarung Geldschulden bezahlt werden können. Zu unterscheiden sind hierbei unbeschränkte gesetzliche Zahlungsmittel und sog. Scheidemünzen, die im Verkehr nur bis zu einem bestimmten Betrage angenommen zu werden brauchen, von den Reichs- und Landeskassen einschl. der Postkassen aber in jedem Betrage in Zahlung genommen werden (§ 9 des Münzgesetzes und § 2 Satz 2 dieser Anlage). Die Zulassung der Privatnotenbank- und der Rentenbankscheine gründet sich auf das Privatnotenbankgesetz vom 31. August 1924 (RGBl. II S. 246) und das Gesetz über die Liquidierung des Umlaufs von Rentenbankscheinen vom 30. August 1924 (RGBl. II S. 252). Der Gesamtbetrag der ausgegebenen Rentenbank-

---

Als Reichssilbermünzen gelten bis auf weiteres auch die auf Grund des Gesetzes über die Ausprägung neuer Reichssilbermünzen vom 20. März 1924 (RGBl. I S. 291) ausgeprägten Silbermünzen.

Als Reichsmünzen über Reichspfennige gelten bis auf weiteres auch die auf Grund der Verordnung des Reichspräsidenten vom 8. November 1923 (RGBl. I S. 1086) ausgeprägten Rentenpfennigmünzen und die auf Grund der Münzgesetze vom 9. Juli 1873 und 1. Juni 1909 ausgeprägten Kupfermünzen.

§ 5

Alleinige gesetzliche Zahlungsmittel sind fortan:

a) die in den §§ 2 bis 4 bezeichneten Goldmünzen und die von der Reichsbank ausgestellten auf Reichsmark lautenden Noten unbeschränkt,

b) die übrigen in den §§ 2 bis 4 bezeichneten Münzen nach Maßgabe des § 9,

und zwar die im § 4 bezeichneten Goldmünzen und Silbermünzen mit der Maßgabe, daß eine Mark Nennwert gleich einer Reichsmark gilt, die Rentenpfennigmünzen und die Kupfermünzen mit der Maßgabe, daß ein Rentenpfennig und ein Pfennig Nennwert gleich einem Reichspfennig gilt.

Sofern eine Schuld in Mark bisheriger Währung gezahlt werden kann, ist der Schuldner berechtigt, die Zahlung in gesetzlichen Zahlungsmitteln in der Weise zu leisten, daß eine Billion Mark einer Reichsmark gleichgesetzt werden.

§ 9, Abs. 1 und 2

Niemand ist verpflichtet, Silbermünzen im Betrage von mehr als 20 Reichsmark, auf Reichspfennige, Rentenpfennige oder Pfennige lautende Münzen, soweit sie nicht Silbermünzen sind, im Betrage von mehr als 5 Reichsmark in Zahlung zu nehmen.

Von den Reichs- und Landeskassen werden die im Absatz 1 bezeichneten Münzen in jedem Betrage in Zahlung genommen. Als Reichskassen im Sinne dieses Gesetzes gelten auch die Kassen der Reichspostverwaltung.

scheine ist nach § 5 des letzteren Gesetzes innerhalb längstens 10 Jahren nach Inkrafttreten desselben (11. Oktober 1924) zu liquidieren.

§ 2

Annahmepflicht

Reichsgoldmünzen und Reichsbanknoten sind unbeschränkt gesetzliche Zahlungsmittel. Die Kassen haben die übrigen gesetzlichen Zahlungsmittel ebenfalls unbeschränkt anzunehmen; die Empfänger von Auszahlungen sind zur Annahme nur insoweit verpflichtet, als es sich bei Silbermünzen um Beträge von nicht mehr als 20 Reichsmark, bei auf Reichspfennig, Rentenpfennig oder Pfennig lautenden Münzen, soweit sie nicht Silbermünzen sind, um Beträge von nicht mehr als 5 Reichsmark handelt.

Vgl. Anm. zu § 1 dieser Anlage.

§ 3

Gesetzlich zugelassene Zahlungsmittel

Die Kassen haben von den gesetzlich zugelassenen Zahlungsmitteln die Rentenbankscheine anzunehmen; die Privatbanknoten sind, wenn für sie nicht im einzelnen Falle ein weiteres Umlaufsgebiet zugelassen ist, nur innerhalb des Landes, in dem die ausgebende Privatnotenbank ihren Sitz hat, anzunehmen.

Die Ausgabe und Behandlung der Privatbanknoten ist durch das Privatnotenbankgesetz vom 30. August 1924 (RGBl. II S. 246) geregelt[1]). Die Zulassung eines weiteren als des

---

[1]) Die §§ 1 Abs. 1, 5, 6, 9 und 22 des Privatnotenbankgesetzes lauten:

§ 1

Privatnotenbanken im Sinne dieses Gesetzes sind:

1. die Bayerische Notenbank in München,
2. die Sächsische Bank zu Dresden in Dresden,
3. die Württembergische Notenbank in Stuttgart,
4. die Badische Bank in Karlsruhe.

§ 5

Privatbanknoten sind nicht gesetzliche Zahlungsmittel und können auch nicht durch Landesgesetz zu solchen erklärt werden, auch kann ein Annahmezwang für öffentliche Kassen nicht begründet werden. Die Noten sind von den ausgebenden Privatnotenbanken an ihrem Sitze und bei anderen Zweiganstalten jederzeit zum vollen Nennwert in Zahlung zu nehmen.

in dem vorstehenden Paragraphen angegebenen Umlaufgebiets erfolgt mangels einer anderweitigen Ermächtigung im Wege der Vollzugsbestimmung gemäß § 98 (vgl. AKO. Anl. 3 § 3). Sie kommt insbesondere für die an die Länder, um deren Privatbankkonten es sich handelt, angrenzenden Bezirke im Frage, wird aber, soweit nicht die Möglichkeit besteht, die Noten am Sitz der Kasse einzulösen, als Ablieferung einzuzahlen oder sonst in Zahlung zu geben, tunlichst einzuschränken sein.

---

§ 6

Die Privatnotenbanken sind verpflichtet, Noten anderer Privatnotenbanken an ihrem Sitze und bei Zweiganstalten in Städten von mehr als 100 000 Einwohnern zu ihrem vollen Nennwert in Zahlung zu nehmen, solange die Bank, die solche Noten ausgegeben hat, ihrer Noteneinlösungspflicht pünktlich nachkommt. Alle bei einer Bank eingelieferten Noten einer anderen Privatnotenbank dürfen nur entweder zur Einlösung vorgelegt oder zu Zahlungen an diejenige Bank, die sie ausgegeben hat, oder zu Zahlungen in dem Lande, in dem diese Bank ihren Sitz hat, verwendet werden.

§ 9 (auszugsweise)

Die Bank ist verpflichtet, ihre Noten

a) an ihrem Sitze sofort auf Vorlage,

b) bei ihren Zweiganstalten, soweit es deren Barbestände und Geldbedürfnisse gestatten, dem Inhaber einzulösen.

Solange die Reichsbank ihre Noten nicht in Gold oder Devisen einlöst, hat die Einlösung der Privatbanknoten in Reichsbanknoten zu erfolgen.

§ 22

Die Noten der Privatnotenbanken werden von der Reichsbank sowohl in Berlin als auch bei ihren Zweiganstalten in Städten von mehr als 100 000 Einwohnern oder am Sitze der Bank, die die Noten ausgegeben hat, zum vollen Nennwert in Zahlung genommen, solange die ausgebende Bank ihrer Noteneinlösungspflicht pünktlich nachkommt.

Unter der gleichen Voraussetzung wird die Reichsbank die Noten der Privatnotenbanken innerhalb des Landes, das ihnen die Befugnis zur Notenausgabe erteilt hat, bei ihren Zweiganstalten, soweit es deren Notenbestände und Zahlungsbedürfnisse gestatten, dem Inhaber gegen Reichsbanknoten umtauschen.

Die nach Abs. 1 und 2 angenommenen oder eingetauschten Noten werden von der Reichsbank nur entweder zur Einlösung vorgelegt oder zu Zahlungen an diejenige Bank, die sie ausgegeben hat, oder zu Zahlungen in dem Gebiete des Landes, in dem diese Bank ihren Sitz hat, verwendet.

Anlage 5

(§ 30 Abs. 4 RKO.)

Behandlung nachgemachten, verfälschten, verdächtigen, beschädigten oder abgenutzten Bargeldes

(Vgl. AKO. Anlage 8)

§ 1

Falschstücke.

(1) Die Kasse hat die bei ihr eingezahlten, ohne weiteres als nachgemacht oder verfälscht erkannten Reichsmünzen und Geldscheine anzuhalten. Wenn es nicht geboten erscheint, den Einzahlenden festzuhalten und die Polizeibehörde unmittelbar zu verständigen, hat die Kasse sich bei Einzahlungen, die durch Übergabe von Bargeld entrichtet werden, über die Person des Einzahlenden zu vergewissern und mit ihm eine kurze Verhandlung aufzunehmen. Die Verhandlung ist mit den Falschstücken und etwaigen sonstigen Beweismitteln sofort dem Vorsteher der Verwaltungsbehörde, der die Kasse angehört, vorzulegen, der sie der Polizeibehörde oder der Staatsanwaltschaft übersendet. Die Kasse hat dem Einzahlenden eine Bescheinigung folgenden Inhalts zu erteilen:

„Die unterzeichnete Kasse hat d . . . nachstehend bezeichnete . . . Reichsmünze . . . — Geldschein . . . — über . . . . RM/Rent.=M mit folgender Kennzeichnung (Buchstabe, Nummer) . . . . als Falschstück . . . . angehalten.

Ort, Tag, Bezeichnung der Kasse, Unterschrift, Dienststempel.“

(2) Sind nachgemachte oder verfälschte Reichsmünzen oder Geldscheine der Kasse durch Übersendung zugegangen, so hat sie nach § 30 Abs. 3 Satz 2 RKO. zu verfahren und den Einzahlenden zu benachrichtigen.

(3) Erhält die Kasse nachgemachte oder verfälschte Reichsmünzen und Geldscheine von einer anderen Kasse des Reichs, eines Landes, einer Gemeinde oder von der Reichsbank, so hat sie die Falschstücke zur Ersatzleistung zurückzugeben.

1. Die Bestimmungen der Anlage 5 haben ihre rechtliche Unterlage in den Bestimmungen des Bundesrats vom 30. November 1876 (vgl. Justizministerialblatt 1877 Nr. 12 S. 54) über die Behandlung nachgemachter oder gefälschter Banknoten, der Bekanntmachung des Reichskanzlers vom 9. Mai 1876 (Reichszentralblatt S. 260), betreffend die vom Bundesrat am 24. März beschlossenen Bestimmungen über die Behandlung der bei Reichs- und Landeskassen eingehenden nachgemachten, gefälschten oder nicht mehr umlaufsfähigen Reichsmünzen, und dem Beschluß des Bundesrats vom 13. Dezember 1877 (Reichszentralblatt 1878 S. 29). Die fortdauernde Gültigkeit dieser Bestimmungen auch nach Erlaß des neuen Bankgesetzes und Münzgesetzes wird nicht bezweifelt; vgl. Koch-Schacht, Münz- und Notenbankwesen (Guttentagsche Sammlung, 1928) Anm. 1 zu § 1 des Münzgesetzes, S. 401.

Um den sich aus der Anlage 5 ergebenden Aufgaben gerecht zu werden, müssen die Kassen die ihnen zugehenden Bekanntmachungen über beobachtete Fälschungen usw. sorgfältig verfolgen. Nachgemacht sind Münzen und Geldscheine, die nicht von der berufenen Stelle bestimmungsgemäß hergestellt sind; verfälscht sind Münzen und Geldscheine, denen durch Veränderung der Schein eines höheren Werts, und verrufenes, d. h. außer Kurs gesetztes Geld, dem durch Veränderung der Schein noch geltenden Geldes gegeben ist. Nicht umlaufsfähiges, d. h. außer Kurs gesetztes Geld ist kein Zahlungsmittel mehr. Werden der Kasse nachgemachte oder verfälschte Reichsmünzen oder Geldscheine übergeben, so hat sie je nach Lage des Falles zunächst zu entscheiden, ob sie den Einzahlenden festhalten und die Polizeibehörde unmittelbar verständigen will, oder ob sie sich darauf beschränken soll, sich über die Person des Einzahlenden zu vergewissern und mit ihm eine kurze Verhandlung aufzunehmen, in der insbesondere anzugeben wäre, auf welche Weise der Einzahler in den Besitz der falschen Stücke gelangt ist und was ihm sonst etwa über den Ursprung der Falschstücke bekannt ist. Mit den letzteren ist nach Maßgabe des Abs. 2 zu verfahren. Dem Einzahler wird lediglich die in Abs. 1 angeführte Bescheinigung erteilt. Die Einzahlung gilt, soweit der Kasse Falschstücke übergeben werden, als nicht erfolgt.

2. In dem Falle des Abs. 2 hat die Kasse, was in der Fassung des Abs. 2 nicht zum Ausdruck kommt, ebenfalls im Sinne des Abs. 1 zu verfahren, d. h. gegebenenfalls zunächst, bevor der Einzahler benachrichtigt wird, mit der Polizeibehörde in Verbindung zu treten. Der Eingang falschen Geldes ist gemäß § 30 Abs. 3 Satz 3 aktenkundig zu machen.

3. In dem Falle des Abs. 3 wird davon ausgegangen, daß die Falschstücke von der anderen Kasse, ohne daß sie den Fehler bemerkt hat, eingezahlt worden sind. Es ist zweckmäßig,

der einsendenden Kasse die weitere Feststellung zu überlassen; die Falschstücke sind ihr daher zurückzugeben. Besteht Grund zu der Annahme, daß die einsendende Kasse die Fälschung erkannt hat, so wird die Kasse vor der Rücksendung dem Vorsteher der Behörde, der sie angehört, den Vorgang zu weiterer Veranlassung anzeigen. Eine Einzahlung ist, soweit Falschstücke übersandt sind, nicht erfolgt. Die Ersatzleistung, von der Abs. 3 spricht, besteht darin, daß die andere Kasse in geeigneter Weise die nach dem Vorgang noch ausstehende Einzahlung zu leisten hat.

Reichard, RKO. weist zu § 1 der Anlage 5 zutreffend darauf hin, daß die Bestimmungen des Abs. 3 auf die Staatsbanken der Länder und die Dienststellen der Deutschen Reichsbahn-Gesellschaft sinngemäß anzuwenden sein werden.

§ 2
Verdächtige Stücke

Die Kasse hat Reichsmünzen und Geldscheine, deren Echtheit zweifelhaft ist, anzuhalten und dem Einzahlenden eine Bescheinigung nach § 1 Abs. 1 Satz 4 zu erteilen, in der die Worte „als Falschstück" durch die Worte „wegen Zweifels an der Echtheit" zu ersetzen sind. Münzen sind an das Münzmetalldepot des Reichs [1]), Reichsbanknoten an das Reichsbankdirektorium [2]), Rentenbankscheine an die Deutsche Rentenbank [3]), Privatbanknoten an die für ihre Ausgabe zuständige Stelle einzusenden. Der zuständige Reichsminister kann bestimmen, daß Amtskassen verdächtige Stücke zunächst der ihnen übergeordneten Oberkasse zur Prüfung und gegebenenfalls zur Weitergabe an die vorgenannten Stellen übersenden. Die Kasse erhält von diesen im Falle der Echtheit der verdächtigen Stücke den Gegenwert; sie hat den Einzahlenden entsprechend zu verständigen. Im Falle der Unechtheit wird ihr das Falschstück zurückgegeben; die Kasse hat im Sinne des § 1 das Erforderliche zu veranlassen.

Wegen der rechtlichen Unterlage der in § 2 enthaltenen Bestimmung vgl. Anm. 1 zu § 1 dieser Anlage.

Auch im Falle des § 2 (vgl. Anm. 1 a. E. zu § 1 dieser Anlage) gilt eine Einzahlung zunächst nicht als erfolgt. Die Bestimmung in Satz 3 geht davon aus, daß die Oberkasse in Zweifelsfällen eher in der Lage sein wird, die Echtheit eines Stückes festzustellen, als eine kleinere nachgeordnete Kasse.

---

[1]) Zur Zeit Berlin C 19, Unterwasserstraße 2/4.
[2]) Zur Zeit Berlin SW. 111, Jägerstraße 34/36.
[3]) Zur Zeit Berlin W. 8, Wilhelmstraße 67.

Die Untersuchung ist ihrem Zweck entsprechend zu beschleunigen.

§ 3

Fehlerhafte Stücke

Echte Reichsmünzen mit Prägefehlern und echte Geldscheine, die Mängel im Papier oder Druck aufweisen, sind zum vollen Werte anzunehmen und den in § 2 Satz 2 genannten Stellen zu übersenden, von denen die Kasse den Gegenwert erhält.

Die Bestimmung berührt den Einzahlenden nicht. Die Einzahlung ist als ordnungsmäßig erfolgt zu buchen. Die Weitergabe der Münzen und Scheine ist im Vorschußbuch nachzuweisen.

§ 4

Beschädigte Reichsmünzen

(1) Beschädigte echte Reichsmünzen sind anzuhalten. Liegt gegen eine bestimmte Person der Verdacht einer strafbaren Handlung vor, so ist nach § 1 zu verfahren. Besteht ein solcher Verdacht nicht, so ist die Münze durch Zerschlagen oder Einschneiden für den Umlauf unbrauchbar zu machen und dem Einzahlenden zurückzugeben; die Kasse hat dem Einzahlenden auf Verlangen eine Bescheinigung hierüber zu erteilen.

(2) Beschädigte Reichsmünzen sind im Umlauf zu lassen, wenn die Beschädigung so geringfügig ist, daß die Umlauffähigkeit dadurch nicht beeinträchtigt wird.

Wegen der Rechtsunterlage dafür, die Münzen zu zerschlagen oder zu zerschneiden, siehe Anm. 1 zu § 1 dieser Anlage.

§ 5

Abgenutzte Reichsmünzen

Reichsmünzen, die durch Abnutzung an Gewicht oder Erkennbarkeit erheblich eingebüßt haben, sind zum vollen Werte anzunehmen und dem Münzmetalldepot des Reichs (§ 2 Satz 2) zu übersenden. Dies gilt auch für Reichsgoldmünzen, die das Passiergewicht [1]) nicht erreichen.

---

[1]) § 11 des Münzgesetzes vom 30. August 1924 (Reichsgesetzbl. II S. 254).

Zu § 5 gilt das zu § 3 Gesagte sinngemäß. Nach § 11 des Münzgesetzes sollen Goldmünzen, deren Gewicht nicht mehr als 5 Tausendteile hinter dem Sollgewichte (§ 3) zurückliegt (Passiergewicht) und die nicht durch gewalttätige Beschädigung im Gewichte verringert sind, bei allen Zahlungen als vollwichtig gelten. Für gewaltsam beschädigte Münzen gilt der vorangehende § 4. Das Normalgewicht eines 10 *RM*-Stückes beträgt 3,98248 g und das Passiergewicht danach 3,96256 g. Um die in § 5 ihnen gestellte Aufgabe zu erfüllen, müßten den Kassen entsprechende Goldwagen zur Verfügung gestellt werden; z. Z. besteht, solange die Prägung von Reichsgoldmünzen nicht wieder aufgenommen ist, ein Bedürfnis in dieser Richtung noch nicht.

§ 6

Beschädigte und abgenutzte Geldscheine

(1) Beschädigte und abgenutzte Geldscheine, von denen mehr als die Hälfte vorgelegt wird, sind anzunehmen und den in § 2 Satz 2 genannten Stellen zu übersenden, die der Kasse den Gegenwert zuführen.

(2) Die Kasse hat die Annahme von Geldscheinen, von denen nicht mehr als die Hälfte vorgelegt wird oder die aus mehreren Teilen zusammengesetzt sind, zu verweigern und den Einzahlenden wegen seines Ersatzanspruchs an die nach § 2 Satz 2 zuständigen Stellen zu verweisen.

(3) Liegt der Verdacht einer strafbaren Handlung vor, so ist nach § 1 zu verfahren.

Wird mehr als die Hälfte eines Scheines vorgelegt, so kann der Schein für voll angenommen werden, da die ausgebende Bank nach § 32 des Bankgesetzes und § 10 des Privatbankgesetzes für beschädigte Noten, wenn ihr ein Teil der Note, der größer als die Hälfte ist, vorgelegt wird, Ersatz zu leisten hat. Ist es zweifelhaft, ob der vorgelegte Schein mehr als die Hälfte des ganzen Scheines darstellt, so ist nach Abs. 2 zu verfahren.

Zu Abs. 1 gilt das zu § 3 Gesagte sinngemäß. Abs. 1 wird durch Abs. 2 eingeschränkt, indem Scheine, die aus Teilen zusammengesetzt sind, auch wenn mehr als die Hälfte eines Scheines vorgelegt wird, zurückzuweisen sind. Dies hat seinen Grund darin, daß die Annahme nur gerechtfertigt ist, wenn feststeht, daß das vorgelegte Stück mehr als die Hälfte ein und desselben Scheines bildet. Dies kann, wenn das Stück aus Teilen zusammengesetzt ist, ohne weiteres nicht leicht festgestellt werden. Die Annahme ist deshalb abzulehnen.

Anlage 6
(§ 32 Abs. 1 RKO.)

Verpacken von Bargeld, Öffnen der Verpackung

(Vgl. AKO. Anlage 9)

I. Verpacken

§ 1

Geldrollen

(1) Die Reichsmünzen werden in Rollen oder Beutel verpackt, und zwar:

Reichsmünzen im Einzelwertbetrage von *RM* oder Rent.-*M*	In Rollen im Gesamtwertbetrage von *RM* oder Rent.-*M*	In Beuteln mit einem Gesamtwertbetrage von *RM* oder Rent.-*M*	Farbe	
			des Rollenpapiers	der Beutelfahne
20	1 000	10 000	rosa	rosa
10	500	10 000	rosa	rosa mit weißem Längsstreifen
5	200	1 000	weiß	weiß
3	150	1 500	grau	weiß mit gelbem Querstreifen
2	100	1 000	weiß	weiß
1	50	1 000	weiß	weiß
0,50 aus Nickel	50	1 000	weiß	weiß mit grünem Längsstreifen
0,50 aus Messing	25	500	grün	grün
0,10	5	100	blau	blau
0,05	5	100	blau	blau
0,02	1	20	braun	braun
0,01	1	20	braun	braun

(2) In eine Rolle sind stets nur Reichsmünzen des gleichen Wertbetrags (§§ 2, 4 des Münzgesetzes vom 30 August

1924 — Reichsgesetzbl. II S. 254 —) und gleicher Größe zu verpacken.

Wegen des Zweckes der Verpackung vgl. § 32 Abs. 1 und Anm. 1 das.

Die §§ 2 und 4 des Münzgesetzes sind in der Fußnote zu § 1 der Anl. 4 abgedruckt; vgl. daselbst § 4 Abs. 2 und 3.

§ 2

Verschluß der Rollen

Das Papier ist an beiden Enden einer Rolle unmittelbar über den beiden äußeren Münzen zusammenzufalten. Rollen, die Reichsgoldmünzen enthalten, sind an beiden Enden mit dem Dienstsiegel zu verschließen und zu wiegen. Auf jeder Rolle sind der Gesamtbetrag, der Einzelwertbetrag der Münzen — bei Goldmünzen auch das Gewicht der Rolle in Kilogramm und Gramm (3 Dezimalstellen) —, der Ort und Tag der Verpackung, die Bezeichnung der Kasse sowie die Worte „Ohne Gewähr, daher beim Empfange zu zählen" anzugeben. Der verpackende Kassenbeamte hat die Richtigkeit der Angaben durch seine Unterschrift unter Beifügung des Datums zu bescheinigen.

Zu versiegeln und zu wiegen sind nur die Rollen, die Goldmünzen enthalten. Das Rollenpapier wird von der Reichsdruckerei mit Vordrucken geliefert (vgl. § 5 dieser Anlage).

Die Aufschrift „Ohne Gewähr, daher beim Empfange zu prüfen" soll den Empfänger noch besonders darauf aufmerksam machen, daß die Kasse keine Verantwortung für die Richtigkeit des angegebenen Inhalts übernimmt, wenn der Empfänger nicht bei der Annahme die Vorzählung verlangt oder sonst vor den Augen des Kassiers den Inhalt feststellt. Mit der vorbehaltlosen Annahme einer ungeöffneten Rolle usw. verzichtet der Empfänger auf Geltendmachung irgendwelcher Ansprüche, die sich aus der späteren Feststellung eines Fehlbetrages gegenüber dem angegebenen Inhalt ergeben könnten. Nur unter dieser Voraussetzung und Bedingung werden Geldbeträge in Verpackung übergeben; ohne einen solchen Verzicht, der nach der Verkehrssitte in diesem Falle unterstellt wird, müßte die Kasse davon absehen, Beträge in Verpackung abzugeben. Für sie muß mit der Hingabe des Geldbetrages und Empfang der Quittung das einzelne Zahlungsgeschäft endgültig erledigt sein. Soweit Zahlungen an Empfänger geleistet werden, die nicht regelmäßig Geldbeträge in Verpackung in Empfang nehmen, wird die Kasse den Empfänger ausdrücklich darauf aufmerksam machen, daß für den Inhalt übergebener Geldrollen und Beutel keine Gewähr übernommen werde, es ihm also überlassen bleiben müsse, ob er den Inhalt sogleich feststellen wolle oder nicht.

§ 3

Beutel

(1) Zur Verpackung von Reichsmünzen werden Beutel aus grauer, fester Leinwand ohne Naht oder mit einer nach innen gerichteten sogenannten Kappnaht verwendet. Die Beutel sind in der Weise zu verschließen, daß sie mit Bindfaden oben fest umschnürt und unmittelbar oberhalb und unterhalb der Verschnürung kreuzweise durchzogen (durchstochen) werden. Die Enden des Bindfadens sind doppelt zu knoten, durch eine Beutelfahne zu ziehn und auf deren Rückseite mit dem Dienstsiegel anzusiegeln oder durch Bleiverschluß zu verbinden.

(2) Auf der Beutelfahne sind anzugeben: der in dem Beutel enthaltene Gesamtbetrag, der Einzelwertbetrag der Münzen, das Gewicht des Beutels in Kilogramm und Gramm (3 Dezimalstellen), der Ort und Tag der Verpackung und die Bezeichnung der Kasse, bei Reichsgoldmünzen außerdem das Nettogewicht des Beutels. Die verpackenden Kassenbeamten haben die Richtigkeit der Angaben durch ihre Unterschrift unter Beifügung des Datums zu bescheinigen.

Während nach § 2 die Verpackung in Rollen von nur einem Beamten zu bewirken ist, muß aus dem Wortlaut des § 3 „die verpackenden Beamten“ geschlossen werden, daß die Beutelung von mehr als einem Beamten vorzunehmen ist. Die Verschiedenheit entspricht dem bei der Reichsbank geübten Verfahren und den dortigen Einrichtungen. Es steht nichts im Wege, auch die Verpackung in Rollen durch einen zweiten Beamten mitprüfen und bescheinigen zu lassen. Gleiches muß auch für die Verpackung von Geldscheinen in Päckchen usw. gelten.

§ 4

Geldscheinpäckchen, Geldscheinpakete

(1) Geldscheine sind zu Päckchen, die in der Richtung der kurzen Seite mit Streifbändern zu versehen sind, die Päckchen zu Paketen zusammenzulegen, und zwar:

Geldscheine im Einzelwertbetrage von *RM* oder Rent.-*M*	In Geldscheinpäckchen im Gesamtwertbetrage von *RM* oder Rent.-*M*	Farbe des Streifbandes	Zahl der Geldscheinpäckchen	Gesamtwertbetrag
			eines Geldscheinpakets *RM* oder Rent.-*M*	
5	500	grau	10	5 000
10	500	grau	20	10 000
20	1 000	rot	20	20 000
50	1 000	rot	50	50 000
100	5 000	weiß	20	100 000
500	10 000	blau	50	500 000
1000	20 000	gelb	25	500 000

(2) Jedes Päckchen und Paket darf nur Geldscheine des gleichen Wertbetrags, je in Reichsbanknoten oder in Rentenbankscheinen oder in Noten ein und derselben Privatnotenbank enthalten. Die Geldscheine sind mit gleichgerichteter Schrift und mit der Schauseite nach oben zu legen.

(3) Das Streifband ist zusammenzukleben. Für die auf dem Streifband zu machenden Angaben gilt § 2 Satz 3 und 4 sinngemäß.

Vgl. hierzu die Anm. zu § 3 dieser Anlage. Die Streifbänder mit entsprechendem Vordruck sind von der Reichsdruckerei zu beziehen (§ 5 dieser Anlage). Eine Annahme oder Weitergabe von Geldscheinpäckchen in gleicher Weise wie die von ordnungsmäßig verschlossenen Rollen und Geldbeuteln gemäß § 30 Abs. 2 kommt nicht in Frage, da die Bündelung keine unbedingte Sicherheit gegen die Herausnahme einzelner Scheine bietet.

§ 5

Beschaffung des Verpackungsstoffs

Das Rollenpapier, die Beutelfahnen und Streifbänder sind von der Reichsdruckerei zu beziehen.

Die Lieferung des Rollenpapiers usw. durch die Reichsdruckerei schließt gleichzeitig in sich, daß das Verpackungsmaterial mit den entsprechenden Vordrucken versehen wird. Die Beschaffung des Rollenpapiers und die Herstellung der Beutelfahnen und Streifbänder durch die Reichsdruckerei gewährleistet die Verwendung bestimmten für den Verpackungszweck geeigneten Papiers und wirkt Fälschungen entgegen.

II. Öffnen der Verpackung

§ 6

(1) Rollen dürfen beim Öffnen nicht durchgebrochen, sondern müssen vorsichtig aufgerollt oder, wenn sie versiegelt sind, durchgeschnitten werden; das aufgerollte Papier darf beim Fehlen einer Münze vor Aufklärung des Minderbetrags nicht wieder benutzt werden.

(2) Beim Öffnen von Geldbeuteln ist darauf zu achten, daß das Siegel oder der Bleiverschluß auf der Beutelfahne unverletzt bleibt.

(3) Beim Öffnen von Geldscheinpäckchen ist darauf zu achten, daß die Aufschrift des Streifbandes unverletzt bleibt.

Die Bestimmungen haben den Zweck, bei vorkommenden Unstimmigkeiten das Beweismaterial zu sichern und die Verantwortlichkeit der beteiligten Beamten festzustellen. Auch das aufgeschnittene Papier darf beim Fehlen einer Münze vor Aufklärung des Minderbetrages nicht beseitigt werden.

Anlage 7

(§ 49 RKO.)

Kassenbestandsverstärkung im Wege der Geldversorgung

(Vgl. AKO. Anlage 12)

§ 1

Zuständigkeit

Die Amtskassen und Oberkassen der Reichsabgabenverwaltung (versorgende Kassen) haben die in ihrem Bezirke liegenden Kassen anderer Reichsverwaltungen (Bedarfskassen) mit Geld zu versorgen. Der Präsident des Landesfinanzamts bestimmt im Einvernehmen mit der in Betracht kommenden höheren Verwaltungsbehörde die im einzelnen für die Geldversorgung zuständigen Amtskassen; er kann hierbei von dem in Satz 1 ausgesprochenen Grundsatz abweichen, wenn besondere Verhältnisse es erfordern.

VV. RAM.

Die Bestimmungen der Anlage 7 werden ergänzt durch die Anlage 12 der AKO.: Bestimmungen über die Geldversorgung. Grundsätzlich liegt die Geldversorgung den Amtskassen der Reichsabgabenverwaltung ob. Die Oberfinanzkassen kommen dafür nur nach Maßgabe des § 2 Abs. 2 Satz 2 der Anlage 7 in Betracht. Der Präsident des Landesfinanzamts, in dessen Bezirk die zu versorgende Kasse ihren Sitz hat, bestimmt unter Berücksichtigung der örtlichen und der Kassenverhältnisse der beteiligten Kassen die Amtskasse, die die Geldversorgung vorzunehmen hat. Nach dem Schlußsatz des § 1 ist er nicht daran gebunden, gerade die Kasse zu bestimmen, in deren örtlichen Bezirk die Bedarfskasse ihren Sitz hat. Die Versorgung kann auch mehreren Kassen übertragen werden. Für die in Berlin liegenden Kassen sieht § 7 dieser Anlage (siehe Anm. daselbst) Abweichungen von den Bestimmungen des § 1 vor.

§ 2

Umfang der Geldversorgung

(1) Die versorgenden Kassen haben die Bedarfskassen auch dann mit Geld zu versorgen, wenn sie zu diesem Zwecke dem Reichsbankgiroguthaben der Reichshauptkasse Beträge entnehmen müssen (Anl. 8).

(2) Die Amtskassen, die nicht befugt sind, dem Reichsbankgiroguthaben der Reichshauptkasse Beträge zu entnehmen, dürfen die Bedarfskassen nur insoweit mit Geld versorgen, als ihre eigenen Mittel, ohne Anforderung eines Zuschusses (§ 51 RKO.) ausreichen. Soweit die Mittel nicht ausreichen, hat die zuständige Oberkasse die Geldversorgung zu übernehmen.

Die Fassung des 1. Satzes des Abs. 2 könnte zu Zweifeln Anlaß geben, ob die Oberkasse auch dann in Anspruch genommen werden soll, wenn die Amtskasse die Möglichkeit hat, sich im Wege der Geldaushilfe (§ 50) mit den für die erbetene Geldversorgung erforderlichen Mitteln zu versehen. Als eigene Mittel sind die auf diese Weise beschafften Geldmittel zwar nicht anzusehen; andererseits ist die Geldaushilfe neben dem Zuschuß nicht angeführt, obwohl sie, wenn auch sie als ausgeschlossen gelten soll, ebenso wie die Zuschüsse hätte besonders erwähnt werden oder auch diese hätten unerwähnt bleiben müssen. Durch die Ausnutzung der Geldaushilfe würde indes eine dritte Kasse in die Geldversorgung einbezogen werden, die an sich mit dieser nichts zu tun hat. Da Satz 1 die Geldversorgung ausdrücklich auf die eigenen Mittel der Kasse beschränkt, wird die Inanspruchnahme der Geldaushilfe im Falle des Abs. 2 ebenso wie die eines Zuschusses als ausgeschlossen angesehen werden müssen.

§ 3

Anmeldung des Geldbedarfs, Anerkenntnis

(1) Die Bedarfskasse hat sich mit der versorgenden Amtskasse rechtzeitig darüber zu verständigen, ob diese ihren Geldbedarf decken kann; sie hat den auf diese Weise nicht gedeckten Teil ihres Bedarfs bei der zuständigen Oberkasse anzufordern.

(2) Die Bedarfskasse legt der versorgenden Kasse ein Anerkenntnis über den angeforderten Betrag vor. In dem Anerkenntnis ist anzugeben, auf welchem Zahlungsweg und zu welchem Tage der Betrag der Bedarfskasse zugeführt werden soll. Der Reichsminister der Finanzen trifft im Einvernehmen mit dem zuständigen Reichsminister die näheren Bestimmungen über die Form des Anerkenntnisses. Der Vorsteher der Verwaltungsbehörde, der die Bedarfskasse angehört, hat die Namen und Unterschriften der zur Vollziehung von Anerkenntnissen berechtigten Beamten der versorgenden Kasse mitzuteilen.

(3) Das Anerkenntnis soll den Sichtvermerk des Kassenaufsichtsbeamten tragen, durch den dieser die Angemessenheit des angeforderten Betrags bestätigt. Kann der Sichtvermerk des Kassenaufsichtsbeamten nach Angabe der Bedarfskasse nicht beigebracht werden, so hat die versorgende Kasse den Kassenaufsichtsbeamten der Bedarfskasse von der Geldversorgung unverzüglich zu benachrichtigen. Soll der angeforderte Betrag ganz oder teilweise durch Übergabe von Zahlungsmitteln ausgezahlt werden, so ist der Abholende in dem Anerkenntnisse namentlich zu bezeichnen; er hat sich nötigenfalls über seine Person auszuweisen.

(4) Das Anerkenntnis ist auf seine Echtheit und Vollständigkeit zu prüfen.

VV. RAM.; VV. Heer zu § 49 RKO.; VV. Marine Ziffer 26.

1. Abs. 1 bezieht sich nur auf die Kassen, die sich nicht nötigenfalls auf grünen Scheck (vgl. Anlage 8 § 1) die entsprechenden Mittel verschaffen können. Die Kassen, die diese Befugnis besitzen, sind gemäß § 2 rechtzeitig über den von ihnen zu deckenden Bedarf zu unterrichten, wenn die zu versorgende Kasse sich den Empfang der benötigten Mittel zu dem Zeitpunkt, wo sie sie braucht, sichern will.

Für die Anerkenntnisse werden bestimmte numerierte Vordrucke hergestellt. Anl. 12 der AKO. § 3 verweist die Amtskassen der Reichsabgabenverwaltung auf die von den einzelnen Verwaltungsbehörden für die Geldversorgung ihrer Kassen aufgestellten Richtlinien. Der Schlußsatz des Abs. 2 entspricht der Bestimmung des § 2 der Anl. 2 und des § 2 der Anl. 3 (vgl. Anm. zu Anl. 2 § 2).

2. Nach Abs. 3 soll jedes Anerkenntnis den Sichtvermerk des Kassenaufsichtsbeamten tragen; durch den Vermerk bestätigt der Kassenaufsichtsbeamte die Angemessenheit des angeforderten Betrages (vgl. § 48 Abs. 1 Satz 3). Kann der Sichtvermerk nicht rechtzeitig beschafft werden, so ist darüber in dem Anerkenntnis eine Angabe zu machen, in der ihrem Zweck entsprechend der Grund anzuführen ist, aus dem die Beibringung des Vermerkes unterbleiben mußte. Fehlt eine solche Angabe, so ist das Anerkenntnis nicht vollständig und zur Ergänzung zurückzugeben. Der Kasse wird durch das Erfordernis der Angabe die besondere Verantwortung für die Richtigkeit des von ihr angeführten Grundes auferlegt, auch wird durch die Notwendigkeit der Angabe ausgeschlossen, daß die Einholung des Sichtvermerks lediglich aus Versehen unterbleibt. Die versorgende Kasse hat, wenn der Sichtvermerk fehlt, in jedem Falle den Kassenaufsichtsbeamten unverzüglich, also wenn möglich durch Fernsprecher, von der Geldversorgung zu verständigen. Damit sie dieser Auflage genügen kann, muß ihr die Person des Kassenaufsichtsbeamten von der Behörde, der die Bedarfskasse angehört, ebenfalls (vgl. Schlußsatz des Abs. 2) mitgeteilt werden. Die Bezeichnung des Abholers in dem Falle, daß der angeforderte Betrag ganz oder teilweise durch Übergabe von Zahlungsmitteln ausgezahlt werden soll, macht die Mitgabe einer Vollmacht oder einer Quittung entbehrlich; der Abholer hat sich dann nur über seine Identität mit der in dem Anerkenntnis bezeichneten Person auszuweisen, wenn er der Kasse nicht bekannt ist.

Die Prüfung gemäß Abs. 4 bezieht sich auf die Verwendung des vorgeschriebenen Musters, die Richtigkeit und Echtheit der Unterschriften, die Vollständigkeit der Angaben, die nach dem Vordruck und den sonstigen Bestimmungen (Abs. 2 und 3) in das Anerkenntnis aufzunehmen sind.

Wegen der Feststellung, wie weit sich die in dem Anerkenntnis enthaltene Anforderung im Rahmen der vom Reichsfinanzminister zur Verfügung gestellten Betriebsmittel hält, und der Abschreibung des Betrages in dem betreffenden Ermächtigungsschreiben vgl. § 48 Anm. 2 und AKO. Anl. 12 § 4. Danach hat die Amtskasse auf dem Ermächtigungsschreiben die jeweiligen Abhebungen zu vermerken und es alsdann der Bedarfskasse zurückzugeben.

§ 4

Unmittelbare Auszahlung an Dritte

(1) Wenn eine Bedarfskasse einen einzelnen Betrag von mindestens 500 Reichsmark aus ihrem Kassenbestande (§ 47 Abs. 1 RKO.) nicht auszahlen kann, so hat sie die versorgende Kasse um Leistung der Auszahlung zu ersuchen. In dem Anerkenntnis ist der Empfänger (§ 39 RKO.) unter Angabe seiner Konten beim Postscheckamt und bei Geldanstalten zu bezeichnen.

(2) Der Reichsminister der Finanzen kann den Betrag auch unter 500 Reichsmark festsetzen.

BB. RAM.

Das in § 4 vorgesehene Verfahren dient der Vereinfachung des Geschäftsganges insofern, als vermieden wird, die Mittel an eine Kasse zu senden, die sie sogleich an einen Dritten weitersenden würde. In diesem Falle soll die versorgende Kasse die erforderliche Auszahlung an Stelle der Bedarfskasse und für diese bewirken. Andererseits stellt ein solches Verfahren wegen des dadurch verursachten Schreibwerks und der mit ihm verbundenen Buchungen eine gewisse geschäftliche Belastung der ersuchten Kasse dar. Es soll daher von ihm im allgemeinen nur, wenn es sich um größere Zahlungen, — mindestens von je 500 *RM* an den einzelnen Empfänger — handelt, Gebrauch gemacht werden. Doch kann der Reichsfinanzminister den Betrag auch niedriger festsetzen, wenn das Verfahren sich nach dem Geschäftsverkehr der Kassen ohne erhebliche Belastung der versorgenden Kasse durchführen läßt oder besondere Gründe die Herabsetzung des Betrages notwendig machen. Wegen der notwendigen Abschreibung des Betrages von dem Ermächtigungsschreiben gilt dasselbe wie zu § 3.

Die Bedarfskasse gibt im Falle des § 4 der versorgenden Kasse in gleicher Weise ein Anerkenntnis wie im Falle des § 3 der Anlage, nur daß die versorgende Kasse um Auszahlung des Betrages an den bezeichneten Empfänger anstatt an die Kasse ersucht wird. Dabei sind alle Konten desselben, die für die Auszahlung in Frage kommen, anzugeben (vgl. BB. RAM.). Die Benachrichtigung des Empfängers von der angeordneten Auszahlung liegt der Bedarfskasse ob.

§ 5

Buchung

(1) Der angeforderte Betrag ist nach dem Empfange zu buchen. Beträge, die die versorgende Kasse unmittelbar an

den Empfängeer auszahlen soll (§ 4), sind bei Hingabe des Anerkenntnisses als Einzahlung und Auszahlung zu buchen.

(2) Die versorgende Kasse hat die nach dem Anerkenntnis ausgezahlten Beträge wie Auftragsauszahlungen (§ 53 RKO.) zu behandeln.

(3) Die versorgende Kasse und die Bedarfskasse haben die Buchungen, die sie auf Grund der in jedem Monat ausgestellten Anerkenntnisse vorgenommen haben, abzustimmen.

VB. RAM.

Die Kasse bucht den angeforderten Betrag nach Empfang desselben oder der Nachricht von seiner Gutschrift und in dem Falle des § 4 der Anlage — ebenso wie bei Auszahlungen durch Überweisung (§ 38 zu b) — bei Hingabe des Anerkenntnisses als Auszahlung und, da die Auszahlung in Wirklichkeit nicht durch die Kasse selbst bewirkt ist, entsprechend gleichzeitig als Einzahlung, d. h. als Kassenbestandsverstärkung im Abrechnungsbuch. Die versorgende Kasse bucht den als Kassenbestandsverstärkung gezahlten Betrag im Vorschußbuch als Auftragsauszahlung.

§ 6

Aufbewahrung der Vordrucke, Mitteilung beim Abhandenkommen

(1) Die Vordrucke zu Anerkenntnissen sind im Kassenbehälter aufzubewahren.

(2) Die Bedarfskasse hat die versorgende Kasse sofort zu benachrichtigen, wenn Anerkenntnisse oder Vordrucke hierzu abhanden gekommen sind.

VB. RAM.

Wegen der Gefahr des Mißbrauchs sind die Vordrucke zu Anerkenntnissen in gleicher Weise wie die Vordrucke zu Schecken und Überweisungsaufträgen (vgl. Anlage 2 § 8 und Anl. 3 § 5) im Kasserbehälter aufzubewahren. Die versorgende Kasse ist von dem Abhandenkommen eines Anerkenntnisses oder von Vordrucken zu solchen sofort, gegebenenfalls zunächst durch Fernsprecher unter Angabe der Nummern der Vordrucke, zu verständigen, damit sie sie bei Eingang anhält, die Kasse, der der Vordruck abhanden gekommen, von der Vorlegung verständigt und das sonst Erforderliche veranlaßt (vgl. Anl. 5 § 1.) Ein Mißbrauch ist insbesondere durch Verwendung von Anerkenntnisvordrucken zu gefälschten Ersuchen um unmittelbare Auszahlungen an Dritte (§ 4 dieser Anlage) möglich.

§ 7

Geldversorgung in Berlin

Der Reichsminister der Finanzen kann für die Kassen, die ihren Sitz in Berlin haben, Abweichungen von den Bestimmungen des § 1 zulassen.

VB. RAM.

Für die in Berlin gelegenen Kassen besteht die Möglichkeit, sich unmittelbar aus der Reichshauptkasse, in deren Auftrage die Geldversorgung im übrigen erfolgt (vgl. § 5 Abs. 2 dieser Anlage), die erforderlichen Mittel zu verschaffen. Dadurch wird die besondere Verrechnung der Kassenverstärkung mit der Reichshauptkasse als Auftragszahlung der versorgenden Kasse entbehrlich. Es ist deshalb in weitem Umfange von der Ermächtigung des § 7 Gebrauch gemacht. Andererseits steht nichts im Wege, in geeigneten Fällen auch in Berlin die Geldversorgung einer Amtskasse der Reichsabgabenverwaltung zu übertragen, wodurch gegebenenfalls eine Übermittlung von Zahlungsmitteln erspart werden kann.

Anlage 8

(§ 51 Abs. 1 RKO.)

Kassenbestandsverstärkung gegen Hingabe eines farbigen Schecks

(Vgl. AKO. Anlage 11)

§ 1

Allgemeines

Der zuständige Reichsminister kann im Einvernehmen mit dem Reichsminister der Finanzen bestimmen, daß die Amtskassen und Oberkassen seines Verwaltungsbereichs, die dem Reichsbankgiroverkehr angeschlossen sind (§ 25 Abs. 2 RKO.), ihr Reichsbankgiroguthaben aus dem der Reichshauptkasse verstärken.

VB. RHK.

Anlage 8 schafft für Kassen, die an den Reichsbankgiroverkehr angeschlossen sind, die Möglichkeit einer erleichterten Form der Geldbeschaffung, indem sie ermächtigt werden können, ihr Reichsbankgiroguthaben aus dem der Reichshauptkasse zu verstärken. Die Einrichtung gründet sich auf ein im Jahre 1898 zwischen der Reichsfinanzverwaltung und dem Reichsbank-Direktorium getroffenes Abkommen. Dieses Abkommen sah vor, daß die mit der Reichshauptkasse unmittelbar abrechnenden Länderkassen ihr Guthaben durch Hingabe eines farbigen Schecks an die Reichsbankanstalt, an die sie angeschlossen sind, zu Lasten des Guthabens der Reichshauptkasse verstärken konnten. An die Stelle der Länderkassen sind, insbesondere nachdem die Abgabenverwaltung auf das Reich übergegangen, im wesentlichen Kassen des Reiches getreten. Zu der Inanspruchnahme der Kassenbestandsverstärkung bedarf es nicht einer Anweisung durch die Reichshauptkasse oder einer sonstigen Mitwirkung derselben. Die Zulassung dieses Verfahrens bedeutet eine außerordentlich weitgehende Ermächtigung der beteiligten Kassen; sie ist daher auf die Fälle des unbedingten Bedürfnisses zu beschränken. Sie kommt wesentlich nur für Oberkassen oder Amtskassen in Betracht, die berufen sind, andere Kassen mit Mitteln zu versorgen, und deshalb in die Lage gebracht werden müssen, diesen Anforderungen jederzeit zu entsprechen. Der Reichshauptkasse ist von den gemäß § 1 erteilten Ermächtigungen Kenntnis zu geben. Gemäß VV. RHK. ist die unmittelbare Entnahme von Beträgen aus dem Reichsbankgiroguthaben der Reichshauptkasse durch farbigen Scheck auf die Kassen außerhalb Berlins beschränkt (vgl. § 7 der Anl. 7). Der Gefahr eines Mißbrauches wird durch die Forderung des — allerdings von der Reichsbank nicht nachzuprüfenden — Sichtvermerks des Kassenaufsichtsbeamten und die alsbaldige Verständigung der Reichshauptkasse über die Abbuchung des Betrages durch den ihr von der Reichsbank zu übermittelnden Kontoauszug entgegengewirkt.

§ 2

Farbiger Scheck

(1) Zum Zwecke der Verstärkung ihres Reichsbankgiroguthabens reichen die Kassen der Reichsbankanstalt, an die sie angeschlossen sind, einen farbigen Scheck ein.

(2) Die Farbe des Schecks wird von dem zuständigen Reichsminister nach Benehmen mit dem Reichsbankdirektorium in Berlin bestimmt.

VV. RHK.

Die Farbe der von den Kassen, die gemäß § 1 der Anlage 8 ihr Guthaben aus dem der Reichshauptkasse verstärken dürfen, zu diesem Zweck auszustellenden Schecke ist grün (vgl. VV. RHK.). Der Scheck wird in zwei übereinstimmenden Teilen ausgefertigt. Der eine Teil bleibt bei der Reichsbankstelle, der der Scheck vorgelegt ist, der andere wird mit dem Kontoauszuge der Reichshauptkasse übermittelt.

§ 3

Ausstellung des farbigen Schecks

(1) Farbige Schecke sind auf den Tag auszustellen, an dem der angeforderte Betrag dem Reichsbankgiroguthaben der Kasse gutgeschrieben werden soll.

(2) Für die Vollziehung farbiger Schecke gilt § 20 Abs. 4 RKO. Die Schecke sollen den Sichtvermerk des Kassenaufsichtsbeamten oder eines anderen von dem zuständigen Reichsminister bestimmten Beamten tragen, durch den dieser die Angemessenheit des angeforderten Betrags bestätigt.

Wegen des Tages der Gutschrift siehe Anm. zu § 4 dieser Anlage; wegen der Mitteilung der Namen der zur Vollziehung von Schecken berechtigten Beamten an die Reichsbankanstalt vgl. Anl. 3 § 2. Das Vorhandensein des Sichtvermerkes des Kassenaufsichtsbeamten, das die Reichsbankanstalt nicht zu überwachen braucht, ist für die Reichshauptkasse von großer Bedeutung, da durch den Vermerk die Angemessenheit der durch den grünen Scheck bewirkten Verstärkung der Mittel der beteiligten Kasse bestätigt werden soll. Fehlt er, so wird die Reichshauptkasse sich sofort mit dem Kassenaufsichtsbeamten oder der Behörde, der die Kasse angehört, in Verbindung setzen. Die Bestätigung der grünen Schecke durch einen anderen Beamten als den Kassenaufsichtsbeamten wird im allgemeinen nur dann in Frage kommen, wenn gemäß § 17 Abs. 2 die Aufgaben des Kassenaufsichtsbeamten von einer Stelle der höheren Verwaltungsbehörde vorgenommen werden.

§ 4

Verfahren

Der in dem farbigen Scheck angeforderte Betrag wird dem Reichsbankgiroguthaben der Kasse an dem auf die Hingabe des Schecks an die Reichsbankanstalt folgenden Werktage gutgeschrieben und durch die Reichshauptbank von dem Reichsbankgiroguthaben der Reichshauptkasse abgeschrieben. In dringenden Fällen darf die Kasse sogleich bei der Hingabe des Schecks über den Betrag verfügen.

VB. RHK.

Die Bestimmung des § 4 ist durch Abmachungen mit der Reichshauptbank überholt, indem auf die der beteiligten

Reichsbankanstalt bis zu einer bestimmten Stunde zugeleiteten Schecke der angeforderte Betrag noch am selben Tage der Kasse gutgeschrieben wird. Der im letzten Satz des § 4 angeführte Ausnahmefall ist damit zur Regel geworden. Die auf grünen Scheck abgehobenen Beträge werden von dem Reichsbankgiroguthaben der Reichshauptkasse abgeschrieben. Ein Ausgleich der Abhebungen durch einen besonderen Reichsbanküberweisungsauftrag, wie ihn die Vollzugsbestimmungen der Reichshauptkasse vorsehen, findet nicht mehr statt. Die Reichshauptkasse bucht die Scheckbeträge im Abrechnungsbuch für die beteiligten Kassen als Kassenbestandsverstärkung; diese buchen sie nach dem Empfang in gleicher Weise (vgl. § 5 Anl. 7).

§ 5

Aufbewahrung der Vordrucke, Mitteilung beim Abhandenkommen

(1) Die Vordrucke zu farbigen Schecken sind im Kassenbehälter aufzubewahren.

(2) Die Kasse hat die zuständige Reichsbankanstalt sofort schriftlich zu benachrichtigen, wenn farbige Schecke oder Vordrucke hierzu abhanden gekommen sind.

Die Bestimmung des § 5 deckt sich mit der des § 5 der Anl. 3.

Beilage 1

Amtskassenordnung der Reichsabgabenverwaltung

Vermerk

Für die Finanzkassen kommen nicht in Betracht:

§ 39 Abs. 3, §§ 41 bis 43, § 53 Abs. 2, § 92 Abs. 7, 8, § 94 Abs. 5, § 107 Abs. 5, § 122, § 148 und Anl. 14;

für die Zollkassen der nur mit einem Beamten besetzten Zollämter kommen nicht in Betracht:

§ 5, § 6 Abs. 1, 2 und 4, § 10 Abs. 4, § 18 Abs. 5, § 57 Abs. 2, § 61, § 91 Abs. 1, § 92 Abs. 3, § 93 Abs. 2 bis 4, § 99 Abs. 2, § 102 Abs. 5, § 110, § 111, § 117, § 123, § 125, Anl. 1, Anl. 11, Anl. 12 und Anl. 13.

Inhaltsübersicht

Einleitung

I. Buch: Einrichtung der Amtskassen der Reichsabgabenverwaltung, Zahlungen

1. Teil: Errichtung und Aufgaben der Amtskasse

2. Teil: Innere Einrichtung der Amtskasse

1. Abschnitt: Kassenbeamte, Kassenaufsichtsbeamter

2. Abschnitt: Geschäftsgang

3. Teil: Zahlungen

1. Abschnitt: Zahlungsverkehr

2. Abschnitt: Einzahlungen und Auszahlungen

1. Titel: Allgemeines

2. Titel: Einzahlungen

3. Titel: Überwachung der rechtzeitigen Entrichtung von Einzahlungen

4. Titel: Zahlungsaufschub

5. Titel: Auszahlungen

Seite

3. Abschnitt: Geldverwaltung

1. Titel: Allgemeines

2. Titel: Kassenbestandsverstärkungen

3. Titel: Ersuchenszahlungen, Auftragszahlungen

4. Titel: Ablieferung der Einzahlungen

4. Abschnitt: Wertgegenstände

II. Buch: Buchführung

1. Teil: Die Bücher

2. Teil: Führung der Bücher

3. Teil: Gang des Buchungsverfahrens

4. Teil: Aufrechnung und Abschluß der Bücher, Abrechnung

5. Teil: Die einzelnen Bücher

1. Abschnitt: Die Zeitbücher

2. Abschnitt: Die Sachbücher

Anlagen

Amtskassenordnung

der Reichsabgabenverwaltung

vom 12. März 1928

(AKO)

(Amtsblatt der Reichsfinanzverwaltung 1928 S. 33.)

[Vorbemerkung der Herausgeber.

Die AKO. ist nachstehend auszugsweise, d. h. soweit dies den Zwecken des Kommentars dient, abgedruckt worden. Es sind deshalb Bestimmungen, die allein für die Reichsabgabenverwaltung von Interesse sind, und ferner solche, die mit denen der RKO. wörtlich oder inhaltlich vollständig übereinstimmen, — diese unter Hinweis auf die entsprechenden Paragraphen der RKO. — herausgelassen worden. Im übrigen ist in der AKO. bei jedem Paragraphen auf die denselben Gegenstand behandelnden Paragraphen der RKO. hingewiesen. Durch den Abdruck der einzelnen Paragraphen und Absätze ist zu erkennen gegeben, daß sie in irgendeiner Weise — häufig nur durch eine ergänzende Anführung — sich von der entsprechenden Bestimmung in der RKO. unterscheiden.]

Für die Annahme von Einzahlungen, die Leistung von Auszahlungen und den sonstigen Geschäftsverkehr bei den Amtskassen der Reichsabgabenverwaltung wird — und zwar, soweit es sich um Einzahlungen und Auszahlungen für das Reich handelt, auf Grund des § 102 der Reichskassenordnung — folgendes bestimmt:

Einleitung

§ 1

Begriffsbestimmungen (§ 2 RKO.).

Im Sinne der Amtskassenordnung sind [1])

1. Reichskassen = RKO. (Ziffer 1);
2. Landes- und Gemeindekassen: Landes- und Gemeinde-(Gemeindeverbands-)behörden oder die Teile von solchen,

---

[1]) Anm. d. H. Soweit die Begriffsbestimmungen des § 1 mit denen in § 2 der RKO. übereinstimmen, ist dies durch die Angabe = RKO. (Ziffer . .), d. i. die entsprechende Ziffer des § 2 RKO., gekennzeichnet worden.

die Einzahlungen annehmen sowie Auszahlungen leisten und sie buchen;

3. Körperschaftskassen: die Teile von sonstigen öffentlich-rechtlichen Verbänden oder Körperschaften, die Einzahlungen annehmen sowie Auszahlungen leisten und sie buchen;
4. Zahlstellen = RKO. (Ziffer 2);
5. Zahlungen, 6. Einzahlungen, 7. Auszahlungen = RKO. (Ziffer 3 bis 5);
8. Haushaltseinnahmen = RKO. (Ziffer 6);
9. Landeseinnahmen und Gemeindeeinnahmen: Einzahlungen für ein Land oder eine Gemeinde (Gemeindeverband), die bei einer Zweckbestimmung des Haushaltsplans des Landes oder der Gemeinde (Gemeindeverbandes) oder außerplanmäßig nachgewiesen werden;
10. Körperschaftseinnahmen: Einzahlungen für sonstige öffentlich-rechtliche Verbände oder Körperschaften, die bei einer Zweckbestimmung des Haushaltsplans der Verbände oder Körperschaften oder in sonst vorgeschriebener Ordnung nachgewiesen werden;
11. Haushaltsausgaben = RKO. (Ziffer 7);
12. Landesausgaben und Gemeindeausgaben: Auszahlungen für ein Land oder eine Gemeinde (Gemeindeverband), die bei einer Zweckbestimmung des Haushaltsplans des Landes oder der Gemeinde (Gemeindeverbandes) oder außerplanmäßig nachgewiesen werden;
13. Körperschaftsausgaben: Auszahlungen für sonstige öffentlich-rechtliche Verbände oder Körperschaften, die bei einer Zweckbestimmung des Haushaltsplans der Verbände oder Körperschaften oder in sonst vorgeschriebener Ordnung nachgewiesen werden;
14. Wertgegenstände: Wertpapiere, Wertzeichen, verkäufliche Vordrucke, ferner Kostbarkeiten und sonstige als Hinterlegung (Ziffer 17) zu behandelnde Sachen;
15. Einlieferungen: die bei der Kasse eingehenden Wertgegenstände;
16. Auslieferungen: die von der Kasse hinausgehenden Wertgegenstände;
17. Hinterlegungen: Einzahlungen und Einlieferungen, die nur vorläufig eingetragen werden und später abzuwickeln sind;
18. Vorschüsse = RKO. (Ziffer 9);
19. a) Buchungen: die Eintragung von Beträgen und Wertgegenständen und der die Eintragung erläuternden Angaben in die hierfür bestimmten Bücher und Nachweisungen der Kasse;

b) Umbuchungen: Buchungen, durch die gebuchte Zahlungen und Wertgegenstände von einer Stelle auf eine andere übertragen werden;

20. Belege = RKO. (Ziffer 11);
21. rechnungsmäßiger Nachweis: der Nachweis, den die Kasse durch Buchung in der dem Haushaltsplane des Reichs, der Länder, der Gemeinden (Gemeindeverbände) und der sonstigen Körperschaften entsprechenden oder in sonst vorgeschriebener Ordnung über Haushaltseinnahmen und -ausgaben, Landeseinnahmen und -ausgaben, Gemeindeeinnahmen und -ausgaben und Körperschaftseinnahmen und -ausgaben führt;
22. rechnunglegende Stelle: die Stelle, die zum Zwecke der Rechnungsprüfung den Nachweis über Haushaltseinnahmen und -ausgaben, Landeseinnahmen und -ausgaben, Gemeindeeinnahmen und -ausgaben und Körperschaftseinnahmen und -ausgaben führt;
23 Zahlungsmittel: Bargeld, Schecke, Postscheck- und Reichsbanküberweisungsaufträge; Wechsel dürfen nicht als Zahlungsmittel verwendet werden;
24. Kassenbestand: die Zahlungsmittel der Kasse und ihre Guthaben beim Postscheckamt und bei Geldanstalten; zum Kassenbestande dürfen auch der Kasse übersandte Postwertzeichen der Deutschen Reichspost gerechnet werden;
25. Kassenbestandsverstärkungen = RKO. (Ziffer 16);
26. Ablieferungen: die Abführung von Beträgen an die Reichshauptkasse, die zuständige Oberfinanzkasse oder Landes-, Gemeinde- oder Körperschaftskasse in Zahlungsmitteln, durch Überweisung, mit Zahlkarte oder durch Anrechnung von Auszahlungsbelegen;
27. Abrechnung: der Nachweis über den Verbleib der Haushaltseinnahmen, Landeseinnahmen, Gemeindeeinnahmen, Körperschaftseinnahmen und der Kassenbestandsverstärkungen.

§ 2

Gliederung der Kassen, Stellung der Kassen zueinander (§ 3 RKO.)

(1) = RKO. § 2 Abs. 1 und 2.

(2) Bei der Reichsabgabenverwaltung heißen:

1. die Oberkassen „Oberfinanzkassen“; bei ihnen werden die Haushaltseinnahmen und -ausgaben der Kassen ihres Bezirkes zusammengefaßt. Auf besondere Anordnung des Reichsministers der Finanzen dürfen bei den Oberfinanzkassen auch sonstige (Landes-, Gemeinde- und Körperschafts-)Einnahmen und -ausgaben zusammengefaßt werden;

2. die Amtskassen bei den Finanzämtern „Finanzkassen", bei den Hauptzollämtern und Zollämtern „Zollkassen".

(3) Ein verwaltungsmäßiges Über- und Nachordnungsverhältnis besteht zwischen den einzelnen Kassen nicht. Die Amtskassen haben jedoch den Weisungen der Reichshauptkasse und der für sie zuständigen Oberfinanzkasse Folge zu leisten, soweit es sich um den Ablieferungs- und Abrechnungsverkehr handelt.

I. Buch: Einrichtung der Amtskassen der Reichsabgabenverwaltung, Zahlungen

1. Teil: Errichtung und Aufgaben der Amtskasse

§ 3

Errichtung von Amtskassen und ihre Stellung innerhalb des Amtes (§ 5 Abs. 1, § 6 RKO.)

(1) Die Errichtung von Amtskassen, die Vereinigung mehrerer Kassen zu einer Einheitskasse und die Übertragung von Zahlungsgeschäften verschiedener Kassen auf eine Sammelkasse wird durch den Reichsminister der Finanzen angeordnet. Dieser trifft im einzelnen Falle für den Geschäftsgang, die Buchführung und die Abrechnung bei Einheits- und Sammelkassen die erforderlichen Bestimmungen.

(2) Die Amtskasse ist eine besondere Abteilung des Amtes, dem sie angehört, und zwar auch dann, wenn das Amt nur mit einem Beamten besetzt ist. Der Vorsteher des Amtes ist für die Geschäftsführung der Amtskasse in gleicher Weise verantwortlich wie für die Geschäftsführung der übrigen Teile seines Amtes.

§ 4

Aufgaben der Amtskasse (§ 4 RKO.)

(1) Die hauptsächlichsten Aufgaben der Amtskasse sind:

a) Die rechtzeitige und vollständige Erhebung der auf Grund von Gesetzen und Verwaltungsbestimmungen bei ihr zu entrichtenden Haushaltseinnahmen und sonstigen Einnahmen und die Annahme und Einziehung von anderen Einzahlungen sowie die Entgegennahme von Wertgegenständen;

b) die rechtzeitige und vollständige Bewirkung der auf Grund von Gesetzen und Verwaltungsbestimmungen von ihr zu leistenden Haushaltsausgaben, sonstigen Ausgaben und anderen Auszahlungen sowie die Auslieferung von Wertgegenständen;

c) die Führung der vorgesehenen Bücher, die Sammlung der dazu gehörigen Belege sowie die Anfertigung von Nachweisungen, Zusammenstellungen und Abschlüssen;

d) die Aufbewahrung von Zahlungsmitteln, Belegen und Wertgegenständen;
e) die Ablieferung der für das Reich angenommenen Einzahlungen an die Reichshauptkasse oder Oberfinanzkasse und der für die Länder, Gemeinden und sonstigen Körperschaften angenommenen Einzahlungen an die besonders bestimmten Kassen;
f) die Abrechnung mit der Oberfinanzkasse und Kassen der Länder, Gemeinden und sonstigen Körperschaften;
g) die Führung des rechnungsmäßigen Nachweises über Reichssteuern und auf Grund besonderer Weisung des Reichsministers der Finanzen auch über sonstige Haushaltseinnahmen und -ausgaben;
h) die Führung des rechnungsmäßigen Nachweises über Länder-, Gemeinde- und sonstige Körperschaftseinnahmen und -ausgaben;
i) die Aufstellung von Rechnungen, soweit die Rechnungslegung der Amtskasse besonders übertragen worden ist;
k) die Führung des Schriftwechsels, der den Geschäftsbereich der Amtskasse betrifft.

(2) Die Amtskasse darf andere Kassengeschäfte als die des Reichs, insbesondere die in Abs. 1 für Länder, Gemeinden und sonstige Körperschaften aufgeführten Kassengeschäfte, sowie Verwaltungsgeschäfte nur auf Grund reichsgesetzlicher Vorschrift oder auf Grund einer Ermächtigung durch den Reichsminister der Finanzen ausführen.

§ 5

Zahlstellen (§ 8 RKO.)

Zahlstellen werden auf Weisung des Präsidenten des Landesfinanzamts mit Genehmigung des Reichsministers der Finanzen errichtet. Die näheren Bestimmungen über ihre Errichtung, ihre Aufgaben und die Erledigung ihrer Geschäfte enthält die Anlage 1.

2. Teil: Innere Einrichtung der Amtskasse

1. Abschnitt: Kassenbeamte, Kassenaufsichtsbeamter

§ 6

Besetzung der Amtskasse (§ 10 RKO.)

(1) Der Geschäftsverteilungsplan des Amtes regelt, welche von den dem Amte zugewiesenen Arbeitskräften der Amtskasse zugeteilt werden und welche Dienstgeschäfte die einzelnen Arbeitskräfte in der Amtskasse zu erledigen haben.

(2) Die Amtskasse steht unter einem Kassenleiter. Diesem werden, soweit erforderlich, Buchhalter und Kassiere sowie sonstige Arbeitskräfte beigegeben. Bei den mit mehr als einem

Beamten besetzten Amtskassen ist durch den Geschäftsverteilungsplan zum ständigen Vertreter des Kassenleiters aus der Zahl der Kassiere und Buchhalter ein Beamter zu bestimmen, der neben seinen sonstigen Dienstobliegenheiten den Kassenleiter in der Aufsicht über die Geschäftsführung der Amtskasse zu unterstützen hat. Bei Amtskassen mit mehreren Kassieren darf der Kassenleiter einen von ihnen damit beauftragen, von den Kassieren angenommene Einzahlungen und die Belege über geleistete Auszahlungen entgegenzunehmen und zusammenzustellen (Hauptkassier).

(3) Kassenleiter, Buchhalter und Kassiere müssen Reichsbeamte sein.

(4) Ist die Amtskasse mit mehr als einem Beamten besetzt, so sind die Buchhalter- und Kassiergeschäfte verschiedenen Beamten zu übertragen. Buchhalter und Kassiere dürfen sich nur vertreten, wenn zwingende Gründe vorliegen und der Kassenleiter es ausdrücklich bestimmt.

§ 7 = RKO. § 11

§ 8.

Allgemeine Obliegenheiten der Kassenbeamten (§ 12 Abs. 1, 2 RKO.), Haftung

(1) Die Kassenbeamten haben in ihrem Arbeitsgebiete sorgfältig auf die Sicherheit der Kasseneinrichtungen zu achten und etwaige Mängel oder Unregelmäßigkeiten, die sie, auch außerhalb ihres Arbeitsgebiets, in der Amtskasse bemerken, dem Kassenleiter zu melden. Die Kassenbeamten haben sich mit den Vorschriften über den Scheck-, Postscheck- und Giroverkehr sowie mit den ihr Arbeitsgebiet betreffenden sonstigen Gesetzen und Verwaltungsbestimmungen vertraut zu machen.

(2) Die Kassenbeamten haben die ihnen zur Verwaltung übertragenen Bücher sorgsam zu führen und die Buchungen auf dem laufenden zu erhalten. Alle dem Kassenleiter beigegebenen Arbeitskräfte haben auf seine Weisung im Rahmen der Aufgaben der Amtskasse auch außerhalb ihres eigentlichen Arbeitsgebiets liegende Arbeiten zu erledigen. Wenn die Arbeitskraft eines Beamten nicht voll in der Amtskasse Verwendung finden kann, dürfen ihm durch den Geschäftsverteilungsplan auch nicht zum Kassendienste gehörige Aufgaben übertragen werden. Aufgaben, deren weitere Bearbeitung ihm später in seiner Eigenschaft als Kassenbeamter obliegt und bei denen dadurch die Nachprüfung der ordnungsgemäßen Erledigung erschwert werden könnte, dürfen ihm hierbei nicht übertragen werden, es sei denn, daß wegen der geringen Zahl der bei dem Amte vorhandenen Beamten (z. B. bei kleinen Zollämtern) die Übertragung solcher Aufgaben unvermeidbar ist.

(3) Bei der Übernahme der Dienstgeschäfte sind der Kassenleiter durch den Kassenaufsichtsbeamten, die übrigen Kassenbeamten durch den Kassenleiter darauf hinzuweisen, daß sie nach Maßgabe der gesetzlichen Vorschriften für jeden Verlust haften, der innerhalb ihres Geschäftsbereichs durch unrichtige Zahlungen, durch Annahme falscher oder nicht gültiger Zahlungsmittel oder auf sonstige Weise durch ihr Verschulden entstanden ist.

§ 9

Besondere Obliegenheiten der Kassenbeamten

a) des Kassenleiters (§ 13 Abs. 1, 3 RKO.)

(1) Der Kassenleiter hat für die ordnungsmäßige, zweckentsprechende und wirtschaftliche Erledigung der Kassengeschäfte zu sorgen und darauf zu achten, daß die bei der Amtskasse eingehenden Erlasse und Verfügungen von allgemeiner Bedeutung allen übrigen Kassenbeamten und, soweit erforderlich, auch den sonstigen ihm beigegebenen Arbeitskräften bekanntgegeben werden. Er hat dem Vorsteher des Amtes oder, wenn er selbst Vorsteher eines Zollamts ist, dem Vorsteher des Hauptzollamts sofort zu melden, wenn Arbeitskräfte in der Amtskasse fehlen oder entbehrlich sind. Bei Wechsel oder vorübergehender Behinderung (z. B. durch Krankheit, Beurlaubung) der anderen Kassenbeamten hat er für die ordnungsmäßige Übergabe der Dienstgeschäfte an den Nachfolger oder Vertreter zu sorgen.

(2) Der Kassenleiter hat insbesondere persönlich das Hauptbuch (§ 103) zu führen, den Tagesabschluß (§ 99) vorzunehmen, den Kassenbehälter unter Verschluß zu halten (§ 31), die Scheckhefte zu verwahren und, soweit kein Kassier damit beauftragt ist, Einzahlungen anzunehmen und Auszahlungen zu leisten. Er hat ferner, soweit nicht wegen des Umfanges der Kassengeschäfte durch den Geschäftsverteilungsplan andere Kassenbeamte damit betraut sind, das Scheküberwachungsbuch (§ 120) zu führen, Wertgegenstände entgegenzunehmen, zu verwalten und auszuliefern, die Rückständeblätter zu unterzeichnen und den Bestand an ungebrauchten Quittungsblöcken und Blöcken für Kraftfahrzeugsteuerkarten zu verwalten.

(3) Der Kassenleiter kann gleichzeitig Leiter der Vollstreckungsstelle sein, wenn es im einzelnen Fall angängig und zweckmäßig ist, die Leitung der Amtskasse und der Vollstreckungsstelle in einer Hand zu vereinigen.

§ 10

b) des Buchhalters (§ 15 RKO.)

(1) Die vom Buchhalter verwaltete Stelle wird mit Buchhalterei bezeichnet.

(2) Der Buchhalter hat die ihm zur Verwaltung übertragenen Bücher zu führen, die dazugehörigen Belege zu sammeln, die Rechnungslegung vorzubereiten und alle die Buchhalterei angehenden Dienstsachen zu bearbeiten.

(3) Der Buchhalter hat insbesondere die Sollstellungen vorzunehmen und darauf hinzuwirken, daß die Haushaltseinnahmen und -ausgaben sowie die sonstigen Zahlungen rechtzeitig und vollständig erhoben und geleistet werden. Quittungen über seine Buchhalterei betreffende Einzahlungen sind von ihm vorzubereiten und zu unterschreiben. Werden Einzahlungen nicht rechtzeitig entrichtet, so hat er das Postnachnahmeverfahren in die Wege zu leiten oder, wenn dieses nicht anzuwenden ist, die Einzahlungspflichtigen zu mahnen; bleibt das Nachnahmeverfahren oder die Mahnung ergebnislos, so hat er die Einziehung der Beträge zu veranlassen. Geht der rückständige Betrag während des Einziehungsverfahrens ganz oder zum Teil ein, so hat der Buchhalter dafür Sorge zu tragen, daß die Einzahlung sofort der Vollstreckungsstelle oder, wenn es sich um Einzahlungen handelt, die dem Verwaltungszwangsverfahren nicht unterliegen, der Stelle bekannt wird, die die Annahmeanordnung (§ 34 Abs. 1) für die in Frage kommende Einzahlung erlassen hat. Der Buchhalter hat ferner darauf hinzuwirken, daß Hinterlegungen und Vorschüsse sobald wie möglich abgewickelt werden; zu diesem Zwecke hat er das Hinterlegungs- und Vorschußbuch (§§ 114, 115) allmonatlich durchzusehen und, soweit ein Grund für ein weiteres Hinausschieben der Abwicklung nicht erkennbar ist, je nach Lage des einzelnen Falles das für die Abwicklung Erforderliche zu veranlassen.

(4) Sind bei einer Amtskasse mehrere Buchhaltereien eingerichtet, so sind sie mit arabischen Ziffern zu bezeichnen.

§ 11

c) des Kassiers (§ 16 RKO.)

(1) Die vom Kassier verwaltete Stelle wird mit Schalter bezeichnet.

(2) Der Kassier hat den baren und unbaren Zahlungsverkehr (§ 21) zu erledigen und, soweit nicht ein anderer Beamter damit beauftragt ist, Wertzeichen und verkäufliche Vordrucke entgegenzunehmen, zu verwalten und auszuliefern; ihm liegt die Führung der Vorbücher zum Hauptbuche und der Kontogegenbücher (§ 85 Abs. 1) sowie die Aufstellung der Tagesnachweisungen (§ 111) ob. Bei starkem Zahlungsverkehre darf die Führung der Vorbücher zum Hauptbuch einem anderen Beamten übertragen werden (Vorbuchführer); ein Buchhalter soll damit nicht betraut werden. In diesem Falle hat der Kassier eine Tageskladde (§ 117) zu führen.

(3) Der Kassier hat ferner die Quittungen über von ihm angenommene Einzahlungen mitzuzeichnen und mit dem Abdrucke des Dienststempels zu versehen. Leistet er Auszahlungen, so ist er dafür verantwortlich, daß die Auszahlung an den Empfangsberechtigten geleistet und die Quittung bestimmungsgemäß erteilt wird. Der Kassier hat nach näherer Weisung des Kassenleiters die täglichen Ablieferungen vorzubereiten und am Schlusse seiner Schalterdienstzeit seinen Schalterbestand (§ 30 Abs. 3) festzustellen. Die die Auszahlungen übersteigenden Einzahlungen und die Auszahlungsbelege hat er unter Vorlage der Vorbücher zum Hauptbuch und der Tagesnachweisungen an Hand einer fortlaufend von ihm zu führenden Aufstellung durch den Hauptkassier oder unmittelbar an den Kassenleiter gegen Empfangsbescheinigung abzuführen. Wenn es zweckmäßig erscheint, insbesondere bei räumlicher Trennung des Schalters von der Amtskasse, hat der Kassier auf Weisung des Kassenleiters seinen Schalterbestand an Bargeld ganz oder teilweise im Postscheck- oder Giroweg an die Reichshauptkasse, die Oberfinanzkasse oder die sonst zuständige Kasse oder auf das Konto der Amtskasse abzuführen; in diesem Falle sind anstatt der eingezahlten Beträge die Quittungen der Post oder der Geldanstalten an den Hauptkassier oder Kassenleiter abzuführen.

§ 12

Kassenaufsichtsbeamter (§ 17 RKO.)

(1) Für jede Amtskasse wird ein Beamter bestellt, der ihre Geschäftsführung zu beaufsichtigen hat (Kassenaufsichtsbeamter). Der Kassenaufsichtsbeamte darf nicht zu den Kassenbeamten gehören.

(2) Kassenaufsichtsbeamter ist

a) für die Finanzkassen und die Zollkassen der planmäßig von einem Oberbeamten geleiteten Zollämter, bei denen dieser nicht selbst Kassenleiter ist, der Vorsteher des Amtes;

b) für die Zollkassen der Hauptzollämter ein durch den Geschäftsverteilungsplan zu bestimmender Beamter;

c) für die übrigen Zollkassen der Bezirkszollkommissar.

Der Präsident des Landesfinanzamts darf im Falle a und c einen anderen Beamten zum Kassenaufsichtsbeamten bestellen.

(3) Der Kassenaufsichtsbeamte soll im Kassen- und Rechnungswesen Erfahrung besitzen und dem Kassenleiter in der Dienststellung mindestens gleichstehen. Der Kassenaufsichtsbeamte hat insbesondere die Buchführung, die rechtzeitige und vollständige Ablieferung der Einzahlungen und bei nicht rechtzeitigem Eingange von Einzahlungen die Mahnung und die rechtzeitige Aufstellung und Übersendung der Rückstände-

blätter an die Vollstreckungsstelle zu überwachen. Er hat ferner darauf zu achten, daß sich die Verschlußeinrichtungen der Kassenbehälter (Kassenschrank, Tresor, Kassengewölbe) und die sonstigen zum Schutze der Amtskasse getroffenen Einrichtungen in gutem Zustande befinden. In seiner Eigenschaft als Kassenaufsichtsbeamter steht ihm eine unmittelbare Weisungsbefugnis nicht zu; zu Eintragungen in die Bücher der Amtskasse mit Ausnahme der Prüfungsvermerke oder zu Änderungen in den Büchern ist er nicht befugt. Dem Kassenaufsichtsbeamten liegt die Vornahme der ordentlichen Kassenprüfungen nach Maßgabe der Bestimmungen des III. Buches dieser Amtskassenordnung ob.

§ 13

Wechsel des Kassenleiters (Kassenübergabe) (§ 13, Abs. 2, § 85 RKO.)

(1) Beim Wechsel des Kassenleiters ist eine ordentliche Kassenprüfung (§ 126) vorzunehmen. Der bisherige Kassenleiter hat seinem Nachfolger die Dienstgeschäfte zu übergeben (Kassenübergabe). Der neue Kassenleiter hat die Dienstgeschäfte, insbesondere den Kassenbestand, die Kassenschlüssel und die vom Kassenleiter geführten Bücher nebst Belegen zu übernehmen. Die Übergabe und Übernahme ist von dem bisherigen Kassenleiter und dem Nachfolger im Anhange zum Hauptbuche (§ 103 Abs. 3) unter Angabe des übernommenen Kassenbestandes und Beifügung der Namensunterschriften zu vermerken.

(2) Kann der bisherige Kassenleiter seinem Nachfolger die Geschäfte nicht persönlich übergeben, so hat die Übergabe durch den Kassenaufsichtsbeamten zu geschehen.

§ 14

Vorübergehende Behinderung des Kassenleiters

(1) Ist der Kassenleiter nur vorübergehend (z. B. durch Krankheit, Beurlaubung) verhindert, seine Dienstgeschäfte wahrzunehmen, so ist bei der Übergabe seiner Dienstgeschäfte an den Vertreter die Kassenprüfung nicht erforderlich. Der Vertreter hat insbesondere den Kassenbestand, die Kassenschlüssel und die vom Kassenleiter geführten Bücher nebst den dazugehörigen Belegen zu übernehmen und sich davon zu überzeugen, ob der Kassenbestand mit dem Kassensollbestand übereinstimmt. § 13 Abs. 1 Satz 4 findet Anwendung. Kann der Kassenleiter die Dienstgeschäfte nicht persönlich übergeben, so hat der Vertreter bei der Öffnung des Kassenbehälters und der Feststellung des Kassenbestandes einen Zeugen hinzuzu-

ziehen, den Kassenbestand aktenkundig zu machen und den Aktenvermerk von dem Zeugen mit unterschreiben zu lassen. Der Vermerk im Anhange zum Hauptbuche (§ 103 Abs. 3) über die Übernahme ist sodann vom Vertreter allein zu unterschreiben. Ergeben sich bei der Übernahme der Dienstgeschäfte wesentliche Beanstandungen, so ist in jedem Falle sofort der Kassenaufsichtsbeamte zu benachrichtigen und eine Kassenprüfung vorzunehmen.

(2) Von einer Übergabe der Dienstgeschäfte ist abzusehen, wenn sich die Behinderung des Kassenleiters nicht über den Tagesabschluß (§ 99) hinaus erstreckt. Der Vertreter hat in den Vermerkspalten der vom Kassenleiter zu führenden Bücher die Nummern der Eintragungen zu vermerken, die von ihm vorgenommen worden sind; der Vermerk ist von ihm zu unterschreiben. Nimmt der Kassenleiter zugleich die Geschäfte eines Kassiers wahr, so hat er dem Vertreter die zur Fortführung des Zahlungsgeschäfts erforderlichen Zahlungsmittel zu übergeben.

2. Abschnitt: Geschäftsgang

§ 15

Allgemeine Bestimmungen (§ 18 RKO.)

Der Geschäftsgang der Amtskasse richtet sich nach den für den Geschäftsgang des Amtes, dem sie angehört, geltenden Bestimmungen, soweit nicht in dieser Amtskassenordnung etwas anderes bestimmt ist. Für einzelne Kassenbeamte dürfen durch den Geschäftsverteilungsplan erforderlichenfalls abweichend von den allgemeinen Dienststunden des Amtes besondere Dienststunden festgesetzt werden.

§ 16 (unmittelbarer Verkehr der Kassen miteinander) = RKO. § 19.

§ 17

Kassenstunden (§ 20 Abs. 1 RKO.)

Für den persönlichen Verkehr mit der Bevölkerung dürfen von dem Präsidenten des Landesfinanzamts innerhalb der Dienststunden Kassenstunden festgesetzt werden. Die Kassenstunden sind unter Berücksichtigung der Belange der Bevölkerung so zu legen, daß die sonstigen Kassengeschäfte ordnungsgemäß erledigt werden können; die Kassenstunden sind durch Aushang an geeigneten Stellen des Dienstgebäudes bekanntzugeben. Die Finanzkassen dürfen an einem von dem Vorsteher des Amtes zu bestimmenden Werktage jeder Woche geschlossen bleiben, soweit nicht der Präsident des Landesfinanzamts wegen besonderer örtlicher Verhältnisse eine anderweite Regelung trifft.

§ 18

Schriftverkehr, Unterschriften

(§ 20 Abs. 2 bis 5 RKO.)

(1) Schreiben der Amtskasse tragen bei den Finanzämtern die Bezeichnung „Finanzamt (Finanzkasse)", bei den Hauptzollämtern und Zollämtern die Bezeichnung „Hauptzollamt (Zollkasse)" oder „Zollamt (Zollkasse)" und müssen die Angabe der Kassenstunden, der Fernsprechanschlüsse sowie der Postscheckverbindung und der Anschlüsse an Geldanstalten enthalten; sie sind vom Kassenleiter zu vollziehen, soweit sich nicht der Vorsteher des Amtes die Zeichnung vorbehalten hat. Ist die Amtskasse mit einem oder mehreren Buchhaltern besetzt, so sind Schreiben der Amtskasse, die sich auf einen Buchungsvorgang beziehen, sowie Bescheinigungen in Büchern und Rechnungen vom Kassenleiter und dem zuständigen Buchhalter zu vollziehen, soweit in Abs. 5, 6 und in § 52 nicht etwas anderes bestimmt ist.

(2) An die Amtskasse gerichtete Schreiben sind dem Kassenleiter ungeöffnet zuzuleiten. Er hat sie mit Eingangsvermerk zu versehen und an die für die Bearbeitung zuständigen Stellen weiterzuleiten. Soweit sie wichtig oder von allgemeiner Bedeutung sind, hat er sie dem Vorsteher des Amtes vorzulegen.

(3) Alle mit der Post eingehenden Wertbriefe — gleichgültig, ob sie an die Amtskasse oder an andere Teile des Amtes gerichtet sind — und an die Amtskasse gerichtete Wertpakete und Einschreibesendungen (einschließlich der als unbestellbar zurückgekommenen) sind von der Postanstalt abzuholen und in das Geld- und Werteingangsbuch für den Postverkehr (§ 124) einzutragen. Wenn besondere Gründe vorliegen, darf der Vorsteher des Amtes bestimmen, daß die Abholung unterbleibt; die Postanstalt stellt die Sendungen dann zu.

(4) Die Amtskasse darf außer dem Geld- und Werteingangsbuche für den Postverkehr Tagebücher über eingehende und hinausgehende Schriftstücke nicht führen.

(5) Ist die Amtskasse mit mehr als einem Beamten besetzt, so sind zu vollziehen:

a) Quittungen gegenüber der Deutschen Reichspost, Geldanstalten und Zahlstellen, Quittungen über Kassenbestandsverstärkungen sowie Schecke und Überweisungsaufträge vom Kassier und Kassenleiter; ist dieser zugleich Kassier, so haben er und noch ein anderer Kassenbeamter zu unterschreiben;

b) Quittungen über von der Amtskasse angenommene sonstige Einzahlungen vom Kassier und Buchhalter; ist kein Buchhalter bestellt, so hat außer dem Kassier noch ein anderer Kassenbeamter die Quittungen zu unterschreiben;

c) Quittungen und Hinterlegungsbescheinigungen über die Einlieferung von Wertgegenständen vom Kassenleiter. Ist an seiner Stelle ein anderer Kassenbeamter mit der Entgegennahme von Wertgegenständen betraut, so haben der Kassenleiter und dieser Beamte zu unterschreiben.

(6) Soweit Einzahlungen außerhalb des Kassenraums durch besonders hierzu ermächtigte Beamte entgegengenommen werden, haben diese Beamten allein Quittung zu erteilen. Über Beträge, die im Geschäftsgange der Amtskasse und des Amtes von einem Beamten an einen anderen oder von Beamten, die außerhalb des Kassenraums mit der Entgegennahme von Einzahlungen betraut sind, an den Kassenleiter oder einen Kassier übergeben werden, hat der empfangende Beamte allein und in einfachster Form eine Empfangsbescheinigung zu erteilen.

(7) Quittungen über Kassenbestandsverstärkungen (§ 59 Abs. 1, § 60 Abs. 2) und Aufstellungen nach § 101 Abs. 2 letzter Satz hat der Kassenaufsichtsbeamte mit Sichtvermerk, Kassenbescheinigungen (§ 68 Abs. 1), Abschlußnachweisungen (§ 101 Abs. 2) und Einnahme- und Ausgabenachweisungen (§ 102) mit Richtigkeitsbescheinigung zu versehen. Grüne Schecke (§ 60 Abs. 2) müssen vom Kassenaufsichtsbeamten und vom Vorsteher des Amtes mit Namenszeichen versehen sein.

(8) Die Namen und Unterschriftsproben der zur Vollziehung von Quittungen innerhalb des Kassenraums berechtigten Beamten sind durch Aushang im Kassenraume bekanntzugeben (vgl. § 35). Soweit Beamte berechtigt sind, Quittungen gegenüber der Reichshauptkasse, der Oberfinanzkasse, einer sonstigen Kasse, mit der die Amtskasse im Ablieferungs- oder Abrechnungsverkehre steht, einer Zahlstelle, der Deutschen Reichspost oder Geldanstalten abzugeben, hat der Vorsteher des Finanzamts oder Hauptzollamts der betreffenden Stelle die Namen und die in Tinte und Tintenstift vollzogenen Unterschriftsproben dieser Beamten unter Beidrückung des Dienststempels mitzuteilen. In gleicher Weise ist der Name und die Unterschriftsprobe des Kassenaufsichtsbeamten denjenigen Stellen mitzuteilen, denen gegenüber der Kassenaufsichtsbeamte Richtigkeitsbescheinigungen oder Sichtvermerke abzugeben hat. Hört die Berechtigung eines Beamten zur Quittungserteilung oder zur Abgabe von Richtigkeitsbescheinigungen und Sichtvermerken auf, so hat der Vorsteher des Finanzamts oder Hauptzollamts die Stelle, der die Berechtigung mitgeteilt war, sofort zu benachrichtigen. Die Mitteilungen sind in doppelter Ausfertigung herzustellen; eine Ausfertigung verbleibt bei der Amtskasse. An Stelle des Vorstehers des Hauptzollamts hat bei Zollkassen, die nicht am Sitze des Hauptzollamts liegen, der Kassenaufsichtsbeamte die Mitteilungen, soweit sie die Kassenbeamten betreffen, zu fertigen und abzusenden.

§ 19

Hilfsmittel (§ 20 Abs. 6 RKO.)

Zur Erledigung der Kassengeschäfte sind möglichst weitgehend technische Hilfsmittel wie Rechenmaschinen, Zinstabellen usw. zu verwenden. Die Verwendung von Buchungsmaschinen wird vom Reichsminister der Finanzen besonders angeordnet. Der Kassenleiter hat sein Augenmerk darauf zu richten, daß der Schriftverkehr durch Aufstellung von Listen, Verwendung von Vordrucken usw. nach Möglichkeit vereinfacht wird.

3. Teil: Zahlungen

1. Abschnitt: Zahlungsverkehr

§ 20

Allgemeine Bestimmungen (§ 21 RKO.)

(1) = RKO. § 21 Abs. 1.

(2) Die näheren Bestimmungen über die Annahme von Schecken und Überweisungsaufträgen enthält die Anlage 2.

(3) Einer Zahlung steht die Aufrechnung gleich (vgl. §§ 32 bis 34 BeitrO.).

§ 21 (barer und unbarer Zahlungsverkehr) inhaltlich = RKO. § 22

§ 22

Förderung des unbaren Zahlungsverkehrs (§ 23 RKO.)

(1) = RKO. § 23 Abs. 1.

(2) = RKO. § 23 Abs. 2. Mahnungen sollen, soweit es nicht nach Lage der Sache unzweckmäßig erscheint, Zahlkartenvordrucke beigelegt werden. Inwieweit sonstigen Einzahlungsaufforderungen Zahlkartenvordrucke beizulegen sind, richtet sich nach den für die einzelnen Fälle gegebenen Bestimmungen.

(3) Die Amtskasse soll Auszahlungen durch Überweisung oder Postscheck leisten. Schecke und Überweisungsaufträge dürfen dem Empfänger nur dann übergeben werden, wenn er als vertrauenswürdig bekannt und das für die Auszahlung erforderliche Bargeld (§ 23 Abs. 1) in der Amtskasse nicht verfügbar ist.

§ 23

Bargeld (§ 24 RKO.)

(1) = RKO. § 24 Abs. 1.

(2) Wenn die örtlichen Verhältnisse es erfordern, darf der Präsident des Landesfinanzamts zulassen, daß Amtskassen im

Grenzverkehr in fremden Geldsorten Einzahlungen annehmen und Auszahlungen leisten. Die näheren Bestimmungen enthält die Anlage 4.

§ 24

Anschluß an den Postscheck- und Reichsbankgiroverkehr (§ 25 RKO.)

Jede Amtskasse ist an den Postscheckverkehr und, soweit sich am Sitze der Amtskasse eine Reichsbankanstalt befindet, außerdem an den Reichsbankgiroverkehr anzuschließen. Ob eine Amtskasse, die ihren Sitz an einem Orte hat, an dem sich keine Reichsbankanstalt befindet, trotzdem an den Reichsbankgiroverkehr anzuschließen ist, bestimmt der Präsident des Landesfinanzamts. Die näheren Bestimmungen über den Postscheck- und Reichsbankgiroverkehr enthalten die Anlagen 5, 6.

§ 25

Verbindung mit sonstigen Geldanstalten (§ 26 RKO.)

Die Amtskasse darf an den Verkehr mit sonstigen Geldanstalten nur ausnahmsweise und nur dann angeschlossen werden, wenn dadurch die Ablieferung der Einzahlungen an die zuständige Kasse erleichtert oder beschleunigt wird oder durch den Anschluß eine Förderung des unbaren Zahlungsverkehrs zu erwarten steht. Die Entscheidung über den Anschluß trifft der Präsident des Landesfinanzamts. Nähere Bestimmungen enthält die Anlage 7.

§ 26

Buchausgleich (§ 28 RKO.)

(1) Hat eine Amtskasse mit einer anderen Reichskasse einen Betrag zu verrechnen, so hat sie zu veranlassen, daß der Betrag ihr zur Last und der anderen Kasse gutgeschrieben wird (Buchausgleich). Beträge unter 500 RM dürfen unmittelbar im Postscheck- oder Giroweg ausgezahlt werden.

(2) Soll der Buchausgleich zwischen zwei Amtskassen vorgenommen werden, die mit derselben Oberfinanzkasse abrechnen, so hat die Amtskasse, die den Buchausgleich veranlaßt, den zu verrechnenden Betrag als Zuschuß der Oberfinanzkasse (§ 60) zu behandeln und auf der Quittung zu vermerken, daß sie den Betrag durch Buchausgleich von der anderen, namentlich zu bezeichnenden Amtskasse erhalten hat. Die Oberfinanzkasse schreibt den Betrag der Amtskasse, die den Buchausgleich veranlaßt hat, als Zuschuß zur Last und der anderen Amtskasse als Ablieferung gut und benachrichtigt diese unter Angabe des Grundes. Die letztgenannte Amtskasse hat den Be-

trag als Einzahlung und gleichzeitig als Ablieferung an die Oberfinanzkasse zu buchen.

(3) Soll der Buchausgleich zwischen einer Amtskasse und einer Reichskasse vorgenommen werden, die nicht mit derselben oder keiner Oberkasse abrechnet, so hat die Amtskasse, die den Buchausgleich veranlaßt, für den Fall, daß sie nicht in unmittelbarem Ablieferungsverkehre mit der Reichshauptkasse steht, nach den Bestimmungen des Abs. 2 Satz 1 zu verfahren. Die Oberfinanzkasse schreibt den zu verrechnenden Betrag der Amtskasse, die den Buchausgleich veranlaßt hat, als Zuschuß zur Last, bucht ihn ihrerseits als erhaltenen Zuschuß der Reichshauptkasse und veranlaßt, daß diese den Betrag der Kasse, für die er bestimmt ist, als Ablieferung gutschreibt. Steht die Amtskasse, die den Buchausgleich veranlaßt hat, mit der Reichshauptkasse in unmittelbarem Ablieferungsverkehre, so hat sie die Reichshauptkasse zu ersuchen, den durch Buchausgleich zu verrechnenden Betrag ihr zur Last und der Kasse, für die er bestimmt ist, gutzuschreiben. Die Reichshauptkasse benachrichtigt, gegebenenfalls durch Vermittlung der Oberkasse, diese Kasse von der Gutschrift unter Angabe des Grundes. Die letztgenannte Kasse bucht den Betrag als Einzahlung und gleichzeitig als Ablieferung.

2. Abschnitt: Einzahlungen und Auszahlungen

1. Titel: Allgemeines.

§ 27.

Berechnung von Teilbeträgen (§ 29 RKO.) und Zinsen.

(1) Sind von Zahlungen, die in Jahresbeträgen festgesetzt sind, Monatsbeträge zu errechnen, so gilt als einmonatiger Betrag ohne Rücksicht auf die Tageszahl der einzelnen Monate $^1/_{12}$ des Jahresbetrags.

(2) Sind von Zahlungen, die in Jahres- oder Monatsbeträgen festgesetzt sind, Tagesbeträge zu errechnen, so ist, soweit nicht Vertrags- oder sonstige Bestimmungen eine andere Berechnungsart bedingen, das Jahr zu 360 und jeder Monat ohne Rücksicht auf die wirkliche Zahl seiner Tage zu 30 Tagen zu rechnen.

(3) = RKO. § 29 Satz 2 und 3.

(4) Für die Berechnung von Zinsen gelten die Bestimmungen der Anweisung für die Berechnung, Erhebung und Verbuchung von Zinsen, soweit nicht in den Annahme- und Auszahlungsanordnungen (§§ 34, 44) eine andere Berechnung vorgesehen ist.

§ 28

Prüfung von Zahlungsmitteln (§ 30 RKO.)

(1) Zahlungsmittel, die der Amtskasse von dem Einzahlenden übergeben werden, sind in dessen Gegenwart auf ihre Echtheit und Vollzähligkeit oder Vollständigkeit zu prüfen. Wert- und Einschreibesendungen, die der Amtskasse zugehen, sind in Gegenwart eines Zeugen zu öffnen und zu prüfen. Enthalten andere Sendungen Zahlungsmittel, so ist zu der Prüfung ein Zeuge hinzuzuziehen, wenn ein solcher alsbald herbeigerufen werden kann. Ergeben sich bei der Prüfung von Einzahlungen, die der Amtskasse durch Übersendung zugehen, Unstimmigkeiten, so sind diese aktenkundig zu machen; der zur Prüfung hinzugezogene Zeuge hat den Vermerk mitzuunterschreiben. Die Amtskasse hat Beweismittel, die für die Aufklärung von Mehr- oder Minderbeträgen von Wert sein können (Umhüllungen u. dgl.), aufzubewahren.

(2) = RKO. § 30 Abs. 2.

(3) Für die Behandlung nachgemachten, verfälschten, verdächtigen, beschädigten oder abgenutzten Bargeldes gelten die Bestimmungen der Anlage 8. Andere Zahlungsmittel, deren Echtheit zweifelhaft ist, sind zurückzuweisen. Liegt der Verdacht einer strafbaren Handlung vor, so sind sie anzuhalten; die zuständige Polizeibehörde ist zu verständigen.

§ 29

Behandlung von Mehr- und Minderbeträgen (§ 30 Abs. 3 RKO.) und von gefundenem Bargelde

(1) Die Amtskasse hat Mehrbeträge, die bei der Prüfung übergebenen Bargeldes festgestellt werden, dem Einzahlenden sofort zurückzugeben.

(2) Ist bei einer Einzahlung durch Übersendung oder Überweisung der tatsächlich eingegangene Betrag höher als der Betrag, den der Einzahlende als von ihm eingezahlt bezeichnet und den er zu entrichten hat, so ist der Mehrbetrag auf fällige oder künftig fällig werdende Forderungen gegen den Einzahlenden zu verrechnen. Die Verrechnung auf künftig fällig werdende Forderungen ist jedoch nur zulässig, wenn der Einzahlende zustimmt oder seine Zustimmung zu vermuten ist. Mehrbeträge, die nicht verrechnet werden können, sind als Hinterlegung zu buchen und, wenn sie 1 *RM* oder mehr betragen, dem Einzahlenden wieder auszuzahlen; Mehrbeträge unter 1 *RM* sowie Mehrbeträge von 1 *RM* und darüber, die nicht ausgezahlt werden können, sind wie Kassenüberschüsse nach den Bestimmungen des § 100 Abs. 2 zu behandeln.

3) Ist bei einer Einzahlung der tatsächlich eingegangene Betrag geringer als der Betrag, den der Einzahlende als von

ihm eingezahlt bezeichnet und den er zu entrichten hat, so ist der Minderbetrag sofort nachzufordern, soweit nicht die Nachforderung nach den über die Behandlung von Kleinbeträgen getroffenen Bestimmungen unterbleiben darf.

(4) Gefundenes Bargeld und Einzahlungen, die bei der Amtskasse durch Übersendung oder Überweisung entrichtet werden, ohne daß die Person des Einzahlenden oder der Grund der Einzahlung festgestellt werden kann, sind wie Kassenüberschüsse nach den Bestimmungen des § 100 Abs. 2 zu behandeln.

(5) In allen Fällen, in denen Beträge nach Abs. 2 und 4 wie Kassenüberschüsse zu behandeln sind, ist der Sachverhalt durch Aushang an Amtsstelle öffentlich bekanntzumachen und der Empfangsberechtigte zur Anmeldung seiner Rechte binnen einer Frist von sechs Wochen aufzufordern (§§ 982, 983 BGB. in Verbindung mit der Bekanntmachung vom 16. 6. 98, RGBl. S. 912).

§ 30

Aufbewahrung von Zahlungsmitteln, Belegen usw. (§§ 31, 12 Abs. 3 RKO.), Schalterbestand

(1) Die bei der Amtskasse vorhandenen Zahlungsmittel, ihr eingesandte Postwertzeichen sowie Auszahlungsbelege sind mit Ausnahme des Schalterbestandes (Abs. 3) im Kassenbehälter aufzubewahren. Im Kassenbehälter sind ferner folgende Gegenstände aufzubewahren, soweit sie nicht im Geschäftsverkehre benötigt werden: Die Kontogegenbücher (§§ 118, 119), das Schecküberwachungsbuch (§ 120), die vom Postscheckamte, der Reichsbank oder sonstigen Geldanstalten ausgegebenen Vordrucke zu Schecken und Überweisungsaufträgen, die Kontoauszüge, die Aufschubanerkenntnisse (§ 41), die Verzeichnisse und Unterschriftsproben der im § 9 Abs. 2 Ziffer 6, 7 StundO. bezeichneten Personen sowie die Siegel und Dienststempel der Amtskasse. Nach dem Schlusse der Dienststunden sind das Hauptbuch, die Vorbücher zum Hauptbuch und die Tagesnachweisungen im Kassenbehälter zu verwahren. Reicht der Kassenbehälter zur Aufnahme der Vorbücher zum Hauptbuch und der Tagesnachweisungen nicht aus, so sind diese vom Kassenleiter in Schränke oder sonstige Behälter einzuschließen. Die übrigen Kassenbücher sind nach dem Schlusse der Dienststunden, soweit ihre Aufbewahrung im Kassenbehälter nicht angängig ist, von den mit ihrer Führung betrauten Beamten einzuschließen. Der Bestand an ungebrauchten Quittungsblöcken und Blöcken von Kraftfahrzeugsteuerkarten ist im Kassenbehälter aufzubewahren, soweit dieser ausreicht; andernfalls hat der Kassenleiter für die sichere Aufbewahrung der Blöcke Sorge zu tragen.

(2) Barbeträge, die den zulässigen Kassenbestand nicht übersteigen (§ 57) und daher am Schlusse der Dienststunden nicht abzuliefern sind, sollen über Nacht auf das Konto der Amtskasse beim Postscheckamt oder einer Geldanstalt gebracht werden, es sei denn, daß sie als Wechselgeld oder im Laufe des nächsten Werktags zu Auszahlungen benötigt werden. Besteht die Möglichkeit, zu Auszahlungen am nächsten Werktage benötigte Beträge am Auszahlungstage rechtzeitig zurückzuholen, so sind auch diese auf das Konto beim Postscheckamt oder einer Geldanstalt zu verbringen.

(3) Zum Schalterbestande gehören: das Wechselgeld, die im Laufe des Tages vom Kassier angenommenen und ihm zur Leistung von Auszahlungen übergebenen Zahlungsmittel, eingesandte Postwertzeichen und die Belege für die vom Kassier im Laufe des Tages geleisteten Auszahlungen. Der Schalterbestand ist über Nacht und während einer Unterbrechung der Dienststunden im Kassenbehälter aufzubewahren.

(4) = RKO. § 12 Abs. 3.

(5) Der Kassenleiter hat Vorsorge zu treffen, daß die Zahlungsmittel und Bücher der Amtskasse bei Feuers-, Aufruhr- und Kriegsgefahr rechtzeitig geborgen werden.

§ 31

Verschluß des Kassenbehälters (§§ 31, 80 Abs. 4 RKO.)

(1) Der Kassenbehälter steht unter dem Verschlusse des Kassenleiters. Ist der Kassenbehälter mit zwei Schlössern von verschiedener Verschlußeinrichtung versehen, so darf, wenn die Amtskasse mit mehr als einem Beamten besetzt ist, auf Weisung des Präsidenten des Landesfinanzamts der Schlüssel zum zweiten Schlosse dem ständigen Vertreter des Kassenleiters oder, falls ein Kassier bestellt ist, diesem übergeben werden. Die Beamten dürfen die Schlüssel nach dem Schlusse der Dienststunden nicht an der Amtsstelle belassen. Steht der Kassenbehälter unter dem Mitverschluß eines zweiten Beamten, so ist der am Schlusse der Dienststunden in dem Kassenbehälter niedergelegte Kassenbestand in einer Liste festzuhalten und vom Kassenleiter und dem Beamten, unter dessen Mitverschlusse der Kassenbehälter steht, durch Namensunterschrift anzuerkennen.

(2) Sind zu einem Schlosse zwei gleiche Schlüssel vorhanden, so ist der zweite Schlüssel demselben Beamten zu übergeben, der den ersten Schlüssel führt. Der zweite Schlüssel darf nicht zusammen mit dem ersten Schlüssel und niemals im Kassenbehälter aufbewahrt werden.

(3) Der Kassenbehälter ist nach Benutzung stets sofort wieder zu verschließen. Steht er unter dem Mitverschluß eines zweiten

Beamten, so genügt während der Dienststunden der Verschluß durch den Kassenleiter.

§ 32

Verpackung und Beförderung von Zahlungsmitteln (§ 32 RKO.)

(1) Bargeld ist zum Zwecke der Weitergabe nach den näheren Bestimmungen der Anlage 9 zu verpacken.

(2) Bei der Beförderung von Zahlungsmitteln von und zu der Amtskasse sind alle erforderlichen Sicherungsmaßnahmen zu treffen. Zahlungsmittel im Gesamtwerte von 10 000 RM und mehr sind, wenn das Amt mit mehr als einem Beamten besetzt ist, durch zwei Beamte zu befördern; sind zwei Beamte nicht abkömmlich, so darf der Vorsteher des Amtes ausnahmsweise zulassen, daß die Beförderung durch einen Beamten und einen Angestellten oder durch einen Beamten allein ausgeführt wird. Schecke, die als Verrechnungsschecke gekennzeichnet sind. und Postscheck- und Reichsbanküberweisungsaufträge werden bei der Bemessung der Summe von 10 000 RM nicht mitgezählt. Der Kassenleiter hat darüber zu entscheiden, ob er die Beförderung selbst ausführen oder den befördernden Beamten begleiten will, und ob in einzelnen Fällen aus besonderem Anlasse die Beförderung auch dann nach Satz 2 auszuführen ist, wenn der Wert der zu befördernden Zahlungsmittel 10 000 RM nicht erreicht. Die die Beförderung ausführenden Beamten sind vom Kassenleiter darauf hinzuweisen, daß sie für jeden bei der Beförderung durch ihr Versehen entstandenen Schaden nach Maßgabe der gesetzlichen Vorschriften haften. Werden mehrere Beamte mit der Beförderung betraut, so ist einem von ihnen die Leitung zu übertragen. Die Beamten haben die ihnen zur Beförderung übergebenen Zahlungsmittel beim Empfange nachzuzählen und bei Beförderungen, die von der Amtskasse ausgehen, außerdem bei der Verpackung oder Versiegelung der Zahlungsmittel zugegen zu sein und dem übergebenden Beamten über den Empfang eine Empfangsbescheinigung in einfachster Form zu erteilen.

(3) Beförderungen von Zahlungsmitteln von einer Ortschaft zur anderen sind nur zulässig, wenn sich am Orte der Amtskasse keine Postanstalt befindet oder wenn sie vom Vorsteher des Amtes aus besonderen zwingenden Gründen angeordnet werden.

2. Titel: Einzahlungen

§ 33

Zuständigkeit (§ 33 RKO.)

(1) = RKO. § 33 Abs. 1.

(2) Als Einzahlungen an die zuständige Amtskasse gelten auch Einzahlungen, die für ihre Rechnung an die Reichshaupt-

kasse oder die für die Amtskasse zuständige Oberfinanzkasse entrichtet werden, jedoch sollen bei der Reichshauptkasse nur Beträge von 5000 *RM* und mehr, bei der Oberfinanzkasse nur Beträge von 500 *RM* und mehr eingezahlt werden. Zur Beschleunigung der Geldbewegung ist darauf hinzuwirken, daß Einzahlungen in der angegebenen Höhe und darüber möglichst an die Reichshauptkasse oder Oberfinanzkasse entrichtet werden. Dabei ist mit den Einzahlungspflichtigen zu vereinbaren, daß diese oder die für sie einzahlenden Geldanstalten an diejenige Kasse, an die sie die Einzahlung entrichten, eine Benachrichtigung senden, in welcher der Zahlungsweg, der Name, der Wohnort und die Wohnung des Einzahlungspflichtigen, die für die Einzahlung zuständige Amtskasse, der Grund und Betrag der Einzahlung, gegebenenfalls der Zeitraum, für den die Einzahlung entrichtet wird, und die Titelbuchnummer (Steuernummer, Sollbuchnummer usw.) anzugeben sind. Für die Benachrichtigung gelten die Muster 1, 2 als Anhalt. Die Reichshauptkasse oder Oberfinanzkasse trägt in die Benachrichtigung den Einzahlungstag ein und versieht sie mit den vom Kassenleiter oder Oberbuchhalter und dem zuständigen Buchhalter zu vollziehenden Buchungsvermerken sowie mit dem Abdrucke des Dienststempels.

(3) Werden Einzahlungen für die Amtskasse bei der Oberfinanzkasse entrichtet, so sendet diese die Benachrichtigung sofort der zuständigen Amtskasse zu. Diese hat den Betrag als Einzahlung und gleichzeitig als Ablieferung an die Oberfinanzkasse zu buchen.

(4) Werden Einzahlungen für die Amtskasse bei der Reichshauptkasse entrichtet, so sendet diese, wenn sie mit der Amtskasse nicht in unmittelbarem Ablieferungsverkehre steht, die Benachrichtigung an die für die Amtskasse zuständige Oberfinanzkasse, die den Betrag als Ablieferung der Amtskasse und als Ablieferung an die Reichshauptkasse bucht, und die Benachrichtigung mit den Buchungsvermerken an die Amtskasse weitergibt. Die Amtskasse hat nach Abs. 3 letzter Satz zu verfahren. Steht die Amtskasse mit der Reichshauptkasse in unmittelbarem Ablieferungsverkehre, so sendet diese die Benachrichtigung der Amtskasse zu, die den Betrag als Einzahlung und gleichzeitig als Ablieferung an die Reichshauptkasse zu buchen hat.

(5) Gehen Einzahlungen für eine Amtskasse, die mit der Reichshauptkasse in unmittelbarem Ablieferungsverkehre steht bei der Reichshauptkasse erst in den letzten Tagen eines Monats ein und gelangt die Amtskasse infolgedessen bis zum Monatsschlusse nicht in den Besitz der Benachrichtigung, so hat sie diese Beträge in die für die Reichshauptkasse bestimmte Überwachungsmitteilung (§ 65) für die Zeit vom 1. bis 10. und dementsprechend auch erst im nächsten Monat in den der Ober-

finanzkasse zu übersendenden Auszug aus dem Abrechnungsbuche (§ 71) aufzunehmen. Die Reichshauptkasse berücksichtigt derartige Einzahlungen erst im nächsten Monat in der der Oberfinanzkasse zu übersendenden Mitteilung.

(6) Als Einzahlungen an die zuständige Finanzkasse gelten auch Einzahlungen für ihre Rechnung bei einer Zollkasse, die vom Präsidenten des Landesfinanzamts ermächtigt ist, als Sammelkasse Einzahlungen auf besonders zu bestimmende Einnahmearten für die Finanzkasse anzunehmen. Die näheren Bestimmungen enthält die Anlage 10.

§ 34

Annahmeanordnung, Einzahlungsschein (§ 34 Abs. 1, 2, 3 RKO.)

(1) Die Amtskasse darf Einzahlungen nur auf Grund gesetzlicher Vorschriften oder auf Grund einer Anordnung annehmen (Annahmeanordnung). Die Annahmeanordnung wird durch eine förmliche Kassenanweisung, in besonderen Fällen allgemein erteilt; sie bedarf nicht der Schriftform. In besonderen Fällen werden allgemeine Annahmeanordnungen erteilt. Der Reichsminister der Finanzen bestimmt, wer zur Erteilung von Annahmeanordnungen befugt ist.

(2) Auch wenn keine Annahmeanordnung vorliegt, sind Einzahlungen, die durch Übergabe von Zahlungsmitteln entrichtet werden, anzunehmen, sofern ein sachlicher Grund für sie anzuerkennen ist, und zwar auch dann, wenn die örtliche Zuständigkeit der Amtskasse nicht gegeben ist; ein sachlicher Grund liegt insbesondere dann vor, wenn die Einzahlungen sachlich zum Geschäftskreise der Kassen der Reichsabgabenverwaltung gehören. Die Amtskasse hat in diesem Falle von dem Einzahlenden einen Einzahlungsschein über Betrag und Grund der Einzahlung zu fordern. Ist ein sachlicher Grund nicht anzuerkennen, so sind die Einzahlungen nicht anzunehmen.

(3) Einzahlungen, die nach Abs. 2 anzunehmen sind, sowie durch Übersendung eingehende und unbare Einzahlungen, für die keine Annahmeanordnung vorliegt, sind als Hinterlegung zu buchen und an die zuständige Kasse weiterzuleiten; ist der Grund der Einzahlung bekannt, so ist er dabei anzugeben. Der Einzahlungsschein wird Beleg zum Hinterlegungsbuche (§ 114). Der Einzahlende ist von der Weiterleitung tunlichst zu benachrichtigen. Ist bei durch Übersendung eingehenden und bei unbaren Einzahlungen die zuständige Kasse nicht zu ermitteln, so ist die Einzahlung an den Einzahlenden zurückzusenden; ist dies nicht möglich, so gilt § 29 Abs. 4, 5 sinngemäß.

§ 35.

Einzahlungen durch Übergabe von Zahlungsmitteln.

(1) Einzahlungen durch Übergabe von Zahlungsmitteln dürfen grundsätzlich nur im Kassenraum an den besonders kenntlich gemachten Stellen von den zu Kassieren bestellten Beamten angenommen werden. Den Kassieren ist es verboten, Einzahlungen von Beamten und Angestellten des Amtes anzunehmen, die diese, ohne dazu befugt zu sein, von Einzahlungspflichtigen zur Weiterleitung an die Amtskasse angenommen haben; wird einem Kassier eine derartige Einzahlung angeboten, so hat er sofort dem Kassenleiter Meldung zu erstatten.

(2) An mehreren gut sichtbaren Stellen im Kassenraum und an sonst geeigneten Stellen des Dienstgebäudes, insbesondere in der Nähe des Einganges, in Treppenhäusern und Fluren sind Aushänge nach Muster 3 anzubringen.

(3) Beamte, die durch besondere Weisung mit der Annahme von Zahlungsmitteln außerhalb des Kassenraums betraut sind (Vollziehungsbeamte usw.), haben einen Ausweis bei sich zu führen, der den Einzahlungspflichtigen auf Verlangen vorzulegen ist. Der Ausweis ist mit dem Lichtbilde des Beamten und dem Abdrucke des Dienststempels des Amtes zu versehen.

§ 36 = RKO. § 35.

§ 37.

Quittung (§ 36 RKO.).

(1) Die Amtskasse hat über jede Einzahlung, die durch Übergabe von Zahlungsmitteln entrichtet wird, dem Einzahlungspflichtigen eine Quittung zu erteilen. Über die in anderer Weise entrichteten Einzahlungen hat die Amtskasse nur auf Verlangen eine Quittung zu erteilen; die durch die Übersendung der Quittung entstehenden Kosten hat der Empfänger zu tragen, soweit nicht etwas anderes vereinbart ist. Die Quittung ist mit Tinte, Tintenstift, Schreibmaschine oder durch Druck herzustellen und mit Tinte oder Tintenstift zu unterschreiben. Wird Tintenstift verwendet, so muß dieser eine gut haftende, möglichst dunkle, aber nicht glänzende, auch bei künstlichem Lichte leicht lesbare Schrift liefern, die nicht wie Bleistiftschrift aussieht.

(2) Die Quittung muß enthalten:
das Empfangsbekenntnis,
die Bezeichnung des Einzahlungspflichtigen,
den eingezahlten Betrag (den Reichsmarkbetrag auch in Buchstaben),
den Grund der Einzahlung,

gegebenenfalls den Zeitraum, für den die Einzahlung entrichtet wird, und die Nummer des Titelbuchs (§§ 112, 113);
die Nummer des Zeitbuchs (§ 85 Abs. 1), unter der die Einzahlung gebucht ist,
den Ort und Tag der Einzahlung (die Monatsbezeichnung in Buchstaben),
die Bezeichnung der Amtskasse,
die Unterschriften,
den Abdruck des Dienststempels.

Wird die Einzahlung durch Übergabe eines Schecks oder eines Postscheck- oder Reichsbanküberweisungsauftrags entrichtet, so ist dies in der Quittung anzugeben. Ist der Tag der Ausstellung der Quittung nicht zugleich der Einzahlungstag, so hat die Amtskasse diesen in der Quittung zu vermerken. Soweit Quittungen von Vollziehungsbeamten usw. auszustellen sind, kommt die Eintragung der Nummer des Zeitbuchs durch den Vollziehungsbeamten usw. in Wegfall.

(3) Die Quittung ist in doppelter Ausfertigung im Durchschreibeverfahren auszustellen, soweit nicht in den Abs. 4, 5 Ausnahmen zugelassen sind. Auf der zweiten Ausfertigung fällt der Abdruck des Dienststempels weg.

(4) Der Präsident des Landesfinanzamts darf zulassen, daß die Quittung nur in einfacher Ausfertigung erteilt wird, und zwar:

a) bei den mit mehr als einem Beamten besetzten Amtskassen, wenn die Einzahlungen nicht auf Steuern entrichtet werden und die Ausstellung der Quittung im Durchschreibeverfahren eine wesentliche Mehrbelastung für die Amtskasse bedeuten würde;

b) bei sämtlichen Amtskassen — gleichgültig, ob die Einzahlungen auf Steuern entrichtet werden oder nicht —, wenn es aus besonderen Gründen zweckmäßig erscheint, daß die Quittung auf einem die Einzahlung betreffenden Schriftstück erteilt wird (z. B. auf dem Steuerbescheid oder dem Postpaketkartenabschnitt im Postzollverkehr).

Soweit es sich im Falle b um Quittungen über entrichtete Steuern handelt, darf der Präsident des Landesfinanzamts die Erteilung der Quittung in einfacher Ausfertigung nur mit Genehmigung des Reichsministers der Finanzen zulassen.

(5) Quittungen über Kassenbestandsverstärkungen (§§ 59, 60) sind in einfacher Ausfertigung zu erteilen. Das gleiche gilt, wenn ein Einzahlungspflichtiger eine Quittung über eine unbare oder durch Übersendung von Zahlungsmitteln entrichtete Einzahlung oder ein Doppel einer Quittung verlangt; in diesem Falle ist auf der Quittung zu vermerken, daß die Einzahlung unbar oder durch Übersendung von Zahlungsmitteln entrichtet ist oder daß es sich um eine Doppelquittung

handelt. Quittungen gegenüber der Deutschen Reichspost sind gleichfalls in einfacher Ausfertigung auf dem von der Postanstalt vorgelegten, die Einzahlung betreffenden Schriftstücke zu erteilen.

(6) = § 36 Abs. 3.

§ 38

Quittungsblöcke

(1) Die Vordrucke zu den im Durchschreibeverfahren auszustellenden Quittungen sind in Blöcken mit Doppelblättern herzustellen. Als Anhalt für die Vordrucke zu den ersten und zweiten Ausfertigungen, die verschiedenfarbig sein müssen, gelten die Muster 4, 5. Die Blöcke müssen mit laufender Nummer versehen sein; die einzelnen Blätter jedes Blockes müssen neben der Blocknummer fortlaufende Nummern tragen, wobei jedoch die zweite Ausfertigung die gleiche Blattnummer wie die erste trägt. Blätter der Quittungsblöcke dürfen nicht benutzt werden, wenn Quittungen in einfacher Ausfertigung erteilt werden.

(2) Die Amtskasse hat den Zu- und Abgang an Quittungsblöcken in einem besonderen Abschnitte des Hinterlegungsbuchs, Teilband „Wertgegenstände" (§ 114), nachzuweisen. Die Zugänge sind durch die Lieferungsbescheinigungen, die Abgänge durch die Empfangsbescheinigungen der Beamten, denen Quittungsblöcke ausgehändigt sind, zu belegen. Jedem Beamten, der Quittungen im Durchschreibeverfahren auszustellen oder vorzubereiten hat, ist in der Regel nur ein Block auszuhändigen. In der Empfangsbescheinigung ist die Nummer des Blockes anzugeben; wird ein bereits im Gebrauche gewesener und daher unvollständiger Block zugeteilt, so sind auch die Nummern der in ihm enthaltenen Quittungsblätter zu vermerken. Bei der Aushändigung des Blockes haben der aushändigende und der empfangende Beamte zu prüfen, ob sämtliche Blätter in dem Block enthalten sind; fehlerhafte Blöcke sind der liefernden Stelle zurückzusenden. Wird ein Quittungsblock von dem Beamten, dem er ausgehändigt worden ist, nicht vollständig aufgebraucht, so ist er gegen Empfangsbescheinigung an den Beamten zurückzugeben, der den Bestand verwaltet; der Quittungsblock ist im Hinterlegungsbuche, Teilband „Wertgegenstände", mit Angabe der Zahl der zurückgegebenen Blätter wieder in Zugang zu stellen.

(3) Kommt ein Quittungsblock abhanden, so ist dem Kassenleiter und dem Kassenaufsichtsbeamten Anzeige zu erstatten. Der Sachverhalt ist schriftlich festzulegen und die Niederschrift als Beleg zum Hinterlegungsbuche zu nehmen.

(4) Die Bestimmungen der Abs. 2, 3 gelten auch für die Verwaltung von Blöcken für Kraftfahrzeugsteuerkarten mit

der Maßgabe, daß diese im Bedarfsfalle dem mit der Ausstellung der Kraftfahrzeugsteuerkarten betrauten Beamten gegen Empfangsbescheinigung auszuhändigen sind. Die Stämme der verbrauchten Blöcke sind an den Beamten, der den Bestand an ungebrauchten Blöcken verwaltet, zur Aufbewahrung zurückzugeben.

3. Titel: Überwachung der rechtzeitigen Entrichtung von Einzahlungen

§ 39

Allgemeine Bestimmungen

(1) Die rechtzeitige und vollständige Entrichtung von Einzahlungen ist in regelmäßigen Zeitabschnitten, insbesondere nach den Fälligkeitstagen, zu überwachen, und zwar:

a) von Haushalts- und sonstigen Einnahmen, die zum Soll gestellt sind (vgl. § 91 Abs. 2), an Hand der Bücher, in denen sie zum Soll stehen;

b) von Post- und Schreibgebühren und Nacherhebungen von Steuern, die im Stundungsüberwachungsbuche (§ 121) und von Hinterlegungsgebühren, die im Hinterlegungsbuche, Teilband „Wertgegenstände" (§ 114), eingetragen sind, an Hand dieser Bücher;

c) von abzuwickelnden Vorschüssen an Hand des Vorschußbuchs (§ 115);

d) von laufenden Auftragseinzahlungen (§ 63) an Hand des Auftragsbuchs (§ 123). Wird bei der Amtskasse das Auftragsbuch nicht geführt, so hat der Kassenleiter die Einzahlungszeitpunkte in einfachster Form zu vermerken und an Hand dieser Vermerke die rechtzeitige und vollständige Entrichtung der Auftragseinzahlungen zu überwachen;

e) von allen übrigen Einzahlungen an Hand der Anmeldungen oder sonstigen Unterlagen.

(2) Die rechtzeitige und vollständige Entrichtung gestundeter Beträge ist, soweit diese in Sachbüchern (§ 85 Abs. 1) festgehalten sind, an Hand dieser zu überwachen. Gestundete Beträge, für die keine Sachbücher geführt werden, sind in das Stundungsüberwachungsbuch (§ 121) einzutragen. Bei Amtskassen mit umfangreichem Geschäftsverkehre darf der Kassenleiter zwecks leichterer Überwachung bestimmen, daß auch gestundete Beträge, für die Sachbücher geführt werden, in das Stundungsüberwachungsbuch eingetragen werden.

(3) Die rechtzeitige und vollständige Entrichtung aufgeschobener Beträge (§ 41) ist an Hand des Aufschubbuchs (§ 122) zu überwachen.

§ 40
Verfahren bei nicht rechtzeitiger Entrichtung (§ 34 Abs. 4 RKO.)

(1) Werden Einzahlungen bis zum Ablaufe der Einzahlungs-, Stundungs- oder Aufschubfrist nicht entrichtet, so hat die Amtskasse nach den Bestimmungen der Beitreibungsordnung zu verfahren. Die Finanzkasse hat, soweit es vorgesehen ist, vorher die Einziehung der Beträge im Postnachnahmeverfahren zu versuchen. Die Zollkasse hat ferner bei nicht rechtzeitiger Entrichtung von aufgeschobenen Beträgen unverzüglich dem Vorsteher des Hauptzollamts Anzeige zu erstatten; außerdem sind die Bestimmungen des § 14 Abs. 2 der StundO. zu beachten. Werden Einzahlungen, die dem Verwaltungszwangsverfahren nicht unterliegen, nicht rechtzeitig entrichtet, so sind die Einzahlungspflichtigen zu mahnen; bleibt die Mahnung erfolglos, so ist die Stelle, die die Annahmeanordnung erteilt hat, zu benachrichtigen.

(2) Werden Auftragseinzahlungen (§ 63), deren Einziehung im Verwaltungszwangsverfahren nicht zulässig ist, oder Ersuchenseinzahlungen (§ 62) nicht rechtzeitig entrichtet, so hat die Amtskasse die Einzahlungspflichtigen zu mahnen und, wenn die Mahnung erfolglos bleibt, die Aufträge oder die Ersuchensschreiben der auftragerteilenden oder ersuchenden Kasse mit dem Vermerke zurückzusenden, daß die Einzahlung nicht entrichtet worden ist.

(3) Die Amtskasse ist nicht befugt, Stundung oder Zahlungsaufschub zu gewähren.

4. Titel: Zahlungsaufschub

§ 41
Abgabe von Aufschubanerkenntnissen

§ 42
Rückgabe von Aufschubanerkenntnissen

§ 43
Aufschubgegenbuch

5. Titel: Auszahlungen

§ 44
Auszahlungsanordnung, Kosten der Auszahlungen (§ 37 RKO.)

(1) Die Amtskasse darf Auszahlungen nur auf Grund gesetzlicher Vorschriften oder auf Grund einer schriftlichen Anordnung leisten (Auszahlungsanordnung). Die Auszahlungsanordnung wird durch eine förmliche Kassenanweisung erteilt. In besonderen Fällen werden allgemeine Auszahlungsanord-

nungen erteilt. Der Reichsminister der Finanzen bestimmt, wer zur Erteilung von Auszahlungsanordnungen befugt ist. Die Amtskasse darf Auszahlungsanordnungen nur Folge leisten, wenn diese von Beamten unterschrieben sind, die ihr unter Beifügung von Unterschriftsproben als zur Unterzeichnung von Auszahlungsanordnungen befugt bezeichnet worden sind.

(2) = RKO. § 37 Abs. 2.

(3) Die Kosten der Auszahlungen für das Reich, die im Inlande durch Überweisung oder Postscheck geleistet werden, trägt das Reich. Ob die Kosten der Auszahlungen für Länder, Gemeinden und sonstige Körperschaften diesen zur Last zu stellen oder von den Empfängern einzuziehen sind, richtet sich nach den mit den Ländern, Gemeinden und sonstigen Körperschaften getroffenen Vereinbarungen.

§ 45

Auszahlungsanordnungen bei Auftragsauszahlungen und Ersuchensauszahlungen

Wird die Amtskasse um Leistung von Ersuchensauszahlungen (§ 62 Abs. 1) ersucht oder mit der Leistung von Auftragsauszahlungen (§ 63 Abs. 1) beauftragt, so braucht die Auszahlungsanordnung, die dem Ersuchen oder dem Auftrage zugrunde liegt, dem Ersuchens- oder Auftragsschreiben nicht beigefügt zu werden. Betrifft der Auszahlungsauftrag Gehalts- und Lohnzahlungen, so gelten die besonders erlassenen Bestimmungen.

§ 46 = RKO. 38, dazu:

Auszahlungstag

Sollen bei Überweisungen oder bei Auszahlungen durch Postscheck die auszuzahlenden Beträge von der Geldanstalt oder dem Postscheckamte nicht sofort, sondern erst an einem späteren Zeitpunkte vom Konto der Amtskasse abgebucht werden, so sind die an die Geldanstalt oder das Postscheckamt zu übersendenden Unterlagen mit dem Vermerk „Abzubuchen am ....“ zu versehen; in diesem Falle gilt der Tag der Abbuchung als Tag der Hingabe im Sinne des Satz 1.

§ 47.

Empfänger (§ 39 RKO.).

(1) = RKO. § 39 Abs. 1.

(2) und (3) inhaltlich = RKO. § 39 Abs. 2 und 3[1]).

[1]) Anm. d. H. Die Entscheidung zu Abs. 2 ist daselbst dem Vorsteher des Finanzamts oder Hauptzollamts übertragen; dem Vorsteher des Zollamts steht sie nur dann zu, wenn er Oberbeamter der Zollverwaltung ist. In Abs. 3 und Abs. 4 ist als Empfänger noch aufgeführt „eine geschäftsunfähige oder in der Geschäftsfähigkeit beschränkte Person“.

(4) inhaltlich = RKO. § 39 Abs. 4; dazu: Leistet die Amtskasse Auszahlungen an den Überbringer einer Quittung, so hat dieser auf der Quittung den Empfang des auszuzahlenden Betrags durch Namensunterschrift zu bescheinigen.

§ 48

Quittung (§ 40 RKO.)

(1) Die Amtskasse darf Auszahlungen, die durch Übergabe von Zahlungsmitteln geleistet werden, nur gegen gleichzeitige Hergabe einer Quittung leisten. Wird die Auszahlung durch Übersendung von Zahlungsmitteln geleistet, so hat die Amtskasse von dem Empfänger vorher eine Quittung zu verlangen.

(2) Die Quittung soll mit Tinte, Tintenstift oder Schreibmaschine oder durch Druck hergestellt und mit Tinte oder Tintenstift unterschrieben sein. Bei der Verwendung von Tintenstift gelten die Bestimmungen des § 37 Abs. 1 letzter Satz.

(3) Die Quittung muß enthalten:
das Empfangsbekenntnis,
den ungekürzten Betrag (den Reichsmarkbetrag auch in Buchstaben) unter Angabe etwa einbehaltener Beträge,
den Grund der Auszahlung,
gegebenenfalls den Zeitraum, für den die Auszahlung geleistet wird,
die Angabe, daß die Auszahlung aus der Reichskasse geleistet ist,
den Ort und Tag der Ausstellung der Quittung,
die eigenhändige Unterschrift des Empfängers, seines Vertreters oder Bevollmächtigten.

Ist der Tag der Ausstellung der Quittung nicht zugleich der Auszahlungstag, so hat die Amtskasse diesen in der Quittung zu vermerken. Die Quittung ist auch dann über den ungekürzten Betrag der Auszahlungsanordnung zu erteilen, wenn an den Empfänger Vorschüsse geleistet worden sind, die als solche gebucht worden sind. In diesem Fall ist in der Quittung die Anrechnung des Vorschusses zum Ausdrucke zu bringen. Die Vorschußquittung ist auf Verlangen zurückzugeben oder ungültig zu machen.

(4) Die Quittung darf in der Amtskasse vorbereitet werden. Ist die Amtskasse mit mehr als einem Beamten besetzt, so darf der Kassier die Quittung nur dann vorbereiten, wenn kein anderer Kassenbeamter anwesend ist.

(5) = RKO. § 40 Abs. 4.

§ 49 = RKO. § 41

Änderungen der Quittung

§ 50

Vereinfachte Quittung (§ 42 RKO.)

(1) bis (3) = RKO. § 42 Abs. 1 bis 3.

(4) Bei Auszahlungen gegen sofortigen Empfang von Kleinhandelsware in geringen Mengen und bei Auszahlungen der Bezugsgelder von Tageszeitungen und dergleichen genügen die im allgemeinen Verkehr üblichen Empfangszettel als Quittung. Werden Empfangszettel nicht ausgegeben, so hat der Beamte, der die Kleinhandelsware usw. in Empfang genommen hat, zu bescheinigen, daß und wofür der Betrag ausgezahlt ist.

§ 51

Vollziehung der Quittung in besonderen Fällen (§ 43 RKO.)

(1) = RKO. § 43 Abs. 1.

(2) Handzeichen sollen regelmäßig bei Beträgen bis zu 1000 *RM* durch einen, bei höheren Beträgen durch zwei bei der Auszahlung anwesende Zeugen bescheinigt werden, wenn die Bescheinigung auf der Quittung nicht bereits von einem Gerichte, einem Notare, einer Polizeibehörde oder einer Stelle erteilt ist, die vom Präsidenten des Landesfinanzamts als zur Ausstellung einer solchen Bescheinigung befugt bezeichnet ist.

(3) Bei Blinden und Lesensunkundigen sowie bei Personen, die die Quittung in anderen als deutschen oder lateinischen Buchstaben vollziehen, ist bei Beträgen bis zu 1000 *RM* durch einen, bei höheren Beträgen durch zwei bei der Auszahlung anwesende Zeugen zu bescheinigen, daß der auszuzahlende Betrag ausgezahlt ist.

§ 52

Bescheinigungen der Amtskasse an Stelle von Quittungen (§ 44 RKO.)

(1) Bei Auszahlungen, die in anderer Weise als durch Übergabe oder Übersendung von Zahlungsmitteln geleistet werden, ist auf dem Belege, bei Auszahlungen durch Überweisung oder Postscheck mit Angabe der Nummer des Überweisungsauftrags oder des Postschecks, zu bescheinigen, an welchem Tag und auf welchem Wege die Auszahlung geleistet ist. Ist die Amtskasse mit mehr als einem Beamten besetzt, so haben der Kassenleiter und ein weiterer Kassenbeamter, und zwar, wenn ein Kassier bestellt ist, dieser die Bescheinigung zu vollziehen.

(2) Bei Auszahlungen durch Buchausgleich hat die Amtskasse auf den Beleg den Vermerk „Durch Buchausgleich am ...... ausgezahlt" zu setzen. Bei Auszahlungen, die durch Aufrechnung (vgl. §§ 32 bis 34 BeitrO.) oder An-

rechnung auf später fällig werdende Leistungen oder im Wege des § 59 Abs. 2 letzter Halbsatz, des § 60 Abs. 3 (letzter Fall) oder des § 62 Abs. 1 geleistet werden, ist in den Beleg ein Vermerk hierüber aufzunehmen. Abs. 1 Satz 2 gilt sinngemäß.

§ 53

Auszahlung durch Anrechnung von Erstattungen und Vergütungen

(1) Ist bei Erstattungen und Vergütungen der Empfangsberechtigte mit Einzahlungen an die Amtskasse im Rückstand oder beantragt er die Anrechnung des zu erstattenden oder zu vergütenden Betrags auf künftig fällig werdende Beträge, so ist der zu erstattende oder zu vergütende Betrag auf die Rückstände oder die künftig fällig werdenden Beträge zu verrechnen (vgl. §§ 32 bis 34 der BeitrO.).

(2) Erstattungen und Vergütungen von aufgeschobenen Beträgen sind bei den angeschriebenen Beträgen selbst und auf dem Aufschubanerkenntnis abzuschreiben. Ist die Abschreibung bei den angeschriebenen Beträgen nicht möglich oder sind diese inzwischen entrichtet worden, so sind Erstattungen und Vergütungen bei dem zuerst zu entrichtenden Aufschubbetrag abzuschreiben; zu erstattende Beträge dürfen statt dessen auf Antrag auch ausgezahlt werden.

§ 54

Überwachung der Auszahlungen

Die rechtzeitige und vollständige Leistung von Auszahlungen ist in regelmäßigen Zeitabschnitten, insbesondere vor den Fälligkeitstagen, zu überwachen, und zwar:

a) von Haushalts- und sonstigen Ausgaben, die zum Soll gestellt sind (§ 95 Abs. 2), an Hand der Bücher, in denen sie zum Soll stehen;

b) von abzuwickelnden Hinterlegungen an Hand des Hinterlegungsbuchs (§ 114);

c) von laufenden Auftragsauszahlungen (§ 63) an Hand des Auftragsbuchs (§ 123). Wird bei der Amtskasse das Auftragsbuch nicht geführt, so hat der Kassenleiter die Auszahlungszeitpunkte in einfachster Form zu vermerken und an Hand dieser Vermerke die rechtzeitige und vollständige Leistung der Auftragsauszahlungen zu überwachen;

d) von allen übrigen Auszahlungen an Hand der Auszahlungsanordnungen oder sonstigen Unterlagen.

§ 55. (Lebens- und ähnliche Bescheinigungen) = RKO. § 45

3. Abschnitt: Geldverwaltung

1. Titel: Allgemeines

§ 56

Verwendung der Einzahlungen (§ 46 RKO.)

(1) = RKO. § 46 Satz 1.

(2) Hat die Amtskasse Auszahlungen für oder Ablieferungen an ein Land, eine Gemeinde (Gemeindeverband) oder eine sonstige Körperschaft zu bewirken, so darf sie hierzu nur Beträge verwenden, die ihr aus Einzahlungen infolge der Wahrnehmung der fremden Kassengeschäfte zur Verfügung stehen. Als zur Verfügung stehend gelten Einzahlungen, die von der Amtskasse noch nicht an die Landes-, Gemeinde- oder sonstige Körperschaftskasse abgeliefert oder über die, falls die Ablieferung durch Vermittlung der Oberfinanzkasse geschieht, die in § 66 Abs. 3 vorgesehenen Mitteilungen noch nicht abgesandt sind. Sind derartige Einzahlungen bei der Amtskasse zur Leistung von Auszahlungen nicht verfügbar, so hat sie, wenn die Ablieferung unmittelbar an eine Landes-, Gemeinde- oder sonstige Körperschaftskasse geschieht, die erforderlichen Beträge von dieser anzufordern oder nach § 59 Abs. 4 zu beschaffen. Liefert die Amtskasse die bei ihr für ein Land, eine Gemeinde oder eine sonstige Körperschaft eingegangenen Einzahlungen an die Oberfinanzkasse ab, so hat sie die zu Auszahlungen für das Land, die Gemeinde oder die sonstige Körperschaft erforderlichen Mittel nach den Bestimmungen der §§ 58 bis 60 zu beschaffen.

(3) Ausnahmsweise dürfen Einzahlungen für das Reich zu Auszahlungen für ein Land, eine Gemeinde oder eine sonstige Körperschaft verwendet werden, wenn es nicht möglich war, Mittel des Landes, der Gemeinde oder der sonstigen Körperschaft rechtzeitig heranzuziehen und es sich nicht um höhere Beträge als etwa 50 RM im einzelnen Falle handelt; der Kassenleiter hat sofort für den Ausgleich Sorge zu tragen.

§ 57

Kassenbestand (§ 47 RKO.)

(1) Der Kassenbestand darf den Betrag, der an den nächsten beiden Tagen für die voraussichtlich zu leistenden Auszahlungen oder als Wechselgeld erforderlich ist, nicht übersteigen. Der Höchstbetrag des Wechselgeldes wird vom Präsidenten des Landesfinanzamts festgesetzt und ist im Anhange zum Hauptbuche (§ 103 Abs. 3) kenntlich zu machen. Die Höhe der auf den Konten beim Postscheckamte, der Reichsbank oder den sonstigen Geldanstalten zu belassenden Mindesteinlagen richtet sich nach den von der Deutschen Reichspost und der Reichsbank erlassenen Bestimmungen und nach den mit den sonstigen

Geldanstalten getroffenen Vereinbarungen. Von Zahlungsmitteln, die als Sicherheit angenommen worden sind, ist nur Bargeld zum Kassenbestande zu rechnen.

(2) Ist die Amtskasse berechtigt, dem Reichsbankgirogutbaben der Reichshauptkasse Beträge zu entnehmen (§ 60 Abs. 2), so ist der Kassenbestand auf den Betrag zu beschränken, der erforderlich ist, um die der Amtskasse bereits bekannten Auszahlungen am nächsten Tage zu leisten. Dies gilt bei Auszahlungen für ein Land, eine Gemeinde oder eine sonstige Körperschaft jedoch nur insoweit, als der Amtskasse Mittel aus der Wahrnehmung der Kassengeschäfte für das betreffende Land, die Gemeinde oder die sonstige Körperschaft zur Verfügung stehen.

2. Titel: Kassenbestandsverstärkungen

§ 58

Allgemeine Bestimmungen (§ 48 RKO.)

Die Amtskasse hat ihren Kassenbestand zu verstärken, wenn er zur Leistung der Auszahlungen nicht ausreicht. Der Kassenbestand wird im Wege der Geldaushilfe (§ 59) oder durch Gewährung von Zuschüssen (§ 60) verstärkt. Kassenbestandsverstärkungen sind nur in der notwendigen Höhe anzufordern.

§ 59

Geldaushilfe (§ 50 RKO.)

(1) Amtskassen der Reichsfinanzverwaltung, die in demselben Ort oder in benachbarten Orten ihren Sitz haben, haben sich gegenseitig gegen Aushändigung einer Quittung nach Muster 10 mit Geld auszuhelfen.

(2) Die Geldaushilfe kann durch Übergabe von Zahlungsmitteln oder, wenn beide Amtskassen an dieselbe Geldanstalt angeschlossen sind, durch Überweisung gewährt werden; sie kann auch in der Weise gewährt werden, daß die auszahlende für die anfordernde Amtskasse unmittelbar Auszahlungen an den Empfänger leistet.

(3) Die anfordernde Amtskasse hat in der Quittung anzugeben, auf welchem der in Abs. 2 vorgesehenen Wege die Geldaushilfe gewährt werden soll. Soll der angeforderte Betrag ganz oder teilweise durch Übergabe von Zahlungsmitteln ausgezahlt werden, so ist der Abholende in der Quittung namentlich zu bezeichnen; er hat sich nötigenfalls über seine Person auszuweisen. Wird die Geldaushilfe durch Überweisung beantragt, so ist der Tag anzugeben, an dem der Betrag benötigt wird. Sollen Auszahlungen unmittelbar an den Empfänger geleistet werden, so genügt es, wenn dessen Name und seine Konten sowie der Grund der Auszahlung auf der Quittung bezeichnet sind.

(4) Bedarf die anfordernde Amtskasse des angeforderten Betrags zum Zwecke der Leistung von Auszahlungen für ein Land, eine Gemeinde oder eine sonstige Körperschaft, für die ihr selbst Mittel dieses Landes, dieser Gemeinde oder dieser Körperschaft nicht zur Verfügung stehen, so darf die auszahlende Amtskasse Geldaushilfe nur insoweit gewähren, als ihr Mittel aus der Wahrnehmung der Kassengeschäfte für das betreffende Land, die Gemeinde oder die Körperschaft zur Verfügung stehen. Die anfordernde Kasse hat deshalb in der Quittung die auszahlende Kasse darauf hinzuweisen, daß die Geldaushilfe aus Mitteln des betreffenden Landes, der Gemeinde oder der sonstigen Körperschaft angefordert wird.

(5) Die Quittung ist mit dem Sichtvermerke des Kassenaufsichtsbeamten zu versehen; kann der Sichtvermerk nach Angabe der anfordernden Amtskasse ausnahmsweise nicht beigebracht werden, so hat die auszahlende Amtskasse unverzüglich den Kassenaufsichtsbeamten der anfordernden Amtskasse von der Geldaushilfe zu benachrichtigen.

(6) Ist die Geldaushilfe durch unmittelbare Auszahlung an den Empfänger gewährt worden, so hat die auszahlende Amtskasse der anfordernden Amtskasse von der geleisteten Auszahlung unverzüglich schriftlich Mitteilung zu machen.

(7) Der angeforderte Betrag ist bei der anfordernden Amtskasse als Kassenbestandsverstärkung, bei der auszahlenden Amtskasse als Auftragsauszahlung (§ 63) zu buchen. Wird die Geldaushilfe durch unmittelbare Auszahlung an den Empfänger gewährt, so hat die anfordernde Amtskasse die Kassenbestandsverstärkung bei der Hingabe der Quittung zu buchen; gleichzeitig ist der Betrag als Auszahlung an den Empfänger zu buchen.

§ 30

Zuschüsse (§ 51 RKO.)

(1) Soweit die erforderlichen Mittel nicht im Wege der Geldaushilfe beschafft werden können, erhält die Amtskasse Zuschüsse von der Oberfinanzkasse oder, wenn die angeforderten Beträge zu Auszahlungen für ein Land, eine Gemeinde oder eine sonstige Körperschaft gebraucht werden und die Amtskasse in unmittelbarem Ablieferungsverkehre mit der betreffenden Landes-, Gemeinde- oder sonstigen Körperschaftskasse steht, von dieser.

(2) Amtskassen, die berechtigt sind, dem Reichsbankgiroguthaben der Reichshauptkasse Beträge zu entnehmen, erlangen den Zuschuß der Oberfinanzkasse durch Hingabe eines grünen Schecks an die zuständige Reichsbankanstalt nach den Bestimmungen der Anlage 11, die übrigen Amtskassen dadurch, daß sie der Oberfinanzkasse eine Quittung nach Muster 10 über den angeforderten Betrag vorlegen. Wird der Zuschuß zum

Zwecke der Leistung von Auszahlungen für ein Land, eine Gemeinde oder eine sonstige Körperschaft beantragt und steht der angeforderte Betrag der Amtskasse nicht mehr zur Verfügung, so ist die Oberfinanzkasse rechtzeitig zu benachrichtigen, damit sie nötigenfalls Mittel des Landes, der Gemeinde oder der sonstigen Körperschaft heranziehen kann.

(3) Der Zuschuß kann durch Übergabe oder Übersendung von Zahlungsmitteln, unbar oder auch in der Weise gewährt werden, daß die auszahlende Kasse für die anfordernde Amtskasse unmittelbar Auszahlungen an den Empfänger leistet.

(4) Auf die Quittung finden die Bestimmungen des § 59 Abs. 3 bis 6 sinngemäß Anwendung mit der Maßgabe, daß die Amtskasse im Falle der Überweisung noch anzugeben hat, ob der Zuschuß im Postscheck- oder Giroweg überwiesen werden soll.

(5) Der Zuschuß ist bei der anfordernden Amtskasse als Kassenbestandsverstärkung zu buchen. § 59 Abs. 7 Satz 2 findet sinngemäß Anwendung.

§ 61 (Geldversorgung) = RKO. § 49 Satz 1

3. Titel: Ersuchenszahlungen, Auftragszahlungen

§ 62

Ersuchenszahlungen (§ 52 RKO.)

(1) Die Amtskasse darf, ohne daß eine Verstärkung ihres Kassenbestandes in Frage kommt oder beabsichtigt ist, eine andere gleichgeordnete Reichskasse ausnahmsweise ersuchen, für sie Auszahlungen zu leisten (Ersuchensauszahlungen). Ein solches Ersuchen darf nur gestellt werden, wenn es das Zahlungsgeschäft vereinfacht oder die Auszahlung durch die ersuchte Amtskasse aus besonderen Gründen geboten erscheint (z. B. Auszahlung gegen Aushändigung oder Vorlegung einer Urkunde). Das Ersuchensschreiben ist vom Kassenleiter und, wenn die Amtskasse mit mehreren Beamten besetzt ist, noch von einem anderen Beamten zu vollziehen und mit dem Abdrucke des Dienststempels zu versehen.

(2) Auf Ersuchen um Annahme von Einzahlungen findet Abs. 1 Satz 2, 3 sinngemäß mit der Maßgabe Anwendung, daß das Ersuchen auch an eine Oberfinanzkasse oder die Reichshauptkasse gerichtet werden darf.

(3) Wird die Amtskasse von einer anderen gleichgeordneten Reichskasse ersucht, eine Ersuchensauszahlung zu leisten, so darf sie dem Ersuchen nur Folge leisten, wenn das Ersuchensschreiben den Abdruck des Dienststempels trägt, unterschrieben ist und die ersuchende Kasse zweifelsfrei erkennen läßt. Bei Mängeln in der Form des Ersuchensschreibens ist bei der er-

suchenden Kasse, bei Bedenken in sachlicher Hinsicht bei dem Amte, dem die ersuchende Kasse angehört, Rückfrage zu halten.

(4) Ersuchenszahlungen sind nach § 26 auszugleichen.

§ 63

Auftragszahlungen (§ 53 RKO.)

(1) Die Amtskasse hat Aufträgen der Reichshauptkasse und der Oberfinanzkasse zur Annahme von Einzahlungen und Leistung von Auszahlungen, über die die Amtskasse keinen rechnungsmäßigen Nachweis zu führen hat, Folge zu leisten (Auftragszahlungen). Zahlungsaufträgen einer Landes-, Gemeinde- oder sonstigen Körperschaftskasse ist nur dann zu entsprechen, wenn dieser vom Reichsminister der Finanzen die Befugnis erteilt ist, die betreffende Amtskasse zu Auftragszahlungen in Anspruch zu nehmen.

(2) Der Auftrag zur Annahme und Leistung von Auftragszahlungen kann der Amtskasse auch unmittelbar von den zur Erteilung von Annahme- oder Auszahlungsanordnungen befugten Stellen erteilt werden.

(3) Die Amtskasse darf einen Auszahlungsauftrag nur ausführen, wenn er von denjenigen Beamten unterschrieben ist, die ihr unter Beifügung von Unterschriftsproben als zur Erteilung von Auszahlungsanordnungen oder zur Unterzeichnung von Auszahlungsaufträgen befugt bezeichnet worden sind.

(4) Auftragseinzahlungen sind als Hinterlegungen nach § 67, Auftragszahlungen als Vorschüsse nach § 68 zu behandeln.

4. Titel: Ablieferung der Einzahlungen

§ 64

Allgemeine Bestimmungen (§ 54 Abs. 1, 4 RKO.)

(1) Die Amtskasse hat die Beträge, die den zulässigen Kassenbestand übersteigen, unverzüglich, tunlichst bis zum Schlusse der Dienststunden, entweder an die Reichshauptkasse oder — mit Ausnahme der Auftragseinzahlungen für die Reichshauptkasse (§ 67 Abs. 2) — auf besondere Weisung des Präsidenten des Landesfinanzamts an die zuständige Oberfinanzkasse abzuliefern. Sind größere Beträge eingezahlt worden, so sollen schon im Laufe des Tages Ablieferungen vorgenommen werden. Die Ablieferungen sollen während eines Zeitraums von sechs Tagen, bei Ablieferungen an die Oberfinanzkasse während eines Zeitraums von drei Tagen, keine gleichlautenden Beträge aufweisen.

(2) Bargeld ist an Orten, an denen sich eine Reichsbankanstalt befindet, durch diese, an anderen Orten sowie in den Fällen, in denen die Reichsbankanstalt bereits geschlossen ist,

durch Vermittlung der Postanstalt oder, wenn die Amtskasse an eine sonstige Geldanstalt angeschlossen ist, ausnahmsweise durch deren Vermittlung abzuliefern; befindet sich die Amtskasse am gleichen Orte mit der Kasse, an die sie abzuliefern hat, so darf auf Anfordern dieser Kasse das vorhandene Bargeld auch in bar abgeliefert werden. Guthaben bei Geldanstalten sind im Girowege, Postscheckguthaben im Postscheckweg abzuliefern. Die abzuliefernden Beträge sind in der Regel auf volle 10 RM abzurunden. Bei Postschecküberweisungen an die Reichshauptkasse sind die Überweisungsaufträge am unteren Rande mit roter Tinte oder Rotstift mit dem Vermerke „Reichshauptkasse" und am oberen Rande mit einem grünen liegenden Striche zu versehen.

§ 65

Überwachungsmitteilungen

Am 11., 21. und 1. jedes Monats (wenn einer dieser Tage auf einen Sonntag oder einen am Orte der Amtskasse staatlich anerkannten allgemeinen Feiertag fällt, am nächstfolgenden Werktage) hat die Amtskasse der Reichshauptkasse oder, wenn sie infolge besonderer Weisung des Präsidenten des Landesfinanzamts ihre Ablieferungen an die Oberfinanzkasse vornimmt, dieser eine Überwachungsmitteilung nach Muster 11 zu übersenden. In den Überwachungsmitteilungen sind die in dem abgelaufenen Monatsdrittel gemäß § 64 an die betreffende Kasse abgelieferten Beträge einschließlich der nach § 26 und § 33 Abs. 3, 4 als Ablieferungen gebuchten Beträge einzeln aufzuführen und ferner die durch Hingabe eines grünen Schecks erhaltenen Kassenbestandsverstärkungen nachrichtlich einzeln in die dafür vorgesehene Spalte aufzunehmen. Wenn in dem in Frage kommenden Monatsdrittel Ablieferungen oder Kassenbestandsverstärkungen durch Hingabe eines grünen Schecks nicht vorgenommen worden sind, ist weder eine Überwachungsmitteilung noch eine Fehlanzeige zu übersenden. Sind die Überwachungsmitteilungen der Reichshauptkasse übersandt, so teilt diese der Oberfinanzkasse in jedem Monat so zeitig wie möglich die Gesamtsummen der Beträge mit, die jede einzelne Amtskasse des Landesfinanzamtsbezirks im vorhergehenden Monat an die Reichshauptkasse abgeliefert und als Kassenbestandsverstärkung durch Hingabe eines grünen Schecks erhalten hat.

§ 66

Sonderbestimmungen für die Ablieferung an Länder, Gemeinden und sonstige Körperschaften

(1) Der Reichsminister der Finanzen bestimmt, ob die Amtskasse die Kassengeschäfte für ein Land, eine Gemeinde oder

eine sonstige Körperschaft wahrnimmt, die für diese angenommenen Einzahlungen unmittelbar oder durch Vermittlung der Oberfinanzkasse an die zuständige Landes-, Gemeinde- oder sonstige Körperschaftskasse abzuliefern hat.

(2) Im Falle der unmittelbaren Ablieferung werden die Zeitpunkte, an denen die Ablieferungen vorgenommen werden sollen, besonders vereinbart und der Amtskasse mitgeteilt. Die Amtskasse hat zu diesen Zeitpunkten die seit der letzten Ablieferung für das Land, die Gemeinde oder sonstige Körperschaft angenommenen Einzahlungen, abzüglich der für diese geleisteten Auszahlungen und der Beträge, die die Amtskasse in den nächsten beiden Tagen zu ihr bekannten für das Land, die Gemeinde oder sonstige Körperschaft zu leistenden Auszahlungen benötigt, abuzliefern. Gleichzeitig mit der Ablieferung hat die Amtskasse der Landes-, Gemeinde- oder sonstigen Körperschaftskasse eine Mitteilung, für die Muster 12 als Anhalt gilt, zu übersenden, in der die Höhe der seit der letzten Ablieferung angenommenen Einzahlungen und erhaltenen Kassenbestandsverstärkungen, der geleisteten Auszahlungen und der zurückbehaltenen Beträge darzustellen ist. Soweit bei einer Ablieferung Beträge für künftige Auszahlungen zurückbehalten worden sind, ist in der nächsten Mitteilung bei den geleisteten Auszahlungen zu vermerken, daß der Betrag für diese Auszahlungen bereits bei der vorhergehenden Ablieferung zurückbehalten worden war. Reicht der Kassenbestand für die Ablieferung nicht aus, so hat sich die Amtskasse die erforderlichen Beträge im Wege der Kassenbestandsverstärkung zu verschaffen.

(3) Werden die Einzahlungen durch Vermittlung der Oberfinanzkasse abgeliefert, so hat die Amtskasse der Oberfinanzkasse zum zweiten Werktage vor dem Zeitpunkte, an dem diese die Ablieferungen an die Landes-, Gemeinde- oder sonstige Körperschaftskasse vornimmt, die nach Abs. 2 vorgesehene Mitteilung nach Muster 12 zu übersenden. Die Oberfinanzkasse teilt hierzu der Amtskasse den Zeitpunkt ihrer Ablieferungen an die einzelnen Kassen mit.

§ 67

Ablieferung von Auftragseinzahlungen (§ 54 Abs. 3 RKO.)

(1) Nimmt die Amtskasse Auftragseinzahlungen für die Oberfinanzkasse an, so sind diese in einem besonderen Abschnitte des Hinterlegungsbuchs (§ 114) als Einzahlung zu buchen. Die Beträge sind sodann zusammen mit den übrigen Einzahlungen nach den Bestimmungen des § 64 abzuliefern und im Abrechnungsbuche (§ 116) als Ablieferung zu buchen. Steht die Amtskasse in unmittelbarem Ablieferungsverkehre

mit der Reichshauptkasse, so hat sie der Oberfinanzkasse allmonatlich zu einem oder mehreren von dem Präsidenten des Landesfinanzamts bestimmten Zeitpunkten die einzelnen Beträge mitzuteilen, die von den an die Reichshauptkasse abgelieferten Beträgen auf Auftragseinzahlungen für die Oberfinanzkasse entfallen; steht die Amtskasse nicht in unmittelbarem Ablieferungsverkehre mit der Reichshauptkasse, so sind die Beträge einzeln in die der Oberfinanzkasse zu übersendenden Überwachungsmitteilungen nachrichtlich aufzunehmen. Gleichzeitig mit der Aufnahme in die Mitteilung oder Überwachungsmitteilung sind die Beträge im Hinterlegungsbuch als Auszahlung und im Abrechnungsbuch als Kassenbestandsverstärkung zu buchen.

(2) Nimmt die Amtskasse Auftragseinzahlungen für die Reichshauptkasse an, so gelten für die Buchung der Einzahlung die Bestimmungen des Abs. 1 Satz 1. Die Beträge sind unmittelbar an die Reichshauptkasse abzuliefern, und zwar auch dann, wenn die Amtskasse nicht in unmittelbarem Ablieferungsverkehre mit ihr steht; an die Stelle der Eintragung in die Überwachungsmitteilungen tritt in diesem Fall eine besondere Mitteilung, die bei der Ablieferung der Beträge abzusenden ist. Gleichzeitig mit der Ablieferung sind die Beträge im Hinterlegungsbuch als Auszahlung zu buchen. Die Ablieferung von Beträgen, die als Auftragseinzahlungen für die Reichshauptkasse eingegangen sind, ist nicht in das Abrechnungsbuch aufzunehmen.

(3) Nimmt die Amtskasse Auftragseinzahlungen für ein Land, eine Gemeinde oder eine sonstige Körperschaft an, so finden, wenn die Amtskasse die für diese eingegangenen Einzahlungen durch Vermittlung der Oberfinanzkasse abliefert, die Bestimmungen des Abs. 1 sinngemäß mit der Maßgabe Anwendung, daß die Auftragseinzahlungen in der nach § 66 Abs. 3 der Oberfinanzkasse einzusendenden Mitteilung einzeln aufzuführen sind. Liefert die Amtskasse unmittelbar an die Kasse des Landes, der Gemeinde oder der sonstigen Körperschaft ab, so sind die Auftragseinzahlungen gleichfalls im Hinterlegungsbuche zu buchen, mit den übrigen Beträgen an den bestimmten Zeitpunkten abzuliefern und in die nach § 66 Abs. 2 einzusendenden Mitteilungen einzeln aufzunehmen.

§ 68

Ablieferung durch Anrechnung von Auszahlungsbelegen (§ 54 Abs. 2, § 75 Abs. 3 RKO.)

(1) Leistet die Amtskasse Auftragsauszahlungen, so hat sie die hierzu verwendeten Beträge der auftraggebenden Kasse in der Weise anzurechnen, daß sie statt eingezahlter Beträge die Auszahlungsbelege abliefert. Werden auf Grund besonderer

Weisung des Präsidenten des Landesfinanzamts Auftragsauszahlungen ohne Beifügung von Belegen angerechnet, so treten an die Stelle der Belege Kassenbescheinigungen (Muster 13). Diese sind vom Kassenleiter und, wenn die Amtskasse mit einem oder mehreren Buchhaltern besetzt ist, noch von einem Buchhalter zu unterschreiben und außerdem vom Kassenaufsichtsbeamten mit der Richtigkeitsbescheinigung zu versehen.

(2) Bei Auftragsauszahlungen für die Oberfinanzkasse hat die Amtskasse die hierzu verwendeten Beträge einzeln in Buchhaltereiverzeichnisse nach Muster 14 einzutragen. In den Buchhaltereiverzeichnissen ist zum Tagesabschlusse die Tagessumme zu bilden; diese ist in das Hauptbuch, Abschnitt „Auszahlung", in die Spalte „Auftragsauszahlungen" zu übernehmen. Die Buchhaltereiverzeichnisse sind für die einzelnen Buchhaltereien der Oberfinanzkasse getrennt zu führen; auf welche Buchhalterei die Auszahlungen entfallen, gibt die Oberfinanzkasse bekannt. Haben Amtskassen erfahrungsgemäß in einem Monat eine größere Zahl von Auftragsauszahlungen, die Einzelhaushalts- oder sonstige Einzelausgaben (§ 112 Abs. 4 Satz 1, 2) betreffen, bei demselben Haushaltstitel zu leisten, so kann für jeden dieser Titel ein Titelverzeichnis nach Muster 14 geführt werden, in dem jeweils die Tagessumme zu bilden ist; diese ist zum Tagesabschluß in das Hauptbuch zu übernehmen. Für die Anrechnung der Auszahlungsbelege ist in jedem Titelverzeichnisse die Gesamtsumme zu bilden; diese ist sodann in das Buchhaltereiverzeichnis aufzunehmen. Die Buchhaltereiverzeichnisse sind hierauf aufzurechnen und mit ihren Schlußsummen auf der Rückseite des Lieferscheins (Muster 15) zusammenzustellen. Die Anrechnung ist zu dem von der Oberfinanzkasse für die einzelnen Amtskassen festgesetzten Zeitpunkte vorzunehmen. Der Lieferschein ist der Oberfinanzkasse in doppelter Ausfertigung zu übersenden. Die Buchhalterei- und Titelverzeichnisse werden Anlagen zum Lieferscheine. Eine Ausfertigung des Lieferscheins gibt die Oberfinanzkasse zurück, nachdem die Ausfertigung geprüft und mit der Unterschrift des Kassenleiters oder Oberbuchhalters und des zuständigen Buchhalters sowie mit dem Abdrucke des Dienststempels versehen ist. Die Amtskasse hat bei der Anrechnung der Auszahlungsbelege die Gesamtsumme des Lieferscheins im Hauptbuch, Abschnitt „Einzahlung", bei den Vorschüssen in Spalte „Angerechnete Auftragsauszahlungen" und gleichzeitig im Abrechnungsbuch in der Spalte „Betrag der Ablieferung" zu buchen.

(3) Bei Auftragsauszahlungen für die Reichshauptkasse sind für den Fall, daß die Amtskasse mit der Reichshauptkasse in unmittelbarem Ablieferungsverkehre steht, die anzurechnenden Beträge — anstatt der Anrechnung mittels besonderen Lieferscheins — in die jeweiligen Überwachungsmitteilungen unter

Beifügung der Belege mitaufzunehmen und durch einen entsprechenden Vermerk zu kennzeichnen. Für die Buchungen im Hauptbuch und im Abrechnungsbuche gelten die Bestimmungen des Abs. 2 letzter Satz sinngemäß. Steht die Amtskasse nicht in unmittelbarem Ablieferungsverkehre mit der Reichshauptkasse, so sind die für diese geleisteten Auftragsauszahlungen unter Beifügung der Belege der Oberfinanzkasse anzurechnen, die sie der Reichshauptkasse anrechnet. Für die Buchungen gelten die Bestimmungen des Abs. 2 mit der Maßgabe, daß die Beträge nicht in die Buchhaltereiverzeichnisse oder Titelverzeichnisse aufzunehmen, sondern im Lieferschein einzeln und getrennt von den Summen der Buchhaltereiverzeichnisse anzugeben sind.

(4) Leistet die Amtskasse Auftragszahlungen für ein Land, eine Gemeinde oder eine sonstige Körperschaft und liefert sie die Einzahlungen an die zuständige Landes-, Gemeinde- oder sonstige Körperschaftskasse durch Vermittlung der Oberfinanzkasse ab, so sind die Auftragsauszahlungen unter Beifügung der Belege der Oberfinanzkasse nach Abs. 1, 2 zu den festgesetzten Zeitpunkten anzurechnen, die sie ihrerseits der Kasse des Landes, der Gemeinde oder der sonstigen Körperschaft anrechnet. Liefert die Amtskasse unmittelbar an die zuständige Landes-, Gemeinde- oder sonstige Körperschaftskasse ab, so sind die anzurechnenden Beträge — anstatt der Anrechnung mittels besonderen Lieferscheins — in die nach § 66 Abs. 2 zu übersendenden Mitteilungen mitaufzunehmen und durch einen entsprechenden Vermerk zu kennzeichnen. Für die Buchungen gelten die Bestimmungen des Abs. 2 sinngemäß.

§ 69

Beanstandungen bei Ablieferungen durch Anrechnung von Auszahlungsbelegen

(1) Ergeben sich bei der Prüfung der Ablieferungen durch Anrechnung von Auszahlungsbelegen durch die Oberfinanzkasse Abweichungen zwischen den Lieferscheinen und den Belegen oder werden angerechnete Beträge von der Oberfinanzkasse nicht oder nicht mit dem vollen Betrag angenommen, z. B. weil die Auszahlungen nicht geleistet werden durften oder nicht ordnungsgemäß nachgewiesen sind, so erteilt diese trotzdem über den im Lieferschein angegebenen Betrag Quittung und bucht ihn als Ablieferung. Den Mehr- oder Minderbetrag bucht sie besonders als Ablieferung oder als Kassenbestandsverstärkung auf dem Abrechnungskonto der betreffenden Amtskasse. Auf beiden Ausfertigungen des Lieferscheins vermerkt die Oberfinanzkasse in dem dafür bestimmten Raume die Beanstandung nebst kurzer Begründung und gibt gleichzeitig die Haupt- und Abrechnungsbuchnummer an, unter

der der beanstandete Betrag bei ihr eingetragen ist. Eine Ausfertigung geht an die Amtskasse zurück, die den Mehr- oder Minderbetrag als Ablieferung oder als Kassenbestandsverstärkung in das Haupt- und Abrechnungsbuch einzutragen und die Nummer ihres Hauptbuchs, unter der die Eintragung gebucht ist, bei dem Beanstandungsvermerk anzugeben hat. Für die beschleunigte Behebung der Beanstandungen hat die Amtskasse Sorge zu tragen. Der sich durch die Buchung des beanstandeten Betrags bei der Kassenbestandsaufnahme ergebende Mehr- oder Minderbetrag ist wie ein Kassenüberschuß oder Kassenfehlbetrag zu behandeln (§ 100).

(2) Auszahlungsbelege, die nach Form und Inhalt mangelhaft, hinsichtlich der Auszahlung an sich aber richtig sind und daher von der Oberfinanzkasse angenommen werden, gibt diese der Amtskasse zur unverzüglichen Abänderung oder Ergänzung zurück.

(3) Ergeben sich Beanstandungen bei Ablieferungen an die Reichshauptkasse, so gelten die Bestimmungen des Abs. 1, 2 sinngemäß. Beanstandungen einer Landes-, Gemeinde- oder sonstigen Körperschaftskasse sind nach den besonders zu treffenden Vereinbarungen zu erledigen.

§ 70

Ablieferungen am Schlusse des Rechnungsvierteljahrs und des Rechnungsjahrs

(1) Die Anrechnung von Auszahlungsbelegen für im abgelaufenen Rechnungsvierteljahre geleistete Auszahlungen soll am Schlusse des Rechnungsvierteljahrs und muß am Schlusse des Rechnungsjahrs so zeitig vorgenommen werden, daß die Oberfinanzkasse und die Reichshauptkasse diese noch vor dem Vierteljahrs- bzw. Jahresabschlusse buchen kann.

(2) Hat die Amtskasse in der Zeit zwischen ihrem Jahresabschluß und dem der Oberfinanzkasse oder Reichshauptkasse noch für das abgelaufene Rechnungsjahr Auftragseinzahlungen angenommen oder Auftragsauszahlungen geleistet, so hat sie diese in den Büchern des neuen Rechnungsjahrs zu buchen und getrennt von den das neue Rechnungsjahr betreffenden Zahlungen so zeitig abzuliefern oder anzurechnen, daß sie von der Oberfinanzkasse oder der Reichshauptkasse noch vor deren Jahresabschlusse gebucht werden können.

(3) Am Schlusse jedes Rechnungsjahrs sind auch diejenigen Beträge als Ablieferung im Abrechnungsbuche zu buchen, deren die Amtskasse als Kassenbestand bedarf. Diese Beträge sind gleichzeitig als Kassenbestandsverstärkung für das neue Rechnungsjahr zu buchen. Die Amtskasse hat über derartige Kassenbestandsverstärkungen keine Quittung nach Muster 10 zu erteilen, sondern lediglich in der Abschlußnachweisung (§ 101 Abs. 2) die Beträge als empfangen nachzuweisen.

(4) In der Zeit vom 1. April bis zum Abschlusse der Oberfinanzkasse oder Reichshauptkasse für das abgelaufene Rechnungsjahr hat die Amtskasse bei der Ablieferung von Auftragszahlungen in den Überwachungsmitteilungen und in den nach § 67 Abs. 1 vorgesehenen Mitteilungen sowie in den Lieferscheinen das Rechnungsjahr ersichtlich zu machen, auf das die Ablieferungen entfallen.

§ 71

Auszug aus dem Abrechnungsbuche

Die Amtskasse hat — gleichgültig, ob sie im Ablieferungsverkehre mit der Reichshauptkasse oder der Oberfinanzkasse steht — der Oberfinanzkasse zusammen mit jeder Einnahmenachweisung (§ 102) einen Auszug aus dem Abrechnungsbuche (§ 116) nach Muster 16 in doppelter Ausfertigung einzusenden. In dem Auszuge sind Ablieferungen an die Oberfinanzkasse mit den Schlußsummen der Überwachungsmitteilungen, Ablieferungen durch Anrechnung von Auszahlungsbelegen mit den Schlußsummen der einzelnen Lieferscheine, Ablieferungen an die Reichshauptkasse in einer Summe, Kassenbestandsverstärkungen durch Hingabe grüner Schecke in einer Summe, die übrigen Kassenbestandsverstärkungen einzeln anzugeben. In dem am Schlusse des Rechnungsjahrs einzusendenden Auszuge sind Eintragungen im Abrechnungsbuche gemäß § 70 Abs. 3 einzeln aufzuführen. Die Oberfinanzkasse vergleicht die von ihr vorgenommenen Buchungen mit den Auszügen, vervollständigt erforderlichenfalls ihre Buchungen auf Grund der Auszüge, klärt etwaige Unstimmigkeiten auf und sendet die zweite Ausfertigung, die mit dem Anerkenntnisvermerke des Kassenleiters und des zuständigen Buchhalters sowie mit dem Abdrucke des Dienststempels versehen ist, unverzüglich an den Kassenaufsichtsbeamten der einsendenden Amtskasse. Dieser hat zu prüfen, ob die Summe der im Abrechnungsbuche gebuchten Beträge mit den in dem Auszug angegebenen Summen übereinstimmt und ob der Auszug mit den erforderlichen Unterschriften und dem Abdrucke des Dienststempels versehen ist. Ergeben sich Beanstandungen, so ist der Auszug sofort an die Oberfinanzkasse unter Angabe des Mangels zurückzusenden; anderenfalls ist er mit einem Prüfungsvermerke zu versehen und zu den Belegen der Amtskasse zu geben.

4. Abschnitt: Wertgegenstände (§ 55 RKO.).

§ 72.

Wertpapiere.

(1) Wertpapiere sind Urkunden, die das ihnen verbriefte Recht derart verkörpern, daß sie selbst zum Träger des Rechtes

werden und daß der Besitz der Urkunden zur Ausübung des Rechtes notwendig ist. Zu den Wertpapieren gehören insbesondere: Aktien, Kuxe, Reichsbankanteilscheine, Schuldverschreibungen auf den Inhaber, Zinsscheine, Gewinnanteilscheine, Erneuerungsscheine, Wechsel, an Order gestellte kaufmännische Anweisungen und Verpflichtungsscheine, an Order gestellte Konnossemente der Seeschiffer, an Order gestellte Lagerscheine, Ladescheine, Bodmereibriefe und Transportversicherungspolicen sowie Schecke und Reichsbank- und Postscheküberweisungsaufträge, die nicht gemäß § 1 Ziffer 23 in Verbindung mit den Bestimmungen der Anlage 2 als Zahlungsmittel angenommen werden.

(2) Wie Wertpapiere sind Urkunden zu behandeln, bei denen das in ihnen verbriefte Recht auch ohne den Besitz der Urkunde ausgeübt werden kann. Zu diesen Urkunden gehören insbesondere: Hypotheken-, Grund- und Rentenschuldbriefe, Depotscheine (Depotquittungen), Schuldversprechen, Policen, Verpfändungserklärungen, Bürgschaftserklärungen, Schuldbuchforderungen, Verpflichtungserklärungen der Reichsbank sowie Sparkassenbücher.

(3) Schecke sowie Reichsbank- und Postscheküberweisungsaufträge, die gemäß § 1 Ziffer 23 in Verbindung mit den Bestimmungen der Anlage 2 als Zahlungsmittel angenommen werden, gelten nicht als Wertpapiere im Sinne dieses Abschnittes.

(4) Für die Behandlung von Wertpapieren und den ihnen gleichgestellten Urkunden gelten neben den Bestimmungen dieses Abschnittes die Bestimmungen der Anlage 13

§ 73

Sonstige Wertgegenstände

(1) Wertzeichen sind:
Steuer- und Stempelmarken, Postwertzeichen, Versicherungsmarken, statistische Marken und Steuerzeichen.

(2) Verkäufliche Vordrucke sind die zum Verkaufe bestimmten Vordrucke. Verkäufliche Druckschriften, Kennzeichen für außerdeutsche Kraftfahrzeuge usw. sind wie verkäufliche Vordrucke, Wettscheinblöcke wie Wertzeichen zu behandeln. Die als verkäufliche Vordrucke bezeichneten Vordrucke dürfen, außer zum dienstlichen Gebrauch in der Reichsabgabenverwaltung, grundsätzlich nur zu den vorgeschriebenen Preisen ausgeliefert werden. Der Verkauf ist, wenn nicht nach dem Ermessen des Kassenleiters besondere Umstände eine Ausnahme begründen oder der Preis für ein Stück oder einen Bogen im einzelnen festgesetzt ist, nur in einer durch 10 teilbaren Stück- oder Bogenzahl zulässig. Im Falle vereinzelten Bedarfes sind an Gewerbetreibende, Kaufleute usw. ein bis zwei Bogen oder

Stück unentgeltlich auszuliefern, soweit dies nicht für einzelne Arten von Vordrucken ausdrücklich untersagt ist. Gewerbetreibende, für die es nach dem Umfang ihres Vordruckbedarfes zweckmäßig ist, einen wenigstens für einen kurzen Zeitabschnitt ausreichenden Vorrat durch Ankauf zu beschaffen, haben keinen Anspruch auf unentgeltliche Auslieferung von verkäuflichen Vordrucken. Wenn es zweckmäßig erscheint, darf der Präsident des Landesfinanzamts bestimmen, daß die Verwaltung der verkäuflichen Vordrucke mehrerer Amtskassen an demselben Ort einer Amtskasse übertragen wird.

(3) Kostbarkeiten sind:
Gold- und Silbersachen, Edelsteine, Gegenstände aus edlem Metalle (z. B. Schmucksachen, Uhren) und andere bewegliche Sachen, die im Verhältnisse zu ihrem Umfang oder Gewicht einen außerordentlich und ungewöhnlich hohen Wert haben.

(4) Sonstige als Hinterlegung zu behandelnde Sachen sind alle übrigen beweglichen Sachen, die bei der Amtskasse als Fundsachen, als Sicherheiten, als gepfändete oder als beschlagnahmte Sachen usw. eingeliefert werden. Auf zur Hinterlegung gelangendes Bargeld finden die Bestimmungen dieses Abschnittes keine Anwendung.

§ 74

Einlieferung, Verwaltung und Auslieferung von Wertgegenständen

(1) Für die Einlieferung und Auslieferung von Wertgegenständen gelten die Bestimmungen der §§ 34, 35, 44 Abs. 1, 2, §§ 45 und 47 sinngemäß.

(2) Wertgegenstände mit Ausnahme der Wertzeichen und verkäuflichen Vordrucke sind vom Kassenleiter entgegenzunehmen, zu verwalten und auszuliefern. Wenn der Umfang der Kassengeschäfte es erfordert, darf durch den Geschäftsverteilungsplan an Stelle des Kassenleiters ein anderer Kassenbeamter mit dieser Aufgabe betraut werden. Wertzeichen und verkäufliche Vordrucke sind vom Kassier entgegenzunehmen, zu verwalten und auszuliefern, soweit nicht ein anderer Beamter damit beauftragt ist.

§ 75

Untersuchung von Wertgegenständen

(1) Bei der Amtskasse eingelieferte Wertgegenstände sind je nach ihrer Art auf ihren Wert, ihre Beschaffenheit, Echtheit, Vollzähligkeit, Vollständigkeit, Gewicht usw. zu untersuchen. Bei Wertpapieren und den diesen gleichgestellten Urkunden ist außerdem die Rechtsgültigkeit zu prüfen und gegebenenfalls weiter festzustellen, ob ihre Nummern mit den Nummern der Zinsscheine, Gewinnanteilscheine und Erneuerungsscheine

übereinstimmen sowie ob und welche Zinsscheine usw. bereits abgetrennt oder nicht eingeliefert worden sind. Der am nächsten Zinstermine nach der Einlieferung fällige Zinsschein (Gewinnanteilschein) darf abgetrennt sein. Bei Wechseln und sonstigen Urkunden, die versteuert werden müssen, ist die ordnungsgemäße Versteuerung zu prüfen.

(2) Die Untersuchung liegt dem mit der Entgegennahme von Wertgegenständen betrauten Beamten ob und soll bei unmittelbarer Übergabe in Gegenwart des Einliefernden vorgenommen werden; werden Wertgegenstände durch Übersendung eingeliefert, so soll zu ihrer Prüfung ein Zeuge zugezogen werden. Soweit die Untersuchung mit den örtlichen Mitteln der Dienststelle nicht vorgenommen werden kann, ist ein Sachverständiger hinzuzuziehen; die Heranziehung des Sachverständigen soll unterbleiben, wenn anzunehmen ist, daß die dadurch entstehenden Kosten zu dem mutmaßlichen Werte des zu untersuchenden Wertgegenstandes in keinem angemessenen Verhältnisse stehen.

(3) Das Ergebnis der Untersuchung ist bei der Buchung (§ 80) ersichtlich zu machen. Bei Kostbarkeiten und sonstigen zur Hinterlegung gelangenden Sachen ist gegebenenfalls eine besondere Niederschrift zu fertigen, die als Beleg zum Hinterlegungsbuche, Teilband „Wertgegenstände" (§ 114), zu nehmen ist.

§ 76

Quittung und Hinterlegungsbescheinigung über die Einlieferung von Wertgegenständen

(1) Die Amtskasse hat bei jeder Einlieferung von Wertgegenständen, die nicht als Sicherheit entgegengenommen werden, eine Quittung zu erteilen. Nimmt die Amtskasse Wertgegenstände als Sicherheit entgegen, so hat sie eine Hinterlegungsbescheinigung nach Muster 17 zu erteilen. Für die Erteilung der Quittung und der Hinterlegungsbescheinigung gelten die Bestimmungen des § 18 Abs. 5c und des § 37 Abs. 1, 2 sinngemäß mit der Maßgabe, daß beide nur in einfacher Ausfertigung herzustellen sind. In der Quittung oder Bescheinigung sind die Wertgegenstände auf Grund des Ergebnisses der Untersuchung möglichst genau zu bezeichnen.

(2) Bei der Auslieferung als Sicherheit hinterlegter Wertgegenstände hat die Amtskasse außerdem die bei der Einlieferung erteilte Hinterlegungsbescheinigung zurückzufordern. Wird deren Verlust nachgewiesen oder glaubhaft gemacht, so ist sie in der vom Empfänger über den Rückempfang auszustellenden Quittung für kraftlos zu erklären. Liefert die Amtskasse nur einen Teil der hinterlegten Wertgegenstände aus, so

hat sie die Auslieferung dieses Teiles in der Hinterlegungsbescheinigung zu vermerken.

(3) Vollziehungsbeamte usw. haben über die Entgegennahme gepfändeter und nicht im Gewahrsame des Schuldners belassener Wertgegenstände eine Quittung im Durchschreibeverfahren unter Benutzung der in den Quittungsblöcken enthaltenen Quittungsvordrucke zu erteilen.

§ 77

Kennzeichnung und Verpackung von Wertgegenständen

(1) Wertpapiere sind in einem Aktendeckel oder festen Briefumschlag zu legen. Zinsscheine, Gewinnanteilscheine und Erneuerungsscheine sind von den Haupturkunden getrennt in einen besonderen Aktendeckel oder Briefumschlag zu legen. Auf dem Aktendeckel oder Briefumschlage sind der Name des Einliefernden, der Inhalt und die Bezeichnung und die Nummer des Buches, in dem die Wertpapiere eingetragen sind, zu vermerken; falls es geboten ist, ist auch der Name des Eigentümers der Wertpapiere anzugeben.

(2) Kostbarkeiten sind in der Weise zu kennzeichnen, daß sie mit einer Schnur durchzogen werden, deren beide Enden auf einem etwa 25 qcm großen Pappstück anzusiegeln oder durch Bleiverschluß mit dem Pappstücke zu verbinden sind. Läßt die Beschaffenheit des Wertgegenstandes ein Durchziehen der Schnur nicht zu, so darf die Befestigung der Schnur in anderer geeigneter Weise vorgenommen werden; die Schnur muß aber derart befestigt sein, daß ein Loslösen ohne Verletzung der Schnur oder des Siegels (des Bleiverschlusses) nicht möglich ist. Kostbarkeiten, die sich in der vorbezeichneten Weise nicht kennzeichnen lassen, sind in einen festen Umschlag oder Beutel zu verpacken und einzusiegeln. Wird ein Beutel benutzt, so gelten für den Verschluß die Bestimmungen des § 3 Abs. 1 der Anlage 9. Auf das Pappstück, den Umschlag oder die Beutelfahne sind sinngemäß die in Abs. 1 letzter Satz vorgesehenen Angaben zu setzen.

(3) Sonstige als Hinterlegung zu behandelnde Sachen sind mit einem Zettel zu bekleben oder mit einer Fahne aus fester Pappe zu versehen oder in sonst geeigneter Weise zu kennzeichnen. Der Zettel, die Fahne oder das sonstige Kennzeichen muß sinngemäß die in Abs. 1 letzter Satz vorgesehenen Angaben tragen.

§ 78

Aufbewahrung und Beförderung von Wertgegenständen

(1) Die Amtskasse hat grundsätzlich Wertpapiere (§ 72 Abs. 1) und Kostbarkeiten, die als Sicherheit entgegengenom-

men oder beschlagnahmt sind, unverzüglich der für sie zuständigen Reichsbankanstalt oder nach Weisung des Präsidenten des Landesfinanzamts einer sonstigen zuverlässigen Geldanstalt zur Verwaltung auszuliefern. Erscheint die Auslieferung aus Gründen irgendwelcher Art unzweckmäßig (beispielsweise weil bekannt ist, daß die Wertgegenstände innerhalb kurzer Frist dem Berechtigten auszuliefern sind oder weil sie sich infolge ihrer Beschaffenheit nicht zur Auslieferung an die Reichsbank oder Geldanstalt eignen), so sind sie mit Ausnahme von Inhaberpapieren und Orderpapieren, die mit Blankoindossament versehen sind, bei der Amtskasse aufzubewahren. Die letztgenannten Papiere sind für den Fall, daß sie nicht der zuständigen Reichsbankanstalt oder einer sonstigen Geldanstalt zur Verwaltung ausgeliefert werden, mit einem Verzeichnis in doppelter Ausfertigung sofort der Oberfinanzkasse zur Verwaltung auszuliefern, es sei denn, daß der Präsident des Landesfinanzamts ausdrücklich auch die Verwahrung dieser Wertpapiere bei der Amtskasse angeordnet hat. Die Oberfinanzkasse bescheinigt auf einer der beiden Ausfertigungen die Einlieferung der Wertpapiere und sendet diese Ausfertigung der Amtskasse zurück.

(2) Die Amtskasse hat die bei ihr eingelieferten Wertgegenstände, soweit möglich, im Kassenbehälter aufzubewahren. Zinsscheine, Gewinnanteilscheine und Erneuerungsscheine sind von den Haupturkunden getrennt in einem besonderen Kassenbehälter, oder, wenn ein solcher nicht vorhanden ist, in anderer sicherer Weise zu verwahren. Reicht der Kassenbehälter nicht aus und stehen der Amtskasse andere geeignete Verschlußmöglichkeiten nicht zur Verfügung, so darf der Kassenleiter mit Zustimmung des Vorstehers des Finanzamts oder Hauptzollamts bei der zuständigen Reichsbankanstalt oder einer sonstigen zuverlässigen Geldanstalt ein Schließfach mieten. Für die sichere Verwahrung von Wertgegenständen, die im Kassenbehälter oder im Schließfache nicht aufbewahrt werden können und für deren Aufbewahrung der Präsident des Landesfinanzamts keine besonderen Weisungen getroffen hat, hat der Kassenleiter Sorge zu tragen.

(3) Für die Aufbewahrung von Wertgegenständen sind in den in der Stundungsordnung vorgesehenen Fällen und nach den dort getroffenen Bestimmungen Gebühren zu erheben.

(4) Für die Beförderung von Wertgegenständen gelten die Bestimmungen des § 32 Abs. 2, 3 sinngemäß.

§ 79

Quittung bei der Auslieferung von Wertgegenständen

Die Amtskasse darf Wertgegenstände mit Ausnahme der verkäuflichen Vordrucke und verkaufter Wertzeichen nur gegen

Quittung ausliefern. Die Bestimmungen des § 48 Abs. 1 bis 3, Abs. 4 Satz 1, Abs. 5, des § 49, des § 50 Abs. 1 bis 3 und des § 51 finden sinngemäß Anwendung.

§ 80

Ein- und Auslieferungstag, Buchung

(1) Die Einlieferung und Auslieferung von Wertgegenständen ist an dem Tage zu buchen, an dem die Wertgegenstände bei der Amtskasse eingeliefert oder von ihr ausgeliefert werden.

Die Buchung ist vorzunehmen:

a) bei Wertpapieren, Kostbarkeiten und sonstigen als Hinterlegung zu behandelnden Sachen im Hinterlegungsbuche, Teilband „Wertgegenstände" (§ 114);

b) bei Wertzeichen mit Ausnahme der Tabaksteuerzeichen und Schaumweinsteuerzeichen, der Postwertzeichen und der Versicherungsmarken in dem Wertzeichenein- und -auslieferungsbuche (§ 107). Für die Behandlung der Postwertzeichen und Versicherungsmarken gelten die Bestimmungen der §§ 81, 82, für die Behandlung der Tabaksteuerzeichen und der Schaumweinsteuerzeichen die besonders erlassenen Bestimmungen;

c) bei verkäuflichen Vordrucken im Vordruckein- und -auslieferungsbuche (§ 108).

(2) Die Amtskasse hat über die bei ihr eingelieferten und von ihr ausgelieferten Wertpapiere, Kostbarkeiten und sonstigen als Hinterlegung zu behandelnden Sachen weitere Buchungen als im Hinterlegungsbuche, Teilband „Wertgegenstände", nicht vorzunehmen.

(3) Die für die Entgegennahme und Hinterlegung von Wertgegenständen zu entrichtenden Gebühren sind in die dafür vorgesehenen Spalten des Hinterlegungsbuchs, Teilband „Wertgegenstände", einzutragen.

§ 81

Postwertzeichen

(1) Die Amtskasse hat Postwertzeichen, die bei dem Amte benötigt werden, bis zur Höhe des monatlichen Bedarfes zu beschaffen und dem mit der Verwaltung der Postwertzeichen betrauten Beamten gegen Empfangsbescheinigung auszuliefern.

(2) Der aufgewendete Betrag ist als Auftragsauszahlung zu behandeln. Führt die Amtskasse den rechnungsmäßigen

Nachweis über Post-, Telegraphen- und Fernsprechgebühren, so ist der aufgewendete Betrag als Ausgabe zu buchen. Die nach Abs. 1 zu erteilende Empfangsbescheinigung dient als Beleg.

(3) Spätestens am Schlusse des Rechnungsjahrs hat der mit der Verwaltung der Postwertzeichen betraute Beamte auf Grund der täglich von ihm in einfachster Form zu führenden Anschreibungen zu bescheinigen, daß die ihm übergebenen Postwertzeichen zu dienstlichen Zwecken verwendet oder als Bestand in das neue Rechnungsjahr übernommen worden sind. Die Bescheinigung ist mit der letzten Anrechnung der Auszahlungsbelege im Rechnungsjahre der Oberfinanzkasse zu übersenden oder, falls der Amtskasse der rechnungsmäßige Nachweis über Post-, Telegraphen- und Fernsprechgebühren übertragen ist, als Beleg zum Ausgabebuche zu nehmen.

(4) Gemäß § 1 Ziff. 24 zum Kassenbestande gerechnete Postwertzeichen sind von der Amtskasse möglichst bald gegen Bargeld einzutauschen. Ist dies nicht möglich, so sind sie dem mit der Verwaltung der Postwertzeichen betrauten Beamten zu übergeben; der Gegenwert ist gemäß Abs. 2 zu verbuchen.

§ 82

Versicherungsmarken

(1) Die Amtskasse hat die Versicherungsmarken, die bei dem Amte benötigt werden, zu beschaffen. Der Kassier hat die angeschafften Marken sofort zu verwenden und ihre Verwendung auf der Auszahlungsnachweisung usw. zu bescheinigen. Die auf das Reich und auf den Arbeitnehmer entfallenden Anteile an den Versicherungsbeiträgen sind zusammen mit den Lohnbeträgen als Auftragsauszahlung zu behandeln. Führt die Amtskasse über diese Ausgaben den rechnungsmäßigen Nachweis, so ist der für die Marken aufgewendete Betrag zusammen mit den Lohnbeträgen als Ausgabe zu buchen. Die Auszahlungsnachweisung usw. ist bei der Anrechnung der Auszahlungsbelege oder der Übersendung des Ausgabebuchs an die Oberfinanzkasse mitzusenden.

(2) Sind Marken beschafft, die ausnahmsweise nicht sofort verwendet werden können, so ist der aufgewendete Betrag als Auszahlung im Vorschußbuche (§ 115) nachzuweisen; die Marken sind im Hinterlegungsbuche, Teilband „Wertgegenstände" (§ 114), zu buchen. Die entsprechenden Einzahlungs- und Auslieferungsbuchungen sind bei der Verwendung der Marken vorzunehmen.

II. Buch: Buchführung

1. Teil: Die Bücher

§ 83

Zweck der Buchführung (§ 56 RKO.)

Zweck der Buchführung ist, die kassenmäßigen Vorgänge festzuhalten und die Unterlagen für die Abrechnung mit der Oberfinanzkasse und bei Wahrnehmung von Kassengeschäften für ein Land, eine Gemeinde oder eine sonstige Körperschaft für die Abrechnung mit den zuständigen Kassen sowie für die Rechnungslegung zu gewinnen.

§ 84 (Arten der Bücher) = RKO. § 57

§ 85

Bezeichnung der Bücher (§ 58 RKO.)

(1) Bei der Amtskasse werden, soweit nicht im § 86 und in den Bestimmungen über die einzelnen Bücher Ausnahmen vorgesehen sind, folgende Bücher geführt:

als Zeitbücher

1. das Hauptbuch (§ 103);
2. die Vorbücher zum Hauptbuche
   a) die Einnahmebücher (§§ 104, 105);
   b) die Ausgabebücher (§ 106);
   c) das Wertzeichenein- und -auslieferungsbuch (§ 107);
   d) das Vordruckein- und -auslieferungsbuch (§ 108);
   e) das Einzahlungs- und Auszahlungsbuch für Hinterlegungen und Vorschüsse (§ 109);
   f) das Sammelvorbuch zum Hauptbuche (§ 110);
   g) als Vorbücher zum Hauptbuche gelten auch die Buchhalterei- und Titelverzeichnisse (§ 68 Abs. 2);

als Sachbücher

1. das Titelbuch (Sollbücher, Sollkarteien) [§§ 112, 113];
2. das Hinterlegungsbuch (§ 114, Anl. 13 § 2);
3. das Vorschußbuch (§ 115);
4. das Abrechnungsbuch (§ 116);

als Hilfsbücher

1. die Tageskladde (§ 117);
2. das Postscheckkontogegenbuch (§ 118);
3. die Girokontogegenbücher (§ 119);
4. das Schecküberwachungsbuch (§ 120);
5. das Stundungsüberwachungsbuch (§ 121);
6. das Aufschubbuch (§ 122);
7. das Auftragsbuch (§ 123);
8. das Wertveränderungsbuch (Anl. 4 § 4).

(2) Außerdem führt die Amtskasse das Geld- und Werteingangsbuch für den Postverkehr (§ 124) und das Stundungsgegenbuch für Postgebühren (§ 125). Weitere Bücher dürfen nur mit Genehmigung des Reichsministers der Finanzen geführt werden.

§ 86

Vereinigung von Büchern (§ 72 RKO.)

(1) Amtskassen, die nur mit einem Beamten besetzt sind, führen lediglich das Hauptbuch, ein vereinigtes Einnahmebuch für sämtliche Einnahmearten, das Hinterlegungsbuch mit besonderem Abschnitte für Vorschüsse und die Hilfsbücher, soweit sie benötigt werden. Ist einer solchen Amtskasse ausnahmsweise der rechnungsmäßige Nachweis über andere laufende Haushalts- oder sonstige Einnahmen als Steuern oder über laufende Haushalts- oder sonstige Ausgaben übertragen worden, so hat sie über diese das Titelbuch zu führen; § 112 Abs. 4 Satz 1, 2 findet Anwendung. Der Präsident des Landesfinanzamts darf zulassen, daß nur einzelne Einnahmearten in dem vereinigten Einnahmebuche gebucht werden oder nur ein Einnahmebuch für eine einzelne Einnahmeart oder überhaupt kein Einnahmebuch geführt wird; Einnahmen, für die kein Einnahmebuch geführt wird, sind dann unmittelbar im Hauptbuche zu buchen. Der Präsident des Landesfinanzamts darf ferner zulassen, daß das Hinterlegungsbuch nicht geführt wird, sondern Hinterlegungen und Vorschüsse nur in das Hauptbuch eingetragen werden.

(2) Der Präsident des Landesfinanzamts darf bestimmen, daß auch bei Amtskassen, die mit mehr als einem Beamten besetzt sind, die Bücher nach den Bestimmungen des Abs. 1 geführt werden.

2. Teil: Führung der Bücher

§ 87.

Äußere Form der Bücher, Kartei, Loseblattbuch (§ 73 Abs. 1—4 RKO.)

(1) Die Bücher der Amtskasse sind jeweils für ein Rechnungsjahr oder Teile eines Rechnungsjahrs zu führen, soweit in dieser Amtskassenordnung oder durch besondere Weisung des Reichsministers der Finanzen nicht etwas anderes bestimmt ist. Die Bücher sind nur in der Stärke anzulegen, die erfahrungsgemäß notwendig ist. Der Kassenleiter darf bestimmen, daß die Bücher auch in Teilbänden geführt werden, wenn es nach den örtlichen Verhältnissen zweckmäßig ist oder wenn dadurch bei verschiedener Größe der zu verwendenden

Vordrucke eine Papierersparnis erzielt wird. Teilbände sind durch die Buchstaben A, B, C usw. zu kennzeichnen, die vor die Buchungsnummer zu setzen sind (z. B. A 15). Auf der Titelseite des Teilbandes A hat der Kassenleiter zu bescheinigen, welche Teilbände geführt werden.

(2) Die Bücher sind nach näherer Weisung des Präsidenten des Landesfinanzamts in gebundener oder gehefteter Form zu führen, soweit nicht ihre Führung in Form einer Kartei oder als Loseblattbücher vom Reichsminister der Finanzen zugelassen ist. Bei gebundenen Büchern sind die Seitenränder zu beschneiden. Werden die Bücher in gehefteter Form geführt, so sind sie vor dem Gebrauche mit einer Schnur zu durchziehen, deren Enden entweder auf der Titelseite anzusiegeln, mit Trockenstempel zu befestigen oder mittels Bleiverschlusses zu sichern sind. Der Präsident des Landesfinanzamts bestimmt, welche Beamten die Schnur anzusiegeln, mit Trockenstempel zu befestigen oder zu verbleien haben und welche Siegel, Stempel oder Unterscheidungszeichen der Verbleiungszange zu verwenden sind; die benutzten Siegel, Stempel oder Unterscheidungszeichen der Verbleiungszange dürfen den Kassenbeamten nicht zugänglich sein. Der Kassenaufsichtsbeamte oder ein anderer, an der Kassenführung nicht beteiligter Beamter hat auf der Titelseite jedes Buches die Anzahl der in dem Buch enthaltenen Blätter zu bescheinigen. Das Blatt mit der Titelseite zählt als Blatt 1.

(3) Die gebundenen und gehefteten Bücher sind vor dem Gebrauch oben am äußeren Rande mit Seitenzahlen zu versehen; die Titelseite zählt als Seite 1. Wenn Eintragungen über zwei sich gegenüberstehende Seiten eines Buches gemacht werden oder Einzahlungen und Auszahlungen sich auf der linken und rechten Seite gegenüberstehen, so gelten die beiden Blattseiten als eine Seite; die Seitenzahl ist in diesen Fällen oben am rechten Rande der rechten Seite anzugeben, die Titelseite zählt wieder als Seite 1. Bücher und Bücherteile, die später in andere Bücher aufgenommen werden sollen, sind zunächst unten mit Seitenzahlen zu versehen.

(4) Die Bücher dürfen auf Weisung des Präsidenten des Landesfinanzamts so eingerichtet werden, daß die Spaltensummen einer Seite ohne Übertragung auf die nächste Seite den auf dieser eingetragenen Beträgen zugerechnet werden können.

(5) Führt die Amtskasse Bücher in Karteiform, so hat der Kassenleiter auf Grund der von den Kassenbeamten über den Empfang der Karten ausgestellten Empfangsbescheinigungen Aufzeichnungen über die Zahl der den einzelnen Kassenbeamten übergebenen Karten zu führen. Der Kassenaufsichtsbeamte hat sich laufend davon zu überzeugen, daß die den

einzelnen Beamten übergebenen Karten vollzählig vorhanden sind und die Vollzähligkeit in den vom Kassenleiter geführten Aufzeichnungen zu bescheinigen. Im Laufe des Rechnungsjahrs muß der Kassenaufsichtsbeamte bei sämtlichen Beamten, denen Karten übergeben sind, die Übereinstimmung des Kartenbestandes mit dem Kartensollbestande bescheinigt haben.

(6) Führt die Amtskasse Bücher als Loseblattbücher, so sind die Blätter, auf denen Buchungen vorgenommen sind, in einen verschließbaren Buchrücken einzuheften, soweit nicht der Reichsminister der Finanzen eine andere Art der Sicherung zuläßt. Der Schlüssel ist vom Kassenleiter oder, wenn dieser selbst das Buch führt, vom Kassenaufsichtsbeamten zu verwahren.

§ 88

Form der Eintragungen (§ 74 RKO.)

(1) Die Eintragungen in die Bücher und Nachweisungen sind sauber, ordentlich und deutlich lesbar mit schwarzer Tinte vorzunehmen; Tagessummen, für die keine besondere Spalte vorgesehen ist, sind mit grüner Tinte einzutragen. Absetzungen sind mit roter Tinte einzutragen; sind Absetzungen in größerem Umfange vorzunehmen, so darf zum Zwecke der Eintragung der Absetzungen in einem Gesamtbetrag ein besonderer Abschnitt eingerichtet werden, in dem die einzelnen Absetzungen mit schwarzer Tinte zu buchen sind. Zu Eintragungen in die Tageskladden darf Tintenstift verwendet werden; bei der Verwendung von Tintenstift gelten die Bestimmungen des § 37 Abs. 1 letzter Satz.

(2) Abkürzungen sind zu gebrauchen, wenn sie allgemein verständlich oder in Gesetzen oder von der zuständigen Verwaltungsbehörde zugelassen sind; andere Abkürzungen dürfen nicht gebraucht werden.

(3) Bei der Eintragung von Zahlungen nach der Zeitfolge dürfen Linien nicht frei gelassen werden; Eintragungen zwischen den Linien sind unzulässig. Ist für die Eintragung von Tagessummen keine besondere Spalte vorgesehen, so ist für sie eine besondere Linie zu verwenden.

(4) und (5) = RKO. § 74 Abs. 4 und 5.

§ 89

Buchungsbestimmungen (§ 75 Abs. 1, 2 RKO.)

(1) = RKO. § 75 Abs. 1.

(2) Die für den rechnungsmäßigen Nachweis in Frage kommenden Bücher und Nachweisungen der Amtskasse sind so zu führen, daß sie in Urschrift für die Rechnungslegung verwendet werden können, und müssen daher den für die Rechnungslegung getroffenen Bestimmungen entsprechen.

§ 90
Aufbewahrung der Bücher und Belege
(§ 77 RKO.)

Soweit nicht bereits im § 30 Bestimmungen über die Aufbewahrung von Büchern und Belegen getroffen worden sind, hat der Kassenleiter für ihre sichere Aufbewahrung Sorge zu tragen. Belege sind so zu ordnen, daß sie jederzeit leicht aufgefunden werden können.

3. Teil: Gang des Buchungsverfahrens

§ 91
Sollstellung der Annahmeanordnungen (§ 76 Abs. 1, 4 RKO.)

(1) Die bei der Amtskasse eingehenden Annahmeanordnungen sind vom Kassenleiter dem Buchhalter zuzuleiten. Ist für eine Einzahlungsart ein Buchhalter nicht bestellt, so sind die Annahmeanordnungen sofort dem Kassier zu übergeben. Annahmeanordnungen über Steuern brauchen nicht durch die Hand des Kassenleiters zu gehen, sondern dürfen sofort dem Buchhalter oder im Falle des Satz 2 dem Kassier ausgehändigt werden.

(2) Der Buchhalter hat von den ihm zugeleiteten Annahmeanordnungen zum Soll zu stellen:

a) Annahmeanordnungen über Steuern, für die ein Sollbuch (Sollkartei) geführt wird, in diesem;

b) Annahmeanordnungen über Strafen und Kosten, über die der Amtskasse der rechnungsmäßige Nachweis übertragen ist, im Titelbuche, Teilband „Strafen und Kosten";

c) andere Annahmeanordnungen über laufende Haushalts- und sonstige laufende Einnahmen und über Einzelhaushalts- und sonstige Einzeleinnahmen, die wie laufende behandelt werden sollen, weil ihre Erhebung in Teilbeträgen zugelassen ist (§ 112 Abs. 4 Satz 1, 2), im Titelbuche, soweit der Amtskasse der rechnungsmäßige Nachweis übertragen ist.

(3) Alle übrigen bei der Amtskasse eingehenden Annahmeanordnungen sind nicht zum Soll zu stellen; jedoch sind Annahmeanordnungen über Nacherhebungen von Steuern, für die kein Sollbuch (Sollkartei) geführt wird, und Annahmeanordnungen über Post- und Schreibgebühren, die nicht sofort entrichtet werden, in das Stundungsüberwachungsbuch, Annahmeanordnungen über Hinterlegungsgebühren in das Hinterlegungsbuch, Teilband „Wertgegenstände", einzutragen.

§ 92

Quittungserteilung und Buchung bei Einzahlungen durch Übergabe von Zahlungsmitteln im Kassenraume

(1) Bei Einzahlungen durch Übergabe von Zahlungsmitteln im Kassenraume hat der Buchhalter die Quittung an Hand der Sachbücher oder sonstiger Unterlagen vorzubereiten. Hierbei sind die zu entrichtenden Beträge getrennt nach Hauptbetrag, Zinsen und Kosten und gegebenenfalls auch getrennt nach den Zeitabschnitten, für die die Einzahlung entrichtet wird, aufzuführen. Enthält die Quittung mehrere Beträge, so ist die Gesamtsumme zu bilden. Vor der Vorbereitung der Quittung hat sich der Buchhalter bei dem Einzahlenden zu erkundigen, ob er in der Lage und bereit ist, den ermittelten Betrag zu entrichten.

(2) Quittungen, die im Durchschreibeverfahren ausgestellt werden, hat der Buchhalter auch im Durchschreibeverfahren zu unterschreiben. Beide Ausfertigungen der Quittungen sind sodann im Geschäftsgang ohne Inanspruchnahme des Einzahlenden an den Kassier weiterzuleiten. Wenn es im Zollverkehre die örtlichen Verhältnisse erfordern, darf der Präsident des Landesfinanzamts ausnahmsweise zulassen, daß die Ausfertigungen dem Einzahlenden zur Weiterleitung an den Kassier übergeben werden. Dieser hat die Quittungen auf die richtige Aufrechnung der Einzelbeträge, die richtige Wiederholung der Gesamtsumme in Buchstaben und auf das Vorhandensein der Unterschrift des Buchhalters zu prüfen. Er hat vor Entgegennahme der Einzahlung den Betrag als Einzahlung zu buchen und die Nummer der Buchung unter Angabe des Tages der Einzahlung auf beiden Ausfertigungen der Quittungen zu vermerken. Die erste Ausfertigung hat der Kassier alsdann mit seiner Unterschrift und dem Abdrucke des Dienststempels zu versehen und nach Entgegennahme des Betrags dem Einzahlenden zu übergeben. Die zweite Ausfertigung hat er nach Beifügung seines Namenszeichens, gegebenenfalls unter Anschluß erledigter Belege, im Geschäftsgang an den Buchhalter zurückzuleiten.

(3) Ist ein Vorbuchführer bestellt, so hat der Buchhalter diesem die Ausfertigungen der Quittungen zuzuleiten. Der Vorbuchführer hat dann die Ausfertigungen zu prüfen, die Beträge zu buchen, die Buchungsnummern in die Ausfertigungen einzutragen, diese mit seinem Namenszeichen zu versehen und sie sodann an den Kassier weiterzuleiten, der nach den letzten beiden Sätzen des Abs. 2 zu verfahren hat.

(4) Der Buchhalter hat die an ihn zurückgelangten zweiten Ausfertigungen der Quittungen auf das Vorhandensein der erforderlichen Eintragungen zu prüfen und in den Sach-

büchern oder auf den sonstigen Unterlagen die Einzahlungen einzutragen; die Eintragung ist auf der zweiten Ausfertigung zu vermerken. Soweit die Eintragung von dem Buchhalter nicht selbst vorgenommen werden kann, sind die zweiten Ausfertigungen an die für die Eintragung zuständige Stelle weiterzuleiten.

(5) Wird die Quittung gemäß § 37 Abs. 4 in einfacher Ausfertigung ausgestellt, so hat der Buchhalter den zu entrichtenden Betrag zu ermitteln und die Quittung vorzubereiten, und zwar im Falle des § 37 Abs. 4 b auf dem Schriftstücke, das als Quittung dienen soll. Auf die weitere Behandlung der Quittungen und den Gang des Buchungsverfahrens finden die Bestimmungen der Abs. 2—4 mit der Maßgabe Anwendung, daß an die Stelle der zweiten Ausfertigungen der Quittungen die die Einzahlung begründenden Unterlagen treten und diese statt mit der Namensunterschrift nur mit dem Namenszeichen des Buchhalters zu versehen sind. Läßt der Präsident des Landesfinanzamts in besonderen Ausnahmefällen mit Genehmigung des Reichsministers der Finanzen die Ausstellung der Quittung in einfacher Ausfertigung zu, ohne daß weitere die Einzahlung begründende Unterlagen vorhanden sind, so richtet sich die Quittungserteilung und der Gang des Buchungsverfahrens nach den gleichzeitig zu erlassenden Bestimmungen.

(6) Die an den Buchhalter zurückgelangten zweiten Ausfertigungen der Quittungen sind von ihm nach der laufenden Block- und Blattnummer zu ordnen. Hat der Einzahlende den beim Buchhalter zur Einzahlung angemeldeten Betrag nicht entrichtet oder sind Quittungsvordrucke aus einem anderen Grund unbrauchbar geworden, so sind sie nicht zu vernichten, sondern es sind beide Ausfertigungen mit Blaustift zu durchstreichen und in die übrigen Ausfertigungen einzuordnen (vgl. Satz 1). Sind sämtliche Ausfertigungen eines Blockes an den Buchhalter zurückgelangt, so hat er sie blockweise zu bündeln und dem Kassenleiter vorzulegen. Dieser hat die Vollzähligkeit der zweiten Ausfertigungen zu prüfen, auf die letzte Ausfertigung jedes Blockes den Vermerk „Vollzählig" mit seiner Unterschrift zu setzen und sie aufzubewahren oder sie dem Beamten, der mit der Verwaltung der ungebrauchten Quittungsblöcke betraut ist, zur Aufbewahrung zu übergeben; im Falle des § 38 Abs. 2 letzter Satz ist sinngemäß zu verfahren.

(7) Enthalten im Zollverkehre die Quittungen den Abfertigungsbefund, so dürfen die zweiten Ausfertigungen der Quittungen mit den Abfertigungspapieren verbunden und mit diesen aufbewahrt werden. In diesem Falle hat der Kassenleiter täglich die zweiten Ausfertigungen der Quittungen an Hand der Abfertigungspapiere auf ihre Vollzähligkeit

nachzuprüfen und über die Nachprüfung laufend eine Anschreibung zu führen. Sobald ein Quittungsblock vollständig verbraucht ist, hat der Kassenleiter dies unter Hinzusetzen seines Namenszeichens in der Anschreibung zu vermerken.

(8) Bei Zollkassen dürfen Quittungen statt vom Buchhalter auch von einem anderen Beamten vorbereitet werden: ist dies der Fall, so tritt dieser Beamte auch für die Unterzeichnung der Quittungen an die Stelle des Buchhalters. Die übrigen in Abs. 4—6 dem Buchhalter zugewiesenen Aufgaben hat alsdann der Kassier zu erledigen.

§ 93

Buchung bei unbarer Einzahlung und bei Einzahlung durch Übersendung von Zahlungsmitteln

(1) Bei unbaren oder durch Übersendung von Zahlungsmitteln entrichteten Einzahlungen sind die Zahlkartenabschnitte, Postscheckabschnitte usw. dem Kassier zuzuleiten, der die Beträge als Einzahlung zu buchen, die Abschnitte usw. mit der Buchungsnummer zu versehen und sie zur Eintragung der Einzahlungen in die Sachbücher usw. an den Buchhalter oder die für die Eintragung zuständige Stelle weiterzuleiten hat. Kann der Kassier aus dem Zahlkartenabschnitt usw. nicht ersehen, wie der eingegangene Betrag zu verbuchen ist, so hat er den Abschnitt usw. zunächst dem Buchhalter oder der für die Eintragung zuständigen Stelle zur Hinzusetzung der erforderlichen Erläuterungen zuzuleiten.

(2) Werden bei Amtskassen Tagesnachweisungen (§ 111 Abs. 1a) aufgestellt, so ist für jede Buchhalterei, für die Einzahlungen entrichtet sind, eine besondere Tagesnachweisung aufzustellen. Ist an einzelnen Tagen die Zahl der unbaren Einzahlungen gering, so darf der Kassenleiter die Aufstellung einer Sammeltagesnachweisung für alle oder mehrere Buchhaltereien zulassen; eine besondere Sammeltagesnachweisung muß für solche unbaren Einzahlungen aufgestellt werden, für deren Verbuchung mehrere Buchhaltereien in Frage kommen. Bei starkem unbaren Einzahlungsverkehre dürfen für einzelne Einnahmearten besondere Tagesnachweisungen aufgestellt werden. Die Zahlkarten-, Postscheckabschnitte und sonstigen Belege sind den Tagesnachweisungen beizufügen. Beträge, die im Postscheck- oder Girowege von Vollziehungsbeamten usw. eingezahlt werden und die in die nach § 94 Abs. 2 aufzustellenden Nachweisungen aufzunehmen sind, sind in die vorstehenden Tagesnachweisungen nicht einzutragen, es sei denn, daß sie als Hinterlegungen zu behandeln sind, weil die nach § 94 Abs. 3 der Amtskasse zuzuleitenden Nachweisungen usw. noch nicht eingegangen sind.

(3) Die Spalten 1—4 und 6 der Tagesnachweisungen sind

vom Kassier oder von einem ihm vom Kassenleiter beigegebenen Kassenbeamten auf Grund der Zahlkartenabschnitte, Postscheckabschnitte usw. auszufüllen; alsdann sind die Tagesnachweisungen dem Buchhalter zuzuleiten, der auf Grund der Sollstellung im Titelbuche (Sollbuch, Sollkartei) oder auf Grund sonstiger Unterlagen die übrigen Spalten — soweit erforderlich — auszufüllen und gleichzeitig die Einzahlungen in die Sachbücher, das Aufschubbuch oder die sonstigen Unterlagen einzutragen hat. Dabei ist in den Sachbüchern usw. anzugeben, in welcher Tagesnachweisung und unter welcher laufenden Nummer innerhalb der Tagesnachweisung der Betrag eingetragen ist (z. B. TN 15/28 Nr. 20 = Tagesnachweisung 15 vom 3. April 1928 lfde. Nr. 20). Auf den Titelseiten der Tagesnachweisungen ist die Eintragung von dem Buchhalter durch Namensunterschrift und Datum zu bestätigen. Der Buchhalter hat hierauf die Eintragungen in den Spalten für die einzelnen Einzahlungsarten aufzurechnen und zu prüfen, ob ihre Quersumme mit der Schlußsumme der Spalte 6 übereinstimmt. Die Tagesnachweisungen gehen sodann mit den Belegen an den Kassier oder Vorbuchführer, der entsprechend den Angaben des Buchhalters die Beträge als Einzahlung zu buchen und die Buchungsnummern auf den Titelseiten der Tagesnachweisungen zu vermerken hat. Soweit für sämtliche in einer Tagesnachweisung enthaltenen Einzahlungen nur ein Einnahmebuch geführt wird, ist die Summe jeder Spalte aus der Tagesnachweisung in das Einnahmebuch zu übernehmen; die Tagesnachweisung wird Beleg zum Einnahmebuche. Sind die in einer Tagesnachweisung enthaltenen Einzahlungen in verschiedene Einnahmebücher zu übertragen, so sind die Eintragungen aus derjenigen Spalte, die die meisten Einzahlungen aufweist, in einer Summe in das zugehörige Einnahmebuch zu übernehmen und die Tagesnachweisung als Beleg zu diesem Einnahmebuche zu nehmen. Die Eintragungen der Einzahlungen in den übrigen Spalten sind einzeln in die zugehörigen Einnahmebücher zu übertragen.

(4) Soweit die den Tagesnachweisungen beizufügenden Einzahlungsbelegte Mitteilungen für einen anderen Teil dem Amtes enthalten, sind sie oder Auszüge aus ihnen der zuständigen Stelle zuzuleiten. In die Tagesnachweisungen ist ein entsprechender Vermerk aufzunehmen.

§ 94

Quittungserteilung und Buchung bei Einzahlungen durch Übergabe von Zahlungsmitteln außerhalb des Kassenraums

(1) Werden Einzahlungen außerhalb des Kassenraums an mit der Entgegennahme von Einzahlungen betraute Beamte

(Vollziehungsbeamte, Abholungsbeamte, Abfertigungsbeamte) durch Übergabe von Zahlungsmitteln entrichtet, so haben diese Beamten die Quittungen im Durchschreibeverfahren entsprechend den Bestimmungen des § 92 Abs. 1 auszustellen. Sollen mehrere Schuldbeträge verschiedener Art beigetrieben oder abgeholt werden, und reicht der eingezahlte Betrag zur Tilgung sämtlicher Schulden nicht aus, so ist er nach § 61 der BeitrO. zu verteilen.

(2) Die von Vollziehungs- und Abholungsbeamten im Laufe des Tages erhobenen Beträge sind in Nachweisungen, für die Muster 36 verwendet werden kann, fortlaufend einzutragen. Für Steuerarten, für die ein besonderes oder vereinigtes Einnahmebuch geführt wird, oder für jede einzelne Buchhalterei darf eine besondere Nachweisung aufgestellt werden; sind an einem Tage von demselben Beamten mehrere Nachweisungen aufgestellt worden, so hat er auf einer von ihnen die Summen der einzelnen Nachweisungen zusammenzustellen und die Gesamtsumme zu bilden. In den Nachweisungen sind die Block- und Blattnummern der Quittungen und bei Beitreibungen die Nummern des Rückständeverzeichnisses anzugeben. Auf den zweiten Ausfertigungen der Quittungen ist die Nummer der Nachweisung und die laufende Nummer, unter der der Betrag in der Nachweisung gebucht ist, zu vermerken; bei Beitreibungen ist außerdem noch die Nummer des Rückständeverzeichnisses ersichtlich zu machen. Von der Aufstellung von Nachweisungen darf abgesehen werden, wenn die Zahl der Vollstreckungs- oder Abholungsaufträge, auf die Einzahlungen geleistet worden sind, gering ist.

(3) Die erhobenen Beträge, die Nachweisungen, die aus dem Blocke gelösten zweiten Ausfertigungen der Quittungen und die sonstigen Unterlagen (Vollstreckungsaufträge, Abholungsaufträge usw.) sind, falls nicht der Präsident des Landesfinanzamts einen früheren Zeitpunkt bestimmt hat, spätestens an dem Werktage, der dem Tage der Einzahlung an den Vollziehungsbeamten usw. folgt, an den Kassier abzuführen. Dieser hat die Übereinstimmung zwischen den in den Nachweisungen und den in den zweiten Ausfertigungen der Quittungen und sonstigen Unterlagen aufgeführten Beträgen zu prüfen und über die durch Übergabe abgeführten Beträge eine Empfangsbescheinigung zu erteilen. Werden die Beträge im Postscheck- oder Giroweg abgeführt, so ist der abgeführte Betrag für den Fall, daß mehrere Nachweisungen aufgestellt worden sind, auf dem Zahlkartenabschnitt usw. entsprechend den Schlußsummen der einzelnen Nachweisungen zu zerlegen. Die Nachweisungen selbst, die zweiten Ausfertigungen der Quittungen und die sonstigen Unterlagen sind ebenfalls einzusenden, wenn sie der Beamte nicht späte-

stens am Vormittage des Werktags, der der Abführung der Beträge folgt, persönlich übergeben kann.

(4) Der Kassier hat die entrichteten Einzahlungen einzeln in den Einnahmebüchern zu buchen, die Buchungsnummer auf den zweiten Ausfertigungen der Quittungen zu vermerken und, wenn Nachweisungen aufgestellt sind, auch in diese einzutragen. Er hat alsdann die Eintragung der einzelnen Einzahlungen in die Sachbücher usw. und in die Vollstreckungs- oder Abholungsaufträge mit Angabe der Nummern, unter denen die Beträge in den Einnahmebüchern gebucht sind, zu veranlassen. Die Vollstreckungsaufträge sind hierauf an die Vollstreckungsstelle zurückzuleiten, die Abholungsaufträge verbleiben bei dem zuständigen Buchhalter. Die Nachweisungen sind tageweise zu sammeln und vom Kassenleiter aufzubewahren. Werden für einzelne Einnahmearten, für die ein besonderes oder vereinigtes Einnahmebuch geführt wird, besondere Nachweisungen aufgestellt, so sind die Schlußsummen der einzelnen Einnahmearten in das betreffende Einnahmebuch zu übernehmen; die Nachweisung wird in diesem Falle Beleg zu dem Einnahmebuche. Die zweiten Ausfertigungen der Quittungen sind vom Kassier zu sammeln und nach Blocknummern getrennt aufzubewahren. Im übrigen finden die Bestimmungen des § 92 Abs. 6 sinngemäß Anwendung.

(5) Abfertigungsbeamte haben nach Beendigung ihrer Abfertigungstätigkeit lediglich die von ihnen erhobenen Beträge zusammen mit den aus dem Blocke gelösten zweiten Ausfertigungen der Quittungen an den Kassier abzuführen. Dieser hat die Beträge einzeln in den Einnahmebüchern zu buchen und im übrigen sinngemäß nach den Bestimmungen des Abs. 4 zu verfahren. § 92 Abs. 7 findet Anwendung.

§ 95

Prüfung und Sollstellung von Auszahlungsanordnungen (§ 76 Abs. 2 RKO.)

(1) Bei der Amtskasse eingehende Auszahlungsanordnungen sind vom Kassenleiter an den zuständigen Buchhalter zu leiten, der sie darauf zu prüfen hat, ob sie in der Form den ergangenen Bestimmungen entsprechen. Die Prüfung hat sich bei Auszahlungsanordnungen über Haushalts- und sonstige Ausgaben, über die der Amtskasse der rechnungsmäßige Nachweis übertragen ist, auch darauf zu erstrecken, ob sich die Anordnungen im Rahmen der verfügbaren Mittel halten. Ergeben sich keine Anstände, so hat der Buchhalter die Anordnungen mit seinem Namenszeichen und gegebenenfalls der Buchhaltereinummer zu versehen und rechtzeitig vor den Fälligkeitstagen dem Kassier zuzuleiten. Die in Abs. 2b auf-

geführten Auszahlungsanordnungen brauchen dem Kassier nicht zugeleitet zu werden; unterbleibt die Zuleitung, so hat der Buchhalter dem Kassier in anderer geeigneter Weise, z. B. durch Auszahlungsnachweisungen, von der Fälligkeit der Auszahlungen Kenntnis zu geben. Ist für eine Auszahlungsart ein Buchhalter nicht bestellt, so sind die Auszahlungsanordnungen unmittelbar dem Kassier zu übergeben, dem alsdann die Prüfung nach Satz 1, 2 obliegt.

(2) Der Buchhalter hat von den ihm zugeleiteten Auszahlungsanordnungen zum Soll zu stellen:

a) Auszahlungsanordnungen über Steuererstattungen infolge Veränderung des Steuersolls bei Steuern, über die ein Sollbuch (Sollkartei) geführt wird, in diesem, und zwar nach Maßgabe der für die betreffende Steuerart geltenden Bestimmungen entweder durch Eintragung des vollen Betrags der neuen Steuerschuld oder durch Absetzung von dem bisherigen Steuersoll;

b) andere Auszahlungsanordnungen über laufende Haushalts- und sonstige laufende Ausgaben und über Einzelhaushalts- und sonstige Einzelausgaben, die wie laufende behandelt werden sollen, weil ihre Leistung in Teilbeträgen zugelassen ist (§ 112 Abs. 4 Satz 1, 2), im Titelbuche, soweit der Amtskasse der rechnungsmäßige Nachweis übertragen ist.

(3) Alle übrigen bei der Amtskasse eingehenden Auszahlungsanordnungen sind nicht zum Soll zu stellen.

§ 96.

Buchung und Leistung von Auszahlungen (§ 76 Abs. 2 RKO.).

(1) Der Kassier hat auf die mit dem Namenszeichen des Buchhalters versehenen Auszahlungsanordnungen oder auf die sonstige Benachrichtigung des Buchhalters hin die Auszahlungen zu leisten und den Auszahlungsbetrag in die Vorbücher zum Hauptbuch oder in Tagesnachweisungen einzutragen. Er hat sodann die Buchungsnummer auf den Anordnungen oder der Benachrichtigung zu vermerken und diese dem Buchhalter wieder zuzuleiten. Dieser hat, falls die Beträge zum Soll gestellt sind, die Eintragung der Auszahlungen in die Sachbücher vorzunehmen. Werden bei einer Amtskasse keine Ausgabebücher (Buchhaltereiverzeichnisse, Titelverzeichnisse) geführt oder keine Tagesnachweisungen aufgestellt, so hat der Kassier die Anordnungen nach der Auszahlung zunächst dem Kassenleiter zur Buchung im Hauptbuche zuzuleiten; dieser hat sie alsdann an die Buchhalterei weiterzugeben.

(2) Kann eine Auszahlungsanordnung überhaupt nicht oder nicht innerhalb der gesetzten Frist ausgeführt werden oder gibt sie zu begründeten Bedenken Anlaß, so ist sie mit Begründung unerledigt an die anordnende Stelle zurückzuleiten. Erhält die Amtskasse eine beanstandete Anordnung mit der schriftlichen Weisung, sie auszuführen, zurück, so ist auf Grund dieser Weisung die Auszahlung zu leisten.

§ 97

Umbuchungen (§ 78 RKO.)

Ist ein Betrag umzubuchen, so ist er auf Weisung des Kassenleiters an der Stelle, an der er bisher gebucht war, abzusetzen oder, soweit Umbuchungen aus dem Hinterlegungs- und Vorschußbuch in Frage kommen, als Auszahlung oder als Einzahlung zu buchen. Alsdann ist er an der Stelle, an der er gebucht werden muß, einzutragen. An beiden Stellen sind gegenseitige Hinweise aufzunehmen. Erreicht die Zahl der täglichen Umbuchungen einen größeren Umfang, so dürfen sie auf Weisung des Kassenleiters in Tagesnachweisungen (§ 111 Abs. 1 b) zusammengestellt werden.

4. Teil: Aufrechnung und Abschluß der Bücher, Abrechnung

§ 98

Aufrechnung (§ 80 Abs. 1 RKO.)

(1) Die Zeit- und Sachbücher der Amtskasse sind, sofern in den §§ 113—115 und in § 3 der Anl. 13 für die einzelnen Bücher keine Sonderbestimmungen gegeben sind, von den mit ihrer Führung betrauten Beamten monatlich fortlaufend aufzurechnen.

(2) Für den Tagesabschluß ist in den Zeitbüchern die Tagessumme, am Monatsschluß ist in den Zeitbüchern, dem Titelbuch und dem Abrechnungsbuche die Monatssumme zu bilden; am Vierteljahrsschlusse sind zu der Summe des dritten Monats die Summen der beiden Vormonate hinzuzusetzen und die Vierteljahrssumme zu bilden.

§ 99

Tagesabschluß (§ 80 Abs. 1, 2, 4 RKO.)

(1) Die Amtskasse hat, wenn Zahlungen bewirkt worden sind einen Tagesabschluß zu machen. Hierzu sind die Vorbücher zum Hauptbuche, die Tagesnachweisungen und das Abrechnungsbuch dem Kassenleiter vorzulegen, der die Richtigkeit der Aufrechnung der einzelnen Bücher und Nachweisungen und die richtige Übernahme der Tagessummen der Tagesnachweisungen in die Bücher nachzuprüfen hat. Zur

Nachprüfung darf er Beamte heranziehen, die an der Führung des betreffenden Buchs oder der Aufstellung der Nachweisung nicht beteiligt sind; die Beamten haben die Nachprüfung durch einen entsprechenden Vermerk unter Hinzusetzen ihres Namenszeichens zu bescheinigen. Der Kassenleiter hat die Tagessummen aus den einzelnen Büchern und Nachweisungen in das Hauptbuch zu übernehmen, in ihm die Gesamtsummen der Einzahlungen und Auszahlungen zu bilden und diese im Anhange zum Hauptbuche nachzuweisen. Der Unterschied zwischen der Tagessumme der Einzahlungen und der Tagessumme der Auszahlungen ist dem zuletzt buchmäßig festgestellten Bestande (Kassensollbestand) hinzuzurechnen. Der nach der Hinzurechnung sich ergebende Betrag bildet den neuen Kassenbestand.

(2) Ist die Vorlage der Vorbücher zum Hauptbuche wegen räumlicher Entfernung des Schalters von der Amtskasse oder aus einem sonstigen Grunde zum Tagesabschlusse nicht möglich und wird aus diesem Grunde das Sammelvorbuch zum Hauptbuche geführt und vorgelegt, so sind die Vorbücher zum Hauptbuch und die Tagesnachweisungen nach dem Schlusse des Monats dem Kassenleiter vorzulegen. Dieser hat die Richtigkeit der Aufrechnung und die Übereinstimmung mit dem Sammelvorbuche nachzuprüfen.

(3) Der Kassenleiter hat weiter zum Tagesabschlusse die von dem Kassier (Hauptkassier) und gegebenenfalls von den sonstigen Beamten (Vollziehungsbeamten usw.) an ihn abzuführenden Zahlungsmittel unter Prüfung der Kontogegenbücher und des Schecküberwachungsbuchs zu übernehmen und so den Kassenbestand zu ermitteln (Kassenbestandsaufnahme). Der Kassenbestand ist dem Kassensollbestande gegenüberzustellen. Im Anhange zum Hauptbuche hat der Kassenleiter ersichtlich zu machen, wie sich der Kassenbestand aus Zahlungsmitteln und Guthaben zusammensetzt und in welcher Höhe Schecke und Überweisungsaufträge zur Einlösung weitergegeben worden sind.

(4) Der Kassenleiter hat die Richtigkeit des Tagesabschlusses im Anhange zum Hauptbuche durch Namensunterschrift zu bescheinigen.

(5) Erübrigt sich der Tagesabschluß, weil keine Zahlungen bewirkt worden sind, und ergeben sich auch gegenüber den letzten Eintragungen im Anhange zum Hauptbuche nicht Änderungen durch Umbuchungen oder infolge von Veränderungen in der Zusammensetzung des Kassenbestandes, so hat der Kassenleiter im Anhange zum Hauptbuche die Spalten 2 bis 13 durch liegende Striche auszufüllen und in die Vermerkspalte einen entsprechenden Vermerk aufzunehmen.

§ 100
Unstimmigkeiten beim Tagesabschlusse
(§ 80 Abs. 3 RKO.)

(1) Unstimmigkeiten, die sich beim Tagesabschluß ergeben, sind sofort aufzuklären. Ist die Aufklärung nicht sofort möglich, so ist der nicht aufgeklärte Betrag als Kassenüberschuß oder Kassenfehlbetrag im Anhange zum Hauptbuche zu vermerken. Kassenfehlbeträge sind von dem Kassenbeamten sofort zu ersetzen, geschieht dies nicht, so ist der Fehlbetrag, wenn der für ihn verantwortliche Beamte die Haftpflicht anerkennt, zu dessen Lasten, andernfalls zu Lasten des Reichs als Vorschuß zu buchen. Der Kassenleiter hat dem Vorsteher des Amts und dem Kassenaufsichtsbeamten von dem als Vorschuß gebuchten Fehlbetrage spätestens am nächstfolgenden Werktage zum Zwecke der Einleitung des Defektenverfahrens Kenntnis zu geben. Sobald im Laufe des Verfahrens der Präsident des Landesfinanzamts verfügt hat, daß der Fehlbetrag bei dem Haushaltstitel „vermischte Ausgaben" zu verrechnen ist, ist der Vorschuß abzuwickeln.

(2) Kassenüberschüsse sind als Hinterlegungen zu behandeln; wenn sie aufgeklärt werden, dürfen sie nur auf Grund einer förmlichen Kassenanweisung ausgezahlt werden. Länger als 12 Monate unaufgeklärt gebliebene Kassenüberschüsse sind am Schlusse des Rechnungsjahrs ohne besondere Anordnung auf Grund einer Bescheinigung des Kassenaufsichtsbeamten in einer Summe als Auftragseinzahlung für die Oberfinanzkasse oder, wenn der Amtskasse der rechnungsmäßige Nachweis über vermischte Haushaltseinnahmen übertragen ist, bei diesen als Einzahlung zu buchen.

§ 101
Abschluß, Abrechnung, Abschlußnachweisung
(§ 81 Abs. 1, 3 RKO.)

(1) Am Schlusse der ersten drei Viertel des Rechnungsjahrs und am Schlusse des Rechnungsjahrs hat die Amtskasse die Bücher, die fortlaufend aufzurechnen sind, zum Zwecke der Abrechnung mit der Oberfinanzkasse abzuschließen; dabei sind im Hauptbuch und im Hinterlegungsbuche die Auszahlungen von den Einzahlungen, im Vorschußbuche die Einzahlungen von den Auszahlungen und im Abrechnungsbuche die Kassenbestandsverstärkungen von den Ablieferungen (oder umgekehrt) abzuziehen. Der in den nächsten Zeitabschnitt zu übernehmende Bestand ist vorzutragen. Der Abschluß für die ersten drei Viertel des Rechnungsjahrs hat am letzten Werktage jedes Vierteljahrs zu erfolgen. Der Abschluß für das vierte Vierteljahr ist mit dem Jahresabschlusse zu verbinden; der Tag, an dem die Bücher für das vierte Vierteljahr und

das Rechnungsjahr abzuschließen sind, wird alljährlich durch den Reichsminister der Finanzen bekanntgegeben. Bestimmt der Reichsminister der Finanzen ausnahmsweise, daß der Jahresabschluß mit dem Abschlusse für das vierte Vierteljahr nicht zu verbinden ist, so sind die Bücher für das vierte Vierteljahr mit dem letzten Werktage des Monats März abzuschließen.

(2) Die Amtskasse hat über jeden Abschluß eine Abschlußnachweisung nach Muster 18 aufzustellen. Diese enthält die Gesamtsumme der Haushalts- und sonstigen Einnahmen nach den nach § 102 aufzustellenden vierteljährlichen Einnahmenachweisungen und die sich nach dem Abrechnungsbuch ergebende Gesamtsumme der im Laufe des Vierteljahrs erfolgten Kassenbestandsverstärkungen. In die Abschlußnachweisung sind ferner die sich aus dem Abrechnungsbuch ergebende Summe der in dem Vierteljahre bewirkten Ablieferungen und die Summen der im Laufe des Vierteljahrs bei den Titeln, über die der Amtskasse der rechnungsmäßige Nachweis übertragen ist, geleisteten Haushalts- und sonstigen Ausgaben aufzunehmen. Stellt die Amtskasse Ausgabenachweisungen auf (§ 102 Abs. 5), so ist in die Abschlußnachweisung an Stelle der Summen der bei den einzelnen Titeln geleisteten Haushalts- und sonstigen Ausgaben die sich aus der vierteljährlichen Ausgabenachweisung ergebende Gesamtsumme aller im Laufe des Vierteljahrs geleisteten Haushalts- und sonstigen Ausgaben zu übernehmen. Der Unterschied zwischen den Einnahmen und den Kassenbestandsverstärkungen einerseits und den Ausgaben und Ablieferungen andererseits muß nach Hinzusetzen der Schlußsumme der Abschlußnachweisung für das Vorvierteljahr den Betrag ergeben, der der Amtskasse als Guthaben (für Hinterlegungen) zur Verfügung oder als Zuschuß (für Vorschüsse) zur Last steht. In die Abschlußnachweisung für das vierte Vierteljahr des Rechnungsjahrs sind ferner aus dem Abrechnungsbuche für das erste Viertel des neuen Rechnungsjahrs die Ablieferungen, die noch zur Ablieferung der Einzahlungen des abgelaufenen Rechnungsjahrs getätigt, und die Kassenbestandsverstärkungen, die der Amtskasse noch zur Leistung von Auszahlungen für das abgelaufene Rechnungsjahr gewährt worden sind, aufzunehmen. Gleichzeitig ist in den Abrechnungsbüchern für das neue und das abgelaufene Rechnungsjahr die entsprechende Ausgleichsbuchung vorzunehmen. Der Abschlußnachweisung für das vierte Vierteljahr des Rechnungsjahrs ist eine mit dem Sichtvermerke des Kassenaufsichtsbeamten versehene Aufstellung der noch nicht abgewickelten Hinterlegungen (mit Ausnahme der Wertgegenstände) und Vorschüsse nach Muster 19 beizufügen.

(3) Die Abschlußnachweisungen sind der Oberfinanzkasse für

die ersten drei Vierteljahre bis zum 4. Kalendertage des auf das einzelne Vierteljahr folgenden Monats einzureichen. Der Zeitpunkt, für den die Abschlußnachweisung für das vierte Vierteljahr einzureichen ist, wird alljährlich besonders bestimmt.

(4) Die Richtigkeit der Abschlußnachweisungen ist vom Kassenaufsichtsbeamten an Hand der Einnahmenachweisungen, des Titelbuchs (gegebenenfalls der Ausgabenachweisung) und des Abrechnungsbuchs zu bescheinigen; dabei hat er unter Beifügung seines Namenszeichens die Schlußsumme der Abschlußnachweisung in die Vermerkspalte des Abrechnungsbuchs nachrichtlich einzutragen, und zwar den Reichsmarkbetrag in Buchstaben. Hat der Kassenaufsichtsbeamte seinen Standort nicht am Sitze der Amtskasse, so darf von der Bescheinigung zunächst abgesehen werden, wenn sich die rechtzeitige Vornahme der Prüfung nicht ermöglichen läßt; unbescheinigte Abschlußnachweisungen sind von der Oberfinanzkasse nach der Buchung an den Kassenaufsichtsbeamten zur Nachholung der Prüfung und Bescheinigung zurückzugeben. Nach Vornahme der Bescheinigung dürfen die Abschlußnachweisungen nicht mehr in die Hand des Kassenbeamten zurückgelangen.

(5) Liefert die Amtskasse die für ein Land, eine Gemeinde oder eine sonstige Körperschaft entrichteten Einzahlungen unmittelbar an die zuständige Landes-, Gemeinde- oder sonstige Körperschaftskasse ab, so hat sie auch mit diesen Kassen abzurechnen. Für den Abschluß gelten die Bestimmungen der Abs. 1 bis 4 mit der Maßgabe, daß der Zeitpunkt der Abschlüsse und der Einsendung der Abschlußnachweisungen sich nach den vom Präsidenten des Landesfinanzamts mit dem Lande, der Gemeinde oder der sonstigen Körperschaft zu treffenden Vereinbarungen richtet.

§ 102

Einnahme- und Ausgabenachweisungen

(1) Die Amtskasse hat

a) nach dem Schlusse der Monate April, Mai, Juli, August, Oktober, November, Januar, Februar und März eine monatliche und

b) nach dem Schlusse jedes Vierteljahrs eine vierteljährliche Nachweisung der Haushalts- und sonstigen Einnahmen, über die sie den rechnungsmäßigen Nachweis zu führen und mit der Oberfinanzkasse abzurechnen hat, nach den vom Reichsminister der Finanzen alljährlich bekanntzugebenden Mustern an die Oberfinanzkasse zu übersenden. Als Beispiele gelten die Muster 20 bis 22.

(2) Die Einnahmenachweisung für das vierte Vierteljahr ist zusammen mit der Abschlußnachweisung für das vierte Viertel-

jahr an dem für diese bestimmten Zeitpunkt einzureichen. Alle übrigen Nachweisungen müssen bis zum 4. Kalendertage des folgenden Monats, und zwar die vierteljährlichen Nachweisungen zusammen mit den Abschlußnachweisungen, bei der Oberfinanzkasse eintreffen.

(3) In die monatlichen Einnahmenachweisungen sind die Haushalts- und sonstigen Einnahmen des abgelaufenen Monats, in die vierteljährlichen Einnahmenachweisungen die des abgelaufenen Vierteljahrs aus den Einnahmebüchern einzutragen.

(4) Die Übereinstimmung der monatlichen und vierteljährlichen Einnahmenachweisungen mit den Einnahmebüchern und die Richtigkeit der Einnahmenachweisungen sind vom Kassenaufsichtsbeamten zu bescheinigen. Die Bestimmungen des § 101 Abs. 4 Satz 2, 3 finden sinngemäß Anwendung.

(5) Hat die Amtskasse in erheblichem Umfang über Haushalts- und sonstige Ausgaben den rechnungsmäßigen Nachweis zu führen und mit der Oberfinanzkasse abzurechnen, so dürfen auf Weisung des Kassenleiters Ausgabenachweisungen aufgestellt werden. Für die Aufstellung der Ausgabenachweisungen gelten die Bestimmungen der Abs. 1—4 sinngemäß. Als Beispiel für eine Ausgabenachweisung gilt Muster 23.

(6) Ist der Amtskasse der rechnungsmäßige Nachweis über Landes-, Gemeinde- oder sonstige Körperschaftseinnahmen übertragen worden und rechnet sie mit den zuständigen Kassen unmittelbar ab, so hat sie für das Land, die Gemeinde oder die sonstige Körperschaft zu den vereinbarten Abrechnungszeitpunkten Einnahmenachweisungen aufzustellen. Abs. 5 gilt sinngemäß.

5. Teil: Die einzelnen Bücher

1. Abschnitt: Die Zeitbücher.

§ 103

Hauptbuch (§ 59 RKO.)

(1) Das Hauptbuch dient dazu, sämtliche bei der Amtskasse eingehenden Einzahlungen und sämtliche von der Amtskasse geleisteten Auszahlungen festzuhalten. Die Einzahlungen und Auszahlungen sind in je einen Abschnitt (Abschnitt A Einzahlung, Abschnitt B Auszahlung) einzutragen; für jeden Abschnitt darf ein Teilband geführt werden. Als Anhalt gelten die Muster 24, 25; werden die Bücher nach den Bestimmungen des § 86 Abs. 1 vorletzter Satz geführt, so gelten die Muster 26, 27 als Anhalt für das Hauptbuch.

(2) Zahlungen, für die Vorbücher zum Hauptbuche geführt

oder Tages- oder sonstige Nachweisungen aufgestellt werden, sind je mit der Tagessumme der einzelnen Vorbücher oder Nachweisungen, andere Zahlungen einzeln, sobald sie angenommen oder geleistet werden, zu buchen.

(3) Zur Darstellung des Tagesabschlusses ist im Hauptbuche hinter den Auszahlungen ein Anhang nach Muster 28 einzurichten.

(4) Auf der Titelseite oder einer besonderen Seite des Hauptbuchs ist ein Verzeichnis sämtlicher bei der Amtskasse geführten Bücher anzulegen. Die Richtigkeit des Verzeichnisses ist vom Kassenleiter zu bescheinigen.

(5) Das Hauptbuch führt der Kassenleiter.

§ 104

Einnahmebücher für Steuern (§ 61 RKO.)

(1) Für jede Steuerart oder Unterart einer Steuer ist ein besonderes Einnahmebuch zu führen, soweit nicht für Gruppen von Steuerarten vom Reichsminister der Finanzen oder vom Präsidenten des Landesfinanzamts die Führung vereinigter Einnahmebücher nach Muster 29 angeordnet ist oder die Bücher nach den Bestimmungen des § 86 geführt werden. Vereinigte Einnahmebücher für Steuern werden mit VSt. bezeichnet; in ihnen sind die einzelnen Spalten mit einer die Einnahmeart (Steuerart usw.) bezeichnenden Überschrift zu versehen.

(2) Die für Steuern geführten Einnahmebücher sind gleichzeitig Teile des Titelbuchs.

(3) In die Einnahmebücher sind der Zeitfolge nach alle Einzahlungen sowie Erstattungen und Vergütungen ohne Rücksicht auf die Zeit, aus der sie herrühren, einzutragen, es sei denn, daß für einzelne Steuern oder wie solche zu behandelnde Einnahmearten (z. B. Rentenbankzinsen) besondere Bestimmungen getroffen sind.

(4) Werden die Einnahmebücher in Teilbänden geführt, so sind die in den Teilbänden gebuchten Einzahlungen nach näherer Weisung des Kassenleiters je nach Lage des Dienstbetriebs und der örtlichen Verhältnisse täglich oder am Monatsschlusse mit den Tages- oder Monatssummen in den Teilband A zu übernehmen.

(5) Zinsen sind beim Tagesabschlusse mit der Tagessumme in der Zinsenspalte auf der nächstfolgenden Zeile abzusetzen und in die Steuerspalte zu übernehmen. Mahngebühren und Zwangsvollstreckungskosten sind am Monatsschluß unter gegenseitigem Hinweis aus der für sie vorgesehenen Spalte mit der Monatssumme in das Einnahmebuch für Mahngebühren und Zwangsvollstreckungskosten zu übernehmen und in dem Einnahmebuch über den in Frage kommenden Steuer-

zweig in der Spalte für Mahngebühren und Zwangsvollstreckungskosten und in der Spalte „Gesamtsumme" abzusetzen. Ist in den Einnahmebüchern eine besondere Spalte für Mahngebühren und Zwangsvollstreckungskosten nicht vorgesehen, so sind sie mit den Einzelbeträgen unmittelbar in das Einnahmebuch VVerw. (§ 105) in die Spalten für Mahngebühren und Zwangsvollstreckungskosten oder in das besondere Einnahmebuch für Mahngebühren und Zwangsvollstreckungskosten einzutragen.

(6) Werden bei einer Amtskasse mehrere vereinigte Einnahmebücher für Steuern geführt, so sind sie mit römischen Ziffern zu bezeichnen.

(7) Die Einnahmebücher führt der Kassier, soweit nicht ein besonderer Vorbuchführer bestellt ist.

§ 105

Einnahmebücher für andere Einnahmen als Steuern (§ 61 RKO.)

(1) Soweit der Amtskasse über andere Haushalts- und sonstige Einnahmen als Steuern der rechnungsmäßige Nachweis übertragen worden ist, hat sie für diese ein vereinigtes Einnahmebuch zu führen, falls nicht die Bücher nach den Bestimmungen des § 86 geführt werden; § 108 Abs. 1—3 bleibt unberührt. Der Präsident des Landesfinanzamts darf für einzelne Gruppen von Einnahmen die Führung vereinigter Einnahmebücher oder für einzelne Einnahmearten die Führung besonderer Einnahmebücher anordnen. Das vereinigte Einnahmebuch für andere Einnahmen als Steuern wird als vereinigtes Einnahmebuch für Verwaltungseinnahmen (VVerw.) bezeichnet; als Anhalt dafür dient Muster 30 a. Wird bei einer Amtskasse auf eine oder mehrere Einnahmearten erfahrungsgemäß eine größere Zahl von Einzahlungen entrichtet, so darf auf Weisung des Kassenleiters das Muster 30 b verwendet werden.

(2) Für jeden Titel und Untertitel eines Haushaltsplans sowie für Abschnitte und Unterabschnitte von Kostenanschlägen ist eine besondere Spalte oder ein besonderer Abschnitt einzurichten. Das gleiche gilt, wenn ein Titel oder Unterteil eines Titels in den Erläuterungen zum Haushaltsplane mit der Wirkung zerlegt ist, daß die Verwaltung bei der Bewirtschaftung an die im einzelnen ausgebrachten Beträge gebunden ist; in diesem Falle trifft der Präsident des Landesfinanzamts die erforderlichen Bestimmungen. Jede Spalte oder jeder Abschnitt ist mit einer den Inhalt bezeichnenden Überschrift zu versehen; als solche genügt die Angabe der Abschnitts-, Kapitel- und Titelnummern des Haushaltsplans. Bei den Eintragungen im Einnahmebuche bedarf es nicht der Angabe des

Grundes der Einnahme, wenn damit lediglich die Überschrift der Spalte oder des Abschnittes wiederholt wird.

(3) Bei Haushalts- und sonstigen Einnahmen, die ihrem Wesen nach mit einem Mal im vollen Anordnungsbetrage zu erheben sind (Einzeleinnahmen), gelten die Einnahmebücher gleichzeitig als Titelbuch. Werden auf solche Einnahmen Einzahlungen in Teilbeträgen entrichtet, so sind in das Einnahmebuch bei den einzelnen Einzahlungen entsprechende Hinweise aufzunehmen.

(4) Abs. 3 gilt nicht für Strafen und Kosten und für andere Einzelhaushalts- und sonstige Einzeleinnahmen, die auf Weisung des Präsidenten des Landesfinanzamts wie laufende behandelt werden (vgl. § 112 Abs. 3, Abs. 4 Satz 1, 2).

(5) Die Bestimmungen des § 104 Abs. 4, 6 und 7 finden Anwendung.

§ 106

Ausgabebücher

Ist der Amtskasse über Haushalts- und sonstige Ausgaben der rechnungsmäßige Nachweis übertragen worden, so hat sie Ausgabebücher nach Muster 30 zu führen. Die Bestimmungen des § 105 gelten sinngemäß mit der Maßgabe, daß in den Ausgabebüchern für jeden Titel usw. die in § 112 Abs. 2 vorgesehenen Angaben über die zur Verfügung gestellten Haushaltsmittel zu vermerken sind, falls die Ausgaben nicht in das Titelbuch nach Muster 38 einzutragen sind.

§ 107

Wertzeichenein- und -auslieferungsbuch

(1) Über die Einlieferung und Auslieferung von Steuer- und Stempelmarken und statistischen Marken und gleichzeitig als Einnahmebuch über die durch den Verkauf dieser Wertzeichen aufgekommenen Beträge wird ein Wertzeichenein- und -auslieferungsbuch nach Muster 31 geführt. Für Wertzeichen des Reichs und des Landes ist je ein besonderer Teilband anzulegen. Das Buch ist in zwei Abschnitten zu führen, von denen Abschnitt A für die Einlieferung, Abschnitt B für die Auslieferung bestimmt ist. In den Abschnitten dürfen Unterabschnitte für die verschiedenen Arten von Wertzeichen eingerichtet werden; in den Spaltenköpfen sind die Preise der einzelnen Wertzeichen anzugeben. Im Bedarfsfall ist der Abschnitt B in zwei Unterabschnitte a und b zu trennen, von denen der eine zum Nachweise der verkauften, der andere zum Nachweise der durch Umtausch, als Ersatz für verdorbene Wertzeichen oder der anderweit ausgelieferten Wertzeichen dient. Die Wertzeichen sind von der vom Reichsminister der Finanzen oder vom Präsidenten des Landesfinanzamts bestimmten Stelle mit Verschreibung in doppelter Aus-

fertigung anzufordern. Aus der von dieser Stelle zurückgesandten zweiten Ausfertigung sind die Mengen an eingelieferten Wertzeichen in den Abschnitt A zu übernehmen. Diese Ausfertigung wird Beleg zum Wertzeichenein- und -auslieferungsbuche.

(2) Die im Lauf eines Tages verkauften Wertzeichen sind, wenn der einzelne Verkauf den Betrag von 50 *RM* nicht übersteigt, am Schlusse der Kassenstunden mit der Bezeichnung „Kleinverkauf" unter einer Nummer im Abschnitte B einzutragen; anderenfalls sind sie sofort bei der Auslieferung mit den angenommenen Beträgen einzeln zu buchen. Über die im Kleinverkauf ausgelieferten Wertzeichen ist nach näherer Weisung des Kassenleiters eine Anschreibung in einfachster Form zu führen. An Vertriebstellen ausgelieferte Wertzeichen sind im Abschnitte B b einzeln zu buchen.

(3) Soweit die in Abs. 1, 2 getroffene Regelung mit den von Landesbehörden für die Behandlung ihrer Wertzeichen getroffenen Bestimmungen nicht im Einklange steht, ist vorläufig nach den Bestimmungen der Landesbehörden zu verfahren.

(4) Das Wertzeichenein- und -auslieferungsbuch führt der Kassier.

(5) Hat eine Zollkasse nur geringen Umsatz an statistischen Marken, so darf die Führung eines Wertzeichenein- und -auslieferungsbuchs unterbleiben. Die Einlieferung und Auslieferung ist in diesem Fall in einem besonderen Abschnitte des Vorschußbuchs, oder wenn ein solches nicht geführt wird, in einem besonderen Abschnitte des Hinterlegungsbuchs zu überwachen.

§ 108

Vordruckein- und -auslieferungsbuch

(1) Über die Einlieferung und Auslieferung von verkäuflichen Vordrucken und gleichzeitig als Einnahmebuch über die durch den Verkauf der Vordrucke aufgenommenen Beträge wird ein Vordruckein- und -auslieferungsbuch in zwei Abschnitten (Abschnitt A Einlieferung, Abschnitt B Auslieferung) nach Muster 32 geführt. Im Bedarfsfalle kann der Abschnitt B in zwei Unterabschnitte a und b getrennt werden, von denen der eine zum Nachweise der verkauften, der andere zum Nachweise der unentgeltlich abgegebenen oder verdorbenen verkäuflichen Vordrucke dient. Die Vordrucke sind, soweit sie nicht von der Amtskasse selbst hergestellt oder beschafft werden, von der vom Reichsminister der Finanzen oder vom Präsidenten des Landesfinanzamts bestimmten Stelle mit Vordruckverschreibung in doppelter Ausfertigung anzufordern. Aus der von dieser Stelle zurückgesandten zweiten Ausfertigung sind die Mengen an eingelieferten ver-

käuflichen Vordrucken in den Abschnitt A zu übernehmen. Diese Ausfertigung wird Beleg zum Vordruckein- und -auslieferungsbuche. Alle zu dem gleichen Preis auszuliefernden Vordrucke sind in einer Spalte nachzuweisen: in die Spaltenköpfe sind die Verkaufspreise einzusetzen.

(2) Die im Lauf eines Tages verkauften Vordrucke sind, wenn der einzelne Verkauf den Betrag von 10 *RM* nicht übersteigt, am Schlusse der Kassenstunden mit der Bezeichnung „Kleinverkauf" unter einer Nummer im Abschnitte B einzutragen; anderenfalls sind sie sofort bei der Auslieferung mit den angenommenen Beträgen einzeln zu buchen. Die an Gewerbetreibende usw. unentgeltlich ausgelieferten Vordrucke sind in einer Summe am Schlusse jedes Monats und gelegentlich der Bestandsprüfungen einzutragen. Eine Belegung der Auslieferungen ist nicht erforderlich; über die Auslieferung der unentgeltlich und der unter der Bezeichnung „Kleinverkauf" ausgelieferten Vordrucke ist nach näherer Weisung des Kassenleiters eine Anschreibung in einfachster Form zu führen.

(3) Das Vordruckein- und -auslieferungsbuch führt der Kassier.

(4) Zur Vereinfachung der Vordruckverwaltung darf auf Weisung des Vorstehers des Finanzamts oder Hauptzollamts die Führung des Vordruckein- und -auslieferungsbuchs unterbleiben. Die Haushaltseinnahmen aus dem Verkaufe der Drucksachen sind in diesem Fall in eine besondere Spalte des Einnahmebuchs VVerw. einzutragen; die Ein- und Auslieferung der Vordrucke ist alsdann auf Karten zu überwachen, die bei den einzelnen Vordruckarten aufzubewahren sind. Für die Behandlung der Vordrucke im einzelnen gelten die Bestimmungen der Abs. 1, 2 sinngemäß.

§ 109

Einzahlungs- und Auszahlungsbuch für Hinterlegungen und Vorschüsse

(1) Amtskassen mit starkem Hinterlegungs- oder Vorschußverkehr dürfen auf Weisung des Kassenleiters ein Einzahlungs- und ein Auszahlungsbuch für Hinterlegungen und Vorschüsse nach Muster 33, 34 führen, aus denen jeweils die Tagessummen in das Hauptbuch zu übernehmen sind.

(2) Die Einzahlungs- und Auszahlungsbücher führt der Kassier.

§ 110

Sammelvorbuch zum Hauptbuche

Kann der Kassier wegen räumlicher Entfernung des Schalters von der Amtskasse oder aus einem sonstigen

Grunde die Vorbücher zum Hauptbuche dem Kassenleiter zum Tagesabschlusse nicht vorlegen, so hat er ein Sammelvorbuch zum Hauptbuche nach Muster 35 zu führen. In das Sammelvorbuch hat der Kassier am Schlusse seiner Schalterdienstzeit die Tagessummen der von ihm geführten Einnahme- und Ausgabebücher einzeln aufzunehmen. Auftragsauszahlungen sind mit den einzelnen Beträgen einzutragen. Einzahlungen und Auszahlungen von Hinterlegungen und Vorschüssen sind einzeln in die dafür vorgesehenen Spalten aufzunehmen; das Sammelvorbuch dient dann als Einzahlungs- und Auszahlungsbuch für Hinterlegungen und Vorschüsse. Der Kassier hat im Sammelvorbuche täglich die Summe der die Auszahlungen übersteigenden Einzahlungen zu bilden und den entsprechenden Betrag durch den Hauptkassier oder unmittelbar an den Kassenleiter nebst den Auszahlungsbelegen abzuführen; der Empfang ist in der dafür vorgesehenen Spalte des Sammelvorbuchs zu bescheinigen.

§ 111

Tagesnachweisungen (§ 60 RKO.)

(1) Zum Zwecke der Eintragung von Gesamtbeträgen in das Hauptbuch oder die Vorbücher zum Hauptbuch oder zum Zwecke der Verteilung von Zahlungen auf verschiedene Einzahlungs- und Auszahlungsarten sind, wenn der Kassenleiter es für erforderlich erachtet, Tagesnachweisungen aufzustellen, und zwar

a) für den unbaren Zahlungsverkehr nach Muster 36 vom Kassier, dem vom Kassenleiter für die Aufstellung andere Beamte beigegeben werden dürfen. Die im Postscheck- oder Girowege bewirkten Zahlungen sind getrennt nach der Zahlungsweise (Postscheck usw.) einzutragen; bei starkem unbaren Zahlungsverkehre dürfen für die Zahlungen, die im Postscheckwege, durch Vermittlung der Reichsbank oder durch Vermittlung sonstiger Geldanstalten bewirkt werden, getrennte Tagesnachweisungen aufgestellt werden;

b) für die Umbuchungen nach Muster 37 von einem vom Kassenleiter zu bestimmenden Beamten.

(2) Die Tagesnachweisungen sind auf der Titelseite mit einer für das Rechnungsjahr durchlaufenden Nummer, mit der Angabe des Tages, für den die Nachweisung aufgestellt wird, und der Buchungsnummer des Hauptbuchs oder der Vorbücher zum Hauptbuche zu versehen. Werden die Nachweisungen für einzelne Buchhaltereien aufgestellt, so ist auf der Titelseite auch die Buchhalterei anzugeben.

*

2. Abschnitt. Die Sachbücher

§ 112

Titelbuch (§§ 62, 72 Abs. 1, § 75 Abs. 4—7 RKO.)

(1) Die Amtskasse hat laufende Haushalts- und sonstige Einnahmen und Ausgaben, über die sie den rechnungsmäßigen Nachweis führt, mit Ausnahme der Steuern (vgl. § 113 Abs. 1) in der dem Reichshaushaltsplan entsprechenden oder sonst vorgeschriebenen Ordnung in ein Titelbuch nach Muster 38 einzutragen. Für jeden Titel oder Unterteil eines Titels sowie für Abschnitte und Unterabschnitte von Kostenanschlägen ist ein besonderer Abschnitt einzurichten. Im übrigen finden die Bestimmungen des § 105 Abs. 2 entsprechend Anwendung. Wenn zu dem gleichen Zeitpunkte laufende Haushalts- und sonstige laufende Einnahmen und Ausgaben, die auf den gleichen Titel oder Unterteil eines Titels entfallen, von einer größeren Zahl von Einzahlungspflichtigen zu entrichten oder an eine größere Zahl von Empfängern zu leisten sind, dürfen auf Weisung des Kassenleiters die gezahlten Beträge statt im Titelbuche zunächst nur in Zahlungsnachweisungen festgehalten werden. Der für das laufende Rechnungsjahr insgesamt gezahlte Betrag ist alsdann in das Titelbuch zu übernehmen.

(2) Unter der Überschrift jedes Abschnittes sind die zur Verfügung gestellten Haushaltsmittel (Haushaltsbetrag) sowie etwaige nach der vorjährigen Rechnung verbliebene Haushaltsreste (vgl. § 30 Abs. 1 der Reichshaushaltsordnung) und etwa angeordnete Vorgriffe (vgl. § 30 Abs. 2, § 73 Abs. 1 Satz 2 der Reichshaushaltsordnung) vorzutragen. Wenn im Laufe des Rechnungsjahrs weitere Haushaltsmittel zur Verfügung gestellt oder Haushaltsmittel zurückgezogen werden, so ist dies unter dem Haushaltsbetrage zu vermerken. Wird im Laufe des Rechnungsjahrs eine Haushaltsüberschreitung genehmigt oder die Genehmigung einer Haushaltsüberschreitung zurückgenommen, so ist dies unter der Überschrift jedes Abschnittes gesondert anzuschreiben. Vorgriffe sowie Vermerke über die Zurückziehung von Haushaltsmitteln und die Zurücknahme der Genehmigung von Überschreitungen sind mit roter Tinte einzutragen.

(3) Führt die Amtskasse den rechnungsmäßigen Nachweis über Strafen und Kosten, so hat sie diese in einen besonderen Teilband des Titelbuchs einzutragen, der nach Muster 39 geführt wird.

(4) Der Präsident des Landesfinanzamts darf bestimmen, daß Haushalts- und sonstige Einnahmen und Ausgaben, die ihrem Wesen nach mit einem Mal im vollen Anordnungsbetrag erhoben oder geleistet werden (Einzelhaushalts- und

sonstige Einzeleinnahmen und -ausgaben), ganz oder teilweise wie laufende Einnahmen und Ausgaben behandelt und im Titelbuche nach Muster 38 gebucht werden. Dies gilt insbesondere für Einzeleinnahmen und -ausgaben, deren Erhebung und Leistung in Teilbeträgen zugelassen ist, sowie für Einzeleinnahmen und -ausgaben, die zur Erlangung einer besseren Übersicht gesondert zusammengestellt werden. Im übrigen gelten für Einzeleinnahmen und -ausgaben die Einnahme- und Ausgabebücher als Titelbuch.

(5) Im Titelbuch ist nötigenfalls anzugeben, in welcher Weise die Anordnungsbeträge einzuziehen oder auszuzahlen sind. In das für einen neuen Zeitabschnitt angelegte Titelbuch sind aus dem Titelbuche des abgelaufenen Zeitabschnitts die für den neuen Zeitabschnitt geltenden Anordnungsbeträge sowie die für Zahlungen in dem neuen Zeitabschnitt erforderlichen Vermerke zu übernehmen. Nicht gezahlte Beträge (Kassenreste) sind in dem abgeschlossenen Titelbuche zu vermerken, nötigenfalls zu erläutern und in das für den neuen Zeitabschnitt angelegte Titelbuch einzutragen. In beide Titelbücher sind gegenseitige Hinweise aufzunehmen.

(6) Das Titelbuch führt der Buchhalter.

§ 113

Sollbücher (Sollkarteien)

(1) Soweit für Steuern Sollbücher (Sollkarteien) geführt werden, gelten diese als Titelbuch; sie werden durch die Einnahmebücher ergänzt.

(2) Sollbücher (Sollkarteien) sind nicht fortlaufend aufzurechnen, es sei denn, daß für die Sollbücher einzelner Steuerarten oder solcher Einnahmearten, die wie Steuern zu behandeln sind (z. B. Rentenbankzinsen, Industrieaufbringungsbeträge), besondere Bestimmungen getroffen sind. Im übrigen sind die Bestimmungen über die Anlegung und Führung der Sollbücher (Sollkarteien) in der Steuerbuchführungsordnung und den Ausführungsbestimmungen zu den einzelnen Steuergesetzen enthalten.

(3) Die Sollbücher (Sollkarteien) führt der Buchhalter.

(4) Der Kassenaufsichtsbeamte hat die Übereinstimmung der Eintragungen der Einzahlungen in den Sollbüchern (Sollkarteien) mit den Eintragungen in den Einnahmebüchern Tagesnachweisungen) täglich laufend zu prüfen. In der Zeit zwischen der Prüfung und dem Tagesabschlusse dürfen die Einnahmebücher nicht wieder in die Hände derjenigen Beamten, von denen sie geführt werden, zurückgelangen. Bei größerem Einzahlungsverkehre soll der Vorsteher des Amtes für die Prüfung dem Kassenaufsichtsbeamten an der Kassenführung nicht beteiligte Beamte zur Verfügung stellen, die

unter dessen Anleitung die Prüfung vorzunehmen haben. Wird bei Zollkassen die Kassenaufsicht durch den Bezirkszollkommissar ausgeübt, so braucht die Prüfung nicht täglich sondern nur ein- bis zweimal monatlich vorgenommen zu werden; sie muß sich aber auf sämtliche Eintragungen erstrecken, die seit der letzten Prüfung vorgenommen worden sind. Satz 2 findet in diesem Falle keine Anwendung, jedoch ist bei der Prüfung gleichzeitig die richtige Übernahme der Tagessummen der Einnahmebücher in das Hauptbuch nachzuprüfen. Die Richtigkeit ist durch Abstreichen des Betrags in den Sollbüchern (Sollkarteien) unter Beisetzung des Namenszeichens mit Tinte oder Tintenstift zu bestätigen. Bei den Prüfungen sind auch bereits geprüfte Eintragungen nochmals stichprobenweise nachzuprüfen; die zum zweiten Male nachgeprüften Beträge sind nicht mehr zu kennzeichnen.

§ 114

Hinterlegungsbuch (§ 63 RKO.)

(1) Über Hinterlegungen wird ein Hinterlegungsbuch nach Muster 40 geführt; Hinterlegungen von Wertgegenständen sind in einen Teilband einzutragen, der nach Muster 41 geführt wird. Die Einzahlungen und Einlieferungen sind auf die linke, die Auszahlungen und Auslieferungen auf die rechte Seite einzutragen; Auszahlungen und Auslieferungen sind so zu buchen, daß sie den entsprechenden Einzahlungs- und Einlieferungsbuchungen gegenüberstehen. Für die verschiedenen Arten von Hinterlegungen sind besondere Abschnitte einzurichten, über die auf der Titelseite oder auf einem besonderen Blatt ein Verzeichnis anzulegen ist. Sind in einer Sache mehrere Eintragungen zu erwarten (z. B. Teilzahlungen), so ist für dieses Konto in dem Abschnitte die erforderliche Zahl von Zeilen frei zu lassen. Im Hinterlegungsbuche ist nötigenfalls anzugeben, in welcher Weise die Hinterlegungen auszuzahlen sind.

(2) Der Teilband „Wertgegenstände" darf auf Weisung des Kassenleiters für mehrere Jahre geführt werden. Bei umfangreichem Hinterlegungsverkehr in Wertpapieren und für den Fall, daß der Amtskasse die Verwaltung und Aufbewahrung von Inhaberpapieren und Orderpapieren, die mit Blankoindossament versehen sind, übertragen ist, sind die Wertpapiere statt im Teilband „Wertgegenstände" in den in § 2 der Anlage 13 vorgesehenen Büchern zu buchen.

(3) Das Hinterlegungsbuch ist mit Ausnahme des Teilbands „Wertgegenstände" vierteljährlich aufzurechnen. Am Schlusse des Rechnungsjahrs ist es für Abwicklungen noch bis zum Jahresabschluß offenzuhalten. In das für das neue Rechnungsjahr angelegte Hinterlegungsbuch ist der Bestand

einzeln zu übernehmen und nötigenfalls zu erläutern; etwaige Vermerke über die Art der Abwicklung usw. sind mit zu übertragen. In beide Bücher sind gegenseitige Hinweise aufzunehmen.

(4) Das Hinterlegungsbuch führt der Buchhalter, den Teilband „Wertgegenstände" der mit der Entgegennahme, Verwaltung und Auslieferung von Wertgegenständen betraute Beamte.

§ 115

Vorschußbuch (§ 64 RKO.)

(1) Über Vorschüsse mit Ausnahme der Auftragsauszahlungen wird ein Vorschußbuch nach Muster 42 geführt. Die Bestimmungen des § 114 Abs. 1, 3 und 4 gelten sinngemäß mit der Maßgabe, daß für Vorschüsse, die voraussichtlich als Haushalts- oder sonstige Ausgaben nachzuweisen sind, die Abschnitte getrennt nach Kapiteln und Titeln des Haushaltsplans anzulegen sind.

(2) Die Vorschüsse dürfen statt in einem besonderen Buch in einem Abschnitte des Hinterlegungsbuchs nachgewiesen werden.

§ 116

Abrechnungsbuch (§ 65 RKO.)

(1) Die Amtskasse führt über Ablieferungen — mit Ausnahme der Ablieferungen von Auftragseinzahlungen für die Reichshauptkasse — und über Kassenbestandsverstärkungen gegenüber der Oberfinanzkasse ein Abrechnungsbuch nach Muster 43, es sei denn, daß die Bücher nach den Bestimmungen des § 86 geführt werden. Steht die Amtskasse außer mit der Oberfinanzkasse noch mit anderen Kassen im Abrechnungsverkehre so ist für jede Kasse im Abrechnungsbuch ein Abschnitt einzurichten; wenn es zweckmäßig erscheint, darf der Kassenleiter bestimmen, daß für die einzelnen Kassen an Stelle der Abschnitte Spalten vorgesehen werden.

(2) Werden die Bücher nach den Bestimmungen des § 86 geführt, so treten an die Stelle der Buchungen im Abrechnungsbuche die Buchungen im Hauptbuche.

(3) Das Abrechnungsbuch führt der Buchhalter.

3. Abschnitt: Die Hilfsbücher

§ 117

Tageskladde (§ 66 RKO.)

Wenn die Vorbücher zum Hauptbuche von einem besonderen Vorbuchführer geführt werden, hat der Kassier für die Eintragung der durch Übergabe oder Übersendung von Zahlungsmitteln bewirkten Zahlungen eine Tageskladde zu führen, in die lediglich die angenommenen und ausgezahlten Beträge einzutragen sind. Werden Auszahlungen auf Grund einer Auszahlungsnachweisung geleistet, so braucht nur die Gesamtsumme der geleisteten Auszahlungen in die Tageskladde übernommen zu werden. Werden die Zahlungen mit einer schreibenden Rechenmaschine zusammengestellt, so gelten die Streifen der Maschine als Tageskladde.

§ 118

Postscheckkontogegenbuch (§ 67 RKO.)

(1) Zum Nachweise des Guthabens der Amtskasse auf dem Postscheckkonto wird ein Postscheckkontogegenbuch nach Muster 44 geführt. Es darf bei geringem Postscheckverkehr auf Weisung des Kassenleiters für mehrere Jahre geführt werden.

(2) Das Postscheckkontogegenbuch führt der Kassier.

§ 119

Girokontogegenbücher (§ 68 RKO.)

(1) Zum Nachweise des Guthabens der Amtskasse bei Geldanstalten wird je ein Girokontogegenbuch geführt. Wird von einer Geldanstalt ein Buch geliefert (z. B. das Reichsbankgirokontogegenbuch der Reichsbank), so dient dieses als Girokontogegenbuch.

(2) Die Girokontogegenbücher müssen die laufende Nummer und den Tag der Eintragung, bei Einzahlungen die Worte „Nach dem Kontoauszuge", bei Auszahlungen die Bezeichnung des Empfängers und die gezahlten Beträge enthalten. Sie dürfen bei geringem Giroverkehre für mehrere Jahre geführt werden. Zur Feststellung des täglichen Bestandes darf ein Anhang nach Muster 45 angelegt werden.

(3) Die Girokontogegenbücher führt der Kassier.

§ 120

Schecküberwachungsbuch (§ 70 RKO.)

(1) Über die der Amtskasse übergebenen oder übersandten Schecke wird ein Schecküberwachungsbuch nach Muster 46 geführt. Es darf bei geringem Scheckverkehr auf Weisung des Kassenleiters für mehrere Jahre geführt werden.

(2) In das Schecküberwachungsbuch sind auch Postscheck- und Reichsbanküberweisungsaufträge, die der Amtskasse übergeben oder übersandt werden, einzutragen.

(3) Beamtenschecke sind in einem besonderen Abschnitte nachzuweisen.

(3) Das Schecküberwachungsbuch führt der Kassenleiter oder, wenn der Umfang der Geschäfte es erfordert, ein von ihm zu bestimmender Beamter der Amtskasse.

§ 121

Stundungsüberwachungsbuch

(1) Das Stundungsüberwachungsbuch ist in einfachster Form zu führen. Es muß enthalten: die Bezeichnung des Einzahlungspflichtigen, die Höhe des zu entrichtenden Betrags, bei gestundeten Einzahlungen den Tag, an dem die Stundungsfrist abläuft, sowie Hinweise auf die anordnende Verfügung und die Bezeichnung und die Nummer des Zeitbuchs, unter der die Einzahlung gebucht worden ist. Das Stundungsüberwachungsbuch darf auf Weisung des Kassenleiters für mehrere Jahre und auch in Karteiform geführt werden.

(2) Das Stundungsüberwachungsbuch führt ein vom Kassenleiter zu bestimmender Beamter der Amtskasse.

§ 122 (Aufschubbuch)

§ 123.

Auftragsbuch (§ 71 RKO.)

(1) Bei Amtskassen, die Auftragseinzahlungen laufend anzunehmen oder Auftragsauszahlungen laufend zu leisten haben, darf hierüber auf Weisung des Kassenleiters ein Auftragsbuch nach Muster 48 geführt werden.

(2) Im Auftragsbuche sind Zahlungsaufträge nach den Abschnitten, Kapiteln und Titeln des Reichshaushaltsplans oder der Haushaltspläne der Länder, Gemeinden und sonstigen Körperschaften zu ordnen. Nötigenfalls ist anzugeben, in welcher Weise die Auftragszahlungen einzuziehen oder auszuzahlen sind. In das für einen neuen Zeitabschnitt angelegte Auftragsbuch sind aus dem Auftragsbuche des abgelaufenen Zeitabschnitts die für den neuen Zeitabschnitt geltenden Aufträge sowie die für Zahlungen in dem neuen Zeitabschnitt erforderlichen Vermerke unter gegenseitigem Hinweise zu übernehmen.

(3) Das Auftragsbuch ist zur Erledigung der Aufträge für den abgelaufenen Zeitabschnitt und zum Nachweise der dabei noch eintretenden Veränderungen nach dem Schlusse des vierten Vierteljahrs bis zum Jahresabschluß offen zu halten. Die nicht gezahlten Beträge sind in dem abgeschlossenen Auftragsbuche zu vermerken und nötigenfalls zu erläutern und in das für den neuen Zeitabschnitt angelegte Auftragsbuch einzutragen. In beide Auftragsbücher sind gegenseitige Hinweise aufzunehmen.

(4) Das Auftragsbuch führt der Buchhalter.

4. Abschnitt: Sonstige Bücher

§ 124

Geld- und Werteingangsbuch für den Postverkehr (§ 20 Abs. 2 RKO.)

(1) Das Geld- und Werteingangsbuch für den Postverkehr wird nach Muster 49 geführt. Die Nummern, unter denen die einzelnen Postsendungen in das Buch eingetragen sind, sind von dem Führer des Buches auf den Paketkarten und den Postablieferungsscheinen zu vermerken. Diese sind sodann, nachdem die zur Quittungserteilung berechtigten Beamten darauf Quittung erteilt haben, zusammen mit dem Geld- und Werteingangsbuche der Postanstalt vorzulegen. Die Postanstalt erkennt, soweit es sich nicht um Einschreibsendungen handelt, die richtige Eintragung durch Stempelabdruck in der dafür vorgesehenen Spalte an und händigt die Sendungen aus. Werden die Sendungen nicht abgeholt, sondern zugestellt, so fällt die Anerkennung durch die Postanstalt weg. Nach Eingang der Sendungen bei der Amtskasse hat der Führer des Geld- und Werteingangsbuchs die entsprechenden Spalten auszufüllen.

(2) Alle auf anderem Weg als durch die Post der Amtskasse zugehenden Geld- und Wertsendungen sowie gewöhnliche Pakete und Briefe, die Zahlungsmittel oder Wertgegenstände enthalten, sind in einen besonderen Abschnitt des Geld- und Werteingangsbuchs aufzunehmen.

(3) Das Geld- und Werteingangsbuch darf auf Weisung des Kassenleiters für mehrere Jahre geführt werden.

(4) Das Geld- und Werteingangsbuch führt der Kassenleiter oder, wenn ein oder mehrere Kassiere bestellt sind, ein Kassier.

§ 125

Stundungsgegenbuch für Postgebühren

(1) Werden der Amtskasse Postgebühren gestundet (z. B. bei Einziehung rückständiger Einzahlungen im Postnachnahmeverfahren), so ist zum Nachweise der gestundeten Postgebühren ein Stundungsgegenbuch nach Muster 50 zu führen. In das Buch sind die Stückzahlen der gleichzeitig aufgelieferten Sendungen, getrennt nach Sendungen im Ortsverkehr und Fernverkehr, einzutragen; es ist der Postanstalt bei jeder Auflieferung zur Ausfüllung der Spalte „Gebührenbetrag" vorzulegen. Das Stundungsgegenbuch darf auf Weisung des Kassenleiters für mehrere Jahre geführt werden.

(2) Das Stundungsgegenbuch für Postgebühren führt ein vom Kassenleiter zu bestimmender Beamter der Amtskasse.

III. Buch: Kassenprüfungen

1. Teil: Allgemeines

§ 126

Art und Zweck der Kassenprüfungen (§ 82 RKO.)

(1) Bei den Amtskassen sind ordentliche und außerordentliche Kassenprüfungen vorzunehmen.

(2) Zweck der Kassenprüfungen ist, zu ermitteln, ob der Kassenbestand mit dem Ergebnisse der Eintragungen in den Zeitbüchern übereinstimmt, ob die Bücher richtig geführt sind, insbesondere die Eintragungen in den Sachbüchern denen in den Zeitbüchern entsprechen, ob die erforderlichen Belege vorhanden und ob im übrigen die Kassengeschäfte ordnungsgemäß erledigt sind.

(3) Die Kassenprüfungen sind beschleunigt und möglichst ohne Unterbrechung durchzuführen.

§ 127.

Zahl (§ 83 RKO.).

Ordentliche Kassenprüfungen sind alle zwei Monate einmal, außerordentliche Kassenprüfungen jährlich einmal vorzunehmen. Hat in dem Zeitabschnitte, in dem eine ordentliche Kassenprüfung vorzunehmen ist, eine außerordentliche Kassenprüfung stattgefunden, so darf von der Vornahme der ordentlichen Kassenprüfung abgesehen werden, falls nicht besondere Gründe für die Vornahme einer nochmaligen Kassenprüfung vorliegen; das gleiche gilt, wenn in dem Zeitabschnitte, in dem eine regelmäßige ordentliche Kassenprüfung noch vorzunehmen ist, eine ordentliche Kassenprüfung aus Anlaß einer Kassenübergabe stattgefunden hat.

§ 128.

Anordnung und Zeitpunkt (§ 84 RKO.).

(1) Die ordentlichen Kassenprüfungen werden von dem Kassenaufsichtsbeamten, die außerordentlichen von dem Vorsteher des Finanzamts oder Hauptzollamts angeordnet. Außerdem kann der Präsident des Landesfinanzamts oder der Reichsminister der Finanzen außerordentliche Kassenprüfungen anordnen, die auf die nach § 127 vorzunehmenden außerordentlichen Kassenprüfungen nicht angerechnet werden dürfen.

(2) = RKO. § 84 Abs. 2.

§ 129

Von der Prüfung umfaßter Zeitraum (§ 86 RKO.)

(1) = RKO. § 86.

(2) Die ordentlichen Kassenprüfungen haben sich auf sämtliche Bücher zu erstrecken, die in dem Zeitraume, den die Kassenprüfung umfaßt, bei der Amtskasse zu führen waren, sowie auf alle Belege, die in diesem Zeitraume Buchungen begründet haben. Müssen Bücher und Belege vor einer ordentlichen Kassenprüfung dem Präsidenten des Landesfinanzamts oder einer sonstigen Stelle eingereicht werden, so sind sie vorher dem Kassenaufsichtsbeamten zur Prüfung vorzulegen. Diese Prüfung gilt dann als Teil der ordentlichen Kassenprüfung.

(3) Die außerordentlichen Kassenprüfungen erstrecken sich nur auf die Bücher und Belege aus dem von der Prüfung umfaßten Zeitraume, die bei der Amtskasse noch vorliegen. Soweit Bücher und Belege bereits dem Präsidenten des Landesfinanzamts oder einer anderen Stelle eingereicht sind, ist ihre Heranziehung zur außerordentlichen Kassenprüfung nicht erforderlich, falls nicht besondere Gründe für die Heranziehung bestehen.

§ 130

Prüfungsbeamte (§ 87 RKO.)

(1) Die ordentlichen Kassenprüfungen sind von dem Kassenaufsichtsbeamten vorzunehmen.

(2) Die außerordentlichen Kassenprüfungen, die von dem Vorsteher des Finanzamts oder Hauptzollamts angeordnet werden, sind von diesem vorzunehmen, soweit nicht der Reichsminister der Finanzen im einzelnen Falle zuläßt, daß an seiner Stelle ein anderer Beamter die Prüfung vornimmt. Hat der Präsident des Landesfinanzamts oder der Reichsminister der Finanzen eine außerordentliche Kassenprüfung angeordnet, so bestimmt er, welcher Beamter die Prüfung vorzunehmen hat, und erteilt diesem einen schriftlichen Prüfungsauftrag. Der Prüfungsauftrag ist von dem mit der Prüfung beauftragten Beamten vor Beginn der Kassenprüfung dem Vorsteher des Amtes vorzulegen.

(3) Wenn es der Umfang der Prüfungsgeschäfte erfordert, sind dem Prüfungsbeamten durch den Vorsteher des Finanzamts oder Hauptzollamts andere Beamte, die nicht Beamte der Amtskasse sein dürfen, beizugeben; diese haben ihn nach seinen Weisungen bei der Vornahme der Kassenprüfung zu unterstützen. Hat der Präsident des Landesfinanzamts oder der Reichsminister der Finanzen eine außerordentliche Kassenprüfung angeordnet, so gibt er auch die erforderlichen Wei-

sungen über die Zuteilung von Beamten zur Unterstützung des Prüfungsbeamten.

2. Teil: Ordentliche Kassenprüfungen.

§ 131.

Vorarbeiten der Amtskasse (§ 88 RKO.).

(1) Vor Beginn der ordentlichen Kassenprüfung haben die Kassenbeamten die Zeitbücher abzuschließen. Die Schlußsummen der einzelnen Spalten des Hauptbuchs sind in einen Kassenbestandsausweis nach Muster 51 zu übernehmen. In diesem ist der Kassensollbestand zu ermitteln. Die Eintragungen in den Kassenbestandsausweis sind mit Tinte gemäß § 88 Abs. 1 vorzunehmen.

(2) Der Kassenleiter hat sodann den Kassenbestand zu ermitteln und getrennt nach Bargeld, etwa zum Kassenbestande gerechneten Postwertzeichen, Schecken, Postscheck- und Reichsbanküberweisungsaufträgen und nach den Guthaben der Amtskasse beim Postscheckamte, bei der Reichsbank und sonstigen Geldanstalten im Kassenbestandsausweise darzustellen.

(3) Sind in der Zeit zwischen dem Abschluß und der Ermittelung des Kassenbestandes Zahlungen bewirkt worden, so ist unter Hinzusetzung des Vermerkes „Summe zur Kassenprüfung" die Summe dieser Zahlungen in den einzelnen Zeitbüchern und Tagesnachweisungen zu bilden und unter Angabe des betreffenden Zeitbuchs im Kassenbestandsausweise darzustellen.

(4) Der Kassenleiter hat den Kassenbestandsausweis zu vollziehen und dem Prüfungsbeamten zu übergeben.

(5) Die Belege sind nach den Eintragungen in den Zeitbüchern und Tagesnachweisungen geordnet bereit zu halten. Begründen Zahlungsbelege gleichzeitig die Buchung von Einzahlungen und Auszahlungen, so sind sie zu den Auszahlungsbelegen zu nehmen.

§ 132.

Prüfung des Kassenbestandes (§ 89 RKO.).

(1) Bei Beginn der ordentlichen Kassenprüfung hat der Prüfungsbeamte zu prüfen, ob der in dem Kassenbestandsausweise nach § 131 Abs. 2 dargestellte Kassenbestand vorhanden ist. Er hat hierzu die Zahlungsmittel nachzuzählen und auf ihre Echtheit und Vollständigkeit, bei Münzen und Geldscheinen auch auf ihre Umlauffähigkeit zu achten. Sind Münzen ordnungsgemäß verpackt (Anlage 9), so genügt es, wenn stichprobenweise einzelne Beutel oder Rollen geöffnet und nachgezählt, andere auf richtiges Gewicht nachgeprüft werden. Soweit Wertbriefe oder an die Amtskasse gerichtete

Wertpakete oder Einschreibsendungen noch nicht geöffnet oder Postanweisungen noch nicht eingelöst sind, hat der Prüfungsbeamte sie in der Kassenprüfungsniederschrift (§ 142) einzeln aufzuführen.

(2) Der Prüfungsbeamte hat die in dem Kassenbestandsausweis angegebenen Guthaben der Amtskasse bei der Reichsbank und sonstigen Geldanstalten von diesen bestätigen zu lassen. Aus der Bestätigung muß zu ersehen sein, wie hoch das Guthaben zu dem letzten in Frage kommenden, genau zu bezeichnenden Zeitpunkte gewesen ist. Die Richtigkeit des Guthabens beim Postscheckamt ist auf Grund der Kontoauszüge des Postscheckamts zu prüfen.

(3) Nach Feststellung des Kassenbestandes hat der Prüfungsbeamte die Kassenbeamten zu einer Erklärung darüber aufzufordern, ob sie noch andere zur Amtskasse gehörige Zahlungsmittel hinter sich haben, und sich davon zu überzeugen, daß weitere Zahlungsmittel im Kassenbehälter nicht vorhanden sind. Hierauf ist der Kassenbestandsausweis mit einem Prüfungsvermerke zu versehen.

(4) Der Prüfungsbeamte darf die Prüfung des Kassenbestandes den ihm beigegebenen Beamten nicht übertragen.

§ 133

Prüfung der Buchungen und Belege (§ 90 RKO.)

(1) Der Prüfungsbeamte hat die einzelnen Buchungen in den Zeitbüchern und Tagesnachweisungen auf Grund der Belege, und zwar die Einzahlungsbuchungen stichprobenweise, die Auszahlungsbuchungen sämtlich zu prüfen. Bei der Prüfung der Auszahlungsbuchungen ist darauf zu achten, daß dieselben Auszahlungen nicht doppelt gebucht und das eine Mal durch die Quittung des Empfängers, das andere Mal durch eine Bescheinigung gemäß § 52 belegt sind. Ist eine Auszahlung durch eine Bescheinigung nach § 52 belegt, so ist deren Richtigkeit an Hand der Lastschriftzettel oder sonstiger Unterlagen zu prüfen. Die Prüfung der einzelnen Buchungen in den Sach- und Hilfsbüchern ist nach Maßgabe der §§ 135, 136 vorzunehmen.

(2) Der Prüfungsbeamte hat die Einzahlungsbelege stichprobenweise, die Auszahlungsbelege sämtlich darauf zu prüfen, ob sie in der Form den ergangenen Bestimmungen entsprechen. Ergeben sich bei der Prüfung gegen den sachlichen Inhalt eines Belegs Bedenken, so ist eine entsprechende Prüfungsbemerkung in die Kassenprüfungsniederschrift (§ 142) aufzunehmen.

(3) Belege, die bis zum Schlusse der Kassenprüfung nicht vorgelegt werden können und die auch nicht gemäß § 129 Abs. 2 Satz 2, 3 dem Prüfungsbeamten bereits früher zur

Prüfung vorgelegen haben, müssen nachträglich beigebracht und geprüft werden. In die Kassenprüfungsniederschrift ist ein entsprechender Vermerk aufzunehmen. Bei Einzahlungsbelegen darf der Prüfungsbeamte von der nachträglichen Beibringung und Prüfung absehen, wenn nicht im einzelnen Falle besondere Gründe eine Prüfung notwendig erscheinen lassen.

§ 134.

Prüfung der Gesamtergebnisse der Bücher (§ 91 RKO.).

(1) Nach Prüfung der einzelnen Buchungen in den Zeitbüchern und Tagesnachweisungen und der Belege hat der Prüfungsbeamte zu prüfen, ob die Tagesnachweisungen und Vorbücher zum Hauptbuche richtig aufgerechnet, die Summen der Tagesnachweisungen in das Hauptbuch oder die Vorbücher und die Summen der Vorbücher in das Hauptbuch richtig übernommen sind und das Hauptbuch richtig aufgerechnet ist. Bei der Aufrechnung der Zeitbücher und Tagesnachweisungen ist besonders darauf zu achten, daß die Spaltensummen einer Seite auf die andere Seite mit den richtigen Beträgen und in die richtigen Spalten übertragen sind.

(2) Der Prüfungsbeamte hat zu prüfen, ob das nach § 131 in dem Kassenbestandsausweise nachgewiesene Ergebnis des Abschlusses des Hauptbuchs mit dem Hauptbuch übereinstimmt und der angegebene Kassensollbestand richtig ist. Er hat ferner zu prüfen, ob der durch die Prüfung festgestellte Kassensollbestand mit dem Kassenbestand übereinstimmt. Ergibt sich ein Kassenfehlbetrag oder Kassenüberschuß, so ist sinngemäß nach § 100 zu verfahren.

(3) Der Prüfungsbeamte hat zu prüfen, ob die Sachbücher, soweit sie fortlaufend aufgerechnet werden, bei dem der ordentlichen Kassenprüfung vorangegangenen Abschlusse richtig aufgerechnet sind und zu diesem Zeitpunkte mit dem Ergebnisse des Hauptbuchs übereingestimmt haben.

(4) Der Prüfungsbeamte darf die in Abs. 2 vorgesehene Prüfung den ihm beigegebenen Beamten nicht übertragen.

§ 135.

Prüfung der Sachbücher (§ 91 Abs. 3, § 93 Abs. 1 RKO.).

(1) Der Prüfungsbeamte hat zu prüfen, ob die Haushalts- und sonstigen Einnahmen und Ausgaben, soweit sie zum Soll zu stellen sind, im Titelbuch in der den Annahme- und Auszahlungsanordnungen entsprechenden Ordnung und Höhe richtig zum Soll stehen und ob die Haushalts- und sonstigen Einnahmen und Ausgaben sowie die sonstigen Zahlungen

rechtzeitig und vollständig erhoben und geleistet sind. Ist eine Stundung von der Leistung einer Sicherheit abhängig gemacht, so ist zu prüfen, ob die erforderliche Sicherheit vorhanden ist.

(2) Wird das Titelbuch in Form von Sollbüchern (Sollkarteien) geführt, so ist die Richtigkeit der Eintragungen in den Sollspalten an Hand der Steuerliste oder sonstigen Unterlagen, die Richtigkeit der Eintragungen in den Istspalten an Hand der Eintragungen in den Einnahmebüchern und Tagesnachweisungen zu prüfen.

(3) Bei der Prüfung des Hinterlegungsbuchs und des Vorschußbuchs hat sich der Prüfungsbeamte davon zu überzeugen, ob die Buchung der einzelnen Zahlungen als Hinterlegungen oder Vorschüsse erforderlich war und ob die Hinterlegungen und Vorschüsse so bald wie möglich abgewickelt werden.

(4) Bei der Prüfung des Abrechnungsbuchs ist darauf zu achten, daß die Kassenbestandsverstärkungen richtig in das Hauptbuch übernommen und daß alle den zulässigen Kassenbestand übersteigenden Beträge und bei Auftragsauszahlungen die Auszahlungsbelege rechtzeitig abgeliefert worden sind.

(5) Die Prüfung nach Abs. 1, 2 darf auf Stichproben beschränkt werden. Der Prüfungsbeamte darf die Prüfung nach Abs. 4 den ihm beigegebenen Beamten nicht übertragen.

§ 136.

Prüfung der Hilfsbücher (§ 90 Abs. 2 RKO.).

(1) Bei der Prüfung der Hilfsbücher hat sich der Prüfungsbeamte davon zu überzeugen, ob die Hilfsbücher, soweit sie aufgerechnet werden, richtig aufgerechnet sind und ob die Ergebnisse der Eintragungen in den Hilfsbüchern mit den Eintragungen in dem Hauptbuch oder den Vorbüchern dazu oder den Tagesnachweisungen übereinstimmen.

(2) In den Kontogegenbüchern ist der Bestand zu ermitteln und zu prüfen, ob er mit den Kontoauszügen des Postscheckamts und den Bescheinigungen der Geldanstalten gemäß § 132 Abs. 2 übereinstimmt. Ferner ist zu prüfen, ob die Scheck- und Überweisungshefte vollständig sind und ihnen nicht mehr Vordrucke entnommen als Schecke und Überweisungsaufträge in die Kontogegenbücher eingetragen sind. Unbrauchbar gewordene Vordrucke müssen entweder noch bei der Amtskasse vorhanden sein oder vor der Rückgabe dem Prüfungsbeamten gemäß Anlage 6 § 10, Anlage 11 § 6 vorgelegen haben.

(3) Bei der Prüfung des Scheküberwachungsbuchs ist insbesondere darauf zu achten, daß nur solche Schecke angenommen sind, die nach den Bestimmungen der Anlage 2 angenommen werden dürfen und daß alle angenommenen Schecke unverzüglich zur Einlösung weitergegeben worden

sind. Ferner ist zu prüfen, ob bei sämtlichen eingetragenen Schecken die Spalte 8 ausgefüllt ist und die Eintragungen im Schecküberwachungsbuche mit den Eintragungen in den in Spalte 8 bezeichneten Büchern im Einklange stehen, sowie ob bei verzögerter Einlösung von Schecken die Bestimmungen über die Erhebung von Zinsen beachtet sind.

(4) Beim Stundungsüberwachungsbuch ist zu prüfen, ob alle darin eingetragenen Beträge rechtzeitig eingezahlt sind, oder ob wegen ihrer Einziehung das Erforderliche veranlaßt ist; § 135 Abs. 1 letzter Satz findet Anwendung.

(5) Bei der Prüfung der Aufschubbücher hat sich der Prüfungsbeamte zu überzeugen, ob die fälligen Beträge rechtzeitig eingezahlt, Vorauszahlungen von Teilbeträgen (§ 14 Abs. 1 StundO.) in der erforderlichen Höhe geleistet und auf den Aufschubanerkenntnissen abgeschrieben sind, und ob die ausstehenden Aufschubbeträge die Aufschubsummen nicht übersteigen. Die Aufschubanerkenntnisse sind daraufhin zu prüfen, ob sie den Bestimmungen entsprechen; § 135 Abs. 1 letzter Satz findet sinngemäß Anwendung. Bei Zollkassen, die keine Aufschubbücher führen, ist zu prüfen, ob die Empfangsbescheinigungen der Zollkasse, der die Aufschubanerkenntnisse übersandt worden sind, und die etwa noch vorhandenen Aufschubanerkenntnisse mit den nachrichtlichen Eintragungen in den Einnahmebüchern über die Höhe der Aufschubbeträge im Einklange stehen.

(6) Die Prüfung nach Abs. 1 zweiter Halbsatz, Abs. 3 bis 5 darf auf Stichproben beschränkt werden.

§ 137

Prüfung der sonstigen Bücher (§ 90 Abs. 2 RKO.)

(1) Bei der Prüfung des Geld- und Werteingangsbuchs für den Postverkehr hat sich der Prüfungsbeamte davon zu überzeugen, ob der weitere Verbleib der eingetragenen Sendungen richtig nachgewiesen ist. Ferner ist darauf zu achten, daß die Postanstalt gemäß § 124 die richtige Eintragung der Wertbriefe und Wertpakete anerkannt hat.

(2) Die Eintragungen in das Stundungsgegenbuch für Postgebühren sind daraufhin zu prüfen, ob sie mit den monatlichen Abrechnungen der Post über gestundete Postgebühren übereinstimmen.

§ 138

Prüfung der Wertgegenstände

(1) Der Prüfungsbeamte hat den Bestand, die Kennzeichnung und die Aufbewahrung der Wertpapiere, der wie Wertpapiere zu behandelnden Urkunden, der Kostbarkeiten und der sonstigen als Hinterlegung zu behandelnden Sachen zu prüfen, und zwar den Bestand an Hand des Hinterlegungsbuchs, Teil-

band „Wertgegenstände", gegebenenfalls an Hand der in Anlage 13 § 2 genannten Bücher. Bei Wechseln und sonstigen Urkunden, die der Versteuerung unterliegen, ist darauf zu achten, daß sie ordnungsgemäß versteuert sind, bei Wechseln auch darauf, daß die Vorlagefrist innegehalten wird. Wenn zu Wertpapieren Zinsscheine, Gewinnanteilscheine oder Erneuerungsscheine gehören, hat der Prüfungsbeamte sich davon zu überzeugen, ob sie, soweit erforderlich, vorhanden sind und getrennt von den Haupturkunden sicher verwahrt werden. Die Prüfung muß bei der ersten ordentlichen Kassenprüfung im Rechnungsjahr und bei einer nach § 13 Abs. 1 vorgenommenen Kassenprüfung vollständig sein. Bei den übrigen Kassenprüfungen darf sie auf Stichproben beschränkt werden.

(2) Die Bestände an Wertzeichen sind auf Grund des Wertzeichenein- und -auslieferungsbuchs und der für die Tabak- und Schaumweinsteuer geführten Steuerzeichenbücher nachzuzählen. Die Bücher sind in den Abschnitten „Einlieferung" und „Auslieferung" aufzurechnen; sofern es der Prüfungsbeamte für erforderlich erachtet, ist ein besonderer Abschluß zu fertigen. Der in den Büchern nachgewiesene anderweite Abgang an Wertzeichen ist nach den zugehörigen Belegen im einzelnen zu prüfen. Es ist ferner zu prüfen, ob die Eintragungen in den genannten Büchern im Abschnitt „Einlieferung" mit den zweiten Ausfertigungen der Verschreibungen über diese Wertzeichen im Einklange stehen. Soweit sich Wertzeichen noch in ungeöffneten Packungen befinden oder in Paketen, die eine Bescheinigung des Kassenaufsichtsbeamten über ihren Inhalt tragen, eingesiegelt sind, darf der angegebene Inhalt als richtig angenommen werden, wenn die Verpackung und ihr Verschluß unverletzt sind. Der Prüfungsbeamte hat auch darauf zu achten, daß der Bestand an Wertzeichen den Bedarf nicht übersteigt. Die Prüfung muß bei der ersten ordentlichen Kassenprüfung im Rechnungsjahre vollständig sein, ebenso bei einer nach § 13 Abs. 1 vorgenommenen Kassenprüfung insoweit, als der Kassenleiter mit der Entgegennahme, Verwaltung und Auslieferung von Wertzeichen betraut ist. Im übrigen darf die Prüfung auf Stichproben beschränkt werden. In diesem Falle sind die nachgezählten Sorten in der Kassenprüfungsniederschrift anzugeben und vom Prüfungsbeamten in den Büchern durch Beisetzung seines Namenszeichens kenntlich zu machen.

(3) Auf die Prüfung der verkäuflichen Vordrucke findet Abs. 2 mit der Maßgabe Anwendung, daß die Prüfung nur bei zwei ordentlichen Kassenprüfungen im Rechnungsjahre vorgenommen zu werden braucht und auf Stichproben beschränkt werden darf.

(4) Der Prüfungsbeamte darf die im Abs. 1 vorgesehene Prüfung den ihm beigegebenen Beamten nicht übertragen.

§ 139

Zeichnung der Bücher und Belege (§ 92 RKO.).

(1) Der Prüfungsbeamte oder die ihm beigegebenen Beamten haben in den von ihnen geprüften Büchern zu vermerken, daß und an welchem Tage diese geprüft worden sind. Die geprüften Belege sind mit den Namenszeichen zu versehen.

(2) Der Prüfungsvermerk ist in den Zeitbüchern, Tagesnachweisungen und in §§ 117 bis 120 und in Anlage 4 § 4 aufgeführten Hilfsbüchern neben die letzte Eintragung oder darunter, in den Sachbüchern und in den übrigen Hilfsbüchern auf die erste Seite zu setzen.

§ 140

Sonstige Obliegenheiten des Prüfungsbeamten (§ 93 RKO.)

(1) Der Prüfungsbeamte hat sich davon zu überzeugen, ob auch im übrigen die Kassengeschäfte ordnungsgemäß erledigt sind, ob insbesondere die Bücher den Bestimmungen der §§ 87, 88 entsprechend und von denjenigen Beamten geführt werden, denen die Führung durch diese Amtskassenordnung übertragen worden ist. Er hat zu prüfen, ob die Aushänge nach § 35 Abs. 2 an gut sichtbaren Stellen und in der erforderlichen Zahl angebracht worden sind und, sofern Bücher in Karteiform oder Loseblattbücher geführt werden, ob die Schlüssel zu den Karteischränken oder den Buchrücken der Loseblattbücher vorhanden sind.

(2) Werden bei der Amtskasse Sollkarteien geführt, so hat der Prüfungsbeamte zu prüfen, ob die den einzelnen Kassenbeamten übergebenen Sollkarten vollzählig vorhanden sind.

(3) Er hat ferner festzustellen, ob die für die Sicherheit der Amtskasse getroffenen Maßnahmen ausreichen, ob sich die Verschlußeinrichtungen der Kassenbehälter und die sonstigen zum Schutze der Amtskasse getroffenen Einrichtungen in gutem Zustande befinden und ob die Schlüssel zu den Kassenbehältern sämtlich vorhanden und die für ihre Aufbewahrung getroffenen Bestimmungen beachtet sind.

(4) Waren in der Zeit seit der letzten Kassenprüfung für einen abgelaufenen Zeitabschnitt geführte Sach- oder Hilfsbücher abzuschließen, aus denen Angaben in die für den neuen Abschnitt angelegten Bücher zu übernehmen waren, so hat der Prüfungsbeamte zu prüfen, ob die Angaben richtig übertragen worden sind und die Prüfung in den Büchern des neuen Zeitabschnitts unter den Übertragungen zu bescheinigen.

(5) Der Prüfungsbeamte hat festzustellen, ob die in der Niederschrift über die vorangegangene ordentliche Kassenprü-

fung enthaltenen Prüfungsbemerkungen erledigt sind oder welche Hinderungsgründe der Erledigung entgegenstehen.

(6) Der Prüfungsbeamte hat zu prüfen, ob die Geldanstalten, an die die Amtskasse angeschlossen ist, die Amtskasse von den Gutschriften alsbald benachrichtigt haben sowie ob im Falle einer verspäteten Benachrichtigung die Bestimmungen über die Erhebung von Zinsen beachtet sind.

(7) Der Prüfungsbeamte hat sich davon zu überzeugen, ob die zweiten Ausfertigungen der Quittungen, die an den mit der Verwaltung der Quittungsblöcke betrauten Beamten zurückgelangt sind, blockweise gebündelt und vollzählig vorhanden sind. Ebenso hat er festzustellen, ob die Stämme aller verbrauchten Blöcke für Kraftfahrzeugsteuerkarten an den mit ihrer Verwaltung betrauten Beamten zurückgelangt sind, ob der Stamm jeder Karte eine Sollbuchnummer trägt und ob die Karte unter dieser in das Sollbuch eingetragen ist.

(8) Die Prüfung nach Abs. 2, 6, Abs. 7 erster Satz darf auf Stichproben beschränkt werden. Die Prüfung nach Abs. 3, 5 darf der Prüfungsbeamte den ihm beigegebenen Beamten nicht übertragen.

§ 141

Laufende Vornahme von Prüfungsarbeiten (§ 94 RKO.)

Die in den §§ 133—140 genannten Arbeiten dürfen, soweit es zweckmäßig ist, in dem zwischen zwei Kassenprüfungen liegenden Zeitraume vorgenommen werden.

§ 142

Kassenprüfungsniederschrift (§ 95 RKO.)

(1) und (2) = RKO. § 95 Abs. 1 und 2.

(3) Die Kassenprüfungsniederschrift ist bei den Finanzkassen dem Vorsteher des Finanzamts, sofern dieser nicht selbst die Kassenprüfung vorgenommen hat, bei den Zollkassen dem Vorsteher des Hauptzollamts vorzulegen.

(4) In jedem Rechnungsjahre sind dem Präsidenten des Landesfinanzamts die Niederschriften über zwei ordentliche Kassenprüfungen, die dieser von Fall zu Fall bezeichnet, vorzulegen.

3. Teil: Außerordentliche Kassenprüfungen

§ 143

Allgemeine Bestimmungen (§ 96 RKO.)

Für die außerordentlichen Kassenprüfungen gelten die §§ 132—140 und 142 Abs. 1, 2 sinngemäß mit der Maßgabe, daß Auszahlungsbelege, die nach § 129 Abs. 3 Satz 1 der Prüfung unterliegen, aber bis zum Schlusse der Kassenprüfung nicht vorgelegt werden können, in der Kassenprüfungsniederschrift aufzuführen sind. Soweit die Prüfung nach den §§ 135, 136, 138 und 140 auf Stichproben beschränkt werden darf, sind für die Zeit seit der letzten vorangegangenen Kassenprüfung Stichproben in erheblicher Zahl vorzunehmen. Für den vor der vorangegangenen ordentlichen Kassenprüfung liegenden Zeitraum darf die Prüfung auch insoweit auf einzelne Stichproben beschränkt werden, als eine stichprobenweise Prüfung sonst nicht zugelassen ist. Die in § 131 genannten Arbeiten sind bei Beginn der außerordentlichen Kassenprüfung auszuführen; der Kassenleiter hat den Kassenbestand in Gegenwart des Prüfungsbeamten zu ermitteln und in dem Kassenbestandsausweise darzustellen. Der Kassenprüfungsniederschrift über die außerordentliche Kassenprüfung ist eine Aufstellung über die nicht abgewickelten Hinterlegungen (mit Ausnahme der Wertgegenstände) und Vorschüsse nach Muster 53 beizufügen. Die Niederschrift ist dem Präsidenten des Landesfinanzamts unverzüglich vorzulegen. Die Erledigung der Prüfungsbemerkungen darf dadurch nicht verzögert werden.

§ 144

Verbindung mit Geschäftsprüfungen

Mit den außerordentlichen Kassenprüfungen dürfen Geschäftsprüfungen verbunden werden.

4. Teil: Kassenprüfungen durch den Rechnungshof des Deutschen Reichs

§ 145 = RKO. § 97

IV. Buch: Schlußbestimmungen

§ 146

Sonderbestimmungen bei Verwendung von Buchungsmaschinen

Soweit die „Dienstanweisungen für die Verwendung von Buchungsmaschinen" Sonderbestimmungen enthalten, treten diese an die Stelle der entsprechenden Bestimmungen der Amtskassenordnung.

§ 147 inhaltlich = RKO. § 100

Reichsbetriebe der Reichsabgabenverwaltung

§ 148

Behandlung der verpfändeten Haushaltseinnahmen

Solange ein Teil der Haushaltseinnahmen aus den Zöllen und Verbrauchssteuern auf Grund des Gesetzes über die Londoner Konferenz vom 30. August 1924 (Reichsgesetzbl. II S. 289) verpfändet ist, gelten für die Behandlung dieser Haushaltseinnahmen die Bestimmungen der Anlage 14.

§ 149 = RKO. § 101

Befugnisse des Rechnungshofs

§ 150

Inkrafttreten (§ 102 Abs. 2 RKO.)

Die Amtskassenordnung der Reichsabgabenverwaltung tritt am 1. April 1928 in Kraft.

Berlin, den 12. März 1928.

Der Reichsminister der Finanzen

In Vertretung

Popitz.

Anlage 1
(§ 5 AKO)

Bestimmungen
über die Errichtung von Zahlstellen, ihre Aufgaben und die Erledigung ihrer Geschäfte

1. Abschnitt: Errichtung und Aufgaben

§ 1

Errichtung

(1) Zahlstellen können errichtet werden, wenn es geboten erscheint, der Bevölkerung die Entrichtung von Einzahlungen an einer anderen Stelle als der Amtskasse zu ermöglichen, oder wenn es die Belange der Amtskasse erfordern, Auszahlungen an anderer Stelle als in der Amtskasse zu leisten. Mit der Verwaltung von Zahlstellen sind geeignete Einzelpersonen, Dienststellen des Reichs, der Länder oder sonstiger öffentlich-rechtlicher Körperschaften oder Geldanstalten zu betrauen.

(2) Mit der in Aussicht genommenen Stelle ist vom Präsidenten des Landesfinanzamts ein Vertrag über die Übernahme der Zahlstelle zu schließen.

§ 2

Arten der Zahlstellen

(1) Zahlstellen können

1. als Kassenhilfsstellen für die zuständige Amtskasse auf Grund einer ihnen von dieser übersandten Sollnachweisung (Einhebeliste) Einzahlungen annehmen und Auszahlungen auf Grund von Auszahlungsanordnungen leisten oder
2. als Annahmestellen Einzahlungen von Einzahlungspflichtigen, die ihnen für die zuständige Amtskasse angeboten werden, ohne Sollnachweisung annehmen.

(2) Kassenhilfsstellen dürfen, wenn die örtlichen Verhältnisse es erfordern, gleichzeitig auch zu Annahmestellen bestellt werden; sie dürfen in Orten, an denen die Amtskasse ihren Sitz hat, nicht errichtet werden.

§ 3

Aufgaben der Kassenhilfsstelle

(1) Die Aufgaben der Kassenhilfsstelle sind:

1. Die Erhebung und Annahme von Einzahlungen für das Reich, das Land, eine Gemeinde oder für sonstige öffentlich-rechtliche Körperschaften auf Grund einer ihr von der für sie zuständigen Amtskasse übersandten Einhebeliste;

2. die Leistung von Auszahlungen auf Grund von Auszahlungsanordnungen;
3. die Anschreibung der Zahlungen und Sammlung der zugehörigen Belege;
4. die sichere Aufbewahrung der eingegangenen Zahlungsmittel und Belege bis zur Abführung;
5. die Abführung der angenommenen Einzahlungen an die für die Entgegennahme der Abführung bestimmte Kasse;
6. die Abrechnung mit der zuständigen Amtskasse.

(2) Über die im Abs. 1 aufgeführten Aufgaben hinaus hat die Kassenhilfsstelle die Pflicht, der zuständigen Amtskasse von allen zu ihrer Kenntnis gelangenden wichtigen Vorfällen, die den Geschäftsbereich der Amtskasse betreffen, auch ohne amtliche Aufforderung Mitteilung zu machen. Dem Ersuchen der Amtskasse um Auskunfterteilung, Anzeigeerstattung usw. hat die Kassenhilfsstelle auch dann zu entsprechen, wenn sie die nach Abs. 1 von ihr zu erledigenden Aufgaben vollständig erfüllt hat. Die Kassenhilfsstelle darf zur Unterstützung des Amtes auch mit der Erledigung von Geschäften, die nicht zum Geschäftskreise der Amtskasse gehören (z. B. mit Beitreibungsgeschäften), betraut werden.

(3) Die Kassenhilfsstelle ist verpflichtet, über alle Angelegenheiten, die ihr bei ihrer Tätigkeit für die Reichsabgabenverwaltung bekannt werden, strengste Verschwiegenheit zu bewahren.

(4) Die Kassenhilfsstelle untersteht dem Vorsteher des Amtes, dem die zuständige Amtskasse angehört, und hat in Kassenangelegenheiten auch den Weisungen des Kassenleiters dieser Amtskasse zu folgen.

§ 4

Aufgaben der Annahmestelle

(1) Die Aufgaben der Annahmestelle sind:

1. Die Annahme von Einzahlungen, die ihr im Rahmen der ihr erteilten Ermächtigung von Einzahlungspflichtigen für die zuständige Amtskasse angeboten werden;
2. die Anschreibung der Einzahlungen in der von der Amtskasse bestimmten Weise;
3. die sichere Aufbewahrung der eingegangenen Zahlungsmittel bis zur Abführung;
4. die Abführung der angenommenen Einzahlungen an die für die Entgegennahme der Abführung bestimmte Kasse;
5. die Abrechnung mit der zuständigen Amtskasse.

(2) Die Annahmestelle ist verpflichtet, über alle Angelegenheiten, die ihr bei ihrer Tätigkeit für die Reichsabgabenverwaltung bekannt werden, strengste Verschwiegenheit zu bewahren. Sie hat in Angelegenheiten, die den Verkehr mit der zuständigen Amtskasse betreffen, den Weisungen des Vorstehers des Amtes und des Kassenleiters zu folgen.

2. Abschnitt: Erledigung der Geschäfte

1. Titel: Erledigung der Geschäfte zwischen Amtskasse und Kassenhilfsstelle

§ 5. (Einhebelisten)

§ 6. (Fristen, Einzahlungstag)

(2) Die Bestimmungen über den Einzahlungstag (§ 36 RKO.) gelten sinngemäß für Einzahlungen bei der Kassenhilfsstelle.

§ 7. (Bekanntgabe des Fälligkeitstags und der Höhe der Schuld)

§ 8

Auszahlungen

(1) Die Kassenhilfsstelle soll nur in Ausnahmefällen und nur insoweit mit der Leistung von Auszahlungen betraut werden, als ihr Mittel aus den von ihr angenommenen Einzahlungen zur Verfügung stehen oder ihr Mittel zu diesem Zwecke besonders zugewiesen sind.

(2) Die Bestimmungen über den Auszahlungstag (§ 46 RKO.) gelten sinngemäß bei Auszahlungen durch die Kassenhilfsstelle.

§ 9

Anschreibung der Zahlungen

(3) Die Kassenhilfsstelle hat neben den Einhebelisten und Nachweisungen über die von ihr angenommenen Einzahlungen und geleisteten Auszahlungen Anschreibungen nach der Zeitfolge in einfachster Form zu führen.

§ 10

Quittung

(1) Die Kassenhilfsstelle hat über jede Einzahlung eine Quittung zu erteilen. Die Bestimmungen des § 37 RKO. finden sinngemäß Anwendung mit der Maßgabe, daß, sofern nicht der Präsident des Landesfinanzamts etwas anderes bestimmt, die Quittung nur in einfacher Ausfertigung auszustellen ist und der Abdruck des Dienststempels wegfällt.

(2) Die Kassenhilfsstelle darf Auszahlungen nur gegen Quittung leisten. Die Bestimmungen der §§ 48—51 RKO. finden sinngemäß Anwendung.

§ 11

Annahme von Schecken (Postscheck- und Reichsbanküberweisungsaufträgen)

(1) Die Kassenhilfsstelle darf Schecke nach Maßgabe der Bestimmungen der Anlage 2 als Zahlungsmittel annehmen. Die Amtskasse hat der Kassenhilfsstelle die Geldanstalten, die die Verpflichtung gemäß § 1 Abs. 1 der Anlage 2 eingegangen sind, bekanntzugeben. Die Schecke müssen auf die zuständige Amtskasse ausgestellt sein; sie sind als Ver-

rechnungsschecke zu kennzeichnen und sofort an die zuständige Amtskasse abzuführen. Dies gilt auch dann, wenn die Kassenhilfsstelle die von ihr angenommenen Einzahlungen an eine andere Kasse als die zuständige Amtskasse abführt (vgl. § 13).

§ 12. (Verspätete Einzahlungen)

§ 13

Aufbewahrung und Abführung der angenommenen Einzahlungen

(1) Die Kassenhilfsstelle hat die angenommenen Einzahlungen sicher aufzubewahren und muß sie bei Prüfungen stets vorweisen können. Die im Laufe des Tages angenommenen Einzahlungen sind, soweit möglich, noch am gleichen Tage, spätestens jedoch am folgenden Werktage, an die zuständige Amtskasse abzuführen. Von der täglichen Abführung kann abgesehen werden, wenn der abzuführende Betrag 20 *RM* nicht erreicht. Zum Abrechnungstage sind die angenommenen Einzahlungen restlos abzuführen. Für die Abführung gelten die Bestimmungen des § 64 AKO. sinngemäß.

(2) Der Präsident des Landesfinanzamts darf bestimmen, daß die Kassenhilfsstelle die angenommenen Einzahlungen mit Ausnahme der Einzahlungen, die mit auf die zuständige Amtskasse ausgestellten Schecken entrichtet sind (§ 11 Abs. 1), unmittelbar an die Oberfinanzkasse oder, soweit es sich um Einzahlungen für ein Land, eine Gemeinde oder eine sonstige Körperschaft handelt, unmittelbar an die Landes-, Gemeinde- oder Körperschaftskasse abführt.

(3) Die Kassenhilfsstelle hat über die täglichen Abführungen eine Nachweisung aufzustellen, die der zuständigen Amtskasse bei der Abrechnung (§ 14) vorzulegen ist.

§ 14. (Abrechnung, Nachprüfung der Einhebelisten)

§ 15

Buchung bei der Amtskasse

(1) Die Amtskasse hat die von der Kassenhilfsstelle vor Rückgabe der Einhebelisten abgeführten Einzahlungen zunächst als Hinterlegung zu behandeln. Nach Eingang der Einhebelisten hat die Amtskasse die Summen der auf die einzelnen Einnahmearten entrichteten Einzahlungen in die Einnahmebücher zu übernehmen. Die Nummern, unter denen die Einzahlungen gebucht sind, hat der Kassier in den Einhebelisten zu vermerken. Alsdann sind die Einhebelisten dem zuständigen Buchhalter zuzuleiten, der die Eintragung der Einzahlungen in die Sachbücher oder sonstigen Unterlagen vorzunehmen oder zu veranlassen und dies in den Einhebelisten ersichtlich zu machen hat.

(2) Führt die Kassenhilfsstelle die angenommenen Einzahlungen an die Oberfinanzkasse oder eine andere Kasse unmittelbar ab, so hat die Amtskasse nach Abs. 1 Satz 2—4 zu verfahren und die Beträge gleich-

zeitig als Ablieferungen an die in Betracht kommende Kasse zu behandeln. In den Überwachungsmitteilungen und im Abrechnungsbuche sind die von der Kassenhilfsstelle abgeführten Beträge als von dieser abgeführt zu kennzeichnen.

(3) Bei der Buchung der Auszahlungen, die von der Kassenhilfsstelle für die Amtskasse geleistet worden sind, sind von dieser die Bestimmungen der §§ 96, 97 AKO. sinngemäß anzuwenden.

§ 16

Prüfung und Haftung

(1) Die Geschäftsführung der Kassenhilfsstelle ist mindestens in jedem Rechnungsjahr einmal durch einen vom Vorsteher des Finanzamts oder Hauptzollamts zu bestimmenden Beamten zu prüfen; bei begründeten Anlässen darf jederzeit eine Prüfung vorgenommen werden. Die Prüfung darf sich nur auf Geschäftsvorgänge erstrecken, die den Verkehr der Kassenhilfsstelle mit der Amtskasse, der Oberfinanzkasse oder der Landes-, Gemeinde- oder Körperschaftskasse betreffen.

(2) In dem mit der Kassenhilfsstelle abzuschließenden Vertrag ist vorzusehen, daß die Kassenhilfsstelle dem Reiche für jeden aus einer nicht ordnungsmäßigen Geschäftsführung entstehenden Schaden Ersatz zu leisten hat.

2. Titel: Erledigung der Geschäfte zwischen Amtskasse und Annahmestelle

§ 17. (Anschreibung, Einzahlungstag)

§ 18

Abführung, Zinsen bei nicht rechtzeitiger Abführung

(1) Die Annahmestelle hat die von ihr im Lauf einer Woche angenommenen Einzahlungen spätestens am ersten Werktage der folgenden Woche unbar an die zuständige Amtskasse abzuführen und zu den von dieser bestimmten Zeitpunkten die nach § 17 aufzustellenden Nachweisungen einzureichen. Die Nachweisungen sind von der Annahmestelle aufzurechnen; die sich ergebende Summe muß mit der Summe der abgeführten Beträge übereinstimmen. Für die Abführung gelten die Bestimmungen des § 64 AKO. sinngemäß.

(2) Der Präsident des Landesfinanzamts darf bestimmen, daß die Annahmestelle die angenommenen Einzahlungen statt an die Amtskasse an die Oberfinanzkasse abführt. In diesem Falle hat die Annahmestelle über die erfolgten Abführungen eine Nachweisung aufzustellen, die der Amtskasse zusammen mit den Nachweisungen über die angenommenen Einzahlungen vorzulegen ist.

(3) Für Einzahlungen, die nicht zu dem in Abs. 1 festgesetzten Zeitpunkt abgeführt sind, hat die Annahmestelle Zinsen nach Maßgabe der

Anweisung für die Berechnung, Erhebung und Verbuchung von Zinsen zu entrichten.

§ 19. (Buchung bei der Amtskasse)

§ 20. (Prüfung und Haftung).

3. Abschnitt: Schlußbestimmung

§ 21

Abweichende Bestimmungen

Wenn die örtlichen Verhältnisse es erfordern, darf der Präsident des Landesfinanzamts mit Zustimmung des Reichsministers der Finanzen Abweichungen von den Bestimmungen dieser Anlage zulassen.

Anlage 2

(§ 20 Abs. 2 AKO)

Bestimmungen

über die Annahme von Schecken und Überweisungs-aufträgen

I. Allgemeine Bestimmungen

§ 1

Voraussetzungen der Annahme, Kennzeichnung der Schecke als Verrechnungsschecke

(1) = RKO. Anl. 1 § 1 Abs. 1.

(2) Wenn besondere örtliche Verhältnisse es erfordern, darf die Amtskasse auch Schecke, die nicht am Sitze der Amtskasse, sondern an unmittelbar benachbarten Orten eingelöst werden können, als Einzahlung annehmen, sofern dadurch die Einlösung den Schecke nicht verzögert wird.

(3) Die Amtskasse darf Schecke, die ein späteres Datum tragen als den Tag, an dem sie der Amtskasse übergeben werden, nicht annehmen; gehen derartige Schecke durch Übersendung ein, so sind sie bis zu dem Tage, dessen Datum sie tragen, nicht als Zahlungsmittel anzusehen, sondern als Wechsel (Wertgegenstände) gemäß § 72 ff. AKO. zu behandeln. In diesem Falle gilt als Einzahlungstag der in dem Scheck als Ausstellungstag angegebene Tag.

(4) Schecke, die so spät eingehen, daß sie innerhalb der zehntägigen Vorlegungsfrist nicht vorgelegt werden können, sind nicht anzunehmen; im Falle der Übersendung sind sie zurückzuschicken.

(5) = § 3 a. a. O. Abs. 2.

(6) = § 1 a. a. O. Abs. 4

(7) Vollziehungsbeamte usw. dürfen Schecke als Einzahlung annehmen, wenn die Voraussetzungen der Abs. 1, 2 erfüllt sind. Den Beamten ist

ein Verzeichnis der Geldanstalten auszuhändigen, die die Verpflichtung gemäß Abs. 1 eingegangen sind. Schecke, die ein späteres Datum tragen als den Tag, an dem sie dem Beamten übergeben werden, sowie Schecke von offenkundig zahlungsunfähigen Einzahlungspflichtigen dürfen nicht angenommen werden. Bestehen über die Zahlungsfähigkeit des Einzahlungspflichtigen Zweifel, so haben die Vollziehungsbeamten usw. vor der Annahme des Schecks auf Kosten des Einzahlungspflichtigen durch Anfrage bei der bezogenen Geldanstalt festzustellen, ob Deckung vorhanden ist. Die Schecke sind von den Beamten sofort als Verrechnungsschecke zu kennzeichnen und nach den Bestimmungen des § 94 Abs. 3 AKO. abzuführen oder gegebenenfalls mittels einfachen Briefes der Amtskasse zu übersenden.

§ 2. (Gegenleistung des Reichs bei Einzahlungen durch Scheck) inhaltlich = RKO. Anl. 1 § 2 Abs. 1

§ 3. (Gegenleistung des Reichs bei von Behörden ausgestellten Schecken und bestätigten Reichsbankschecken) inhaltlich = RKO. Anl. 1 § 2 Abs. 2.

§ 4

Gegenleistung des Reichs bei gesicherten Schecken

Die Gegenleistung des Reichs darf außer im Falle des § 3 vor der Einlösung eines Schecks bewirkt werden, wenn dessen Einlösung dadurch gewährleistet ist, daß der Einzahlungspflichtige für die Schuld, die er durch Hingabe des Schecks abdecken will, Sicherheit geleistet oder für die Einlösung der von ihm ausgestellten Schecke eine besondere Sicherheit bestellt hat (gesicherter Scheck). Im ersten Falle darf die Sicherheit erst nach Einlösung des Schecks freigegeben werden. Zur Leistung einer Sicherheit für die Einlösung von Schecken bedarf es einer Ermächtigung des Vorstehers des Finanzamts oder Hauptzollamts; die Ermächtigung soll nur solchen Einzahlungspflichtigen erteilt werden, die regelmäßig Einzahlungen an die Amtskasse zu entrichten haben.

§ 5

Gegenleistung des Reichs bei begünstigten Schecken

(1) Inländische Gewerbe- und Handeltreibende, die regelmäßig Einzahlungen an die Amtskasse zu entrichten haben, können schriftlich beantragen, daß die Gegenleistung des Reichs auch dann vor Einlösung eines von ihnen ausgestellten Schecks bewirkt wird, wenn weder die Voraussetzungen des § 3 noch die des § 4 erfüllt sind (begünstigter Scheck).

(2) Über den Antrag entscheidet der Vorsteher des Finanzamts oder Hauptzollamts, in dessen Bezirk der Antragsteller seine gewerbliche Niederlassung oder Betriebsstätte hat. Bei der Entscheidung sind die Bestimmungen der Stundungsordnung über die Gewährung von Stundung und Zahlungsaufschub zu beachten. Voraussetzungen für die Begünstigung sind Zuverlässigkeit, Vertrauenswürdigkeit und hinreichende sichere wirt-

schaftliche Lage des Antragstellers. Der Antragsteller hat die Verpflichtung zu übernehmen, unbeschadet des Anspruchs des Reichs auf die Steuern für jeden Schaden aufzukommen, der dem Reich aus der Nichteinlösung der begünstigten Schecke entstehen könnte. Die Ablehnung eines Antrags ist nicht zu begründen.

(3) Ist Gewerbe- oder Handeltreibenden die Begünstigung erteilt, so ist ihre wirtschaftliche Lage ständig zu überwachen. Ergibt sich, daß die Voraussetzungen für die Zulassung der Begünstigung nicht mehr bestehen oder sind von den Begünstigten wiederholt Schecke übergeben worden, für die nicht volle Deckung vorhanden war, so ist die Begünstigung zurückzuziehen. Die Zurücknahme der Begünstigung ist nicht zu begründen. Die Amtskasse ist von der Erteilung und Zurücknahme der Begünstigung zu benachrichtigen.

(4) Den Gewerbetreibenden dürfen auf Weisung des Vorstehers des Finanzamts oder Hauptzollamts Ausweise übergeben werden, aus denen hervorgeht, daß sie zur Abgabe begünstigter Schecke berechtigt sind. Sind derartige Ausweise ausgestellt, so müssen sie bei der Abgabe der Schecke vorgelegt werden.

§ 6

Buchung der Schecke

Die Amtskasse hat alle angenommenen Schecke im Scheckübeiwachungsbuche (§ 120 AKO.) einzeln zu buchen.

§ 7

Vorlage von Schecken

(1) Nach der Buchung im Schecküberwachungsbuche hat die Amtskasse die angenommenen Schecke unverzüglich der bezogenen Geldanstalt oder, wenn für die Einlösung von Schecken eine besondere Abrechnungsstelle oder eine ähnliche Stelle am Sitze der Amtskasse eingerichtet ist, dieser vorzulegen. Eine sonstige Weitergabe von Schecken durch die Amtskasse ist untersagt, es sei denn, daß die Amtskasse auf Grund besonderer Bestimmungen Schecke angenommen hat, die auf die Oberfinanzkasse ausgestellt sind. Diese Schecke sind unverzüglich an die Oberfinanzkasse weiterzuleiten.

(2) Auf Postschecken hat die Amtskasse vor der Vorlegung beim Postscheckamte, sofern es nicht bereits von dem Einzahlungspflichtigen geschehen ist, hinter dem Bestimmungsorte die Nummer des Postscheckkontos der Amtskasse und das Postscheckamt anzugeben, bei dem das Konto geführt wird. Ferner hat die Amtskasse sowohl bei Postschecken wie auch bei Postschecküberweisungsaufträgen bei der Einsendung an das für den Aussteller zuständige Postscheckamt auf der Vorderseite oben unter der Kontobezeichnung noch zu vermerken „Vom Empfänger eingesandt".

(3) Werden der Reichsbank Schecke zur Einlösung vorgelegt, so ist auf die Rückseite der Vermerk „Durch Reichsbankabrechnung erhalten" unter Beidrückung des Dienststempels zu setzen. Der Vermerk darf nicht unterschrieben werden.

(4) Der mit der Vorlage der Schecke bei der Geldanstalt betraute Beamte hat in der dafür vorgesehenen Spalte des Schecküberwachungsbuchs zu bescheinigen, daß ihm die Schecke zur Einlösung übergeben worden sind.

(5) Werden Schecke nicht eingelöst, so gilt die Einzahlung als nicht entrichtet.

§ 8

Kosten

Die Amtskasse hat Kosten, die durch die Einlösung von Schecken entstehen, vorschußweise als Auszahlung zu buchen und von dem Einzahlungspflichtigen wieder einzuziehen. Der Betrag ist in der dafür vorgesehenen Spalte des Schecküberwachungsbuchs zu vermerken. Ist der Betrag entrichtet, so ist dies durch Hinzusetzen der Nummer, unter der der Betrag im Vorschußbuche gebucht ist, in der Vermerkspalte kenntlich zu machen.

§ 9. (Mitteilung beim Abhandenkommen von Schecken) = RKO. Anl. 1 § 5

§ 10. (Postscheck- und Reichsbanküberweisungsaufträge) inhaltlich = RKO. Anl. 1 § 6

II. Bestimmungen über die Annahme von Beamtenschecken

Für die Annahme und Behandlung von Beamtenschecken gelten die besonders erlassenen Bestimmungen.

Anlage 3
(§ 23 Abs. 1 AKO)

Gesetzliche und gesetzlich zugelassene Zahlungsmittel

§ 1. (Begriff) = RKO. Anl. 4 § 1

§ 2. (Annahmepflicht) = RKO. Anl. 4 § 2

§ 3

Gesetzlich zugelassene Zahlungsmittel

Die Amtskasse hat von den gesetzlich zugelassenen Zahlungsmitteln die Rentenbankscheine anzunehmen; die Privatbanknoten sind nur innerhalb des Landes, in dem die ausgebende Privatnotenbank ihren Sitz hat, anzunehmen. Der Präsident des Landesfinanzamts darf zulassen, daß die Amtskassen auch Noten der Privatnotenbank der an den Bezirk des Landesfinanzamts angrenzenden Länder annehmen, wenn die am Sitze der einzelnen Amtskassen liegenden Reichsbankanstalten oder Postanstalten die Noten annehmen.

Anlage 4
(§ 23 Abs 2 AKO)

Bestimmungen über die Bewirkung von Zahlungen in fremden Geldsorten

§ 1

Allgemeine Bestimmungen

(1) Läßt der Präsident des Landesfinanzamts gemäß § 23 Abs. 2 AKO. zu, daß bei einzelnen Amtskassen seines Bezirkes im Grenzverkehr in fremden Geldsorten Einzahlungen angenommen oder Auszahlungen geleistet werden, so sind gleichzeitig die Geldsorten, in denen die Zahlungen bewirkt werden dürfen, anzugeben. Diese Geldsorten gelten alsdann als Zahlungsmittel im Sinne des § 1 Ziffer 23 AKO.

(2) Besteht ein Teil des Kassenbestandes beim Tagesabschluß aus den gemäß Abs. 1 als Zahlungsmittel angenommenen fremden Geldsorten, so sind sie im Anhange zum Hauptbuch in der Vermerkspalte näher zu bezeichnen (z. B. durch den Vermerk: darunter 16 *RM* in 20 Franken).

(3) Hat die Amtskasse fremde Geldsorten nicht als Einzahlung, sondern als Sicherheit angenommen, so gelten die fremden Geldsorten nicht als Zahlungsmittel, sondern als Wertgegenstände; der Hinterleger ist bei der Entgegennahme darauf hinzuweisen, daß sie nicht verzinst werden.

§ 2

Form der Quittung, Buchung der Einzahlungen und Auszahlungen

(1) Hat die Amtskasse Einzahlungen in fremden Geldsorten angenommen, so ist die Quittung auf die fremde Geldsorte, nicht auf Reichsmark auszustellen. Zu diesem Zweck ist der zu entrichtende Betrag zunächst in der Quittung in Reichsmark anzugeben und sodann nach dem letzten bekannten Tageskurs in die fremde Geldsorte umzurechnen. Als Einzahlung ist der in der Quittung angegebene Reichsmarkbetrag zu buchen.

(2) Hat die Amtskasse Auszahlungen in fremden Geldsorten zu leisten, so ist der den Auszahlungen entsprechende, nach dem letzten bekannten Tageskurse zu berechnende Reichsmarkbetrag als Auszahlung zu buchen.

(3) Für die Umrechnung gemäß Abs. 1, 2 ist der Tageskurs desjenigen Ortes maßgebend, in dem die Amtskasse ihren Sitz hat. Der Präsident des Landesfinanzamts darf zulassen, daß Zahlungen anstatt zum Tageskurse zu einem festen, von ihm zu bestimmenden Kurs bewirkt werden.

§ 3

Verwendung der fremden Geldsorten

(1) Als Einzahlung angenommene fremde Geldsorten sind tunlichst bis zum Tagesabschlusse zu verwerten. Die Verwertung darf unterbleiben, wenn die fremden Geldsorten zu Auszahlungen benötigt werden, die der Amtskasse bekannt und in diesen Geldsorten zu leisten sind. In diesem Falle sind die fremden Geldsorten bis zur Höhe des voraussichtlichen Bedarfes — wenn möglich, auf einem bei einer zuverlässigen Geldanstalt anzulegenden Konto — anzusammeln.

(2) Reichen die bei der Amtskasse vorhandenen fremden Geldsorten für die von ihr in diesen Geldsorten zu leistenden Auszahlungen nicht aus, so hat sie den fehlenden Betrag anzuschaffen.

(3) Die Unterlagen über die Anschaffung und die Verwertung werden Belege zum Wertveränderungsbuche (§ 4).

§ 4

Wertveränderungsbuch

(1) Bei Bewirkung von Zahlungen in fremden Geldsorten hat die Amtskasse ein Wertveränderungsbuch nach Muster 54 zu führen. Das Wertveränderungsbuch dient zur Aufzeichnung des Zu- und Abganges an fremden Geldsorten und zur Feststellung der sich bei der Verwertung ergebenden Mehr- oder Minderbeträge gegenüber den als Einzahlung oder Auszahlung gebuchten Reichsmarkbeträgen. Der Zu- und Abgang der fremden Geldsorten ist im Wertveränderungsbuche, wenn Zahlungen bewirkt worden sind, gleichzeitig mit der Buchung der Reichsmarkbeträge (vgl. § 1) und, wenn die Beträge angeschafft oder verwertet worden sind, unverzüglich nach der Anschaffung oder Verwertung einzutragen. Das Wertveränderungsbuch muß stets den Bestand an fremden Geldsorten und den Reichsmarkwert, mit dem sie gebucht worden sind, nachweisen und ist zu jedem Tagesabschluß abzuschließen.

(2) Bei Amtskassen, die einen erheblichen Zahlungsverkehr in fremden Geldsorten haben, dürfen auf Weisung des Vorstehers des Finanzamts oder Hauptzollamts Nachweisungen zum Wertveränderungsbuche geführt werden, aus denen die bewirkten Zahlungen in einer Summe in das Wertveränderungsbuch zu übernehmen sind.

(3) Das Wertveränderungsbuch führt der Kassier.

§ 5

Behandlung der Mehr- und Minderbeträge

Mehr- und Minderbeträge, die sich bei der Verwertung der fremden Geldsorten gegenüber den gebuchten Reichsmarkbeträgen ergeben, sind, wenn die Amtskasse den rechnungsmäßigen Nachweis über vermischte Haushaltseinnahmen und -ausgaben führt, bei diesen zu buchen; andernfalls sind sie als Auftragszahlungen zu behandeln.

Anlage 5
(§ 24 AKO)

Bestimmungen
über den Postscheckverkehr

§ 1. (Antrag auf Eröffnung eines Postscheckkontos) inhaltlich = RKO. Anl. 2 § 1

§ 2. (Antrag auf Überweisung von Postanweisungsbeträgen usw.) inhaltlich = § 3 a. a. O.

§ 3. (Vordrucke, Kosten der Vordrucke)

§ 4

Ausstellung der Überweisungen usw.

Überweisungen, Ersatzüberweisungen, Schecke und Zahlungsanweisungen einschließlich der mit den Überweisungen und Schecken verbundenen Lastschriftzettel müssen entweder durch Druck, mit der Schreibmaschine usw. oder handschriftlich mit Tinte ausgefüllt werden. Die Unterschriften sind handschriftlich mit Tinte oder Tintenstift zu vollziehen.

§ 5

Einzahlungen

(1) Alle im Postscheckwege bei der Amtskasse eingehenden Einzahlungen sind zunächst vom Kassenleiter oder von einem oder mehreren von ihm zu bestimmenden Kassenbeamten (Postscheckstelle) auf dem mit dem Kontoauszug eingehenden Kontrollstreifen abzustreichen. Um ein späteres Auffinden der Zahlkartenabschnitte usw. zu erleichtern, dürfen diese mit Datum und laufender Nummer versehen werden. Sie sind erforderlichenfalls nach Buchhaltereien und sodann nach Gemeinden (Steuerbezirken) und möglichst auch nach den Steuernummern zu ordnen. Das weitere Verfahren richtet sich nach den Bestimmungen des § 93 AKO.

(2) Der sich aus dem Kontoauszug ergebende Gesamtbetrag der Gutschriften ausschließlich der Beträge, die die Amtskasse ihrem eigenen Konto zugeführt hat (Abs. 3), ist in einer Summe in das Postscheckkontogegenbuch zu übernehmen. Der Auszug wird Beleg zum Postscheckkontogegenbuch.

(3) Führt die Amtskasse aus ihrem Barbestande Beträge ihrem eigenen Postscheckkonto zu, so sind diese gleichzeitig mit der Hingabe der Zahlkarte an die Post im Postscheckkontogegenbuche in der Spalte „Gutgeschriebener Betrag" zu buchen.

§ 6

Auszahlungen mit Sammelscheck oder Sammelüberweisung

(1) Die Amtskasse darf Aufträge zu Auszahlungen in Bargeld an mehrere Empfänger mit einem Schecke (Sammelscheck) erteilen; ebenso

dürfen Überweisungsaufträge für mehrere Empfänger in einer Überweisung (Sammelüberweisung) zusammengefaßt werden. Im Sammelscheck oder der Sammelüberweisung ist an der für die Angabe des Empfängers vorgesehenen Stelle der Vermerk „laut Anlage" zu setzen.

(2) Dem Sammelscheck oder der Sammelüberweisung ist ein Verzeichnis beizufügen, in dem die einzelnen Aufträge oder Überweisungen aufzuführen sind. Für jede Eintragung im Verzeichnis ist eine besondere Zahlungsanweisung oder Ersatzüberweisung zu fertigen. Die Schlußsumme des mit Unterschriften zu versehenden Verzeichnisses muß mit dem im Sammelscheck oder der Sammelüberweisung angegebenen Betrag übereinstimmen.

(3) Lastschriftzettel sind von der Amtskasse vorzubereiten. Bei mehreren Aufträgen ist das Verzeichnis zum Sammelscheck oder zur Sammelüberweisung im Durchschreibeverfahren auszufertigen; eine Ausfertigung erhält die Amtskasse mit dem Tagesstempelabdruck des Postscheckamts zurück. Bei im Postscheckwege zu leistenden laufenden Haushaltsausgaben oder sonstigen laufenden Ausgaben dürfen an Stelle des Verzeichnisses zum Sammelscheck oder der Sammelüberweisung Jahresnachweisungen mit Monats- und Vierteljahrsspalten oder einzelne Monatsnachweisungen geführt werden, die dem Postscheckamte bei jeder Auszahlung mit dem Sammelscheck oder der Sammelüberweisung vorzulegen sind.

(4) Bei Sammelüberweisungen sind Aufträge auf Konten im Bezirke des Postscheckamts der Amtskasse von Aufträgen auf Konten bei anderen Postscheckämtern zu trennen; es ist also, wenn bei der Erledigung der Aufträge verschiedene Postscheckämter beteiligt sind, für jedes Postscheckamt eine besondere Sammelüberweisung anzufertigen.

§ 7

Buchung der Auszahlungen und Gebühren

(1) Im Postscheckwege zu leistende Auszahlungen sind bei Hingabe des Schecks oder der Überweisung im Postscheckkontogegenbuch einzeln einzutragen. Bei Sammelschecken oder Sammelüberweisungen ist der Gesamtbetrag einzutragen.

(2) Die Postscheckgebühren und die Kosten der vom Postscheckamte bezogenen Vordrucke sind nach Eingang des Kontoauszugs im Postscheckkontogegenbuch in Spalte „Zur Last geschriebener Betrag" zu buchen.

(3) Das weitere Verfahren richtet sich nach § 96 RKO.

§ 8

Errechnung des Postscheckguthabens

Nach Eingang des Kontoauszugs und Vornahme der noch erforderlichen Eintragungen (z. B. Gebühren) ist durch eine auf den Kontoauszug zu setzende Berechnung festzustellen, ob das aus dem Postscheckkontogegenbuche zu errechnende Postscheckguthaben der Amtskasse mit dem Guthaben, das sich aus dem Kontoauszug ergibt, übereinstimmt. Hierbei ist von dem Bestand auszugehen, der im Postscheckkontogegenbuch am vorhergehenden Tag als Guthaben nachgewiesen ist. Zu diesem Guthaben sind die von der Amtskasse geleisteten, vom Postscheckamt in dem vorliegenden Auszug aber noch nicht berücksichtigten Auszahlungen und die sich aus dem am Berechnungstag eingegangenen Auszug ergebenden Gutschriften mit Ausnahme der Zuführungen auf das eigene Konto (§ 5 Abs. 3) hinzuzurechnen. Von der ermittelten Summe sind die von der Amtskasse dem Postscheckkonto zugeführten, vom Postscheckamt aber noch nicht gutgeschriebenen Beträge abzuziehen. Der sich ergebende Betrag bildet das neue Guthaben der Amtskasse und muß sich mit dem Bestande decken, der in dem am Berechnungstag eingehenden Kontoauszug als „Jetziges Guthaben einschl. Stammeinlage" ausgewiesen ist.

Beispiel für den 4. 4 28:

Bestand am 3. 4. 28 nach dem Postscheckkontogegenbuche	5,84 RM
Vom Postscheckamt im Kontoauszuge vom 3. 4. noch nicht berücksichtigte Auszahlungen am 3. 4. 28 oder früher	+ 1 847,55 „
Gutschriften des Postscheckamts nach dem Kontoauszuge vom 3. 4. 28	+ 3 246,42 „
zusammen . .	5 099,81 RM
Vom Postscheckamte noch nicht getätigte Gutschriften über Beträge, die die Amtskasse ihrem Postscheckkonto am 4. 4. 28 vor Aufstellung der Berechnung oder früher zugeführt hat	— 860,— „
Bestand am 4. 4. 28 . .	4 239,81 RM.

§ 9. (Benachrichtigung der Postanstalt bei Kassenbestandsverstärkungen) = RKO. Anl. 2 § 6

§ 10

Mitteilung beim Abhandenkommen von Schecken usw.

Die Amtskasse hat das Postscheckamt sofort schriftlich zu benachrichtigen, wenn Überweisungen, Ersatzüberweisungen, Schecke und Zahlungsanweisungen oder Vordrucke hierzu abhanden gekommen sind. Unbrauchbar gewordene Vordrucke sind aufzubewahren und bei der nächsten Kassenprüfung dem Prüfungsbeamten vorzulegen; dieser hat sie nach der Prüfung zu vernichten.

Anlage 6
(§ 24 AKO)

Bestimmungen
über den Reichsbankgiroverkehr

§ 1. (Antrag auf Eröffnung eines Reichsbankgirokontos, Grundlage für den Geschäftsverkehr), inhaltlich = RKO. Anl. 3 §§ 1 und 6.

§ 2 (Beschaffung der Vordrucke)

§ 3
Ausstellung der Schecke

Im Reichsbankgiroverkehre dürfen Schecke und Überweisungsaufträge nur durch Druck, mit der Schreibmaschine usw. oder handschriftlich mit Tinte ausgefüllt werden. Die Unterschriften sind handschriftlich mit Tinte oder Tintenstift zu vollziehen.

§ 4. (Antrag auf Überweisung von Postanweisungsbeträgen usw.) inhaltlich = RKO. Anl. 3 § 3

§ 5. (Führung des Girokontogegenbuchs) *)

§ 6
Gutschriften:
a) von Einzahlungspflichtigen

(1) Bei den im Reichsbankgiroweg eingehenden Einzahlungen ist zunächst vom Kassenleiter oder von einem oder mehreren von ihm zu bestimmenden Beamten (Girostelle) die Übereinstimmung der Beträge der einzelnen Girokarten oder sonstigen Girobelege mit dem im Kontogegenbuch oder in den Gutschriftsanzeigen angegebenen Beträgen festzustellen. Um ein späteres Auffinden der Girokarten usw. zu erleichtern, dürfen diese mit Datum und laufender Nummer versehen werden. Sie sind nach Buchhaltereien und sodann nach Gemeinden (Steuerbezirken) und möglichst auch nach der Steuernummer zu ordnen. Das weitere Verfahren richtet sich nach den Bestimmungen des § 93 AKO.

b) von seiten der Amtskasse

(2) Führt die Amtskasse ihrem Girokonto Beträge zu, so hat sie Einzahlungszettel zu verwenden, die von der Reichsbank zur Verfügung gestellt werden. Bei den Amtskassen, die am Platze der Reichsbankanstalt ihren Sitz haben, gilt die Eintragung der Reichsbank auf der Habenseite des Girokontogegenbuchs *) als Quittung. Die übrigen Amtskassen erhalten von der Reichsbankanstalt eine Gutschriftsanzeige.

---

*) Anm. d. H. Ein Girokontogegenbuch wird nicht mehr geführt. An seine Stelle sind tägliche Kontoauszüge getreten (vgl. RKO § 68 Anm.).

§ 7

Überweisungen und Barabhebungen

(1) Zu Überweisungen von Konto zu Konto dienen rote Überweisungsaufträge (sog. rote Schecke), zu Abhebungen vom Konto sind weiße Schecke zu verwenden.

(2) Amtskassen, die nicht am Platze der Reichsbankanstalt ihren Sitz haben und sich Beträge gegen weiße Schecke haben übersenden lassen, haben der Reichsbankanstalt nach Empfang der Beträge eine Empfangsbescheinigung zu erteilen.

§ 8

Benachrichtigung des Empfängers

Bei Auszahlungen im Reichsbankgiroverkehre hat die Amtskasse den Empfänger von der Übersendung des Überweisungsauftrags unverzüglich zu benachrichtigen.

§ 9

Ermittlung des Reichsbankguthabens

(1) Die Amtskasse hat die Höhe ihres Reichsbankguthabens täglich in dem Reichsbankgirokontogegenbuch oder, falls ein Anhang angelegt ist, in diesem festzustellen *). Für die Feststellung gelten die Bestimmungen des § 8 der Anlage 5 sinngemäß.

(2) Mindestens alle 2 Wochen hat die Amtskasse das Reichsbankgirokontogegenbuch abzuschließen, den Bestand vorzutragen und diesen von der Reichsbank anerkennen zu lassen. Bei Amtskassen, die nicht am Platze der Reichsbankanstalt ihren Sitz haben, darf das Gegenbuch mittels gewöhnlichen Briefes der Reichsbankanstalt zur Anerkennung übersandt werden.

§ 10

Mitteilung beim Abhandenkommen von Schecken usw.

Die Amtskasse hat die Reichsbankanstalt sofort schriftlich zu benachrichtigen, wenn Schecke, Überweisungsaufträge oder Vordrucke hierzu abhanden gekommen sind. Unbrauchbar gewordene Vordrucke sind einzuschneiden, mit dem Dienststempel der Amtskasse zu versehen und dem Kassenaufsichtsbeamten unverzüglich zur Prüfung vorzulegen; nach der Prüfung sind sie sofort der Reichsbankanstalt zurückzusenden.

§ 11

Abweichende Bestimmungen

Soweit die von der Reichsbankhauptstelle in Hamburg herausgegebenen Bestimmungen über den Giroverkehr in Hamburg eine von den Bestimmungen dieser Anlage abweichende Reglung des Geschäftsverkehrs mit der Reichsbank bedingen, gibt der Präsident des Landesfinanzamts die erforderlichen Weisungen.

---

*) Anm. d. H. Vgl. die Anmerkung zu § 5.

Anlage 7
(§ 25 AKO)

Richtlinien

für den Anschluß der Amtskassen an Geldanstalten (mit Ausnahme der Reichsbank) und für den Geschäftsverkehr mit ihnen

§ 1

Für den Anschluß in Betracht kommende Geldanstalten, allgemeine Voraussetzungen für den Anschluß

(1) Als sonstige Geldanstalten, an die die Amtskasse außer an den Reichsbankgiroverkehr und den Postscheckverkehr angeschlossen werden darf, kommen in Betracht:

a) die Staatsbanken der Länder;
b) die öffentlich-rechtlichen Kreditanstalten;
c) die öffentlichen, der Staatsaufsicht unterliegenden Sparkassen und Gemeindegirokassen einschließlich deren Girozentralen;
d) Privatbanken;
e) Genossenschaften und deren Zentralkassen, soweit die Genossenschaften einem Giroverbande angehören (vgl. §§ 54 ff. des Gesetzes betreffend die Erwerbs- und Wirtschaftsgenossenschaften [Reichsgesetzbl. 1898 S. 810]);
f) Privatsparkassen.

(2) Bei der Wahl der Verbindung sind ausschließlich die Belange des Reichs maßgebend. Die für den Anschluß in Frage kommenden Geldanstalten müssen einem Überweisungsnetz angehören, dessen Einrichtungen dem Erfordernis einer schnellen Geldbewegung genügen, oder sie müssen an die Reichsbank angeschlossen sein. Im übrigen sind das Geschäftsgebaren der Geldanstalten, die Höhe der für ihre Dienste geforderten Gebühren, ihre Lage und Einrichtungen, ihr Kundenkreis und die sonstigen örtlichen Verhältnisse bei der Wahl in Betracht zu ziehen.

(3) Bei der Wahl der Geldanstalten sind am Sitze der Amtskasse liegende Geldanstalten in erster Linie zu berücksichtigen. Ist hier keine oder keine geeignete Geldanstalt vorhanden, so darf eine Geldanstalt in einem benachbarten Orte gewählt werden.

§ 2

Einschränkung des Anschlusses

Um eine Verzettelung der Bestände zu vermeiden, ist die Zahl der Anschlüsse auf das unbedingt notwendige Maß zu beschränken. In der Regel wird der Anschluß an eine Geldanstalt am Orte der Amtskasse ausreichen. Konten bei mehreren Geldanstalten dürfen nur eingerichtet werden, wenn die Bank- und Wirtschaftsverhältnisse am Ort es erfordern.

§ 3

Prüfung der Sicherheit und Zuverlässigkeit der Geldanstalten

(1) Die Sicherheit und Zuverlässigkeit der Geldanstalten, die für den Anschluß in Aussicht genommen sind, sind, soweit nicht Länder, Gemeinden und Gemeindeverbände gesetzlich oder satzungsmäßig zur vollen Haftung für den gesamten Geschäftsverkehr der Geldanstalten verpflichtet sind sorgfältig zu prüfen. Die Prüfung wird in der Regel an Hand der einzufordernden Satzungen und Bilanzen vorzunehmen sein. Erforderlichenfalls sind die zuständigen Reichsbankanstalten über Ruf und Geschäftsführung der Geldanstalten zu befragen. Bei Genossenschaften dürfen die Revisionsverbände zur Begutachtung herangezogen werden.

(2) Ergibt die Prüfung Bedenken gegen die Sicherheit oder Zuverlässigkeit einer Geldanstalt, so darf, wenn nach Lage der örtlichen Verhältnisse nur diese Geldanstalt für den Anschluß in Betracht kommt, die Leistung einer Sicherheit verlangt werden. Bestehen Zweifel, ob die im Abs. 1 Satz 1 erwähnte Haftung für eine Geldanstalt besteht, so ist die zuständige Aufsichtsbehörde zu befragen.

§ 4

Allgemeine Bestimmungen für den Geschäftsverkehr

(1) Der Verkehr zwischen der Amtskasse und der Geldanstalt richtet sich nach den von den Geldanstalten für den Verkehr mit ihren Kunden herausgegebenen Geschäftsbedingungen. Soweit diese nicht mit den in den §§ 5, 6 vorgesehenen Bestimmungen im Einklange stehen, sind vom Präsidenten des Landesfinanzamts mit den Geldanstalten besondere schriftliche Vereinbarungen zu treffen.

(2) Für die Erledigung der sich für die Amtskasse aus dem Verkehre mit der Geldanstalt ergebenden Aufgaben gelten die Bestimmungen der Anlage 6 sinngemäß.

§ 5

Mit der Geldanstalt zu treffende Vereinbarungen

(1) Die Geldanstalten müssen sich bei Abschluß der Vereinbarungen verpflichten, daß sie

a) unverzüglich, spätestens am nächstfolgenden Werktage, ihnen von der Amtskasse zugeführte Beträge gutschreiben, erteilte Aufträge erledigen und die erforderlichen Benachrichtigungen der Amtskasse zugehen lassen,

b) im Falle der Verzögerung der Benachrichtigung über eine Gutschrift (durch verspätete Eintragung in die Kontogegenbücher oder durch Unterlassung der Gutschriftsanzeige usw.) Zinsen nach Maßgabe der Anweisung für die Berechnung, Erhebung und Verbuchung von Zinsen bis zu dem Tage entrichten, an dem die Amtskasse von der Gutschrift Kenntnis erhält. Sonn- und Feiertage werden bei Ermittlung der üblichen Laufzeit nicht mitgerechnet.

(2) Erreicht der Zinsbetrag nicht 3 RM, so hat die Amtskasse von der Einziehung abzusehen. Werden jedoch bei einer Geldanstalt kurz hintereinander Verzögerungen festgestellt, so sind zur Ermittelung der Grenze von 3 RM die einzelnen Beträge zusammenzurechnen.

§ 6

Anzustrebende Vereinbarungen

Bei Abschluß der Vereinbarungen ist anzustreben, daß die Geldanstalten sich verpflichten:

a) Zuführungen der Amtskasse auf das eigene Konto auch nach dem Schlusse der allgemeinen Annahmezeit anzunehmen;
b) Überweisungsaufträge, die bis 13 Uhr der Geldanstalt zugehen, noch am gleichen Tage zu erledigen;
c) Schecke auch in den Nachmittagstunden unentgeltlich anzunehmen;
d) alle Gutschriften oder den eine bestimmte Summe überschreitenden Betrag davon ohne besonderen Auftrag sofort auf ein Konto der Reichshauptkasse oder der Oberfinanzkasse zu überweisen;
e) der Reichshauptkasse oder der Oberfinanzkasse bei Überweisungen auf deren Konto sofort Mitteilung zu machen, wenn der Betrag des Überweisungsauftrags nicht in einer Summe, sondern in der Weise überwiesen wird, daß Teilbeträge auf verschiedenen Überweisungswegen der empfangenden Kasse zugeführt werden;
f) für die Ausführung von Überweisungsaufträgen, die Einlösung von Schecken und die sonstigen mit der Kontoführung verbundenen Geschäfte dem Reiche Gebühren nicht in Rechnung zu stellen.

§ 7

Lösung der Verbindung

Mit Geldanstalten, die die mit ihnen getroffenen Vereinbarungen nicht einhalten und die sich insbesondere wiederholt Verstöße gegen die Vereinbarungen nach § 5 zuschulden kommen lassen, ist die Verbindung zu lösen. Für die Lösung ist der Präsident des Landesfinanzamts zuständig.

§ 8

Bekanntmachung durch die Presse

Der Vorsteher des Finanzamts oder Hauptzollamts hat den Anschluß an eine Geldanstalt oder die Lösung der Verbindung in ortsüblicher Weise durch die Presse bekanntzugeben.

Anlage 8

(§ 28 Abs. 3 AKO)

Behandlung nachgemachten, verfälschten, verdächtigen, beschädigten oder abgenutzten Bargeldes)

stimmt inhaltlich mit RKO. Anl. 5 überein; § 3 enthält den Zusatz: bis zum Eingang des Gegenwertes ist der Betrag im Vorschußbuche festzuhalten.

Anlage 9

(§ 32 Abs. 1 AKO)

(Verpacken von Bargeld, Öffnen der Verpackung)
stimmt inhaltlich mit RKO. Anl. 6 überein.

Anlage 10

(§ 33 Abs. 6 AKO)

Bestimmungen

über die Behandlung von Einzahlungen, die von einer Zollkasse als Sammelkasse für eine Finanzkasse angenommen werden

§ 1

Nachweisungsblöcke und ihre Führung

(1) Die Zollkasse hat die Einzahlungen, die sie für die Finanzkasse auf Grund einer ihr nach § 33 Abs. 6 AKO. erteilten Ermächtigung annimmt, in Nachweisungen einzutragen. Als Anhalt für die Nachweisungen gilt Muster 55. Die Vordrucke zu den Nachweisungen sind in Blockform anzufertigen. Die Blöcke sind zum Durchschreiben einzurichten und müssen mit laufender Nummer versehen sein. Die einzelnen Blätter sind neben der Blocknummer mit laufender Blattnummer zu versehen, jedoch muß die Durchschrift dieselbe Blattnummer wie die Urschrift tragen. Für die Behandlung der Blöcke gelten im übrigen die Bestimmungen des § 38 Abs. 2, 3 AKO. sinngemäß mit der Maßgabe, daß bei Verlust eines Blockes auch der Finanzkasse Anzeige zu erstatten ist.

(2) Für jede Einnahmeart ist in der Regel eine besondere Nachweisung zu verwenden. Nimmt die Zollkasse Einzahlungen auf Einnahmearten an, für die bei der Finanzkasse ein vereinigtes Einnahmebuch geführt wird, so sind diese Einzahlungen in eine gemeinsame Nachweisung einzutragen, in der Spalten für die auf die einzelnen Einnahmearten entrichteten Einzahlungen vorzusehen sind. Die Nachweisungen eines Blockes dürfen nur zur Eintragung von Einzahlungen auf die gleiche Einnahmeart oder im Falle des Satz 2 dieses Absatzes zur Eintragung von Einzahlungen auf die gleichen Einnahmearten verwendet werden; ein neuer Block darf erst in Gebrauch genommen werden, wenn sämtliche Nachweisungen des bisher für die Einnahmeart benutzten Blockes verbraucht sind. Jede Nachweisung darf nur Einzahlungen enthalten, die in demselben Monat entrichtet sind.

(3) Nimmt die Zollkasse Einzahlungen auf Grund einer ihr von der Finanzkasse übersandten Einhebeliste (§ 5 der Anl. 1) an, so hat sie in der Einhebeliste die Block- und Blattnummer der Nachweisung und die laufende Nummer der Nachweisung zu vermerken, unter der die Einzahlungen eingetragen sind. In der Nachweisung ist die Steuernummer (Sollbuchnummer usw.) und die laufende Nummer anzugeben, unter der

der Betrag in der Einhebeliste zum Soll gestellt ist. Die Bestimmungen der §§ 5, 6 Abs. 1, 7, 9 Abs. 1, 3 und des § 12 der Anlage 1 finden sinngemäß mit der Maßgabe Anwendung, daß auch höhere Beträge als 100 RM angenommen werden dürfen.

(4) Die Nachweisungen sind vom Kassier zu führen und zum Tagesabschluß aufzurechnen. Die Urschriften sind aus dem Blocke zu lösen und in kurzen Zwischenräumen, nötigenfalls täglich, zusammen mit den von den Einzahlungspflichtigen etwa eingereichten Unterlagen (Voranmeldungen u. dgl.) an die Finanzkasse zu senden. Die Durchschriften sind im Blocke zu belassen, der bei der Zollkasse aufzubewahren ist; der Kassenleiter hat die Blöcke in regelmäßigen Zeitabschnitten auf ihre Vollzähligkeit zu prüfen. Auf dem letzten Blatte jedes erfüllten Blockes ist der Vermerk „Vollzählig" mit der Unterschrift des Kassenleiters anzubringen. Unbrauchbar gewordene Blätter sind nicht zu vernichten, sondern im Blocke zu belassen und mit Blaustift zu durchkreuzen. Die Blattnummern der unbrauchbar gewordenen Nachweisungen sind der Finanzkasse bei der Übersendung der nächsten Nachweisung mitzuteilen.

§ 2.

Behandlung der Einzahlungen bei der Zollkasse.

(1) Die Zollkasse hat täglich die Tagessummen der einzelnen Nachweisungen in ein Einnahmebuch zu übernehmen. Die Blöcke mit den Durchschriften werden Belege zu diesem Einnahmebuche.

(2) Am Monatsschlusse hat die Zollkasse der Finanzkasse einen Auszug aus der Einnahmenachweisung, der sich auf die für die Finanzkasse angenommenen Einzahlungen erstreckt, zu übersenden.

(3) Hinsichtlich der Ablieferung sind die für die Finanzkasse angenommenen Einzahlungen wie Einzahlungen für die Zollkasse zu behandeln.

§ 3.

Behandlung der Einzahlungen bei der Finanzkasse.

(1) Die Finanzkasse hat auf Grund der ihr übersandten Einzelnachweisungen die Einzahlungen in die Sachbücher einzutragen und die Eintragung in der Nachweisung ersichtlich zu machen.. Die Beträge sind nicht in die Einnahmebücher einzutragen und daher auch nicht in die von der Finanzkasse aufzustellende Einnahmenachweisung zu übernehmen.

(2) Nach Eingang des Auszugs aus der Einnahmenachweisung der Zollkasse hat die Finanzkasse zu prüfen, ob die in dem Auszug angegebenen Summen mit den Summen der im Laufe des Monats eingegangenen Einzelnachweisungen übereinstimmen; Unstimmigkeiten sind sofort aufzuklären. Alsdann hat sie die auf die einzelnen Einnahmearten entrichteten Einzahlungen nachrichtlich in die Vermerkspalte der betreffenden Einnahmebücher einzutragen. Die nach Block- und Blattnummern zu ordnenden Einzelnachweisungen und die Auszüge sind bei den Belegen zu den Einnahmebüchern aufzubewahren.

(3) Bei Ermittlung des Aufkommens der Finanzkasse zu statistischen Zwecken sind, soweit nicht im einzelnen Fall etwas anderes bestimmt

ist, die von der Zollkasse angenommenen Einzahlungen den bei der Finanzkasse entrichteten Einzahlungen hinzuzurechnen.

Anlage 11

(§ 60 Abs. 2 RKO)

Kassenbestandsverstärkung gegen Hingabe eines grünen Schecks

§ 1
Allgemeine Bestimmungen

Die Amtskasse, die dem Reichsbankgiroverkehr angeschlossen ist, kann vom Reichsminister der Finanzen ermächtigt werden, ihr Reichsbankgiroguthaben aus dem der Reichshauptkasse zu verstärken. Die Ermächtigung wird in der Regel nur erteilt, wenn die Amtskasse Kassen anderer Reichsverwaltungen mit Geld zu versorgen hat und die bei der Amtskasse eingehenden laufenden Einzahlungen erfahrungsgemäß zur Deckung der aus Anlaß der Geldversorgung zu leistenden Auszahlungen nicht ausreichen.

§ 2
Grüner Scheck

(1) Die Amtskasse, die nach § 1 ermächtigt ist, ihr Reichsbankguthaben aus dem der Reichshauptkasse zu verstärken, hat im Bedarfsfalle der Reichsbankanstalt, an die sie angeschlossen ist, einen grünen Scheck einzureichen. Spätestens mit der Einreichung des Schecks an die Reichsbankanstalt hat die Amtskasse der Reichshauptkasse eine Benachrichtigung nach Muster 56 zu übersenden.

(2) Die Amtskasse hat die Vordrucke zu grünen Schecken von der zuständigen Reichsbankanstalt zu beziehen.

§ 3
Ausstellung des grünen Schecks

(1) Grüne Schecke sind auf den Tag auszustellen, an dem der angeforderte Betrag dem Reichsbankgirokonto der Amtskasse gutgeschrieben werden soll.

(2) Für die Vollziehung der grünen Schecke gelten die Bestimmungen des § 18 Abs. 5 Buchst. a RKO. Der Vorsteher des Amtes bestätigt durch Beisetzung seines Namenszeichens die Angemessenheit des angeforderten Betrags und im Falle des § 4 Satz 2 auch die Dringlichkeit des Geldbedarfes.

§ 4 (Verfahren) inhaltlich = RKO. Anl. 8 § 4

§ 5
Tag der Buchung

Die Amtskasse hat die gegen Hingabe eines grünen Schecks erfolgte Kassenbestandsverstärkung an dem Tage zu buchen, auf den der Scheck ausgestellt ist.

§ 6

Mitteilung beim Abhandenkommen von Vordrucken

Die Amtskasse hat die zuständige Reichsbankanstalt sofort schriftlich zu benachrichtigen, wenn grüne Schecke oder Vordrucke hierzu abhanden gekommen sind. Unbrauchbar gewordene Schecke sind einzuschneiden, mit dem Dienststempel der Amtskasse zu versehen und dem Kassenaufsichtsbeamten unverzüglich zur Prüfung vorzulegen; nach der Prüfung sind sie sofort der Reichsbankanstalt zurückzusenden.

Anlage 12

(§ 61 RKO)

Bestimmungen über die Geldversorgung

§ 1.

Zuständigkeit, Richtlinien

(1) Die Amtskassen der Reichsabgabenverwaltung (versorgende Kassen) haben die in ihrem Bezirke liegenden Kassen anderer Reichsverwaltungen (Bedarfskassen) mit Geld zu versorgen. Der Präsident des Landesfinanzamts bestimmt im Einvernehmen mit der in Betracht kommenden höheren Verwaltungsbehörde die einzelne für die Geldversorgung zuständige Amtskasse; er darf hierbei von dem im Satz 1 ausgesprochenen Grundsatz abweichen, wenn besondere Verhältnisse es erfordern.

(2) Die von den einzelnen Verwaltungsbehörden für die Geldversorgung ihrer Kassen aufgestellten Richtlinien werden der mit der Versorgung beauftragten Amtskasse mitgeteilt.

§ 2

Umfang der Geldversorgung

(1) Die Amtskasse hat Bedarfskassen auch dann mit Geld zu versorgen, wenn sie zu diesem Zwecke dem Reichsbankgiroguthaben der Reichshauptkasse Beträge entnehmen muß (Anl. 11).

(2) Eine Amtskasse, die nicht befugt ist, dem Reichsbankgiroguthaben der Reichshauptkasse Beträge zu entnehmen, darf Bedarfskassen nur insoweit mit Geld versorgen, als ihre eigenen Mittel ohne Anforderung eines Zuschusses ausreichen. Verständigt eine Bedarfskasse eine solche Amtskasse davon, daß sie bei ihr höhere Beträge anfordern werde, so hat die Amtskasse die Bedarfskasse zu ersuchen, den Teil des Bedarfs, den sie aus eigenen Mitteln ohne Anforderung eines Zuschusses nicht decken kann, bei der zuständigen Oberfinanzkasse anzufordern.

§ 3

Anerkenntnis

(1) Bei Abrufung des angeforderten Betrags hat die Bedarfskasse ein Anerkenntnis vorzulegen. Das Muster des Anerkenntnisses und die

für die Ausfüllung des Anerkenntnisses von seiten der Bedarfskasse geltenden Bestimmungen hat die Amtskasse aus den Richtlinien (§ 1 Abs. 2) zu ersehen. Die Namen und Unterschriften der zur Vollziehung von Anerkenntnissen berechtigten Beamten werden der versorgenden Amtskasse von dem Vorsteher der Verwaltungsbehörde, der die Bedarfskasse angehört, mitgeteilt.

(2) Das Anerkenntnis soll den Sichtvermerk des Kassenaufsichtsbeamten der Bedarfskasse tragen. Kann der Sichtvermerk nach Angabe der Bedarfskasse nicht beigebracht werden, so hat die Amtskasse den Kassenaufsichtsbeamten der Bedarfskasse von der Geldversorgung unverzüglich zu benachrichtigen. Soll der angeforderte Betrag ganz oder teilweise durch Übergabe von Zahlungsmitteln ausgezahlt werden, so ist der Abholende in dem Anerkenntnisse namentlich zu bezeichnen; er hat sich nötigenfalls über seine Person auszuweisen.

(3) Das Anerkenntnis ist vom Kassier auf seine Echtheit und Vollständigkeit zu prüfen.

§ 4

Ermächtigungsschreiben zur Leistung von Auszahlungen

(1) Die Amtskasse darf eine Bedarfskasse nur insoweit mit Geld versorgen, als dieser Betriebsmittel zur Verfügung gestellt sind. Die Höhe dieser Mittel hat die Amtskasse aus dem Ermächtigungsschreiben zu ersehen, das der Bedarfskasse von dem zuständigen Ministerium oder den diesem unmittelbar unterstellten Dienststellen zugefertigt ist und das die Bedarfskasse bei Abrufung des angeforderten Betrags mit dem Anerkenntnisse vorzulegen hat. Auf dem Ermächtigungsschreiben hat die Amtskasse die jeweiligen Abhebungen zu vermerken und es alsdann der Bedarfskasse zurückzugeben.

(2) Reicht im Falle des § 2 Abs. 2 der Kassenbestand einer Amtskasse nicht oder nicht zur vollen Deckung des von einer Bedarfskasse angeforderten Betrags aus, so hat die Amtskasse, soweit nicht mit der Verwaltungsbehörde, der die Bedarfskasse angehört, besondere Vereinbarungen getroffen sind, auch den von der Oberfinanzkasse zu leistenden Betrag auf dem Ermächtigungsschreiben abzubuchen und dies auf dem an die Oberfinanzkasse weiterzusendenden Anerkenntnisse zu bescheinigen. Auf dem Anerkenntnis ist weiter zu vermerken, in welcher Höhe die Amtskasse der Anforderung entsprochen hat.

§ 5

Unmittelbare Auszahlung an Dritte

Eine Bedarfskasse darf auf ihren Antrag, wenn es sich um Beträge von 500 *RM* und mehr handelt, auch in der Weise mit Geld versorgt werden, daß die Amtskasse unmittelbar Auszahlungen an Dritte leistet. Hierzu ist lediglich erforderlich, daß die Bedarfskasse in dem Anerkenntnisse den Namen des Empfängers unter Angabe seiner Konten beim Postscheckamt und bei Geldanstalten angibt. Die Benachrichtigung des Empfängers liegt der Bedarfsstelle ob, sofern nicht zwischen der Amtskasse und der Bedarfskasse etwas anderes vereinbart ist. § 4 Abs. 1 findet Anwendung.

§ 6

Abstimmung und Hauptanerkenntnis.

(1) Nach dem Schlusse jedes Monats haben die Amtskasse und die Bedarfskasse an einem von dem Präsidenten des Landesfinanzamts im Einvernehmen mit der der Bedarfskasse übergeordneten Verwaltungsbehörde zu bestimmenden Tage die Buchungen abzustimmen, die sie auf Grund der im abgelaufenen Monat ausgestellten Anerkenntnisse vorgenommen haben.

(2) Die Bedarfskasse kann die im Lauf eines Monats ausgestellten Einzelanerkenntnisse gegen ein Hauptanerkenntnis eintauschen.

§ 7

Buchung

Die Amtskasse hat die nach dem Anerkenntnis ausgezahlten Beträge wie Auftragsauszahlungen zu behandeln. Das Anerkenntnis ist, sobald die Auszahlung geleistet ist, mit einem Buchungsvermerke zu versehen. Die Anrechnung hat sich jeweils auf die im Vormonat ausgestellten Anerkenntnisse zu erstrecken und zu beschränken. Auftragsauszahlungen vorstehender Art sind der Oberfinanzkasse bis zum 3. Werktage jedes Monats anzurechnen.

Anlage 13

(§ 72 Abs. 4 AKO.)

Bestimmungen über den Verkehr mit Wertpapieren (Wertverkehr)

§ 1

Für den Verkehr mit Wertpapieren gelten neben den Bestimmungen der Amtskassenordnung selbst die Bestimmungen dieser Anlage.

§ 2

(1) Die Amtskasse hat auf Weisung des Präsidenten des Landesfinanzamts bei umfangreichem Wertverkehr und für den Fall, daß ihr die Verwaltung von Inhaberpapieren und Orderpapieren, die mit Blankoindossament versehen sind, übertragen ist, die Einlieferung und Auslieferung von Wertpapieren statt im Hinterlegungsbuche, Teilband „Wertgegenstände", in folgenden Büchern zu buchen:

a) im Werteinlieferungsbuch und im Wertauslieferungsbuche (§ 4),
b) im Wertkontobuche (§ 5),
c) im Wertüberwachungsbuche (§ 6).

(2) Das Werteinlieferungs- und das Wertauslieferungsbuch wird von dem mit der Entgegennahme und Auslieferung der

Wertpapiere betrauten Beamten, das Wertkonto- und Wertüberwachungsbuch vom Buchhalter geführt. Die Bücher zu Abs. 1a und b sollen nicht von demselben Beamten geführt werden.

§ 3

(1) Die im § 2 aufgeführten Bücher sind nicht jährlich zu erneuern, sondern so anzulegen, daß sie für mehrere Jahre ausreichen. Die Bücher sind nicht aufzurechnen und, abgesehen von den einzelnen Konten des Wertkontobuchs, auch nicht abzuschließen. Im übrigen gelten für die Führung der Bücher die Bestimmungen der §§ 87, 88 AKO.

(2) Die kurshabenden Wertpapiere sind nach dem Nennwert anzuschreiben. Ist der Nennwert in anderer als deutscher Reichswährung angegeben, so ist er in der Spalte „Bezeichnung der Wertpapiere" oder in der Vermerkspalte anzugeben; in die Betragspalte ist der in Reichsmark umgerechnete Kurswert am Tage der Einlieferung einzutragen.

§ 4

(1) Das Werteinlieferungs- und -auslieferungsbuch hat den Zweck, die Einlieferung und die Auslieferung von Wertpapieren nach der Zeitfolge nachzuweisen.

(2) Das Werteinlieferungs- und -auslieferungsbuch wird nach Muster 57, 58 geführt. Die fortlaufenden Nummern der Eintragungen beginnen in jedem Buche bei Beginn jedes neuen Rechnungsjahres mit 1.

§ 5

(1) Das Wertkontobuch hat den Zweck, die Wertpapiere nach den einzelnen Einliefernden geordnet festzuhalten; gleichzeitig dient es dazu, die Einzahlung der Gebühren und die vorübergehende Auslieferung von Wertpapieren zu überwachen und eine Übersicht darüber zu verschaffen, ob und bei welchen Wertpapieren eine Verfügungsbeschränkung des Einliefernden vorliegt.

(2) Das Wertkontobuch wird nach Muster 59 geführt. Jeder Hinterleger erhält ein besonderes Konto. Die Konten sind mit laufender Nummer zu versehen. Das Wertkontobuch darf auch in Karteiform geführt werden.

(3) Werden die in einem Konto aufgeführten Wertpapiere vollständig oder teilweise ausgeliefert, so sind die ausgelieferten Wertpapiere auf den entsprechenden Linien auf der Seite „Auslieferung" nachzuweisen und auf der Seite „Einlieferung" die Eintragungen mit roter Tinte so zu durchstreichen, daß sie lesbar bleiben.

(4) Sobald die Wertpapiere sämtlich endgültig ausgeliefert sind, ist das Konto zu schließen. Das Konto ist alsdann mit

roten Linien zu durchkreuzen und vom Kassenleiter mit dem Vermerk „Abgeschlossen“ zu versehen.

(5) Um das Auffinden eines Kontos zu erleichtern, ist im Bedarfsfall ein nach der Buchstabenfolge geordnetes Namenverzeichnis der Konteninhaber anzulegen. Wird das Wertkontobuch in Buchform geführt, so darf das Namenverzeichnis in Karteiform angelegt werden.

§ 6

(1) Das Wertüberwachungsbuch hat den Zweck, die Übersicht über die bei der Amtskasse vorhandenen, der Auslosung oder der Kündigung unterliegenden kurshabenden Wertpapiere zu erleichtern. Zugleich dient es dazu, die Erneuerung der Zinsscheine, die Erhebung der Zinsen, den Ablauf der Wechsel usw. zu überwachen. Zu diesem Zweck ist das Buch öfters einer Durchsicht zu unterziehen.

(2) Das Wertüberwachungsbuch wird nach Muster 60 geführt. Für jede Art von Wertpapieren ist beim Anlegen des Buches ein besonderer Abschnitt mit einer voraussichtlich für eine Reihe von Jahren ausreichenden Zahl von Seiten vorzusehen.

(3) Endgültig ausgelieferte Wertpapiere sind in der Weise zu löschen, daß die Eintragungen mit roter Tinte zu durchstreichen sind. In der Vermerkspalte ist der Jahrgang und die Nummer des Wertauslieferungsbuchs, unter der die Auslieferung der Wertpapiere gebucht ist, einzutragen.

§ 7

Die Amtskasse hat die Auslosung und Kündigung bei ihr hinterlegter Wertpapiere nach den Vorschriften des § 40 StundO. zu überwachen.

§ 8

(1) Wenn die zu einem Wertpapier ausgegebene Zinsscheinreihe abgelaufen ist, hat die Amtskasse die neue Reihe bei der zuständigen Stelle abzuheben. Dies hat je nach den für das einzelne Papier geltenden Bestimmungen durch Vorlegung der Papiere selbst oder der Erneuerungsscheine zu geschehen.

(2) Sind die Papiere selbst vorzulegen, so sind sie mit einem nach den Nummern geordneten Verzeichnisse der zuständigen Stelle gegen Quittung auszuliefern. In der Vermerkspalte des Wertkontobuchs ist ein entsprechender Vermerk über die vorübergehende Auslieferung aufzunehmen, der nach Wiedereingang der Papiere zu streichen ist.

(3) Werden die neuen Zinsscheinreihen gegen Vorlegung der Erneuerungsscheine abgehoben, so sind im Wertüberwachungsbuch über die Absendung der alten und den Emp-

fang der neuen Erneuerungs- und Zinsscheine in den dafür vorgesehenen Spalten die erforderlichen Eintragungen vorzunehmen.

(4) Werden keine Wertbücher geführt, so sind die in Abs. 2, 3 vorgeschriebenen Vermerke in das Hinterlegungsbuch, Teilband „Wertgegenstände", einzutragen.

§ 9

Bei Auslieferung von fällig gewordenen Zins- und Gewinnanteilscheinen hat die Amtskasse eine Quittung in einfacher Ausfertigung nach Muster 61 vorzubereiten, auf der die zum Empfange berechtigten Personen in der dafür vorgesehenen Spalte Quittung zu erteilen haben. Die im Lauf eines Rechnungsjahres fällig werdenden Zins- und Gewinnanteilscheine dürfen bereits in der ersten Hälfte des vorangegangenen Monats März ausgeliefert werden. Die Auslieferung ist im Wertkontobuch ersichtlich zu machen.

Anlage 14

(§ 148 AKO)

Bestimmungen über die Behandlung der nach dem Gesetz über die Londoner Konferenz vom 30. August 1924 (Reichsgesetzbl. II. S. 289) verpfändeten Haushaltseinnahmen

Zollkasse Z . . . .

Muster 27
§ 108 Abs. 1 (AKO)

Hauptbuch

für das 1. Viertel des Rechnungsjahrs 1928

Abschnitt B Auszahlung

Dieses Buch enthält .... Blätter, die mit einer amtlich angesiegelten, verbleiten oder mit Trockenstempel befestigten Schnur durchzogen sind*).

Geführt von:

................., den .... 19 ....

.... vom .... bis ....
(Unterschrift und Dienstbezeichnung)

Name: ....

.... vom .... bis ....

Dienstbezeichnung:

.... vom .... bis ....

Anleitung

1. Die von der Gesamtsumme auf „Ablieferungen" entfallenden Beträge sind nur insoweit in die Spalten „Länder", „Gemeinden" und „sonstige Körperschaften" einzutragen, als die Amtskasse mit den Kassen der Länder usw. unmittelbar abrechnet; rechnet die Amtskasse über solche Auszahlungen mit der Oberfinanzkasse ab, so sind sie in Spalte „Reich" zu buchen.
2. Zum Vierteljahrsabschluß ist der Gesamtbetrag der geleisteten Haushalts- und sonstigen Ausgaben in den Spalten 10, 11 abzusetzen. Der auf das Reich, die Länder, Gemeinden und sonstige Körperschaften entfallende Anteilbetrag ist unter Beachtung der Ziffer 1 dieser Anleitung in den Spalten 6 bis 9 hinzuzusetzen.

---

*) Bei Büchern, die in einen festen Einband gebunden und beschnitten sind, sind die Worte von „die" bis „sind" zu streichen.

Monat *April* **Aus**

Laufende Nr.	Tag der Eintragung	Bezeichnung des Empfängers und Grund der Eintragung	Gesamtsumme RM	Rpf	Tagessumme von Spalte 4 RM	Rpf	Von der Gesamtsumme — Ablieferungen an — Reich RM	Rpf	Länder RM	Rpf	Gemeinden RM	Rpf	sonstige Körperschaften RM	Rpf
1	2	3	4		5		6		7		8		9	
		Übertrag ..												
1	2. 4.	*Hans L.... in A...*	*150*	—										
2	„	*Werner V.. in A...*	*220*	—										
3	„	*Ablief. an OFK*	*1 180*	—	*1 550*	—	*1 180*	—						
4	4. 4.	*Ablief. an OFK*	*400*	—			*400*	—						
5	„	*Beleganrechnung*	*370*	—	*770*	—	*370*	—						
6	10. 4.	*StS N....*	*100*	—										
7	„	*Ablief. an OFK*	*170*	—	*270*	—	*170*	—						
8	27. 4.	„ „	*3 480*	—			*3 480*	—						
9	„	„ „ *Landesk.*	*14*	—	*3 494*	—			*14*	—				
		Sa. April	*6 084*	—	*6 084*	—	*5 600*	—	*14*	—				
		usw. *Sa. Mai*	*7 396*	—	*7 396*	—	*6 700*	—	*16*	—				
		usw. *Sa. Juni*	*5 144*	*15*	*5 144*	*15*	*4 512*	*15*	*12*	—				
		Dazu Sa. April	*6 084*	—	*6 084*	—	*5 600*	—	*14*	—				
		Dazu Sa. Mai	*7 396*	—	*7 396*	—	*6 700*	—	*16*	—				
		Sa. 1. Viertel	*18 624*	*15*	*18 624*	*15*	*16 812*	*15*	*42*	—				
		Seite . . .												

zahlung

Seite 2

in Spalte 4 entfallen auf					Nachrichtlich Von der Gesamtsumme entfallen auf verpf. Haushaltseinnahmen		Vermerke
Haushalts- und sonstige Ausgaben, über die die Amtskasse den rechnungsmäßigen Nachweis führt		Hinterlegungen	Vorschüsse: Auftragsauszahlungen	Vorschüsse: sonstige	ohne Branntwein	aus dem Branntweinmonopole	(Hinweis auf andere Bücher usw.)
RM Rpf	RM Rpf	RM Rpf	RM Rpf	RM Rpf	RM Rpf	RM Rpf	
10	11	12	13	14	14a	14b	15
			150 —				
			220 —				
					1 160 —	20 —	
					162 30		
				100 —			
					3 472 25		
			370 —	100 —	4 794 55	20 —	
		200 —	480 —		5 800 65	125 —	
		360 —	260 —		3 680 —	24 40	
			370 —	100 —	4 794 55	20 —	
		200 —	480 —		5 800 65	125 —	
		560 —	1 110 —	100 —	14 275 20	169 40	

Beilage 2

A. Vollzugsbestimmungen

zur Reichskassenordnung für die Reichshauptkasse

Auf Grund des § 102 der Reichskassenordnung vom 6. August 1927 (Reichsministerialbl. S. 357) wird für die Reichshauptkasse folgendes bestimmt:

Zu § 3

(1) Die Reichshauptkasse ist die Zentralkasse des Reichs; sie untersteht dem Reichsminister der Finanzen, dessen Amtskasse sie gleichzeitig ist.

(2) Die Reichshauptkasse gilt insoweit, als sie die Kassengeschäfte anderer Verwaltungsbehörden wahrnimmt (VB. zu § 5), als Amtskasse dieser Verwaltungsbehörden.

Zu § 4

(1) Die Reichshauptkasse verwaltet nach den Weisungen des Reichsministers der Finanzen die auf ihrem Reichsbankgirokonto und Postscheckkonto zusammenfließenden Reichsgelder. Sie hat über die Haushaltseinnahmen und -ausgaben der Verwaltungsbehörden, deren Kassengeschäfte sie wahrnimmt (vgl. VB. zu §§ 3 und 5), den rechnungsmäßigen Nachweis zu führen und Rechnung zu legen. Sie stellt über sämtliche Haushaltseinnahmen und -ausgaben des Reichs die Hauptrechnung auf.

(2) Soweit die Reichshauptkasse nicht selbst rechnunglegende Stelle für die Reichsverwaltungen ist, gehen deren Haushaltseinnahmen und -ausgaben auf Grund der Abschlußnachweisungen (§ 81 RKO.) der Amtskassen, Oberkassen und Rechnungsstellen in ihre Bücher über.

(3) Nähere Bestimmungen über den Verkehr der Reichshauptkasse mit den Hauptkassen der Länder enthält die Anlage.

Zu § 5

Für die Vereinigung von Kassengeschäften anderer Verwaltungsbehörden bei der Reichshauptkasse gelten besondere Bestimmungen.

Zu § 8

Für die Aufgaben der Zahlstellen der Reichshauptkasse und die Erledigung ihrer Geschäfte gelten besondere Bestimmungen.

Zu § 10

Die Reichshauptkasse steht unter einem Direktor (Kassenleiter); ihm sind als ständige Vertreter zwei Oberbuchhalter beigegeben. Im übrigen bestimmt der Reichsminister der Finanzen, mit welchen Arbeitskräften die Reichshauptkasse auszustatten ist.

Zu § 12

Die Kassenbeamten haften nach Maßgabe der gesetzlichen Vorschriften für jeden Verlust, der innerhalb ihres Arbeitsgebiets durch unrichtige Zahlungen, durch Annahme falscher oder nicht gültiger Zahlungsmittel oder auf sonstige Weise durch ihr Verschulden entstanden ist.

Zu § 13

Der Kassenleiter verteilt die Geschäfte und leitet und beaufsichtigt ihre Erledigung durch die Kassenbeamten. Bei Abwesenheit des Kassenleiters übernimmt der dienstältere Oberbuchhalter dessen Vertretung.

Zu § 15

(1) Die von den Buchhaltern verwalteten Stellen heißen Buchhaltereien; sie werden mit römischen Ziffern bezeichnet.

(2) Buchhalter, die mit der Abwicklung von Krediten betraut sind, können ein Fristenbuch führen.

(3) Werden Einzahlungen nicht rechtzeitig entrichtet, so hat der Buchhalter den Einzahlungspflichtigen zu mahnen. Bleibt die Mahnung fruchtlos, so ist die zuständige Verwaltungsbehörde hiervon zu unterrichten.

Zu § 16

(1) Den baren Zahlungsverkehr erledigt für Rechnung der Reichshauptkasse nach den für sie geltenden Bestimmungen eine bei ihr eingerichtete Nebenstelle der Reichsbankhauptkasse. Die Nebenstelle ist mit einem Reichsbankkassier und einem Reichsbankgeldzähler besetzt. Die Vertretung dieser Beamten regelt die Reichsbankhauptkasse.

(2) Die Reichsbankhauptkasse versieht die Nebenstelle mit dem erforderlichen Bargeld. Der beim Tagesabschlusse festgestellte Unterschied zwischen den Einzahlungen und den Auszahlungen wird dem Reichsbankgiroguthaben der Reichshauptkasse zu- oder von ihm abgeschrieben.

(3) Den unbaren Zahlungsverkehr erledigt die Giro- und Postscheckstelle der Reichshauptkasse.

Zu § 18

Der Geschäftsgang der Reichshauptkasse regelt sich im allgemeinen nach der „Gemeinsamen Geschäftsordnung der

Reichsministerien". Die Eingänge werden von besonders bestimmten Kassenbeamten geöffnet, mit dem Eingangsstempel versehen und mit den Postablieferungsscheinen (Paketkarten) über Wert- und Einschreibesendungen dem Kassenleiter zur Verteilung vorgelegt.

Zu § 20

(1) Die Kassenstunden der Reichshauptkasse werden auf die Zeit von täglich 9 bis 13 Uhr festgesetzt. Ausnahmen kann der Kassenleiter in besonderen Fällen zulassen.

(2) Die Nebenstelle der Reichsbankhauptkasse (vgl. VV. zu § 16) trägt die ihr vom Kassenleiter zugegangenen Postablieferungsscheine (Paketkarten) über Wertsendungen (einschl. der als unbestellbar zurückgekommenen) in das Geldeingangsbuch (Muster 1) ein und läßt die Sendungen durch einen Beamten von der Postanstalt abholen. Der Beamte hat bei der Postanstalt zu prüfen, ob der auf den Sendungen angegebene Wert mit dem Postablieferungsschein übereinstimmt und ob der Verschluß und die Verpackung unverletzt sind. Sind Beanstandungen zu erheben, so hat der Beamte zu beantragen, daß der Inhalt der Sendung im Postdienstzimmer festgestellt wird; hierbei hat der Beamte darauf zu achten, daß seine Beanstandungen in die von dem Postbeamten aufzunehmende Verhandlung richtig aufgenommen werden. In der vorletzten Spalte des Geldeingangsbuchs ist die Nummer der Buchung im Hauptbuch anzugeben. Werden Sendungen an die Reichsbank unmittelbar weitergeleitet, so bescheinigt die zuständige Stelle der Reichsbank den Empfang in der letzten Spalte des Geldeingangsbuchs.

(3) Über Einschreibesendungen, gewöhnliche Briefe und Pakete, die Zahlungsmittel oder Wertgegenstände enthalten, ist ein besonderes Eingangsbuch zu führen.

(4) Postablieferungsscheine (Paketkarten), Quittungen sowie Schecke und Überweisungsaufträge sind an erster Stelle vom Kassenleiter oder einem Oberbuchhalter zu vollziehen. Außerdem sind Postablieferungsscheine (Paketkarten) über Wertsendungen vom Reichsbankkassier, über Einschreibesendungen von einem Buchhalter, Quittungen über Einzahlungen durch Übergabe von Zahlungsmitteln vom Reichsbankkassier, Schecke und Überweisungsaufträge von der Giro- und Postscheckstelle zu vollziehen. Verlangt der Einzahlungspflichtige eine Quittung über eine in anderer Weise als durch Übergabe von Zahlungsmitteln entrichtete Einzahlung, so ist die Quittung vom Buchhalter mitzuvollziehen.

Zu § 23

Die Reichshauptkasse hat Auszahlungen vorzugsweise im Reichsbankgirowege zu leisten. Auszahlungen an Empfänger, die ein Reichsbankgirokonto haben, dürfen nur auf Antrag im Postscheckwege geleistet werden.

Zu § 24

(1) Einzahlungen in fremden Geldsorten und Banknoten sowie Schecke und Anweisungen auf das Ausland hat die Reichshauptkasse nach Bestimmung der zuständigen Stelle oder, wenn eine solche nicht vorliegt, so günstig wie möglich zu verwerten.

(2) Für Auszahlungen nach dem Ausland in fremder Währung ist möglichst der Auslandsgiroverkehr der Reichsbank zu benutzen; ist dies nicht angängig, so ist die Auszahlung durch Vermittlung der Devisenabteilung der Reichsbank, einer anderen geeigneten Geldanstalt oder durch die Deutsche Reichspost zu leisten.

Zu § 29

Für die Berechnung von Zinsen gelten die Bestimmungen der Anweisung für die Berechnung, Erhebung und Verbuchung von Zinsen (Zins A).

Zu § 31

Die bei der Nebenstelle der Reichsbankhauptkasse vorhandenen Zahlungsmittel sowie die Wertgegenstände sind im Tresor aufzubewahren. Der Tresor steht unter dem gemeinschaftlichen Verschlusse des Kassenleiters, eines Oberbuchhalters und des Reichsbankkassiers. Der jeweilige Bestand des Tresors ist in ein Bestandsbuch einzutragen.

Zu § 32

(1) Die Reichsbankhauptkasse trifft die Bestimmungen über die sichere Beförderung der Zahlungsmittel zwischen ihr und der Nebenstelle bei der Reichshauptkasse.

(2) Postsendungen an die Reichshauptkasse im Werte von mehr als 10 000 *RM* sind durch zwei Beamte von der Postanstalt abzuholen.

Zu § 33

Werden Einzahlungen, für deren Annahme eine andere Kasse zuständig ist, an die Reichshauptkasse entrichtet, so ist die zuständige Kasse zu benachrichtigen. Bei der Verrechnung dieser Beträge im Wege des Buchausgleichs sind die von den zuständigen Reichsministern erlassenen Vollzugsbestimmungen zur Reichskassenordnung zu beachten.

Zu § 34

(1) Einzahlungen durch Übergabe von Zahlungsmitteln sind ausschließlich von der Nebenstelle der Reichsbankhauptkasse anzunehmen. Dem Reichsbankkassier ist es verboten, Einzahlungen für Dritte von Beamten oder Angestellten der Reichshauptkasse anzunehmen.

(2) Wenn die Annahmeanordnung nicht auf einen ziffermäßigen Betrag lautet und die Einzahlung durch Übergabe von Zahlungsmitteln entrichtet wird, ist ein Einzahlungsschein zu fordern.

(3) Einzahlungen dürfen nur auf Grund eines Einzahlungsvermerks des zuständigen Buchhalters auf dem Belege angenommen werden (vgl. VV. zu § 76).

Zu § 37

(1) Auszahlungen dürfen nur auf Grund eines Auszahlungsvermerks des zuständigen Buchhalters auf dem Belege geleistet werden (vgl. VV. zu § 76).

(2) Auszahlungen in Bargeld leistet die Nebenstelle der Reichsbankhauptkasse, Auszahlungen durch Überweisung oder Postscheck, durch Übergabe von Überweisungsaufträgen oder Reichsbankschecken die Giro- und Postscheckstelle der Reichshauptkasse.

(3) Die bei der Reichshauptkasse beschäftigten Beamten und Angestellten dürfen Auszahlungen für einen Dritten nicht in Empfang nehmen.

(4) Die Reichshauptkasse ist berechtigt, die Reichsbankanstalten in besonderen Fällen zu baren Auszahlungen unentgeltlich in Anspruch zu nehmen.

Zu § 39

Auf der Vorderseite der im Postscheckverkehre verwendeten Zahlungsanweisungen über persönliche Bezüge sind deutlich sichtbar die Vermerke „Bezüge aus der Reichskasse" und „wenn Empfänger verstorben, zurück", bei Witwen „wenn Empfängerin verstorben oder wiederverheiratet, zurück" anzubringen.

Zu § 47

(1) Das Mindestguthaben der Reichshauptkasse auf dem Reichsbankgirokonto beträgt 1 Million Reichsmark.

(2) Dem Reichsminister der Finanzen ist täglich ein Kassenbericht über die Einzahlungen und Auszahlungen sowie den Bestand der Reichshauptkasse vorzulegen.

Zu § 48

(1) Das Postscheckguthaben der Reichshauptkasse wird durch Überweisung von Beträgen vom Postscheckkonto der Reichsbankhauptkasse auf das der Reichshauptkasse gegen Hingabe eines Reichsbanküberweisungsauftrags verstärkt.

(2) Sind Betriebsmittel aufgebraucht, so ist dies dem zuständigen Reichsminister und dem Reichsminister der Finanzen anzuzeigen.

Zu § 49

Die im Wege der Geldversorgung durch die Kassen der Reichsabgabenverwaltung ausgezahlten Beträge werden wie

Auftragsauszahlungen für die Reichshauptkasse (§ 53 RKO.) behandelt und von der Reichshauptkasse als Kassenbestandsverstärkung für die Bedarfskasse gebucht.

Zu § 51

(1) Amtskassen, denen eine Oberkasse nicht übergeordnet ist, sowie die in Berlin gelegenen Oberkassen erhalten Kassenbestandsverstärkungen durch Gewährung von Zuschüssen der Reichshauptkasse gegen Quittung. Es ist darauf hinzuwirken, daß die Zuschüsse möglichst erst am Bedarfstag erhoben werden.

(2) Der Reichsminister der Finanzen teilt der Reichshauptkasse mit, welche Kassen berechtigt sind, dem Reichsbankgiroguthaben der Reichshauptkasse durch Hingabe eines farbigen Schecks an die zuständige Reichsbankanstalt Beträge zu entnehmen (vgl. Anl. 8 zur Reichskassenordnung und VV. dazu).

(3) Dem Verlangen anfordernder Kassen, den Zuschuß in der Weise zu gewähren, daß die Reichshauptkasse für die anfordernde Kasse unmittelbar Auszahlungen an den Empfänger leistet, ist in weitestem Umfange zu entsprechen. Der ausgezahlte Betrag ist als Kassenbestandsverstärkung für die anfordernde Kasse zu buchen.

Zu § 52

Ersucheneinzahlungen hat die Reichshauptkasse als Ablieferung der ersuchenden Kasse zu buchen.

Zu § 53

(1) Die Reichshauptkasse kann in Ausnahmefällen die übrigen Reichskassen zu Auftragszahlungen in Anspruch nehmen; sie verrechnet die gezahlten Beträge im Wege des Buchausgleichs (§ 28 RKO.).

(2) Die Zahlungsaufträge der Reichshauptkasse sind vom Kassenleiter oder einem Oberbuchhalter zu vollziehen und mit dem Abdrucke des Dienststempels zu versehen. Die Annahme- oder Auszahlungsanordnungen brauchen nicht beigefügt zu werden.

Zu § 54

(1) Das zu Auszahlungen nicht erforderliche Postscheckguthaben der Reichshauptkasse ist täglich in runden Beträgen auf das Postscheckkonto der Reichsbankhauptkasse zur Gutschrift auf das Reichsbankgirokonto der Reichshauptkasse zu überweisen.

(2) Die Reichshauptkasse hat die an sie abgelieferten Beträge nach Maßgabe der von den einzelnen Reichsministern erlassenen Vollzugsbestimmungen zur Reichskassenordnung zu buchen.

(3) Die Reichshauptkasse hat zu prüfen, ob Geldanstalten, an die die Kassen gemäß § 26 RKO. angeschlossen sind und die mit der Ablieferung der Einzahlungen betraut sind, die Ablieferungsaufträge rechtzeitig ausführen. Verzögerungen sind der zuständigen Kasse unter Angabe der erwachsenen Verzugszinsen zur weiteren Veranlassung mitzuteilen.

Zu § 55

(1) Für die Einlieferung und Auslieferung von Wertgegenständen gelten die Bestimmungen der Reichskassenordnung über Einzahlungen und Auszahlungen sinngemäß. Wertgegenstände werden unter Mitwirkung des Reichsbankkassiers von einem Oberbuchhalter, der zu seiner Unterstützung nach Bedarf Beamte der zuständigen Buchhalterei heranziehen kann, angenommen und ausgeliefert.

(2) Über die als Sicherheit angenommenen Wertgegenstände ist eine Hinterlegungsbescheinigung zu erteilen; die Bestimmungen des § 36 RKO. gelten sinngemäß.

(3) Die Wertgegenstände sind im Tresor der Reichshauptkasse aufzubewahren, wenn im einzelnen Falle nicht etwas anderes bestimmt wird. Wenn die Reichsbank oder eine andere Geldanstalt mit der Aufbewahrung und Verwaltung betraut wird, ist die Depotquittung bei der Reichshauptkasse aufzubewahren.

(4) Hinterlegte Wertgegenstände dürfen nur gegen Rückgabe der Hinterlegungsbescheinigung ausgeliefert werden; kann die Hinterlegungsbescheinigung im einzelnen Falle nicht zurückgegeben werden, so ist die Entscheidung der anordnenden Stelle einzuholen.

(5) Über die Wertgegenstände wird vom Oberbuchhalter ein Wertezeitbuch nach Muster 2 in je einem Teilbande für die Einlieferung und Auslieferung und vom zuständigen Buchhalter ein Wertesachbuch nach Muster 3 geführt. Die Wertebücher können für mehrere Jahre verwendet werden. Das Wertezeitbuch ist monatlich abzuschließen.

(6) Die geldwerten Papiere sind in dem Betrag und in der Währung, auf die sie lauten, zu buchen. Ausländische Banknoten und Geldsorten, die bei der Reichshauptkasse nicht als Zahlungsmittel verwendet werden, gelten als Wertgegenstände und sind dementsprechend nachzuweisen.

(7) Der zuständige Buchhalter hat die Auslosung und Kündigung von Wertpapieren, die Gewährung besonderer Rechte aus den Wertpapieren (z. B. Bezugsrechte, unregelmäßige Zinszahlungen usw.) nach den in der Reichshauptkasse vorhandenen amtlichen Veröffentlichungen (z. B. dem Deutschen Reichsanzeiger) zu überwachen und zur Erleichterung der Übersicht über solche Wertpapiere ein besonderes Ver-

zeichnis zu führen, in das die Werte nach den verschiedenen Gattungen getrennt einzutragen sind. Zugleich soll nach dem Verzeichnisse die Erneuerung der Zinsscheine, die Erhebung der Zinsen, der Ablauf der Wechsel usw. überwacht werden. Die Fristen sind nötigenfalls im Fristenbuche der Buchhalterei (VV. zu § 15) zu vermerken.

(8) Soweit im einzelnen Falle nicht etwas anderes bestimmt ist, dürfen fällige Zins- und Gewinnanteilscheine hinterlegter Wertpapiere an die berechtigten Empfänger ohne besondere Anordnung ausgeliefert werden. Die Auslieferung ist im Wertesachbuch ersichtlich zu machen.

Zu § 58

Außer den in der Reichskassenordnung genannten Büchern werden in der Reichshauptkasse folgende Bücher geführt:

1. als Sachbücher
   a) ein Geldanlagebuch über die verzinsliche Anlage von Kassengeldern nach Muster 4;
   b) ein Guthabenbuch über die verzinslichen Einlagen von Reichsbetrieben (§ 15 der Reichshaushaltsordnung) und von anderen mit Genehmigung des Reichsministers der Finanzen zugelassenen Stellen nach Muster 5;
2. ein Hilfsbuch über die Einzahlungen der Reichsbankanstalten und Länderkassen für gelieferte Reichsmünzen nach Muster 6.

Zu § 59

(1) Das Hauptbuch der Reichshauptkasse wird in je einem Teilbande für Einzahlungen und Auszahlungen nach Muster 7 geführt (Hauptbuch Einzahlung, Hauptbuch Auszahlung). Der Anhang zur Darstellung des Tagesabschlusses wird als besonderer Teilband geführt.

(2) Die in das Hauptbuch einzutragenden Zahlungen werden in einzelnen Spalten auf die Buchhaltereien verteilt. Wenn der Geschäftsumfang es erfordert, dürfen die Spalten für die Buchhaltereien in einen besonderen Teilband des Hauptbuchs aufgenommen werden.

(3) Die Eintragungen in das Hauptbuch nimmt nach näherer Bestimmung des Kassenleiters ein Oberbuchhalter vor.

Zu § 60

(1) Als Tagesnachweisungen zum Hauptbuche gelten

a) für die unbaren Einzahlungen
die Nachweisungen des Girokontors der Reichshauptbank über die Einzahlungen auf das Reichsbankgirokonto der Reichshauptkasse und der Kontoauszug des

Postscheckamts über die Einzahlungen auf das Postscheckkonto der Reichshauptkasse,

b) für die Auszahlungen im Postscheckwege

die von der Giro- und Postscheckstelle aufgestellten Anlagen zur Sammelüberweisung und zum Sammelschecke.

(2) Der Kassenleiter kann bestimmen, daß außerdem Tagesnachweisungen zum Hauptbuch aufgestellt werden:

c) für den baren Zahlungsverkehr

von der Nebenstelle der Reichsbankhauptkasse,

d) für die unbaren Auszahlungen durch Vermittlung der Reichsbank

von der Giro- und Postscheckstelle der Reichshauptkasse,

e) für die Beleganrechnungen, Umbuchungen und Buchausgleiche

von den vom Kassenleiter bestimmten Buchhaltern.

(3) Die Tagesnachweisungen sind als Teile des Hauptbuchs sorgfältig aufzubewahren und am Jahresschluß in feste Hefte zu binden.

Zu § 62

(1) Das Titelbuch der Reichshauptkasse wird nach den Mustern 8 und 9 geführt.

(2) Soweit das Titelbuch in Form einer Kartei geführt wird, ist hierfür das von dem zuständigen Reichsminister bestimmte Muster zu verwenden.

Zu § 63

(1) Das Hinterlegungsbuch wird nach Muster 10 geführt. Der Kassenleiter kann bestimmen, daß für bestimmte Gattungen von Hinterlegungen von diesem Muster abgewichen wird, wenn dadurch die Buchungen übersichtlicher werden.

(2) Beim Jahresabschlusse sind die Auszahlungen von den Einzahlungen abzuziehen und der Bestand nötigenfalls unter Erläuterung der einzelnen Beträge in das für den nächsten Zeitabschnitt zu führende Buch zu übernehmen.

Zu § 64

(1) Das Vorschußbuch wird nach Muster 11 geführt. Abs. 1 Satz 2 und Abs. 2 der BB. zu § 63 gelten sinngemäß.

(2) Im Vorschußbuche sind für die Abrechnungen der Reichshauptkasse mit ihren Zahlstellen besondere Abschnitte einzurichten.

Zu § 65

(1) Das Abrechnungsbuch wird nach Muster 12 geführt. Im Abrechnungsbuch ist für die Amtskassen, Oberkassen und Rechnungsstellen, die mit der Reichshauptkasse im Abrechnungsverkehre stehen, je ein besonderer Abschnitt einzurichten. Abs. 1 Satz 2 und Abs. 2 der BB. zu § 63 gelten sinngemäß.

(2) Im Abrechnungsbuche sind die Kassenbestandsverstärkungen und die Ablieferungen nachzuweisen. Die sich aus den Abschlußnachweisungen ergebenden Bestände sind als Kassenbestandsverstärkung oder als Ablieferung auf den nächsten Rechnungsabschnitt zu übertragen.

(3) Die Eintragungen in das Abrechnungsbuch werden von einem vom Kassenleiter zu bestimmenden Buchhalter vorgenommen.

Zu § 66

Der Reichsbankkassier (vgl. VV. zu § 16) trägt die von der Nebenstelle der Reichsbankhauptkasse angenommenen Einzahlungen und geleisteten Auszahlungen in die Tageskladde oder in eine Tagesnachweisung (VV. zu § 60 unter c) ein. Auf Grund dieser Eintragungen prüft der Kassenleiter, welcher Betrag beim Tagesabschlusse dem Reichsbankgiroguthaben der Reichshauptkasse zu- oder von ihm abzuschreiben ist und welcher Kassenbestand für die Reichsbankhauptkasse verbleibt. Die Eintragungen in das Hauptbuch werden unabhängig von den Eintragungen in die Tageskladde einzeln nach den Belegen vorgenommen, soweit nicht Tagesnachweisungen aufgestellt werden.

Zu § 67

(1) Bei der Reichshauptkasse wird ein Postscheckkontogegenbuch nach Muster 13 geführt.

(2) Die Auszahlungen durch Sammelüberweisung oder Sammelscheck sind im Postscheckkontogegenbuche der Reichshauptkasse nach zweiten Ausfertigungen der Anlagen zur Sammelüberweisung oder zum Sammelscheck in Gesamtbeträgen zu buchen (vgl. VV. zu § 60). Das Postscheckkontogegenbuch führt die Giro- und Postscheckstelle.

Zu § 68

Die Eintragungen in das Reichsbankgirokontogegenbuch nimmt die Giro- und Postscheckstelle nach Maßgabe der „Bestimmungen über den Giroverkehr mit der Reichsbank" vor.

Zu § 69

(1) Bei der Reichshauptkasse wird ein Gegensachbuch nach Muster 14 geführt.

(2) Jeder Buchhalter führt für sein Arbeitsgebiet je einen Teilband getrennt für Einzahlungen und Auszahlungen. Die Eintragungen im Gegensachbuche müssen mit den Eintragungen in der für die betreffende Buchhalterei eingerichteten Spalte des Hauptbuchs übereinstimmen, so daß die Zusammenstellung der Abschlußsummen der einzelnen Teilbände des Gegensachbuchs die Abschlußsummen des Hauptbuchs ergibt.

Zu § 70

(1) Bei der Reichshauptkasse wird das Scheckübenwachungsbuch nach Muster 15 geführt. Jeder Scheck ist sogleich bei der Übergabe an den Reichsbankkassier einzutragen. Bei den Eintragungen ist auf die Eintragung im Hauptbuch hinzuweisen.

(2) Das Schecküberwachungsbuch führt der Reichsbankkassier.

Zu § 73

(1) Das Hauptbuch wird in gebundener Form geführt. Die Seitenzahl wird von dem Kassenaufsichtsbeamten auf der Titelseite bescheinigt.

(2) Soweit die Reichshauptkasse Kassengeschäfte anderer Verwaltungsbehörden als Amtskasse wahrnimmt, kann der zuständige Reichsminister bestimmen, daß das Titelbuch für Einzelhaushaltseinnahmen und -ausgaben in Teilbänden für ein Vierteljahr oder Halbjahr geführt wird.

(3) Die Sicherungsmaßregeln für geheftete Bücher trifft der Kassenleiter, im Falle der Verwendung von Karteien und Loseblattbüchern der zuständige Reichsminister.

Zu § 75

(1) Die bei Rechnungsstellen (§ 9 RKO.) zusammengestellten Haushaltseinnahmen und -ausgaben werden in die Bücher der Reichshauptkasse in Gesamtbeträgen übernommen.

(2) Die von den Zahlstellen der Reichshauptkasse aufzustellenden Titelverzeichnisse und die Zusammenstellungen über Buchungen in Gesamtbeträgen gehören zum Titelbuch; ist eine große Zahl von diesen vorhanden, so sind sie in besonderen Heften zu vereinigen, die mit dem Titelbuch aufzubewahren sind.

Zu § 76

(1) Der Kassenleiter stellt die Annahmeanordnungen dem Buchhalter zu, der prüft, ob sie in der Form den ergangenen Bestimmungen entsprechen. Sollen Einzahlungen durch Übergabe von Zahlungsmitteln entrichtet werden, so hat der Buchhalter den Betrag zu ermitteln, unter Beifügung seines Namenszeichens auf der Annahmeanordnung, dem Einzahlungsschein usw., zu vermerken (Einzahlungsvermerk) und die Belege dem Reichsbankkassier zuzuleiten. Das weitere Verfahren regelt sich nach § 76 Abs. 1 RKO.

(2) Bei unbaren Einzahlungen werden die auf die einzelnen Buchhalter entfallenden Beträge auf Grund des Reichsbankgirokontogegenbuchs nebst den vom Girokontor der Reichshauptbank aufgestellten Nachweisungen, auf Grund des Kontoauszugs des Postscheckamts nebst den Zahlkarten- und Postscheckabschnitten und auf Grund der ergangenen Annahmeanordnungen von der Giro- und Postscheckstelle nötigenfalls

unter Hinzuziehung von Buchhaltern ermittelt, die Belege mit den entsprechenden Einzahlungsvermerken versehen und dem Kassenleiter zur Vollziehung und Eintragung in das Hauptbuch übergeben. Der Kassenleiter stellt die Belege den Buchhaltern zur Eintragung in die Sachbücher zu.

(3) Hinsichtlich der der Reichshauptkasse zugehenden Auszahlungsanordnungen wird nach § 76 Abs. 2 RKO. mit der Maßgabe verfahren, daß der Buchhalter die mit Auszahlungsvermerk und seinem Namenszeichen versehenen Auszahlungsanordnungen zunächst dem Kassenleiter zur Vollziehung und Weitergabe an den Reichsbankkassier oder an die Giro- und Postscheckstelle übergibt. Der Reichsbankkassier hat bei der Auszahlung darauf zu achten, daß die richtige Quittung vorliegt und der Auszahlungsvermerk nicht geändert ist.

(4) Bei den Zahlungsvermerken auf den Belegen sind die Nummern des Hauptbuchs und des Gegensachbuchs, unter denen die Zahlung gebucht ist, anzugeben.

(5) Ablieferungen der nachgeordneten Kassen durch Anrechnung von Auszahlungsbelegen läßt der Kassenleiter von dem zuständigen Buchhalter prüfen und mit Einzahlungs- und Auszahlungsvermerk versehen. Hierauf nimmt der Kassenleiter die erforderlichen Eintragungen in das Hauptbuch vor und gibt die Unterlagen dem Buchhalter zur Eintragung in die Sachbücher zurück.

(6) Die Buchhalter haben darauf zu achten, daß die Ausgabebewilligungen des Reichshaushaltsplans oder die durch den Reichsminister der Finanzen anderweit zur Verfügung gestellten Haushaltsmittel nicht überschritten werden. Bei drohender Überschreitung ist der zuständigen Verwaltungsbehörde, gegebenenfalls dem Reichsminister der Finanzen, Anzeige zu erstatten.

Zu § 77

Das Hauptbuch ist im Kassenschranke des Kassenleiters zu verschließen. Die Bücher und Belege bei den Buchhaltereien sind in verschließbaren Schränken aufzubewahren. Belege dürfen nur mit Genehmigung des Kassenleiters herausgegeben werden.

Zu § 78

(1) Der Kassenleiter kann bestimmen, daß über Umbuchungen und Buchausgleiche Nachweisungen für einen längeren Zeitabschnitt aufgestellt werden, sofern Umbuchungen und Buchausgleiche in großer Zahl vorzunehmen sind. In diesem Falle dürfen Tagesnachweisungen über Umbuchungen nicht aufgestellt werden (vgl. VV. zu § 60).

(2) Die Ergebnisse der aufgerechneten Nachweisungen werden in Gesamtbeträgen in das Hauptbuch und das Gegensachbuch eingetragen.

Zu § 81

(1) Die Reichshauptkasse hat am letzten Werktage jedes Monats das Hauptbuch, die Sachbücher und das Gegensachbuch abzuschließen. Im Hauptbuch und in sämtlichen Spalten des Gegensachbuchs ist die Summe der Einzahlungen und Auszahlungen für die vorangegangenen Monate des Rechnungsjahrs der Summe für den laufenden Monat hinzuzurechnen. Die sich beim Abschlusse der Sachbücher ergebenden Summen müssen mit den Summen des Gegensachbuchs, diese mit den Summen der Einzahlungen und Auszahlungen des Hauptbuchs übereinstimmen.

(2) Auf Grund des Abschlusses der Sachbücher ist dem Reichsminister der Finanzen monatlich ein Kassenabschluß der Reichshauptkasse vorzulegen.

(3) Die Abschlußzahlen sämtlicher Teilbände des Titelbuchs sind beim Jahresabschluß in den Teilband des Titelbuchs, der der Aufstellung der Hauptrechnung zugrunde gelegt wird, zu übernehmen.

Zu § 84

Die ordentlichen Kassenprüfungen der Reichshauptkasse werden von dem Kassenaufsichtsbeamten in der Regel am ersten Werktage jedes Monats, außerdem an einem besonders festzusetzenden Tage nach dem Jahresabschlusse vorgenommen.

Zu § 90 Abs. 4 und § 91 Abs. 3

Die Prüfung kann auf Stichproben beschränkt werden.

Zu § 95

Die Kassenprüfungsniederschrift ist dem Reichsminister der Finanzen vorzulegen.

Zu Anlage 1 der RKO.

Zu § 1 Abs. 2

Die Reichshauptkasse darf Schecke, die nicht in Berlin eingelöst werden können, als Einzahlung annehmen, wenn es aus besonderen Gründen im Interesse des Reichs erforderlich erscheint.

Zu § 3

(1) Die von der Reichshauptkasse angenommenen Schecke sind von dem Reichsbankkassier der Reichsbank zur Einlösung vorzulegen. Postschecke sind dem Postscheckamt zur Gutschrift einzureichen.

(2) Der Buchhalter hat den Vermerk „Nur zur Verrechnung“ gleichzeitig mit dem Zahlungsvermerke (VB. zu § 34) auf den Scheck zu setzen.

Zu Anlage 2 der RKO.

Zu § 4

Wenn ein Buchhalter eine größere Anzahl von Auszahlungen durch Überweisung oder Postscheck zu leisten hat, sind Unteranlagen zur Sammelüberweisung oder zum Sammelschecke nach dem Muster 16 anzufertigen. Die Giro- und Postscheckstelle faßt die ihr von den einzelnen Buchhaltern zugegangenen Unteranlagen in der Anlage zur Sammelüberweisung oder zum Sammelscheck (Anlage 15 zur Postscheckordnung) zusammen und fügt sie dieser bei.

Zu Anlage 8 der RKO.

Zu § 1

Die unmittelbare Entnahme von Beträgen aus dem Reichsbankgiroguthaben der Reichshauptkasse durch farbigen Scheck ist auf die Kassen außerhalb Berlins beschränkt.

Zu § 2

Die Schecke sind grün; sie werden in Heften von je 50 Stück von den zuständigen Reichsbankanstalten geliefert.

Zu § 4

Das Girokontor der Reichshauptbank übersendet der Reichshauptkasse täglich die eingegangenen farbigen Schecke mit einer Rechnung und erhält dagegen einen über den Rechnungsbetrag lautenden Reichsbanküberweisungsauftrag. Die Reichshauptkasse bucht die Scheckbeträge im Abrechnungsbuche für die beteiligten Kassen als Kassenbestandsverstärkung.

Berlin, den 2. April 1928.

Der Reichsminister der Finanzen

In Vertretung des Staatssekretärs

Dr. Lothholz

Anlage

Verkehr der Reichshauptkasse mit den Hauptkassen der Länder

(1) Für den Verkehr der Reichshauptkasse mit den Hauptkassen der Länder gelten die Bestimmungen der Reichskassenordnung und die dazu erlassenen Vollzugsbestimmungen sinngemäß.

(2) Im einzelnen wird folgendes bestimmt:

Beträge, die die auswärtigen Hauptkassen der Länder von der Reichshauptkasse erhalten, werden ihnen von dieser durch Ermächtigungsschreiben zur Verfügung gestellt, soweit dies nicht bereits der zuständige Reichsminister getan hat. Die Hauptkassen der Länder entnehmen die jeweils erforderlichen Beträge dem Reichsbankgiroguthaben der Reichshauptkasse durch Hingabe eines farbigen Schecks an die zuständige Reichsbankanstalt. Die zur Verfügung gestellten Beträge dürfen nicht überschritten werden. Dies wird durch die Reichsbankanstalten überwacht, die die gegen Hingabe eines farbigen Schecks erhobenen Beträge auf dem Ermächtigungsschreiben abschreiben.

Die Hauptkassen der Länder, die im Abrechnungsverkehre mit der Reichshauptkasse stehen, reichen dieser über die ihnen zur Verfügung gestellten Beträge Abrechnungen ein, die nach § 81 Abs. 3 Satz 3 RKO. zu behandeln sind.

Im Abrechnungsbuche der Reichshauptkasse ist für die Hauptkassen der Länder, die mit ihr im Abrechnungsverkehre stehen, je ein besonderer Abschnitt einzurichten.

Muster

für die Bücher der Reichshauptkasse

Geldein

Lfde. Nr.	Tag der Eintragung Monat	Tag	Nummer des Postscheines	Anzahl der Wertbriefe	Wertpakete	Absendungsort	In Betrag RM	Rpf

Wertezeit

Lfde. Nr.	Tag der Einlieferung (Auslieferung)	Seite u. Nummer des Wertesachbuches	Einlieferung (Auslieferung)	Bezeichnung der Wertgegenstände			

Wertesach

Lfde. Nr.	Tag der Einlieferung	Annahmeanordnung	Einlieferer	Bezeichnung der Wertgegenstände	Nennbetrag RM	Rpf	Wertezeitbuch Nr.	Vermerke

gangsbuch.

Muster 1.

halt Gegenstand	Aushändigungs-bescheinigung der Post	Hauptbuch-nummer	Bermerke

buch.

Muster 2.

Nennbetrag												Bermerke

buch.

Muster 3.

Lfde Nr.	Tag der Aus-lieferung	Aus-liefe-rungs-an-ordnung	Empfänger	Bezeichnung der Wert-gegenstände	Nenn-betrag RM	Rpf	Wertgelt-buch Nr.	Bermerke

Haupt

Laufende Nr.	Tag der Eintragung	Bezeichnung des Einzahlungspflichtigen oder des Empfängers und Grund der Eintragung	Im Reichsbankgirowege		Im Postscheckwege		Buchausgleiche, Umbuchungen	
			RM	Rpf	RM	Rpf	RM	Rpf

Anm. d. H. Die Spalten 4 bis 6 sind inzwischen in 1 Spalte zusammengezogen worden (vgl. § 59

Titel

Laufende Nr.	Tag der Zahlung	Tag und Nr. der Anordnung	Einzahlungspflichtiger / Empfänger und Grund der Haushalts-Einnahme / Ausgabe											Gegensachbuch Nr.	Betrag		Summe		Vermerke
				RM	Rpf	RM	Rpf	RM	Rpf	RM	Rpf	RM	Rpf		RM	Rpf	RM	Rpf	

Titel

Laufende Nr.	Tag der Zahlung	Jahresbetrag		Tag von dem an die Anordnung gilt	Rechnungssoll		Tag und Nr. der Anordnung	Einzahlungspflichtiger / Empfänger und Grund der Haushalts-Einnahme / Ausgabe	April			Mai			Juni			Juli		
									Gegensachb. Nr.	Betrag		Gegensachb. Nr.	Betrag		Gegensachb. Nr.	Betrag		Gegensachb. Nr.	Betrag	
		RM	Rpf		RM	Rpf				RM	Rpf		RM	Rpf		RM	Rpf		RM	Rpf

buch. **Muster 7.**

Hiervon entfallen auf die Buchhalterei																		Gesamttagessumme	
I		II		III		IV		V		VI		VII		VIII		IX			
RM	Rpf	RM	Rpf	RM	Rpf	RM	Rpf	RM	Rpf	RM	Rpf	RM	Rpf	RM	Rpf	RM	Rpf	RM	Rpf

Abs. 4 u. Anm. 4 dazu). Weitere Muster f. das Hauptbuch sind in Beilage 1 u. Beilage 4 abgedruckt.

buch. **Muster 8.**

Laufende Nr.	Tag der Zahlung	Tag und Nr. der Anordnung	Einzahlungspflichtiger / Empfänger und Grund der Haushalts- Einnahme / Ausgabe											Gegensachbuch-Nr.	Betrag		Summe		Bemerke
				RM	Rpf	RM	Rpf	RM	Rpf	RM	Rpf	RM	Rpf		RM	Rpf	RM	Rpf	

buch. **Muster 9.**

August			Sept.			Oktober			Novemb.			Dezemb.			Januar			Februar			März usw.			Gesamt-Betrag		Beleg-Nr.	Vermerke
Gegensachb.-Nr.	Betrag		Gegensachb.-Nr.	Betrag		Gegensachb.-Nr.	Betrag		Gegensachb.-Nr.	Betrag		Gegensachb.-Nr.	Betrag		Gegensachb.-Nr.	Betrag		Gegensachb.-Nr.	Betrag		Gegensachb.-Nr.	Betrag					
	RM	Rpf		RM	Rpf		RM	Rpf		RM	Rpf		RM	Rpf		RM	Rpf		RM	Rpf		RM	Rpf	RM	RM		

Hinterlegungs

Einzahlung										
Laufende Nr.	Tag der Einzahlung	Nr. und Tag der Annahmeanordnung	Einzahlungspflichtiger und Grund der Einzahlung.	Gegensachbuch Nr.	Betrag				Beleg Nr.	Vermerke
					RM	Rpf	RM	Rpf		

Vorschuß

Nr. des Vorschußabschnitts	Bereitgest. Betrag			Einzahlung										
	Nr. und Tag der Auszahlungsanordnung			Laufende Nr.	Tag der Einzahlung	Nr. und Tag der Annahmeanordnung	Einzahlungspflichtiger und Grund der Einzahlung	Gegensachbuch Nr.	Betrag				Beleg Nr.
		RM	Rpf						RM	Rpf	RM	Rpf	

Abrechnungs

.................................Kasse

Laufende Nr.	Tag der Eintragung	Art der Ablieferung	Einzahlung					Vermerke
			Gegensachbuch Nr.	RM	Rpf	RM	Rpf	

buch. Muster 10.

Auszahlung										
Laufende Nr.	Tag der Auszahlung	Nr. und Tag der Auszahlungsanordnung	Empfänger und Grund der Auszahlung	Gegensachbuch Nr.	Betrag				Beleg Nr.	Vermerke
					RM	Rpf	RM	Rpf		

buch. Muster 11.

Auszahlung										
Laufende Nr.	Tag der Auszahlung	Nr. und Tag der Auszahlungsanordnung	Empfänger und Grund der Auszahlung	Gegensachbuch Nr.	Betrag				Beleg Nr.	Vermerke
					RM	Rpf	RM	Rpf		

buch. Muster 12.

....

Laufende Nr.	Tag der Eintragung	Art der Kassenbestandsverstärkung	Auszahlung					Vermerke
			Gegensachbuch Nr.	RM	Rpf	RM	Rpf	

Postscheckkonto

Laufende Nr.	Tag der Eintragung	Nach dem Kontoauszuge / Empfänger	Gutgeschriebener Betrag RM	Rpf	Zur Last geschriebener Betrag RM	Rpf	Hauptbuch Nr.	Scheck Nr.	Vermerke

Gegen

Laufende Nr.	Tag der Eintragung	Hauptbuch Nr.	Abschnitt u. Nr. des Titelbuchs	Grund der Eintragung	Es entfallen RM	Rpf	RM	Rpf	RM	Rpf	RM	Rpf	RM	Rpf

Schecküber

Laufende Nr.	Tag der Annahme des Schecks	Einzahlungspflichtiger	Bezogener	Tag der Ausstellung des Schecks	Nr. des Schecks	Betrag RM	Rpf		Namensunterschrift mit Tagesangabe als Quittung d. Beamten, der den Scheck zur Vorlegung bei der Geldanstalt usw. erhalten hat —

gegenbuch.

Muster 13.

Laufende Nr.	Tag der Eintragung	Nach dem Kontoauszuge Empfänger	Gutgeschriebener Betrag RM	Rpf	Zur Last geschriebener Betrag RM	Rpf	Hauptbuch Nr.	Scheck Nr.	Vermerke

sachbuch.

Muster 14.

auf den Teilband des Titelbuchs												Gesamtbetrag		Gesamttagessumme	
RM	Rpf	RM	Rpf	RM	Rpf	RM	Rpf	RM	Rpf	RM	Rpf	RM	Rpf	RM	Rpf

wachungsbuch.

Muster 15.

Tag der Vorlegung	Tag der Einlösung	Der Scheck ist eingelöst mit RM	Rpf	Der Scheck ist nicht eingelöst und daher zurückgesandt am	an	Betrag etwaiger Kosten RM	Rpf	Vermerke

Muster 16

Buchhalterei..................

Unteranlage Nr.............. zur Sammelüberweisung / zum Sammelscheck

Konto Nr. 30201, Kontoinhaber: Reichshauptkasse in Berlin

Heft Nr...... Blatt Nr....... der Überweisung / der Schecks } Datum......

Laufende Nr.	Empfänger Name	Empfänger Wohnort	Postscheckamt, bei dem d. Konto geführt wird	Konto Nr.	Auszuzahlender Betrag RM	Auszuzahlender Betrag Rpf	Abschnitt und Nr. des Titelbuchs	Vermerke

Beilage 2

B. Richtlinien

für die Zahlstellen der Reichshauptkasse.

(Reichsministerialblatt 1928 S. 259.)

Auf Grund des § 8 der Reichskassenordnung vom 6. August 1927 (Reichsministerialblatt S. 357) wird im Einvernehmen mit den beteiligten Reichsministern folgendes bestimmt:

§ 1

Die Zahlstellen der Reichshauptkasse stehen dieser zur Annahme von Einzahlungen und Leistung von Auszahlungen zur Verfügung; sie gelten nicht als Kassen.

§ 2

(1) Die Zahlstellen sollen nur Einzahlungen in Bargeld annehmen und Auszahlungen in Bargeld leisten, soweit es sich um geringfügige Beträge oder um Einzahlungen von Angehörigen der Verwaltungsbehörde, bei der die Zahlstelle errichtet ist, oder um Auszahlungen an diese handelt.

(2) Andere Einzahlungen und Auszahlungen als die in Abs. 1 genannten sollen grundsätzlich an die Reichshauptkasse entrichtet und von ihr geleistet werden. Dies gilt auch für die Auszahlung von Dienstbezügen. Einzahlungspflichtige sind in Einzahlungsaufforderungen unter Angabe der Postscheck- und Reichsbankverbindung der Reichshauptkasse, gegebenenfalls unter Beifügung von Zahlkartenvordrucken der Reichshauptkasse ausdrücklich darauf hinzuweisen, daß sie Einzahlungen durch Überweisung oder Postscheck, mit Zahlkarte oder Postanweisung an die Reichshauptkasse zu entrichten haben.

(3) Wird bei einer Verwaltungsbehörde zum Zwecke der Geschäftsvereinfachung die Entrichtung von Einzahlungen von der Zahlstelle der Verwaltungsbehörde überwacht, so darf die Zahlstelle solche Einzahlungen annehmen und Auszahlungen, durch die eingezahlte Beträge erstattet werden, leisten.

§ 3

Die Zahlstellen sollen an den Postscheck- und Reichsbankgiroverkehr sowie an den Verkehr mit sonstigen Geldanstalten nicht angeschlossen werden. Liegen bei einer Verwaltungsbehörde besondere Verhältnisse vor, so kann der zuständige Reichsminister im Einvernehmen mit dem Reichsminister der Finanzen Ausnahmen hiervon zulassen.

§ 4

(1) Die Zahlstellen haben die Beträge, die den von dem zuständigen Reichsminister im Einvernehmen mit dem Reichsminister der Finanzen festgesetzten zulässigen Kassenbestand übersteigen, unverzüglich an die Reichshauptkasse abzuführen.

(2) Zur Leistung von Auszahlungen erhalten die Zahlstellen von der Reichshauptkasse Vorschüsse bis zur Höhe des zulässigen Kassenbestandes. Sie sollen die zu Auszahlungen von Gehältern und Löhnen und zu Auszahlungen gegen Hingabe von Beamtenschecken erforderlichen, den zulässigen Kassenbestand übersteigenden Beträge möglichst erst am Auszahlungstage von der Reichshauptkasse in Empfang nehmen.

§ 5

(1) Von den Zahlstellen angenommene Beamtenschecke sind der Reichshauptkasse am Tage der Annahme möglichst bis 15 Uhr mit einem Verzeichnisse der ausgezahlten Beträge in doppelter Ausfertigung einzureichen. Die Reichshauptkasse gibt eine Ausfertigung mit Empfangsbekenntnis zurück, veranlaßt die Gutschrift der ausgezahlten Beträge auf ihr Postscheck- oder Reichsbankgirokonto und schreibt diese Beträge der Zahlstelle gut.

(2) Liegen bei einer Verwaltungsbehörde besondere Verhältnisse vor, so kann der zuständige Reichsminister im Einvernehmen mit dem Reichsminister der Finanzen Ausnahmen von der Bestimmung des Abs. 1 Satz 1 zulassen.

§ 6

Die Zahlstellen haben die Zahlungen der Zeitfolge nach in einfachster Form in einem Zeitbuche nach Muster 1 anzuschreiben; das Zeitbuch ist monatlich abzuschließen. Wenn der Geschäftsumfang es erfordert, darf ein Hilfsbuch über Hinterlegungen, Vorschüsse und den Abrechnungsverkehr mit der Reichshauptkasse geführt werden.

§ 7

(1) Die Zahlstellen haben mit der Reichshauptkasse unter Einreichung der Belege nach Bedarf, im übrigen in sinn-

gemäßer Anwendung der Bestimmungen der Reichskassenordnung (§ 81) bis zum 10. eines jeden Monats abzurechnen.

(2) Die auf die einzelnen Titel oder Unterteile eines Titels entfallenden Zahlungen sind, soweit erforderlich, monatlich auf Grund der titelweise zu ordnenden Belege in Titelverzeichnisse nach Muster 2 einzutragen, die abzuschließen und mit den Belegen der Abrechnung beizufügen sind. Die Titelverzeichnisse dürfen im Durchschlagsverfahren mit Schreibmaschine oder im Durchschreibeverfahren in der Weise aufgestellt werden, daß die erste Ausfertigung mit Tinte geschrieben wird.

(3) Auf Grund der Titelverzeichnisse übernimmt die Reichshauptkasse die Ergebnisse der Anschreibungen der Zahlstellen in Gesamtbeträgen in das Titelbuch.

§ 8

Die Verwaltungsbehörde, bei der die Zahlstelle errichtet ist, bestimmt einen Beamten, der die Geschäftsführung der Zahlstelle zu beaufsichtigen und nach näherer Bestimmung des zuständigen Reichsministers in bestimmten Zeitabschnitten zu prüfen hat. § 17 der Reichskassenordnung gilt sinngemäß.

§ 9

(1) Bis zum Erlasse der Bestimmungen über die Auszahlung und den rechnungsmäßigen Nachweis von Besoldungen und Zivilversorgungsbezügen führen die Zahlstellen wie bisher den rechnungsmäßigen Nachweis über diese. In die Abrechnung mit der Reichshauptkasse sind die ausgezahlten Beträge lediglich in Gesamtsummen, nach Buchungsabschnitten getrennt aufzunehmen.

(2) Soweit Auszahlungen der in Abs. 1 genannten Art durch Überweisung zu leisten sind, wird in der Weise verfahren, daß die Zahlstelle der Reichshauptkasse eine Vorschußquittung über den auszuzahlenden Gesamtbetrag unter Angabe der auf die einzelnen Geldanstalten oder auf die Postscheckkonten der Empfänger entfallenden Beträge übersendet. Die Reichshauptkasse überweist die angegebenen Beträge an die einzelnen Geldanstalten oder auf die Postscheckkonten der Empfänger; die Zahlstelle teilt den Geldanstalten mit, welchen Empfängern die von der Reichshauptkasse überwiesenen Beträge gutzuschreiben sind.

(3) Zahlstellen der Reichshauptkasse, die gemäß § 3 Satz 2 an den Postscheckverkehr angeschlossen sind, dürfen Auszahlungen der in Abs. 1 genannten Art durch Überweisung selbst leisten.

(4) Für die Auszahlung und den rechnungsmäßigen Nachweis von Angestelltenbezügen und Arbeiterlöhnen gelten bis auf weiteres die bisherigen Bestimmungen.

§ 10.

Die vorstehenden Bestimmungen treten am 1. April 1928 in Kraft.

Berlin, den 30. März 1928.

Der Reichsminister der Finanzen

Im Auftrage

Dr. Lothholz

Beilage 3

Vollzugsbestimmungen

zur Reichskassenordnung (RKO.)[1]
für den Geschäftsbereich des Reichsarbeitsministeriums

Auf Grund des § 102 der Reichskassenordnung vom 6. August 1927 (Reichsministerialbl. S. 357) wird für den Geschäftsbereich des Reichsarbeitsministeriums folgendes bestimmt:

Zu § 3

(3) Im Geschäftsbereiche des Reichsarbeitsministeriums werden Oberkassen nicht errichtet.

(4) Amtskassen besitzen:

das Reichsarbeitsministerium[2]),
die Versorgungsämter mit Ausnahme der Versorgungsämter I, II, III, V und VI Berlin,
die Versorgungskrankenhäuser und Versorgungskuranstalten mit Ausnahme der Versorgungskrankenhäuser Chemnitz, Görlitz, Potsdam und Schleswig,
die Orthopädische Versorgungsstelle Berlin,
das Kriegsinvalidenhaus Berlin,
die dem Versorgungsamt IV Berlin wirtschaftlich angegliederte Hilfsstelle für Arbeiter- und Angestelltenunterstützungen in Spandau.

Die Kassengeschäfte der mit keiner Amtskasse ausgestatteten Versorgungsdienststellen nimmt mit folgenden Ausnahmen die Amtskasse des Versorgungsamts am gleichen Sitze wahr.

In Berlin versieht die Amtskasse des Versorgungsamts IV die Kassengeschäfte:

des Hauptversorgungsamts und der ihm angegliederten Einkaufsstelle für Sanitätsbedarf im Versorgungswesen,

---

1) Bei den Hinweisen auf andere Abschnitte usw. der Reichskassenordnung (RKO.) und der Vollzugsbestimmungen hierzu bedeuten z. B. § 27 (1) oder (§ 27 (1)): den § 27 Abs. 1 der RKO., (Anlage 7, § 3): den § 3 der Anlage 7 der RKO., zu § 28 oder (zu § 28): den § 28 der Vollzugsbestimmungen zur RKO.

2) Anm. d. H. Die Wahrnehmung der Kassengeschäfte des Reichsarbeitsministeriums ist inzwischen der Reichshauptkasse übertragen worden.

der Versorgungsämter I, II, III, V und VI und
der Versorgungsärztlichen Untersuchungsstelle.

Im übrigen versieht die Kassengeschäfte:

des Hauptversorgungsamts München die
Amtskasse des Versorgungsamts München-Land,
der Orthopädischen Versorgungsstelle Köln die
Amtskasse des Versorgungsamts Deutz,
der Orthopädischen Versorgungsstelle Köslin die
Amtskasse des Versorgungsamts Belgard,
der Orthopädischen Versorgungsstelle München die
Amtskasse des Versorgungsamts München-Land,
der Versorgungsärztlichen Untersuchungsstelle Köln die
Amtskasse des Versorgungsamts Deutz,
der Versorgungsärztlichen Untersuchungsstelle München die
Amtskasse des Versorgungsamts München-Stadt.

Die Kassengeschäfte des Reichsversicherungsamts und des Reichsversorgungsgerichts versieht die Reichshauptkasse als Amtskasse (vgl. zu § 8 (1)).

Die Amtskassen werden nach der Verwaltungsbehörde bezeichnet der sie angehören, z. B. „Amtskasse des Versorgungsamts A", „Amtskasse des Versorgungskrankenhauses B".

Zu § 4

(1) Sämtliche Amtskassen der Versorgungsdienststellen führen den rechnungsmäßigen Nachweis und legen Rechnung über die Haushaltseinnahmen und -ausgaben des Abschnitts VII und anderer Abschnitte des Reichshaushaltsplans, die ihrer Natur nach zusammen mit den Haushaltseinnahmen und -ausgaben des Abschnitts VII nachzuweisen sind, und zwar je besonders über die Haushaltseinnahmen und -ausgaben ihrer eigenen Verwaltungsbehörde und der Verwaltungsbehörden, deren Kassengeschäfte sie wahrnehmen.

Über die Haushaltseinnahmen und -ausgaben des Abschnitts XII und anderer Abschnitte des Reichshaushaltsplans, die ihrer Natur nach zusammen mit den Haushaltseinnahmen und -ausgaben des Abschnitts XII nachzuweisen sind, führen den rechnungsmäßigen Nachweis und legen Rechnung:

a) die Amtskassen der Versorgungsämter, und zwar je besonders für die eigene Verwaltungsbehörde (einschließlich der Haushaltseinnahmen und -ausgaben für das in Kassengeschäften angegliederte Hauptversorgungsamt) und für die in Kassengeschäften angegliederten Orthopädischen Versorgungsdienststellen,
b) die Amtskasse der Orthopädischen Versorgungsstelle Berlin.

Zu § 5

(1) Die Amtskassen der Versorgungsämter, welche die Kassengeschäfte anderer am Orte bestehender Versorgungsdienststellen wahrnehmen, sind zu § 3 (4) aufgeführt; sie gelten als Einheitskassen und, soweit die Bestimmung im nachstehenden Abs. (2) in Frage kommt, auch als Sammelkasse.

Die Übertragung oder Vereinigung von Kassengeschäften auf eine oder mehrere Amtskassen unterliegt der Genehmigung des Reichsarbeitsministeriums.

(2) Bei den Versorgungsämtern I, II, III, V und VI Berlin bestehen für den rechnungsmäßigen Nachweis der im Teil I des Titelbuchs — T XII — zu buchenden Versorgungsgebührnissen usw. (vgl. zu § 62 (1) Abs. 3) Buchungsstellen.

Zu § 6

(1) Auch zur Verlegung einer Amtskasse innerhalb eines Ortes ist die Genehmigung des Reichsarbeitsministeriums einzuholen.

Zu § 8

(1) Die Amtskasse hat der Zahlstelle einen Vorschuß in der unbedingt erforderlichen Höhe zur Verfügung zu stellen, der im Vorschußbuche zu buchen ist und über den die Zahlstelle abzurechnen hat.

Die beim Reichsversicherungsamt eingerichtete Zahlstelle der Reichshauptkasse ist gleichzeitig für das Reichsversorgungsgericht tätig.

(2) Die Anlage 9 enthält Richtlinien für die Errichtung von Zahlstellen bei den Versorgungsdienststellen, ihre Aufgaben und die Erledigung ihrer Geschäfte.

Zu § 9

Bei dem Reichsarbeitsministerium wird eine Rechnungsstelle errichtet, bei der die Haushaltseinnahmen und -ausgaben der Amtskassen der Versorgungsdienststellen zum Zwecke der Abrechnung mit der Reichshauptkasse zusammengefaßt werden. Die Bestimmungen der RKO. über die Abrechnungen der Oberkassen mit den nachgeordneten Amtskassen und mit der Reichshauptkasse finden auf die Rechnungsstelle Anwendung.

Zu § 10

(1) Das Kassenpersonal ist nach dem dienstlichen Bedürfnisse der Amtskasse zu bemessen, das sich aus dem Arbeitsanfall ergibt. Der Vorsteher der Verwaltungsbehörde trägt die Verantwortung für eine ausreichende Zuweisung von Personal, der Kassenleiter dafür, daß in der Amtskasse nur die erforderliche Zahl von Arbeitskräften beschäftigt wird (§ 13 (1)).

Kassenleiter und Kassiere bestellt auf Vorschlag der Verwaltungsbehörde, der die Amtskasse angehört, das Hauptversorgungsamt. Kassiere sollen im allgemeinen nur bei den Amtskassen großer Versorgungsämter bestellt werden. Maßgebend für die Bestellung eines Kassiers sind die dienstlichen Verhältnisse bei dem Versorgungsamt.

Zu § 11

Der Personenfrage ist besondere Aufmerksamkeit zuzuwenden. Die Verwendung in der Amtskasse setzt Eignung für diese Tätigkeit voraus.

Zu § 12

(2) Die allgemeinen Beamtenpflichten regelt das Reichsbeamtengesetz.

Die Dienstobliegenheiten der Kassenbeamten im besonderen werden unter Zugrundelegung der Bestimmungen der RKO. durch die Geschäftsanweisung und den Geschäftsverteilungsplan der Verwaltungsbehörde bestimmt.

Zu § 13

(1 bis 3) Der Kassenleiter leitet die Geschäfte der Amtskasse und ist für deren ordnungsmäßigen und wirtschaftlichen Geschäftsbetrieb und für alle Vorsichtsmaßregeln zur Sicherheit der Amtskasse im vollen Umfange verantwortlich. Er hat die gewissenhafte und förderliche Anwendung der Bestimmungen zu überwachen und die Kassenführung im Rahmen der Bestimmungen in allen Zweigen klar und einfach zu gestalten.

Der Kassenleiter hat bei Amtskassen, für die kein Kassier bestellt ist, auch die Kassiergeschäfte wahrzunehmen. Das gleiche gilt für die Buchhaltergeschäfte, wenn die Amtskasse nur mit einem Beamten besetzt ist.

(2) Um einen „Wechsel" handelt es sich, wenn der Kassenleiter z. B. infolge Versetzung aus seiner bisherigen Tätigkeit ausscheidet im Gegensatze zu einer nur vorübergehenden Behinderung durch Krankheit, Urlaub usw.

Kann der Kassenleiter die Kassenübergabe nicht selbst vornehmen, so bestimmt der Vorsteher der Verwaltungsbehörde, gegebenenfalls auf Vorschlag des Kassenaufsichtsbeamten (§ 17), einen Beamten, der den behinderten Kassenleiter vertritt. Mit der Kassenübergabe ist eine ordentliche Kassenprüfung zu verbinden (§ 85).

Für die Vertretung der Kassenbeamten gilt folgendes:
Die Vertretung des Kassenleiters und Kassiers regelt, falls ständige Vertreter durch das Hauptversorgungsamt nicht bestimmt sind, bei einer Behinderungsdauer bis zu 6 Tagen und

in plötzlich eintretenden Fällen der Vorsteher der Verwaltungsbehörde, der dem Hauptversorgungsamt umgehend darüber zu berichten hat. Bei längerer Behinderung obliegt die Vertretungsregelung auf Vorschlag des Vorstehers der Verwaltungsbehörde dem Hauptversorgungsamt. Im allgemeinen wird bei einer Behinderung des Kassenleiters der Kassier neben seinen sonstigen Aufgaben ihn vertreten können. Die Geschäfte eines behinderten Buchhalters können entweder auf die übrigen Beamten der Amtskasse verteilt oder es kann ein im Kassenwesen erfahrener Beamter der Verwaltungsbehörde zur Vertretung herangezogen werden. Die Vertretung der Buchhalter regelt in allen Fällen die Verwaltungsbehörde selbständig.

Zu § 17

(1) Der Kassenaufsichtsbeamte hat darauf zu achten, daß die Bestimmungen über die Erhebung, Einziehung und Verwendung der Gelder pünktlich befolgt und daß die Bücher usw. ordnungsmäßig geführt werden. Er hat die ordentlichen und gegebenenfalls auch die außerordentlichen Kassenprüfungen (§ 87) vorzunehmen und darüber zu wachen, daß größere Beträge (z. B. zu Gehalts- und Pensionsauszahlungen) erst am Auszahlungstag abgehoben werden; Ausnahmen sind nur in den vom Reichsarbeitsministerium genehmigten Fällen zulässig. Vgl. auch §§ 51, 81, Anlage 7, § 3 und zu § 50.

Bei den Versorgungsdienststellen versieht grundsätzlich der Vorsteher der Verwaltungsbehörde die Geschäfte des Kassenaufsichtsbeamten. Muß hiervon abgewichen werden, so hat das Hauptversorgungsamt den Kassenaufsichtsbeamten zu bestimmen. Bei Versorgungsämtern, bei denen sich ein Verwaltungsamtmann befindet, ist dieser möglichst als Kassenaufsichtsbeamter zu bestellen.

Nimmt der Vorsteher der Verwaltungsbehörde die Kassenaufsichtsgeschäfte selbst wahr, so steht ihm als dem verantwortlichen Leiter der Behörde das Recht zu, unmittelbare Weisungen in Kassengeschäften zu erteilen.

Wird ein anderer Beamter mit den Geschäften des Kassenaufsichtsbeamten beauftragt, so kann der Vorsteher der Verwaltungsbehörde dem Kassenaufsichtsbeamten für den einzelnen Fall den Auftrag erteilen, in seinem Namen Weisungen zu geben. Der Kassenaufsichtsbeamte erteilt in diesem Falle die Weisungen nicht in seiner Eigenschaft als Kassenaufsichtsbeamter, sondern im Namen des Vorstehers der Verwaltungsbehörde.

(2) Ein Beamter des Hauptversorgungsamts soll mit den Geschäften des Kassenaufsichtsbeamten unter besonderen Verhältnissen nur bei Amtskassen am Sitze des Hauptversorgungsamts beauftragt werden; in diesem Falle hat das Hauptver-

sorgungsamt zu bestimmen, wie die Kassenaufsicht durchzuführen ist.

Zu § 20

(1) Dringliche Auszahlungen, auch wenn sie durch Übergabe von Zahlungsmitteln geleistet werden sollen, müssen auch außerhalb der Kassenstunden vorgenommen werden.

(2) Wegen der Behandlung von Einzahlungen durch Postscheck oder mit Postanweisung vgl. Anlage 2, § 3 und Anlage 3, § 3.

(4) Die Amtskasse führt als besonderen Dienststempel den ihrer Verwaltungsbehörde mit dem Zusatze „Kasse". Die Quittungen über von der Amtskasse angenommene Einzahlungen, die Schecke und Überweisungsaufträge im Postscheckverkehr und Reichsbankgiroverkehr sind mit einem Abdrucke des Dienststempels zu versehen. Der Dienststempel und das etwa vorhandene Dienstsiegel sind im Kassenschrank usw. aufzubewahren.

Zu § 21

(1) Bei der Amtskasse eingegangene Schecke, Postscheck- und Reichsbanküberweisungsaufträge sind unverzüglich einzulösen. Da die Amtskassen der Versorgungsdienststellen an den Postscheck- und Reichsbankgiroverkehr angeschlossen sind, dürfen Auszahlungen mit Postanweisung nur in begründeten Ausnahmefällen geleistet werden.

Zu § 23

(1) Die Amtskasse muß jede geeignete Gelegenheit wahrnehmen, den unbaren Zahlungsverkehr zu fördern und die Empfangsberechtigten auf die Vorteile, die er für den Einzelnen und die Allgemeinheit hat, hinzuweisen. Wegen der Auszahlung von Beträgen über 500 RM durch die Kassen der Reichsabgabenverwaltung vgl. Anlage 7, § 4 und zu Anlage 7, zu § 4.

Enthalten die Auszahlungsanordnungen keine Angaben über den Zahlungsweg, so handelt die Amtskasse nach eigenem Ermessen. Kommen verschiedene Zahlungswege in Betracht, so ist stets der für die Reichskasse billigere Weg zu wählen, es sei denn, daß der Empfänger den Wunsch äußert, den Geldbetrag in anderer Weise als durch Überweisung oder Postscheck zu erhalten; in diesem Falle trägt der Empfänger die Kosten der Auszahlung selbst.

(3) Schecke oder Überweisungsaufträge, die ausnahmsweise an Empfänger ausgehändigt werden, sind mit besonderer Sorgfalt auszufüllen, damit Fälschungen verhütet werden.

Zu § 24

(1) Fremde Geldsorten sollen nicht angenommen werden. Ist die Annahme im Grenzverkehre nicht zu vermeiden, dann

muß die Amtskasse mit möglichster Vorsicht zu Werke gehen (Falschstücke, nicht umlauffähige Stücke).

Zu § 25

(1) Der Postscheckverkehr beruht auf dem Postscheckgesetze vom 26. März 1914 in der Fassung der Bekanntmachung vom 22. März 1921 (RGBl. S. 247) und regelt sich nach der Postscheckordnung nebst Ausführungsbestimmungen und nach den von der Deutschen Reichspost erlassenen weiteren Bestimmungen (Anlage 2, insbesondere § 9).

Jede Eröffnung oder Schließung eines Postscheckkontos ist dem Reichsarbeitsministerium zu berichten.

(2) Der Reichsbankgiroverkehr beruht auf dem Bankgesetze vom 30. August 1924 (RGBl. Teil II S. 235). Für seine Handhabung sind die „Allgemeinen Bestimmungen über den Geschäftsverkehr mit der Reichsbank" maßgebend (Anlage 3).

Der Absatz 2 zu (1) gilt sinngemäß.

Zu § 26

(1) Befindet sich keine Reichsbankanstalt am Ort, oder ist der Verkehr mit ihr infolge ihrer ungünstigen Lage zu der Amtskasse erschwert, so kann das Hauptversorgungsamt den Anschluß der Amtskasse an eine sonstige Geldanstalt zulassen. Unter Umständen, z. B. wenn die Geldbewegung hierdurch eingeschränkt wird, kann die Amtskasse zum Zwecke der Geldversorgung an die Geldanstalt angeschlossen werden, an welche die am Orte befindliche geldversorgende Kasse der Reichsabgabenverwaltung (Anlage 7) angeschlossen ist.

(2) In den besonderen — schriftlichen — Vereinbarungen, die mit Geldanstalten zu treffen sind, an welche die Amtskassen angeschlossen werden sollen, ist auszubedingen, daß die etwa eingezahlten Beträge ungesäumt gutgeschrieben und auf Anordnung unverzüglich abgeführt werden. Für den Fall nicht ordnungsmäßiger Erfüllung der getroffenen Vereinbarungen ist fristlose Kündigung des Anschlusses vorzusehen; vgl. auch § 54 (5).

Zu § 27.

(1 und 2) Die Annahme von Wechseln kommt für die Amtskassen des Geschäftsbereichs des Reichsarbeitsministeriums nicht in Frage.

Zu § 28.

Im Wege des Buchausgleichs mit anderen Kassen sollen in der Regel nur Beträge von 100 RM und darüber verrechnet werden; insbesondere ist diese Grenze zu beachten bei Verrechnungen mit Kassen, die dem Reichsarbeitsministerium nicht unterstehen. Kleinere Beträge können, wenn beide beteiligten

Kassen zu dem Geschäftsbereiche des Reichsarbeitsministeriums gehören, ebenfalls durch Buchausgleich verrechnet werden.

Den Buchausgleich bewirken:

a) die Rechnungsstelle des Reichsarbeitsministeriums, wenn beide beteiligten Amtskassen zum Verwaltungsbereiche des Reichsarbeitsministeriums gehören, und

b) die Reichshauptkasse, wenn nur eine der Kassen zum Verwaltungsbereiche des Reichsarbeitsministeriums gehört.

Den Buchausgleich veranlaßt die Kasse, die für eine andere Kasse Einzahlungen angenommen oder Auszahlungen geleistet hat.

Soll der Buchausgleich zwischen zwei Amtskassen vorgenommen werden, die dem Reichsarbeitsministerium unterstehen, so hat die veranlassende Amtskasse, die Auszahlungen für eine andere Amtskasse geleistet hat, den Betrag als Ablieferung an die Reichshauptkasse zu buchen. Auf der der Rechnungsstelle des Reichsarbeitsministeriums einzusendenden Benachrichtigung (Anlage 10), von der gleichzeitig eine Durchschrift mitzusenden ist, hat die Amtskasse zu vermerken, daß der Betrag durch Buchausgleich mit der anderen namentlich zu bezeichnenden Amtskasse zu verrechnen ist. Die Rechnungsstelle des Reichsarbeitsministeriums schreibt den Betrag der veranlassenden Amtskasse als Ablieferung gut, der anderen Amtskasse als Kassenbestandsverstärkung zur Last und benachrichtigt diese unter Benutzung der mit Buchungsvermerk versehenen Durchschrift. Die benachrichtigte Amtskasse hat den Betrag als Auszahlung und gleichzeitig als Kassenbestandsverstärkung zu buchen.

Gehört nur die veranlassende Amtskasse zum Verwaltungsbereiche des Reichsarbeitsministeriums, so hat sie nach den vorstehenden Bestimmungen zu verfahren. Die Rechnungsstelle des Reichsarbeitsministeriums schreibt den zu verrechnenden Betrag der veranlassenden Amtskasse als Ablieferung gut, bucht ihn als Ablieferung an die Reichshauptkasse und veranlaßt diese unter Beifügung der Durchschrift, daß sie den Betrag der Kasse, für die er bestimmt ist, als Kassenbestandsverstärkung zur Last schreibt und die Kasse hiervon benachrichtigt. Für die Benachrichtigung verwendet die Reichshauptkasse ebenfalls die Durchschrift.

Hat die veranlassende Amtskasse für eine andere Kasse Einzahlungen angenommen, so hat sie den zu verrechnenden Betrag als Kassenbestandsverstärkung, die andere Kasse ihn als Ablieferung zu buchen; im übrigen ist sinngemäß nach Abs. 4 und 5 zu verfahren.

Zu § 30

(1) Das bei den Reichsbankanstalten abzuhebende Bargeld ist sogleich bei der Annahme nachzuzählen. Ist dies aus tech-

nischen Gründen am Kassenschalter nicht angängig, so sind die Beträge auf Grund besonderer Vereinbarung mit der Reichsbankanstalt in einem besonderen Raume der Bankanstalt in Gegenwart eines Reichsbankbeamten nachzuzählen

Für die Annahme von Bargeld bei sonstigen Geldanstalten oder bei Kassen der Reichsabgabenverwaltung gelten die vorstehenden Bestimmungen sinngemäß.

Die Kenntnis der Anleitung zur Prüfung der Reichsbanknoten auf Echtheit und der Hauptmerkmale echter Reichsbanknoten erleichtert das Erkennen von Falschstücken wesentlich und bewahrt die Kassenbeamten vor Schaden.

Die Anlage 11 enthält eine Anleitung zur Prüfung der Reichsbanknoten auf Echtheit und die Hauptmerkmale echter Reichsbanknoten.

Zu § 31

Nach § 12 (1) haben die Kassenbeamten in ihrem Arbeitsgebiete sorgfältig auf die Sicherheit der Kasseneinrichtungen zu achten und auch etwaige Mängel oder Unregelmäßigkeiten zu melden, die sie außerhalb ihres Arbeitsgebietes in der Amtskasse bemerken. Sie können sich gegebenenfalls nicht darauf berufen, eine mangelhafte Einrichtung bereits vorgefunden zu haben.

Die Zahlungsmittel sind in Kassenschränken oder in anderen gut gesicherten Behältern aufzubewahren. Kassenschränke usw. sollen zwei Schlösser mit verschiedener Verschlußeinrichtung besitzen. Bei Amtskassen mit mindestens zwei Kassenbeamten führt der Kassenleiter den Schlüssel des einen, der Kassier den des anderen Schlosses. Ist ein Kassier nicht bestellt, so ist der zweite Schlüssel einem Buchhalter zu übergeben. Sind zu einem Schlosse zwei Schlüssel vorhanden, so müssen beide Schlüssel sich in der Hand eines Beamten befinden. Für die sichere Aufbewahrung und Verhütung von Mißbräuchen vorhandener Doppelschlüssel sind die Beamten verantwortlich, denen sie eingehändigt sind.

Unter besonderen Verhältnissen kann Bargeld auch bei Geldanstalten (Banken, Sparkassen) in ermieteten Stahlfächern aufbewahrt werden. Die Genehmigung hierzu erteilt das Hauptversorgungsamt.

Es ist unzulässig, von den Amtskassen ausgefertigte Barschecke und Anerkenntnisse (Anlage 7) über Nacht im Kassenschrank usw. aufzubewahren; sie dürfen erst am Einlösungstag ausgestellt werden.

Zu § 32

(2) Die Beförderung von Zahlungsmitteln ist durch ausgiebigste Anwendung des unbaren Zahlungsverkehrs auf das unbedingt notwendige Maß einzuschränken. Soweit die Beförderung nicht zu umgehen ist, z. B. bei der Erhebung barer

Kassenbestandsverstärkungen (Anlage 7) oder bei der Abführung verfügbarer Beträge, richtet sich die Durchführung und die Art von Sicherungsmaßnahmen nach der Höhe des zu befördernden Betrages und nach den örtlichen und sonstigen Verhältnissen. Die erforderlichen Bestimmungen trifft das Hauptversorgungsamt für seinen Geschäftsbereich. Als Sicherungsmaßnahme kommt in erster Linie die Begleitung des mit der Geldbeförderung betrauten Kassenbeamten durch einen zweiten Kassen- oder sonstigen Beamten in Betracht. Der zweite Beamte kann auch beim Abheben hoher Beträge, um das Abhebungsgeschäft zu beschleunigen, zum Nachzählen der Zahlungsmittel herangezogen werden. Bargeld soll im allgemeinen zur Vermeidung von Doppelarbeit der Kassenbeamte, dem das Zahlgeschäft obliegt, bei der Bankanstalt in Empfang nehmen.

Zu § 33

(1) Die für Einzahlungen zuständige Kasse ist dem Einzahlungspflichtigen in der Einzahlungsaufforderung anzugeben.

Zu § 34

(1 bis 4) Die Vollzugsbestimmungen zu § 37 gelten sinngemäß.

(3) Ein Einzahlungsschein ist auch zu fordern, wenn die Annahmeanordnung nicht auf einen ziffermäßigen Betrag lautet.

Zu § 36

(1) Eine Quittung ist auch bei der Entgegennahme von Wertgegenständen (§ 55[2]) zu erteilen. Die Quittung kann, falls hierfür ein Vordruck nicht benutzt wird, auch maschinenmäßig hergestellt werden. Für die Vollziehung ist Tinte oder Tintenstift zu verwenden.

Wird die Annahme einer Quittung verweigert, so ist sie mit einem entsprechenden Vermerke zu den Belegen zu nehmen.

Zu § 37

(1) Die Amtskassen haben die Auszahlungsanordnungen der Verwaltungsbehörden auszuführen, deren Kassengeschäfte sie wahrnehmen. Die Auszahlungsanordnungen müssen stets schriftlich erteilt sein.

Die Auszahlungsanordnungen sind vor ihrer Ausführung durch Vergleichen der Unterschriften mit den Unterschriftsproben auf ihre Echtheit nachzuprüfen. Bestehen wegen der Echtheit einer Auszahlungsanordnung Zweifel, so muß sich die Amtskasse die Richtigkeit der Anordnung vor der Auszahlung in geeigneter Weise bestätigen lassen.

Die Unterschriften der zur Ausfertigung von Auszahlungsanordnungen berechtigten Beamten teilen die Verwaltungsbehörden den Amtskassen etwa wie folgt mit:

Vom .... an sind zur Vollziehung der Auszahlungsanordnungen für den Abschnitt ..., Kapitel ...., Titel ... berechtigt:

Regierungsrat N.
Regierungsoberinspektor O.

Sie werden wie folgt zeichnen:

(folgen Unterschriften der Anordnungsberechtigten).

Zu § 38

Sollen bei Auszahlungen durch Überweisung oder durch Postscheck die auszuzahlenden Beträge von der Geldanstalt oder dem Postscheckamte nicht sofort, sondern erst an einem späteren Zeitpunkte vom Konto der Amtskasse abgebucht werden, so sind die an die Geldanstalt oder das Postscheckamt zu übersendenden Unterlagen mit dem Vermerk „Abzubuchen am ...." zu versehen; in diesem Falle gilt der Tag der Abbuchung als Tag der Hingabe im Sinne des § 38, b.

Zu § 39

(1 bis 4) Es ist untersagt, den bei den Versorgungsdienststellen beschäftigten Personen Beträge für andere Empfänger auszuzahlen, selbst wenn sie sich hierzu als berechtigt ausweisen. In besonderen Ausnahmefällen darf hiervon mit Genehmigung des Vorstehers der Verwaltungsbehörde abgewichen werden.

(2) Der Amtskasse zugehende Mitteilungen über Veränderungen der persönlichen Verhältnisse eines Bezugsberechtigten sind unverzüglich an die anweisende Stelle weiterzugeben.

(3 und 4) Der Kassier bleibt für sorgfältige Prüfung der Berechtigung des Empfängers verantwortlich. Eine gewisse Sicherheit gegen Auszahlungen an Unberechtigte bietet der unbare Zahlungsverkehr. Bei der Vorlage beglaubigter Registerauszüge ist darauf zu achten, daß sie aus neuester Zeit stammen. Bestehen Zweifel über die Empfangsberechtigung (Fortdauer der Prokura usw.), so hat sich der Kassier vor der Auszahlung Gewißheit zu verschaffen.

Zu § 40

(1) Wegen der Ausstellung von Quittungen vgl. zu § 36 (1). Jahresquittungen sind bei laufenden Bezügen nicht zu fordern. Bei laufenden Bezügen, deren Jahresteilbeträge unbar gezahlt werden, ist eine Quittung des Empfängers nur dann nötig, wenn der für die Auszahlung verantwortliche Kassenbeamte Zweifel an dem Fortbestehen der Bezugsberechtigung hegt.

Bei Lieferer- und Unternehmerrechnungen ist eine Schlußquittung über den gesamten Rechnungsbetrag, auf den bereits Abschlagsauszahlungen geleistet worden sind, nicht erforderlich.

Zu § 42

(1) Als Belege, die mit der vereinfachten Quittung „Betrag erhalten" versehen werden können, gelten insbesondere Lieferer- und Unternehmerrechnungen und ähnliche, den Gegenstand der Auszahlung enthaltende Buchungsunterlagen. Bei Frachtbriefen kann auch auf die vereinfachte Quittung verzichtet werden, weil der Besitz des Frachtbriefes nachweist, daß die Auszahlung an den Frachtführer geleistet ist.

Zu § 43

(1 und 2) Das Hauptversorgungsamt bestimmt, wer als zuständig zur Beglaubigung von Handzeichen anzusehen ist.

(3) Werden Beträge an Personen ausgezahlt, die zwar lesen können, aber z. B. als Kriegsbeschädigte körperlich behindert sind, Quittung zu leisten, so ist die Bestimmung im Absatz 3 sinngemäß anzuwenden.

Zu § 44

(1) Die Bescheinigung hat zu lauten bei Auszahlungen:

a) im Reichsbankgiroverkehr: „Im Reichsbankgirowege (Scheck — Überweisung — Nr. ....) am .... ausgezahlt";

b) im Postscheckverkehr: „Im Postscheckwege (Scheck — Überweisung — Heft .... — Nr. ....) am ... ausgezahlt";

c) im kommunalen Giroverkehr: „Durch Girozentrale (Scheck Nr. ....) am .... ausgezahlt".

In Auszahlungsnachweisungen (Auszahlungslisten über Gehälter usw.) genügt in der Quittungs- oder Vermerkspalte bei dem einzelnen Empfänger die Angabe „Giro", „Postscheck" oder „Girozentrale". Ist die Amtskasse mit mehr als einem Kassenbeamten besetzt, so haben zwei Kassenbeamte am Schlusse der Auszahlungsnachweisung zu bescheinigen, daß die Beträge zur Auszahlung an die Empfänger richtig überwiesen worden sind. Die Bescheinigung vollziehen die im § 20 (4) näher bezeichneten Kassenbeamten.

Zu § 45

(2) Die Kassenbeamten dürfen auch Abschriften von Lebens- und ähnlichen Bescheinigungen nicht beglaubigen.

Zu § 46

Es ist unzulässig, Einzahlungen für das Reich zum Zwecke des Zinsgewinns oder aus sonstigen Gründen bei Geldanstalten anzulegen.

Zu § 47

(1) Zum Kassenbestande rechnen nach § 2 Nr. 15 die Zahlungsmittel der Amtskasse und ihre Guthaben beim Postscheckamt und bei Geldanstalten. Niedrighalten des Kassenbestandes ist das Gebot einer wirtschaftlichen Geldverwaltung. Dies gilt nicht nur für den Bestand der Amtskasse an Zahlungsmitteln, sondern auch für die Guthaben auf dem Postscheck- und Bankkonto. Jedes Brachliegen von Reichsgeldern muß vermieden werden.

Da die RKO. sogenannte Kassenhöchstbestände nicht vorsieht muß der Kassenleiter, um der Forderung des § 47 gerecht zu werden, die Kassenlage dauernd prüfen und hiernach seine Entscheidungen treffen. Bei der Ermittlung, in welcher Höhe der Kassenbestand jeweils zu halten ist, darf nur der Geldbedarf zugrunde gelegt werden, der zur Bestreitung der Auszahlungsverpflichtungen für die nächsten beiden Tage voraussichtlich erforderlich ist.

Den Kassenbeamten ist die Entnahme sogenannter Handvorschüsse aus dem Kassenbestande nicht gestattet.

Zu § 48

(2) Es handelt sich hier um die Bereitstellung von Betriebsmitteln für die Amtskasse. Das Ermächtigungsschreiben ist den Kassen, welche die Kassenbestandsverstärkung gewähren, bei jeder Anforderung zur Abschreibung vorzulegen. Sind die Betriebsmittel erschöpft, so hat sich die Amtskasse an ihre Verwaltungsbehörde wegen Zuweisung weiterer Betriebsmittel zu wenden.

Zu § 49

Grundsätzlich erhalten die Amtskassen der Versorgungsdienststellen mit Ausnahme der zu § 51 (1) aufgeführten ihre Kassenbestandsverstärkungen nach Anlage 7.

Wegen der Gewährung von Zuschüssen an die Amtskassen der Versorgungsdienststellen in Groß-Berlin vgl. zu § 51 (1).

Zu § 50

Die Quittung hat den Sichtvermerk des Kassenaufsichtsbeamten zu tragen.

Die Geldaushilfe kann auch in der Weise gewährt werden, daß die auszahlende Amtskasse für die anfordernde Amtskasse unmittelbar Auszahlungen an den Empfänger leistet. Hierbei genügt es, wenn auf der Rückseite der Quittung der Empfänger und dessen Konto bezeichnet werden.

Der angeforderte Betrag ist von der anfordernden Amtskasse als Kassenbestandsverstärkung und von der auszahlenden Amtskasse als Ablieferung zu buchen.

Zu § 51

(1) Die Amtskassen des Versorgungsamts IV Berlin, der Orthopädischen Versorgungsstelle Berlin und des Kriegsinvalidenhauses Berlin erhalten Zuschüsse von Reichshauptkasse (vgl. zu § 3).

Zu § 52

(1 und 2) Ersuchenszahlungen sind nur in Ausnahmefällen zulässig und nach § 28 auszugleichen.

Zu § 53

(1) Bei Zweifeln über die Echtheit und Richtigkeit eines Auszahlungsauftrags hat die beauftragte Amtskasse, bevor sie auszahlt, diese Zweifel bei der Reichshauptkasse in geeigneter Weise aufzuklären.

Zu § 54

(1) Diese Bestimmung gilt in der Regel für Kassen, die Einzahlungen anzunehmen haben und bei denen die Einzahlungen die Auszahlungen übersteigen, wie z. B. bei den Kassen der Reichsabgabenverwaltung. Die Amtskassen der Versorgungsdienststellen sollten daher bei Einhaltung der Bestimmung über das Niedrighalten des Kassenbestandes (§§ 20
stimmung über das Niedrighalten des Kassenbestandes (§§ 20 (1) und 47, zu § 47) überhaupt nicht in die Lage kommen, verfügbare Kassengelder abzuliefern.

Wird ausnahmsweise ein größerer zur Auszahlung bereitgestellter Betrag, über den die Amtskasse in den nächsten zwei Tagen nicht anderweit verfügen kann, nicht abgehoben, oder kann er an die Empfänger durch Überweisung oder Übersendung nicht ausgezahlt werden, so ist auch dieser Betrag an die Reichshauptkasse abzuliefern. Diese und die Rechnungsstelle des Reichsarbeitsministeriums sind sofort zu benachrichtigen.

Zu § 55

(1) Wertgegenstände sind, soweit nicht § 55 Abs. 3 Platz greift, im Kassenbehälter aufzubewahren und im Hinterlegungsbuche nachzuweisen.

Von Wertzeichen (Steuer-, Stempel-, Versicherungsmarken, Postwertzeichen) sind Steuer-, Stempel- und Versicherungsmarken möglichst von Fall zu Fall in der erforderlichen Menge zu beschaffen und sofort zu verwenden. Das gleiche gilt von Postwertzeichen; diese können aber auch in geringer Menge vorrätig gehalten werden. Sie sind von der Amtskasse zu beschaffen.

Zu § 58

(1) Die Amtskassen der Versorgungsdienststellen haben zu führen

1. an Zeitbüchern:

a) **das Hauptbuch** — H — für die eigene Verwaltungsbehörde und für die Versorgungsdienststellen, deren Kassengeschäfte sie wahrnehmen (zu § 3 (4), Abs. 2),

b) **die Sammelhefte** — SH — als Vorbücher zum Hauptbuche; sie sind wegen der titelmäßigen Verteilung der Tagessummen gleichzeitig als Unterteile des Titelbuchs anzusehen — vgl. zu § 62 (1) Abs. 3 —;

2. an Sachbüchern:

a) **das Titelbuch** in vier Teilbänden, und zwar:
Teilband VII — T VII — über den Abschnitt VII und andere Abschnitte des Reichshaushaltsplans, die ihrer Natur nach zusammen mit den Haushaltseinnahmen und -ausgaben des Abschnitts VII nachzuweisen sind, für die eigene Verwaltungsbehörde,
Teilband VII A, B usw. — T VII A, B usw. — wie vor für jede Versorgungsdienststelle, deren Kassengeschäfte sie wahrnehmen,
Teilband XII — T XII — über den Abschnitt XII und andere Abschnitte des Reichshaushaltsplans, die ihrer Natur nach zusammen mit den Haushaltseinnahmen und -ausgaben des Abschnitts XII nachzuweisen sind, für die eigene Verwaltungsbehörde, falls der rechnungsmäßige Nachweis über die Haushaltseinnahmen und -ausgaben des Abschnitts XII zu führen ist (zu § 4 (1) Abs. 2),
Teilband XII A, B usw. — T XII A, B usw. — wie vor für jede Orthopädische Versorgungsdienststelle, deren Kassengeschäfte sie wahrnehmen.

Wegen der Buchung von Haushaltseinnahmen und -ausgaben anderer Abschnitte des Reichshaushaltsplans vgl. auch zu § 75 (2), Abs. 2.

b) **das Hinterlegungs- und Vorschußbuch** in zwei Teilbänden, und zwar:
Teilband VII — H V VII — zu dem Abschnitt VII und anderen Abschnitten des Reichshaushaltsplans, die ihrer Natur nach zusammen mit den Haushaltseinnahmen und -ausgaben des Abschnitts VII nachzuweisen sind, für die eigene Verwaltungsbehörde und die Versorgungsdienststellen, deren Kassengeschäfte sie wahrnehmen,
Teilband XII — H VXII — zu dem Abschnitt XII und anderen Abschnitten des Reichshaushaltsplans, die ihrer Natur nach zusammen mit den Haushalts-

einnahmen und -ausgaben des Abschnitts XII nachzuweisen sind, für die eigene Verwaltungsbehörde und die Versorgungsdienststellen, deren Kassengeschäfte sie wahrnehmen.

Bei kleinem Geschäftsumfange der Amtskassen dürfen nach Bestimmung des Vorstehers der Verwaltungsbehörde die Teilbände über Hinterlegungen und Vorschüsse vereinigt werden;

c) **das Abrechnungsbuch** — Abr —;

3. an Hilfsbüchern:

a) **das Postscheckkontogegenbuch** — P —,

b) **das Girokontogegenbuch** — G — über den gesamten Reichsbankgiroverkehr oder, wenn die Amtskasse an eine andere Geldanstalt angeschlossen ist, über den Verkehr mit dieser Geldanstalt,

c) **das Schecküberwachungsbuch** — Sch — nach näherer Bestimmung des Vorstehers der Verwaltungsbehörde, soweit ein Bedürfnis hierfür vorliegt.

Die Buchungsstellen (§ 5 (2)) führen das Titelbuch sowie das Hinterlegungs- und Vorschußbuch. Die Rechnungsstelle des Reichsarbeitsministeriums führt das Titelbuch und das Abrechnungsbuch.

Zu § 59

(1) Die Einzahlungen und Auszahlungen sind nach näherer Bestimmung des Kassenleiters entsprechend dem Geschäftsumfange der Amtskasse entweder je in einen Abschnitt oder je in einen Teilband des Hauptbuchs einzutragen.

(2) Werden in der Amtskasse Tagesnachweisungen (§ 60) geführt, so ist an Stelle der Bezeichnung des Einzahlungspflichtigen oder Empfängers anzugeben „Tagesnachweisung Nr. ....".

Die Anlage 12 enthält ein Muster des Hauptbuchs.

(4) Der Anhang zum Hauptbuche kann von diesem getrennt geführt werden. Die Anlage 13 enthält ein Muster des Anhangs zum Hauptbuch.

Zu § 60

(1) Ist der Zahlungsverkehr so umfangreich, daß die Zahlungen nicht von einem Kassenbeamten angenommen oder geleistet werden können, so sind Tagesnachweisungen aufzustellen. Insbesondere gilt dies für die Einheitskassen (zu § 5), in denen Tagesnachweisungen für die Dienststellen, deren Kassengeschäfte die Einheitskasse wahrnimmt, getrennt aufgeführt werden können (vgl. auch § 59 (3)).

(2) Die Tagesnachweisungen bilden Teile des Hauptbuchs.

(3) Die Tagesnachweisungen hat der aufstellende Beamte unterschriftlich zu vollziehen.

Zu § 61

(1) Die Amtskassen der Versorgungsämter haben als Vorbücher zum Hauptbuche Sammelhefte zu führen (vgl. § 58 (1) lfd. Nr. 1 b).

Die Anlage 14 enthält ein Muster für das R-Sammelheft.

Zu § 62

(1) Der rechnungsmäßige Nachweis wird auf Grund des Titelbuchs geführt. In das Titelbuch dürfen nur diejenigen Haushaltseinnahmen und -ausgaben eingetragen werden, über welche die Amtskasse oder Buchungsstelle (§ 5 (2)) Rechnung zu legen hat (§ 4 (1)). Nicht einzutragen sind die Ersuchenszahlungen (§ 52) und die Auftragszahlungen (§ 53 (2)), da über sie die ersuchende oder die auftraggebende Kasse (Buchungsstelle) Rechnung legt, sowie die Hinterlegungen (§ 63), die Vorschüsse (§ 64) und die Kassenbestandsverstärkungen sowie die Ablieferungen (§ 65).

Sind Mittel der fortdauernden Ausgaben des ordentlichen Haushalts nach dem Reichshaushaltsplan übertragbar, so ist dies hinter der Überschrift durch den Vermerk „Übertragbar" anzugeben. Das gleiche gilt sinngemäß für Ausgabebewilligungen, die gegenseitig oder einseitig deckungsfähig sind (§ 31 RHO.). Die zu einmaligen und die zu außerordentlichen Ausgaben bewilligten Mittel sind im Rahmen des § 30 Abs. 1 der RHO. übertragbar.

In dem Teilband XII — T XII — (zu § 58 (1)) sind außer den im § 62 (1) bezeichneten Abschnitten folgende Teile einzurichten:

Teil I, enthaltend die Auszahlungen an Versorgungsgebührnissen und laufenden Unterstützungen, soweit sie auf Grund von Auszahlungsnachweisungen (Auszahlungsnachweisung XII A — Auszahlungen am Postschalter —, Auszahlungsnachweisung XII B — Auszahlungen im Postscheckwege —, Auszahlungsnachweisung XII C — Auszahlungen auf Bankkonten —) geleistet und nach den Abstimmungslisten und Sammelheften gebucht werden. Dieser Teil ist in zwei Unterabschnitten zu führen, und zwar:

I P zum Nachweise der Bezüge für die Ruhegehalts- usw. Empfänger und I R zum Nachweise der Bezüge für die Renten- usw. Empfänger. Als Unterteile des Teilbandes XII — T XII —, Teil I gelten:

a) die als Vorbücher zum Hauptbuch in der Amtskasse aufzustellenden Sammelhefte — vgl. zu § 58 (1) lfd. Nr. 1 b —,
b) die R-Abstimmungsliste — Abst —, durch die auch festzustellen ist, daß die monatlichen Auszahlungen der Versorgungsgebührnisse für Renten- usw. Empfänger und

die im Laufe des Monats zu leistenden Einzelauszahlungen mit den nach den Auszahlungsnachweisungen XII für Renten- usw. Empfänger tatsächlich zu leistenden Auszahlungen übereinstimmen,

c) die vorerwähnten Auszahlungsnachweisungen XII A, B, C für Renten- usw. Empfänger.

Die Anlage 15 enthält ein Muster für die Abstimmungsliste zu b.

Teil II, enthaltend die einmaligen Unterstützungen, Beihilfen usw. für Versorgungsberechtigte.

Teil III, enthaltend die Nebenkosten, Kosten für Heilbehandlung usw.

(2) Unter der Überschrift jedes Abschnitts sind die zur Verfügung gestellten und die etwa im Laufe des Rechnungsjahres zurückgezogenen Haushaltsmittel einzutragen und gegen die Buchungen mit einem Querstrich abzuschließen. Haushaltsreste sind nur dann vorzutragen, wenn sie das Hauptversorgungsamt nicht zurückzieht.

(3 und 5) Zu den Einzelhaushaltseinnahmen und -ausgaben zählen z. B. Einnahmen aus dem Verkauf entbehrlicher Gegenstände, Ausgaben an Notstandsbeihilfen, Reise- und Umzugskosten. Auch dann liegen Einzelhaushaltseinnahmen oder -ausgaben vor, wenn die Einnahmen oder Ausgaben nach der Zahlungsanordnung in Teilbeträgen zu bewirken sind, z. B. Strafgelder. § 75 (7) ist zu beachten.

Unter die laufenden oder als solche zu behandelnden Haushaltseinnahmen und -ausgaben fallen z. B. Einnahmen aus Dienstgrundstücken, sowie von Miet- und Dienstwohnungsinhabern die Dienstbezüge der Beamten und Angestellten, die Versorgungsbezüge der Rentenberechtigten, der Wartegeld-, Ruhegehalts- usw. Empfänger, Mieten, Kosten für Müllabfuhr für Be- und Entwässerung von Grundstücken, für Feuerung und Beleuchtung, für Feuerversicherung, Steuern und Abgaben.

Die Anlagen 16 und 17 enthalten Muster für das Titelbuch (Teilband VII — T VII —).

Zu § 63

(1) Hinterlegungen sind Einzahlungen, die nur vorläufig eingetragen werden (§ 2,8) und s o b a l d w i e m ö g l i c h abzuwickeln sind (§ 15). Über Hinterlegungen wird keine Rechnung gelegt.

Die Anlagen 18 und 19 enthalten Muster für die Buchung von Hinterlegungen. Die Einzahlungs- und Auszahlungsbuchungen sind einander so gegenüberzustellen, daß die Abwicklung der einzelnen Hinterlegungen durch einfaches Vergleichen der Auszahlungen mit den Einzahlungen leicht überwacht werden kann. Zu diesem Zwecke können Auszahlungen, falls der für die Abwicklung der Hinterlegung freigelassene Raum nicht ausreicht, abweichend von der Bestimmung des § 74 (3) gegebenenfalls zwischen den Linien gebucht werden. Am Jahresschlusse nicht abgewickelte Hinterlegungen (§ 75 (6)) sind in das Hinterlegungsbuch für das neue Rechnungsjahr unter Übernahme der erforderlichen Vermerke (zu § 75 (5)) zu übertragen.

Zur besseren Übersicht sind für die verschiedenen Gattungen der Hinterlegungen und, wenn nötig, auch für die verschiedenen Hinterleger Abschnitte einzurichten.

Zu § 64

(1) Vorschüsse sind Auszahlungen, die nur vorläufig eingetragen werden (§ 2,9) und sobald wie möglich abzuwickeln sind (§ 15).

Die Anlagen 19 und 20 enthalten Muster für die Buchung von Vorschüssen. Die Auszahlungs- und Einzahlungsbuchungen sind einander so gegenüberzustellen, daß die Abwicklung der einzelnen Vorschüsse durch einfaches Vergleichen der Einzahlungen mit den Auszahlungen leicht überwacht werden kann. Zu diesem Zwecke können Einzahlungen, falls der für die Abwicklung der Vorschüsse freigelassene Raum nicht ausreicht, abweichend von der Bestimmung des § 74 (3) gegebenenfalls zwischen den Linien gebucht werden. Zur besseren Übersicht sind für die verschiedenen Kapitel und Titel des Reichshaushaltsplans und, wenn nötig, auch für die verschiedenen Empfänger Abschnitte unter Benutzung des Vordrucks nach Anlage 19 einzurichten. Bei Verwendung des Vordrucks mit Monatsspalten (Anlage 20) kann von der Einrichtung von Abschnitten für die verschiedenen Empfänger abgesehen werden; die einzelnen Vorschüsse sind innerhalb der gattungsweise einzurichtenden Abschnitte fortlaufend untereinander zu buchen. Am Jahresschlusse nicht abgewickelte Vorschüsse (§ 75 (6)) sind in das Vorschußbuch für das neue Rechnungsjahr unter Übernahme der erforderlichen Vermerke (zu § 75 (5)) zu übertragen.

Zu § 65

(1) Die Amtskassen der Versorgungsdienststellen stehen mit der Rechnungsstelle des Reichsarbeitsministeriums im Abrechnungsverkehre.

Die Anlage 21 enthält ein Muster fürdas Abrechnungsbuch.

Zu § 67

(1) Die Anlage 22 enthält ein Muster für das Postscheckkontogegenbuch.

Zu § 70

(1) Die Anlage 23 enthält ein Muster für das Schecküberwachungsbuch. Beamtenschecke sind in einem besonderen Abschnitte nachzuweisen.

Zu § 71

(1) Das Auftragsbuch wird nicht geführt.

Zu § 72

(1 und 2) Diese Bestimmungen kommen für die Amtskassen der Versorgungsdienststellen nicht in Betracht.

Zu § 73

(1) Grundsätzlich sind die Bücher für ein Rechnungsjahr zu führen. Das Hauptbuch, das Abrechnungsbuch, das Postscheckkontogegenbuch, die Girokontogegenbücher und das Schecküberwachungsbuch können auch zu Eintragungen für weitere Rechnungsjahre verwendet werden.

Das Titelbuch über Einzelhaushaltseinnahmen und -ausgaben ist für ein Vierteljahr, das Titelbuch über laufende Haushaltseinnahmen und -ausgaben für ein Rechnungsjahr zu führen.

(2) Das Hauptbuch erhält stets einen festen Einband. Ebenso sind Bücher, die für Eintragungen in mehreren Rechnungsjahren verwendet werden, fest einzubinden. Im übrigen, insbesondere für das Titelbuch, genügt im allgemeinen die geheftete Form (biegsame, dünnere Decken). Im Titelbuch ist zur Papierersparnis die Bogenzahl nur knapp zu bemessen. Die gegen Jahresschluß etwa noch fehlenden Bogen sind entsprechend dem Bedarfe hinzuzuheften.

Bücher in Form einer Kartei oder Loseblattbücher sind ohne Genehmigung des Reichsarbeitsministeriums nicht gestattet.

Bei den gehefteten Büchern ist die Heftschnur auf der Titelseite des Buches anzusiegeln.

(3) Auf der Aufschriftseite hat der Kassenleiter vor der ersten Benutzung der Bücher, die er nicht selbst führt, die Zahl der Blätter zu bescheinigen. Im übrigen vollzieht der Kassenaufsichtsbeamte die Bescheinigung. Beim Nachheften von Bogen ist die Bescheinigung zu ergänzen, außerdem ist anzugeben, welcher Beamte und in welchen Zeiträumen er die Bücher geführt hat. Bücher, in denen Abschnitte eingerichtet sind, erhalten ein Inhaltsverzeichnis.

(4) Die einzelnen Seiten der Bücher sind aufzurechnen und die mit „Seite" zu bezeichnenden Seitensummen auf die nächste Seite als „Übertrag" zu übernehmen. Bei Auszahlungsnachweisungen (zu § 62(1) Abs. 3) sind die Endsummen durch Seitenzusammenstellungen zu ermitteln.

Zu § 74

(1) Die Bücher sind sorgsam zu führen (§ 12) und pfleglich zu behandeln.

Für die Absetzungen bei Auszahlungen sind nur dann besondere Abschnitte einzurichten, wenn sie erfahrungsgemäß in großer Zahl vorkommen, und wenn durch das Buchen der einzelnen Absetzungen zwischen den Auszahlungen die Übersicht erschwert würde. In beiden Fällen sind sowohl bei den Absetzungen wie bei den Auszahlungen in der Vermerkspalte gegenseitige Hinweise aufzunehmen.

(2) Als Abkürzungen für „Reichsmark" und „Reichspfennig" gelten allgemein „RM" und „Rpf".

(5) Sind nur Reichsmark- oder Reichspfennigbeträge zu buchen, so ist die nicht mit Zahlen auszufüllende jeweilige Spalte für die Reichspfennig- oder Reichsmarkbeträge mit einem wagerechten Striche zu sperren.

Zu § 75

(1) Die Kassenbestandsverstärkung im Geldversorgungsverfahren (§ 49) ist am Tage der Hingabe der Anerkenntnisse an die Kassen der Reichsabgabenverwaltung — zugleich Ausfertigungstag der Anerkenntnisse — zu buchen, falls die versorgende Kasse unmittelbar an den Empfänger auszahlen soll. Sonst ist der angeforderte Betrag nach dem Empfange zu buchen (Anlage 7, § 5 (1)).

(2) Da das Titelbuch in Urschrift als Kassenrechnung verwendet werden soll (§ 62 (1)), müssen die Eintragungen sorgfältig, d. h. deutlich, übersichtlich, und — trotz Anwendung von Abkürzungen (§ 74 (2)) — verständlich und sauber vorgenommen werden, damit eine ordnungsmäßige Prüfung unschwer möglich ist.

Die Haushaltseinnahmen und -ausgaben anderer Abschnitte des Reichshaushaltsplans, die ihrer Natur nach zusammen mit den Haushaltseinnahmen und -ausgaben der Abschnitte VII und XII nachzuweisen sind — vgl. zu § 4 (1) und zu § 58 (1) lfd. Nr. 2 a —, müssen so gebucht werden, daß der für jeden Abschnitt in Anspruch zu nehmende Teil des Titelbuchs am Jahresschluß als ein in sich geschlossener Teil dem betreffenden Teilbande des Titelbuchs entnommen werden kann. Unter diese Bestimmung fallen nicht solche Haushaltseinnahmen und -ausgaben, die der Zweckmäßigkeit und Einfachheit halber zusammen mit den Haushaltseinnahmen und -ausgaben der Abschnitte VII und XII nachgewiesen werden müssen, z. B. die Wirtschaftsbeihilfen (Besatzungszulagen) in den besetzten Gebieten und die Notstandsbeihilfen.

(5) Besonders bei den laufenden Haushaltseinnahmen und -ausgaben und den ihnen gleich zu behandelnden Einzelhaus-

haltseinnahmen und -ausgaben dürfen die für die weitere Zahlung notwendigen Vermerke nicht fehlen. Es muß z. B. vermerkt werden, für welchen Zeitraum die Zahlungsanordnung gilt, in welchen Raten und zu welchen Zeitpunkten und ob im voraus oder nachträglich zu zahlen ist, welche Änderungen etwa gegenüber dem zunächst geltenden Anordnungsbetrage künftig zu berücksichtigen sind, ob die Beträge durch Übergabe von Zahlungsmitteln oder durch Überweisung oder Postscheck — unter Angabe der Geldanstalt, der Kontonummer usw. — auszuzahlen sind, der Stand der Gas-, Wasser- und Elektrizitätsmesser (auch der für die Wohnungs- usw. Inhaber).

(7) Durch die Hinweise soll der Zusammenhang zwischen den einzelnen Buchungen hergestellt werden. Sie sind deshalb derart vorzunehmen, daß bei jeder Buchung eines Teilbetrages auf die vorangegangene Buchung und umgekehrt hingewiesen wird. Gleichzeitig sind auf der Zahlungsanordnung die einzelnen Teilbeträge mit den Buchungszeichen des Titelbuchs zu vermerken.

Zu § 76

(1) Der Buchhalter hat die Annahmeordnungen in gleicher Weise wie die Auszahlungsanordnungen (§ 76 (²)) daraufhin zu prüfen, daß sie in der Form den Bestimmungen entsprechen.

(1 und 2) Aus der Bestimmung, daß der Kassier die Belege nach der Annahme oder Auszahlung der Beträge zur Eintragung in das Hauptbuch an den Kassenleiter und dieser sie zur Eintragung in die Sachbücher an den Buchhalter zu geben hat, folgt die Unabhängigkeit beider Buchungsarten voneinander.

Bei laufenden Haushaltseinnahmen und -ausgaben und ihnen gleich zu behandelnden Einzelhaushaltseinnahmen und -ausgaben hat der Buchhalter, bei dem sich die Zahlungsanordnung befindet, nach der Erhebung oder Leistung der ersten Teilbeträge die Erhebung oder Leistung der weiteren Teilbeträge ohne weiteres zu veranlassen. Zu diesem Zweck übergibt er dem Kassier in jedem Fall entweder die Zahlungsanordnung oder einen einfachen mit seinem Namenszeichen versehenen Buchungszettel, der bei mehreren Zahlungen die Form einer Nachweisung erhalten kann, oder er leitet ihm, falls es sich um eine Zahlung durch Übergabe von Zahlungsmitteln handelt, eine vorbereitete Quittung zu. Das Buchungsgeschäft vollzieht sich auch in diesen Fällen nach den Bestimmungen des § 76.

Zahlungsanordnungen mit unerheblichen Formmängeln können nach Entscheidung des Kassenleiters zunächst ausgeführt werden; die Mängel sind nach der Zahlung zu beseitigen. Wird eine beanstandete Zahlungsanordnung erst auf Grund einer schriftlichen Weisung der anordnenden Verwaltungsbehörde erledigt, dann versieht der Buchhalter nur die Weisung — nicht aber die Zahlungsanordnung selbst — mit seinem Namenszeichen. Die Weisung der Verwaltungsbehörde verbleibt bei der Zahlungsanordnung.

Zu § 77

Wegen der Aufbewahrung der Vordrucke zu Schecken, Überweisungsaufträgen und Anerkenntnissen vgl. Anlage 2, § 8, Anlage 3, § 5 und Anlage 7, § 6.

Zu § 80

(1) Durch den Tagesabschluß soll festgestellt werden, ob der Kassenbestand (§ 2, 15) mit den Eintragungen im Hauptbuche (Kassensollbestand) übereinstimmt.

(3) Wird ein Kassenfehlbetrag festgestellt, so muß der Kassenleiter die zur Aufklärung des Sachverhalts und die zur Ermittlung der Täter erforderlichen Maßnahmen unverzüglich einleiten. Ein von dem verantwortlichen Kassenbeamten nicht sofort gedeckter, als Vorschuß zu buchender Fehlbetrag ist im unmittelbaren Anschluß an den Tagesabschluß als „Buchung nach Tagesabschluß" einzutragen, so daß sich diese Buchung erst beim nächsten Tagesabschluß auswirkt.

(4) Das richtige Vorhandensein der Zahlungsmittel haben der Kassenleiter und der den Kassenbehälter mitverschließende Kassenbeamte in der Vermerkspalte neben dem Kassensollbestand unter Angabe des Betrages in Worten durch Namenszeichen anzuerkennen.

Zu § 81

(1 bis 3) Die Amtskassen schließen die Bücher am letzten Werktage jedes Monats zum Zwecke der Abrechnung mit der Rechnungsstelle des Reichsarbeitsministeriums ab. Der Abschluß für März ist mit dem Jahresabschlusse zu verbinden. Der Tag, an dem die Bücher für den Jahresabschluß abzuschließen sind, wird alljährlich bekanntgegeben.

Über jeden Abschluß ist eine Abschlußnachweisung nach Anlage 24 aufzustellen, der die Einnahme- und Ausgabenachweisungen beizufügen sind. Die Abschlußnachweisung enthält die Gesamtsumme der Haushaltseinnahmen und -ausgaben und die sich nach dem Abrechnungsbuch ergebende Gesamtsumme der im Laufe des Monats empfangenen Kassenbestandsverstärkungen und bewirkten Ablieferungen. Der Unterschied zwischen den Haushaltseinnahmen und den Kassenbestandsverstärkungen einerseits und den Haushaltsausgaben und Ablieferungen andererseits ergibt den Betrag, welcher der Amtskasse bei der Rechnungsstelle des Reichsarbeitsministeriums als Guthaben zur Verfügung oder als Kassenbestandsverstärkung zur Last steht. Dieser Betrag ist im Abrechnungsbuch als Kassenbestandsverstärkung oder als Ablieferung in den nächsten Rechnungsmonat zu übernehmen.

Das Titelbuch beginnt mit jedem Monat ohne Übertrag.

Die Abschlußergebnisse des Titelbuchs sind getrennt nach Kapiteln und Titeln einzeln in die Einnahme- und Ausgabenachweisungen zu übernehmen. Jedes Kapitel und jeder Titel darf nur mit einer Summe erscheinen. In den Einnahme- und Ausgabenachweisungen für März müssen in den Spalten „Haushaltseinnahmen oder -ausgaben vom Beginne des Rechnungsjahres an" die Kapitel- und Titelbeträge mit den Jahresbeträgen erscheinen, wie sie in die Kassenrechnung aufgenommen werden. Diese Jahresbeträge müssen, da über die Haushaltseinnahmen und -ausgaben monatlich abgerechnet wird, in dem Titelbuche durch Zusammenstellen ermittelt werden. Zur Vermeidung von Irrtümern sind hierbei die Entwürfe der Einnahme- und Ausgabenachweisungen der früheren Monate des Rechnungsjahres zum Vergleiche heranzuziehen.

Die Amtskassen haben sich bei der Aufstellung der Abschlußnachweisungen usw. an die vom Reichsarbeitsministerium herausgegebenen Vordrucke zu halten. Etwa in den Vordrucken nicht vorgesehene, nur bei einzelnen Amtskassen vorkommende Kapitel und Titel sind handschriftlich hinzuzusetzen. Hierbei sind die Kapitel und Titel wie im Reichshaushaltsplane zu bezeichnen.

Die Abschlußnachweisungen sind der Rechnungsstelle des Reichsarbeitsministeriums spätestens zum fünften auf den Abschlußtag folgenden Werktag einzureichen. Gleichzeitig ist dem Hauptversorgungsamt eine Abschrift zu übersenden, der nach jedem abgelaufenen Vierteljahr auch das Titelbuch, soweit es vierteljährlich geführt wird, beizufügen ist.

Die Richtigkeit der Abschlußnachweisung hat der Kassenaufsichtsbeamte an der Hand der Zeit- und Sachbücher zu bescheinigen. Nach Vornahme der Bescheinigung darf die Abschlußnachweisung nicht mehr in die Hand der Kassenbeamten zurückgelangen.

Zu § 82

Kassenprüfungen sind unbeschadet der Gründlichkeit schnell durchzuführen und möglichst nicht zu unterbrechen.

Zu § 83

Bei besonderen Anlässen (Vernachlässigung der Kassenführung, Verdacht von Unterschlagungen usw.) kann das Hauptversorgungsamt die ordentlichen und außerordentlichen Kassenprüfungen auch öfter vornehmen lassen (§ 84). Das Hauptversorgungsamt bestimmt je nach den Verhältnissen bei den einzelnen Amtskassen, ob von der Vornahme der ordentlichen Kassenprüfung für den Fall abgesehen werden kann, daß eine außerordentliche Kassenprüfung bereits stattgefunden hat.

Zu § 84

(1) Der Vorsteher der Verwaltungsbehörde, der die Amtskasse angehört, ordnet die ordentlichen Kassenprüfungen an, die übergeordnete Verwaltungsbehörde die außerordentlichen.

(2) Die ordentlichen Kassenprüfungen sind in der Regel an dem auf den Monatsabschluß (zu § 81 (1)) folgenden Werktag abzuhalten. Außerordentliche Kassenprüfungen sind stets unvermutet abzuhalten und im allgemeinen mit der örtlichen Rechnungsvorprüfung zu verbinden. Bei der Festsetzung des Zeitpunktes ist darauf zu achten, daß die einzelnen Amtskassen alljährlich zu verschiedenen Zeitpunkten geprüft werden. Auf die Geschäftslage der Amtskassen ist insofern Rücksicht zu nehmen, als an lebhaften Kassentagen (Tagen der größeren Auszahlungen — Gehaltsauszahlungen usw. —) unvermutete Kassenprüfungen möglichst zu vermeiden sind.

Der Anfang der ordentlichen Kassenprüfungen (Prüfung des Kassenbestandes — § 89 (1) —) ist in der Regel auf den Beginn der Dienststunden zu legen.

Zu § 85

Die nach § 83 für einen bestimmten Zeitabschnitt vorzunehmende ordentliche Kassenprüfung kann unterbleiben, wenn in diesem Zeitabschnitt eine solche nach § 85 abgehalten worden ist.

Zu § 86

Die ordentlichen Kassenprüfungen umfassen alle Bücher und Belege aus dem zu prüfenden Zeitraume. Müssen Bücher oder Belege, die der Kassenprüfung noch nicht unterlagen, vor der nächsten Kassenprüfung weggegeben werden, so hat der Kassenleiter dafür zu sorgen, daß sie vorher durch den Prüfungsbeamten geprüft werden. Bei der außerordentlichen Kassenprüfung brauchen die Bücher und Belege, soweit sie am Sitze des Hauptversorgungsamts bereits geprüft worden sind, nicht mehr geprüft zu werden.

Zu § 87

(2) Im allgemeinen hat das Hauptversorgungsamt die von ihm angeordneten außerordentlichen Kassenprüfungen durch seine Beamten vornehmen zu lassen. Bei kleineren Amtskassen kann hiermit der Kassenaufsichtsbeamte von Fall zu Fall beauftragt werden, besonders dann, wenn der zu prüfende Zeitraum nur kurz ist.

(3) Der dem Prüfungsbeamten zur Unterstützung beigegebene Beamte darf während des Zeitraumes, über den sich die Prüfung erstreckt, in der Amtskasse nicht beschäftigt gewesen sein. Der Prüfungsbeamte und die Hilfskraft müssen mit dem Prüfungsstoffe vollständig vertraut sein.

Zu § 88

(1) Da die ordentlichen Kassenprüfungen in der Regel mit Beginn der Dienststunden am Tage nach dem Monatsabschlusse (zu § 84 (1 und 3)) vorzunehmen sind, wird das Hauptbuch zum Zwecke der Kassenprüfung nur dann nochmals abzuschließen sein, wenn nach dem Monatsabschlusse Beträge gebucht worden oder solche noch zu buchen sind, z. B. beim Postscheckkonto auf Grund des letzten nach dem Monatsabschluß eingegangenen Kontoauszuges des Postscheckamts. Der Kassenbestandsausweis ist nach Anlage 25 vom Kassenleiter aufzustellen und vom Prüfungsbeamten der nach § 95 aufzunehmenden Kassenprüfungsniederschrift beizufügen (§ 74 (1)).

Zu § 89

(1) Ordnungsmäßig verpackte Münzen (Anlage 6) brauchen im allgemeinen nur stichprobenweise auf Verpackung, Gewicht oder Inhalt geprüft zu werden.

Bei der Feststellung des Kassenbestandes hat der Prüfungsbeamte auch darauf zu achten, daß das Bargeld echt und umlauffähig ist (zu § 30 und Anlage 5).

Für die von der Reichsbank oder einer sonstigen Geldanstalt auszufertigende Bestätigung über das Giroguthaben ist der Bankanstalt eine entsprechend vorbereitete Bescheinigung etwa nach folgendem Muster zur Prüfung und Vollziehung zu übersenden, in das die Amtskasse auch die Beträge einzutragen hat:

„Es wird hierdurch bescheinigt, daß das Giroguthaben der Amtskasse d. . . . Versorgungs . . . . am . . . 19 . . .
(letzte Gutschrift . . . . RM . . . . . Rpf)
. . . . RM . . . . . Rpf
buchstäblich: . . . .
betragen hat.

. . . . , den . . . . 19 . . .

Reichsbank-(Haupt- — Nebenstelle)."

Der Prüfungsbeamte hat den Kassenbestandsausweis mit Prüfungsvermerk zu versehen.

Das Postscheckguthaben wird durch die Kontoauszüge des Postscheckamts belegt.

Zu § 90

(1) Über Belege, die bei der Kassenprüfung nicht vorgelegt werden können, ist eine Bemerkung in die Kassenprüfungs-

niederschrift aufzunehmen, um ihre nachträgliche Prüfung sicherzustellen.

Die Prüfung hat sich auch darauf zu erstrecken, ob die Buchungen im Hauptbuche mit denen in den Sachbüchern übereinstimmen.

(2) Außer den Scheck- und Überweisungsheften sind auch die Anerkenntnishefte (Anlage 7) auf ihre Vollständigkeit zu prüfen.

(4) Die Prüfung der Buchungen und Belege kann, namentlich bei Amtskassen mit umfangreichem Zahlungsverkehr, auf Stichproben beschränkt werden. In welchen Fällen die Prüfung auf Stichproben zu beschränken ist, muß dem pflichtgemäßen Ermessen des Prüfungsbeamten überlassen bleiben.

Zu § 91

(3) Das Hauptversorgungsamt bestimmt für jede Amtskasse seines Geschäftsbereichs von Fall zu Fall, ob die Aufrechnungen in den Sachbüchern ganz oder teilweise und gegebenenfalls in welchem Umfange sie nachzuprüfen sind. Die teilweise Nachprüfung kann in der Regel auf die wichtigsten Abschnitte beschränkt werden. Wie weit bei einer Kassenprüfung weniger wichtige Abschnitte mitzuprüfen sind, entscheidet der Kassenaufsichtsbeamte nach seinem Ermessen.

Zu § 92

(1) Beteiligen sich der Prüfungsbeamte und die Hilfskraft an der Prüfung der Bücher, dann muß aus dem Prüfungsvermerke hervorgehen, in welchem Umfange jeder Beamte geprüft hat.

Der Prüfungsvermerk lautet z. B.:

„Geprüft bei der ordentlichen Kassenprüfung am . . . . von (z. B. Seite . . . bis Seite . . . einschl.)
Namensunterschrift und Amtsbezeichnung".

(2) Sind in den Zeit- und Hilfsbüchern mehrere Abschnitte eingerichtet, so ist der Prüfungsvermerk unter die letzte Eintragung jedes Abschnittes zu setzen.

Zur Abgrenzung des Umfanges der Verantwortung der bei den Kassenprüfungen beteiligten Beamten haben zum Unterstreichen des Geprüften zu benutzen:

a) bei den ordentlichen Kassenprüfungen der Prüfungsbeamte und die Hilfskraft Tintenstift,
b) bei den außerordentlichen Kassenprüfungen der Prüfungsbeamte Grünstift, die Hilfskraft Elfenbeinschwarzstift.

Der Blaustift bleibt dem die Rechnungsvorprüfung am Sitze des Hauptversorgungsamts ausübenden Beamten vorbehalten.

Zu § 93.

(1) Die Prüfung kann auf Stichproben beschränkt werden, deren Umfang dem Prüfungsbeamten überlassen ist. Von dem Ausfalle der Prüfung hängt es ab, ob die Zahl der Stichproben zu erhöhen sein wird oder ob eine vollständige Prüfung stattfinden muß.

(2) Hierunter fallen nicht nur die gegen Diebstahl, Einbruch, Feuer usw. von seiten Dritter getroffenen Maßnahmen. Zu prüfen ist vielmehr auch, ob im Falle des Verschlusses des Kassenbehälters durch zwei Kassenbeamte jeder von ihnen die zugeteilten Schlüssel führt, ob gegen die Aufbewahrung der Doppelschlüssel (zu § 31 Abs. 2) und der Bücher, insbesondere des Hauptbuchs, Bedenken bestehen, ob durch die Verteilung der Kassengeschäfte die innere Sicherheit der Amtskasse etwa gefährdet ist usw.

Zu § 95

(1 bis 3) Die Kassenprüfungsniederschrift über die ordentliche Kassenprüfung ist nach dem als Anhalt dienenden Muster der Anlage 26 aufzustellen. Der Prüfungsbeamte hat sie dem Hauptversorgungsamte vorzulegen. Dieses hat die Prüfung der Kassenprüfungsniederschrift möglichst zu beschleunigen. Ist der Prüfungsbeamte nicht zugleich auch Leiter der Verwaltungsbehörde, so hat dieser die Niederschrift mit seinem Sichtvermerke zu versehen.

In die Niederschrift ist auch ein Vermerk aufzunehmen, ob alle Prüfungsbemerkungen aus früheren ordentlichen Kassenprüfungen erledigt sind.

Zu § 96

Die Kassenprüfungsniederschrift über die außerordentliche Kassenprüfung ist dem Muster der Anlage 26 entsprechend aufzustellen. Eine Abschrift hiervon einschließlich Abschrift des Kassenbestandsausweises hat das Hauptversorgungsamt beim Vorliegen wesentlicher Beanstandungen dem Reichsarbeitsministerium spätestens 14 Tage nach Beendigung der Prüfung einzureichen.

Zu § 102

(1 und 2) Gleichzeitig treten alle früheren Einzelbestimmungen über den gleichen Gegenstand und der Entwurf der Kassen- und Rechnungsordnung für die Versorgungsdienststellen außer Kraft.

Berlin, den 6. Juni 1928.

Der Reichsarbeitsminister
In Vertretung
Dr. Geib

Zu Anlage 7

Zu § 1

Wegen der Zuteilung der Amtskasse einer Versorgungsdienststelle (Bedarfskasse) an eine Kasse der Reichsabgabenverwaltung hat sich das Hauptversorgungsamt mit dem Präsidenten des zuständigen Landesfinanzamts ins Benehmen zu setzen. Entscheidend für die Zuteilung sind die örtlichen und dienstlichen Verhältnisse. In der Regel sollen die am Sitze der Bedarfskassen befindlichen Amtskassen der Reichsabgabenverwaltung für die Geldversorgung bestimmt werden, es kann aber auch eine außerhalb des Sitzes der Bedarfskasse gelegene Amtskasse in Betracht kommen, sofern hierdurch die Geldversorgung beschleunigt wird. Im übrigen werden die Oberkassen (Oberfinanzkassen) der Reichsabgabenverwaltung die Geldversorgung übernehmen.

Zu § 3

(1) Soll das Geldversorgungsverfahren seinen Zweck voll erfüllen, so müssen sowohl die Bedarfskasse als auch die versorgende Kasse Hand in Hand arbeiten. Die Bedarfskasse hat sich rechtzeitig zunächst an die zuständige versorgende Amtskasse, und zwar tunlichst fernmündlich zu wenden. Ist diese außerstande, den Betrag oder einen Teil davon zu decken, weil ihr die Geldmittel hierzu fehlen, und weil sie diese durch Kassenbestandsverstärkung gemäß Anlage 8 nicht beschaffen kann, so wendet sich die Bedarfskasse an die zuständige Oberfinanzkasse, welche die Geldversorgung gegebenenfalls nur für den von der Amtskasse nicht gedeckten Teil des Betrages übernimmt.

Die Amtskassen der Versorgungsdienststellen dürfen Kassenbestandsverstärkungen nur im Rahmen der Beträge, bis zu deren Höhe sie auf Grund eines Ermächtigungsschreibens Auszahlungen leisten dürfen (Betriebsmittel), anfordern. Den versorgenden Kassen, die über die Ermächtigung hinaus Kassenbestandsverstärkungen nicht hergeben dürfen, sind die Ermächtigungsschreiben bei jeder Kassenbestandsverstärkung zum Zwecke der Abschreibung des jeweiligen Betrages vorzulegen. Die Beträge dürfen nur in der unbedingt notwendigen Höhe angefordert werden (§ 47 (1) und zu § 47 (1) Abs. 2).

Die einbehaltenen Lohnsteuerbeträge sind zur Vermeidung unnötiger Geldbewegungen unbar an die für die Abführung in Betracht kommenden Kassen der Reichsabgabenverwaltung zu den vorgeschriebenen Zeitpunkten mit Anerkenntnis in der Weise buchmäßig abzuführen, daß die Beträge in den Büchern als Steuern an die Finanzkassen verausgabt und gleichzeitig als Kassenbestandsverstärkung vereinnahmt werden. Bei Bemessung der Kassenbestandsverstärkung sind die Lohnsteuerbeträge zu berücksichtigen, damit der Kassenbestand nicht überschritten wird. Als Kassenbestandsverstärkung ist daher für die Auszahlung solcher Beträge, die sich bei der Auszahlung um die Lohnsteuer verringern, nur die nach Abzug der Lohnsteuer verbleibende Summe anzufordern. Auf der Rückseite des Anerkenntnisses ist anzugeben, daß es sich um die Abführung von Steuerbeträgen für den entsprechenden Zeitabschnitt handelt.

(2) Mit der Vorlage des Anerkenntnisses bei der versorgenden Kasse wird die Kassenbestandsverstärkung angefordert. Sie darf zur Vermeidung einer Überschreitung des zulässigen Kassenbestandes erst kurz vor dem auf dem Anerkenntnis angegebenen Bedarfstag angefordert werden. Die Anlage 27 enthält das Muster eines Anerkenntnisses. Für jede versorgende Kasse ist über den von ihr herzugebenden Betrag ein besonderes Anerkenntnis auszufertigen, und zwar müssen die Anerkenntnisse aus verschiedenen Heften herrühren; vgl. den nachstehenden fünften Absatz.

Die Mitteilungen des Vorstehers der Verwaltungsbehörde über die Namen und Unterschriften der zur Vollziehung von Anerkenntnissen berechtigten Kassenbeamten sind mit einem Abdrucke des Dienststempels der Verwaltungsbehörde zu versehen.

Nichtzutreffendes ist auf der Rückseite des Anerkenntnisses durchzustreichen. Die ausgefertigten Anerkenntnisse dürfen nachträglich nicht geändert werden. Gegebenenfalls muß ein neues Anerkenntnis ausgestellt werden.

Die auf Wasserzeichenpapier in bräunlichgelber Färbung hergestellten Anerkenntnisvordrucke werden in Heften zu je 50 Stück mit der laufenden Nummer 1—50 bei der Rechnungsstelle des Reichsarbeitsministeriums vorrätig gehalten, die sie kostenlos abgibt. Für die Anforderung ist der hinter dem 40. Blatte jedes Anerkenntnisheftes befindliche Vordruck zu benutzen. Die Rechnungsstelle des Reichsarbeitsministeriums versendet die Hefte unter „Einschreiben" an die anfordernden Amtskassen. Das Anforderungsschreiben ist nach Vollziehung der auf seiner Rückseite befindlichen Empfangsbescheinigung wieder zurückzusenden. Für jedes aufgebrauchte Anerkenntnisheft darf von Fall zu Fall nur ein Heft als Ersatz angefordert werden; es ist den Amtskassen grundsätzlich untersagt, einen Vorrat an Anerkenntnisheften zu halten.

Die Amtskassen der Versorgungsdienststellen teilen den für sie zuständigen versorgenden Kassen der Reichsabgabenverwaltung zum Zwecke der Kontrolle vor der ersten Benutzung eines Anerkenntnisheftes jeweils die Heftnummer mit, die auf dem Umschlag und jedem Vordrucke verzeichnet ist. Die Durchführung der Kontrolle erfordert, daß für jede versorgende Kasse der Reichsabgabenverwaltung ein besonderes Anerkenntnisheft benutzt wird.

(3) Vor der Vorlage des Anerkenntnisses zur Vollziehung durch den Kassenaufsichtsbeamten sind von der am rechten Rande befindlichen Zahlenreihe die den Betrag des Anerkenntnisses übersteigenden Zahlen mit Tinte durchzustreichen. Das Anerkenntnis ist mit einem Abdrucke des Dienststempels der Amtskasse zu versehen.

Zu § 4

(1) Zur unmittelbaren Auszahlung von Beträgen an Dritte durch die versorgende Kasse stellt die Bedarfskasse über die zu leistende Auszahlung ein Anerkenntnis in der genauen Höhe der Rechnungs- usw. Beträge auf die für die Geldversorgung zuständige Kasse der Reichsabgabenverwaltung aus, gibt aber auf der Rückseite des Anerkenntnisses an Stelle des eigenen Bank- oder Postscheckkontos das Bankkonto und das Postscheckkonto des Empfängers an. Die Angabe sämtlicher Konten des Empfängers soll es der versorgenden Kasse ermöglichen, den zweckmäßigsten Weg der Überweisung zu wählen. Sollen Beträge einem bestimmten Konto zugeführt werden, so ist nur dieses anzugeben.

Die versorgende Kasse bucht die von ihr in der vorstehenden Weise ausgezahlten Beträge als Kassenbestandsverstärkung für die Bedarfskasse.

Für das Verfahren kommen nur Auszahlungen von mindestens 500 RM an einen Empfänger in Betracht. Es ist möglichst auch anzuwenden für die Überweisung der Endbeträge der zu § 62 (1), Abs. 3 bezeichneten Auszahlungsnachweisungen.

Um zu verhüten, daß Empfänger bei diesem Verfahren etwa infolge unzureichender Mittel der versorgenden Kasse die ihnen auszuzahlenden Beträge verspätet erhalten, hat die Bedarfskasse der versorgenden Kasse schon einige Tage vor der Vorlage des Anerkenntnisses den Bedarfstag und die Höhe des zu zahlenden Betrages mitzuteilen.

Zur Geschäftserleichterung wird bestimmt:

a) Die nicht dringlichen Auszahlungen sind zu sammeln und etwa alle drei bis vier Tage gemeinsam auszahlen zu lassen.

b) Wenn die versorgende Kasse gleichzeitig mehrere Beträge auszahlen soll, ist nur ein über die Gesamtsumme lautendes Anerkenntnis auszustellen; in diesem Falle sind die Namen, die Bank- und Postscheckkonten usw. der einzelnen Empfänger in einer Anlage zum Anerkenntnis nach folgendem Muster anzugeben. Die Anlage ist zweckmäßig mit der Schreibmaschine oder im

Durchschreibeverfahren herzustellen, damit eine zweite Ausfertigung als Beleg für das Abrechnungsbuch gewonnen wird. Die von der versorgenden Kasse auf den Postscheck- usw. Abschnitten aufzunehmenden Vermerke (Spalte 6 der Anlage zum Anerkenntnis) müssen möglichst kurz gehalten sein und dürfen sich in der Regel nur auf den Gegenstand der Zahlung beziehen, z. B. „Laut Rechnung vom ..... für das Versorgungsamt ....". Längere Ausführungen sind den Empfängern durch besondere Schreiben mitzuteilen.

Anlage zum Anerkenntnis Heft ... Blatt ... der Amtskasse des Versorgungs .... vom .... 19...

Laufende Nr.	Des Empfängers			Betrag		Kurze Angabe der von d. versorgenden Kasse auf dem Postscheck- usw. Abschnitt aufzunehmenden Vermerke	Sonstige Vermerke
	Vorname und Name oder Firma	Wohnort Straße und Haus-Nr.	a) Bank- usw. Konto b) Postscheckkonto	RM	Rpf		
1	2	3	4	5		6	7
			Summe				

Zu § 5

(3) Nach Schluß jedes Monats hat die Bedarfskasse an einem vom Hauptversorgungsamt im Einvernehmen mit dem Präsidenten des Landesfinanzamts zu bestimmenden Tag ihre Buchungen der Kassenbestandsverstärkungen mit denen der in Betracht kommenden versorgenden Kassen für den abgelaufenen Monat abzustimmen. Maßgebend für die Abstimmung ist der Tag der Ausfertigung der Anerkenntnisse. Es kommen also für den Vergleich sämtliche im abgelaufenen Monat ausgestellten Anerkenntnisse — und nur diese — in Betracht. Es genügt, wenn die Übereinstimmung zunächst auf den im abgelaufenen Monat abgehobenen Gesamtbetrag beschränkt wird. Erst wenn sich hierbei eine Unstimmigkeit ergibt, sind die einzelnen Beträge zu vergleichen.

Das Hauptversorgungsamt stellt auf Grund der Abschlußnachweisungen monatlich ein Hauptanerkenntnis nach der Anlage 28 aus, in das die Monatssummen der von den Amtskassen im abgelaufenen Monat ausgefertigten Anerkenntnisse aufzunehmen sind. Das Hauptanerkenntnis ist im Durchschreibeverfahren mit der Schreibmaschine herzustellen.

Das Hauptanerkenntnis erhält bis zum 10. f. Mts. die zuständige Oberfinanzkasse, die daraufhin nach Feststellung der Richtigkeit die entsprechenden Einzelanerkenntnisse dem Hauptversorgungsamte zustellt. Unstimmigkeiten zwischen dem Hauptanerkenntnis und den Buchungen der Oberfinanzkasse sind im gegenseitigen Einvernehmen aufzuklären. Die zurückgegebenen Einzelanerkenntnisse sind nach Prüfung ihrer Übereinstimmung mit den Angaben in den Abschlußnachweisungen durch Einreißen unbrauchbar zu machen und vom Hauptversorgungsamt aufzubewahren. Sie sind erst dann zu vernichten, wenn der Rechnungshof des Deutschen Reichs die rechnunglegende Stelle verständigt hat, daß das Prüfungsverfahren abgeschlossen ist (§ 106 RHO.).

Eine Durchschrift des Hauptanerkenntnisses ist der Rechnungsstelle des Reichsarbeitsministeriums über die zuständige Oberfinanzkasse und die Reichshauptkasse zuzuleiten. Die Rechnungsstelle prüft, ob das Hauptanerkenntnis mit den in den Abschlußnachweisungen enthaltenen einzelnen Kassenbestandsverstärkungen übereinstimmt. Die Durchschrift wird der Oberfinanzkasse zusammen mit dem Hauptanerkenntnis übersandt.

Eine weitere Durchschrift des Hauptanerkenntnisses für März jedes Jahres hat das Hauptversorgungsamt der Rechnungsstelle des Reichsarbeitsministeriums sofort unmittelbar zuzusenden.

Da der Abschluß für März mit dem Jahresabschlusse zu verbinden ist (vgl. zu § 81 ([1] bis [3])), liegen dem Hauptversorgungsamt über diesen Monat keine Abschlußnachweisungen vor. Die Amtskassen der Versorgungsdienststellen haben daher über die im März jedes Jahres auf Anerkenntnis empfangenen Kassenbestandsverstärkungen ihrem Hauptversorgungsamte bis zum fünften Werktage des Monats April zu berichten.

Zu § 6

(2) Zur Vermeidung von Mißbräuchen ist beim Verlust von Anerkenntnisvordrucken die versorgende Kasse zunächst fernmündlich und stets schriftlich sofort unter Angabe der Heft- und Blattnummer des Vordrucks zu benachrichtigen. Sind Vordrucke unbrauchbar geworden, so ist die versorgende Kasse nur schriftlich zu benachrichtigen. Überzählige Vordrucke sind dem zuständigen Hauptversorgungsamte zur anderweiten

Verwendung unter „Einschreiben“, unbrauchbar gewordene dagegen nach Einreißen im gewöhnlichen Brief einzusenden.

Zu § 7

Die Amtskassen der in Groß-Berlin befindlichen Versorgungsdienststellen, außer der Amtskasse der Hilfsstelle für Arbeiter- und Angestelltenunterstützungen in Spandau, erhalten ihre Kassenbestandsverstärkungen unmittelbar von der Reichshauptkasse (§ 51). Das Verfahren nach Anlage 7 und den Vollzugsbestimmungen hierzu findet sinngemäß Anwendung. Jedoch sind die zur Abführung der Lohnsteuerbeträge ausgestellten Anerkenntnisse der Reichshauptkasse mit dem Ersuchen zu übersenden, die Lohnsteuerbeträge der Amtskasse der Versorgungsdienststelle als Kassenbestandsverstärkung zur Last und der Oberfinanzkasse Groß-Berlin unter Angabe des Grundes als Ablieferung gutzuschreiben; wegen der Vorlage des Ermächtigungsschreibens vgl. zu Anlage 7, zu § 3 (1), Abs. 2. Die Zuführung der Steuerbeträge an die zuständigen Finanzkassen veranlaßt alsdann die Oberfinanzkasse. Auf den Anerkenntnissen muß deshalb auch die zuständige Finanzkasse vermerkt werden, an welche die Beträge abzuführen sind.

Anlage 9

Zu § 8 (2)

Richtlinien

für die Errichtung von Zahlstellen bei den Versorgungsdienststellen, ihre Aufgaben und die Erledigung ihrer Geschäfte

1. Zur Entlastung der Amtskassen und zur Geschäftsvereinfachung können bei den Versorgungsdienststellen Zahlstellen errichtet werden, und zwar:
   a) bei den Versorgungsämtern (in der Regel bei den Leiterabschnitten),
   b) bei den Versorgungsdienststellen ohne eigene Amtskasse.
2. Zur Errichtung der Zahlstellen zu 1 a) ist die Genehmigung des Hauptversorgungsamts erforderlich.
3. Die Zahlstellen haben die Aufgabe:
   zu 1 a) Fahr- und Zehrgelder, Entschädigungen für entgangenen Arbeitsverdienst usw. an Versorgungsberechtigte auszuzahlen,
   zu 1 b) Frachtkosten und sonstige kleine Beträge auszuzahlen und — bei den Orthopädischen Versorgungsstellen — ausnahmsweise Einzahlungen von Beschädigten (Anteile für Schuhwerk usw.) anzunehmen.

4. Die Zahlstellen sollen Auszahlungen nur durch Übergabe von Zahlungsmitteln leisten.
5. Zur Leistung der Auszahlungen erhalten die Zahlstellen Vorschüsse von der für sie zuständigen Amtskasse.
6. Die Vorschüsse sind je nach Bedarf für eine Woche zu bemessen. Der einzelne Vorschuß soll im allgemeinen 100 RM nicht übersteigen.
7. Die Zahlstellen zu 1 a) haben die Beträge an Fahr- und Zehrgeldern, an Entschädigungen für entgangenen Arbeitsverdienst usw. zu errechnen und in einer Nachweisung, welche die Nummer des Unterbelegs, den Namen des Empfängers und den ausgezahlten Betrag zu enthalten hat, zusammenzustellen. An Hand der Nachweisung ist nach Bedarf, spätestens nach Ablauf einer Woche, mit der Amtskasse abzurechnen.
8. Die Zahlstellen zu 1 b) haben die Einzahlungen und Auszahlungen, soweit Belege nicht beigebracht werden können, in einfachster Form anzuschreiben. Auf Grund dieser Anschreibungen ist mit der Amtskasse abzurechnen und gegebenenfalls der Vorschuß zu ergänzen. Sonst sind die Belege hierfür zu benutzen.
9. Die Vorschüsse sind zuverlässigen, in geordneten wirtschaftlichen Verhältnissen lebenden Beamten auszuhändigen, die für die sichere Aufbewahrung und die richtige Verwendung verantwortlich sind. Fehlt einem Beamten die Möglichkeit sicherer Aufbewahrung oder lehnt er die Haftung für den Vorschuß in voller Höhe ab, dann kann ihm der Vorschuß in kleineren Teilbeträgen ausgehändigt werden.

Beilage 4

Vollzugsbestimmungen

zur Reichskassenordnung für das Heer[1])

(VB. RKO. Heer)

Auf Grund des § 102 der Reichskassenordnung vom 6. August 1927 (Reichsministerialbl. S. 357) wird im Einvernehmen mit dem Reichsminister der Finanzen folgendes bestimmt:

Zu § 1. Die RKO. in Verbindung mit den VB. gilt für alle Zweige der Heeresverwaltung.

Zu § 3. Alle Kassen im Bereiche der Heeresverwaltung sind Amtskassen. Oberkassen sind nicht vorhanden.

Zu § 4. 1. Die Amtskassen rechnen mit den Rechnungsstellen (VB. zu § 9 RKO.), diese mit der Reichshauptkasse ab.

2. Die Amtskassen führen über die Haushaltseinnahmen und -ausgaben den rechnungsmäßigen Nachweis und legen Rechnung. Abweichungen bestimmt das Reichswehrministerium im Einvernehmen mit dem Rechnungshof des Deutschen Reichs.

3. Zur Übernahme anderer, nicht unmittelbar zu den Dienstaufgaben der Amtskasse gehörenden Geschäfte bedarf es in jedem Falle der Genehmigung des Reichswehrministeriums.

Zu § 8. 1. Zahlstellen bestehen bei den Kompanien, Batterien, Eskadronen sowie bei den Kommandostellen und anderen Dienststellen, die wie die Kompanien planmäßig einen Rechnungsführer haben. Die Bestimmungen über die Aufgaben der Zahlstellen werden vom Reichswehrministerium erlassen[2]).

2. Wo weitere Zahlstellen einzurichten sind und welche Aufgaben ihnen zufallen, wird für die in Betracht kommenden

---

[1]) Anm. d. H. Die Zusatzbestimmungen des Reichswehrministeriums zur Reichskassenordnung (Zus.Best. RKO.) sind bei den einzelnen §§, soweit sie von allgemeinerem Interesse sind, in der Anmerkung mit der Angabe Zus.Best. wiedergegeben.

[2]) Zus.Best. hierzu: Die maßgebenden Bestimmungen des Reichswehrministeriums sind in der Vorschrift für die Geldwirtschaft bei den Kompanien des Reichsheeres (VKpG., H. Dv. 336a) enthalten.

Dienststellen vom Reichswehrministerium unter Berücksichtigung der jeweiligen Sonderverhältnisse bestimmt.

Zu § 9. Rechnungsstellen bestehen bei den höheren Verwaltungsbehörden. Ihre Zuständigkeit für die Amtskassen und ihre Aufgaben regelt das Reichswehrministerium[1]).

Zu § 10. 1. Den Kassendienst versehen die den Heeresdienststellen zugewiesenen und nach Maßgabe des Geschäftsplans für den Dienst als Kassenleiter, Kassier oder Buchhalter bestimmten Verwaltungsbeamten.

2. In der Eigenschaft als Kassenleiter, Kassier und Buchhalter gelten die Beamten unabhängig davon, welche Verwaltungsaufgaben sie daneben noch zu erfüllen haben, als Kassenbeamte im Sinne der RKO. und tragen dementsprechend die Verantwortung für die richtige und gewissenhafte Ausführung der Kassengeschäfte.

3. Bei Dienststellen mit nur einem Verwaltungsbeamten hat dieser die Kassengeschäfte unter alleiniger Verantwortung wahrzunehmen.

4. Befinden sich bei einer Dienststelle zwei Verwaltungsbeamte, so hat der Dienstältere die Dienstgeschäfte des Kassenleiters und auch die des Kassiers wahrzunehmen. Die Buchhaltergeschäfte übernimmt der zweite Beamte, der dann auch bei den ihm nach der RKO. und den VV. sonst noch obliegenden Kassengeschäften mitzuwirken hat.

5. Bei 3 und mehr Beamten kann die höhere Verwaltungsbehörde, wenn es der Geschäftsumfang der Behörde oder sonstige dienstliche Belange erfordern, als Kassenleiter anstatt des Behördenvorstehers den nächst ihm dienstältesten Beamten und als Kassier außerdem einen Beamten bestellen. Zur Wahrnehmung der Buchhaltergeschäfte können nach Bedarf auch 2 und mehr Beamte bestimmt werden.

6. Bei einer Behörde mit mehreren Geschäftsabteilungen (z. B. bei einer Standortverwaltung) ist der dienstälteste Beamte der Abteilung, zu der die Kasse gehört, als Kassenleiter zu bestimmen.

7. Das vorstehend für Beamte Gesagte gilt auch für die

---

[1]) Zus.Best. zu § 9 (Anl. 1 I Ziffer 1 und 3): 1. Bei den höheren Verwaltungsbehörden (Wehrkreisverwaltungsämtern, Verwaltungszweigamt Breslau, Verwaltungsreferenten bei den Kavalleriedivisionen) besteht je eine Verrechnungsstelle, die bei den W.V.A. und beim Verwaltungszweigamt Breslau der Kassenabteilung (I) angegliedert ist.

2. Die Rechnungsstelle hat nach Maßgabe der RKO. und der Vollzugs- und Zusatzbestimmungen des Reichswehrministeriums die Abrechnung der Haushaltseinnahmen und -ausgaben der zum Geschäftsbereich der höheren Verwaltungsbehörde gehörigen Amtskassen mit der Reichshauptkasse zu vermitteln.

Offiziere, die bei einzelnen Dienststellen, z. B. den Zeugämtern, die Kassengeschäfte wahrnehmen.

8. Soldaten und andere Hilfskräfte können den Kassenbeamten zur Unterstützung beigegeben werden. Arbeiten, die nach den Bestimmungen der RKO. die Kassenbeamten selbst auszuführen haben, dürfen diesen Hilfskräften unter Verantwortung der zuständigen Kassenbeamten nur in dringenden Fällen mit Zustimmung der höheren Verwaltungsbehörde übertragen werden. Für die Amtskassen bei den Zeugämtern, Munitionsanstalten und der Pionierwerkstatt ist außerdem die Zustimmung des Heeres-Waffenamts erforderlich. Die Geschäftsverteilungspläne, die der Genehmigung der höheren Verwaltungsbehörden und für die vorgenannten Amtskassen der Genehmigung des Heereswaffenamts unterliegen, müssen hierüber genaue Angaben enthalten.

Zu § 12. 1. Die Kassenbeamten und auch der Behördenvorsteher, der nicht selbst Kassenbeamter ist, sind für die sichere Unterbringung und den nötigen Schutz des Kassenbehälters gegen Feuersgefahr und Diebstahl verantwortlich. Sie haften als Gesamtschuldner für Nachteile, die dem Reich durch Vernachlässigung der Sicherheitsvorkehrungen entstehen. Im Schadensfalle gilt eine Berufung darauf, eine mangelhafte Einrichtung vorgefunden zu haben, nicht als Entlastungsgrund.

2. Ist der Behördenvorsteher selbst Kassenleiter, so ist im Falle des § 12 Abs. 3 RKO. die Genehmigung der höheren Verwaltungsbehörde erforderlich.

Zu § 13. 1. Für einen ausscheidenden Kassenleiter, der die Kassenübergabe nicht selbst vornehmen kann, bestimmt der Behördenvorsteher oder, wenn dieser zugleich Kassenleiter ist, die höhere Verwaltungsbehörde den Vertreter.

2. Beim Eintritt eines neuen Kassenleiters ist die Kasse, gegebenenfalls in Verbindung mit einer ordentlichen Kassenprüfung (§ 84 RKO.), auf Grund des abzuschließenden Hauptbuches zu übergeben. Ein Abschluß der Sachbücher und die Aufstellung eines Kassenabschlusses ist nur dann erforderlich, wenn der Kassenleiter zugleich Kassier- und Buchhaltergeschäfte wahrnimmt.

3. Beim Wechsel eines anderen Kassenbeamten leitet der Kassenleiter die Übergabe der Geschäfte.

4. Die Vertretung der Kassenbeamten bei vorübergehender Abwesenheit infolge Krankheit, Urlaubs usw. regelt, soweit dies innerhalb der Behörde möglich ist, der Behördenvorsteher, sonst auf Antrag die höhere Verwaltungsbehörde.

Zu § 15. Beim Wechsel hat sich der neue Buchhalter von der ordnungsmäßigen Führung der ihm anvertrauten Bücher zu überzeugen. Nötigenfalls ist, um die Übereinstimmung der

Abschlußsummen der betreffenden Bücher und des Hauptbuches festzustellen, ein Kassenabschluß aufzustellen.

Zu § 17. 1. Welche Beamten der höheren Verwaltungsbehörde gemäß § 17 Abs. 2 RKO. die Aufgaben eines Kassenaufsichtsbeamten wahrzunehmen haben, bestimmt der Vorsteher der höheren Verwaltungsbehörde. Wie im einzelnen die den Kassenaufsichtsbeamten nach der RKO. obliegenden Aufgaben verteilt sind, muß aus dem Geschäftsplan der Behörde ersichtlich sein.

2. Wenn der Behördenvorsteher nicht selbst Kassenbeamter ist, können ihm von dem Vorsteher der höheren Verwaltungsbehörde bestimmt zu bezeichnende Befugnisse eines Kassenaufsichtsbeamten über die zugehörige Amtskasse von Fall zu Fall oder auf die Dauer übertragen werden.

Zu § 20. 1. Die Kassenstunden werden vom Behördenvorsteher festgesetzt; dabei sind die Belange der Truppen zu berücksichtigen. In dringenden Fällen müssen Auszahlungen auch außerhalb der Kassenstunden geleistet werden.

2. Schreiben in Kassenangelegenheiten sind, soweit nicht nach § 20 Abs. 5 letzter Satz RKO. die Mitvollziehung durch den Buchhalter erforderlich ist, vom Kassenleiter allein zu vollziehen und im Entwurf oder bei urschriftlicher Ausfertigung in dieser von dem gegebenenfalls mitverantwortlichen Beamten mit seinem Namenszeichen zu versehen. Ist der Kassenleiter gleichzeitig Behördenvorsteher, so vollzieht er die betreffenden Schreiben, ohne daß im Kopf die Amtskasse als solche bezeichnet zu werden braucht.

Zu § 21. Zu § 2 der Anlage 2 RKO. und § 2 der Anlage 3 RKO.

Die Namen und Unterschriften der zur Vollziehung von Postschecken und Postschecküberweisungsaufträgen sowie Reichsbankschecken und Reichsbanküberweisungsaufträgen berechtigten Beamten sind dem Postscheckamt und der Reichsbankanstalt — wenn der Behördenvorsteher selbst Kassenbeamter ist, durch Vermittlung der höheren Verwaltungsbehörde — mitzuteilen. Entsprechendes gilt, wenn die Amtskasse nach VV. zu § 26 RKO. an den Verkehr mit einer sonstigen Geldanstalt angeschlossen ist.

Zu § 24. Hat eine Amtskasse Zahlungsmittel fremder Währung anzunehmen oder auszuzahlen, so ist dazu die Reichshauptkasse in Anspruch zu nehmen, die den Gegenwert in deutscher Währung als Ablieferung oder als Kassenbestandsverstärkung bucht.

In dringenden Fällen kann ausnahmsweise eine Auszahlung in Zahlungsmitteln fremder Währung durch Vermittlung einer örtlichen Reichsbankanstalt oder, wenn eine solche am Ort nicht vorhanden ist, einer anderen vertrauenswürdigen Geldanstalt geleistet werden.

Zu § 25. Die in Einzelfällen notwendige Entscheidung nach § 25 Abs. 2, Satz 2 RKO. wird auf die höheren Verwaltungsbehörden übertragen.

Zu § 26. Zu § 26 Abs. 1, Satz 2 RKO. behält sich das Reichswehrministerium die Entscheidung vor. In dem ihm zu diesem Zweck einzureichenden Antrag ist auch über die Vereinbarungen mit der Geldanstalt gemäß § 54 Abs. 5 RKO. zu berichten.

Zu § 27. Außer im Inlandsverkehr zum Zweck der Sicherheitsleistung dürfen die Amtskassen Wechsel nicht annehmen.

Zu § 28. 1. Einzelbeträge bis zu 1000 RM sind im Giro- oder Postscheckwege auszuzahlen.

2. Bei Einzelbeträgen über 1000 RM ist der Buchausgleich nach dem Formblatt der Beilage 1 zu beantragen, und zwar von der Amtskasse, der der Betrag zur Last zu schreiben ist. Der der Rechnungsstelle einzusendenden Hauptausfertigung des Antrages ist eine Nebenausfertigung (Durchschrift) für die Amtskasse beizufügen, der der Betrag gutzuschreiben ist. Sind für die beteiligten Amtskassen verschiedene Rechnungsstellen zuständig, so bedarf es der Beifügung einer weiteren Nebenausfertigung für die Reichshauptkasse.

3. Sind aus gleicher Veranlassung mehrere Einzelbeträge von verschiedenen Amtskassen an ein und dieselbe Amtskasse oder von dieser einen an verschiedene Amtskassen auszuzahlen, so kann das Reichswehrministerium bestimmen, daß die Beträge zwischen den beiteiligten Amtskassen durch Buchausgleich verrechnet werden, auch wenn der Gesamtbetrag unter 1000 RM bleibt. Die Amtskasse, der der Gesamtbetrag gut oder zur Last zu schreiben ist, hat in diesen Fällen den Buchausgleich über den Gesamtbetrag mit den verschiedenen Einzelbeträgen zu veranlassen, nötigenfalls auf Grund von vorherigen Anzeigen über die zu verrechnenden Beträge. Für die beteiligten Amtskassen ist je eine Nebenausfertigung des Antrages erforderlich, in der die die einzelnen Amtskassen oder Rechnungsstellen betreffenden Angaben und Erläuterungen aufzunehmen sind.

4. Buchausgleichsanträge sind in den letzten 5 Tagen des Monats nicht zu stellen.

Zu § 31. 1. Die Zahlungsmittel sind in einem eisernen Kassenschrank oder, wo ein solcher nicht vorhanden ist, in einem mit Eisen beschlagenen Kassenkasten aus hartem Holz aufzubewahren. Der Kassenkasten ist möglichst auf einer Wache unterzubringen, bei der ein besonderer verschließbarer Raum und, wenn darin die Kassenkasten verschiedener Amtskassen unterzubringen sind, für jede ein besonderer verschließbarer

Abschlag oder eine besondere Anschließvorrichtung vorhanden ist [1]).

2. Die Kassenleiter erhalten den Schlüssel zu dem unter 1 bezeichneten Raum und, wenn Kassenkasten mehrerer Amtskassen darin unterzubringen sind, auch den Schlüssel zu dem Abschlag oder der Anschließvorrichtung.

3. Ob je nach den örtlichen Verhältnissen besondere Sicherungsmaßnahmen für die Räume, in denen die Kassenbehälter untergebracht sind, zu treffen sind, entscheiden auf Antrag die höheren Verwaltungsbehörden, die Verwaltungsreferenten bei den Kavallerie-Divisionen nötigenfalls in Verbindung mit den zuständigen Wehrkreisverwaltungsämtern. Die aufzuwendenden Kosten sollen im richtigen Verhältnis zu dem möglicherweise für die Reichskasse erwachsenden Schaden stehen.

4. Die Kassenbehälter der Amtskassen mit mehr als einem Beamten müssen zwei Schlösser mit unter sich verschiedenen Verschlußeinrichtungen haben. Den Schlüssel des einen Schlosses erhält der Kassenleiter, den des anderen der Kassier oder, wenn die Geschäfte des Kassenleiters und des Kassiers gemeinsam von einem Beamten wahrgenommen werden, ein anderer zum Mitverschluß des Kassenbehälters außerhalb der Kassenstunden bestimmter Kassenbeamte. Den Schlüssel zu einer etwa vorhandenen dritten besonderen Verschlußeinrichtung nimmt der Kassenleiter in Verwahr.

5. Kassenschränke mit nur einem Außenschloß dürfen bei Amtskassen mit mehr als einem Beamten verwendet werden, wenn mindestens ein zur Verwahrung des Kassenbestandes geeignetes Innenfach mit besonderer Verschlußeinrichtung vorhanden ist, so daß die verantwortlichen Kassenbeamten je einen Schlüssel erhalten können.

6. Für sichere Aufbewahrung der Schlüssel, auch etwa vorhandener Doppelschlüssel, sind die Kassenbeamten verantwortlich, denen die Schlüssel ausgehändigt sind. Doppelschlüssel dürfen nicht im Kassenbehälter selbst aufbewahrt werden. Mißbräuchliche Benutzung der Schlüssel muß unbedingt verhütet werden.

---

[1]) Zus.Best. hierzu: Bei Unterbringung von Kassenkasten auf der Wache sind der Wachhabende sowie die gesamte Wachmannschaft für die Sicherheit verantwortlich. Machen außergewöhnliche Ereignisse, Ausbruch eines Feuers im Wachgebäude oder in seiner unmittelbaren Nähe, Überschwemmungen u. dgl. die sofortige Bergung der Kassenkasten notwendig, ist der Wachhabende ermächtigt, den Raum, in dem die Kassenkasten untergebracht sind, gewaltsam zu öffnen. Der Kassenleiter oder ein anderer Beamter, wenn dieser schneller zu erreichen ist, sind sofort zu benachrichtigen, um für die weitere Sicherung der Kassenkasten Sorge zu tragen. In die Wachvorschrift sind entsprechende Bestimmungen aufzunehmen.

7. Wird der Kassenbehälter auf der Wache oder sonst entfernt von dem Geschäftszimmer der Amtskasse aufbewahrt, kann zur Leistung kleinerer Auszahlungen aus der Kasse ein von dem Kassier zu verwahrender Betrag entnommen werden, dessen Höchstbetrag von der höheren Verwaltungsbehörde unter strenger Prüfung der Notwendigkeit festzusetzen ist. Die Empfangsbestätigung über diesen Betrag ist in dem Kassenbehälter niederzulegen. Bei Kassenprüfungen muß der Betrag bar vorgezeigt oder, soweit Auszahlungen daraus geleistet sind, in Belegen nachgewiesen werden.

Zu § 32. Für sichere Überbringung der von der Post abzuholenden Wertsendungen (§ 20 Abs. 2 RKO.) und sichere Beförderung von Zahlungsmitteln ist der Kassenleiter verantwortlich. Bei den von ihm zu treffenden Maßnahmen — Beförderung durch ihn selbst oder durch einen anderen oder durch mehrere Beamte, Gestellung von besonderem Sicherungsbegleitpersonal (erforderlichenfalls durch den Truppenteil) usw. — müssen die örtlichen und sonstigen besonderen Verhältnisse sowie die Wertsumme der zu befördernden Zahlungsmittel berücksichtigt werden. Zahlungsmittel im Gesamtwerte von 10 000 *RM* und mehr sind, soweit möglich, durch zwei Beamte zu befördern. Beträge unter 500 *RM* kann der Kassenleiter durch Hilfskräfte, die nach seiner Überzeugung zuverlässig sind, befördern lassen. Die betreffenden Personen haften für jeden bei dem Empfange und der Beförderung durch ihr Verschulden entstandenen Schaden nach Maßgabe der gesetzlichen Vorschriften.

Zu § 33. Die Amtskassen haben zu veranlassen, daß Einzahlungspflichtige Beträge von 5000 *RM* und darüber an die Reichshauptkasse entrichten. Diese ist von der Amtskasse entsprechend zu benachrichtigen. Die Reichshauptkasse gibt die Nachricht mit einem Vermerk über die Einzahlung und Buchung im Abrechnungsbuch durch Vermittlung der zuständigen Rechnungsstelle an die Amtskasse zurück. Ebenso erhält die beteiligte Amtskasse unter Beifügung etwaiger Einzahlungsscheine oder anderer Unterlagen Nachricht von der Reichshauptkasse, wenn diese ohne Ersuchen der Amtskasse Beträge angenommen hat.

Zu § 34. 1. Die Amtskassen werden ermächtigt, Einzahlungen ohne förmliche Kassenanweisung anzunehmen, soweit die Unterlagen von den Kassenbeamten in Erfüllung der ihnen außerdem obliegenden Verwaltungsaufgaben geprüft und bescheinigt sind und soweit nicht in den vom Rechnungshofe des Deutschen Reichs zu erlassenden Bestimmungen für die Rechnungslegung etwas anderes bestimmt ist. Im übrigen sind zur Annahme von Einzahlungen förmliche Kassenanweisungen erforderlich, die von den hierfür zuständigen Verwaltungsbeamten oder Behörden zu erteilen sind.

2. Ist keine Annahmeanordnung erteilt und liegt die Voraussetzung des Abs. 1 nicht vor, so sind Einzahlungen anzunehmen, wenn ein sachlicher Grund dafür anzuerkennen ist. Die Amtskasse hat in diesem Falle der höheren Verwaltungsbehörde die Einzahlung anzuzeigen.

3. Einzahlungsscheine mit Angabe des Betrages und des Grundes der Einzahlung sollen von den Einzahlenden dann gefordert werden, wenn die Einzahlung rechtfertigende Unterlagen nicht vorhanden sind oder der Betrag der Einzahlung ziffernmäßig nicht feststeht.

Zu § 37. Das in BB. 1 zu § 34 RKO. für Einzahlungen Gesagte gilt sinngemäß auch für Auszahlungen.

Zu § 39. Die Entscheidung nach § 39 Abs. 2 RKO. trifft der Behördenvorsteher, sofern er nicht Kassenbeamter ist, sonst die höhere Verwaltungsbehörde.

Zu § 42. Vereinfachte Quittungen auf Belegen nach § 42 Abs. 1 und 2 RKO. sind unmittelbar unter den Schlußbetrag zu setzen. Wenn eine förmliche Kassenanweisung nicht erteilt wird, weil sie von dem gleichen Beamten zu erteilen wäre, der für die Ausführung zuständig ist, so muß in der Quittung der Reichsmarkbetrag in Worten wiederholt werden.

Zu § 47. Die Amtskassen sollen den für die Hauptauszahlungstage erforderlichen größeren Geldbedarf möglichst erst an diesen Tagen und nur in besonders begründeten Fällen schon am Vortage abheben. Amtskassen, die sich die zur Auszahlung erforderlichen Beträge nicht in kürzester Zeit beschaffen können, dürfen bei Feststellung der voraussichtlich an den nächsten beiden Tagen zu leistenden Auszahlungen einen Betrag für unvorhergesehene Auszahlungen in Ansatz bringen, soweit dies erfahrungsgemäß in gewissen Zeiten nötig ist.

Zu § 49. 1. Die Amtskassen, mit Ausnahme der in der BB., zu § 51 RKO. genannten, erhalten ihre Kassenbestandsverstärkungen durch die Kassen der Reichsabgabenverwaltung (Finanzkassen usw.).

2. Zu § 3 Abs. 2 der Anlage 7 RKO. Wegen Mitteilung der Namen und Unterschriften an die versorgende Kasse gilt BB. zu § 21, zu § 2 der Anlage 2 RKO. und § 2 der Anlage 3 RKO.

3. Zu § 3 Abs. 3 der Anlage 7 RKO. Den Sichtvermerk auf dem Anerkenntnis über den angeforderten Betrag vollzieht der Behördenvorsteher, auch wenn dieser zugleich Kassenleiter ist. Ist er auch zugleich Kassier, so ist auf dem Anerkenntnis außer dem von ihm zu vollziehenden Sichtvermerk die Unterschrift des zweiten Kassenbeamten erforderlich.

4. Amtskassen, die nur mit einem Beamten besetzt sind, dürfen auf Grund eines Anerkenntnisses ohne Sichtvermerk bis zu 2000 *RM* einschl. erheben. Bis zu 5000 *RM* können in gleicher Weise die Amtskassen erheben, deren Geschäfte vorübergehend, z. B im Falle der Erkrankung eines Beamten, von nur einem Beamten wahrgenommen werden (VV. 4 zu § 13 RKO.). Bei einem 2000 oder 5000 *RM* übersteigenden Geldbedarf haben die betreffenden Amtskassen die Anerkenntnisse über die ganze Summe rechtzeitig der höheren Verwaltungsbehörde zur Vollziehung des Sichtvermerks einzureichen und den Verwendungszweck in einer dem Anerkenntnis beizufügenden Anlage kurz zu erläutern.

Zu § 50. Geldaushilfe durch eine andere an demselben Ort befindliche Amtskasse soll nur im Notfall in Anspruch genommen werden. Die aushelfende Amtskasse hat in diesem Falle den Betrag unter gleichzeitiger Anzeige an die Rechnungsstelle als Ablieferung, die empfangende als Kassenbestandsverstärkung zu buchen.

Zu § 51. Die Amtskassen in Berlin (ausgenommen Bezirk Spandau) erhalten ihre Kassenbestandsverstärkungen von der Reichshauptkasse. Für die zu erteilenden Zuschußquittungen sind Vordrucke zu den Anerkenntnissen, wie sie für die übrigen Amtskassen vorgeschrieben sind, zu verwenden.

Zu § 54. Über Ablieferung von Beträgen an die Reichshauptkasse infolge zu hoher Kassenbestände ist diese von den Amtskassen von Fall zu Fall unverzüglich zu benachrichtigen.

Zu § 55. 1. Die Amtskassen dürfen Wertgegenstände nach Maßgabe der VV. zu § 34 RKO. annehmen, wenn es sich handelt um

a) Sicherheitsleistungen,
b) Stiftungen zu milden und ähnlichen Zwecken,
c) von Lazarettkranken abgelieferte Geldbeträge und Wertsachen, die möglichst im versiegelten Umschlag anzunehmen sind.

2. Sonstige Wertgegenstände, die einem anderen als dem vorbezeichneten Zweck dienen, sind nur mit Genehmigung der höheren Verwaltungsbehörde anzunehmen.

3. Die Wertgegenstände, die von der Amtskasse verwaltet und im Kassenbehälter aufbewahrt oder einer Geldanstalt zur Verwaltung übergeben werden, sind nur in besonderen, nach der Zweckbestimmung eingerichteten Abschnitten des Hinterlegungsbuches — nicht aber im Hauptbuch — mit genauer Bezeichnung ihrer Art und anderer Kennzeichen nachzuweisen.

4. Von der Übergabe von als Sicherheit angenommenen Wertgegenständen an eine Geldanstalt soll nur dann abgesehen werden, wenn besondere Umstände oder die Art des Wertgegenstandes (Wertpapiers) die Übergabe unzweckmäßig er-

scheinen lassen. Der Grund ist im Hinterlegungsbuch ersichtlich zu machen.

5. Wertzeichen (Steuer-, Stempel-, Versicherungsmarken) sind von Fall zu Fall zur sofortigen Verwendung zu beschaffen.

6. An Stelle von Zahlungsmitteln eingehende Postwertzeichen sind möglichst sofort in Bargeld einzuwechseln und so nachzuweisen.

Zu § 58. Die Amtskassen führen

1. als Zeitbücher: das Hauptbuch und, soweit erforderlich, Vorbücher zum Hauptbuch;
2. als Sachbücher:
   a) das Titelbuch,
   b) das Selbstbewirtschaftungsbuch,
   c) das Hinterlegungsbuch,
   d) das Vorschußbuch;
3. als Hilfsbücher: die Tageskladden, das Postscheckkontogegenbuch, die Girokontogegenbücher, das Schecküberwachungsbuch.

Zu § 59. 1. Das Hauptbuch ist nach dem Formblatt der Beilage 2 zu führen [1]). Wenn der Umfang der Kassengeschäfte es erfordert, kann ein Hauptbuch E für Einzahlungen und ein Hauptbuch A für Auszahlungen mit Zustimmung der höheren Verwaltungsbehörde eingerichtet werden.

2. In einem besonderen Anhang zum Hauptbuch ist der Tagesabschluß (VV. zu § 80 RKO.) darzustellen.

3. Abweichung von der Regel, daß der Kassenleiter oder in dessen Abwesenheit sein Vertreter das Hauptbuch führt, ist nur in ganz besonders begründeten Fällen und nur mit Genehmigung der höheren Verwaltungsbehörde zulässig. Sie bestimmt dann auch den Beamten, der unter Verantwortung des Kassenleiters oder des Vertreters die Eintragungen in das Hauptbuch vornehmen soll.

4. Zahlungen, für die Vorbücher zum Hauptbuch geführt oder Tages- oder sonstige Nachweisungen (Listen) aufgestellt werden, sind je mit der Tagessumme der einzelnen Vorbücher oder Nachweisungen, andere Zahlungen einzeln, sobald sie angenommen oder geleistet werden, zu buchen.

---

[1]) Zus.Best. hierzu: Im Formblatt für das Hauptbuch, Beilage 2 zu VV. 1 zu § 59 RKO., ist hinter der Spalte für Auszahlungsbeträge eine Spalte ohne Vordruck vorgesehen, in der, wenn es der Kassenleiter zur leichteren Ermittelung von etwaigen Unstimmigkeiten beim Monatsabschluß für notwendig hält, die Verbuchungsstelle in den Sachbüchern verzeichnet werden kann. Ebenso können auch in den Vorbüchern, Tages- oder sonstigen Nachweisungen (Listen) nach VV. 4 zu § 59 RKO. Spalten für die Bezeichnung der Verbuchungsstellen eingerichtet werden.

Zu § 60. 1. Die Aufstellung von Tagesnachweisungen kommt mit Zustimmung der höheren Verwaltungsbehörden nur bei den Amtskassen in Betracht, bei denen der Kassenleiter nicht auch die Kassiergeschäfte wahrnimmt.

2. Die Tagesnachweisungen usw. (BB. 4 zu § 59 RKO.), zu denen auch die Durchschriften aus den Geldempfangsbüchern der Kompanien rechnen, sind als Teile des Hauptbuches nach der Nummerfolge geordnet aufzubewahren. Ob getrennte Tagesnachweisungen für den baren, unbaren Zahlungsverkehr und die Umbuchungen aufzustellen sind, bestimmt je nach der Zweckmäßigkeit der Kassenleiter.

Zu § 61. Bei den Heeresverpflegungsämtern kann das Ankaufsbuch als Vorbuch zum Hauptbuch verwendet werden. Das Reichswehrministerium bestimmt nach Bedarf, welche Vorbücher zum Hauptbuch außerdem und wie sie zu führen sind.

Zu § 62. 1. Das Titelbuch für Einzelhaushaltseinnahmen und -ausgaben — nicht zu verwechseln mit einmaligen Haushaltseinnahmen und -ausgaben in haushaltsrechtlicher Hinsicht — wird nach dem Formblatt der Beilage 3, das Titelbuch für laufende Haushaltseinnahmen und -ausgaben — nicht zu verwechseln mit den fortdauernden Haushaltseinnahmen und -ausgaben in haushaltsrechtlicher Hinsicht — nach dem Formblatt der Beilage 4 in Teilen geführt, in denen die Haushaltseinnahmen und -ausgaben für jedes in Betracht kommende Kapitel, die einmaligen Ausgaben und die Haushaltseinnahmen und -ausgaben des außerordentlichen Haushalts für jeden Titel getrennt angewiesen werden.

2. Über die Zerlegung des Titelbuches trifft das Reichswehrministerium Bestimmung.

3. In dem Titelbuch über Einzelhaushaltseinnahmen und -ausgaben sind die nach dem Haushaltsplan auf die verschiedenen Titel und Unterteile eines Titels entfallenden Haushaltseinnahmen und -ausgaben eines Kapitels statt in besonderen Abschnitten untereinander in entsprechenden Spalten nebeneinander nachzuweisen. Im Kopf ist der Titel in Zahlen und die Zweckbestimmung in Stichworten anzugeben. Eine über den Haushaltsplan hinausgehende Unterteilung eines Titels und die Einfügung entsprechender Spalten wird vom Reichswehrministerium im Bedarfsfalle besonders bestimmt. Für Titel, bei denen die Amtskassen Haushaltseinnahmen und -ausgaben nicht nachzuweisen haben, brauchen Spalten nicht eingerichtet zu werden.

4. Für jeden Teil des Titelbuches wird für das ganze Rechnungsjahr je für sich zur Verwendung bei der Rechnungslegung eine Jahresübersicht nach dem Formblatt des Titelbuches (Beilage 3) geführt, die zu enthalten hat

im Abschnitt I die Haushaltsbeträge (§ 62 Abs. 2 RKO.), soweit auf Grund einer anzugebenden Verfügung Haushaltsmittel in bestimmter Höhe — auch für die Behörden und Truppen, für die die Amtskassen Zahlungen bewirken und verrechnen — zur Verfügung gestellt oder zurückgezogen werden, eine Haushaltsüberschreitung genehmigt oder die Genehmigung zurückgenommen wird,

im Abschnitt II die monatlichen Abschlußsummen aus dem Titelbuch für Einzelhaushaltseinnahmen und -ausgaben nach Übertragung und Einrechnung der bezüglichen Abschlußsummen aus dem Titelbuch für laufende Haushaltseinnahmen und -ausgaben. Vom zweiten Monat ab sind die jeweiligen Monatsabschlußsummen für den abgelaufenen Teil des Rechnungsjahres aufzurechnen.

5. Als laufende Haushaltseinnahmen und -ausgaben sind Einzahlungs- und Auszahlungsbeträge anzusehen, die in bestimmten regelmäßigen Zeitabschnitten fortlaufend zu erheben und zu leisten sind, z. B. die Beträge aus laufenden Mietverträgen. Die Auszahlungen für den Verbrauch von Gas, Wasser, elektrischem Strom sowie für abgegebene Feuerungsmittel usw. sind wie laufende Haushaltsausgaben zu behandeln, aber ohne Rechnungssoll zu buchen.

Für jeden Einzahlungspflichtigen oder Empfänger und für jede Art von Verbrauchsabgaben wird in der Regel eine Zeile für das ganze Rechnungsjahr benutzt.

6. Abschlagsauszahlungen, über die der rechnungsmäßige Nachweis durch Buchung im Titelbuch geführt wird, sind mit dem gezahlten Betrage nachrichtlich noch in eine Sonderspalte „Abschlagsauszahlungen“ einzutragen. Die bei der Schlußauszahlung angerechneten Beträge sind in dieser Spalte mit roter Tinte abzusetzen. Wegen der gegenseitigen Hinweise auf die einzelnen Auszahlungen vgl. § 75 Abs. 7 RKO.

7. Der beim Monatsabschluß verbleibende Restbetrag an Abschlagsauszahlungen (Spalte 22) ist in den neuen Zeitabschnitt zu übertragen und nötigenfalls in besonderer Anlage mit den Einzelbeträgen zu erläutern.

8. In einem Selbstbewirtschaftungsbuch nach dem Formblatt der Beilage 5 sind die Selbstbewirtschaftungsmittel getrennt nach ihrer Zweckbestimmung nachzuweisen.

9. Die Selbstbewirtschaftungsmittel sind nach den Kapiteln und Titeln, bei denen die entsprechende Haushaltsmittel gebucht sind, unter Voransetzung eines „S“ zu bezeichnen, z. B „S. 5. 31“. Die Zweckbestimmung ist in Stichworten anzugeben, z. B. „Beköstigung“. Zu einer weiteren Unterscheidung sind nötigenfalls kleine lateinische Buchstaben „a, b“ usw. und neue Stichworte hinzuzufügen.

10. Die „S“-Mittel mehrerer Kapitel und Titel sind unter einer Sammelbezeichnung zusammenzufassen, wenn das Reichswehrministerium dies bestimmt (z. B. „S-Geräte“, „S. 6“).

11. „S“-Mittel, deren Ein- und Auszahlungsbeträge einer sachlichen Prüfung durch militärische Dienststellen oder Kommissionen unterliegen, sind für sich in Teilen des „S“-Buches nachzuweisen. Eine weitere Zerlegung des „S“-Buches ist nach Bestimmung des Kassenleiters vorzunehmen, wenn und soweit mehrere Buchhalter beteiligt sind.

12. In jedem Teil des „S“-Buches sind auf der Rückseite des Titelblatts zusammenfassend die verschiedenen Buchungsabschnitte mit Angabe der Seitennummer der jeweils ersten Eintragung zu erläutern.

13. Bei Sammelkassen können die gleichen „S“-Mittel verschiedener Truppenteile in einem Abschnitt nachgewiesen werden. In diesem Falle sind nach Bedarf Sonderspalten für die verschiedenen Truppenteile vor der Spalte 7/8, diese als „Summe“-Spalten, einzurichten.

Zu § 63. 1. Das Hinterlegungsbuch (H-Buch) wird nach dem Formblatt der Beilage 6 geführt.

2. Die Monatsspalten für Auszahlungen können, wenn die Verhältnisse es zulassen, durch Vierteljahrsspalten ersetzt werden. In diesem Falle ist zwischen den Buchungen ein entsprechender Raum freizulassen, wenn die Abwicklung in mehreren Teilbeträgen erfolgt.

3. Werden zur besseren Übersicht für häufig wiederkehrende Hinterlegungen besondere Abschnitte eingerichtet, so sind diese mit H 1, H 2 usw. zu bezeichnen.

Zu § 64. 1. Das Vorschußbuch (V-Buch) wird nach dem Formblatt der Beilage 7 geführt.

2. Die Bestimmungen der VV. 2 und 3 zu § 63 gelten sinngemäß.

Zu § 65. Bei den Amtskassen ist das Abrechnungsbuch mit dem Hauptbuch zu vereinigen. In diesem ist für die Abrechnung je eine Spalte für Kassenbestandsverstärkungen (Lastschriften) und für Ablieferungen (Gutschriften) einzurichten. Die Eintragungen hat der mit der Führung des Hauptbuches beauftragte Beamte vorzunehmen[1]).

---

[1]) Zus.Best. zu § 9 Anl. 1 (II A 1): Über die Kassenbestandsverstärkungen und Ablieferungen der Amtskassen führt die Rechnungsstelle ein Abrechnungsbuch nach § 65 RKO. In diesem sind die Kassenbestandsverstärkungen und Ablieferungen der Amtskassen übereinstimmend mit der Reichshauptkasse zu buchen. Im Abrechnungsbuch sind außerdem die Kassenbestandsverstärkungen (Lastschriften) und Ablieferungen (Gutschriften) der Amtskassen je für sich nachzuweisen.

Zu § 66. Tageskladden in einfachster Form sind nach Bestimmung des Kassenleiters zu führen.

Zu § 67. Ein Postscheckkontogegenbuch ist nach dem Formblatt der Beilage 8 zu führen.

Zu § 70. Bei den Amtskassen wird nach näherer Bestimmung des Behördenvorstehers ein Schecküberwachungsbuch nach dem Formblatt der Beilage 9 geführt.

Zu § 72. Zur Vereinigung von Büchern in weiterem Umfange, als es nach den VV. zulässig ist, bedarf es in jedem Falle der Genehmigung des Reichswehrministeriums.

Zu § 73. 1. Das Hauptbuch ist in zwei Teilen zu führen. Teil I enthält die Buchungen für das I. und III. Vierteljahr, Teil II die Buchungen für das II. und IV. Vierteljahr.

2. Die Teile des Titelbuches, in dem einmalige oder außerordentliche Haushaltseinnahmen und -ausgaben nachgewiesen werden, können über das Rechnungsjahr hinaus weitergeführt werden.

3. Die Teile des Titelbuches für Einzel-Haushaltseinnahmen und -ausgaben sind für ein Vierteljahr zu führen. Soweit Teile des Titelbuches für mehrere Vierteljahre geführt werden sollen, bestimmt dies das Reichswehrministerium im Benehmen mit dem Rechnungshof[1]).

4. Das Selbstbewirtschaftungsbuch, das Hinterlegungsbuch und das Vorschußbuch können für mehrere Rechnungsjahre, in Teilbänden für I./III. und II./IV. Vierteljahr, geführt werden.

5. Bücher in gebundener oder gehefteter Form erhalten auf dem Titelblatt unter der Bezeichnung des Buches und der Kasse sowie der Angabe, für welchen Zeitabschnitt das Buch bestimmt ist, eine Bescheinigung über die im Buch enthaltene Seitenzahl.

6. Zu den Büchern in gehefteter Form ist ein haltbarer Umschlag zu verwenden. Die Blätter müssen mittels einer Heftschnur zusammen- oder nachgeheftet werden; die Enden der Heftschnur sind mittels einer Siegelmarke auf dem Titelblatt zu befestigen.

7. In den Büchern werden die Eintragungen das ganze Rechnungsjahr hindurch fortlaufend numeriert.

---

[1]) Zus.Best. hierzu: Für die erstmalige Einrichtung des Titelbuches für Einnahmen und fortdauernde Ausgaben des ordentlichen Haushalts sind in einer Übersicht die von den Amtskassen zu führenden Teile des Titelbuches und die darin für Titel und Unterteile der Titel einzurichtenden Spalten erläutert. Auch ist in der Übersicht angegeben, wenn Teile des Titelbuches für mehr als ein Vierteljahr weitergeführt werden sollen. Die Übersicht wird den höheren Verwaltungsbehörden zur weiteren Verteilung an die in Betracht kommenden Dienststellen besonders übersandt.

Zu § 74. Wenn mit roter Tinte zu buchende Beträge in überwiegender Zahl vorkommen und dadurch die Buchungen selbst erschwert werden und die Übersicht wesentlich beeinträchtigt wird, so kann für Einzahlungs- und Auszahlungsbeträge je ein entsprechender Teilband für sich geführt werden.

Zu § 76. Allgemein ist bei der Regelung des Buchungsverfahrens bei jeder Amtskasse zu berücksichtigen:

a) In den Zeitbüchern sind die Zahlungen sofort zu buchen. Zahlungs- und Buchungsvermerke (Hptb. S. — Nr. —) sind auf den Belegen aufzunehmen.

b) Die Buchungen in den Sachbüchern sind sofort, spätestens an dem auf den Ein- oder Auszahlungstag folgenden Werktage vorzunehmen [1]).

Zu § 77. Die Bücher — vornehmlich das Hauptbuch — sind im Kassenbehälter aufzubewahren. Soweit dies nicht möglich ist, hat der Kassenleiter für die sichere und ordnungsmäßige Aufbewahrung der Bücher ebenso wie der Belege zu sorgen.

Zu § 78. Umbuchungen im Hauptbuch sind nötigenfalls nur in den Spalten „Es entfallen auf" vorzunehmen.

Zu § 80. 1. Der Tagesabschluß ist im Anhang zum Hauptbuch nach dem Formblatt der Beilage 10 an jedem Tage, an dem Buchungen im Hauptbuch vorgenommen sind oder der Kassenbestand sich in seiner Zusammensetzung geändert hat, darzustellen. Die Abschlußsummen sind im Hauptbuche durch Aufrechnung festzustellen.

2. Von einem als Vorschuß gebuchten Fehlbetrage ist der höheren Verwaltungbehörde unverzüglich Anzeige zu machen.

3. Wird ein Kassenfehlbetrag von dem dafür haftpflichtigen Beamten sofort ersetzt, so ist dies unter dem Tagesabschluß mit Angabe des Namens des betreffenden Beamten zu vermerken.

---

[1]) Zus.Best. hierzu: 1. Im Hauptbuch sind nur die Ein- und Auszahlungen, die den Kassenbestand verändern und soweit notwendig, die Beträge in der Spalte „Abrechnung" und „Es entfallen auf" zu buchen. Der Grund der Eintragung ist dabei so kurz wie möglich anzugeben. Die Buchungen in den Sachbüchern sind nach den Belegen, nicht aber durch Übertragung der Buchungen im Hauptbuch vorzunehmen. Im Titelbuch ist der Grund der Haushaltseinnahmen oder -ausgaben, so wie es für die Zwecke der Rechnungslegung geboten ist, anzugeben.

2. Übertragungen innerhalb der Sachbücher sind, soweit nicht eine Buchung im Hauptbuch in den Spalten „Es entfallen auf" notwendig ist, nur in den Sachbüchern zu buchen und als Übertragungen zu kennzeichnen. Besonders gilt dies für die nach den Gebührnislisten zu buchenden Beträge. Außer dem im Hauptbuch gebuchten Nettogebührnisbetrag sind im Titelbuch bei den Besoldungstiteln usw. auch die Abzugsbeträge (Steuern usw.) als Übertragungen in die betreffenden Sachbücher in Ausgabe zu buchen.

Zu § 81. 1. Die Bücher der Amtskassen sind am letzten Werktage jedes Monats — ausgenommen im Monat April — und am 24. April oder, falls diese Tage auf Sonn- oder Feiertage fallen, am vorhergehenden Werktage nach Beendigung des Kassengeschäfts abzuschließen.

2. Der Abschluß der Bücher am 24. April ist zugleich der Jahresabschluß für das abgelaufene Rechnungsjahr.

3. Über jeden Abschluß ist ein Kassenabschluß nach dem Formblatt der Beilage 11 aufzustellen und jeweils bis zum 4. Werktage nach dem Abschluß der zuständigen höheren Verwaltungsbehörde einzureichen. In dem Kassenabschluß vom 24. April sind die Haushaltseinnahmen und -ausgaben für das neue Rechnungsjahr von denen für das abgelaufene Rechnungsjahr getrennt nachzuweisen.

4. Unter Abschnitt 1 des Kassenabschlusses sind aus dem Titelbuch die Kapitelabschlußsummen, bei einmaligem Haushaltseinnahmen und -ausgaben oder solchen des außerordentlichen Haushalts die Titelabschlußsummen aufzunehmen.

5. Wenn mehrere Buchhalter vorhanden sind und diese die Abschlußsummen aus ihren Büchern auf besonderem Blatt zusammenstellen, brauchen in jeden Abschnitt des Kassenabschlusses nur die betreffenden Abschlußsummen dieser Zusammenstellungen aufgenommen zu werden.

6. Die „S"-Mittel sind mit den Abschlußsummen aus dem S.-Buch in eine für ein Rechnungsjahr geltende Pendelnachweisung aufzunehmen, aus der nur die Schlußsumme in den Kassenabschluß unter Abschnitt 2 zu übertragen ist.

7. Hinterlegungen und Vorschüsse sind wie die „S"-Mittel — vgl. Abs. 6 — in einer Pendelnachweisung zu erläutern und mit der Schlußsumme in den Kassenabschluß unter Abschnitt 3 zu übertragen.

8. Die Pendelnachweisungen mit den Spalten: „Lfd. Nr., Nähere Bezeichnung der Ein- oder Auszahlung, Ein- und Auszahlungsbetrag für 12 Monate (April—März), Bemerkungen" sind dem Kassenabschluß lose beizufügen. Sie werden nach Prüfung durch die höhere Verwaltungsbehörde an die Amtskasse zur weiteren Verwendung bis zum Jahresabschluß zurückgegeben.

9. Zum Zweck der Abrechnung mit der Reichshauptkasse ist jedem Kassenabschluß eine Abschlußnachweisung nach dem Formblatt der Beilage 12, dem Kassenabschluß für April aber eine Abschlußnachweisung nach dem Formblatt der Beilage 13 und außerdem eine Übersicht nach dem Formblatt der Beilage 14 beizufügen[1]). In diese Übersicht sind in der dem

---

[1]) Zus.Best. zu § 9 Anl. 1 (II e. Übersicht der Jahresabschlußsummen der Haushaltseinnahmen und -ausgaben): 1. Die beim Jahresabschluß von den Amtskassen eingereichten Übersichten der Jahresabschluß-

Reichshaushaltsplan entsprechenden Ordnung aus den Jahresübersichten (VV. 4 zu § 62 RKO.) die Jahresabschlußsummen der Haushaltseinnahmen und -ausgaben nach Kapiteln, Titeln und den Unterteilen eines Titels, die nicht lediglich der Schätzung des Gesamtaufwandes dienen, getrennt aufzunehmen. Nach Einreichung der Übersicht dürfen die Abschlußsummen im Titelbuch und in der Jahresübersicht nicht mehr geändert werden.

10. In die Abschlußnachweisungen sind grundsätzlich alle in den abgelaufenen Abrechnungsabschnitt gehörigen Haushaltseinnahmen und -ausgaben sowie die Kassenbestandsverstärkungen (Lastschriften) und Ablieferungen (Gutschriften) aufzunehmen. Die Kassenbestandsverstärkungen und Ablieferungen sind auf der letzten Seite der Abschlußnachweisungen einzeln aufzuführen.

11. Die Haushaltseinnahmen und -ausgaben sind in die Abschlußnachweisung wie folgt einzutragen:

A. Ordentlicher Haushalt

I. Haushaltseinnahmen, getrennt nach den Einzelplänen

II. Haushaltsausgaben

1. Besoldungen und andere persönliche Ausgaben (Titel 1 bis 10) der fortdauernden Ausgaben, ausgenommen die Ausgaben unter 2.

---

summen der Haushaltseinnahmen und -ausgaben (VV. 4 zu § 81 RKO.) sind wie die Abschlußnachweisungen (Ziffer II B 1) zu prüfen. Die Jahressummen sind von den Rechnungsstellen in einem Titelbuch zu buchen. In dem Titelbuch sind Spalten für die Bezeichnung der Amtskassen und weitere Spalten für Haushaltseinnahmen oder -ausgaben, wie für das Titelbuch der Amtskassen vorgeschrieben, einzurichten. Für das Titelblatt sind möglichst weitgehend Vordrucke zu verwenden. Die Abschlußsummen sind in eine Übersicht der Rechnungsstelle nach dem Formblatt der Beilage 14 der VV. RKO. Heer zu übertragen. Die Übersicht ist pünktlich zum 10. Mai jedes Jahres der Reichshauptkasse einzusenden. VV. 4 zu § 81 Schlußsatz gilt auch für die Rechnungsstelle.

2. Das Titelbuch mit der Zusammenstellung der Jahresabschlußsummen der Amtskassen — nötigenfalls Reinschriften oder Auszüge nach Bestimmung des Rechnungshofes — ist für die Rechnungslegung zu verwenden. In einer Längsspalte des Titelbuches sind zunächst die Amtskassen einzutragen, in den folgenden Spalten sind in der dem Reichshaushaltsplan entsprechenden Ordnung Kapitel, Titel und die Unterteile eines Titels, die nicht lediglich der Schätzung des Gesamtaufwandes dienen, aufzuführen. Summe-Spalten sind für Kapitel- und diejenigen Titelsummen einzurichten, die im Unterteile zerlegt sind.

2. Wehrmachtsversorgungsgebührnisse (Einzelplan XII).
3. Sonstige fortdauernde Haushaltsausgaben.
4. Sonstige einmalige Haushaltsausgaben. Zu 3 und 4 getrennt nach den Einzelplänen.

B. Außerordentlicher Haushalt

I. Haushaltseinnahmen, getrennt nach den Einzelplänen

II. Haushaltsausgaben, getrennt nach den Einzelplänen

Die in der Summe zu II. 1 enthaltenen Ausgaben an persönlichen Bezügen für den neuen Monat sind für sich besonders noch anzugeben.

Eine über die vorstehende Einteilung hinausgehende Trennung der Abschlußbeträge aus dem Kassenabschluß nach Kapiteln, Titeln und Unterteilen eines Titels ist in der Abschlußnachweisung nicht erforderlich.

12. Der Unterschiedsbetrag zwischen den Haushaltseinnahmen und Kassenbestandsverstärkungen einerseits und den Haushaltsausgaben und Ablieferungen andererseits ergibt den Betrag, den die Amtskasse noch abzuliefern oder den sie in einer späteren Abschlußnachweisung noch nachzuweisen hat. Er ist im Hauptbuch Spalte „Abrechnung" als Kassenbestandsverstärkung oder als Ablieferung in den neuen Abrechnungsabschnitt zu übertragen.

13. Die Richtigkeit der Abschlußnachweisung ist auf Grund der Eintragungen in den Zeit- und Sachbüchern sowie auf Grund des Kassenabschlusses vom Kassenaufsichtsbeamten, wenn ein solcher nach VV. 2 zu § 17 RKO. bestimmt ist, von diesem, sonst vom Kassenleiter und Kassier oder an Stelle des letzteren von einem 2. Kassenbeamten zu bescheinigen.

14. Nach der Abrechnung mit der Reichshauptkasse erhalten die Amtskassen von der Rechnungsstelle eine Nachricht über etwa in der Abschlußnachweisung vorgenommene Berichtigungen. Dieses Benachrichtigungsschreiben dient als Kassenbeleg für etwa nachträglich vorzunehmende Umbuchungen.

Zu §§ 82/88. 1. Ordentliche Kassenprüfungen finden nur bei den Amtskassen statt, bei denen ein Beamter der Behörde, zu der die Amtskasse gehört als Kassenaufsichtsbeamter bestimmt ist (VV. 2 zu § 17 RKO.). Die Prüfungen sollen regelmäßig monatlich oder, wenn die dienstlichen Belange dies nicht zulassen, vierteljährlich vorgenommen werden. Bestimmung hierüber trifft der Vorsteher der höheren Verwaltungsbehörde.

2. Bei jeder Amtskasse ist nach näherer Bestimmung des Vorstehers der höheren Verwaltungsbehörde mindestens einmal im Rechnungsjahr eine außerordentliche Kassenprüfung vorzunehmen.

Außerdem können außerordentliche Kassenprüfungen nach näheren Weisungen des Reichswehrministeriums durch von diesem besonders beauftragte Beamte vorgenommen werden.

Zu § 85. Kassenprüfungen bei Kassenübergaben sind nur bei den Amtskassen vorzunehmen, bei denen nach den VB. zu § 82 RKO. ordentliche Kassenprüfungen stattfinden. Die Befugnis des Vorstehers der höheren Verwaltungsbehörde, zu bestimmen, daß mit der Kassenübergabe eine außerordentliche Kassenprüfung zu verbinden ist, wird hierdurch nicht berührt.

Zu § 87. 1. Ordentliche Kassenprüfungen gemäß VB. 1 zu § 82/83 RKO. sind von dem daselbst bezeichneten Kassenaufsichtsbeamten vorzunehmen.

2. Der Vorsteher der höheren Verwaltungsbehörde bestimmt die Beamten, die außerordentliche Kassenprüfungen vorzunehmen haben, und die Beamten, die wegen des Umfanges der Prüfungsgeschäfte zur Unterstützung beizugeben sind[1]).

Zu § 88. Der Kassenbestandsausweis soll gleiche Angaben wie der Tagesabschluß (VB. zu § 80 RKO.) enthalten.

Zu § 90. Die höhere Verwaltungsbehörde bestimmt, ob und in welchem Umfange die Prüfung der Buchungen und Belege auf Stichproben beschränkt werden soll. Von der sachlichen Prüfung der Belege zum Selbstbewirtschaftungsbuch ist abzusehen, wenn und soweit diese Prüfung anderen militärischen Dienststellen obliegt. Im übrigen sind das Selbstbewirtschaftungsbuch, das Hinterlegungsbuch, das Vorschußbuch sowie die Kassenbestandsverstärkungen und Ablieferungen in jedem Falle vollständig zu prüfen.

Zu § 91. Die Befugnis, zuzulassen, daß in den Sachbüchern die Aufrechnung nur teilweise nachgeprüft zu werden braucht, wird auf die höheren Verwaltungsbehörden übertragen.

Zu § 94. Die Bücher und Belege der Amtskassen, bei denen ordentliche Kassenprüfungen nicht vorgenommen werden (VB. zu § 82 RKO.), sollen, soweit sie bei den Amtskassen entbehrlich sind, von der höheren Verwaltungsbehörde zu einem in Rücksicht auf ihre Geschäftslage geeigneten Zeitpunkt eingefordert und nach beschleunigt vorzunehmender Prüfung ungesäumt wieder zurückgesandt werden.

Die Prüfung hat sich auf die Teile der Bücher und Belege

---

[1]) Zus.Best. hierzu: Beamte des gehobenen mittleren Dienstes können als Prüfungsbeamte bestimmt werden, wenn eine persönliche Beurteilung der Kassenbeamten gelegentlich einer Kassenprüfung nicht in Frage kommt.

zu erstrecken, die nicht bereits zum Zweck der Rechnungslegung eingereicht und aus diesem Anlaß geprüft werden.

Den Umfang der Prüfungen, die auch zur Entlastung des Prüfungsgeschäftes bei den außerordentlichen Kassenprüfungen dienen, bestimmen die höheren Verwaltungsbehörden. Von jeder Amtskasse sollen im Laufe des Rechnungsjahres die Bücher und Belege für mindestens ein Vierteljahr zur Prüfung eingefordert werden.

Zu § 95. Die Kassenprüfungsniederschrift ist der höheren Verwaltungsbehörde einzureichen, die erforderlichenfalls weitere Bestimmung trifft.

Zu § 102. Die Vollzugsbestimmungen treten am 1. April 1929 in Kraft.

Berlin, 1. März 1929.

Der Reichswehrminister

Groener

Beilage 2
Formblatt zu VB 1 zu § 59 RKO.

Hauptbuch

der ....
....

für das Rechnungsjahr 19..........
.... Vierteljahr

Dieses Buch enthält .... wörtlich:
.... Seiten

P., den .... 19...........
....
(Bezeichnung der Dienststelle [Amtskasse], Unterschriften)

Das Buch ist geführt von:
....
....
....
(Unterschrift des Kassenbeamten, der das Buch führt, mit einer Angabe in den nebenstehenden Spalten, für welche Zeit es von ihm geführt ist.)

vom	bis
....	....
....	....
....	....

Anm. d. H. Bis hierher Titelblatt.

Din A

(links)

Lfde. Nr.	Tag der Eintragung	Bezeichnung des Einzahlungspflichtigen oder des Empfängers	Grund der Eintragung	Betrag der Einzahlung RM	Rpf	Betrag der Auszahlung RM	Rpf

(rechts)

Beleg-Nummer	Abrechnung: Kassenbestandsverstärkungen RM	Rpf	Abrechnung: Ablieferungen RM	Rpf	Es entfallen auf: RM	Rpf	RM	Rpf	usw. nach Bedarf

Bemerkungen zu Beilage 2

1. Bei Einheits- und Sammelkassen können für die auf die verschiedenen Buchhaltereien entfallenden Beträge unter „Es entfallen auf" nach Bedarf Sonderspalten eingerichtet werden. Einzahlungsbeträge sind darin mit roter Tinte zu buchen.
2. Die nach Bedarf einzurichtenden Spalten können auf eine Blattseite, wenn diese ausreicht, oder zweckentsprechend auf eine linke und rechte Blattseite, nötigenfalls, besonders wenn Spalten „Es entfallen auf" eingerichtet werden, auf Einlagebogen verteilt werden.

Beilage 5

Vollzugsbestimmungen

zur Reichskassenordnung für die Reichsmarine

(VB. RKO. Marine)

Auf Grund des § 102 der Reichskassenordnung vom 6. August 1927 (Reichsministerialblatt S. 357) wird im Einvernehmen mit dem Reichsminister der Finanzen folgendes bestimmt:

1 (zu § 1).

Die Reichskassenordnung (RKO.) in Verbindung mit den Vollzugsbestimmungen (VB.) gilt für den gesamten Marinebereich.

2 (zu § 3).

Alle Marinekassen sind Amtskassen. Oberkassen sind nicht vorhanden.

3 (zu § 4).

a) Die Amtskassen führen über die Haushaltseinnahmen und -ausgaben den rechnungsmäßigen Nachweis und legen darüber Rechnung, soweit sich nicht aus der VB. Ziff. 4 Abs. e etwas anderes ergibt.

b) Die Amtskassen rechnen mit den Rechnungsstellen (VB. Ziff. 7) ab. Die Rechnungsstellen und die Amtskassen des Reichswehrministeriums (Marineleitung), der Marinewerft Wilhelmshaven und des Marinearsenals Kiel, sowie der Torpedoversuchsanstalt Eckernförde rechnen mit der Reichshauptkasse ab.

4 (zu § 5).

a) An welchen Orten Sammelkassen einzurichten sind, bestimmt die Marineleitung.

b) Bei den Sammelkassen in Kiel und Wilhelmshaven ist der Kassenleiter Dienstvorgesetzter des Personals. Bei den übrigen Sammelkassen ist der Vorsteher der Standortsverwaltung Dienstvorgesetzter.

c) Die Vertretung der Kassenbeamten bei den Sammelkassen in Kiel und Wilhelmshaven regeln die höheren Verwaltungsbehörden, in den anderen Standorten die Standortsverwaltung.

d) Einzahlungen sind unmittelbar an die Sammelkassen zu entrichten. Die Beamten der Verwaltungsbehörden, deren Zahlungsverkehr einer Sammelkasse übertragen ist, dürfen Einzahlungen und Wertgegenstände nicht annehmen. Die Sammelkassen benachrichtigen die Verwaltungsbehörden von allen Einzahlungen.

e) Bei den Verwaltungsbehörden, deren barer und unbarer Zahlungsverkehr einer Sammelkasse übertragen ist, führen die Buchungsstellen die Sachbücher mit Ausnahme des Abrechnungsbuches. Sie führen über die Haushaltseinnahmen und -ausgaben ihrer Verwaltungsbehörde den rechnungsmäßigen Nachweis und legen darüber Rechnung.

f) Die von den Verwaltungsbehörden erteilten Annahmeanordnungen und Auszahlungsanordnungen werden in Quittungsbücher eingetragen und mit dem Quittungsbuch der Sammelkasse übersandt; die Sammelkasse erteilt über die erhaltenen Anordnungen Empfangsbescheinigung.

g) Den Auszahlungsanordnungen über Besoldungen für Offiziere, Beamte und Angestellte ist eine Nachweisung mit laufender Nummer, Dienstgrad (Amtsbezeichnung), Name, Betrag und Vermerk (Empfangsbescheinigung) beizufügen, die am Vortag der Auszahlung bis spätestens mittags 12 Uhr bei der Sammelkasse eingegangen sein muß.

h) Auf den Auszahlungsanordnungen über Gebührnisse für die Unteroffiziere und Mannschaften sind auf der Rückseite die Beträge, für die einzelnen Kompanien getrennt, aufzuführen.

i) Die Bücher der Sammelkasse und der Verwaltungsbehörden sind fortlaufend abzustimmen. (Vgl. VV. Ziff. 47 Abs. b).

5 (zu § 6).

Schiffskassen werden ohne besondere Zustimmung des Reichsministers der Finanzen errichtet.

6 (zu § 8).

a) Zahlstellen bestehen bei den Kompanien. Bestimmungen über deren Zahlungsverkehr werden von der Marineleitung erlassen.

b) Wo weitere Zahlstellen einzurichten sind und welche Aufgaben ihnen zufallen, bestimmt die Marineleitung.

7 (zu § 9).

Rechnungsstellen bestehen bei den Marine-Intendanturen; ihre Aufgaben regelt die Marineleitung.

8 (zu § 10).

a) Die Amtskassen am Lande sind in der Regel mit 2 Beamten, und die Schiffskassen mit je 1 Beamten besetzt. Die Amtskassen der Dienststelle der Marineleitung Hamburg und des Marine-Genesungsheims „Holsteinische Schweiz" sind mit je einem Beamten besetzt.

b) Soldaten und andere Arbeitskräfte können den Kassenbeamten zur Unterstützung beigegeben werden. Arbeiten, die nach der Reichskassenordnung die Kassenbeamten selbst auszuführen haben, dürfen diesen Arbeitskräften nur in dringenden Fällen mit Zustimmung der höheren Verwaltungsbehörde übertragen werden.

Die Verantwortung für die Dienstverrichtungen der Hilfskräfte behalten die Kassenbeamten.

c) Die Festsetzung der erforderlichen Zahl von Arbeitskräften ist Sache der höheren Verwaltungsbehörden, soweit die Zahl nicht bereits in den Land- und Bordstärken festgelegt ist.

d) Die Verteilung der Kassengeschäfte auf die einzelnen Beamten und Hilfskräfte ist durch den Geschäftsverteilungsplan zu regeln.

9 (zu § 12).

a) Die Kassenbeamten und auch der Behördenvorsteher, der nicht selbst Kassenbeamter ist, sind für die sichere Unterbringung und den nötigen Schutz des Kassenbehälters gegen Feuersgefahr und Diebstahl verantwortlich. Sie haften als Gesamtschuldner für Nachteile, die dem Reich durch Vernachlässigung der Sicherheitsvorkehrungen entstehen. Im Schadensfalle gilt eine Berufung darauf, eine mangelhafte Einrichtung vorgefunden zu haben, nicht als Entlastungsgrund.

b) Ist der Behördenvorsteher selbst Kassenleiter, so ist im Falle des § 12 Abs. 3 RKO. die Genehmigung der höheren Verwaltungsbehörde erforderlich.

10 (zu § 13).

Bei Vertretungen und beim Wechsel der Kassenbeamten ist folgendes zu beachten:

a) die Kassenschlüssel sind ordnungsmäßig zu übergeben,
b) das Hauptbuch und die Sachbücher sind abzuschließen,
c) die Richtigkeit des Kassenbestandes ist festzustellen und zu bescheinigen,
d) die höheren Verwaltungsbehörden sind von der erfolgten Kassenübergabe des Kassenbestandes zu unterrichten. Eine Ausfertigung des Kassenabschlusses (VB. Ziff. 46 Abs. c) ist beizufügen,

e) bei einer Vertretung unter 45 Tagen fällt der Abschluß der Sachbücher, die Übersendung des Kassenabschlusses und die Benachrichtigung der höheren Verwaltungsbehörde fort,

f) für einen ausscheidenden Kassenleiter, der die Kassenübergabe nicht selbst vornehmen kann, bestimmt der Behördenvorsteher oder, wenn dieser zugleich Kassenleiter ist, die höhere Verwaltungsbehörde den Vertreter.

11 (zu § 17).

a) Die Aufgaben des Kassenaufsichtsbeamten werden von einer Stelle der höheren Verwaltungsbehörde wahrgenommen. Die Verteilung der sich hieraus ergebenden Aufgaben ist aus dem Geschäftsplan der Behörde zu ersehen.

b) Wenn der Behördenvorsteher nicht selbst Kassenbeamter ist, sind ihm von dem Vorsteher der höheren Verwaltungsbehörde bestimmt zu bezeichnende Befugnisse eines Kassenaufsichtsbeamten über die zugehörige Amtskasse von Fall zu Fall oder auf die Dauer zu übertragen.

12 (zu § 20).

a) Die Kassenstunden werden von der höheren Verwaltungsbehörde festgesetzt; dabei sind insbesondere die Belange der Marineteile zu wahren. In dringenden Fällen müssen Auszahlungen auch außerhalb der Kassenstunden geleistet werden. Der Kassenleiter kann zu diesem Zweck einen Betrag aus der Kasse entnehmen, dessen Höhe die höhere Verwaltungsbehörde festsetzt. Die Quittung ist im Kassenbehälter aufzubewahren.

b) Der Verkehr mit der Post regelt sich nach den dafür geltenden Bestimmungen. In der Reichsmarine gelten: die Reichswehrpostvorschrift, die Geschäftsanweisung für den Geldverkehr der in heimischen Gewässern sich aufhaltenden Schiffe der Reichsmarine mit der Post, die Dienstordnung für die Marine-Schiffsposten sowie die Anweisung für den Postdienst in der Reichsmarine (§ 10 des Schriftverkehrs in der Reichsmarine Heft 12 der Organisatorischen Bestimmungen).

13 (zu § 21).

a) Inhaltlich = VV. Heer zu § 21.

b) Der Zahlungsverkehr der Schiffskassen regelt sich nach den Bestimmungen der Beilage 1 [1]).

---

[1]) Anm. d. H. Von dem Abdruck der Beilage 1, in der insbesondere auch die Art der Zahlungen und der Kassenbestandsverstärkung im Ausland (u. a. durch Kreditbriefe und durch Wechsel oder Schecke, die die Schiffskassen im Auslande selbst ziehen und verkaufen) behandelt, ist abgesehen, da ihr Inhalt wesentlich nur für die Marine von Bedeutung ist und sie allen Schiffskassen zur Verfügung steht.

14 (zu § 24).

Inwieweit Zahlungsmittel in fremder Währung angenommen oder ausgezahlt werden dürfen, ergibt sich aus den Bestimmungen der Beilage 1.

15 (zu § 25).

Die Schiffskassen sind nicht an den Postscheckverkehr, sondern nur an den Reichsbankgiroverkehr ihres Hauptliegehafens anzuschließen. Die höheren Verwaltungsbehörden können im Bedarfsfalle Anschlüsse an andere Reichsbankanstalten zulassen.

16 (zu § 25).

Ob in einzelnen Fällen Amtskassen an eine sonstige Geldanstalt anzuschließen sind, bestimmt die Marineleitung. In dem einzureichenden Antrage ist auch über die Vereinbarungen mit der Geldanstalt gemäß § 54 Abs. 5 RKO. zu berichten.

17 (zu § 27).

Inwieweit im Auslandsverkehr Einzahlungen in Wechseln anzunehmen und Auszahlungen in Wechseln zu leisten sind, bestimmt die Beilage 1.

18 (zu § 28).

a) Sämtliche Zahlungen (mit Ausnahme der Kassenbestandsverstärkungen und der Ablieferungen — vgl. BB. Ziff. 36) zwischen Amtskassen der Marine sind durch Buchausgleich zu bewirken. Dasselbe gilt für den Zahlungsverkehr zwischen Amtskassen und den an eine Sammelkasse angeschlossenen Verwaltungsbehörden und im Zahlungsverkehr zwischen diesen Verwaltungsbehörden.

b) Die Beträge, die nach Abs. a zu verrechnen sind, sind monatlich fortlaufend in ein Hilfsbuch (BB. Ziff. 29 A Abs. 3 g) einzutragen. Das Hilfsbuch ist am 25. eines jeden Monats aufzurechnen und abzuschließen.

c) Die Kassen buchen den am 25. jeden Monats festgestellten Endbetrag als Kassenbestandsverstärkung im Abrechnungsbuch (BB. Ziff. 36) und beantragen gleichzeitig bei der zuständigen Rechnungsstelle den Buchausgleich nach Vordruck 1. Die Amtskasse der Marineleitung, der Marinewerft, des Marinearsenals und der Torpedoversuchsanstalt beantragen den Buchausgleich bei der Reichshauptkasse.

Sind für die beteiligten Amtskassen verschiedene Rechnungsstellen zuständig, so ist für die durch die Reichshauptkasse auszuführenden Buchausgleiche eine Nebenausfertigung des Antrages (Vordruck 1) beizufügen.

Die Reichshauptkasse gleicht die Zahlungen zwischen den Rechnungsstellen, den Amtskassen der Marineleitung, der Marinewerft, dem Marinearsenal und der Torpedoversuchsanstalt aus; die Rechnungsstellen gleichen die Zahlungen zwischen ihren Amtskassen aus.

Die Amtskassen senden eine Zusammenstellung aus dem Hilfsbuch (siehe zu b) nach Vordruck 2 unmittelbar an die empfangenden Kassen zur Buchung. Die für die Verwaltungsbehörden bestimmten Zusammenstellungen sind an die zuständige Sammelkasse zu senden.

d) Die Verwaltungsbehörden, deren Zahlungsverkehr einer Sammelkasse übertragen ist, buchen den monatlichen Endbetrag im Gegenzeitbuch (VB. Ziff. 29 A Abs. 3 e) und übersenden den Antrag auf Buchausgleich an die zuständige Sammelkasse. Diese gleicht die Zahlungen zwischen den ihr angeschlossenen Verwaltungsbehörden aus und übersendet ihnen die für sie bestimmten Zusammenstellungen zwecks Gegenbuchung. Die mit Amtskassen zu verrechnenden Beträge stellt die Sammelkasse zusammen und beantragt hierfür den Buchausgleich bei der zuständigen Rechnungsstelle nach Ziffer c.

Die Sammelkasse hat die von der Rechnungsstelle eingehenden Zusammenstellungen (Vordruck 2) sich als Ablieferung im Abrechnungsbuch gutzuschreiben und die für die angeschlossenen Verwaltungsbehörden bestimmten Zusammenstellungen an sie zur Buchung weiter zu geben.

e) Ein Auszug aus dem Hilfsbuch ist nach dem monatlichen Abschluß (siehe zu b) der höheren Verwaltungsbehörde oder dem Rechnungsvorprüfungsamt für Prüfungszwecke nach Vordruck 3 zu übersenden.

f) Beanstandungen der empfangenden Kasse oder Verwaltungsbehörde gegen den ihr gutgeschriebenen Betrag sind erst nach den Buchungen zu erheben.

g) Die Bekleidungs- und Verpflegungsämter, die Waschanstalten und die Standortsverwaltung Kiel — Gruppe Maschinenzentrale Kiel-Wik —, die von einer anderen Kasse oder Verwaltungsbehörde Beträge für Lieferungen und Leistungen zu empfangen haben, veranlassen von sich aus den Buchausgleich. Zu diesem Zweck haben die genannten Verwaltungsbehörden die zu empfangenden Beträge getrennt nach Kassen und den Sammelkassen angeschlossenen Dienststellen der zuständigen Rechnungsstelle mit den erforderlichen Unterlagen mitzuteilen.

h) Beträge bis zu 1000,— *RM*, die mit Heereskassen oder Kassen anderer Reichsbehörden zu verrechnen sind, sind im Postscheck- oder Reichsbankgirowege auszuzahlen.

19 (zu § 31).

a) Zahlungsmittel und Wertgegenstände sind in diebes- und feuersicheren mit Kunstschlössern versehenen Geldschränken oder Kassenbehältern aufzubewahren.

b) Ob je nach den örtlichen Verhältnissen besondere Sicherungsmaßnahmen für die Räume, in denen die Kassenbehälter untergebracht sind, zu treffen sind, entscheiden auf Antrag die höheren Verwaltungsbehörden.

c) Ist eine Amtskasse mit 2 Beamten besetzt, so müssen die Kassenbehälter zwei Schlösser mit unter sich verschiedenen Verschlußeinrichtungen haben. Den Schlüssel des einen Schlosses erhält der Kassenleiter, den des anderen der Kassier oder, wenn die Geschäfte des Kassenleiters und des Kassiers gemeinsam von einem Beamten wahrgenommen werden, ein anderer zum Mitverschluß des Kassenbehälters bestimmter Kassenbeamte. Sind drei Schlösser vorhanden, so verwahrt der Kassenleiter zwei Schlüssel.

d) Kassenschränke mit nur einem Außenschloß sind bei Amtskassen mit mehr als einem Beamten als ausreichend sicher anzusehen, wenn mindestens ein zur Aufnahme des Kassenbestandes geeignetes Innenfach mit besonderer Verschlußeinrichtung vorhanden ist, so daß die verantwortlichen Kassenbeamten je einen Schlüssel erhalten können.

e) Für sichere Aufbewahrung der Schlüssel sind die Kassenbeamten verantwortlich, denen die Schlüssel ausgehändigt sind. Über die Aufbewahrung der Doppelschlüssel trifft die höhere Verwaltungsbehörde Entscheidung.

20 (zu § 32).

a) Der Kassenleiter ist für die sichere Beförderung von Zahlungsmitteln verantwortlich.

Er hat bei seinen Maßnahmen — Beförderung durch ihn selbst oder durch anderes zuverlässiges Personal der Behörde, Gestellung von besonderem Begleitpersonal zur Sicherung usw. — die örtlichen und sonstigen besonderen Verhältnisse, sowie den Wert der zu befördernden Zahlungsmittel zu berücksichtigen. Zahlungsmittel im Gesamtwerte von 10 000,— RM und mehr sind, soweit möglich, durch zwei Beamte zu befördern. Überweisungsaufträge gelten hierbei nicht als Zahlungsmittel.

b) Das gleiche gilt für die Beförderung von Zahlungsmitteln von einer Amtskasse zu einem Marineteil oder zu einer Verwaltungsbehörde. In diesem Falle ist an Stelle des Kassenleiters der Kommandeur oder Behördenvorsteher für die Beförderung der Zahlungsmittel verantwortlich.

21 (zu § 34).

Die Amtskassen können Einzahlungen ohne förmliche Kassenanweisung annehmen, wenn die Unterlagen von den Kassenbeamten in Erfüllung ihrer Verwaltungsaufgaben geprüft und bescheinigt sind, soweit nicht in den Bestimmungen über die Rechnungslegung etwas anderes bestimmt ist.

22.

Einzahlungsscheine mit Angabe des Betrages und des Grundes der Einzahlung sind nur dann zu fordern, wenn andere Unterlagen nicht vorhanden sind oder wenn der Betrag der Einzahlung ziffermäßig nicht feststeht.

23 (zu § 37).

a) Für Auszahlungen gilt Ziffer 21 sinngemäß.
b) Die Amtskassen haben den Anträgen der Marineteile und Verwaltungsbehörden auf Auszahlung von Gehältern, Arbeitslöhnen usw. in bestimmten Münzsorten möglichst zu entsprechen. Den Kassen ist bis 12 Uhr des der Abhebung vorhergehenden Tages ein Sortenzettel zu übersenden.

24 (zu § 39).

a) Die Entscheidung nach § 39 Abs. 2 RKO. trifft der Behördenvorsteher, sofern er nicht Kassenbeamter ist, sonst die höhere Verwaltungsbehörde.
b) Die Arbeitskräfte der Kassen dürfen Auszahlungen für andere Personen nicht entgegennehmen. Wehrmachtsangehörige haben auf Verlangen der Kasse den Truppenausweis vorzulegen.
c) Die Offiziere, Beamten und Angestellten haben, sofern sie kein Konto bei einer Geldanstalt besitzen, ihre Besoldungen von der Amtskasse abzuheben. Bei allzugroßer Entfernung zwischen Amtskasse und Verwaltungsbehörde kann letztere die Besoldungen auf Grund einer Sammelliste durch einen Bevollmächtigten für alle Angehörigen der Behörde abheben und auszahlen lassen. Besoldungen, die bis zum 5. eines Monats nicht abgehoben werden, sind den Empfängern zu übersenden.

   Für die Lohnauszahlungen an die Arbeiter der Marineteile und Behörden gelten besondere Bestimmungen.

25 (zu § 47).

a) Die Amtskassen sollen den für die Hauptauszahlungstage erforderlichen größeren Geldbedarf möglichst erst an diesen Tagen und nur in besonders begründeten Fällen schon am Vortage abheben.
b) Der Kassenbestand der Schiffskassen kann für die Zeit, wo

die Schiffe in See sind, den im § 47 Abs. 1 Satz 1 RKO. festgesetzten Betrag übersteigen. Das gleiche gilt für Orte, die durch Naturereignisse — Abschluß der Inseln vom Festland im Winter — an der regelmäßigen Kassenbestandsverstärkung behindert sind.

26 (zu § 49).

a) Die Anmeldung und Bereitstellung der Betriebsmittel regeln die §§ 47—52 der Wirtschaftsbestimmungen für die Reichsbehörden (RWB.) und die dazu erlassenen Vollzugsbestimmungen.

b) Die Amtskassen am Lande werden, soweit nicht in BB. Ziff. 27 etwas anderes bestimmt ist, durch die Kassen der Reichsabgabenverwaltung mit Geld versorgt.

c) und d) inhaltlich = BB. Heer Ziffer 2 und 3 zu § 49.

e) Die Abstimmung mit den geldversorgenden Kassen hat nach den von der höheren Verwaltungsbehörde im Benehmen mit dem Präsidenten des zuständigen Landesfinanzamts zu treffenden Vereinbarungen zu erfolgen.

27 (zu § 50).

a) Die Sammelkassen helfen den Schiffskassen im Inland mit Geld aus. Sie prüfen die Anträge der Schiffskassen (vgl. Beilage 1 Ziff. 35) und überweisen, soweit nicht Bargeldabhebung gewünscht wird, die angeforderten Beträge auf das Reichsbankgirokonto der Schiffskasse.

b) Die Sammelkassen buchen die an die Schiffskassen ausgezahlten Kassenbestandsverstärkungen im Abrechnungsbuch als Ablieferung (vgl. BB. Ziff. 36): In gleicher Weise sind die Beträge zu buchen, die für die Schiffskassen nach Beilage 1 Ziff. 39 und 86 ausgezahlt worden sind.

c) Die Sammelkasse in Kiel hilft der Amtskasse des Marinegenesungsheims „Holsteinische Schweiz" mit Geld aus.

28 (zu § 55).

a) Die Amtskassen nehmen Wertgegenstände an, wenn dies für Zwecke der Sicherheitsleistung notwendig ist oder wenn es sich um die Verwaltung von Stiftungen handelt. Die höheren Verwaltungsbehörden können die Annahme auch für andere Zwecke genehmigen.

b) Die Wertgegenstände sind in einem besonderen Abschnitt des Hinterlegungsbuchs nachzuweisen.

c) Von der Aufbewahrung von Wertgegenständen bei einer Geldanstalt kann abgesehen werden, wenn dies aus besonderen Gründen oder nach der Art der Wertgegenstände unzweckmäßig erscheint. Der Grund ist im Hinterlegungsbuch anzugeben.

d) Wertzeichen (Steuer-, Stempel-, Versicherungsmarken) sind von Fall zu Fall zur sofortigen Verwendung zu beschaffen.

e) An Stelle von Zahlungsmitteln eingehende Postwertzeichen sind möglichst sofort in Bargeld einzuwechseln und so nachzuweisen.

29 (zu § 58).

A. Die Amtskassen führen

1. als Zeitbücher:
   a) das Hauptbuch,
   b) soweit erforderlich Vorbücher zum Hauptbuch;
2. als Sachbücher:
   a) das Titelbuch,
   b) das Selbstbewirtschaftungsbuch,
   c) das Hinterlegungsbuch,
   d) das Vorschußbuch;
3. als Hilfsbücher:
   a) soweit erforderlich Tageskladden,
   b) das Postscheckkontogegenbuch,
   c) das Girokontogegenbuch,
   d) das Schecküberwachungsbuch.

   Außer den in der Reichskassenordnung vorgesehenen Hilfsbüchern werden geführt:

   e) das Gegenzeitbuch nach Vordruck 4 bei den Verwaltungsbehörden, deren Zahlungsverkehr einer Sammelkasse übertragen ist,
   f) das Gegensachbuch nach Vordruck 5 bei den Sammelkassen in Kiel und Wilhelmshaven. Bei den übrigen Sammelkassen wird das Gegensachbuch durch eine entsprechende Spalte im Hauptbuch ersetzt.
   g) das Hilfsbuch über Buchausgleiche nach Vordruck 6.

B. Die Buchführung in den Amtskassen der Marinewerft Wilhelmshaven und des Marinearsenals Kiel ergibt sich aus der Beilage 2.

30 (zu § 59).

a) Das Hauptbuch für die Marine-Standortskassen wird nach Vordruck 7 in zwei Abschnitten — A Einzahlung, B Auszahlung — geführt. Das Hauptbuch für die übrigen Amtskassen einschließlich Schiffskassen wird nach Vordruck 8 geführt.

   Zur Darstellung des Tagesabschlusses ist im Hauptbuch ein Anhang nach Vordruck 9 einzurichten.

b) Der Kassenleiter führt das Hauptbuch; Ausnahmen genehmigen die höheren Verwaltungsbehörden. Sie bestimmen auch den Beamten, der die Eintragungen in das Hauptbuch unter Verantwortung des Kassenleiters vorzunehmen hat.

31 (zu § 60).

Die Aufstellung von Tagesnachweisungen wird von den höheren Verwaltungsbehörden im Bedarfsfalle bestimmt.

32 (zu § 61).

Die Amtskassen können mit Zustimmung der höheren Verwaltungsbehörden Vorbücher führen über Einzahlungen und Auszahlungen im Post- oder Reichsbankgirowege, wenn ein Bedürfnis hierfür vorliegt. Die Vorbücher dürfen nicht von den in Ziffer 30 Abs. b genannten Personen geführt werden.

33 (zu § 62).

a) Das Titelbuch über laufende Haushaltseinnahmen und -ausgaben wird nach Vordruck 10, das Titelbuch über Einzelhaushaltseinnahmen und -ausgaben nach Vordruck 11 geführt.

b) Das Titelbuch ist grundsätzlich in folgenden Teilen zu führen:
   1. für jeden Einzelplan des Reichshaushaltsplans,
   2. innerhalb eines jeden Einzelplans nach den einzelnen Kapiteln,
   3. innerhalb der Kapitel sind die persönlichen und sächlichen Haushaltsausgaben in getrennten Teilen nachzuweisen.

   Inwieweit der Teil für sächliche Haushaltsausgaben bei einer größeren Zahl von Titeln und Untertiteln eine weitere Teilung erfahren muß, richtet sich nach dem Bedürfnis.

c) Bei den einmaligen Haushaltsausgaben ist für jeden Titel ein besonderer Teil des Titelbuchs anzulegen.

d) Falls die Zerlegung des Titelbuchs in noch weitere Teile erforderlich wird, wird dies von der Marineleitung im Einverständnis mit dem Rechnungshof des Deutschen Reiches bestimmt.

e) Sind bei einem Titel laufende Haushaltseinnahmen oder -ausgaben und Einzelhaushaltseinnahmen oder -ausgaben zu buchen, so sind sie in das Titelbuch für laufende Haushaltseinnahmen und -ausgaben einzutragen.

f) In dem Titelbuch über Einzelhaushaltseinnahmen und -ausgaben sind die nach dem Haushaltsplan auf die Titel und Unterteile eines Titels entfallenden Haushaltseinnahmen und -ausgaben statt in besonderen Abschnitten hintereinander in entsprechenden Spalten nebeneinander zu buchen. Im Kopf ist der Titel in Zahlen und die Zweckbestimmung stichwortartig anzugeben. Eine über den Haushaltsplan hinausgehende Unterteilung eines Titels und die Einfügung entsprechender Spalten wird im Bedarfsfalle bestimmt.

g) Für jeden Teil des Titelbuchs wird für das Rechnungsjahr eine Jahresübersicht nach dem Vordruck 11 geführt.

Sie hat zu enthalten:

im Abschnitt I die Haushaltsbeträge (§ 62 Abs. 2 RKO.) mit Angabe der Verfügungen, durch die Haushaltsmittel zugewiesen oder zurückgezogen werden, eine Haushaltsüberschreitung genehmigt oder die Genehmigung zurückgenommen wird,

im Abschnitt II die monatlichen Abschlußsummen nach dem Titelbuch. Vom zweiten Monat ab sind die jeweiligen Summen für das Rechnungsjahr zusammenzustellen.

h) Das Selbstbewirtschaftungsbuch (S-Buch) wird nach Vordruck 11 geführt; die Auszahlungen sind nach ihrer Zweckbestimmung getrennt hintereinander in Abschnitten in der dem Haushaltsplan entsprechenden Ordnung nachzuweisen.

i) Selbstbewirtschaftungsmittel, die einer sachlichen Prüfung durch militärische Dienststellen oder besondere Ausschüsse unterliegen, sind in einem besonderen Teil nachzuweisen.

k) Abschlagsauszahlungen, über die der rechnungsmäßige Nachweis unmittelbar im Titelbuch geführt wird, sind mit dem ausgezahlten Betrage nachrichtlich in einer Spalte „Abschlagsauszahlungen" einzutragen. Die bei der Schlußauszahlung angerechneten Beträge sind in dieser Spalte mit roter Tinte abzusetzen. Wegen der gegenseitigen Hinweise auf die einzelnen Auszahlungen vgl. § 75 Abs. 7 RKO.

l) Der beim Monatsabschluß verbleibende Restbetrag an Abschlagsauszahlungen ist in das betreffende Titelbuch für den neuen Zeitabschnitt zu übertragen und nötigenfalls mit den einzelnen Beträgen zu erläutern.

34 (zu § 63).

Das Hinterlegungsbuch (H.-Buch) wird nach Vordruck 12 geführt.

Die Monatsspalten für Auszahlungen können, wenn die Verhältnisse es zulassen, durch Vierteljahresspalten ersetzt werden. In diesem Fall ist zwischen den Buchungen ein entsprechender Raum freizulassen, wenn die Abwicklung in mehreren Teilbeträgen erfolgt.

35 (zu § 64).

Das Vorschußbuch (V-Buch) wird nach Vordruck 13 geführt. BB. 34 Abs. 2 gilt sinngemäß.

36 (zu § 65).

Bei den Amtskassen ist das Abrechnungsbuch mit dem Hauptbuch zu vereinigen. In diesem ist für die Abrechnung je eine Spalte für Kassenbestandsverstärkungen (Lastschriften) und für Ablieferungen (Gutschriften) einzurichten. Die Eintragungen hat der mit der Führung des Hauptbuchs beauftragte Beamte vorzunehmen.

37 (zu § 66).

Etwa notwendige Tageskladden sind in einfachster Form zu führen.

38 (zu §§ 67 und 68).

Das Postscheckkontogegenbuch und das Reichsbankgirokontogegenbuch werden nach Vordruck 14 geführt.

39 (zu § 70).

Das Scheckübenwachungsbuch wird nach Vordruck 15 geführt.

40 (zu § 72).

Die Marineleitung genehmigt im Bedarfsfalle die Vereinigung von Büchern im weiteren Umfange, als es nach diesen Bestimmungen vorgesehen ist.

41 (zu § 73).

a) Das Hauptbuch, die Vorbücher zum Hauptbuch und das Selbstbewirtschaftungsbuch werden in zwei Teilbänden geführt,

Teilband I für die Buchungen im I. und III. Vierteljahr,

Teilband II für die Buchungen im II. und IV. Vierteljahr.

Das Titelbuch über Einzelhaushaltseinnahmen und ausgaben wird für jedes Vierteljahr getrennt geführt.

Alle übrigen Bücher werden für ein Rechnungsjahr geführt.

b) Die Bücher der in außerheimischen Gewässern befindlichen Schiffe werden für ein Rechnungsjahr geführt. Ausgenommen hiervon ist das Titelbuch über Einzelhaushaltseinnahmen und -ausgaben, das für jedes Vierteljahr getrennt zu führen ist.

Die Bücher der vorübergehend — bis zu 6 Monaten — in Dienst gestellten Schiffe werden für den gesamten Zeitraum der Indiensthaltung geführt, soweit nicht nach § 66 Abs. 1 Satz 1 der Reichshaushaltsordnung ein früherer Abschluß vorgeschrieben ist.

c) Die Teile des Titelbuchs, in denen einmalige und außerordentliche Haushaltsausgaben gebucht werden, können über das Rechnungsjahr hinaus geführt werden, wenn der Rechnungshof der Rechnungslegung für einen längeren Zeitraum als ein Rechnungsjahr zugestimmt hat.

d) Bücher in gebundener oder gehefteter Form sind mit Blattzahlen zu versehen. Auf dem Titelblatt ist anzugeben, wieviel Blätter das Buch enthält. Bei gehefteten Büchern ist die Heftschnur amtlich anzusiegeln.

42 (zu § 74).

a) Zu Eintragungen in die Tageskladde kann Tintenstift verwendet werden.

b) Sind bei einer Verbuchungsstelle Absetzungen in größerer Zahl auszuführen, so ist im Titelbuch oder im Selbstbewirtschaftungsbuch eine besondere Spalte für die Absetzungen einzurichten.

43 (zu § 76).

a) In den Zeitbüchern sind die Zahlungen sofort zu buchen; Zahlungs- und Buchungsvermerke sind auf den Belegen aufzunehmen. Die Buchungen in den Sachbüchern sind sofort, spätestens an dem auf den Ein- oder Auszahlungstag folgenden Werktag vorzunehmen.

b) Der Gang des Buchungsverfahrens bei den Sammelkassen und den Verwaltungsbehörden, deren Zahlungsverkehr einer Sammelkasse übertragen ist, ist folgender:

Die von der Verwaltungsbehörde erteilten Annahme- und Auszahlungsanordnungen werden von der Buchungsstelle im Gegenzeitbuch und in den Sachbüchern gebucht. Die Annahmeanordnungen und Auszahlungsanordnungen werden der Sammelkasse in einem Quittungsbuch (BB. Ziff. 4 Abs. f) übersandt. Die Sammelkasse bucht auf Grund der Anordnungen die eingezahlten oder ausgezahlten Beträge im Hauptbuch und in dem entsprechenden Gegensachbuch und sendet sie sofort an die Verwaltungsbehörden zurück. Die Buchungsstelle trägt hierauf in den Sachbüchern den Tag der Ein- oder Auszahlung ein.

44 (zu § 77).

Die Bücher sind im Kassenbehälter aufzubewahren. Soweit dies nicht möglich ist, hat der Kassenleiter für die sichere und ordnungsmäßige Aufbewahrung der Bücher ebenso wie der Belege zu sorgen.

45 (zu § 80).

a) Der Tagesabschluß ist im Anhang zum Hauptbuch nach dem Vordruck 9 an jedem Tage, an dem Buchungen im Hauptbuch vorgenommen sind oder der Kassenbestand sich in seiner Zusammensetzung geändert hat, darzustellen.

b) Ein als Vorschuß gebuchter Fehlbetrag ist der höheren Verwaltungsbehörde sofort anzuzeigen.

46 (zu § 81).

a) Die Bücher der Amtskassen und der Verwaltungsbehörden, deren Zahlungsverkehr einer Sammelkasse übertragen ist, sind am letzten Tage jedes Monats — ausgenommen im Monat April — und am 24. April nach Beendigung des Kassengeschäfts abzuschließen. Auf Schiffen im Ausland sind die Bücher auch im Monat April erst am Letzten des Monats abzuschließen.

b) Der Abschluß der Bücher am 24. April ist zugleich der Jahresabschluß für das abgelaufene Rechnungsjahr. Auf Schiffen im Ausland ist der Abschluß am 31. März zugleich der Jahresabschluß.

c) Über jeden Abschluß ist von den Amtskassen ein Kassenabschluß nach dem Vordruck 16, von den einer Sammelkasse angeschlossenen Verwaltungsbehörden ein Kassenabschluß nach dem Vordruck 17 aufzustellen und jeweils zum 6. des folgenden Monats der zuständigen höheren Verwaltungsbehörde einzureichen. Für die Amtskasse der Marineleitung gilt im Sinne dieser Bestimmung das Marineverwaltungsamt als höhere Verwaltungsbehörde.

In dem Kassenabschluß vom 24. April, der spätestens am 30. April der zuständigen höheren Verwaltungsbehörde eingesandt werden muß, sind die Haushaltseinnahmen und -ausgaben für das neue Rechnungsjahr von denen für das abgelaufene Rechnungsjahr getrennt nachzuweisen.

d) Zum Zwecke der Abrechnung mit der Reichshauptkasse, die nach den „Richtlinien für die Abrechnung der Reichskassen mit der Reichshauptkasse" im Reichsbesoldungsblatt vom 1. August 1928 S. 149, Nr. 1625 monatlich erfolgt, ist mit jedem Kassenabschluß eine Abschlußnachweisung nach dem Vordruck 18, mit dem Kassenabschluß für April aber eine Abschlußnachweisung nach dem Vordruck 19 und außerdem eine Übersicht der Jahresabschlußsummen nach dem Vordruck 20 aufzustellen. Schiffe im Ausland stellen die Abschlußnachweisung nach Absatz h nur nach Vordruck 18 auf.

In diese Übersicht sind in der dem Reichshaushaltsplan entsprechenden Ordnung die Jahresabschlußsummen der Haushaltseinnahmen und -ausgaben nach Kapiteln, Titeln und den Unterteilen eines Titels, die nicht lediglich der Schätzung des Gesamtaufwandes dienen, getrennt aufzunehmen.

Die Kassen der Marineleitung, der Marinewerft, des Marinearsenals und der Torpedoversuchsanstalt stellen die Abschlußnachweisung nach dem Vordruck 21, die für April nach dem Vordruck 22 auf, ferner die Übersicht der Jahresabschlußsummen nach Vordruck 20.

e) Die Verwaltungsbehörden senden die Abschlußnachweisungen und Übersichten als Beiträge spätestens bis zum 6. des folgenden Monats, für April bis zum 30. dieses Monats ihrer zuständigen Sammelkasse ein, die sie zu einer Abschlußnachweisung und Übersicht nach den gleichen Vordrucken (18—20) zusammenzustellen und mit den Unterlagen innerhalb von 3 Tagen der Rechnungsstelle einzureichen hat.

Die übrigen Amtskassen haben ihre Abschlußnachweisungen und Übersichten gleichzeitig mit den Kassenabschlüssen abzusenden und der Rechnungsstelle, die Amtskassen der Marineleitung, der Marinewerft, des Marinearsenals und der Torpedoversuchsanstalt der Reichshauptkasse vorzulegen.

Schiffe in See und im Auslande, die die festgesetzten Termine nicht einhalten können, haben die Kassenabschlüsse und Abschlußnachweisungen mit der ersten am Schluß des Monats sich bietenden Postverbindung abzusenden.

f) Die Rechnungsstelle stellt die Abschlußnachweisungen zu einer Abschlußnachweisung nach dem Vordruck 21, für April nach dem Vordruck 22 zusammen und sendet diese bis zum 14. des Monats, für April bis zum 10. Mai, an die Reichshauptkasse. Das gleiche gilt für die Übersicht der Jahresabschlußsummen nach dem Vordruck 20.

g) Wenn in den Abschlußnachweisungen der Rechnungsstelle Schiffe, die sich in See oder im Auslande befinden, nicht berücksichtigt werden können, ist dies in der Spalte „Vermerke" anzugeben. Für diese Schiffe muß der Reichshauptkasse nach Eingang der Abschlußnachweisungen sofort ein Nachtrag zur Abschlußnachweisung von der Rechnungsstelle übersandt werden.

h) Schiffe im Ausland haben den Abschluß für das abgelaufene Rechnungsjahr am 31. März fertigzustellen und demgemäß die Abschlußnachweisung nebst Kassenabschluß für März sowie die Übersicht der Jahresabschlußsummen unverzüglich der Rechnungsstelle bzw. der höheren Verwaltungsbehörde einzusenden (s. Absatz b, c und e).

i) In die Abschlußnachweisungen sind grundsätzlich alle in dem abgelaufenen Abrechnungsabschnitt bis zur Aufstellung des Kassenabschlusses angenommenen, ausgezahlten und in den Titelbüchern gebuchten Beträge sowie die Kassenbestandsverstärkungen (Lastschriften) und Ablieferungen (Gutschriften) aufzunehmen.

In der Abschlußnachweisung für März sind die persönlichen Gebührnisse für März und April getrennt aufzuführen.

Die Kassenbestandsverstärkungen und Ablieferungen sind auf der letzten Seite der Abschlußnachweisung einzeln aufzuführen. Als Kassenbestandsverstärkung oder Ablieferung gelten auch die durch Buchausgleich verrechneten Beträge.

k) Der Unterschiedsbetrag zwischen den Haushaltseinnahmen und Kassenbestandsverstärkungen einerseits und den Haushaltsausgaben und Ablieferungen andererseits ergibt den Betrag, den die Amtskasse noch abzuliefern oder den sie in einer späteren Abschlußnachweisung noch nachzuweisen hat. Er ist im Hauptbuch Spalte „Abrechnung" als Kassenbestandsverstärkung oder als Ablieferung in den neuen Abrechnungsabschnitt zu übertragen.

l) Die Richtigkeit der Abschlußnachweisung ist auf Grund der Eintragungen in den Zeitbüchern und Sachbüchern sowie auf Grund des Kassenabschlusses vom Kassenaufsichtsbeamten, wenn ein solcher nach BB. Ziff. 11 Abs. b bestimmt ist, sonst vom Kassenleiter und Kassier oder einem 2. Kassenbeamten, bei Verwaltungsbehörden von ihren Behördenvorstehern zu bescheinigen.

m) Nach der Abrechnung mit der Reichshauptkasse erhalten die Amtskassen von der Rechnungsstelle, die Verwaltungsbehörden von ihrer Sammelkasse Nachricht von etwa in der Abschlußnachweisung vorgenommenen Berichtigungen. Dieses Benachrichtigungsschreiben dient als Kassenbeleg für etwa nachträglich vorzunehmende Umbuchungen.

47 (zu § 83).

a) Die Bestimmungen über die Vornahme ordentlicher Kassenprüfungen bei den Amtskassen der Marinewerft Wilhelmshaven und des Marinearsenals Kiel enthält die Beilage 2.

b) Bei den übrigen Amtskassen ist vierteljährlich einmal nach Bestimmung der höheren Verwaltungsbehörde der Kassenbestand festzustellen (vgl. hierzu BB. Ziff. 11

Abs. b). Zu diesem Zweck ist das Hauptbuch aufzurechnen. Die höhere Verwaltungsbehörde kann bestimmen, daß die Aufnahme des Kassenbestandes auch in kürzeren Zeiträumen stattfindet. Wegen der Schiffskassen vgl. Beilage 1 Abschnitt I Ziff. 5 Abs. e.

Bei den Sammelkassen ist außerdem monatlich nach Bestimmung der höheren Verwaltungsbehörde festzustellen, daß die Eintragungen in den Gegensachbüchern oder der entsprechenden Spalte des Hauptbuches mit denen der Gegenzeitbücher der angeschlossenen Verwaltungsbehörden übereinstimmen (vgl. BB. Ziff. 4 Abs. i).

c) Außerordentliche Kassenprüfungen werden bei allen Amtskassen im Laufe eines Jahres mindestens einmal vorgenommen.

48 (zu § 84).

a) Die außerordentliche Kassenprüfung findet nach Bestimmung der höheren Verwaltungsbehörden statt.

b) Für die Amtskassen der in außerheimischen Gewässern befindlichen Schiffe bestimmt das Verbands- oder Schiffskommando den Zeitpunkt der außerordentlichen Kassenprüfung.

49 (zu § 85).

Bei der Kassenübergabe ist nach BB. Ziff. 10 zu verfahren.

50 (zu § 87).

Die in BB. Ziff. 48 genannten Stellen bestimmen, wer die ordentliche Kassenprüfung vorzunehmen hat.

51 (zu § 90).

a) Der Prüfungsbeamte hat die Bücher und Belege nur insoweit zu prüfen, als sie nicht bereits von den höheren Verwaltungsbehörden oder den Rechnungsvorprüfungsämtern bei der Marinewerft oder dem Marinearsenal geprüft sind.

b) Bei der Festsetzung außerordentlicher Prüfungen der Schiffskassen im Ausland können die in BB. Ziff. 48 Abs. b genannten Stellen bestimmen, daß die Prüfung auf Stichproben beschränkt wird.

52 (zu § 91).

Unabhängig von der Prüfung der Aufrechnung der Bücher durch die Prüfungsbeamten ist das Hinterlegungsbuch und das Vorschußbuch nach Bestimmung der höheren Verwaltungsbehörden durch einen an der Führung der Bücher nicht beteiligten Beamten laufend nachzurechnen.

53 (zu § 94).

a) Die Bücher aller Amtskassen und Verwaltungsbehörden, deren Zahlungsverkehr einer Sammelkasse übertragen ist, werden von den höheren Verwaltungsbehörden geprüft. Diese setzten den Zeitpunkt zur Vorlage der Bücher unter Beachtung der in VB. Ziff. 41 Abs. a festgesetzten Zeitabschnitte so fest, daß die Bücher und Belege vor Ablauf des Vierteljahres wieder zurückgegeben werden können.

b) Stellen Schiffe für kürzere Zeit als 6 Monate in Dienst, so werden die Bücher und Belege nur einmal nach beendeter Rechnungslegung geprüft. Die Bücher und Belege der Auslandsschiffe werden jährlich geprüft.

54 (zu § 95).

Die Kassenprüfungsniederschriften sind den höheren Verwaltungsbehörden vorzulegen.

55 (zu § 102).

Die Reichskassenordnung nebst den Vollzugsbestimmungen treten am 1. April 1929 in Kraft.

Beilage 6

Wirtschaftsbestimmungen

für die Reichsbehörden (RWB.)

II. Buch: Ausführung des Haushaltsplans

2. Teil: Wirtschaftsführung

3. Abschnitt: Bewirtschaftung der Haushaltsmittel

1. Titel: Annahmeanordnungen und Auszahlungsanordnungen

§ 27

Anordnungsbefugnis

(1) Der zuständige Reichsminister bestimmt die Behörden, die befugt sind, Annahmeanordnungen und Auszahlungsanordnungen zu erteilen (Anordnungsbefugnis). Soweit Haushaltsmittel auf nachgeordnete Behörden verteilt sind, ist diesen damit die Anordnungsbefugnis übertragen; über diese Haushaltsmittel kann die übergeordnete Behörde, die sie verteilt hat, keine Anordnungen erteilen.

(2) Der Behördenvorsteher übt die Anordnungsbefugnis aus. Er kann damit ganz oder teilweise den Sachbearbeiter des Haushalts und, soweit die Bewirtschaftung von Haushaltsmitteln anderen Sachbearbeitern übertragen ist, diese für die ihnen zugewiesenen Haushaltsmittel betrauen; § 24 Abs. 2 bleibt unberührt.

(3) Soweit die Kasse einer Reichsbehörde für eine andere Behörde des Reichs, eines Landes oder einer sonstigen öffentlich-rechtlichen Körperschaft Einzahlungen anzunehmen oder Auszahlungen zu leisten hat, wird die Anordnungsbefugnis nach den für die Erledigung der Geschäfte der anderen Behörde getroffenen Bestimmungen oder Vereinbarungen ausgeübt.

(4) Der Behördenvorsteher hat der Kasse die Namen und Amtsbezeichnungen der Beamten, die zur Ausübung der Anordnungsbefugnis berechtigt sind, mitzuteilen.

§ 28

Art der Anordnungen

(1) Die Annahmeanordnungen und Auszahlungsanordnungen sind in der Regel einzeln für jede Zahlung oder für

mehrere zusammengehörige Zahlungen zu erteilen (förmliche Kassenanweisungen). Allgemeine Annahmeanordnungen und Auszahlungsanordnungen sind nur zu erteilen, wenn dies nach der Natur der Zahlungen geboten oder zur Geschäftsvereinfachung zweckmäßig ist und wenn dadurch die Prüfung nicht erheblich erschwert wird. Die näheren Bestimmungen hierüber trifft der zuständige Reichsminister unter Berücksichtigung der Verhältnisse seines Verwaltungsbereichs; dabei sind die vom Rechnungshofe des Deutschen Reichs hierüber erlassenen Bestimmungen zu beachten.

(2) Auszahlungsanordnungen sind stets schriftlich zu erteilen. Annahmeanordnungen sollen in der Regel schriftlich erteilt werden; ist eine Annahmeanordnung nicht schriftlich erteilt, so ist der Kasse nachträglich eine schriftliche Annahmeanordnung zu übersenden.

§ 29

Zulässigkeit der Erteilung von Anordnungen

(1) Annahmeanordnungen und Auszahlungsanordnungen dürfen grundsätzlich nur insoweit erteilt werden, als im Haushaltsplan Einnahmemittel oder Ausgabemittel für den Zweck, der zu der Anordnung führt, vorgesehen sind oder die Voraussetzungen für überplanmäßige oder außerplanmäßige Haushaltseinnahmen oder -ausgaben vorliegen.

(2) Auszahlungsanordnungen dürfen nur insoweit erteilt werden, als Betriebsmittel zur Verfügung gestellt sind.

(3) Annahmeanordnungen über Hinterlegungen dürfen nur erteilt werden, wenn ein sachlicher Grund für die Annahme der Hinterlegung als vorliegend anzunehmen ist. Auszahlungsanordnungen über Vorschüsse dürfen nur erteilt werden, wenn die Auszahlung des Vorschusses nach den bestehenden Vorschriften und Bestimmungen zulässig ist; Auszahlungsanordnungen über Vorschüsse in Höhe von 10 000 RM und darüber dürfen nur mit Zustimmung des Reichsministers der Finanzen erteilt werden. Es ist dafür zu sorgen, daß Hinterlegungen und Vorschüsse sobald wie möglich abgewickelt werden.

(4) Auszahlungsanordnungen über Darlehen dürfen nur mit Zustimmung des zuständigen Reichsministers und des Reichsministers der Finanzen erteilt werden. Der Reichsminister der Finanzen kann seine Zustimmung für bestimmte Arten von Darlehen allgemein geben.

§ 30

Vollziehung schriftlicher Anordnungen

Schriftliche Annahmeanordnungen und Auszahlungsanordnungen sind von den Beamten, die zur Ausübung der Anordnungsbefugnis berechtigt sind, zu vollziehen. Der Behördenvorsteher hat die Unterschriften dieser Beamten der Kasse mitzuteilen.

§ 31

Erfordernisse förmlicher Kassenanweisungen

(1) Die Erfordernisse förmlicher Kassenanweisungen über Haushaltseinnahmen und -ausgaben ergeben sich aus den vom Rechnungshofe des Deutschen Reichs hierüber erlassenen Bestimmungen.

(2) Für förmliche Kassenanweisungen über Besoldungen und Versorgungsbezüge gelten besondere Bestimmungen.

§ 32

Förmliche Kassenanweisungen über Kassenüberschüsse, gefundenes Geld und zuviel eingezahlte Beträge

(1) Über Kassenüberschüsse und gefundenes Geld hat die Behörde auf Anzeige der Kasse durch eine förmliche Kassenanweisung endgültig zu verfügen; das gleiche gilt für zuviel eingezahlte Beträge, soweit sie nicht auf fällige Forderungen verrechnet werden können.

(2) Die Behörde ordnet, wenn ein Kassenüberschuß aufgeklärt worden ist oder gefundenes Geld oder ein zuviel eingezahlter Betrag zurückgegeben werden kann, die Auszahlung an. Ist die Aufklärung oder die Rückgabe innerhalb von 6 Monaten nicht möglich so ist der Betrag nach § 54 Abs. 4 zu einem von dem zuständigen Reichsminister näher zu bestimmenden Zeitpunkte zu buchen.

(3) § 37 Abs. 3 der Reichskassenordnung wird durch die Abs. 1 und 2 nicht näher berührt.

§ 33

Vermerke auf förmlichen Kassenanweisungen

(1) Förmliche Kassenanweisungen über Verwaltungseinnahmen sind der zuständigen Stelle zur Eintragung in die Anschreibungsliste über angeordnete Verwaltungseinnahmen (§ 41) zuzuleiten, bevor sie der Kasse übersandt werden. Der die Anschreibungsliste führende Beamte hat die Nummer der Eintragung auf der Kassenanweisung zu vermerken und sein Namenszeichen beizufügen.

(2) Förmliche Kassenanweisungen über Auszahlungen mit Ausnahme der auf Gesetz beruhenden persönlichen Verwaltungsausgaben sind der zuständigen Stelle zur Eintragung in die Haushaltsüberwachungsliste (§ 42) zuzuleiten, bevor sie

der Kasse übersandt werden. Der die Liste führende Beamte hat die Nummer der Eintragung auf der Kassenanweisung zu vermerken und sein Namenszeichen beizufügen. Kassenanweisungen, die diesen Vermerk nicht enthalten, dürfen der Kasse nicht zugeleitet werden; geht der Kasse dennoch eine Kassenanweisung ohne den Vermerk zu, so soll sie auf diese keine Auszahlung leisten, sondern hat sie zur Vervollständigung an die anordnungsbefugte Stelle zurückzugeben (§ 76 Abs. 2 der Reichskassenordnung).

(3) Der zuständige Reichsminister kann im Einvernehmen mit dem Reichsminister der Finanzen Ausnahmen von Abs. 1 und 2 zulassen, soweit dies nach der Natur der Zahlungen notwendig ist; in diesem Fall ist die Kasse entsprechend zu benachrichtigen.

§ 34

Ausführung förmlicher Kassenanweisungen in späteren Rechnungsjahren

(1) Die Kasse hat förmliche Kassenanweisungen über Verwaltungseinnahmen und -ausgaben und allgemeine Haushaltseinnahmen und -ausgaben, die beim Jahresabschlusse nicht ausgeführt sind (§ 68 Abs. 1 Satz 1, Abs. 2 der Reichshaushaltsordnung), der Behörde, die die Kassenanweisung erteilt hat, mit Begründung unerledigt zurückzugeben.

(2) Förmliche Kassenanweisungen der in Abs. 1 genannten Art, die beim Jahresschlusse teilweise ausgeführt sind, gelten hinsichtlich des verbliebenen Kassenrestes weiter, soweit im Haushaltsplane des nächsten Rechnungsjahrs Haushaltsmittel für den gleichen Zweck ausgebracht sind oder es sich um übertragbare Ausgabemittel handelt.

(3) Förmliche Kassenanweisungen über laufende Verwaltungseinnahmen und -ausgaben und laufende allgemeine Haushaltseinnahmen und -ausgaben, die für eine längere Zeit als für ein Rechnungsjahr zu erheben oder zu leisten sind, gelten über das Rechnungsjahr hinaus weiter, ohne daß eine neue Kassenanweisung erteilt zu werden braucht.

§ 35

Benachrichtigung von Einzahlungspflichtigen und Empfängern

(1) Die die Annahme einer Einzahlung anordnende Behörde hat, soweit erforderlich, den Einzahlungspflichtigen unter Angabe der Postscheckverbindung der Kasse und ihrer Anschlüsse an Geldanstalten, gegebenenfalls unter Beifügung eines Zahlkartenvordrucks, aufzufordern, die Einzahlung möglichst durch Überweisung oder Postscheck, mit Zahlkarte oder Postanweisung an die Kasse zu entrichten.

(2) Die eine Auszahlung anordnende Behörde hat den Empfänger nur zu benachrichtigen, wenn es im einzelnen Falle notwendig erscheint; die Benachrichtigung des Empfängers durch die Kasse bleibt unberührt.

§ 36

Einforderung von Kostenrechnungen

(1) Die Reichsbehörden haben Kostenrechnungen über Lieferungen und Leistungen, auf Grund deren Auszahlungsanordnungen zu erteilen sind, nur in einfacher Ausfertigung einzufordern. Eine zweite Ausfertigung kann eingefordert werden, wenn der Geschäftsgang dadurch vereinfacht wird; die zweite Ausfertigung ist als Doppel zu bezeichnen.

(2) Kostenrechnungen sollen möglichst so aufgestellt werden, daß jede Rechnung für sich als Beleg für eine einzelne Buchung zu verwenden ist.

§ 37

Verwertung von Zahlungsmitteln fremder Währung

Hat die Kasse Zahlungsmittel fremder Währung angenommen, so hat sie diese, soweit sie nicht für Auszahlungen erforderlich sind, durch die zuständige Reichsbankanstalt oder eine andere vertrauenswürdige Stelle, die die Verwertung von Zahlungsmitteln fremder Währung betreibt, verwerten zu lassen. Ist dies nicht angängig, so hat die Kasse von Fall zu Fall mit der Reichshauptkasse in Verbindung zu treten; diese teilt der Kasse die beste Verwertungsmöglichkeit mit.

§ 38

Auszahlungen nach dem Ausland in Zahlungsmitteln fremder Währung

Hat eine im Inlande gelegene Kasse eine Auszahlung nach dem Ausland in Zahlungsmitteln fremder Währung zu leisten, so hat sie möglichst den Auslandsgiroverkehr der Reichsbank zu benutzen; ist dies nicht angängig, so ist die Auszahlung durch die Deutsche Reichspost oder vermittels der Reichsbank oder einer anderen vertrauenswürdigen Geldanstalt zu leisten, soweit sie nicht in Bargeld geleistet werden kann.

Beilage 7

Rechnungslegungsordnung
für das Reich (RRO.)

II. Buch: Einzelrechnungslegung

3. Teil: Einrichtung der Rechnungsbelege

2. Abschnitt: Die Annahmeanordnung und die Auszahlungsanordnung und die sie ergänzenden Unterlagen

§ 49

Förmliche Kassenanweisung

(1) Die der Kasse von der zuständigen Reichsbehörde erteilte Annahme- oder Auszahlungsanordnung muß, soweit sich nicht aus den Bestimmungen dieser Ordnung etwas anderes ergibt, als förmliche Kassenanweisung nach Abs. 2 erteilt werden.

(2) Eine förmliche Kassenanweisung muß nach §§ 50 bis 56 enthalten

a) die Bezeichnung der Kasse, die Einzahlungen annehmen oder Auszahlungen leisten soll,
b) die Anordnung zur Annahme oder Leistung,
c) den anzunehmenden oder zu leistenden Betrag,
d) den Einzahlungspflichtigen oder den Empfänger,
e) wenn nötig (§ 52) den Fälligkeitstag,
f) die Verbuchungsstelle und das Rechnungsjahr,
g) nach Maßgabe des § 55 eine Begründung der Anordnung,
h) die Angabe des Ortes, des Tages und der anweisenden Behörde oder Dienststelle sowie die Unterschrift des oder der zur Ausübung der Anordnungsbefugnis berechtigten Beamten.

(3) Die förmliche Kassenanweisung muß leicht leserlich durch Druck, Umdruck oder Schreibmaschine gefertigt oder mit schwarzer Tinte geschrieben sein. Für die Form der Unterschrift gilt § 56.

(4) Soll eine größere Zahl von Haushaltseinnahmen oder -ausgaben durch die Kassenanweisung gemeinsam angeordnet werden, so können die einzelnen Haushaltseinnahmen oder -ausgaben in einer Liste zusammengestellt werden, die die

Angaben zu den Buchstaben c, d, e, f, g des Abs. 2 enthält und mit der Kassenanweisung verbunden wird. In diesem Falle bedarf es in der Kassenanweisung selbst außer der unter den Buchstaben a und h des Abs. 2 aufgeführten Angaben lediglich der Anordnung zur Annahme oder Auszahlung der in der Liste aufgeführten Beträge unter Angabe der Verbuchungsstelle und des auf jede Verbuchungsstelle entfallenden Betrags.

§ 50

Geldbetrag

(1) In der förmlichen Kassenanweisung muß der Geldbetrag in Ziffern, außerdem der Reichsmarkbetrag in Buchstaben ausgedrückt sein. Die Worte „Reichsmark" und „Reichspfennig" sind bestimmungsgemäß abzukürzen.

(2) Muß eine Kassenanweisung auf eine fremde Währung lauten, so ist der Nachweis des Gegenwerts in Reichswährung dadurch zu erbringen, daß die Umrechnung der zur Annahme oder Auszahlung in Anspruch genommenen Geldanstalt oder der Deutschen Reichspost beigebracht wird. Kann der Nachweis auf diese Weise nicht geführt werden, so muß die Kassenanweisung durch Angabe des Gegenwerts in Reichswährung von der anordnenden Stelle nachträglich ergänzt werden.

(3) Sind auf Grund der Kassenanweisung Zinsen anzunehmen oder auszuzahlen, so müssen der Zinssatz, der Tag des Beginns der Verzinsung und nötigenfalls der Kapitalbetrag, von dem die Zinsen zu berechnen sind, angegeben sein, soweit sich die Angaben nicht aus dem sonstigen Inhalt der Kassenanweisung ergeben.

(4) Der Betrag braucht in der Kassenanweisung nicht angegeben zu werden, wenn er auf Grund eines Gesetzes, einer Verordnung oder einer allgemeinen Verwaltungsbestimmung berechnet werden kann. Ist für die Berechnung im einzelnen Falle die Kenntnis bestimmter Merkmale erforderlich, so müssen diese in der Kassenanweisung angegeben sein.

§ 51

Einzahlungspflichtiger, Empfänger

Der Einzahlungspflichtige oder der Empfänger müssen in der förmlichen Kassenanweisung so bezeichnet sein, daß die Person des Verpflichteten oder Berechtigten auch bei der Rechnungsprüfung zweifelsfrei erkannt werden kann.

§ 52

Fälligkeitstag

(1) Die Angabe des Fälligkeitstags in der förmlichen Kassenanweisung bedarf es nur bei Einzelhaushaltseinnahmen und -ausgaben, die nicht sofort in voller Höhe fällig sind.

(2) Bei laufenden Haushaltseinnahmen und -ausgaben sind die Zeitpunkte, an denen sie anzunehmen oder auszuzahlen sind, genau anzugeben; bei Haushalteinnahmen und -ausgaben von begrenzter Dauer auch der Zeitpunkt ihres Wegfalls.

(3) Trifft die Kassenanweisung Bestimmung über die Annahme oder Auszahlung von Zinsen, so sind die Zahlungszeitpunkte anzugeben.

§ 53

Verbuchungsstelle

(1) Als Verbuchungsstelle ist in der förmlichen Kassenanweisung die Stelle, bei der die Haushaltseinnahme oder -ausgabe zu buchen ist, nach Einzelplan, Kapitel, Titel, Unterteil eines Titels und gegebenenfalls Buchungsabschnitt innerhalb eines Titels des Reichshaushaltsplans zu bezeichnen. Sind bei einer Kasse sämtliche von ihr anzunehmenden Haushaltseinnahmen oder auszuzahlenden Haushaltsausgaben nur bei einem Einzelplane zu buchen, so kann die Angabe des Einzelplans in der Kassenanweisung unterbleiben. Bei baulichen Unternehmungen der in § 18 bezeichneten Art ist in der Kassenanweisung auch der Abschnitt des der Ausführung zugrunde liegenden Kostenanschlags anzugeben.

(2) Ist eine Haushaltseinnahme oder -ausgabe außerplanmäßig zu buchen, so ist dies in der Kassenanweisung ausdrücklich anzugeben und die planmäßige Verbuchungsstelle, hinter der die Buchung stattfinden soll (§ 14), zu bezeichnen.

(3) Soll aus einem Haushaltsreste mangels einer gleichlautenden Zweckbestimmung für das laufende Rechnungsjahr eine Haushaltseinnahme oder -ausgabe gebucht werden, so ist die Verbuchungsstelle des Vorjahrs, aus der der Rest verblieben ist, und die planmäßige Verbuchungsstelle, hinter der der Betrag gebucht werden soll, in der Kassenanweisung anzugeben.

§ 54

Rechnungsjahr

In Kassenanweisungen, die nach § 68 Abs. 2 der Reichshaushaltsordnung auf das abgelaufene Rechnungsjahr lauten, ist das Rechnungsjahr mit Rotstift oder roter Tinte zu unterstreichen.

§ 55

Begründung der förmlichen Kassenanweisung

(1) Soweit sich Zweck und Anlaß einer Zahlung und der ihr zugrunde liegenden Verwaltungsmaßnahme nicht aus den der förmlichen Kassenanweisung nach §§ 58 bis 65 beizu-

fügenden Unterlagen ergeben, soll die Kassenanweisung selbst eine besondere Begründung enthalten. Diese soll eine Prüfung der Maßnahme ohne Rückfragen ermöglichen. Die Begründung soll möglichst in einem hinter den übrigen Inhalt der Kassenanweisung zu setzenden, besonderen Absatze gegeben werden.

(2) Zur Vereinfachung der Begründung kann auf einen anderen Rechnungsbeleg verwiesen werden. Der angezogene Beleg ist in diesem Falle nach Verbuchungsstelle, Einzahlungspflichtigen oder Empfänger und Tag der Ausfertigung zu bezeichnen. Auf einen anderen Rechnungsbeleg soll jedoch nur verwiesen werden, wenn er zum gleichen Teile des Rechnungslegungsbuchs oder zur gleichen Kasseneinzelrechnung gehört, oder wenn die Kassenanweisung die Annahme oder Auszahlung eines in einem früheren Rechnungsjahre zuviel oder zu wenig eingezahlten oder ausgezahlten Betrags zum Gegenstand hat.

(3) In Kassenanweisungen, die infolge einer Vorprüfungsbemerkung, einer Prüfungsbemerkung der Reichsbehörde (§ 93 Abs. 2 der Reichshaushaltsordnung) oder einer Erinnerung des Rechnungshofs erteilt werden, ist die Bemerkung oder Erinnerung nach ihrer laufenden Nummer und nach dem Rechnungslegungsbuch oder der Kasseneinzelrechnung, die sie betrifft, zu bezeichnen. Der Beifügung einer Abschrift der Bemerkung oder Erinnerung bedarf es nicht.

§ 56

Vollziehung der förmlichen Kassenanweisung

Die förmliche Kassenanweisung muß von dem oder den zur Ausübung der Anordnungsbefugnis berechtigten Beamten mit Tinte oder Tintenstift vollzogen sein. Namenskürzung oder die Verwendung eines Namensstempels sind unzulässig.

§ 57

Berichtigung der förmlichen Kassenanweisung

(1) In der förmlichen Kassenanweisung darf die Höhe des Betrags, der anzunehmen oder auszuzahlen ist, nicht geändert sein. Wird eine Berichtigung notwendig, so darf sie nur durch einen Nachtrag zur Kassenanweisung, der unter Angabe des Ortes, des Tages und der Dienststelle von dem zur Ausübung der Anordnungsbefugnis berechtigten Beamten zu vollziehen ist, oder durch Ausfertigung einer neuen Kassenanweisung vorgenommen werden. Wird eine neue Kassenanweisung erteilt, so dient die unrichtige, wenn sie bereits ausgeführt war, zur Begründung der unrichtigen Buchung.

(2) Sonstige Berichtigungen der Kassenanweisung sowie Änderungen in den sie veranlassenden Schriftstücken (§ 58) sind derart auszuführen, daß die ursprünglichen Angaben lesbar bleiben. Ausschaben, Überkleben oder Übermalen ist unzulässig. Ist die Bezeichnung der Verbuchungsstelle in der Kassenanweisung geändert worden, so muß die Änderung von dem Beamten, der die Änderung vorgenommen hat, durch Beifügung des Namenzeichens unter Angabe des Datums am Rande bescheinigt sein. War die Kassenanweisung bereits ausgeführt, so bedarf es einer besonderen Anordnung zur Umbuchung, die entweder in Form eines Nachtrags zur Kassenanweisung nach Abs. 1 oder durch eine selbständige Umbuchungsanweisung, die die Angaben des § 40 Abs. 2 Buchstaben c, d, f, h enthält und mit der berichtigten Kassenanweisung zu verbinden ist, erteilt wird. Im Falle des § 45 Abs. 2 bedarf es stets einer vollständigen Umbuchungsanweisung. Eine Begründung der Buchungsanweisung ist nur erforderlich, soweit sich der Grund der Umbuchung nicht aus der Natur der Sache ergibt.

§ 58

Unterlagen der förmlichen Kassenanweisung

a) Allgemeines

Schriftstücke, die einen der förmlichen Kassenanweisung zugrunde liegenden Vorgang betreffen, sind der Kassenanweisung beizufügen, soweit dies in den §§ 59 bis 65 vorgesehen oder vom Rechnungshof besonders bestimmt oder sonst zur Begründung der Kassenanweisung notwendig ist. Die Schriftstücke sind im allgemeinen in Urschrift oder in einer von der zuständigen Stelle erteilten Ausfertigung beizufügen. Ist dies im einzelnen Falle nicht möglich, so muß die Abschrift beglaubigt sein. Beamte, die bei der Ausführung einer Kassenanweisung beteiligt sind, sollen derartige Abschriften nicht beglaubigen.

§ 59

b) besondere Bestimmungen für einzelne Arten von Unterlagen

aa) Kostenrechnungen über Lieferungen und Leistungen

(1) Einzelhaushaltsausgaben für Lieferungen und Leistungen von Handwerkern, Lieferanten, Unternehmern und Empfangsberechtigten ähnlicher Art sollen, wenn die Höhe und der Grund der Zahlungsverpflichtung sich nicht aus anderen zum Rechnungsbelege gehörenden Schriftstücken ergeben mit Kostenrechnungen, in denen die Forderung nach Grund und Höhe, gegebenenfalls unter Angabe der einzelnen Ansätze erläutert ist, belegt sein. Das gleiche gilt für andere auf Grund von Rechtsgeschäften geleistete Haushaltsausgaben.

weit die Ausstellung einer Kostenrechnung von dem Forderungsberechtigten nach der Geschäftssitte gefordert werden kann. Sind auf Lieferungen oder Leistungen Abschlagsauszahlungen geleistet worden, so soll über die gesamten auf Grund eines Vertrags bewirkten Lieferungen oder Leistungen eine Endabrechnung des Forderungsberechtigten beigebracht werden, in der am Schluß auch die bereits empfangenen Abschlagsauszahlungen anzugeben sind. Auf der Endabrechnung ist von dem zuständigen Beamten zu bescheinigen, daß alle geleisteten Abschlagsauszahlungen abgerechnet worden sind. Sind nach § 42 Abs. 4 der Reichskassenordnung Empfangszettel oder Bescheinigungen als Quittungen ausreichend, so genügt die Beibringung dieser Empfangszettel oder Bescheinigungen an Stelle der Kostenrechnungen. Der Rechnungshof kann auch in ähnlichen Fällen die Bescheinigung als ausreichende Begründung für eine Kassenanweisung zulassen.

(2) Von Personen, die dem beteiligten Reichsverwaltungszweig oder der auszahlenden Kasse angehören, dürfen Kostenrechnungen über Lieferungen und Leistungen nur vorbereitet werden, wenn die von den Forderungsberechtigten aufgestellten Kostenrechnungen sich nicht als brauchbar erweisen oder die Forderungsberechtigten nicht in der Lage sind, Kostenrechnungen aufzustellen, und eine Aufstellung der Kostenrechnung durch Dritte auf Kosten des Forderungsberechtigten nicht in Frage kommt. Die von den Forderungsberechtigten beigebrachten Aufstellungen sind der Kostenrechnung beizufügen. Für Auszahlungen im Auslande sind Ausnahmen zulässig, soweit nach Lage der örtlichen Verhältnisse die Vorlegung einer geeigneten Kostenrechnung durch den Forderungsberechtigten nicht zu erreichen ist.

§ 60

bb) Unterlagen bei Ersatz von Aufwendungen und Schäden

§ 61

cc) Verträge, gerichtliche Erkenntnisse, Festsetzungen, Erlasse

§ 62

dd) Abschriften umfangreicher Urkunden

§ 63

ee) Übersetzung fremdsprachlicher Unterlagen

§ 64

c) Unterlagen für eine Mehrheit von förmlichen Kassenanweisungen

aa) Verweisung auf Unterlagen, Sammelbeleg

§ 65

bb) Dauerbeleg

§ 66

Abgekürzte förmliche Kassenanweisung

(1) Lassen die in §§ 59 bis 63 bezeichneten Unterlagen die in § 49 Abs. 2 unter Buchstaben c, d, e, g vorgesehenen Angaben zweifelsfrei erkennen, so genügt es, wenn an Stelle einer besonderen förmlichen Kassenanweisung auf die Unterlagen eine lediglich die Angaben unter Buchstaben a, b, f, h enthaltende Kassenanweisung gesetzt wird. Ist die in den Unterlagen enthaltene Angabe des Betrags (§ 49 Buchstabe c) geändert worden, so muß der Betrag in jedem Fall in der Kassenanweisung nach § 50 angegeben sein.

(2) Der Angabe der Kasse, die die Kassenanweisung ausführen soll, bedarf es im Falle des Abs. 1 nicht, wenn Zweifel, welche Kasse hierfür zuständig ist, nicht bestehen können.

§ 67

Förmliche Kassenanweisung über besondere Arten von Haushaltseinnahmen

Bei Haushaltseinnahmen an Abgaben, Gebühren, Kosten und Geldstrafen, die auf Grund gesetzlicher Vorschrift festgesetzt und erhoben werden, kann der zuständige Reichsminister im Einvernehmen mit dem Rechnungshof abweichende Bestimmungen über die Form der förmlichen Kassenanweisung treffen.

§ 68

Verzicht auf förmliche Kassenanweisung

(1) Von der Ausfertigung einer förmlichen Kassenanweisung kann bei Zahlungen, die auf Anordnung der Reichsbehörden erfolgen, abgesehen werden,

a) wenn nach dem Verwaltungsaufbau einer Reichsbehörde die Kassenanweisung von demselben Beamten erteilt werden müßte, der für ihre Ausführung zuständig ist,

b) wenn es sich um kleine Haushaltseinnahmen oder -ausgaben, die auf Grund amtlicher Gebührentarife oder auf Grund amtlicher Festsetzungen anzunehmen oder zu leisten sind, oder um Auszahlungen der im § 42 der Reichskassenordnung bezeichneten Art handelt,

c) wenn es sich um Haushaltsausgaben handelt, deren Leistung an eine größere Zahl von Empfängern durch Gesetz oder Verordnung vorgesehen worden ist, sofern von der Kasse der Betrag der Auszahlung und der Kreis der Empfänger nach dem Gesetz oder der Verordnung zweifelsfrei ermittelt werden kann und es sich um Empfänger handelt, an die bereits laufende Haushaltsausgaben geleistet werden,

d) in anderen Fällen mit Zustimmung des Rechnungshofs.

(2) Ist nach Abs. 1 eine förmliche Kassenanweisung nicht erteilt, so muß der Rechnungsbeleg zur Begründung der Zahlung andere Schriftstücke enthalten, die eine Prüfung der Rechtmäßigkeit der Zahlung und der Zulässigkeit der sie veranlassenden Maßnahmen ermöglichen. Aus den Schriftstücken müssen sich auch der Geldbetrag, der Einzahlungspflichtige oder der Empfänger, wenn nötig der Fälligkeitstag und das Rechnungsjahr zweifelsfrei ergeben. Im übrigen gelten für den Inhalt der Schriftstücke und ihre Behandlung die §§ 50 bis 65 sinngemäß mit den sich aus dem Fehlen einer förmlichen Kassenanweisung ergebenden Abweichungen.

(3) Die in den Fällen des Abs. 1 der Kasse allgemein erteilte Annahme- oder Auszahlungsanordnung ist, wenn sie nur für das laufende Rechnungsjahr gilt, nach § 64 Abs. 2 als Sammelbeleg, anderenfalls nach § 65 als Dauerbeleg zu behandeln. Ist die Anordnung in einer allgemeinen Dienstanweisung erteilt, so bedarf es ihrer Beibringung bei den Belegen nicht.

§ 69

Annahme- oder Auszahlungsanordnung auf Grund gesetzlicher Vorschrift

Ist der Kasse durch gesetzliche Vorschrift eine allgemeine Annahme- oder Auszahlungsanordnung erteilt, so gehört die Anordnung nicht zum Rechnungsbeleg. Für die Begründung der einzelnen Zahlung gilt § 68 Abs. 2, soweit die Zahlung an besondere Voraussetzungen geknüpft ist.

§ 70

Nichtvorlage von Annahmeanordnung und Begründung

Buchungen von Haushaltseinnahmen der im § 67 genannten Art brauchen weder durch eine Annahmeanordnung noch durch Schriftstücke, die die Einzahlung begründen, belegt zu werden, wenn durch Rechnungslegungsbücher Rechnung gelegt wird und in geeigneter Weise sichergestellt ist, daß die zu erhebenden Beträge und etwaige Abänderungen ordnungsgemäß in den Büchern zum Soll gestellt werden, und wenn ferner ausreichende Unterlagen für die Prüfung der Richtigkeit und Vollständigkeit der Haushaltseinnahmen (Akten, Listen oder sonstige Schriftstücke) dem Rechnungshof zur Verfügung stehen. Der Rechnungshof kann die Beibringung der Annahmeanordnungen und der die Einzahlung begründenden Unterlagen fordern, soweit er dies zur Durchführung seiner Prüfung im einzelnen Falle für erforderlich erachtet.

Sachverzeichnis

(Abkürzungen: A. = Anmerkung; Z. = Ziffer; — = Stichwort.

Die Zahlen, bei denen nichts anderes angegeben ist, bezeichnen die Paragraphen der RKO.; die hochgestellten Ziffern (wie in 1² oder 75 ²—⁴) bedeuten den Absatz des Paragraphen, neben dessen Ziffer sie stehen. (A.) bedeutet, daß der Gegenstand in dem angeführten Paragraphen und in der Anmerkung behandelt ist, A. (ohne Klammern) bedeutet, daß der Gegenstand nur oder in der Hauptsache in der Anmerkung behandelt ist).

Verzeichnis rechtswissenschaftlicher Verlagswerke

Verlag von Georg Stilke in Berlin

Rechtsphilosophie und Rechtsgeschichte.

Philosophie des Rechts, von Professor Dr. Julius Binder. LIV und 1063 Seiten. Preis geh. 27,— RM., in Halbleder geb. 32,40 RM. 1925.

Rechtsphilosophie, von Professor D. Dr. Rudolf Stammler. 88 Seiten. Preis geh. 2,75 RM. 1931.
Aus Stammler, Das gesamte deutsche Recht, Band I, Teil I.

Von Brandenburg über Preußen zum Reich. Eine Geschichte der Verfassung und Verwaltung in Brandenburg-Preußen, von Prof. Dr. Ludwig Waldecker. 267 Seiten. Preis in Ganzleinen geb. 9,50 RM. 1935.

Deutsche Rechtsgeschichte mit Einschluß des deutschen Privatrechts, von Professor Dr. Paul Rehme. 132 Seiten. Preis geh. 5,50 RM. 1931.
Aus Stammler, Das gesamte deutsche Recht, Band I, Teil III.

Das Römische Recht, von Professor Dr. Theodor Kipp. 226 Seiten. Preis geh. 7,— RM. 1931.
Aus Stammler, Das gesamte deutsche Recht, Band I, Teil II.

Bürgerliches Recht.

Bürgerliches Recht, von Professor Dr. Erich Jung. 734 Seiten. Preis geh. 22,50 RM. 1931.
Aus Stammler, Das gesamte deutsche Recht; Band I, Teil IV.

Kleinwohnungs- und Siedlungsrecht. Eine systematische Zusammenstellung der reichsrechtlichen Bestimmungen zum Kleinwohnungs- (landwirtschaftlichen und vorstädtischen) Siedlungsrecht, Kleingartenrecht, den Bestimmungen über Reichsbürgschaften, Baukredite, Bausparkassen, Steuerbegünstigungen usw. Von Rechtsanwalt Dr. August Dahm. 160 Seiten. Preis in Ganzleinen gebunden 5,50 RM. 1935.
Stilkes Rechtsbibliothek Nr. 144.

Mieterschutzgesetz in der Fassung des Gesetzes vom 27. Oktober 1933 nebst der Verfahrensanordnung in der Fassung vom 27. März 1932. Erläuterte Ausgabe von Rechtsanwalt Dr. August Dahm. Mit Nachtrag. 163 und 4 Seiten. Preis in Ganzleinen geb. 5,— RM. 1936.
Stilkes Rechtsbibliothek Nr. 148.

Gesetzliche Miete. Reichsmietengesetz in der Fassung der Bekanntgabe vom 24. April 1936. Erläutert von Rechtsanwalt Dr. August Dahm. Etwa 100 Seiten. Preis kartoniert etwa 2,75 RM. 1936.
Stilkes Rechtsbibliothek Nr. 153.

Die Preußische Pachtschutzordnung in der Fassung vom 19. September 1927 auf Grund amtlichen Materials erläutert, von Ministerialrat Gustav Wagemann und Geh. Oberjustizrat Se-

natspräsident Dr. W. Marwitz. 4. Auflage VIII und 380 Seiten. Preis in Ganzleinen geb. 10,80 RM. 1928.
Stilkes Rechtsbibliothek Nr. 4.

Grundbuchordnung für das Deutsche Reich vom 8. August 1935. Mit Anmerkungen und einem Anhang. Von Senatspräsident Dr. Paul Thieme. 2. Auflage. 500 Seiten. Preis in Ganzleinen geb. 14,50 RM. 1936.
Stilkes Rechtsbibliothek Nr. 80.

Die Eheauflösung im neuen deutschen Recht unter Berücksichtigung der neuesten Bestimmungen (Nürnberger Gesetze) und Entscheidungen. Von Rechtsanwalt und Notar Dr. Hermann Auert. 159 Seiten. Preis in Ganzleinen geb. 4,50 RM. 1936.
Stilkes Rechtsbibliothek Nr. 145.

Scheidung und Auseinandersetzung. Eine gemeinverständliche Darstellung der Voraussetzungen und Folgen der Ehescheidung, von Rechtsanwalt Dr. Joachim Reschke. 61 Seiten. Preis kart. 1,75 RM. 1932.

Straßenverkehrsrecht (Reichsgesetz über den Verkehr mit Kraftfahrzeugen) mit den einschlägigen Nebenbestimmungen, insbesondere der **Reichsstraßen-Verkehrsordnung** und einem technischen Leitfaden mit Abbildungen, von Geh. Regierungsrat Ministerialrat Dr. Fritz Müller. XII und 932 Seiten. 10. Auflage des „Automobilgesetzes". Preis in Ganzleinen geb. 22,50 RM. 1935.
Stilkes Rechtsbibliothek Nr. 44.

Grundriß des Treuhandrechts. Eine systematische Darstellung mit Einleitung und ausführlichem Sachregister, von Syndikus Dr. Johannes Hein. 311 Seiten. Preis geh. 8,10 RM., in Ganzleinen geb. 9,— RM. 1929.

Internationalprivatrecht, von Professor Dr. Max Gutzwiller. 150 Seiten. Preis geh. 4,75 RM. 1931.
Aus Stammler, Das gesamte deutsche Recht, Band I, Teil VIII.

Handels- und Wirtschaftsrecht.

Handels-, Wechsel- und Seerecht, von Professor Dr. Eugen Locher. 221 Seiten. Preis geh. 6,50 RM. 1931.
Aus Stammler, Das gesamte deutsche Recht, Band I, Teil V.

Wechselgesetz und Scheckgesetz mit Anmerkungen und den Texten der Nebengesetze. Von Albert Esderts. 224 Seiten. Preis in Ganzleinen geb. 5,50 RM. 1935.

Umwandlungsgesetz, Steuererleichterungsgesetz, Anleihestockgesetz. Umwandlung von Kapitalgesellschaften in Personalgesellschaften und Einzelunternehmen. Erläutert von Rechtsanwalt Helmut Laß. 240 Seiten. Preis in Ganzleinen geb. 5,— RM. 1935.
Stilkes Rechtsbibliothek Nr. 139.

Das Recht der deutschen Kartelle. Eine einführende Gesamtdarstellung mit den Texten der einschlägigen Verordnungen, von Professor Dr. Otto Eger. VIII und 193 Seiten. Preis geh. 5,— RM., in Ganzleinen geb. 6,— RM. 1932.

Erbhofrecht.

Die Rechtsgeschäfte des Erbhofrechts. Eine übersichtliche Darstellung mit geschichtlicher Einleitung und Musterbuch von Rechtsanwalt und Notar Dr. Zimmer. 207 Seiten. Preis in Ganzleinen geb. 4,50 RM. 1935.
Stilkes Rechtsbibliothek Nr. 142.

Arbeits- und Sozialrecht.

Die Arbeitsgesetze in einem Band mit Erläuterungen aus der höchstrichterlichen Rechtsprechung des Reichsarbeitsgerichts und der Landesarbeitsgerichte, von Ministerialrat Gustav Wagemann. Mit einem Geleitwort von Reichsminister a. D. Dr. Brauns. Zweite Auflage. XV und 1176 Seiten. Preis in Ganzleinen geb. 10,— RM. 1933.
Sammlung arbeitsrechtlicher Gesetze, Bd. I.

Die arbeitsrechtlichen Vorschriften der allgemeinen Gesetze (Arbeitsvertragsrecht) mit Erläuterungen aus der höchstrichterlichen Rechtsprechung des Reichsarbeitsgerichts und der Landesarbeitsgerichte von Reichsgerichtsrat i. R. Dr. Czolbe, fr. stellvertr. Vorsitzender des Reichsarbeitsgerichts, und Staatsrat und Präsident des Preuß. Erbhofgerichts Wagemann. Preis in Ganzleinen geb. 15,— RM. 1934.
Sammlung arbeitsrechtlicher Gesetze, Bd. II.

Beide Bände zusammen bezogen 22,50 RM.

Soziale Ehrengerichtsbarkeit. Von Rechtsanwalt Dr. Carl Falck. 39 Seiten. Preis geheftet 1,20 RM. 1936.

Handwerkliche Ehrengerichtsbarkeit. Von Dr. Walter Kraegeloh. 64 Seiten. Preis kartoniert 1,50 RM. 1936.

Das Schwerbeschädigtengesetz. Kommentar zum Gesetz über die Beschäftigung Schwerbeschädigter, von Dr. Dr. Richard Knaak. XVI und 217 Seiten. Preis in Ganzleinen geb. 4,50 RM. 1928.
Stilkes Rechtsbibliothek Nr. 72.

Mutterschutz. Das Reichsgesetz über die Beschäftigung vor und nach der Niederkunft vom 16. Juli 1927 unter Beifügung der einschlägigen Nebengesetze, erläutert von Rechtsanwalt Dr. Hans von Kunitzki-Neu. 160 Seiten. Preis in Ganzleinen geb. 3,60 RM. 1929.
Stilkes Rechtsbibliothek Nr. 85.

Frauenschutz, Schutz der Jugendlichen und Kinder, Hausarbeitsgesetz. Eine Sammlung der hierauf bezüglichen Gesetze und Verordnungen des Reiches und Preußens mit Erläuterungen von Ministerialrat Gustav Wagemann und Geh. Oberjustizrat Senatspräsident i. R. Dr. Friedrich Preiser. 191 Seiten. Preis kart. 3,20 RM. 1933.

Geistig-gewerblicher Rechtsschutz.

Urheber- und Erfinderrecht, von Professor Dr. Hermann Nottarp. 62 Seiten. Preis geh. 2,50 RM. 1931.
Aus Stammler, Das gesamte deutsche Recht, Band I, Teil VI.

Patentgesetz vom 5. Mai 1936 nebst **Gebrauchsmustergesetz** vom 5. Mai 1936. Erläutert von Oberregierungsrat Dr. Rudolf Busse. Etwa 500 Seiten. Preis in Ganzleinen geb. etwa 13,50 RM. 1936.
Stilkes Rechtsbibliothek.

Warenzeichengesetz vom 5. Mai 1936 nebst Pariser Verbandsübereinkunft und Madrider Abkommen, erläutert von Oberregierungsrat Dr. Rudolf Busse. 2. Auflage, etwa 450 Seiten. Preis in Ganzleinen geb. etwa 12,— RM. 1936.
Stilkes Rechtsbibliothek Nr. 40.

Das Deutsche Geschmacksmusterrecht. Kommentar zum Reichsgesetz betr. das Urheberrecht an Mustern und Modellen (vom 11. Juni 1876) und den internationalen Verträgen betr. das Musterrecht, von Reichsgerichtsrat Professor Dr. Werner Pinzger. 225 Seiten. Preis in Ganzleinen geb. 7,— RM. 1932.
Stilkes Rechtsbibliothek Nr. 129.

Zivilprozeßrecht.

1. Zivilprozeßordnung.

Zivilprozeßordnung für das Deutsche Reich (Fassung der Bekanntmachung vom 8. November 1933), Textausgabe mit Inhaltsverzeichnis und Sachregister. 318 Seiten. Preis geb. 2,50 RM. 1934.
Stilkes Textausgaben Nr. 21.

2. Konkurs- und Vergleichsordnung.

Konkursrecht, von Professor Dr. Ludwig Laß. 69 Seiten. Preis geh. 2,75 RM. 1931.
Aus Stammler, Das gesamte deutsche Recht, Band II, Teil X.

Vergleichsordnung vom 26. Februar 1935. Erläutert von Dr. Heinrich Eisold. Etwa 320 Seiten. Preis in Ganzleinen geb. etwa 8,— bis 10,— RM. In Vorbereitung.
Stilkes Rechtsbibliothek Nr. 118.

Die Einzelgläubigeranfechtung auf der Grundlage des Reichsgesetzes betr. die Anfechtung von Rechtshandlungen eines Schuldners außerhalb eines Konkursverfahrens vom 21. Juli 1879 in der Fassung der Bekanntmachung des Reichskanzlers vom 20. Mai 1898, unter Berücksichtigung der Abänderung durch die Vergleichsordnung vom 5. Juli 1927, erläutert von Amtsgerichtsrat Dr. Paul Schäfer. 263 Seiten. Preis in Ganzleinen geb. 6,75 RM. 1930.

Stilkes Rechtsbibliothek Nr. 105.

3. Kostengesetze.

Das deutsche Gerichtskostengesetz. Mit Erläuterungen und Kostentafeln sowie den Gebührenordnungen für Rechtsanwälte, für Zeugen und Sachverständige und für Gerichtsvollzieher, und sonstigen reichsrechtlichen Kostenvorschriften, herausgegeben von Ministerialrat Dr. Martin Jonas. Zweite neubearbeitete und erweiterte Auflage. 464 Seiten. Preis in Ganzleinen geb. 9,— RM. 1927.

Stilkes Rechtsbibliothek Nr. 16.

Kostenordnung. Von Kammergerichtsrat Gerhard Rusche. 300 Seiten. Preis in Ganzleinen geb. 10,— RM. 1936.

Stilkes Rechtsbibliothek Nr. 150.

Strafrecht und Strafprozeßrecht.

Strafrecht, von Professor Dr. August Finger. 275 Seiten. Preis geh. 6,50 RM. 1932.

Aus Stammler, Das gesamte deutsche Recht, Band II, Teil XII.

Militärstrafgesetzbuch in der Fassung der Bekanntmachung vom 16. Juli 1926, von Geh. Kriegsrat Ministerialrat Wilhelm Fuhse. Zweite Auflage. XV und 338 Seiten. Preis in Ganzleinen geb. 7,20 RM. 1926.

Stilkes Rechtsbibliothek Nr. 19.

Gesetz gegen Waffenmißbrauch, erläutert von den Ministerialräten Dr. Werner Hoche und Kurt Schönner. 55 Seiten. Preis kart. 1,45 RM. 1931.

Stilkes Rechtsbibliothek Nr. 116.

Das Feld- und Forstpolizeigesetz in der Neufassung vom 21. Januar 1926, **Das Forstdiebstahlsgesetz** und die übrigen preußischen Gesetze zum Schutz von Feld und Forst mit den ministeriellen Ausführungsanweisungen. Zusammengestellt und erläutert von Ministerialrat Gustav Wagemann, unter Mitwirkung von Oberforstmeister Kranold. VIII und 273 Seiten. Preis in Ganzleinen geb. 9,— RM. 1926.

Stilkes Rechtsbibliothek Nr. 48.

Die Preußischen Dienststrafordnungen für Beamte und Richter. Erläutert von Ministerialrat Dr. Hermann Wittland. VIII und 820 Seiten. Preis in Ganzleinen geb. 19,50 RM. 1935.

Stilkes Rechtsbibliothek Nr. 136.

Staatsrecht.

Grundzüge des Allgemeinen Staatsrechts, von Professor Dr. Gustav Seidler. VIII und 218 Seiten. Preis geh. 5,40 RM., in Ganzleinen geb. 6,75 RM. 1929.

Das Deutsche Volk als Gemeinschaft. Eine kritische Wertung der deutschen Staatslehre, von Dr. Helmut Allardt. 102 Seiten. Preis in Halbleinen geb. 3,75 RM. 1935.

Der Deutsche Arbeitsdienst. Eine staatsrechtliche Untersuchung über die Idee und Gestalt des Deutschen Arbeitsdienstes und seine Stellung in der Gesamtstaatsstruktur. Von Dr. jur. Peter Hußmann. VIII und 118 Seiten. Preis kartoniert 4,50 RM. 1935.

Staatsrecht, von Privatdozent Dr. Gustav Adolf Walz. 200 Seiten. Preis geh. 5,— RM. 1931.

Aus Stammler, Das gesamte deutsche Recht, Band II, Teil XI.

Von Brandenburg über Preußen zum Reich. Eine Geschichte der Verfassung und Verwaltung in Brandenburg-Preußen, von Professor Dr. Ludwig Waldecker. 267 Seiten. Preis in Ganzleinen geb. 9,50 RM. 1935.

Das Deutsche Staatsangehörigkeitsrecht. Das Reichs- und Staatsangehörigkeitsgesetz vom 22. Juli 1913 nebst Erläuterungen sowie sämtlichen späteren reichs- und landesrechtlichen Abänderungsbestimmungen, von Privatdozent Landgerichtsrat Dr. Walter Schätzel. 191 Seiten. Preis in Ganzleinen geb. 4,50 RM. 1928.

Stilkes Rechtsbibliothek Nr. 77.

Verwaltungsrecht.

Der Auswärtige Dienst des Deutschen Reiches (Diplomatie und Konsularwesen). Eine Sammlung von Gesetzen, Verträgen, Verordnungen, Runderlassen und Zusammenstellungen, die für den auswärtigen Dienst, insbesondere den konsularischen Dienst des Deutschen Reiches von besonderer Bedeutung sind. Texte mit Anmerkungen, Verweisungen und einem Sachregister. Auf Veranlassung des Auswärtigen Amts herausgegeben von Professor Dr. Herbert Kraus. L und 1216 Seiten. Preis in Ganzleinen geb. 55,— RM. 1932.

Das Deutsche Paß- und Fremdenrecht. Auf Grund amtlicher Quellen zusammengestellt und erläutert von Ministerialrat Johannes Krause und Oberverwaltungsgerichtsrat Bernhard Wolff. In Vorbereitung.
Stilkes Rechtsbibliothek Nr. 37.

Wehrrecht. Wehrgesetz vom 21. Mai 1935 nebst einschlägigen Nebenbestimmungen. Textausgabe von Geh. Kriegsrat, Ministerialdirigent Paul Semler und Oberregierungsrat Dr. Otto Senftleben. 112 Seiten. Preis kartoniert 1,50 RM. 1935.
Stilkes Rechtsbibliothek Nr. 141.

Wehrgesetz vom 21. Mai 1935 mit Erläuterungen von Geh. Kriegsrat, Ministerialdirigent Paul Semler und Oberregierungsrat Dr. jur. Otto Senftleben. 170 Seiten. Preis in Ganzleinen geb. 5,— RM. 1936.
Stilkes Rechtsbibliothek Nr. 147.

Arbeitsdienstrecht. Reichsarbeitsdienstgesetz nebst einschlägigen Gesetzen und Verordnungen. Zusammengestellt von Rechtsanwalt Dr. August Dahm. Etwa 130 Seiten. Preis broschiert etwa 3,20 RM. 1936.
Stilkes Rechtsbibliothek Nr. 152

Fernmelderecht und Rundfunkrecht. Dritte Auflage des „Funkrechts", von Ministerialrat Dr. Eberhard Neugebauer. XII und 1016 Seiten. Preis in Ganzleinen geb. 21,60 RM. 1929.
Stilkes Rechtsbibliothek Nr. 33.

Reichshaushaltsordnung vom 31. Dezember 1922 / 8. März 1930 / 13. Dezember 1933 nebst den Wirtschaftbestimmungen für das Reich. Erläutert von Ministerialdirigent R. Schulze und Ministerialrat Dr. E. Wagner. Dritte Auflage. 958 Seiten. Preis in Ganzleinen geb. 18,— RM. 1934.
Stilkes Rechtsbibliothek Nr. 20.

Rechnungslegungsordnung für das Reich vom 3. Juni 1929 (RRO.), mit Erläuterungen von Geh. Oberregierungsrat Ministerialdirigenten i. R. R. Schulze und Ministerialrat Dr. E. Wagner. 644 Seiten. Preis in Ganzleinen geb. 16,20 RM. 1930.
Stilkes Rechtsbibliothek Nr. 100.

Reichskassenordnung vom 6. August 1927 (RKO.), mit Erläuterungen von Geh. Oberregierungsrat Ministerialdirigenten i. R. R. Schulze und Ministerialrat Dr. E. Wagner. 666 Seiten. Preis in Ganzleinen geb. 16,20 RM. 1930.
Stilkes Rechtsbibliothek Nr. 92.

Das Reichsversorgungsgesetz vom 12. Mai 1920, **Altrentnergesetz** vom 18. Juli 1921 und **Kriegspersonenschädengesetz** vom 15. Juli

1922, sämtlich in der Fassung der Bekanntmachung vom 22. Dezember 1927. Textausgabe mit Anmerkungen von Oberregierungsrat Dr. Dr. Carl Arendts. 593 Seiten. Preis in Ganzleinen geb. 13,50 RM. 1928.

Stilkes Rechtsbibliothek Nr. 78.

Die Versorgung der ehemaligen aktiven Offiziere (einschließlich ihrer Hinterbliebenen) der alten Wehrmacht (Heer und Marine) nach dem Stande vom 1. April 1932, von Senatspräsident Dr. Dr. Carl Arendts. Mit Nachtrag. XII, 500 und 114 Seiten. Preis in Ganzleinen geb. 14,30 RM. 1927.

Stilkes Rechtsbibliothek Nr. 62.

Die Gesetze über Schußwaffen und Munition sowie gegen Waffenmißbrauch vom 12. April 1928 und 28. März 1931 nebst waffenrechtlichen Nebengesetzen, bearbeitet von Ministerialrat Gustav Wagemann und Geh. Justizrat Kammergerichtsrat i. R. Dr. Delius. Wesentlich vermehrte zweite Auflage. 225 Seiten. Preis in Ganzleinen geb. 5,40 RM. 1931.

Stilkes Rechtsbibliothek Nr. 81.

Reichsjagdgesetz vom 3. Juli 1934. Erläutert von Rechtsanwalt Hans Joachim Poppe. 230 Seiten. Preis in Ganzleinen geb. 4,50 RM. 1935.

Stilkes Rechtsbibliothek Nr. 140.

Das Weingesetz vom 25. Juli 1930 nebst Ausführungsbestimmungen vom 16. Juli 1932 und Weinzollordnung. Erläutert von Geh. Regierungsrat Reichsfinanzrat Ernst Hepp. 234 Seiten. Preis in Ganzleinen geb. 4,80 RM. 1933.

Stilkes Rechtsbibliothek Nr. 134.

Reichs-Rechtsanwaltsordnung in der Fassung des Gesetzes vom 21. Februar 1936. Erläutert von Oberstaatsanwalt im Reichsjustizministerium Dr. jur. Günther Vollmer. 176 Seiten. Preis in Ganzleinen geb. 5,50 RM. 1936.

Stilkes Rechtsbibliothek Nr. 149.

Steuerrecht.

Lehrbuch des Steuerrechts, von Regierungsrat Dr. Julius Crisolli. I. Teil: Allgemeines Steuerrecht. XV und 424 Seiten. Preis geh. 11,— RM. 1933.

Einkommensteuergesetz vom 16. Oktober 1934 mit Anhang **(Bürgersteuergesetz** vom 16. Oktober 1934). Erläutert von Oberregierungsrat Dr. Schillinger, Oberregierungsrat Hasse † und Regierungsassessor Dr. Schick. 881 Seiten. Preis in Ganzleinen geb. 18,— RM. 1935.

Stilkes Rechtsbibliothek Nr. 138.

Veranlagungsrichtlinien zur Einkommensteuer und Körperschaftsteuer für 1935. Nachtrag zum „Einkommensteuergesetz". 75 Seiten. Preis geheftet 1,— RM. 1936.

Stilkes Rechtsbibliothek Nr. 138a.

Das Recht der Lohnsteuer, von Dr. Werner Spohr. Etwa 256 Seiten. Preis in Ganzleinen geb. etwa 7,50 RM. 1936.

Stilkes Rechtsbibliothek Nr. 151.

Das Bürgersteuergesetz vom 16. Oktober 1934 in der Fassung des Änderungsgesetzes vom 16. Oktober 1935 mit der Durchführungsverordnung und den Verwaltungsvorschriften nebst der Saarland-Bürgersteuerverordnung vom 28. Oktober 1935. Für die Praxis erläutert von Regierungsassessor Dr. Hugo Schick. 133 Seiten. Preis in Ganzleinen geb. 3,20 RM. 1936.

Stilkes Rechtsbibliothek Nr. 146.

Umsatzsteuergesetz (UStG) vom 16. Oktober 1934 nebst Durchführungsbestimmungen (UStDB) vom 17. Oktober 1934 und Ausgleichsteuerordnung (AStO) in der Fassung vom 17. Oktober 1934. Erläutert von Oberregierungsrat Ernst Beck, 400 Seiten. Preis in Ganzleinen geb. 7,— RM. 1935.

Stilkes Rechtsbibliothek Nr. 137.

Das Tabaksteuergesetz in der Fassung des Gesetzes vom 15. April 1930 mit Erläuterungen sowie die Tabaksteuer-Ausführungsbestimmungen mit Mustern und Anlagen, bearbeitet von Reichsfinanzrat Hans Arlt. Zweite neubearbeitete Auflage. Mit Nachtrag. XII, 663 und 80 Seiten. Preis in Ganzleinen geb. 18,90 RM. 1930.

Stilkes Rechtsbibliothek, Nr. 42.

Urkundensteuergesetz (UrkStG) vom 5. Mai 1936. Bearbeitet von Kammergerichtsrat Gerhard Rusche und Amts- und Landrichter Dr. Rensch. Etwa 260 Seiten. Preis in Ganzleinen geb. 8,— RM. 1936.

Stilkes Rechtsbibliothek Nr. 154.

Wechselsteuergesetz vom 2. September 1935 mit Nebenbestimmungen. Zusammengestellt von Reg.-Oberinspektor Fritz Fricke. 59 Seiten. Preis kartoniert 1,20 RM. 1935.

Stilkes Rechtsbibliothek Nr. 143.

Steuerersparungen, Steuererleichterungen und Härteverfahren im Deutschen Steuerrecht, von Syndikus Dr. Johannes Hein. 148 Seiten. Preis in Ganzleinen geb. 3,50 RM. 1933.

Stilkes Rechtsbibliothek Nr. 132.

Völkerrecht.

Völkerrecht, von Professor Dr. Ernst Wolgast. 307 und XVIII Seiten. Preis geh. 12,— RM. 1934.
Aus Stammler, Das gesamte deutsche Recht, Bd. II, Teil XIII.

Die Satzung des Völkerbundes. Mit Erläuterungen von Professor Dr. Freiherr von Freytagh-Loringhoven. XXIV und 379 Seiten. Preis in Ganzleinen geb. 7,20 RM. 1926.
Stilkes Rechtsbibliothek Nr. 51.

Deutschlands Verträge gegen den Krieg. System des für Deutschland geltenden Kriegsverhütungsrechts, von Dr. Werner Gramsch. 162 Seiten. Preis geh. 3,— RM. 1932.

Das Recht der Minderheiten. Materialien zur Einführung in das Verständnis des modernen Minoritätenproblems, zusammengestellt und mit Anmerkungen versehen von Professor Dr. Herbert Kraus. 365 Seiten. Preis in Ganzleinen geb. 9,— RM. 1927.
Stilkes Rechtsbibliothek Nr. 57.

FSC
www.fsc.org
MIX
Papier | Fördert gute Waldnutzung
FSC® C083411

Kolibri 360 GmbH
Ferdinand-Jühlke-Straße 7
99095 Erfurt, Deutschland
produktsicherheit@kolibri360.de